ETR Law Firm
廣信君達律師事務所
1993-2023

专业智慧 步步为赢

律师实务案例精选

（上册）

广东广信君达律师事务所　主编

广信君达法律实务丛书

广信君达律师事务所30周年庆典纪念册书

法律出版社 LAW PRESS · CHINA
北京

图书在版编目(CIP)数据

专业智慧　步步为赢：律师实务案例精选：上下册 / 广东广信君达律师事务所主编. -- 北京：法律出版社，2023
(广信君达法律实务丛书)
ISBN 978-7-5197-7413-4

Ⅰ.①专… Ⅱ.①广… Ⅲ.①案例-汇编-中国 Ⅳ.①D920.5

中国版本图书馆CIP数据核字(2022)第238053号

专业智慧　步步为赢
——律师实务案例精选(上下册)
ZHUANYE ZHIHUI BUBUWEIYING
—LUSHI SHIWU ANLI JINGXUAN (SHANGXIA CE)

广东广信君达律师事务所　主编

责任编辑　薛　晗　王　斓
装帧设计　汪奇峰

出版发行　法律出版社
编辑统筹　法商出版分社
责任校对　王晓萍
责任印制　胡晓雅
经　　销　新华书店

开本　710毫米×1000毫米　1/16
印张　47.25　　字数　832千
版本　2023年2月第1版
印次　2023年2月第1次印刷
印刷　天津嘉恒印务有限公司

地址：北京市丰台区莲花池西里7号(100073)
网址：www.lawpress.com.cn
投稿邮箱：info@lawpress.com.cn
举报盗版邮箱：jbwq@lawpress.com.cn
销售电话：010-83938349
客服电话：010-83938350
咨询电话：010-63939796

书号：ISBN 978-7-5197-7413-4
定价(上下册)：188.00元
凡购买本社图书，如有印装错误，我社负责退换。电话：010-83938349

序

习近平总书记在党的二十大报告中强调，我们要坚持走中国特色社会主义道路，建设中国特色社会主义法治体系、建设社会主义法治国家。法治的核心含义是良法和善治。全面推进依法治国，需要良法先行，也需要广大法律工作者实施、捍卫法律。亚里士多德说过，法律执业者处于法治的核心地带。没有这个群体对于法律相关价值的效忠，法治是很难运作的。

立法需要面对时代命题，反映人民的意志和根本利益，法律的实施则需要准确地解释和适用法律，二者均离不开实践的反馈。律师始终工作在司法实践的前端，从实务角度对法律进行运用，提出完善立法或法律适用的建议，具有独特的实践价值。律师是法治文明发展到一定阶段的产物，也是法治文明的标志；律师是程序公正的保障，不仅捍卫着程序公正，其对法律案件的介入本身就是程序公正的体现。作为实现程序正义和实体正义的重要力量，律师担负着和其他法律人一样的共同使命。我国的法律实践业已表明，律师在庭审等法律活动中发挥的作用越大，对法官的帮助就越大，没有一支专业化的法律职业队伍，司法公正高效权威的要求就难以实现。律师在实践中摸索出来的经验对于严格执法和公正司法都会有一定的参考作用。

广信君达律师事务所是广东省乃至全国规模较大的综合型律所之一，在成立30周年之际，将律师执业过程中积累的研究成果和经办的经典案例，以丛书形式出版，体现了律师在法治国家建设中的责任担当。晓华同志邀请我为丛书作序，我十分高兴。拿到丛书的样稿后，我认真阅读了内容，可以说，这套丛书有颇多可圈可点之处。

首先，丛书注重理论与实践相结合，彰显法律的经验价值。“法律的生命不在于逻辑，而在于经验”，这在律师行业体现得尤为明显。律师关注的法学理论和研究方法，具有明显的实践导向。丛书分为“学术研究”与“案例精选”等，既有对法律规范的深入思考，也有对个案的详细分析，最终都指向“如何理解”“如何适用”“如何完善”法律，反映了法治建设进程中律师的思考和行动。

其次,丛书关注立法的最新成果,注重解决社会生活中的新问题。社会生活的千变万化决定了法律不可能一成不变,需要与时俱进。特别是《民法典》的颁行,使我国民事法律体系发生重要变化。新法如何快速得以贯彻实施?律师作为法律工作者,其作用不可或缺。我欣喜地看到,丛书中的文章和案例,对新制度、新规则、新问题,作出了一些务实的回应,体现了律师的责任与担当。

最后,丛书体例编排合理,适合读者阅读学习。丛书中的文章和案例,经过了用心的撰写和打磨,展示了律师的智慧和经验。学术文章坚持问题导向,提出解决法律问题的律师建议,案例强调从个案事实和裁判文书中抽象出可以普遍适用的规则和方法,让研究成果能够在更大范围应用,也是丛书的价值所在。

孟子曰:“徒善不足以为政,徒法不能以自行。”法治是人类文明进步的标志,是现代社会治国理政的基本方式,良法是善治之前提,良法也需要善治落实,全面依法治国需要全社会的参与。广信君达律师的思考和总结,是我国律师参与法律实施过程中的一个剪影。希望丛书的出版可以为法律实务研究积累有益经验,为我国法治建设贡献律师智慧。

是为序。

王利明

中国法学会副会长,中国法学会民法学研究会会长

2022 年 10 月

引　言

与时代同行　向未来奋进

1993 年 1 月 29 日，广东广信律师事务所成立。2012 年 11 月 29 日，广东广信律师事务所、广东信利盛达律师事务所和广东安道永华律师事务所三家首届"广州十佳"律师事务所，及其他五家律师事务所的优秀律师团队，合并为广东广信君达律师事务所。2023 年 1 月，广东广信君达律师事务所成立 30 周年。

30 年来，我们锐意进取，积极投身改革开放大潮，从初创时 4 名律师、3 名行政财务人员，到 2022 年 9 月底，发展到 875 名律师，24 家境内外办公室，员工总数 1306 人。

30 年来，我们坚持政治引领，党建先行，坚持人民律师为人民的宗旨，着力打造思想过硬、作风过硬、爱党爱国的律师队伍。

30 年来，我们深耕业务，致力为当事人提供优质法律服务。据统计，事务所成立至今，担任常年法律顾问 12,259 宗/次、代理民事诉讼案件 46,947 件、承办非诉案件/项目 14,217 件、刑事辩护案件 7368 件、行政案件 1962 件、仲裁案件 1849 件，总计经办各项业务 84,615 件/宗。

30 年来，我们勇于承担社会责任，积极参与法律援助、人民调解、捐资助学、扶贫济困、抗击疫情、参政议政等社会公益事业与活动，积极响应主管部门号召，在广东平远县和西藏工布江达县设立分所，将法律服务送到相对贫困落后的全国无律师县，为国分忧，为民解愁。

30 年寒来暑往，30 次春秋更迭。在各级党委和政府关怀下，在广信君达人共同努力下，事务所先后被司法部、全国律协、广东省委以及国内外智库、机构颁评"全国法律服务行业文明服务窗口"、"全国优秀律师事务所"、"全国律师行业先进党组织"、"广东省先进基层党组织"、2021"中国律所品牌价值 100 强"（榜单第七名）等荣誉称号。

历史需要记录，经验需要总结，教训需要吸取。作为广东本土成长起来的全国性大所，回顾 30 年走过的历程，概括起来，我们做了四个坚持：

一是坚持统一思想,凝聚共识。事务所经过多次讨论与访谈,形成了我们的核心价值观:效率、信任、责任。这不仅是律所的愿景,也是每一个广信君达人必须遵守的原则:办理客户委托事项效率要高;工作成果要让委托人满意,要赢得客户的信任;要积极承担社会责任,回报国家、回馈社会。

二是坚持发展就是硬道理,律所要不断做大做优做强。律所要快速做大做强,靠自身增长太慢,必须走合并重组的路子。我们用广信君达的理念去说服其他同行合并加盟,用较快的速度实现规模化。

三是坚持专业强所,严把工作质量关。律所在调研和形成基本共识的基础上,实行"两主两辅"办案规则,即每位律师只能经办登记在册的"两主两辅"法律业务,其他业务以有偿方式转由"两主两辅"领域内的专业律师办理,确保律所为客户提供最专业、最优质的法律服务。

四是坚持管理赋能,向管理要效益。虚心向同行取经学习,提高事务所的管理水平服务能力,凝聚人心,激发员工活力,不断提升广信君达文化品牌的吸引力和影响力。

孔子曰:"学而不思则罔,思而不学则殆。"值此广信君达成立30周年之际,我所决定编辑出版纪念丛书《专业智慧　步步为赢——律师实务案例精选》和《思辨·钻研·前瞻——律师业务热点研究精选》,将我所律师办案或平时的思考、心得、建议等编撰成书,是为献礼。

本次出版的丛书凝聚了我所律师的心血与智慧,也是律师结案(项目)后的复盘和提炼,对丰富相关法学理论,推动现行法律法规规章政策的修改完善具有一定的现实意义。由于律师比较忙等因素,书中难免有错漏之处,敬请谅解,欢迎指正。可能还有部分更为经典的案例,考虑商业秘密等因素,未能编入书中与各界人士交流,实属遗憾。

感谢广信君达的律师及助理们百忙中整理撰写书稿,感谢法律出版社编辑用心审核修改,更加感谢中国法学会副会长、中国法学会民法学研究会会长王利明教授拨冗作序。

律师已经成为全面依法治国不可或缺的重要力量,新时代呼唤新担当、新作为,我们将继续奋斗,不断借鉴他山之石,打造广信君达百年品牌。

雄关漫道真如铁,而今迈步从头越。在党的二十大精神指导下,我所将继续坚持以习近平法治思想为指引,为建设中国特色社会主义法治国家、为实现中华民族伟大复兴做出应有的贡献。

王晓华

广东广信君达律师事务所创始合伙人、名誉主任

2022年10月

目　　录

（上册）

民商事及房地产篇

第一章　民商事案例精选

第二章 房地产案例精选

第三章　公司法事务案例精选

第四章　劳动案例精选

第五章　婚姻家事案例精选

第六章　医事案例精选

金融证券及资本市场篇

第一章　金融法律事务案例精选

第二章　证券及资本市场案例精选

第三章 债券法律事务案例精选

涉外事务篇

第一章 涉外传统业务案例精选

第二章　涉外航空及海事案例精选

民商事
及房地产篇

第一章 民商事案例精选

集体建设用地租赁期限超过20年的部分并非必然无效

——某经济合作社与林某租赁合同纠纷案

蒋修贤 杨超男

摘 要

《民法典》第705条规定(原《合同法》第214条)租赁期限不得超过20年。超过20年的,超过部分无效。2019年修正、2020年1月1日实施的《土地管理法》删除原第43条及修改第63条的相关规定,结束了多年来集体建设用地不能与国有建设用地同权同价同等入市的二元体制,为推进集体土地平等入市、城乡一体化发展扫清了制度障碍。同时也意味着涉及集体经营性建设用地租赁纠纷案件的审判趋势发生重大转变。①

案情简介

原告广州市番禺区某村经济合作社(以下简称经济社)诉被告林某、第三人佘某租赁合同纠纷一案。2002年11月原告与被告签订《土地使用补偿合同》,约定:原告将某集体建设用地出租给被告作建设之用,被告负责出资在该土地上建设厂房;土地使用期分别为1999年5月起至2019年4月止,2019年5月起至2049年4月止。林某获得土地后,在该土地上依规报建了厂房和设施,后转租给佘某长期使用。嗣后,原告向法院起诉,诉求案涉合同自2019年5月起无效并要求返还租

① 本文所涉及的《合同法》《物权法》已于2021年1月1日废止。

赁物及支付土地占用费。被告答辩称基于合同依赖,被告已经建设厂房,并长期出租给了第三人使用,合同虽超过 20 年,但不属于超期无效。

一审法院依据合同法支持了经济社的主张,认定该合同租赁期限超过了 20 年,违反了合同法的规定,超过 20 年的部分无效。一审法院作出判决如下:确认原告、被告双方签订的《土地使用补偿合同》自 2019 年 10 月 1 日起无效;林某于本判决发生法律效力之日起 30 日内向经济社交还案涉土地,佘某对林某交还场地义务承担连带责任;林某还需支付 2019 年 10 月 1 日起至实际交还之日的占有使用费,而经济社需向林某赔偿地上建筑物、构筑物、水电设施、公路投入损失。

林某委托代理律师,并提出上诉,代理律师指出:案涉土地系农村集体建设用地,虽然原《合同法》和《民法典》规定超过 20 年的部分合同无效,但是根据《土地管理法》第 63 条及《广东省集体建设用地使用权流转管理办法》第 13 条等规定,以及"特别法优于一般法"的法律适用原则,集体经营性建设用地租赁期限,可以参照同类国有建设用地出租最高年限,故集体建设用地的租赁期限依法是可以超过 20 年期限的。最终,二审法院认定本案合同超过 20 年的部分合法有效,判决撤销一审判决,驳回经济社的诉讼请求。经过代理律师的不懈努力,本案最终胜诉,维护了委托人的合法权益,也使第三人可以继续保持对厂房的租用,维持该经济关系的稳定性,实际也为经济建设创造了社会价值,为推动农村集体建设用地与国有建设用地"同等入市"提供了新的案例。

争议焦点

案涉合同约定期限超过 20 年的部分是否有效。

代理意见

接受委托后,代理律师团队针对原告提出的请求法院确认案涉合同租赁期限超过 20 年的部分无效等诉求进行了深入研究,并主旨鲜明地提出案涉合同租赁期限应适用《土地管理法》等特别法律的相关规定。具体如下:(1)法律规范冲突的适用规则,即特别法优于一般法的法律适用规则。原《合同法》第 214 条第 1 款规定“租赁期限不得超过二十年。超过二十年的,超过部分无效”①,同时原《合同法》第123条规定“其他法律对合同另有规定的,依照其规”②,故应适用特别法律进行转介规制。(2)根据《立法法》第93条的规定,《土地管理法》(2020年1月1日实施)第63条第4款、《广东省集体建设用地使用权流转管理办法》第13条第2款的规定属于特别规定并专门调整案涉合同等同类集体经营性建设用地的租赁期限。《土地管理法》第63条第4款规定,集体经营性建设用地的出租,参照同类用途的国有建设用地执行;国务院1990年5月19日发布的《城镇国有土地使用权出让和转让暂行条例》(国务院令第55号)第12条规定了国有土地使用权出让的最高年限;1999年7月27日原国土资源部颁发的《规范国有土地租赁若干意见》第4条规定,最高租赁期限不得超过同类用途土地出让最高年限。由此可知,国有土地租赁的最高年限是不超过同类国有土地出让的最高年限。因此,根据《土地管理法》的上述规定,农村集体土地租赁的最高年限也是参照同类国有土地出让的最高年限。并且《广东省集体建设用地使用权流转管理办法》第13条第2款也规定,集体建设用地使用权出让、出租的最高年限不得超过同类用途国有土地使用权出让的最高年限。(3)案涉土地的租赁期限参照同类国有土地使用权出让的最高年限确定,工业用地的国有土地使用权出让最高年限是50年,案涉土地使用权补偿合同约定的土地使用期限没有超过50年,符合法律规定。综上,代理律师指出原审法院适用合同法租赁期限不得超过20年的规定,属于适用法律错误,案涉合同为有效合同,应继续履行。

案例评析

2019年修正、2020年1月1日施行的《土地管理法》第63条第4款明确规定,集体经营性建设用地的出租参照同类用途的国有建设用地执行,目的就是推动实现国家对集体经营性建设用地与国有建设用地“同价同权”“同等入市”等土地改革政策。本案判决结果迎合了2019年修正的《土地管理法》的规定,顺应了《民法典》时代下土地市场的发展趋势,对促进乡村振兴和城乡融合发展具有重大意义,为类案处理提供了重要的参考价值。

---

① 《民法典》第705条。

② 《民法典》已将该条删除。

专家点评

本案争议焦点为案涉租赁合同超过20年的部分是否有效,这涉及不同级别法律、法规相冲突情况下的法律适用问题,以及农村集体建设用地流转中期限权益的法律保护问题。

原《物权法》第151条规定:“集体所有的土地作为建设用地的,应当依照土地管理法等法律规定办理。”该规定将集体建设用地的流转划归《土地管理法》等法律进行规制。当《土地管理法》和原《合同法》就集体经营性建设用地的租赁合同有关问题规定不一致时,根据法律适用的一般原则,特别法优于普遍法,应当适用作为特别法的《土地管理法》。2019年修正的《土地管理法》从保护农村集体土地产权、促进土地流转和集约利用的角度,对集体建设用地使用权的出让、转让、互换、出资、赠与、抵押等,规定参照同类用途的国有建设用地最高租赁年限适用,打破了集体土地租赁合同20年年限的限制。本案二审法院适用《土地管理法》,对本案作出顺应时代的、公正的判决,体现了新时期司法对农村集体建设用地流转和利用的价值导向。

本案代理律师对法律规则的适用十分娴熟,诉讼策略非常得当,意见最终被终审法院采纳并获得有利的二审判决结果,律师代理思路可为类似案件提供有价值的参考。

(点评人:邓传远,中山大学法学院硕士研究生导师,高级律师职称)

巧用海事诉讼与海事仲裁调解的衔接机制促进纠纷多元化解决

——某出口船舶买卖合同纠纷案

谢　明

摘　要

本案是一宗船舶买卖合同纠纷,A国际运输公司已按约支付购船款,B公司也已将船舶实际交付。根据合同约定,在双方交易过程中,B公司提供的发票不符合税务部门规定,导致A国际运输公司无法取得出口退税并补缴了税款,因此B公司已构成违约。代理律师做出诉讼中由法院再委托仲裁委调解的多元化纠纷解决的创新尝试,最终取得B公司向A国际运输公司赔偿出口退税损失及利息、补缴的视同内销征增值税额损失以及视同内销征增值税附加损失判决。

案情简介

A国际运输公司为"一带一路"国际港口工程需要向被告B公司采购四艘出口船舶,约定供方必须保证对需方交易事项诚信报税,供方在收款前向需方提交与交易事项对应发票,加盖供方单位发票专用章,并且保证对发票真实性、合法性、有效性负责。如因供方提供的发票不符合税务部门规定而给需方造成损失,供方应无限期承担全额赔偿责任,赔偿包括但不限于:(1)因供方发票问题导致需方补缴税款;(2)相关滞纳金;(3)税务罚款。A国际运输有限公司于2017年4月将B公司开具的增值税专用发票提交给深圳国税局申请出口退税,但是于2017年5月25日收到深圳国税局反馈征询结果是不予退税,称此业务存在不予退税情形,具体理由是"本次调查的增值税专用发票上载明的货物劳务与供货企业实际销售的货物劳务不符”。原因主要在于B公司所开具的进项发票日期大部分晚于船舶证书签发日期,即船舶已建造完工多时,船厂才购进原材料,是极其不正常的情况,属于发票上载明的货物劳务与实际不符的情形,因此影响原告进行正常的税款抵扣。

广州海事法院经审理认为,本案是一宗船舶买卖合同纠纷,A国际运输公司已按约支付购船款,B公司也已将船舶实际交付。根据合同约定,在双方交易过程中,B公司提供的发票不符合税务部门规定,即该供货业务存在不予退税情形,导致A国际运输公司无法取得出口退税并补缴了税款,因此B公司已构成违约。最终,法院判决B公司向A国际运输公司赔偿出口退税损失及利息、补缴的视同内销征增值税额损失以及视同内销征增值税附加损失。

因本案标的较大,广州海事法院按照《关于建立海事纠纷委托调解工作机制合作备忘录》(以下简称《合作备忘录》)的有关安排,曾将本案委托中国海事仲裁委员会广州办事处调解。

争议焦点

1. B公司是否违约。

2. 出口退税损失及利息、补缴的视同内销征增值税额损失以及视同内销征增值税附加损失具体金额的核定。

代理意见

代理律师在仔细查阅案件材料后,迅速制定代理方案,将赔偿责任方诉至法院。但因本案标的较大,所以能否快速填补当事人损失是关键。代理律师考虑到广州海事法院刚与中国海事仲裁委员会签订了《关于建立海事纠纷委托调解工作机制合作备忘录》,可将本系列案交由中国海事仲裁委员会调解。因此,代理律师征求当事人同意后,做出诉讼中由法院再委托仲裁委调解的多元化纠纷解决的创新尝试。

案例评析

本案是广州海事法院与中国海事仲裁委员会签署《合作备忘录》之后的第一

批由广州海事法院委托中国海事仲裁委员会广州办事处进行仲裁调解的案件，于2018年12月12日被中央电视台法制频道的《仲裁在中国》栏目报道，代理律师接受中央电视台栏目组记者的采访，对海事纠纷案件的处理具有典型意义。

专家点评

船舶买卖是国际贸易中一种特殊交易类型，本案是因卖方管理不善导致买方不能出口退税而产生的纠纷。有两个亮点值得贸易相关方关注：

第一，出口退税是外贸企业重要的利润来源之一，因此备受出口方关注。而顺利出口退税不仅有赖于卖方或者船舶建造方形式上能开具所交付货物的增值税专用发票，还须根据税务机关要求提供建造船舶所需原材料、机器设备等合法、合理的进项发票，即对卖方在日常管理中就原材料、机器设备的采购合同、支付凭证、增值税专用发票开具等都提出较高要求。否则，一旦税务机关调查发现存在"增值税专用发票载明的货物劳务与供货企业实际销售的货物劳务不符"的情形，会导致无法退税进而使交易各方蒙受损失。

第二，为完善海事纠纷诉讼与非诉讼解决方式的衔接机制，充分发挥海事仲裁机构作用，促进海事司法与海事仲裁的良性互动，共同推进华南地区航运软环境建设，使海事海商纠纷能够更加快速、便捷、公正、和谐的解决，根据最高人民法院《关于建立健全诉讼与非诉讼相衔接的矛盾纠纷解决机制的若干意见》的精神，广州海事法院经协商中国海事仲裁委员会，于2017年8月就建立海事纠纷委托仲裁调解工作机制达成共识，并共同签署《合作备忘录》。该备忘录明确海事法院可以将诉前或者诉讼中的案件在征得各方当事人同意的情况下，委托海仲委华南分会进行诉讼外调解；诉前调解的案件期限为60日，诉讼中调解的期限一般是30日（经法院同意可以延长）；如果调解成功，当事人可以选择由法院出具调解书，也可以在仲裁委达成仲裁管辖协议并由仲裁委出具裁决书等。这些举措无疑是国家倡导多元化纠纷解决途径的一种创新与尝试。诉讼中通过转委托进行仲裁调解，具有高效、隐秘等优点。本案系《合作备忘录》创新机制的一次实践应用，积累的相关宝贵经验值得推广。

［点评人：郭萍，中山大学法学院教授、博导，南方海洋科学与工程广东省实验室（珠海）特聘研究员］

网络亦非法外之地，作协主席微博信口开河也要担责

——诗人柳某某诉某省作协主席、作家汪某名誉侵权案评析

王春平　黎月梅

摘　要

某省作协主席、作家汪某在其新浪微博上发表了影射柳某某在当年的鲁迅文学奖评审过程中“推荐前就到处活动”“把所有评委搞定”的言论，该等言论在网络上不断发酵，柳某某拟以汪某“涉嫌造谣、诽谤，对其名誉造成损害”为由，将汪某诉至法院。代理律师接受委托后，及时协助委托人固定案涉侵权事实证据，抓住案件重要关键点，充分论证侵权言论明显指向柳某某，与柳某某社会评价降低之间存在因果关系。最终两审法院均采纳了代理律师的意见与观点，判令汪某向柳某某公开道歉，并对柳某某的精神损害进行赔偿，有效地消除了网络侵权对柳某某的不良影响。

网络不是法外之地，名人更要注意自己的网络言行，该案对于网络言论致人侵害的法律规制具有重要参考意义，被有关媒体称为“文坛世纪大战”“方柳之争”。

案情简介

柳某某作品《A》《B》被列入2014年5月16日公布的第六届鲁迅文学奖参评目录。2014年5月25日10时46分，汪某在其名为“方某”的新浪微博账号上发表博文，内容为“听同事说，我省一诗人在鲁迅文学奖由省作协向中国作协参评推荐时，以全票通过。我很生气。此人诗写得差，推荐前就到处活动。这样的人理

应抵制。作协方面态度明朗。但他却把所有评委搞定。评委多是高校教授,教授们重人情而轻文学。无奈。我相信此人现正在北京评委中四处活动。我们拭目以待”。

2014 年 5 月 25 日 23 时 33 分,汪某在其名为“方某”的新浪微博账号上发表博文,内容为“‘国民党共产党,开天辟地。讲习所黄埔军,众志成城。陈独秀孙逸仙,国共合作。蒋 * 中 * 正 * 毛 * 泽 * 东,兄弟并肩。’当我看到诗人的重要诗作里有这样的诗句,我真的觉得省作协不能推荐这类作品去中国作协参评鲁奖”。上述“国民党共产党,开天辟地。讲习所黄埔军,众志成城。陈独秀孙逸仙,国共合作。蒋 * 中 * 正 * 毛 * 泽 * 东,兄弟并肩”为柳某某作品《C》中的诗句。

汪某的上述两条博文发表后在网络上广泛传播,截至 2014 年 5 月 28 日,第一条博文被点赞 218 次,被转发 4007 次,被评论 1195 次;第二条博文被点赞 74 次,被转发 670 次,被评论 300 次。汪某在接受相关媒体采访时所发表的针对柳某某的不实言论也通过各种纸面媒体、网络媒体的报道和转载迅速扩散开来。

柳某某认为,在汪某发表诋毁自己名誉的博文之前,其根本不知道自己的作品在参评鲁迅文学奖过程中获得全票通过,也根本不存在汪某所谓的“靠拉关系通过”“活动跑奖”等情况,汪某借助自己的社会身份、地位和声望,毫无根据地捏造柳某某贿选的不实情况,在拥有 326 万余名粉丝的个人新浪微博账号上发表诋毁柳某某名誉的博文,并向媒体发表诋毁柳某某的言论,引发了诸多对柳某某不利的评论,使柳某某的社会评价严重降低,精神遭受很大痛苦,严重损害了柳某某的名誉权。柳某某根据《民法通则》第 101 条、《侵权责任法》第 2 条等相关法律规定,以汪某“涉嫌造谣、诽谤,对其名誉造成损害”为由,将汪某诉至法院。

代理律师接受委托后,协助委托人柳某某固定案涉侵权事实证据,及时向法院提交了对网络报道《作家方某曝某人入围鲁奖有“猫腻”》、汪某新浪微博页面、《方某举报诗人柳某某贿选鲁迅文学奖回应:不懂我的诗》、《方某称柳某某作品入围鲁迅文学奖丢湖北作协的脸》、《她是一个正直的作家不苟同不媚俗》和百度搜索关键字“柳某某方某”“柳某某方某东方今报”等的证据保全公证书,网络上关于“方某——柳某某事件”的其他有关报道,湖北作家网上“方某”简介、“方某”百度百科资料,汪某新浪微博页面打印件等相关证据。同时,充分论证汪某侵权言论明显指向柳某某,与柳某某社会评价降低之间存在因果关系。

经过审理,某区法院认为汪某提交的证据并不足以证明其博文所述之柳某某“把所有评委搞定”,而该博文客观上降低了柳某某的社会评价,对此汪某应承担不利法律后果,故认定汪某所发的两条博文侵犯了柳某某的名誉权,柳某某要求汪某停止侵权，公开赔礼道歉，消除影响和恢复名誉，合理合法，该院予以支持。后汪某不服该一审判决向某市中院提起上诉，市中院以“汪某提交的证据不足以认定其评论符合客观真实”等为理由，驳回了汪某的上诉，维持原审判决。

争议焦点

汪某于2014年5月25日10时46分及2014年5月25日23时33分所发的两条博文是否侵犯了柳某某的名誉权。

代理意见

1.“文艺批评”评价的是文艺作品的好坏等，不应针对作者的品行等方面。汪某发表的案涉不实言论与“文艺批评”有着实质性的区别，其发表的案涉不实言论并非“文艺批评”，而是“人身攻击”。

2. 柳某某“举办诗歌研讨会”属于正当合法的行为和活动，举办诗歌研讨会的时间距离鲁迅文学奖评选的时间最长的超过两年，最短的也有三四个月，柳某某其时根本不知道将来的评委是谁，更不可能通过不正当的“跑奖”“拉关系”去“搞定所有评委”，柳某某的前述行为和活动目的与汪某前述所指明显不同。

3. 尽管汪某在所发表的两条博文中没有指名道姓，但该等博文实际上是有的放矢的，后一条博文中所引用的两句诗文足以使人轻易识别出其所指向的对象就是柳某某。如果汪某没有发表上述两条博文，网友、媒体就不会将矛头指向柳某某。而且，在转发、回复网友评论过程中及事后接受相关媒体采访时，汪某更是直接承认和指称她说的“跑奖、贿选”诗人就是柳某某。

据此，汪某发表案涉不实言论是造成公众对柳某某的社会评价降低的直接和重要原因。

案例评析

《民法通则》第101条(现《民法典》第1024条)规定：“公民、法人享有名誉权，公民的人格尊严受法律保护，禁止用侮辱、诽谤等方式损害公民、法人的名誉。”此案应结合案件事实来审查案涉博文所反映的主要内容是否真实、是否降低了柳某某的社会评价，进而作出认定。

其一,汪某于2014年5月25日10时46分所发表的第一条博文虽未直接指出所述诗人为谁,但其于同日23时33分再次发表的博文引用了柳某某作品中的诗句,并指出此类作品不能推荐到中国作协参评鲁迅文学奖。两条博文内容相结合实际已共同指向柳某某,具有特定指向性,一般公众通过网络信息渠道即可直接获知汪某博文所指诗人为谁。故汪某以"没有指出柳某某姓名"为由,抗辩其不构成侵权欠缺依据。

其二,关于汪某博文述及主要内容的真实性问题。案涉博文的主要内容为柳某某在参选鲁迅文学奖作品由省作协向中国作协参评推荐时"把所有评委搞定"。最高人民法院《关于民事诉讼证据的若干规定》(2008年)第2条规定:"当事人对自己提出的诉讼请求所依据的事实或者反驳对方诉讼请求所依据的事实有责任提供证据加以证明。没有证据或者证据不足以证明当事人的事实主张的,由负有举证责任的当事人承担不利后果。"汪某主张其博文陈述为事实,其对发表的博文与事实相符负有相应的举证责任。汪某虽提交了吴某某、蒋某某、陈某某的书面证明,但上述证明的出具人均未出庭作证,且从内容上看不能直接证明汪某博文所述之"把所有评委搞定"。关于汪某所提交的柳某某举办研讨会的新闻报道,柳某某否认知悉评委名单,本案中汪某亦无证据佐证柳某某举办研讨会时已知悉评委名单并以参评为目的举办研讨会。至于对柳某某的访谈报道,柳某某在访谈报道中并未确认其参评时"搞定"参评评委,故亦不足为据。汪某提交的他人对柳某某作品的评价的证据,属于个人对柳某某作品的看法,此并非案件审理之焦点。综上,汪某提交的证据并不足以证明其博文所述之柳某某在参评推荐时"把所有评委搞定"。

其三,汪某在其具有较强影响力的微博账号上发表柳某某"把所有评委搞定"的言论,此客观上降低了柳某某的社会评价。

综上所述,汪某提交的证据并不足以证明其博文所述之柳某某"把所有评委搞定",而该博文客观上降低了柳某某的社会评价,对此,汪某应承担举证不能的不利法律后果。因此,法院认定汪某所发的两条博文侵犯了柳某某的名誉权,柳某某要求汪某停止侵权,公开赔礼道歉,消除影响和恢复名誉,合理合法,予以支持。

专家点评

一个人享有保护其名誉免于不当侵犯和伤害的权利,这恰恰反映了我们所秉持的有关每一个人不可或缺之尊严和价值的基本信念,这一信念根植于任何一个体面的、有秩序的自由制度之中。

网络不是法外之地,名人更须注意自己的网络言行,把握言论自由的尺度,任何利用网络对他人实施人身伤害的行为,都属于侵犯公民人身权利的行为,都要依法承担侵权责任。要恰当地把握网络言论自由的限度,一味支持言论自由的理论都是片面和有缺陷的,既缺乏足够的说服力,也没有切实的实践意义。

(点评人:阳庚德,华南师范大学法学院副教授、硕士生导师)

新冠肺炎疫情特殊背景下的口罩机买卖合同纠纷案

向　劲

摘　要

本案属于新冠肺炎疫情特殊背景下发生的口罩机买卖合同纠纷案。2020 年年初，口罩及其生产设备口罩机作为重要的医疗防疫物资，需求和价格均暴增，受限于隔离政策，不少买家通过中间人与卖家对接进行交易。由于交易的不透明性，加之防疫物资在疫情初期炙手可热，为了抢占“商机”，买卖双方未仔细考量交易风险，交易草草达成。在我国高效地抗疫下，疫情短短几个月就得到控制，口罩机价格开始下行，买家此时对口罩机质量提出质疑，继而引发了错综复杂的合同纠纷。律师在处理该类案件的时候，立足于合同约定的权利与义务的同时，需要结合疫情特殊背景，抓住交易过程中的真实意思表示和存在代理交易的问题，全方位地将事实真相呈现给法庭，促使法院作出公平公正的判决，实现法律效果和社会效果的统一。

案情简介

一、个案事实

2020 年 3 月，正值新冠肺炎疫情暴发的严峻时期，口罩及其生产设备口罩机供不应求。A 公司向 B 公司采购口罩机，双方均通过中间人李某与对方联系。李某利用了在疫情的限制下交易过程中存在的不便条件，向双方谎称自己是对方公司人员。在李某的诱骗之下，A 公司误认为李某是 B 公司的销售员，B 公司误认为李某是 A 公司的采购员，双方一直通过李某与对方交易。

2020 年 3 月 28 日，李某告知 B 公司其已经安排 A 公司转款 120 万元，要求 B

公司签署合同及发货,后B公司将盖好章的《购销合同》交给李某,李某表示拿回A公司盖章后回传。该《购销合同》约定A公司采购4台口罩机,每台口罩机单价30万元,合计120万元。后李某又与B公司口头协商将原本《购销合同》上约定的4台口罩机变更为3台口罩机,单价从30万元/台重新协议变更为20万元/台,合计60万元,剩余款项60万元按退款处理并要求打入李某个人账户。B公司对李某的身份深信不疑,遂将60万元退款直接汇入了李某个人账户,未按照原支付账号退回,并向A公司实际交付了3台口罩机。

然而,2020年4月28日,陶某、黄某二人持A公司委托书,直接将4台均由B公司生产的口罩机拖到B公司厂房,以B公司曾发出召回口罩机的联络函及机器存在质量问题要求退货退款,A公司方称向B公司购买了4台口罩机,已支付了120万元货款,现要求将4台口罩机全部做退货处理,并要求B公司返还120万元的货款。B公司在发现供货数量及款项金额均与当初所了解到的情况不符后察觉事情蹊跷,遂与A公司协商,双方重新签订补充协议,约定B公司按实际售价20万元/台的八折回收3台机器,合计向A公司支付48万元;同时B公司已经退给李某60万元货款,在补充协议中约定B公司需协助A公司处理其与李某的纠纷问题,对于并非B公司实际交付给A公司的第四台口罩机,双方一直未进行实质性处理。补充协议签订后,B公司按照补充协议的约定将48万元支付至A公司要求的收款账户,该账户是陶某的个人账户。

2020年7月21日,A公司就后续事宜与B公司及李某沟通未果后,遂将B公司和李某诉至法院,请求:(1)解除与被告B公司签订的《购销合同》(含补充协议);(2)判令B公司和李某共同返还72万元货款,支付逾期利息14,783元;(3)判令两被告赔偿原告损失21,398.54元。

二、处理过程

本案的案件背景和法律关系错综复杂,代理人向劲律师代理被告B公司,介入本案后,代理律师及时梳理整个交易过程和法律关系,全面收集、整理证据材料,最终形成充分、专业的代理意见。

首先,针对合同的履行情况,代理律师提出,双方签订的《购销合同及补充协议》已经全部履行完毕,不存在任何解除事由,B公司无须再返还任何款项。

1.购销合同的洽谈、订立及履行:2020年3月,正值疫情严峻时期,李某实地前往B公司工厂处,代表A公司向B公司洽谈采购“半自动叠片成型机+料架”。2020年3月28日,李某告知被告B公司其已经安排“自己”公司转款120万元,要求B公司签署合同及发货,后B公司将盖好章的合同文本交给李某,李某表示拿回公司盖章后回传。协议事宜敲定后李某在B公司仓库对货物进行检测、验收，根据购销合同约定，机器属于非标定制，合同不可撤销，机器经验收合格出货后不可退款。李某在B公司对3台机器进行了验收，在验收机器不存在任何质量问题的情况下自行安排车辆将机器提走（2020年3月29日提走2台、2020年3月30日提走1台，合计3台机器）。至此，购销合同的洽谈、订立、履行已经全部完成。

购销合同的洽谈、订立和履行全部是由李某出面与B公司完成，李某也一直表示A公司是他的公司。李某安排A公司打款后，B公司才让李某将货物提走。在购销合同订立后，李某提出只提走3台机器，多余的60万元要转回给他个人账户，基于信赖B公司将多出的60万元转回给李某。李某作为A公司当时唯一与B公司洽谈、订立、履行购销合同的人员，B公司作为善意的合同相对人完全有理由认为李某的意思表示就是A公司意思表示，因此B公司应李某要求将多出的60万元转回给了李某。从法律意义上来说，即便A公司现在起诉不认李某是其代理人的身份，但在当时李某的行为也构成表见代理，其行为权利外观上就是代表A公司，因此代理行为的后果由A公司承担，B公司没有必要再向A公司返还此60万元。

2. 补充协议的洽谈、订立及履行：2020年5月8日，陶某、黄某二人持A公司的委托书，要求B公司退货退款，经协商后，B公司与A公司达成补充协议，补充协议约定B公司八折回收3台口罩机，并且要协助A公司处理与李某的纠纷，但补充协议未约定在A公司未向李某收回60万元的货款的情况下B公司需要对此承担退款的责任。

其次，针对口罩机的质量问题，代理律师提出，机器不存在质量问题，B公司从未向A公司承诺过无条件全额退款。2020年3月底李某将货物提走之后，A公司从未向B公司主张过机器质量不合格，也没有要求B公司派人指导及维修；2020年4月10日，海关总署发布了53号公告，没有取得医疗器械产品证书，无法通过海关法检出口；2020年5月初，口罩行情也出现断崖式大跌，B公司作为一家生产口罩机及有关配件的企业，开始不断碰到多起前期炒作囤积口罩机的买主无理要求退货的事情，而此时陶某和黄某在不事先通知B公司的情况下将4台机器拉到B公司处要求退货，其行为极大可能是以质量问题作为退货退款的借口。B公司也从未向A公司发出过联络函作出无条件全额退货退款的承诺，召回机器联络函所指的机器设备与本案的机器设备并不是同一型号设备。

再次，从民法的基本原则“诚实信用原则”与“公平原则”出发，代理律师提出，A公司的主张既违反双方已经签订的补充协议，也没有任何法律依据，无理要求B公司承担责任违反诚实信用原则；同时，除B公司之外，A公司及李某都已经获取了大量利益,若还判决 B 公司承担责任既无法律依据,也将违反公平原则。

第一,根据补充协议的条款内容,A 公司对于补充协议的事实是予以确认的,也认可李某是 A 公司的代理人。B 公司从未胁迫 A 公司签署补充协议,该协议是双方真实的意思表示,未违反法律的强制性规定,属于合法有效。A 公司签署补充协议应当视为对事实的确认以及对权利与义务的追认,相应的法律后果应当由 A 公司承担。A 公司现违反补充协议的条款起诉 B 公司,完全违背了诚实信用原则。

第二,本案为何发生退款 60 万元的行为,全因为 A 公司在没有订立买卖合同之前就转了 120 万元的款项,但最终实际只提货 3 台机器(另外 1 台机器来源不清楚),并且要求 B 公司开 120 万元的发票。李某称 A 公司用更多的流水及发票是为了申请政府补贴(代理人认为亦可能是"骗取政府补贴"),该行为 B 公司没有参与也没有任何利益驱使去参与。在 A 公司提货后的长达一个多月的时间内,A 公司一直在使用机器,在此期间也从未向 B 公司要求退货退款,此时口罩价格高昂,产生了巨额的利益,除此以外 A 公司还可能已经获取到了"政府补贴"。A 公司前期要求退款到私人账户"李某"和后期要求退到私人账户"陶某",交易行为本身存在一致性,因李某在庭审中披露 A 公司要"申请政府补贴",因此 A 公司两次都不要求 B 公司退款到公账的行为也得到了合理的解释,就是很有可能从合同上、流水上"骗补",A 公司及李某的行为已经获取了大量利益,不应再判决 B 公司承担退款的民事责任。

最后,在庭后补充提交的代理意见中,代理律师再次强调,A 公司没有任何证据证明 B 公司应当承担责任,至于李某与 A 公司之间的争议,交由法院判决。B 公司在整个买卖合同及补充协议履行过程中始终遵守合同义务。在庭审过程过程中,经代理律师提出疑问,法院查明 A 公司除了委托李某向 B 公司采购口罩机以外,李某还代 A 公司向其他公司采购了零部件及原材料,A 公司与李某内部之间的约定 B 公司未参与。签订合同、履行合同、提货、付款、退款整个交易过程均是李某作为 A 公司代理人与 B 公司完成,A 公司没有任何证据证明买卖交易过程中与 B 公司有过直接对接,因此从权利外观上 B 公司完全有理由相信李某是 A 公司的代理人,在疫情导致交流受限的大背景下 B 公司根本无法分辨每一名交易对象的真实身份。在 B 公司已经完成退款行为并且得到了 A 公司确认或者追认的情况下,A 公司不得再次主张 B 公司承担退款责任。

代理律师的代理观点环环相扣、有理有据,将案件事实在法庭上清晰明了地呈现出来,最终,法院作出了公正合理的判决。

三、裁判理由与结果

裁判理由:原告A公司与被告B公司在签订《购销合同》后,经协商又于2020年5月8日签订了补充协议,并在上述协议中就实际供货数量、款项的支付等事实进行了明确,并对退货、退款及合同解除后的权利义务等问题进行约定,故上述协议系双方真实意思表示,其内容并未违反法律、行政法规的强制性规定,合法有效,双方均应恪守履行。

根据补充协议的约定,被告B公司向原告A公司退回货款48万元以后,A公司放弃追溯被告B公司的连带责任,且协议未明确需以被告李某返还60万元货款作为被告B公司完成配合义务的评判标准;同时,原《购销合同》已因上述协议的签订及履行而解除,无须再行判决解除,故原告A公司现要求解除《购销合同》及补充协议,并要求被告B公司返还货款的诉讼请求于法无据,法院对此不予支持。

由于被告B公司的联络函所涉设备与原告A公司采购的设备并非同一型号,故原告A公司据此主张涉案设备存在质量问题缺乏理据,法院对此不予确认。基于此,原告A公司现主张其他损失缺乏事实及法律依据,法院对此亦不予认定支持。由于被告李某实际领取了被告B公司向原告A公司退还的60万元货款,且其提交的证据不足以证实其主张的曾在涉案合同签订前向被告B公司订购设备并预付货款的事实,故法院对其上述主张不予采纳。基于此,被告李某收取被告B公司向原告A公司退还的货款60万元缺乏合法依据,故法院对原告A公司要求被告李某返还上述款项并支付逾期付款利息的诉讼请求予以支持,但利息应自2020年3月29日开始按照全国银行间同业拆借中心公布的贷款市场报价利率计算至全部清偿之日止。至于原告A公司与被告李某之间的其他合同关系,双方当事人可另行主张,本案对此不予处理。

裁判结果:(1)被告李某返还原告货款60万元及利息;(2)驳回原告其他诉讼请求。

争议焦点

1.《购销合同及补充协议》的效力。

2.原告解除合同的理由是否成立。

3.B公司与李某存在其他经济往来,在2020年3月29日B公司向李某支付的60万元款项的法律效力如何认定。

4.B公司是否应当向A公司退还货款并支付利息及损失。

案例评析

新冠肺炎疫情期间,口罩行业乱象频发,交易极不规范,由此产生了大量疑难棘手的法律纠纷。本案属于疫情期间比较频发的关于口罩机的买卖合同纠纷,既具有一般买卖合同纠纷的普遍性,也存在疫情期间合同签订和履行过程中不可避免的一些特殊性。在处理没有参考判例的法律纠纷时,律师既要掌握民法中关于合同的法律规定,也要注重民法基本原则的运用。

首先,关于本案中合同能否解除的问题,根据案发时所适用的原《合同法》的相关规定,本案中《购销合同》及补充协议是双方真实的意思表示,且已经履行完毕,不存在行使合同法定解除权的五种事由,原告提出解除合同的诉讼请求不成立。

其次,在处理合同纠纷时,律师也要注意民法基本原则的有效运用。第一,关于本案中原告的行为是否违反诚实信用原则的问题。民事主体在从事民事活动时应当遵循诚信原则,秉持诚信,恪守承诺。原告A公司和被告李某在与被告B公司作出意思表示并达成合意之后,并没有重合同、守信用、正当地行使权利、履行义务,而企图背信弃义、擅自毁约,与诚信原则背道而驰。第二,民事主体在从事民事活动的过程中,应当本着公平的理念去从事民事活动,在行使权利和履行义务的过程中,适当兼顾他人的利益及社会公共利益。同时,代理律师要引导司法机关公平合理地去处理民事纠纷。本案中,代理律师层层相扣还原事实真相,原告A公司及被告李某有可能在疫情初期倒卖口罩机、套取政府补贴,已经获得了大量的利益,在口罩机热度过后,原告A公司又希望以口罩机质量不合格为由,从B公司身上再次谋取巨额利益,司法机关不支持原告的诉讼请求,是公平的、正义的。

再次,律师在处理本案时,详细阐明了交易行为是否构成表见代理的问题。表见代理是指虽然行为人没有代理权,但第三人在客观上有理由相信其有代理权而与其实施民事法律行为,该行为的法律后果由被代理人承担。本案中,李某的行为权利外观上就是代表原告,构成表见代理,因此代理行为的后果由原告承担。

最后,律师在办案过程中,也要紧跟时事,注意本案特殊的背景及其影响。2020年4月底5月初因口罩行情断崖式下跌,此后开始不断有口罩机买家以各种理由主张退货退款,本案实际上根本没有直接证据证明口罩机设备存在达到解除合同程度的严重质量问题。因此在口罩行情大不如前的情况下,类似原告、李某等口罩机买家或者中间人在开始不断找理由要求设备厂商承担责任,如本案一旦判决口罩机厂家承担责任,则给予了这些蠢蠢欲动的“炒家”“投机者”“倒爷”更多的理由起诉口罩机厂商,如此一来,必将造成整个交易及社会的不稳定。

处理复杂疑难的案件时，律师要立足于案件的相关证据，从所能收集到的证据中梳理出有利因素并将相关证据作为自身的观点支撑，同时找准案件的重点和难点。针对交易过程错综复杂不透明、合同约定与实际履行不一致、口罩机是否有质量问题、B 公司不按原支付账号退款行为的效力、B 公司与中间人李某还存在其他干扰本案认定的经济来往等难点，都要求律师一一做好充足准备，在法庭上完整还原案件事实，维护司法的权威公正。

专家点评

本案是一起交易过程复杂、涉案关系众多且处于新冠肺炎疫情这一特殊社会背景下产生的合同纠纷。2020 年年初，突如其来的新冠肺炎疫情在全球暴发。一时间，口罩成为极度紧俏的医护用品，口罩及相关生产设备的交易行为极不规范，由此产生了大量疑难棘手的法律纠纷亟待司法机关通过正确适用法律予以解决。在还原事实真相、帮助司法机关实现公平正义的过程中，律师无疑发挥着十分重要的作用。

本案的特殊性在于，被告李某利用疫情严峻时期双方交易信息不对称、市民沟通途径受限等因素，分别代表原告和被告与交易对方磋商采购事宜并完成订立合同的全过程，甚至要求销售商 B 公司将货物退款直接汇入了自己的个人账户。待合同履行完毕、口罩紧缺的行情反转之后，原告又以口罩机存在质量问题为由提出解除合同诉求，意图全身而退。

本案从理论和实践操作层面上提出了几个疑难问题：其一，在交易信息不透明的特殊状态下如何区分多元交易主体的法律地位？其二，“诚实信用原则”在公共健康危机情形下的具体适用。其三，合同解除权的行使及其判断条件？

被告律师经过认真梳理案情和案涉法律关系，在没有参考范例的情况下，立足于案件的相关证据，依托民法基本理论，准确查找案件的重点与难点，向法官展现了合同真实有效——双方依约履行——质量异议未及时主张——补充协议履行完毕的逻辑进路，完整还原了案件事实，最终维护了司法的权威公正，对于维护社会公平、促进社会正义起到了积极的作用。案件的圆满解决为业界解决此类案件提供了借鉴，因而是一个非常优秀的成功范例。

（点评人：安雪梅，广东金融学院法学院副院长、教授，
第三届广东省十大优秀中青年法学家）

金钱请求权纠纷中行为保全制度的运用

——ZP贸易公司与DF设备公司代理合同纠纷案

喻 玲

摘 要

行为保全制度是我国2012年《民事诉讼法》确立的一项新制度，是弥补财产保全不足的创举。但我国司法实践中极少有对"行为"的保全，即便有少量的适用也仅限定在知识产权或侵权行为领域，基本没有针对民商事活动中的违约行为采取"行为保全"措施的先例。

本案为上下游的代理合同纠纷，因下游违反层级代理规定违规采购、销售引发矛盾，原告除了向被告主张违约金赔偿外，另一重要诉讼请求是要求被告在代理关系解除后一定期限内禁止销售同品牌产品。为防止被告在诉讼过程中继续违约导致原告损失进一步扩大，也为避免因诉讼程序所耗时间而导致诉讼请求即便被支持也失去执行意义，最终"赢了官司输了市场"，原告在本案中提出了行为保全申请，并获法院支持。本案为行为保全制度在民商事领域的适用树立了先例，印证了行为保全制度不仅适用于因绝对权受到侵犯而产生的诉讼中，也适用于因相对权受侵犯而产生的如合同纠纷等诉讼中。

案情简介

本案委托人ZP贸易公司是一家香港公司，系意大利R.B.L公司直接授权在中国华南地区销售某品牌燃烧器的独家一级代理商，在大中华地区深耕多年，且在行业内享有盛誉。DF设备公司系ZP贸易公司授权的二级代理商，双方在2005年签订了《代理合同》，该合同参照香港地区代理合同的模版订立，对于销售区域的限制、进货渠道、同业禁止、代理权期限及条件等作了明确约定，有完善的代理层级管理机制。根据双方代理合同约定,在DF设备公司达到销售指标的80%情况下,ZP贸易公司同意DF设备公司作为独家二级代理销售商。按照双方的上下级销售商关系,ZP贸易公司是DF设备公司的唯一进货途径,DF设备公司在享受独家市场优势和价格优惠的同时,必须依约完成当年度销售任务;ZP贸易公司作为上级享有监督销售的权利,若有理由相信DF设备公司在协议期间未完成销售任务的,有权提出警告甚至取消DF设备公司代理权。为此,双方以每年度签订《购货条件协议》的方式确定当年度的销售指标。

2013年下半年,DF设备公司因2012年度、2013年度均无法完成销售指标,ZP贸易公司依据《代理合同》宣布取消其独家二级代理销售权。双方的矛盾就此产生,并展开了长达七年的诉讼马拉松。在此期间,意大利厂家与ZP贸易公司的分销代理合同被厂家单方终止。根据代理协议约定,除非ZP贸易公司自愿放弃该产品的代理权,否则DF设备公司"不得以任何其他形式直接或间接代替ZP贸易公司成为该产品在'该地区'的代理商,以保证ZP贸易公司的经营权及经济利益不受侵害。期限为自甲方终止代理权之日起两年"。据此,ZP贸易公司于2015年12月致函通知DF设备公司停止销售该产品。

但此后在一个ZP贸易公司诉DF设备公司返还折扣款的案件中,因ZP贸易公司对DF设备公司的仓储货物申请了财产保全措施,在查封仓库登记货品标识条码时,ZP贸易公司发现DF设备公司的仓储货物并非来自ZP贸易公司(货物条码具有唯一性),而是华东地区的某一级代理,且部分还是生产于2015年12月之前的。也就是说,DF设备公司在代理权终止前已存在跨区域进货、代理权终止后仍继续销售该产品的多重违约,其连续两年达不到销售指标"事出有因",DF设备公司早已有跳脱代理层级关系自行发展的苗头。

由于在财产保全中获得了充分证据,ZP贸易公司于2016年向DF设备公司发起本案诉讼,以其违反《代理合同》中关于代理关系终止后两年内不得经销利雅路产品的约定为由,要求其根据合同约定禁止在2015年10月20日至2017年10月19日以任何形式经销代理产品并赔偿500万元违约金。

诉讼过程中,为防止DF设备公司继续违约销售导致ZP贸易公司损失进一步扩大,也为避免终审判决作出时可能已经临近甚至超过禁止期的最后期限,而导致诉讼请求即使被支持也失去实质意义,ZP贸易公司向法庭提交了行为保全申请,要求法院裁定DF设备公司即日起至2017年10月19日前停止销售本代理产品。通过反复向合议庭申辩原告请求的迫切性,最终获得法院支持而作出了保全裁定。此后,DF设备公司立即提出复议,也提出以不动产作反担保的方式要求解除行为限制。面对这种新型的保全措施,一审法院慎重地召开了两次复议听证。ZP 贸易公司提出了以下重要观点:第一,《民事诉讼法》并未限定行为保全制度的适用范围,申请人只要有初步证据证明被申请人正在进行的行为属于不可回转性的违约行为,抑或将使将来的判决落空的,可以申请法院先行制止被申请人的行为;第二,行为保全是一种程序保护,对实体权利与事实的查明则是诉讼审查的任务与功能,复议程序并不能越组代庖地过多涉及与复议无关的实体权利与事实查明,法院在审查过程中只要认为被申请人的行为有可能造成将来法院判决无法执行或造成申请人其他损害有进一步扩大的可能性即可作出保全裁定。最终,一审法院接受上述意见,驳回 DF 设备公司的复议申请。

本案经一审法院审理后,认为:双方关于 ZP 贸易公司丧失对利雅路产品代理权时,DF 设备公司同意终止《代理合同》且自终止起两年内不得在合同约定的“双方同意的范围”以外经销利雅路产品的约定,实际是将两级销售“捆绑”在一起两年,即 ZP 贸易公司代理权被剥夺的同时 DF 设备公司的销售资格也被剥夺,DF 设备公司在两年禁售期内自行经销利雅路产品违反上述约定,故判决其自本案起诉之日起至 2017 年 10 月 19 日停止销售利雅路产品并依约向 ZP 贸易公司赔偿违约金 500 万元。值得注意的是,一审判决作出的时间为 2017 年 9 月 12 日,这也充分印证了先行裁定行为保全在本案中的必要性、准确性和及时性。

二审法院在二审时进一步指出,ZP 贸易公司与 DF 设备公司作为两级销售,其权利义务具有一致性,意大利厂家终止对 ZP 贸易公司产品代理权行为的效力应及于 DF 设备公司,DF 设备公司在涉案合同解除后两年内理应按照合同约定不再经销同品牌产品,一审对 DF 设备公司采取在一定期限内禁售该产品的行为保全措施有事实和法律依据,DF 设备公司不因此而免除应承担的违约责任,判决驳回 DF 设备公司上诉,维持原判。

争议焦点

本案在办理过程中最大的障碍在于实务中几乎没有在违约之诉的合同纠纷中适用行为保全措施的先例,虽《民事诉讼法》(2017 年修正)第 100 条第 1 款提出了“行为保全”的概念,但条文简单、可操作性不强,而司法实践中此前更多观点认为,判决前临时制止侵害行为是为了制止侵害的发生、继续、扩大而采取的措施,主要适用于因绝对权受到侵犯的诉讼中,如侵犯物权、知识产权、人身权等。但对于违约行为而言,当事人的请求权基础是合同法,依照民法理论,相对权和形成权不存在被侵害的可能，也就不存在停止侵害的必要，故行为保全不适用于相对权如合同纠纷案件。同时，一审法院还顾虑，若批准该项申请，间接等同于认可了原告的诉讼请求，可能遭到“未审先判”的微词。

代理意见

本案代理律师从保全制度立法原意、民法基本原理、域外有关行为保全的规定等方面着手全面分析了行为保全制度适用于金钱请求权以外的请求权的必要性和可行性。其中主要指出，行为保全的学理依据是债的相对性和债的客体理论。行为保全制度设计的目的在于保障当事人的合法权益免受不法行为的继续侵害和保障诉讼进程有因性和有意性。民事责任针对的违法行为往往具有紧迫性、危害的即时性和危险的即时性，一般需要立即制止才能够防止危害的出现或者损害的进一步扩大。在尚未确定一方需要承担的民事责任时，另一方当事人只要有初步证据可以证明对方当事人正在进行的涉讼行为属于侵权行为或者属于违约行为，抑或将使将来的判决落空的，应当可以申请法院现行制止对方的行为。故此，启动行为保全的原因行为系“违法行为”，行为保全制度不仅限定在知识产权或侵权行为领域，理应涵盖“违约行为”。同时，代理律师在本案中像财产保全措施一样提供了一定金额的担保和自愿承担错误保全风险的承诺，本案行为保全申请最终成功被法院采纳，并通过最终的判决结果反证该措施的有效性和必要性。

案例评析

在本案中采取“行为保全”措施首先得益于当事人的启发。本案最初并不在ZP贸易公司计划的诉讼范围内，但因为在其他诉讼中发现了重大情况和相关线索，ZP贸易公司对DF设备公司早已“暗度陈仓”的极度不诚信行为非常愤怒，向代理律师询问：“难道看着DF公司明目张胆向另一家公司进货和继续在市场销售，代理律师一点办法也没有吗？代理律师虽然索赔违约金500万元，但他可能在诉讼期间依靠这种违约交易赚几千万元，这个官司对他来说违约代价远低于收益。难道内地没有类似香港‘禁止令’这样的制度来制止他吗?”原告ZP贸易公司作为一家香港本土公司，向代理人介绍了香港法律体系中普遍适用的“禁制令”。

受此启发,代理律师找到了《民事诉讼法》(2017 年修正)在 2012 年修订后的一个重大理论突破,即第 100 条第 1 款规定:“人民法院对于可能因当事人一方的行为或者其他原因,使判决难以执行或者造成当事人其他损害的案件,根据对方当事人的申请,可以裁定对其财产进行保全、责令其作出一定行为或者禁止其作出一定行为;当事人没有提出申请的,人民法院在必要时也可以裁定采取保全措施。”这一制度类似于英美法中的“禁止令”或“禁制令”,但在我国司法实践中往往被“束之高阁”,大部分实践中的保全行为仍限定在“财产”,而鲜有对“行为”采取保全措施的先例。即便有少量的适用也仅限在商业秘密侵权纠纷、通行权纠纷、专利侵权纠纷、侵犯名誉权纠纷等案件中,出现需要法院及时对当事人一方的行为予以临时限制的情形,这类案件更容易体现“紧迫性”和“必要性”。至于行为保全制度针对违约行为是否具有可适用性在我国司法实践中则长期无从考究。

在本次案例汇编稿件整理前,作者再一次以“行为保全”“违约”为关键词对全国范围内的公开裁判文书进行了检索,搜索到 1 个指导性案例、1 个公报案例和 31 个经典案例,遗憾的是,这些案例仍仅限于知识产权与竞争纠纷中,而鲜有民商事案件中成功适用行为保全措施。可见,我国建立该项制度虽已多年,但适用的范围仍是有限的。虽然我国的法律体系日渐完善,法院的审理程序和审期管理日趋规范,但不得不承认合同法、侵权法等民事法律对民事权利或权益的保护具有嗣后性,而行为保全对民事权利或权益的保护则具有前瞻性、预防性,与财产保全异曲同工,行为保全是确保行为之债得以切实履行的有力补充措施。行为保全制度设计的目的在于保障当事人的合法权益免受不法行为的继续侵害和保障诉讼进程有因性和有意性。民事责任针对的违法行为往往具有紧迫性、危害的即时性和危险的即时性,一般需要立即制止才能够防止危害的出现或者损害的进一步扩大。在尚未确定一方需要承担的民事责任时,另一方当事人只要有初步证据可以证明对方当事人正在进行的涉讼行为属于侵权行为或者属于违约行为,抑或将使将来的判决落空的,应当可以申请法院先行制止对方的行为。故此,启动行为保全的原因行为系“违法行为”,行为保全制度不仅限定在知识产权或侵权行为领域,理应涵盖违约行为,这对于倡导和维护诚实信用的营商环境有重要意义,在一个成熟和健全的经济环境中,参与者应当对契约精神有足够的认同感和敬畏感,不随意违约、不任意违约、不对违约成本过低抱有侥幸心理,这样才能全面发挥法的社会性效果。

本案属于行为保全制度在违约领域适用的一个成功案例。本案作为整个系列案件中的一个重要环节,阻断了违约侵害的持续发生,代理律师借此协助 ZP 贸易公司在内地完成证据搜集，帮助当事人完成了在巴黎国际仲裁院应对意大利厂家的维权诉讼，大胆而精准的诉讼措施完美衔接了域外诉讼的要求，最终 ZP 贸易公司取得了全部诉讼的胜诉战果。

专家点评

行为保全制度入律是 2012 年《民事诉讼法》修改的亮点之一，2007 年版的《民事诉讼法》只规定了财产保全措施，虽然对给付金钱和标的物的请求的保护是有效的，但对正在进行的侵害行为本身很难产生制止或者排除的作用，对财产的查封扣押和冻结并不能有效地制止侵害行为的继续。本人在 2012 年编著的《新民事诉讼法条文精释》一书时曾提出过："没有行为保全的规定，权利人必须得忍受侵害行为的继续，即使可能遭受难以弥补的损害也无法获得法律上的救济。听任损害的发生，固守事后救济的模式，不仅违背了对权利应有的保护之道，而且也有违公平正义之理，还会造成社会资源的极大浪费。"

好的案例不仅是经验的总结，也是以后诉讼实践的指南和向导。除了数字之外，法律上的所有理论、概念都是抽象的。抽象的理论、概念需要阐释，案例源于真切的实践，是最好的、最具有亲和力的阐释。本案的重大意义在于将行为保全制度成功应用于合同纠纷中的违约之诉。从原告的诉讼请求来看，其所针对违约行为正是具有紧迫性、危害的即时性和请求的时效性，若不能通过合理的诉讼程序进行保障，原告的权益确实存在即便胜诉也会落空的不利后果。行为保全在对于要求对方承担的纯粹行为方式的民事责任的案件中有着其他制度所不能替代的作用。所以，行为保全的本质在于阻断侵害，这里的侵害是指民事上的违法行为，理应包括侵权行为和违约行为。

本案的成功离不开代理律师和经办法官在理论和实践问题上的敢于尝试和突破，体现了律师办案的智慧和专业技能。只有对专业自信、对理论自信，才能更好地共同推动法制进步。示范案例的成功也希望能促进行为保全制度更广泛的适用，这是我国与境外法律制度更多衔接、契合的一个表现。

（点评人：张卫平，清华大学教授、博士生导师，
中国法学会民事诉讼法学研究会会长）

首例碳排放权交易纠纷

——中国某公司诉中国某碳排放权交易中心碳排放配额转让合同纠纷案

闪　涛

摘　要

A公司与B公司因碳排放配额转让合同的履行产生纠纷，在B公司没有向A公司支付涉案碳排放配额转让款的情形下，中国某碳排放权交易中心（以下简称交易中心）是否因此负有向A公司赔偿损失的法律责任？代理律师根据《交易中心交易规则》和《碳排放权交易管理暂行办法》（国家发展和改革委员会令第17号，已失效）、《广东省碳排放管理试行办法》等相关规定，表明交易中心既没有义务保证B公司的交易账户必须持有满足涉案交易的相应资金，也没有义务保证A公司一定可以获得涉案交易款项，最终广东省花都区人民法院驳回A公司的诉讼请求，广州市中级人民法院二审判决也维持原判。

案情简介

A公司（甲方）与第三人B公司（乙方）于2018年签订《某碳排放配额转让合同》，约定由甲方向乙方转让碳排放配额合计236,350吨，转让价格为16元/吨，交易总价为3,781,600元。具体转让及支付方式为：乙方在2018年6月28日（含）前支付50,000元保证金到甲方账户，甲方收到后与交易中心确认，交易中心审核确认后在2018年6月28日将甲方账户中的236,350吨碳排放配额划拨至乙方账户。乙方在2018年7月31日前将余款3,781,600元及交易手续费7563.2元共计3,789,163.2元转入交易中心账户中，交易中心审核通过后，从交易中心账户转入甲方账户，甲方收到全部款项后，将 50,000 元保证金原路退回给乙方。B 公司的法定代表人为该合同项下的余款支付及乙方义务履行提供连带责任保证。

合同签订后，B 公司向 A 公司支付了 50,000 元保证金。交易中心根据该合同及 A 公司、B 公司的要求，于 2018 年 6 月 28 日在其交易系统完成上述 236,350 吨碳排放配额的转让划拨，并出具交易凭证。事后，B 公司没有按约定于 2018 年 7 月 31 日将资金转入其交易账户。2018 年 11 月 20 日，双方签订《某碳排放配额补充协议》，约定 B 公司同意按《转让合同》违约条款处理，即 A 公司取得 B 公司 25 万吨碳排放配额（其中 16.6 万吨已于 2018 年 8 月 14 日划拨到 A 公司账户），剩余 8.4 万吨碳排放配额 B 公司将于 2018 年 11 月 24 日前划拨到 A 公司账户。此后，B 公司既没有向 A 公司划拨 8.4 万吨碳排放配额，也没有支付该笔碳排放配额的对价款。

A 公司认为，交易中心在上述交易中应当核实及保证 B 公司的交易资金到位，在 A 公司已支付碳排放配额的情况下，交易中心负有向 A 公司支付交易款项的义务，且不能以其未收到 B 公司缴存的涉案转让款项为由而免责。故 A 公司将交易中心诉至法院，要求赔偿其损失 2,183,160 元并承担本案的诉讼费用。

争议焦点

在 B 公司没有向 A 公司支付涉案碳排放配额转让款的情形下，交易中心是否因此负有向 A 公司赔偿损失的法律责任。

代理意见

本案中，对于交易双方选择的碳排放配额交易模式，交易中心既没有义务保证 B 公司的交易账户必须持有满足涉案交易的相应资金，也没有义务保证 A 公司一定可以获得涉案交易款项，具体理由如下：

首先，根据《交易中心交易规则》第 16 条的规定，确保交易账户中持有满足成交条件的碳排放配额或资金，是进行碳排放配额交易双方的义务，而非交易中心的义务。A 公司和 B 公司作为交易参与人在交易中心进行碳排放配额交易，应受到该规定的约束。交易中心并不属于交易参与人，因此其并不负有该项义务。

其次，关于交易中心在本案交易模式中应保证 B 公司实际拥有与交易申报相对应的资金,缺乏明确的约定,交易中心不负有这样的约定义务。一方面,交易中心与A公司之间并没有就此进行特别约定。另一方面,《交易中心交易规则》第26条对交易结算时间和结算方式进行了规范,但并未直接规定交易中心在任何交易模式下均负有保证交易参与者实际拥有与交易申报相对应的碳排放配额或资金的义务。

再次,《碳排放权交易管理暂行办法》(国家发展和改革委员会令第17号)和《广东省碳排放管理试行办法》,虽然规定了交易机构应建立交易风险管理制度,但都没有明确规定交易机构负有保证交易参与者实际拥有与交易申报相对应的碳排放配额或资金的义务。在立法尚未进行明确规定的情况下,仅仅根据"交易机构应建立交易风险管理制度"即一概认定交易机构负有这种保证责任,缺乏充分正当的理由。

最后,A公司作为专业从事碳排放配额投资业务的商事主体,在交易时明知B公司的交易账户并没有相应的资金,自愿先行把自己的碳排放配额转让划拨给B公司,应自行承担相应的商业风险。A公司与B公司约定碳排放配额转让划拨至B公司账户的时间是2018年6月28日,而转让款的支付时间为2018年7月31日。交易中心是根据A公司的指示将涉案碳排放配额划拨给B公司的,A公司却要求交易中心对B公司未支付转让款承担赔偿责任,有违诚信。

案例评析

本案在业内具有一定的新颖性和参考性,主要体现在以下两个方面:

其一,从案件所属领域来看,本案所涉碳排放权交易,是在设定强制性的碳排放总量控制目标并允许进行碳排放配额交易的前提下,通过市场机制优化配置碳排放空间资源,为排放实体碳减排提供经济激励,是基于市场机制的温室气体减排措施。我国碳市场建设过程相较于部分发达国家起步较晚,自2011年起在北京、天津、上海、重庆、湖北、广东、深圳7个省市开展了碳排放权交易试点工作。碳排放权交易市场发展至今,本案是第一例交易主体与交易场所之间关于碳排放配额交易的诉讼争议,具有一定的新颖性。

其二,从案件的裁判观点来看,本案两级人民法院的判决认定交易中心作为交易平台,其职责系为碳排放配额交易提供交易场所、相关设施及交易相关服务,而并非交易合同的参与方或保证方,无法定或约定的义务为交易参与人承担交易风险。根据《交易中心交易规则》第6条的规定,"交易参与人是指在交易中心进行碳排放配额交易的各方参与人，主要包括：（一）纳入广东省碳排放配额交易体系的排控企业、单位和新建项目企业；（二）符合规定的投资机构、其他组织和个人”。相反，交易参与人应当对其交易账号发出的交易指令和产生的交易结果承担相应的法律责任，对其所订立的合同承担相应的风险和法律责任。本案的判决明确了交易场所和交易参与人在碳排放配额交易市场中的角色、地位以及各自应当承担的责任和风险，对日后类似纠纷的处理具有一定的参考性。

专家点评

本案为碳排放权交易市场产生的合同纠纷，两级法院在本案中较为清晰地阐明了各方主体的市场地位和角色、权利和义务关系，对今后处理类似的纠纷具有一定的参考意义。

然而随着碳排放权交易市场的发展和日渐成熟，以及全国碳排放权交易市场于 2021 年 7 月 16 日正式上线，碳排放权交易市场参与主体之间因各种原因产生纠纷恐不能避免甚至会逐步增加。在这种大趋势下，如何防范和应对风险和争议显得尤为重要。对交易服务的提供者即交易场所（交易中心）而言，势必需要依法依规全面制定并根据市场发展的具体特征逐步完善相关碳交易产品的登记、交易和结算规则以及会员管理制度，为交易参与人提供清晰明确的交易指引和更加高效、便捷的会员服务；对碳排放权交易市场的交易参与人而言，也应严格遵循相关法律法规和交易中心制定的交易规则和会员管理制度，正确认识交易中心的角色、地位以及商业活动的交易风险，事先做好相关的风险防控措施。只有各方共同努力，才有助于防范和化解相关交易风险，构建和谐有序的交易环境，进而朝着 2030 年年前达峰、2060 年年前实现碳中和的目标靠近，为建设生态文明、应对中国乃至全球气候变化贡献积极力量。

（点评人：杨桦，广东外语外贸大学法学院教授）

新能源项目光伏发电纠纷中工程承包方责任承担的法律实务探究

——某新能源公司与某变流技术公司EPC总承包项目承包合同纠纷案

朱　滔　冯丽娟

摘　要

湖南某新能源有限公司(以下简称新能源公司)与湖南某变流技术有限公司,即项目承包人(以下简称变流技术公司)签订了《长沙地铁1号线2.1MW分布式光伏发电项目EPC承包合同》(以下简称《EPC承包合同》),约定由变流技术公司采用EPC总承包方式承建光伏项目中项目设计、设备采购、施工等全部工作,在施工过程中由于光伏组件迟延到场、并网施工方案多次调整等多种原因不得不多次整改,导致光伏项目工期严重延误,且新能源公司主要是依靠电力补贴完成此项目,在资金压力下被迫未完成验收即投入发电,而变流技术公司认为光伏项目已经实际投入使用,即视为竣工验收合格,此后便不再配合项目整改。双方在尾款支付以及验收问题上无法达成一致故提起仲裁。

代理律师凭借丰富的执业经验,抓住案件关键点:首先确认仲裁条款无效,目的是将该案移送长沙法院,在双方较为公平的司法环境下进行审查;其次在实体程序中提起反诉;最后在大量的判例检索下找到在此领域确有资质的鉴定机构。在主审法官、双方当事人及代理律师的共同努力下,本案最终以调解方式结案,律师团队最终为委托人新能源公司节省支出比例高达69%。

案情简介

新能源公司承建长沙地铁 1 号线屋顶光伏发电项目，以新能源光伏发电的方式供给长沙地铁日常使用。为此，新能源公司与变流技术公司于 2015 年 10 月 30 日签订了《EPC 承包合同》，约定由变流技术公司采用 EPC 总承包方式承建光伏项目中项目设计、设备采购、施工等全部工作，合同约定工期为自合同签订或开工令生效且预付款到位后 90 日。与此同时，双方签订了《长沙地铁 1 号线 2.1MW 分布式光伏发电项目 EPC 承包技术协议》（以下简称《EPC 技术协议》），本协议中对变流技术公司在施工中的各项技术要求作出了明确约定，其中第 1.2.1.1 条约定变流技术公司应保证所提供的总体光伏组件故障率≤0.01%；第 1.2.1.4 条约定，系统总效率≥75%。

变流技术公司于 2015 年 12 月 16 日进场施工，按照《EPC 承包合同》的约定，变流技术公司应于 2016 年 3 月 29 日完工并通过竣工验收。但在施工过程中因为光伏组件迟延到场、并网施工方案多次调整、新增变电柜等多种原因不得不多次整改，导致光伏项目工期严重延误。

因业主方新能源公司运营本光伏项目主要依靠政策性电力补贴及长沙地铁电力使用费，而电力补贴正在随着出台政策的不断调整而减少，如迟迟未能完成并网发电，则项目可能尚未开始运营便注定投资失败。在发电时间紧凑与项目无法通过验收的双重矛盾下，新能源公司选择在未对变流技术公司施工项目整体验收的情况下投入并网发电，光伏项目于 2017 年 11 月 30 日并网发电，而变流技术公司认为光伏项目已经实际投入使用，即视为竣工验收合格，此后便不再配合项目整改。

在项目移交后，新能源公司持续就光伏项目工程存在的质量问题、未完工程问题与变流技术公司进行沟通，并要求其更正，但变流技术公司一直推脱。2018 年 7 月 18 日，原本 90 日工期的光伏项目已承建 3 年之久，新能源公司委托南德认证检测（中国）有限公司针对光伏项目进行现场检测，并出具《综合检测报告》，报告显示：变流技术公司提供的光伏组件无出厂合格证明，且光伏组件存在隐裂、边角碎片、电池片碎片等问题，故障率高达 95%，远高于合同约定故障率；光伏项目实际系统效率为 70.77%。实际系统效率低于合同约定系统效率，由此产生的系统效率差额将持续性地给新能源带来发电利润的经营损失。

变流技术公司对以上检测结果并不认可，双方由此产生如下争议问题：

（1）尾款支付问题。变流技术公司认为光伏项目已并网发电，新能源公司应按约支付合同尾款及违约金，新能源公司认为综合检测结果显示光伏项目组件故障率、系统总效率均不合格，这直接影响其往后20年的运营收益，变流技术公司应继续整改。

（2）检测结果问题。因光伏发电项目自2015年刚刚兴起，国家各项政策及标准尚未完善，所以检测结果中提到的组件故障率、系统总效率，尚无国家标准、行业规范、合同约定对其做出具体明确的要求，导致这两项合同约定无法验证。同时系统总效率要求测试同一地点一年内的平均效率，这种持续性、长时间的检测对新能源公司的运营来说也是难以接受的。

争议焦点

1. 变流技术公司是否存在违反合同约定的违约行为。
2. 案涉光伏项目是否通过竣工验收，合同约定付款条件是否成就。
3. 变流技术公司违约行为是否给新能源公司造成损失。

代理意见

1. 诉讼程序内容

在律师团队介入项目时，变流技术公司已向其所在地株洲市仲裁委员会提起商事仲裁，因变流技术公司是在当地颇有影响力的大型企业，在其当地诉讼有较大的地缘优势。据此，代理律师介入的第一项工作就是确认仲裁条款无效，目的是将该案移送长沙，在双方较为公平的司法环境下进行审查。

本案以一场确认仲裁条款无效之诉拉开帷幕，《EPC承包合同》争议解决条款约定："双方发生争议时，应当友好协商。协商不成，提交原告方所在地仲裁委员会以其仲裁规则进行仲裁。仲裁裁决是终局的，对双方均有约束力。"株洲市仲裁委员会据此受理，代理律师认为争议解决条款对于仲裁事项、选定的仲裁委员会均约定不明确，该仲裁条款无效，以此向株洲市中院提起确认仲裁条款无效，后株洲市中级人民法院支持了代理律师的观点，认定仲裁条款无效。

而后，变流技术公司向其所在地区法院起诉，新能源公司为避免在变流技术公司具有地缘优势的法院审查，故提起管辖权异议，后经两级人民法院审查，同意移送本案至长沙市天心区人民法院。

本案在管辖审理的过程中并不是一帆风顺，变流技术公司认为已经确认管辖条款无效，所以因合同纠纷提起的诉讼，应由被告住所地或者合同履行地人民法院管辖，变流技术公司认为本案履行地点不明确，应该按照履行地点不明确，给付货币的，在接受货币一方所在地履行；交付其他标的，在履行义务一方所在地履行。其认为接受货币及交付标的均在其所在地，所以应该由其所在地区法院负责审查。

新能源公司认为，变流技术公司的主张是对光伏项目本质以及法律规定的曲解。本案被告住所地为被告注册地、合同履行地为工程施工地，两者均位于长沙市天心区，故应移送长沙市天心区人民法院审查。在“合同履行地”这一争议问题上，律师团队查阅相关资料，最终引用《最高人民法院民事诉讼法司法解释理解与适用》一书中的观点，在双务合同的众多义务中必有一个能反映合同本质特征的义务，不同合同的类型彼此相异，主要原因就在于这个本质性义务的区别，所以在双务合同中非金钱给付义务是该类合同的区分标志，只有这一特征义务的履行地才是确定管辖依据的履行地，后本案经两级法院审查最终支持代理律师的观点。

2. 诉讼实体工作内容

本案在程序上经过三个司法机关审查后最终尘埃落定，正式进入实体审查阶段。

在实体程序中代理律师做的第一个动作是提起反诉，因本案的案件类型新颖，该地法院之前未有审查经验，主审法官一度不受理反诉请求，直到代理律师在第一次开庭审理时当庭提出反诉，主审法官在无法回避的情况下接收反诉材料，反诉程序才得以正式开始。

在实体程序中代理律师做的第二个动作是寻找鉴定机构，因光伏项目的特殊性，所以对光伏项目的检测、鉴定并不是一般的鉴定机构均可以进行，需要找到专业的、了解光伏行业的鉴定机构才能做出相对公正的检测结果。首先，代理律师在长沙市天心区的鉴定机构名单中逐一筛查，未发现有光伏项目检测经验的鉴定机构；其次，代理律师扩大了搜索范围，在湖南省检索光伏相关判例，在光伏项目建设工程纠纷、承包纠纷、买卖合同纠纷的判决中寻找做过司法鉴定的鉴定机构，然而未果；最后，代理律师自上而下开始了案件检索工作，检索范围从最高人民法院判例到各地高级人民法院判例，再到各地中级人民法院判例，最终在永州市中级人民法院的一份判决中发现其委托了专业的鉴定机构“国家太阳能光伏产品质量监督检验中心”进行司法鉴定，后续通过代理律师与国家太阳能光伏产品质量监督检验中心的沟通和了解，认为其具备鉴定光伏项目的专业资质。

在实体程序中代理律师做的第三个动作是庭前准备，律师团队按照庭审进程进行书面推演,在庭前模拟各个庭审环节,详细分析双方的薄弱环节,并逐一进行准备,形成了较为完备的庭前准备材料,后在第二次开庭审理过程中,全场的庭审进场在代理律师的把控中进行。

本案因类型新颖、历时时间长、相关领域法律法规尚未完善,故给法院的审判工作带来一定的困难,在主审法官的引导下,双方当事人参与调解工作。从起初双方的调解方案分歧较大,再到几个回合的商业洽谈,最终双方达成调解协议,以民事调解书的方式结案,同时,我方委托人新能源公司也取得了较为满意的调解结果。

案例评析

在本案诉讼程序启动之初,律师团队为客户分析了诉讼路径以及最终的受理法院,后本案按照律师团队的预测推进。(见图 4)

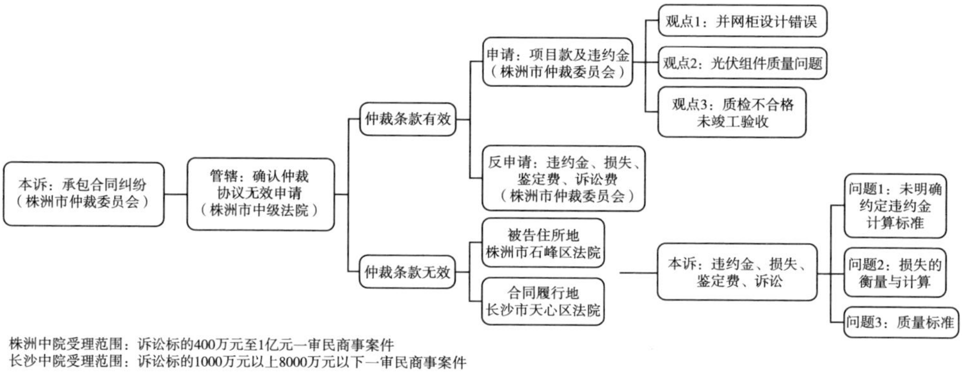

图 4　办案路径模拟

本案在诉讼的进行过程中,代理律师多次模拟诉讼场景,分别以书面及现场沟通的形式为委托人做诉讼预演,在委托人与律师团队的共同决策下,一步步推进诉讼进程,最终以诉讼审理与非诉讼谈判相结合的方式,取得了诉讼结果与商业利益双重获利的最终结果。

专家点评

随着新能源行业的蓬勃发展,光伏发电产业近年来也发展迅速,诉讼纠纷多发。又由于业务领域新颖、案件复杂度高,且涉及较多的建设工程领域内容,专业性极强,非常考验代理律师在诉讼策略及办案经验方面的综合水平。

本案件在办理过程中无论是从诉讼程序方向的选择,还是从实体法律方面的把控,抑或庭前准备工作的缜密安排,应当说都为代理律师作出了教科书式的示范,具有重要的实践应用价值。面对疑难复杂案件,案例搜集、案情分析、图表制作和模拟抗辩都是必不可少的工作。并且在相关法律法规并不完善的情况下,把握并引导法官对于案件的理解及裁判思路也是尤为重要的。

（点评人:慕亚平,中山大学法学院教授）

千万赔偿＋十年修复，守护绿水青山

——环境污染民事公益诉讼案调解有新意

刘　嘉

摘　要

由某省环境保护基金会提起的与广州市莲某船舶清油有限公司、深圳市前海穗某石油化工贸易有限公司、崔某荣、陈某樵、陈某洪、陈某达、张某、彭某华、黄某东、何某仔、陈某胜、李某品、李某均、徐某光、彭某波、管某南和李某垣等人非法处置危险废物环境污染责任纠纷公益诉讼一案，已于2021年3月4日由广州市某人民法院发出环境公益诉讼民事调解书，调解结案。该案原告为某省环境保护基金会，支持起诉人为广州市某区人民检察院。

案情简介

2017年1月起，被告深圳市前海穗某石油化工贸易有限公司（以下简称穗某公司）的法定代表人被告崔某荣、股东被告陈某樵与被告广州市莲某船舶清油有限公司（以下简称莲某公司）法定代表人徐某文（在逃，另案处理）商谈，由莲某公司将部分场地和设备出租给穗某公司经营非法“洗油”业务。

2017年9月至2018年4月，穗某公司未依法通过环境影响评价文件，擅自开工建设并投入生产，在无危险废物处理资质等相关经营资质的情况下，在上述场地使用“硫酸白土法”进行非法“洗油”业务，直到2018年4月26日生态环境部到莲某公司开展专项督查才停产。穗某公司在此期间将油品贸易中未达销售标准的油品和运输、储存中产生的杂质较多的罐底油进行精制，精制时通过投加硫酸去除油品中的氧化物等物质，然后加入白土进行助凝合吸附，必要时需要碱洗，精制过程对水体、大气和土壤等环境造成严重污染。其中崔某荣负责穗某公司油品的购买和销售,陈某樵负责穗某公司“洗油车间”的经营,被告陈某洪在明知穗某公司从事非法“洗油”业务的情况下,负责协助被告李某垣对“洗油车间”进行监管和开展运营工作。被告陈某达在明知穗某公司从事非法“洗油”业务的情况下,负责穗某公司与莲某公司的前期洽谈、车间筹建、油品计量工作。在“洗油车间”正式运营后,陈某达负责油库和“洗油车间”的安全生产监管工作,不定期地查看油库罐底油的积存情况并向上级汇报,以及安排工人从油品储罐内抽取危险废物罐底油约 40 吨到“洗油车间”进行非法“洗油”。

在穗某公司非法经营“洗油”业务期间,经莲某公司法定代表人徐某文的授意,莲某公司的管理层为保障穗某公司的顺利运营,为穗某公司提供航运油品的海事报备手续、原料采购、安全管理、技术支持、危险废物处理处置、逃避查处等服务和便利。其中,被告张某代表徐某文负责莲某公司全面事务的管理事宜,修改中滘(南沙)海洋环保项目的规划,将穗某公司“洗油车间”以莲某公司“过滤车间”的名义纳入海洋环保项目的规划进行报建,审核通过莲某公司为穗某公司购买原料硫酸和处理处置危险废物白土渣及酸渣的合同,为穗某公司安装监控以提供安全生产保障,并要求莲某公司对穗某公司的业务进行保密。被告彭某华负责租罐业务的具体跟进和实施,在莲某公司以其名义为穗某公司购买原料硫酸 100 吨时,由彭某华负责向公安机关购买易制毒化学品的备案。后彭某华又代表莲某公司与湛江绿某再生资源有限公司(以下简称绿某公司)签订合同,以处理莲某公司经营过程中产生的“酸性含油物质”和“含油污泥”为名,帮助穗某公司违规处理非法“洗油”产生的危险废物酸渣和白土渣,并在穗某公司运输危险废物的过程中安排车辆进出厂区。经统计,绿某公司在穗某公司没有填写危险废物联单的情况下,为穗某公司处理酸渣 631 吨。被告黄某东为使莲某公司能够承揽穗某公司的酸渣处理业务,多次进行酸渣处理实验和购买相关设备,在穗某公司运输危险废物的过程中安排车辆进出厂区,并放任穗某公司对没有进行环保报备的危险废物非法处理。被告何某仔负责对穗某公司油品进出、装载及“洗油车间”的安全生产进行监管,并组织和协调穗某公司从油品储罐内抽取危险废物罐底油约 40 吨到“洗油车间”进行非法“洗油”。

后因绿某公司拒绝为穗某公司处理白土渣,穗某公司厂长被告李某垣经被告陈某胜介绍,将白土渣售卖给被告李某品(其油泥加工厂位于广州市白云区头坡塔脚北街 5 号对面),李某品将白土渣又转卖给经营压油工厂的被告李某均(其油泥加工厂位于清远市连南瑶族自治县寨岗镇石坡洞南县广联矿业有限公司)、被告彭某波和被告徐某光(其油泥加工厂位于江门市新会区古井镇慈溪管理区蛤蚧山北帝庙),并聘请被告管某南的车队负责运输白土渣到上述人员的厂区。李某品、李某均、彭某波和徐某光所经营的压油工厂未依法通过环境影响评价文件,擅自开工建设并分别投入生产,在无危险废物处理资质等相关经营资质的情况下,将白土渣通过煮烧或压榨加工的方式提炼出油品后销售牟利。李某品、李某均、彭某波和徐某光在处理上述白土渣过程中,均存在超标排放含油污水等污染物的行为,含油污水会对周边环境造成污染,含油污泥以及加工生产的废矿物油、含油泥渣均属于危险废物,均未采取防扬散、防流失、防渗漏措施,不符合《危险废物贮存污染控制标准》(GB 18597—2001)相关要求,不具备危险废物收集、贮存、处理的环境保护条件,上述危险废物对水体、大气和土壤等环境造成不同程度的污染与破坏。

经统计,被告穗某公司和莲某公司共非法处理处置危险废物罐底油 40 吨,全部被告共非法处理处置危险废物白土渣 1074.81 吨。穗某公司非法处置“洗油”产生的酸渣、白土渣两种危险废物,“酸渣”通过莲某公司的协助违规交由绿某公司处理。非法“洗油”所产生的白土渣等危险废物经陈某胜倒卖至位于广州市白云区头坡塔脚北街 5 号对面李某品的油泥工厂、位于清远市连南瑶族自治县寨岗镇石坡洞南县广联矿业有限公司李某均的油泥工厂和江门市新会区古井镇慈溪管理区蛤蚧山北帝庙彭某波和徐某光的油泥加工厂三处非法处置地点。三处涉案地点现场已经清理完毕,未处置的白土渣 147.06 吨全部经南沙区环保水务局运至涉案地点莲某公司“洗油车间”,加上原穗某公司未运出去的白土渣约 30 吨,共约 177 吨白土渣及涉案其他涉及危险物管理的物品存放在仓库,在案件审理过程中,经起诉方要求,已由莲某公司合法处置完毕,避免了二次污染。

争议焦点

原告未能证明罐底油危害后果,以及处置白土渣的行为所造成环境污染的程度及相应损失金额。

代理意见

1. 广州市某人民法院于 2020 年 4 月 29 日作出刑事判决,被告穗某公司、莲某公司、崔某荣、陈某樵、陈某洪、陈某达、张某、彭某华、黄某东、何某仔、陈某胜、李某品、李某均、徐某光、彭某波、管某南和李某垣等人均因犯环境污染罪被判处有期徒刑和罚金。

2. 方益民、张汉海、罗永宝三名专家于 2018 年 7 月 20 日联名出具的《专家评估意见》中载明了罐底油的危害。

3. 具有专门知识的人陈能场出庭发表专业意见，对处置白土渣的行为所造成环境污染的程度及相应损失金额提供了专家意见。

处理结果

广州市某人民法院确认调解协议主要内容如下：被告莲某公司将其库存的白土渣、酸渣、罐底油等危险废物依法处置完毕。莲某公司与穗某公司于 2021 年 7 月 30 日前支付赔偿款 15,000,000 元，该款项直接上缴国库，用于环境的保护和改善。被告莲某公司承诺于 2021 年至 2030 年每年用于环境公益事业的支出不低于 1,000,000 元，第三人中滔环保集团有限公司自愿对上面所列债务的执行承担连带责任。同时莲某公司支付为提起公益诉讼而支出的律师费和自该调解书生效之日起 1 个月内在《广州日报》上公开书面赔礼道歉。

案例评析

本案是中央环保专项督察案件，体现了与生态环境蹉商机制的有机结合，也是开展公益诉讼试点工作以来，广州市检察机关支持起诉的环境侵权公益诉讼标的最大的案件，并将此案列为指导性案例。目前被告已按调解协议逐步履行了法院调解书的条款。

专家点评

民事公益诉讼案件不同于一般的民事案件，涉及的利益主体是生活在被污染环境中的大量人民群众，受理法院应当主动审查原告的诉请及证据是否能够有效地保护社会公共利益和受破坏的生态环境。而这起民事环境公益诉讼的污染现场已不复存在，难以对环境被污染的程度进行鉴定，原告提供的证据又相对薄弱，如仅仅按照举证规则裁判，结果明显不足以有效地保护社会公共利益和修复受破坏的生态环境，针对本案存在的疑难复杂状况，法院在认真研判案情的基础上，与检察院、原告反复沟通后，确定了调解的整体工作思路。本案调解结案更加有效地保护了社会公共利益和不特定多数人的环境权益。同时,相较一次性的赔偿及道歉,让造成环境污染的主体持续性地参与环境公益事业,更加能够让环境侵权人充分认识到自身错误,也更加有助于树立正确的价值导向。

本案的成功办理彰显了我国严厉打击污染环境违法犯罪行为的决心,展现了公益组织、检察机关联合办理案件的水平和实效。充分体现了公益诉讼在对污染环境违法犯罪行为进行刑事、民事、行政三位一体的立体打击,有效遏制污染环境的违法行为的同时,又提高了人民群众的环保意识,切实保障了南沙自贸区的绿色生态环境,为优化自贸区的营商环境提供了有力的司法保障,最大限度地保护了国家和社会的公共利益。

(点评人:向金波,华南理工大学法学博士)

刑民交叉案件中被害人获得民事救济的方式

——某房地产公司诉某酒店公司合同纠纷案

江 波

摘 要

本案合同金额达6亿元，诉争损失达1.5亿元，涉及公司设立合同、房地产转让合同等多重法律关系，涉及"民刑交叉""民行交叉"，涉及合同责任与侵权责任竞合。案经广州市中级人民法院一审、广东省高级人民法院二审、最高人民法院再审审查，最后委托人的全部诉讼请求得到支持。

案情简介

2007年至2012年，某公司的法定代表人张某某向广州市某镇主要领导陈某某行贿和进行利益输送。陈某某滥用职权，指令某房地产公司将其国有房地产低价转让给某酒店公司。

为规避监管，双方以合作方式设立某酒店公司，投资金额为6亿元，标的为五星级酒店；再由房地产公司向酒店公司转让案涉土地，转让金额为1800万元；最后由房地产公司转让股权给张某某的公司。上述交易过程中，某镇就上述交易形成数十份会议纪要，案涉房地产通过价值评估，部分房地产通过公开方式成交，转让股权通过价值评估并通过公开方式成交，一切在表面上符合合规性要求。

某区检察院在侦办陈某某经济犯罪案件过程中"穿透"上述交易：案涉房地产以1800余万元的价格转让，但经评估时值1亿余元。检察机关向某镇政府发出检察建议，要求镇政府挽回国有资产损失。该区检察院嗣后提起行政公益诉讼（全国首批且标的巨大）督促镇政府通过民事诉讼实现救济。

为此，镇政府要求某房地产公司（委托人）在1个月内，在广州市中级人民法院提起诉讼。委托人找了广州市四家律师事务所论证,律师根据公司设立合同等表面证据,建议按该合同起诉。委托人起诉至广州市中级人民法院,被告知诉争合同涉及金额6亿元,超过广州市中级人民法院的管辖范围(按当时标准)。委托人为此找到代理律师。代理律师在查阅十余卷案件材料后,当即提出以侵权起诉的诉讼策略,响应了委托人在广州市中级人民法院立案的需求。在代理律师协助下,该案由广州市中级人民法院于2017年1月23日立案,满足了镇政府1个月内立案的要求,后行政诉讼据此解决。其中,某区检察院以"支持起诉机关"参加诉讼。

检察机关分别对张某某行贿,陈某某受贿、滥用职权提起公诉。但至本案一审开庭时,上述案件没有审结。代理律师据此申请本案中止审理,得到支持。

上述刑事案件的生效判决,认定张某某犯行贿罪,陈某某犯受贿罪和滥用职权罪。本案恢复审理后,按照法院释明,原告将诉讼请求变更为合同无效或撤销房地产转让合同,诉争房地产不能返还(被告已兴建酒店至封顶),应当折价补偿,诉请的补偿标准为评估价与合同价之间的差价,以及赔偿孳息损失。审理过程中,代理律师紧紧抓住生效刑事判决所认定的事实,主张诉争合同在目的和内容上违法,应判定合同无效或撤销。代理律师直接引用刑事判决对辩护意见的评述反驳被告的答辩,加强了代理意见的说理性。更重要的是,代理意见重点提出,本案是被告法定代表人张某某向陈某某行贿和进行利益输送,陈某某滥用职权帮助被告以1800万元的价格取得时值1亿余元的诉争房地产,两者的差额系犯罪所得。由于刑事判决没有对犯罪所得作出处理,本案应根据刑事判决对犯罪所得给予民事救济。一审法院支持了原告的全部诉讼请求。

酒店公司提起上诉,并提交了第三方对诉争房地产的评估报告,主张诉争房地产时值仅4000余万元,而非刑事判决认定的1亿余元。代理律师洞察到评估报告设定的容积率为1.0,而非真实的2.5,以此否定评估报告的证明力。并进一步提出,如果将容积率修正为2.5,其评估价值与刑事判决认定的数额仅相差60余万元,利用对方的证据证明了我方主张。二审法院维持了一审判决。

对方向最高人民法院申请再审,被最高人民法院驳回。

争议焦点

本案的核心争议问题为:(1)房地产转让合同与公司设立合同的关系,我方明确诉争房地产转让依据的是转让合同,厘清了两者的关系;(2)合同的效力,合同的违法性由刑事判决认定，对方没有提出足以否定刑事判决的证据，合同无效或可撤销理所当然；(3)合同撤销的法律后果，主要涉及作价补偿的标准。刑事判决已认定损失数额，对方没有提出足以否定刑事判决的证据，理所当然应以刑事判决认定的数额作为补偿标准。

代理意见

本案成功代理，核心在于：在2个小时内，根据委托人的需求，代理律师从近十卷案件材料中提炼出本案的基础法律关系，即房地产转让合同，而非投资合同，并提出侵权的诉讼角度，说服委托人接受。事实证明，案件成功由广州市中级人民法院在起诉当日受理，在审理过程中提出中止审理，取得生效刑事判决后恢复审理，以刑事判决认定的事实为依据主张权利，案经一审、二审、最高人民法院再审审查，成为铁案，是代理律师在2个小时内提出的诉讼策略的结果。

案例评析

1.本案通过运用诉讼策略完美契合了委托人的需求。委托人要求2017年1月末之前在中级人民法院起诉立案，代理律师通过法律关系分析，找到切入角度，判断本案存在合同责任与侵权责任的竞合，实现了委托人收回差价的目的。

2.在案件涉及刑民交叉时，处理民事案件需紧紧围绕生效刑事判决确定的事实。刑事判决作出后，代理律师紧紧抓住生效刑事判决所认定的事实，主张诉争合同在目的和内容上违法，并直接引用刑事判决对辩护意见的评述来反驳被告的答辩，指其与辩护意见雷同，加强了代理意见的说理性。代理律师主张由于刑事判决没有对犯罪所得作出处理，本案应根据刑事判决对犯罪所得给予民事救济，得到了法院的认可。

3.证据的挖掘和运用。案涉房地产公允价值的确定是核心争议焦点，该争议围绕两份评估报告展开：检察机关委托评估得到的评估报告以及被告提交的评估报告。前者既被刑事判决采信，也是被告的攻击重点，代理律师主张该报告不是本案的证据，而是刑事诉讼的证据，本案没有对其审查认定；对本案具有证据效力的，是生效刑事判决认定的事实。后者系被告单方委托评估，其评估的基础数据：容积率1.0是不真实的，真实容积率为2.5，在容积率1.0的基础上，涉案房地产的价值只有4000余万元，修正为2.5后，其评估价值为1亿多元，比照检察机关委托评估得到的评估报告仅低了60余万元(可忽略不计)。

专家点评

本案中原告的诉讼请求在一审诉讼期间发生了变更,由"请求侵权损害赔偿"变更为"请求确认合同无效或者撤销",此时距离其知道自身权利受到侵害已超过一年,既然除斥期间不可变,是否因此导致原告的撤销权消灭?生效的刑事判决已认定:陈某某利用职务之便收受张某某的贿赂并强令某房地产公司按张某某指定的地价转让案涉房地产,案涉合作合同是某房地产公司受到胁迫签订,享有撤销权。尽管原告诉讼请求的依据及理由在一审诉讼期间发生了变更,但其维护自身合法权益的诉讼目的未变、积极采取措施寻求法律救济的事实未变,根据本案的实际情况和撤销权制度设置的目的,原告的撤销权并未消灭,对撤销权除斥期间法律条文的理解此时需用到立法目的解释方法。

(点评人:单文华,西安交通大学法学院院长)

民事行为如违反规章、监管政策同时导致违反公共秩序的，应认定无效

——维护粤港澳大湾区港资企业合法权益诉讼案

苏东海　黄　恒　陈润垣

摘　要

本案是一宗涉及港资企业及内地国企关于转供电电价问题的诉讼案件。案件所反映的转供电过程中多收电费问题在某市内非常普遍，用电单位往往被动接受了种种不合法、不合理的加价行为。代理人代理过程中进行了大量的案例检索，尤其是某市中级人民法院的类案，对于承租方要求出租方或转供电方退还多收电费的诉求，大多数均予以驳回。本案亮点在于，从法律、行政法规强制性规定的角度出发，结合社会主义核心价值观的理念进行论述，将抽象的价值理念转化为具体的行为规则，明确了违法多收电价属于无效行为，刷新了中级人民法院之前对同类判决的认定，对今后关于电费案件的处理具有示范作用，有利于优化营商环境，有利于引导社会公众积极践行社会主义核心价值观，有利于形成社会新文明、新风尚。

案情简介

2014 年 4 月 30 日，出租方新绣公司与承租方银都公司签订房屋租赁合同，约定由新绣公司将某处房产出租给银都公司作影棚及办公使用。合同约定水、电（含线损费）、煤气、通信等费用概由银都公司承担，该房屋的物业管理费、水、电（含线损费）、煤气等，按政府物价部门或相关收费单位规定标准执行。该物业原来的产权人是轻机公司，是新绣公司于 2000 年 12 月竞拍得的。竞得物业后，新绣公司一直没有办理用电过户手续，一直由轻机公司进行转供电。刚开始，由轻机

公司向新绣公司发出缴费通知书,通知其缴费。之后,2014 年 8 月 20 日、26 日,新绣公司、银都公司分别向轻机公司发出函件,通知轻机公司案涉物业的电费,由银都公司直接支付。自 2014 年 9 月起,银都公司逐月按轻机公司发出的缴费通知书缴纳电费,缴费通知书上均载明当期用电及损耗费的用量及单价(均为 1.674 元)、当期应交费用金额等。2018 年 5 月,因电房的电力设备被雨水浸淹导致断电需要维修,银都公司才发现自己一直以来向轻机公司均多交了巨额电费,要求按照政府规定的收费标准进行调整,并要求轻机公司予以退还。此后,轻机公司、新绣公司及银都公司多次就电费标准问题召开座谈会,轻机公司认为,当时在与新绣公司确定电费固定单价 1.674 元的时候说得很清楚,除了正常交给供电局的费用外,还包括电房产生的人工费、维修费、维保费、损耗费等。在这过程中,银都公司曾多次明确要求轻机公司退还多收的电费,但均无法达成一致意见,故引发本案诉讼。

争议焦点

1. 各方当事人银都公司、新绣公司与轻机公司之间存在何种法律关系。

2. 轻机公司按固定单价 1.674 元的标准向银都公司收取电费是否有依据,是否应向银都公司退还多收取的电费。

代理意见

代理律师组代理的是银都公司,由于一审时以房屋租赁合同纠纷切入被一审法院驳回,而且银都公司与轻机公司没有直接的合同关系,鉴于银都公司在本次诉讼中的主要目的是要求轻机公司退回多收的电费,故在二审代理中,代理律师及时转变了代理思路,以不当得利向轻机公司主张权利。代理律师认为,要证明轻机公司构成不当得利,得先证明轻机公司多收电费没有法律上的依据,这也是本案最大的争议焦点。在一审中,法院认为,轻机公司以 1.674 元固定单价收取电费及其他相关费用是合理的,法律法规并未禁止转供电主体收取人工、设备、维保等相关合理费用;轻机公司向银都公司发送的缴费通知书均载明案涉单价 1.674 元包括用电费及损耗费,银都公司对费用构成明知且不持异议;况且某市政府部门制定的电价标准是向社会公众公开的信息,不存在轻机公司或新绣公司误导的情形。在二审中,代理律师从以下几方面阐述了轻机公司多收取电费没有法律上的依据：

首先，行政法上认为违法的行为，民法上同样应受到否定性评价。早在2019年10月，银都公司就轻机公司超政府定价标准向终端用户收取电费一事向某区市场监督管理局投诉，要求调查处理。该行政投诉案件直到2021年11月（本案二审处理期间）才有了初步的行政处理决定，即某区市场监督管理局责令轻机公司向银都公司退回多收的电费，二审法院依据代理律师的调查取证申请，调取了某区市场监督管理局调查该投诉案的相关资料，从而认定了轻机公司违法的事实。

其次，无论是《价格法》《电力法》，还是国家、省市发改委均三令五申，转供电企业只能按国家公布的销售电价向转供区域内的企业或租户收取电费，相关公用设施用电及损耗等，应通过物业费、租金或公共收益解决，不得通过加收电价的方式解决。上述规定属于涉及市场秩序、国家宏观政策的规定，根据2019年《全国法院民商事审判工作会议纪要》的规定，加收电费的行为，因违反了市场价格秩序、国家宏观政策，属于无效行为。

最后，本案的银都公司属于港资企业，而轻机公司属于国企单位，在当前提倡法治是最好的营商环境的形势下，从弘扬社会主义核心价值观出发，应当通过纠正一审的错误判决，促使各市场经济主体严格遵循市场价格秩序，维护守法企业的合法权益。

案例评析

在代理本案前，代理律师进行了大量的案例检索，发现大多法院对于承租方要求出租方或转供电方退还多收电费的诉求，均予以驳回。因此，二审法院能够从大局出发，考虑到案件判决作出后对社会的示范效应，认定轻机公司多收电费的行为属于不当得利，判令其予以退回，这无疑是一堂生动的法治宣讲课。

长期以来，大量转供电企业以所谓“用电损耗费”“人工费”“维保费”等名目，向用电单位变相加收电费。从本案来看，转供电企业加收电费的行为，已经违反了《电力法》《价格法》等强制性规定，除了需要退还多收电费外，还要面临行政处罚的风险。转供电企业应严格执行政府规定的电价价目表，按政府定价进行收费，无论以何种名义收费，均不能超过其向电网企业缴纳的总电价，不得以电费为基数加收服务类费用，不得在转供电环节中盈利。

专家点评

本案是涉及港资企业与内地国企之间关于转供电加价纠纷的诉讼案件。律师团队在办案过程中,从法律、行政法规强制性规定的角度出发,结合社会主义核心价值观的理念进行论述,将抽象的价值理念转化为具体的行为规则,明确了违法多收电价属于无效行为,成功使广州中院在二审中改判,摆脱了过去行政规定归行政规定、民事约定归民事约定的做法,既维护了粤港澳大湾区港资企业的合法权益,也更新了同类案件裁判标准。此案充分体现了律师团队对疑难案件的专业分析及解决能力,不会因为同地区有同类不利判例而动摇,坚持对社会主义核心价值观的论述,从而使案件在二审中得以改判,成为新的范例。

(点评人:吴家清,华南理工大学法学院教授)

广州某电力设备公司与某工程建设公司买卖合同纠纷案

苏耀云　曾　恺

摘　要

广州某电力设备公司与某工程建设有限公司就某供热管网工程签订买卖合同,某工程建设有限公司向广州某电力设备公司采购阀门设备,合同签订后,根据项目的实际需要,某工程建设有限公司共计向广州某电力设备公司购买了价值1,091,845元的设备,2015年12月该项目设备系统调试完成并一直正常运行,某工程建设公司以涉案买卖合同中公章为假、双方不存在买卖合同关系为由拖欠支付广州某电力设备公司剩余货款291,845元,经沟通无果,广州某电力设备公司起诉至广州某区人民法院,一审判决以证据不足支持了某工程建设公司的抗辩,驳回了广州某电力设备公司的诉讼请求。广州某电力设备公司提起上诉后,代理律师补强买卖合同有效证据,二审法院撤销了一审判决,某工程建设公司支付所欠货款。

案情简介

2014年5月,广州某电力设备公司与某工程建设公司就某供热管网工程签订买卖合同,合同约定某工程建设公司向广州某电力设备公司采购阀门设备,总金额为678,115元,货到现场50日内付至合同总额的95%,合同总额的5%作为质保金,在质保期满且没有任何质量问题后无息支付。合同签订后的履行过程中,根据项目的实际需要,某工程建设公司共计向广州某电力设备公司购买了价值为1,091,845元的设备,2015年12月该项目设备系统调试正常运行至今,广州某电力设备公司仅收到部分货款,某工程建设公司至今仍欠广州某电力设备公司货款

291,845元。广州某电力设备公司多次催要,某工程建设公司始终未支付任何款项,遂起诉至广州某区人民法院。

一审法院认为,广州某电力设备公司提交的某供热管网工程签订买卖合同中的某工程建设公司公章与某工程建设公司提交的相关材料中某工程建设公司的公章不一致,广州某电力设备公司亦表示不同意某工程建设公司有关公章真实性的鉴定申请,故广州某电力设备公司未能就某工程建设公司公章或者买卖合同的真实性提供充分的证据证明。此外,双方买卖合同明确约定合同经双方代表签字并加盖单位合同专用章或单位公章后,即行生效。而该合同注明某工程建设公司委托代表人为王某,但王某并未在合同中签字确认,故即使某工程建设公司的公章为真实,该买卖合同实际上也未生效。关于实际履行方面。首先,广州某电力设备公司提交的用以证明其已向某工程建设公司实际供货的送货清单、货物运单显示收货人为邵某或李某,而邵某、李某均系广州某电力设备公司与案外人某热电有限公司签订的《工矿产品买卖合同》所约定的收货人。虽然广州某电力设备公司与某工程建设公司签订的买卖合同中约定收货人为邵某,承上所述,该买卖合同并未生效。因此,广州某电力设备公司提交的证据无法证明邵某或李某有权代表某工程建设公司进行收货。且广州某电力设备公司提交的送货清单中仅有1张有邵某签字确认,其余送货清单均未有签字。广州某电力设备公司另主张案外人某热电有限公司系为某工程建设公司代购货物,亦未能提供证据证明。其次,广州某电力设备公司虽然提交了业务回单用以证明某工程建设公司曾向其支付了货款15万元,但某工程建设公司表示其实际系受分包人江苏某公司的委托而付款,广州某电力设备公司系与江苏某公司建立买卖合同关系,并提交了其与江苏某公司签订的《建设工程施工专业分包合同》以及公证书对广州某电力设备公司的主张予以反驳。一审法院据此认为,公证书中的声明书显示江苏某公司委托某工程建设公司支付包括广州某电力设备公司在内的货款,且附件中所列的欠付金额与广州某电力设备公司在本案中主张的金额一致。另外,业务回单显示的广州某电力设备公司收款账号亦与公证书中所附的广州某电力设备公司账号一致,而非广州某电力设备公司提交的广州某电力设备公司与某工程建设公司签订的买卖合同中所约定的广州某电力设备公司收款账户,无法证明某工程建设公司系在履行《工矿产品买卖合同》。后法院调查核实,江苏某公司确认公证书的真实性,确认其有向广州某电力设备公司购买阀门,但未签订合同,同时表示江苏某公司与广州某电力设备公司的争议应另案协商解决。同时,广州某电力设备公司确认就案涉货款除某工程建设公司曾向其支付过货款外,还有其他案外人向其支付过货款。因此,仅凭业务回单无法证明广州某电力设备公司与某工程建设公司存在买卖合同关系以及某工程建设公司尚欠广州某电力设备公司货款的事实。综上,广州某电力设备公司主张其与某工程建设公司成立买卖合同关系并主张某工程建设公司尚欠货款、质保金证据不足,根据上述法律规定,应由广州某电力设备公司承担举证不能的不利后果。法院据此驳回广州某电力设备公司全部诉讼请求。

二审广州市中级人民法院认为,第一,从涉案合同的磋商缔约过程来看,广州某电力设备公司提交的邮件显示,某工程建设公司作为涉案工程的承包方及招标单位,就涉案工程的阀门设备采购进行对外招标,招标文件记载的联系人为王某,广州某电力设备公司经与王某沟通联系,应邀参与投标并中标获得涉案工程阀门设备供应资格。广州某电力设备公司就合同的盖章回寄、补充合同的签订,与某工程建设公司的人员进行沟通。第二,从合同的签订来看,合同需方处加盖有“某工程建设公司”印章,需方委托代表人为王某,合同约定交货地点为广西钦州市某工程建设公司项目部,收货人为邵某。某工程建设公司为涉案工程项目设立了某工程建设公司钦州热电厂供热管网项目部,生效的(2017)苏 1204 民初 × × × × 号民事判决已认定某工程建设公司任命王某为该项目部施工经理,王某有权代表某工程建设公司签订合同。虽然合同约定双方代表签字并盖章后生效,王某未在合同上签字,但广州某电力设备公司已履行交货义务,邵某已经签收货物。故在合同成立后,所附生效条件成就前,一方已经履行合同主要义务,另一方接受的,应视为当事人双方协商一致对合同生效条款的变更,因而涉案合同成立并生效。某工程建设公司对合同上加盖的需方印章的真实性提出质疑,但也认为当时可能为签订合同的方便,伪造的公章,因此,即使公章加盖有瑕疵,但广州某电力设备公司对此并不存在过错,在参与磋商、缔约之人为有权代理人的情况下,仍应当认定涉案合同系双方当事人真实意思表示,合同对某工程建设公司具有法律约束力。第三,从合同的实际履行来看,2014 年 9 月 24 日送货清单由合同约定的收货人邵某签收,其签收的货物的数量、规格均与合同、补充合同约定货物一致。表明广州某电力设备公司已履行交货义务,广州某电力设备公司所供应的货物已实际用于涉案工程项目。某工程建设公司于 2017 年 6 月 16 日向广州某电力设备公司支付 15 万元。虽然某工程建设公司主张是接受江苏某公司委托代为支付货款,但江苏某公司向一审法院出具复函,已明确表示其未委托某工程建设公司向广州某电力设备公司代付货款,故某工程建设公司的代付款主张不成立,其付款行为表明其已实际履行部分合同。第四,某工程建设公司虽提交了建设工程施工专业分包合同,但该合同是某工程建设公司与江苏某公司之间的内部协议,某工程建设公司未举证证明广州某电力设备公司知晓某工程建设公司与江苏某公司之间系分包关系等事实。某工程建设公司与江苏某公司之间的合同关系属另一法律关系,不影响本案民事责任的承担。故某工程建设公司关于本案所涉合同上需方加盖公章与其实际使用公章不符,且其与江苏某公司签订有分包合同,约定材料由江苏某公司采购,其没有承担涉案货款支付义务的理由均不能成立,本院不予采纳。综合以上分析,可以认定广州某电力设备公司与某工程建设公司之间存在买卖合同关系。广州市中级人民法院据此改判支持广州某电力设备公司的全部诉讼请求。

争议焦点

本案的核心争议焦点在于案涉设备买卖合同所加盖某工程建设公司是伪造的,且送货单上签字确认收货的人大部分不是案涉合同约定的签收人,在广州某电力设备公司已经履行案涉合同交货义务的情况下,实际签收人行为是否构成表见代理?某工程建设公司是否应承担买卖合同项下的支付货款义务?

代理意见

广州某电力设备公司不服广州天河区人民法院一审判决,二审上诉后委托广东广信君达律师事务所曾恺、苏耀云律师提起上诉,两位律师经过认真研读案件材料和询问当事人当时签订和履行合同的细节,二审向广州市中级人民法院补充了案涉合同招投标阶段双方磋商和缔约后双方沟通相关邮件资料和另案生效判决中确认的事实。

基于此,两位律师提出如下代理意见:第一,双方买卖合同关系合法有效,一审判决没有从案涉合同的缔结和履行整个过程来综合认定事实,而是简单从所盖公章并非某工程建设公司所备案的印章就径直认定某工程建设公司非案涉合同相对方,属认定事实严重错误。第二,即便案涉合同某工程建设公司加盖公章并非其备案公章,一审法院没有查明涉案合同磋商、缔约过程及缔约人员的身份等情况,导致没有正确认定某工程建设公司参与磋商、缔约之人的行为已构成原《合同法》第49条规定的表见代理,应承担合同责任这一事实。第三,即便最终认定江苏某建设公司为涉案合同相对方,根据某工程建设公司原审提交的证据《江苏省泉山区执行裁定书》和广州某电力设备公司二审提交的证据,都充分证明上诉人对某工程建设公司享有 2,998,625.33 元的到期债权，并且根据某工程建设公司原审提交的证据《应付账款—对账单》，广州某电力设备公司享有债权代位权条件已成就，某工程建设公司也应支付案涉货款。

广州市中级人民法院采纳二审补充证据和两位律师的代理意见，予以改判。

案例评析

本案在转包分包异常普遍的建工领域特别典型：项目以国企名义对外进行招投标，实际的施工方是第三方，签订的合同也并非招标单位的备案公章，也没有签约代表签字，主张货款时便需要供货方去证明存在合同关系。而在本案一审中，一审判决便以供货方广州某电力设备公司证据不足以认定存在买卖合同关系为由驳回了诉请。在一审如此被动的局面上，二审上诉从三个方面层层进行突破：第一，加强证据证明存在合同关系，比如补充招投标阶段双方的往来邮件等，还找到项目涉及其他案件中能确认签约代表的身份的证据；第二，从表见代理切入，证明合同磋商、缔约过程及缔约人员的身份等表明相关人员构成表见代理；第三，即便认定合同相对方为第三方施工方，根据某工程建设公司提交的证据及项目另案判决，可以证明广州某电力设备公司对某工程建设公司享有债权代位权并且条件已成就。最终二审判决基本采纳了上诉意见，反败为胜，实属不易。

专家点评

本案属于建设工程领域比较典型的疑难复杂买卖合同案件，涉及伪造公章、工程转包、转移责任等情况。广州某电力设备公司作为民营企业，实实在在通过国企名义对外进行的招投标取得涉案项目的供应商资格，履行完交付货物义务后却被国企否认合同关系和拖欠货款，还险些被国企将责任转移到没有偿债能力的第三方。如此不利局面下的破局思路值得参考，包括寻找涉案工程项目涉及的另案裁判文书认定项目签约代表身份等补强证据，对于同类案件具有较大参考意义。同时该案发生在疫情期间民企资金经营困难的大背景下，对于民企纾困解难，改善广州营商环境，对维护社会和谐稳定起到一定作用和良好的社会效果。

（点评人：朱滔，广州工商学院校外导师）

四个独立合同在一个仲裁案件中处理并划分责任

——某海事公司与某机电公司买卖合同纠纷案

杨超男　孙君元

摘　要

某海事重工股份有限公司（以下简称 H 公司）因与武汉某机电模块有限责任公司（以下简称 W 公司）发生买卖合同纠纷，申请向广州仲裁委员会中山分会仲裁。引起纠纷的原因是 W 公司未按照与 H 公司签订的四份买卖合同的约定提供符合合同要求的产品导致 H 公司蒙受损失，在代理人的努力下，前述四份买卖合同的纠纷一并解决，由继承 W 公司全部权利和义务的武汉某船舶集团有限公司（以下简称 C 公司）退还已收取的全部采购费用及部分损失，并最终敦促 C 公司全部履行了裁决事项。

案情简介

H 公司与 W 公司签订了四份《导流罩采购合同》，约定 W 公司按照合同要求生产提供四船套导流罩，用于 H 公司制造四艘 8000HP 破冰船。但船只交付后导流罩发生多次开裂问题，经检测发现各船只导流罩内部焊缝存在气泡、夹渣严重质量问题和工艺问题，船东决定对导流罩全部召回。但 W 公司主张其严格按照设计方 X 公司提供的图纸施工，施工工艺不存在任何问题，责任应归属设计方 X 公司。为判别具体责任，H 公司与 W 公司约定按照原工艺重新制造一对导流罩进行实船验证，若按原图纸制造出的导流罩依然存在质量问题，则设计方 X 公司承担责任，否则 W 公司承担责任，W 公司享有验证导流罩的优先制造权。但由于双方就验证导流罩的制造费用未达成一致，H公司单方决定委托X公司制造，最终新制造的导流罩通过实船验证。但W公司主张H公司委托X公司制造违反约定，拒绝承担责任。H公司遂依据双方签订的买卖合同及会议纪要等文件向广州仲裁委员会中山分会申请仲裁，因W公司已被注销，且C公司发函称W公司未完成合同的权利和义务由其全权享有和承担，故案涉合同的相应责任也应由C公司承担。

争议焦点

1. 由于合同的相对方W公司在发生纠纷时已注销，那么H公司与W公司约定的仲裁条款对其母公司C公司是否有效。

2. 四份《导流罩采购合同》引起的纠纷能否一案解决。如果无法一案解决，则需要分别立四个案解决，会极大增加当事人的诉讼成本。

3. 双方对合同中关于导流罩是否在质保期内存在巨大分歧，C公司认为质保期已过，H公司无权要求退货，并要求合同继续履行。

4. H公司为维修旧导流罩、采购新导流罩支付了大量费用，且费用种类、名目众多，证据收集存在难度，不方便统计计算。

5. H公司与W公司等签订的《四方会议纪要》对质量责任的归责方式进行了约定，但约定存在一定的解释与争议空间，质量责任归责存在较大难度。

代理意见

W公司制造的导流罩存在严重的质量问题，致使H公司与之签订的四份《导流罩采购合同》的目的不能实现，根据合同约定以及经过四方开会确认的《专题会议纪要》的内容，H公司有权解除合同，要求W公司退还已收取的款项并赔偿损失。具体理由如下：

1. 四船套导流罩全部存在严重的质量问题是已经确定的事实；

2. W公司已自认质量问题是其施工工艺导致的，应由其承担责任；

3. 根据《导流罩采购合同》约定，质量保证期未过，H公司有权解除合同，并要求C公司赔偿全部损失；

4. 根据《专题会议纪要》内容，在经过实船检验后已确认质量问题的责任在C公司一方，故H公司有权解除合同，并要求C公司赔偿全部损失；

5. 根据《民法典》的相关规定,C公司交付的导流罩存在严重质量问题,多次开裂导致无法使用,已经致使合同目的不能实现,H公司有权解除合同,并要求C公司赔偿全部损失;

6. X公司系根据《专题会议纪要》的内容,按照原图纸制造的新的导流罩,C公司未对X公司生产过程进行监督,亦未能证明X公司变更了图纸,则C公司应承担不利后果;

7. 经由实船检验证明,导流罩多次开裂是由于C公司的焊接工艺问题,与X公司的设计无关;

8. C公司作为有经验的制造商,应当根据产品的使用环境选择适合的施工工艺或就图纸提出修改意见,所以即使X公司提供的图纸及行业标准未明确要求"焊缝全融通",此点也不能作为C公司的免责事由。

综上,C公司制造的导流罩存在严重质量问题,导致H公司遭受严重损失,H公司有权解除合同,并要求C公司赔偿全部损失。

案例评析

代理人在代理该案过程中,首先通过与C公司子公司W公司签订的《导流罩采购合同》中的仲裁条款成功地在广州仲裁委员会中山分会申请仲裁,并将四份《导流罩采购合同》并作一案进行处理,极大地节约了当事人的成本;其次,代理人精准把握合同条款,确定了质保期的起算时间,厘清了C公司的违约责任;再次,代理人克服了当事人多份关键纸质证据遗失、会议纪要对归责原则约定不够清晰的困难,通过多份公证邮件及对合同条款、会议纪要的合理解释得到了仲裁庭的认可;最后,代理人积极函告C公司并促使其及时履行裁决事项,帮助案件圆满解决。

专家点评

本案的难点在于如何在同一仲裁案件中解决四份合同引起的纠纷,以及在当事人关于归责原则约定不明的情况下,如何维护当事人的合法权益。

代理人在代理该案过程中,首先找到了当事人签订的会议纪要,争取到了将四份《导流罩采购合同》并作一案进行处理的结果,极大地节约了当事人的成本;其次,代理人通过多份往来邮件,以及产品责任的责任承担常识,厘清了制造方的违约责任;最后,在执行阶段,代理人通过不断的沟通以及适时推进强制执行程序,成功地帮助当事人收回了全部仲裁款项,取得了良好的办案效果。

(点评人:肖璐,广东财经大学马克思主义教师,法学博士)

劳务派遣人员于非上班时间受到人身损害的责任承担问题

——陈某某与吴某某、某肉食制品厂、某人力资源公司人身损害赔偿责任纠纷案

杨超男　何嘉欣

摘　要

原告陈某某系广州某人力资源公司派遣至广州某肉食制品厂的劳务派遣人员。派遣期间,原告被宿舍门上脱落的玻璃割伤左脸。代理律师通过精准确定赔偿责任主体、及时收集重要证据、说服证人出庭作证等措施为原告争取到包括医疗费、后续治疗费、误工费、交通费、精神损害抚慰金、律师费损失等在内的赔偿费用。

案情简介

广州某肉食制品厂(以下简称R公司)系某股份公司(以下简称Z公司)的分支机构。R公司与广州某人力资源公司(以下简称H公司)签订了《劳务派遣服务合同》,约定由H公司向R公司派遣劳务人员。原告陈某某系H公司的员工,被派遣至R公司提供劳务,派遣期限为2020年6月1日至19日,报酬为17元/小时,工作内容为某电商项目的货品分拣、理货、打包等。派遣期间,原告一直住在R公司提供的宿舍,该宿舍是由R公司承租的吴某某宅基地上的自建房。2020年6月7日,原告在非上班时间被宿舍门上脱落的玻璃割伤左脸,伤口靠近眼部。经增城区永宁街永和社区卫生服务中心医生检查,原告伤口面积约为6cm×3cm。

事发后,因各单位不仅没有及时采取补救措施减少原告的损害,还互相推诿责任,原告凭自己力量难以确定真正的责任主体,遂委托律师为其争取合法权益。代理律师通过梳理案情、厘清各方的权利义务关系、确定赔偿责任主体,并及时对现场进行录像拍照、对谈判过程进行录音、申请司法鉴定、说服证人出庭作证等措施收集及固定证据。

最后,法院依据最高人民法院《关于适用〈中华人民共和国民法典〉时间效力的若干规定》第1条第2款,《侵权责任法》第85条,最高人民法院《关于审理人身损害赔偿案件适用法律若干问题的解释》第1条、第18条、第19条、第20条、第22条等的规定,判决由被告吴某某及R公司对原告的损害承担连带赔偿责任,赔偿费用包括医疗费、后续治疗费、误工费、交通费、精神损害抚慰金、律师费损失等(共计44,143.21元)。一审判决后各被告没有上诉,以一审判决结案。

争议焦点

1. 原告是如何受伤的,原告对自己的受伤是否存在过错。

2. 劳务派遣人员于非上班时间在用工单位提供的处所休憩时受到的人身损害应当追究哪方主体的侵权责任。

3. 侵权主体应当承担何种责任,金额为多少。

4. 在没有达到伤残等级的情况下,原告关于10,000元精神损害抚慰金的主张是否过高。

5. 在不存在合同约定的情况下,原告关于律师费损失的主张是否应得到支持。

代理意见

1. 原告是在正常开门走出宿舍时被门上脱落的玻璃割伤的左脸,原告对于损害结果的发生不存在过错。

对此,代理律师提供了证人证言、视频、微信聊天记录、录音等证据予以证明。

2. 吴某某对原告的损害负有赔偿责任。

首先,原告是因宿舍门上的玻璃胶老化导致玻璃脱落而划伤的左脸。根据吴某某与R公司签订的租赁合同及吴某某的陈述可知,吴某某是案涉宿舍房屋的所有人、管理人,其对房屋具有安全管理义务。根据《侵权责任法》第85条的规定,因房屋悬挂物发生脱落、坠落造成他人损害,吴某某不能证明自己没有过错的,应当承担侵权责任。

其次,根据吴某某与R公司签订的租赁合同及相关录音、证人证言,吴某某对事发时原告等人居住在其房屋是明知并许可的,其作为案涉房屋的所有者、管理者,有义务保证其所提供的房屋符合建筑、消防等适用及安全标准。

吴某某作为案涉宿舍的所有人和管理人,未尽安全管理义务,应对原告的损害承担赔偿责任。

3. R公司对原告的损害负有赔偿责任。

首先,R公司作为原告的用工单位以及案涉宿舍房屋的提供者、管理者,其对案涉房屋同样具有安全管理义务。根据《侵权责任法》第85条的规定,因提供的房屋悬挂物发生脱落、坠落造成他人损害,R公司不能证明自己没有过错的,应当承担侵权责任。

其次,根据吴某某与R公司签订的租赁合同约定,对于房屋及其附属物品、设备设施因自然属性或合理使用而导致的损耗,R公司应及时通知吴某某修复。吴某某逾期不启动维修,R公司可代为维修。R公司作为房屋的承租方、宿舍提供者及管理者,其有权利及义务对房屋的安全性进行定期检查,及时发现问题并通知吴某某维修。

R公司所提供的住宿环境不符合安全标准,且未及时排除安全隐患,修复房门,导致事故的发生,事后未采取积极补救措施,亦未见其有相关的安全防范、危险应对及救治管理体系,可见其用工不规范,以上种种疏忽与过错导致本次事故的发生,应与吴某某对原告的损失承担连带赔偿责任。

4. 虽然本案的事故发生在非上班时间,Z公司与原告之间不存在劳动关系,但从全面保障客户利益的角度出发,代理律师将Z公司及H公司也一并作为被告进行起诉。Z公司作为R公司的总公司,应承担分公司的民事责任;H公司作为原告的派遣单位,未履行劳动安全保障义务,未为被派遣劳动者提供安全的劳动、休息环境,应对原告的损害承担连带赔偿责任。

5. 被告未尽到安全审慎义务给原告造成伤害与损失,应赔偿原告医疗费及后续治疗费30,000元(具体金额以法院委托的司法鉴定机构认定的金额为准),误工费3654.04元,护理费1379.31元,住宿费428元,交通费3026.47元。

6. 被告的侵权行为给原告造成严重的身心损害,应支付原告精神损害抚慰金10,000元。

(1)从侵权人的过错程度、侵权行为来看,四被告严重违反劳动法规、房屋租赁管理办法等规定,提供给原告的宿舍不符合安全、防灾等工程建设强制性标准,没有及时排除安全隐患,均对原告的损害具有重大过错。

(2)从侵权行为所造成的后果来看,首先,原告是被玻璃割伤左脸,伤口靠近眼部,极其危险,在受伤后,原告脸上大量出血,产生剧烈疼痛。虽然根据鉴定报告,目前遗留条状瘢痕为 8.0cm×0.2cm,未达到伤残等级,但是离十级伤残——面部条状瘢痕累计长度 10cm 的标准仅仅只差 2cm。原告作为年仅 27 岁的年轻单身男子,脸上的伤疤将跟随其一生,可见本次事故对原告身心均造成严重伤害。

其次,据其他员工反映,被告所提供的宿舍有其他多处安全隐患,其他门上玻璃还有掉落危险,四被告的违法违规行为没有得到应有惩罚与制止的话,将会对其他员工的安全造成威胁,将会造成更严重的损害后果。

(3)从侵权人承担责任的经济能力来看,Z 公司作为大型国有企业,具有充分的承担责任的经济能力。

(4)受诉法院所在地平均生活水平。2019 年广东省城镇居民人均可支配收入为 48,118 元/年,广州生活水平更高。

综上,被告应支付原告精神损害抚慰金 10,000 元,该金额合情合理合法。

7. 原告在起诉前多次主动与被告协商解决赔偿问题,但是被告均没有积极响应并且互相推诿,未能使原告的损失及时得到赔偿,并花费了 12,000 元律师费,被告应赔偿原告律师费损失。

案例评析

首先,代理侵权案件的关键点在于证明侵权行为的存在及其与损害后果之间的因果关系。这就需要代理律师通过各种合法手段搜集关于侵权事实的证据,并尽量取得直接证据。本案原告是在受伤后一段时间才委托的律师,代理律师介入时,原告手中只有受伤后的视频、病历,缺乏能展示整个事故过程的视频证据,目睹事故经过的证人的证言在本案中至关重要。而由于本案的证人属于用人单位员工、用工单位的工作人员,其因害怕失去工作前期一直不愿意出庭作证,后经过代理律师的有效沟通,说服其出庭作证。

其次,对于涉及主体较多且相关主体相互推卸责任的情况,代理律师需要通过梳理案情及法律关系,准确锁定案件的赔偿责任主体。本案的责任主体为宿舍的所有人及宿舍提供者,另外在经得客户同意的情况下,本着实现客户利益最大化的目的,将劳务派遣单位及用工单位的总公司一并列为被告,一方面便于法庭查清案件事实,另一方面有利于推动案件的进程及判决的执行,充分维护客户的合法权益。

再次,在确定具体侵权责任基础的前提下,检索相关的法律法规,对症下药,合理制定诉讼方案。对于赔偿金额,司法实践中争议较大的是对于精神损害抚慰金及律师费等合理费用金额的确定,需通过结合法律的实质及案件特殊性进行个案分析、寻求突破点。在被告确实存在侵权行为的情况下,如果被告推卸责任、在庭上有拒绝承担赔偿责任的表现,法官更有可能行使自由裁量权对原告包括精神损害抚慰金、律师费在内的合理费用诉求予以支持。

最后,对于民事案件,尤其是代理弱势群体一方时,代理律师接受委托后,应积极通过多元化纠纷解决方式帮助客户解决问题,减少诉累。本案中,代理律师通过发送律师函、主动联系等方式与对方当事人进行有效沟通;及时跟进案件的判决进度,使客户的权益能够尽早得以实现。一审判决作出后被告没有上诉,以一审判决结案,并在短时间内支付了赔偿金额。通过代理律师的努力,案件结果获得客户的认可。

专家点评

本案的难点在于如何确定劳务派遣人员人身损害责任的归属。劳务派遣制度的设立初衷是解决失业、富余人员的再就业问题,但由于劳务派遣制度涉及的劳动关系较为复杂,劳务派遣人员不直接和用工单位建立劳动关系,不直接在用工单位拿工资,客观上造成用工单位对劳务派遣人员与公司员工进行区别对待的现象,劳务派遣人员在用工单位的权益很容易被忽视。劳务派遣人员在派遣期间,在实际用工单位工作或工作之外的生活中受到人身损害时,涉及的责任认定较为复杂,在取证上也存在较大难度。律师在代理本案时准确定位侵权责任主体、及时对证人进行访谈并固定有利证据,对本案的胜诉起到关键作用。本案最后以一审结案,最终帮助当事人获得赔偿款,律师费判由侵权方承担。所涉赔偿数额虽不高,但整体而言,办案效果较为理想,律师也发挥了较为重要的作用。本案也有助于厘清“非上班期间,实际用工单位对劳务派遣人员安全管理责任”的边界,有利于促进相关主体提高法律意识。

(点评人:闪涛,广东外语外贸大学法学院法律硕士研究生导师)

未成年学生在校内玩耍碰撞受伤，学校并不必然承担赔偿责任

吴晓彤　张　哲

摘　要

2020年7月2日，两名已年满8周岁的学生杜某、邬某，相约玩碰撞游戏，杜某不慎摔伤，经鉴定，杜某右肩关节功能障碍的致残程度为十级伤残。杜某家长认为邬某、某小学应对此负责，遂起诉邬某、某小学，要求邬某、某小学承担赔偿责任。代理律师介入后多角度搜集学校日常进行教育管理的证据材料进行举证，最终法院采纳代理律师的意见，不支持杜某要求某小学承担赔偿责任的诉求。

案情简介

原告杜某与被告邬某均为被告某小学的同年级学生，均年满8周岁，平时关系要好。2020年7月2日下午午休后的课间，原告杜某与被告邬某在学校洗手区相约玩互相碰撞的游戏，在玩耍过程中，原告杜某不慎摔倒在地以致受伤。后由原告杜某同班同学家长协助送往医院住院治疗至2020年7月13日出院。出入院诊断：右侧肱骨外科颈骨折，出院医嘱：加强营养，住院期间陪护1人。原告杜某住院期间产生了医疗费14,236.4元以及生活助理费110元，原告杜某的母亲因陪护产生了核酸检测费用95元。出院后，原告杜某分别于2020年7月27日、8月10日、8月24日、8月26日、8月28日、10月6日前往医院复诊，共花费了医疗费864.92元。原告杜某另于2020年7月26日、8月5日、8月9日、8月17日前往广州市某综合门诊部就诊，产生医药费共600元。2020年11月4日，广东天鉴司法鉴定所出具粤天鉴[2020]临鉴字第×××号法医临床司法鉴定意见书，鉴定意见为被鉴定人杜某右侧肱骨外科颈骨折致右肩关节功能障碍的致残程度为十级

伤残。原告杜某支付了1956元鉴定服务费。

《民法典》第1199条规定,无民事行为能力人在幼儿园、学校或者其他教育机构学习、生活期间受到人身损害的,幼儿园、学校或者其他教育机构应当承担侵权责任;但是,能够证明尽到教育、管理职责的,不承担侵权责任。由此可知,无民事行为能力人在学校受到人身损害,学校承担的是过错推定责任,即学校需要承担主要举证责任,且需要达到高度盖然性以证明已经尽到教育、管理责任。

《民法典》第1200条规定,限制民事行为能力人在学校或者其他教育机构学习、生活期间受到人身损害,学校或者其他教育机构未尽到教育、管理职责的,应当承担侵权责任。由此可知,限制民事行为能力人在学校受到人身损害,学校承担的是过错责任,即证明学校未尽到教育、管理职责的举证责任主要在原告方,学校只需要提供一定证据达到排除合理怀疑即可。

代理律师建议某小学将采取教育管理措施的证据材料收集准备作为证据,以证明学校已经尽到教育、管理职责。

本案中代理律师提交了如下证据:

1. 班主任在事故发生后及时通知家长的通讯记录、送医院救助记录;
2. 事故发生后学校对相关目击者了解事实时记录的笔录;
3. 学校的安全文明公约、校内安全标语;
4. 广州市学校安全教育平台学生登录学习的截图;
5. 班主任日常在家长群发送安全教育通知的截图等。

最终,人民法院审理认为,被告某小学在事故发生前建立了相关安全教育制度,并对学生多次进行宣传教育,且在校园内、走道间多处张贴安全标语进行提醒,事故发生后已及时采取救助措施并通知家长,已尽到教育和管理义务,法院认定不承担赔偿责任。

争议焦点

从学校的角度来看,本案的核心争议为学校是否已经尽到教育、管理职责。

代理意见

在处理学生伤害事故的案件时,应明确限制民事行为能力和无民事行为能力人在校园受到人身损害,学校承担的责任并不同。学校是否需要承担责任,关键是看学校是否已经尽到教育、管理职责。学校的代理律师不能仅仅认为限制民事行为能力人在学校受到人身损害，主要举证责任在原告处而不提供证据证明学校已经尽到教育、管理职责。

学校也需要提供一定证据证明已经尽到教育、管理职责，达到排除合理怀疑程度以推翻原告认为学校未尽到教育、管理责任的主张。且学校尽到教育、管理职责的证据，体现在学校日常管理的细节上，应多与学校沟通，学校一般会通过什么方式进行教育管理，除了口头教育外，是否有可视化的书面材料。尽量多角度较为全面体现学校的教育、管理职责。

案例评析

本案主要适用的法律为《民法典》第1200条规定，限制民事行为能力人在学校或者其他教育机构学习、生活期间受到人身损害，学校或者其他教育机构未尽到教育、管理职责的，应当承担侵权责任。

首先，应当明确上述法条中，限制民事行为能力人在学校受到人身损害，学校承担的是过错责任，主要举证责任在原告，学校的举证程度达到排除合理怀疑即可。

其次，学校一般都会多渠道、长时间对学生进行安全教育，限制民事行为能力人对于在校园内不能打闹，应遵守学校纪律以及对于打闹可能会导致自己或其他同学受伤具有一定的认知能力。其本身对事故的发生存在一定过错，不能仅因为其为未成年人，就将所有的责任归于学校，这属于对学校过于苛刻的要求。

同时，通过本案可以了解到，学校日常进行教育、管理时，也可尽量通过可视化的方式进行教育，并通过拍照、录像等方式保留相应的材料。

专家点评

日常生活中常有人认为学生在学校发生事故，学校必须承担责任。从法律规定来讲，并非如此。如《民法典》第1200条规定，限制民事行为能力人在学校或者其他教育机构学习、生活期间受到人身损害，学校或者其他教育机构未尽到教育、管理职责的，应当承担侵权责任。由此可知，限制民事行为能力人在学校受到人身损害，学校承担的是过错责任，证明学校未尽到教育、管理职责的举证责任主要在原告方。在司法实践中，学校即使作为被告方，也需要提供一定证据证明自己已经尽到教育、管理职责，学校若能提供证明其已经尽到教育、管理职责的相关证据,达到排除合理怀疑的程度,则无须承担侵权责任。

因此,律师在经办案件中应向学校了解日常是否有通过开班会、发放安全告知书、张贴安全提示语等措施对学生进行教育、管理,以及发生事故后是否有对学生进行及时救助和通知家长等事实情况。同时搜集班主任事故发生后及时通知家长的通信记录、送医院救助记录,学校的安全文明公约、校内安全标语,班主任日常在家长群发送安全教育通知的截图等证据,以便向法庭证明学校已经尽到教育、管理职责。

(点评人:庄伟燕,北京大学法学博士,高级律师职称)

济南某建材有限公司与广州某安防科技有限公司买卖合同纠纷案

张　蓉

摘　要

济南某建材有限公司(以下简称建材公司)向法院起诉称与广州某安防科技有限公司(以下简称安防科技公司)、安防科技公司山东分公司(以下简称山东分公司)存在钢材买卖合同,其向安防科技公司提供钢材,安防科技公司拖欠钢材款,请求安防科技公司承担钢材购销款2700余万元。本案难点在于:本案涉及案外人私刻伪造安防科技公司公章对外签订合同,且用私刻伪造的公司公章设立了分公司并与第三方签订经济合同,被伪造公章的一方是否需要承担责任?何种情况下可以免责?经过律师积极参与本案调查及庭审,山东省济南市中级人民法院认定安防科技公司与建材公司之间不存在合同关系,安防科技公司不承担任何责任,驳回建材公司的诉讼请求。建材公司不服提起上诉,经二审法院山东省高级人民法院审理,最终驳回建材公司上诉,维持原判。本案律师帮助客户取得了圆满胜诉结果,使客户企业免于遭受巨额损失,也为我国表见代理纠纷解决增添了经典成功案例。

案情简介

建材公司于2015年6月开始向安防科技公司供应钢材,建材公司与安防科技公司于2015年9月8日签订了《工业品买卖合同》,建材公司又与山东分公司于2016年5月15日签订了《钢材购销合同》。建材公司与安防科技公司于2017年10月16日签订钢材对账单,确认2015年6月至2017年8月,建材公司向安防科技公司供应钢材6222.253吨。建材公司提出安防科技公司尚欠钢材及加价款27,052,531.69元,建材公司向法院起诉。建材公司在二审过程中还提出:安防科技公司与案外人存在大量合作、案涉公章曾在除本案之外的场景被使用过、案外人马某曾作为安防科技公司在另案的代理人参加另案庭审,安防科技公司曾向建材公司付款 20 万元,并据此请求安防科技公司承担付款责任。安防科技公司抗辩称,其与建材公司之间不存在钢材买卖合同关系,《工业品买卖合同》及钢材对账单上所加盖的安防科技公司公章系案外人私刻伪造的假公章,也并非安防科技公司惯常使用的公章,对于该枚伪造的公章,安防科技公司在知道后一直是持否定的态度。其最早于 2017 年下半年已向公安机关报案但未被受理,直至本案诉讼发生后安防科技公司再次向公安机关报案,最终公安机关立案。

对于建材公司在诉讼中提出的问题,首先,安防科技公司并不回避与马某之间存在合作关系,并将与马某之间的合作文件提交法院作为证据。其次,正是基于此前的合作模式,安防科技公司按照马某要求就马某与发包方之间的纠纷出具了授权代理文件,但是该案与本案无关,该案后续安防科技公司并不知情。对于伪造公章被马某多次使用的问题,安防科技公司实事求是说明正是经过本案的诉讼,安防科技公司才知道马某多次用这枚伪造的公章向项目方收取款项侵吞了安防科技公司的合作款。这显然不能得出安防科技公司将假公章作为惯常使用的公章的结论。对于安防科技公司向建材公司支付 20 万元的问题,安防科技公司确实应马某要求向建材公司支付过款项,但其支付该款项是基于向马某支付合作款并按马某的要求打入建材公司账号,对于马某与建材公司间的合同关系并不知情。山东分公司是在安防科技公司毫不知情的情况下由案外人私刻假公章和伪造法定代表人签字而骗取工商登记非法设立,安防科技公司已经向相关公安机关报案,且工商部门已经撤销山东分公司的设立和注销登记。另外,建材公司在签订合同时并未尽到审查签订合同之人当时是否具有代理权的义务,且建材公司与签订合同之人"马某"及马某关联公司关系密切,建材公司也并非善意第三人。因此,安防科技公司与建材公司不存在合同关系,不应承担付款责任。

一审法院经审理认定建材公司主张与安防科技公司存在合同关系,证据不足,要求安防科技公司主张支付款项的诉讼请求无事实依据,驳回建材公司的诉讼请求。二审法院经审理认定上诉人建材公司的上诉请求不能成立,驳回上诉,维持原判。

争议焦点

作为安防科技公司的代理人,想要帮助安防科技公司取得胜诉,代理律师面前摆着四道关卡:一是马某是否有代理权或是否构成表见代理?二是以山东分公司名义签订的合同权利义务是否应归属于安防科技公司?三是即使公章并非备案公章,是否属于公司惯常使用?四是合同是否已实际履行?

律师办理思路

结合以上四个难点代理律师一一针对性进行突破:

(1)马某是否有代理权或构成表见代理的问题

代理律师紧扣代理与表见代理的构成要件,从合同订立时马某不享有代理权的角度进行了反驳。建材公司提交的证据中,没有任何文件是有授权马某与建材公司签订合同的意思表示的,而且其中的文件或是由于马某与安防科技公司存在合作关系而取得,或是马某使用伪造公章自行制作,或是在合同签订后甚至本案诉讼过程中才取得。此外,代理律师经过网上搜索排查发现,建材公司与马某另行设立的丙公司之间存在诉讼,且有生效判决认定建材公司与丙公司之间存在人员混同和场地混同。因此,法院认定建材公司主张的马某构成表见代理的条件不具备。法院最终采纳了代理律师的观点。

(2)针对马某用伪造公章设立的山东分公司的行为后果是否应由安防科技公司承担的问题

代理律师认为山东分公司是马某使用虚假印章和签名设立的,应予撤销。安防科技公司直接向市场监管部门申请撤销山东分公司的设立和注销登记,最终得到市场监管部门的支持。另外,代理律师通过研究企业登记信息和网上裁判文书发现,建材公司完全参与了山东分公司的设立,对于山东分公司系非法设立知情或应当知情,这更加加重了建材公司在本案中的非善意成分,故山东分公司的权利义务不应由安防科技公司承担。

(3)关于马某伪造的公章是否属于安防科技公司惯常使用的备案公章之外的印鉴的问题

代理律师认为建材公司并无证据证明安防科技公司将假公章作为惯常使用的公章。对于马某伪造的公章,安防科技公司在知道后一直是持否定的态度。其最早于2017年下半年已向公安机关报案但未被受理,直至本案诉讼发生后安防科技公司再次向公安机关报案,最终公安机关立案。对于建材公司在诉讼中提出的问题,安防科技公司积极而诚实地进行了回应。首先,安防科技公司并不回避与马某之间存在合作关系,并将与马某之间的合作文件提交法院作为证据。其次,对于伪造公章被马某多次使用的问题,安防科技公司实事求是说明正是经过本案的诉讼,安防科技公司才知道马某多次用这枚伪造的公章向项目方收取款项侵吞了安防科技公司的合作款。这显然不能得出安防科技公司将假公章作为惯常使用的公章的结论。

(4)本案的合同是否已实际履行的问题

代理律师对建材公司提交的近 400 页入库单及入库单所列上千个项目逐一进行了梳理后发现,建材公司提交的该组证据与合同约定买卖的标的物钢材存在很大出入,入库单里有油漆、氧气、手套之类的其他生产资料;约有 1/3 的入库单早在本案合同签订前已经发生。更为重要的是,签收的人员均为与马某有关联的人员。而建材公司所称的其开具的发票中,有超过百万元的发票是在建材公司尚未收到款项时,就已垫付税款帮山东分公司开具。这一系列事实说明建材公司与马某关系十分密切。

二审中,建材公司又补充提交了建材公司曾于合同履行期间收到过安防科技公司款项的银行流水,想以此证明安防科技公司曾向建材公司支付过款项。经代理律师向安防科技公司核实,安防科技公司曾应马某要求向建材公司支付过款项,但其支付该款项是基于向马某支付合作款并按马某的要求打入建材公司账号,对于马某与建材公司间的合同关系并不知情。而且经代理律师对比发现,建材公司除此流水外的文件中均未提及该付款情况。由此可见,建材公司此时提出该付款问题,是基于既往诉讼文件确无该事项但该付款又能起到干扰法庭审理思路的作用,因此建材公司在二审中以补充证据的形式提出,以图误导法庭产生该款项是支付本案货款的误解。对此,庭审中,代理律师坚持要求建材公司明确上述款项是否为安防科技公司因本案支付的款项,但建材公司无法自圆其说,扭转了法庭对于该问题的误解,从而从两方面消除了本案合同被认定为已实际履行的可能。

案例评析

本案是买卖合同纠纷,但最终本案获得胜诉结合了刑法、行政法、商法三领域的专业知识和协调配合使用上述领域知识,缺少了任何一方面或者任何一方面进度有误都将使本案最终的走向与生效判决不同。在办案过程中,代理律师经常变换视角多角度切换,围绕胜诉这一目标不断克服困难,在发现达到胜诉目标需要补充的条件时迅速补充完善。这要求代理律师首先要有敏锐的观察能力和缜密的分析能力，挖掘和发现补充所需条件；更要求代理律师有迅速的反应和执行能力，才能实际完成补充条件。

回到本案法院对于马某是否有代理权及是否构成表见代理的问题认定上，法院主要考虑以下因素：

(1)在合同签订时，代理人是否具有权利外观。本案中，马某在签订合同时并未提供其有代理权的授权文件，其提供的只是安防科技公司的税务登记证等，并非授权文件。马某的任职文件的来源，是当时山东分公司工商登记文件，而不是马某作为签订合同的授权文件提交给建材公司的。马某作为安防科技公司的员工参加其他案件的审理的事实，是建材公司于本案诉讼发生后才知道的事实。因此，建材公司提交的证据无法证明马某在签订合同时具有代理人的权利外观。

(2)相对方是否善意。经调查发现，马某是经建材公司的实际控制人冯某介绍进入公司注册地的。有另案生效判决认定，建材公司与马某另行设立的丙公司之间存在人员混同和场地混同，其中尤其是财务人员混同，且马某与建材公司共同兴建了双方共同使用的厂房。故马某与建材公司之间的关系是非常密切的，因此建材公司不应认定为善意。

结合上述分析，最终法院没有支持建材公司的主张。

本案中，以安防科技公司的公章是否惯常使用为例，假公章到底是公司惯常使用的备案外的公章还是被不法分子冒用的印鉴？往往是在审判者一念之间，当审判者的心证形成，所有的案件证据都会被做出大相径庭的解读。当建材公司在二审中提出了所谓"惯常使用"的证据，代理律师结合全案证据进行分析后指出，伪造的公章不论使用多少次都是不法分子冒用的行为并非惯常使用。说服法庭的这个过程异常艰辛，因为安防科技公司确与马某之间存在业务关系，如何将问题阐述清楚又不至于使法庭产生新的疑问才是最考验律师功力的时刻。另外，代理律师总结出法院对于公章是否惯常使用的裁判思路如下：

(1)被伪造公章的公司在知道公章被伪造之后采取什么态度，是消极不作为还是积极维权，此为判断被伪造公章的公司对于该事项主观态度的重要标准。若公司听之任之，有可能会得出公司对于假公章至少是采取了默认的态度，由此得出对被伪造的公司不利的结论。

(2)伪造公章一般不是完全随机的，法庭对于伪造这家公司公章的原因会进行审查，而原因是否真实、是否合理也会影响法庭对于公司在案件中责任的判断。

(3)一枚假公章在多个文件中被使用，到底是属于惯常使用还是被不法分子冒用，要考虑公司的真实意思是什么，是否在行为上认可了假公章的效力。

专家点评

公司公章经常被作为认定单位对外承担权利义务和法律后果的符号和标记在商事活动中发挥着重要作用。现实中伪造公司公章的行为屡见不鲜,给公司及其他受害方造成了严重损失。张蓉律师团队代理的本案很典型,马某在与安防科技公司的合作过程中,伪造安防科技公司的公章在外省设立分公司并进行了工商登记,后分别用安防科技公司以及山东分公司的名义与第三方签订合同,向第三方购买了价值几千万元的钢材。因未全额支付钢材款被第三方起诉,安防科技公司为本案被告。

通常伪造公章案件中几乎所有的难题均在本案中体现,一是马某是否有代理权或其行为是否构成表见代理?二是马某以山东分公司名义签订的合同权利义务是否应归属于安防科技公司?三是即使公章并非备案公章,但由于该被伪造的公章曾在本案以外被使用过,那么该被伪造的公章虽未备案但是否属于安防科技公司惯常使用的公章?四是由于安防科技公司曾在合同有效期内按马某指示向第三方支付过款项,是否能认定为安防科技公司已实际履行案涉合同?

伪造公司公章涉及刑事、行政、民事法领域交叉问题,这对律师的法律素养及综合能力提出了新的要求。张蓉律师团队顶住了压力和挑战,结合了刑法、行政法、民法三领域的专业知识和协调配合使用上述领域知识的能力,变换视角多角度切换,熟练运用法律、规则,采用法律手段维护了安防科技公司的合法权益。

本案的妥善处理,体现了代理律师拥有扎实的民商法、刑法、行政法基础和丰富的处理疑难复杂案件的经验。不仅帮助客户免于遭受巨额损失,也为我国表见代理纠纷解决增添了经典成功案例。

(点评人:邓传远,中山大学法学院硕士研究生导师,高级律师职称)

老年人继承或赠与的财产保护

——以苏老太返还原物案为例

黄　恒　李龙龙

摘　要

苏老太(1924年出生,现今98岁)、罗先生(苏老太非婚生儿子)按份共有南沙区罗屋街17号房屋(以下简称17号房屋),各占50%的份额。2018年4月,苏老太、罗先生与南沙土地中心、南沙街征收办签订《补偿安置合同》,约定:因征收,在安置区域选择置换高层住宅,购买安置房高层住宅,补偿款等各种权益。罗先生提交《赠与声明书》及《遗嘱》,证明苏老太已将其占有的17号房屋份额赠与罗先生。经过代理律师维权,法院生效判决判定罗先生将苏老太名下的动拆迁权益全部返还。此案例中苏老太一审、二审、再审均胜诉,成功保护了老年人的巨额动拆迁权益,也为我国老年人维权增添了成功经典案例。

案情简介

苏老太于2020年1月19日向一审法院提起本案诉讼,请求:(1)判令罗先生返还苏老太《补偿安置合同》补偿款总金额的50%,即537,057.6元;(2)判令罗先生返还《补偿安置合同》临迁安置补偿费的50%;(3)判决确认苏老太对《补偿安置合同》中安置房高层住宅(带电梯)508.43m^2享有50%的权益。一审庭审中,苏老太增加诉讼请求:请求判决确认苏老太对《补偿安置合同》中购买高层住宅(带电梯)175m^2享有50%的权益。

一审法院经审理查明:苏老太提交的查册日期为2019年12月10日的《广州市不动产登记查册表》内容显示:17号房屋,用地面积140.03m^2,建基面积106.7789m^2,建筑面积306.7775m^2,登记时间为2016年11月21日,苏老太与罗先生各占1/2权属,苏老太所有权取得方式为析产,罗先生所有权取得方式为继承。

2018年4月28日,甲方苏老太、罗先生与乙方南沙土地中心、丙方南沙街征收办签订《补偿安置合同》,其中内容显示:因甲方征收乙方17号房屋,乙方在某安置区域选择置换高层住宅(带电梯)合计508.43m²,并申请按其户籍人口7人,人均25m²另行按当年市场评估价的60%购买安置房高层住宅(带电梯)175m²,购房款共计为1,039,500元;合同项下补偿款金额总计为1,131,315.35元,其中包括3个月的临迁安置补助费、青苗及地上附着物补偿款、搬迁补助费、按期签约奖励金、按期搬迁交房奖励金、户籍人口奖励金、集体搬迁奖励金、青苗及地上附着物奖励金;本合同签订后30日内支付丙方,丙方分期支付乙方;三方落款日期不一致。

苏老太提交落款日期为2018年4月28日的《委托书》,拟证明罗先生已代为领取征收款,其内容显示:苏老太委托罗先生收取房屋征收补偿款1,174,115.35元和办理拆迁安置购房专款保存协议。委托人、受委托人处有苏老太、罗先生签名并捺指印。庭审中苏老太主张罗先生已经收取房屋征收补偿款,罗先生没有否认。2019年6月18日,罗先生转账支付苏老太50,000元。罗先生提交《赠与声明书》及《遗嘱》,拟证明苏老太已将其占有的17号房屋份额赠与罗先生。《赠与声明书》内容显示:声明人苏老太与儿子罗先生是17号房屋共有人,因南沙土地中心征收该屋,现苏老太将属于其所有财产份额(包括但不限于分配的安置房、补偿款、临迁费等)全部赠与罗先生;落款日期为2019年3月15日,落款处有声明人苏老太印章、捺指印,见证人处有贺某某、廖某某签名。《遗嘱》内容显示:苏老太与儿子罗先生是17号房屋共有人,因南沙土地中心征收该屋,为妥善处理财产,故立下此遗嘱,苏老太去世后,上述属于苏老太的财产份额(包括但不限于分配的安置房、补偿款、临迁费等)全部由罗先生继承;落款日期为2019年7月11日,落款处有苏老太印章、捺指印,见证人处有贺某某、廖某某签名。南沙街征收办证实贺某某、廖某某是其工作人员。庭审中,苏老太要求当庭向贺某某、廖某某验证《赠与声明书》《遗嘱》见证情况,拨通廖某某电话后,贺某某接过电话,表示《赠与声明书》是在拆迁办见证办理过程的,《遗嘱》是在敬老院见证办理过程的。

罗先生提交支付苏老太医疗费、敬老院、医保、意外险等费用票据及《赡养承诺书》,拟证明其为苏老太实际监护人且已承担赡养义务。2018年10月15日罗先生作为苏老太监护人与敬老院签订《养老机构服务合同》,将苏老太送敬老院生活,合同期为2018年10月15日至2020年10月14日。2019年8月22日,一审法院受理苏老太诉罗先生要求返还16号、17号房屋拆迁补偿款及房屋继承纠纷一案。2019年12月22日，朱某某（苏老太亲生儿子）未经罗先生同意，将苏老太带离敬老院。2019年12月30日，一审法院作出（2019）粤0115民初××号民事裁定，准予苏老太撤诉。一审法院审理（2019）粤0115民初××号案期间，案件经办人到医院向住院的苏老太调查事实，视频中苏老太表示要求拿回房屋等权益。2019年12月26日，苏老太办理《委托书》公证，委托律师代理诉讼，公证书所附视频中，苏老太表示要求拿回房屋等权益。同日，苏老太还办理了《声明书》公证，声明对于与罗先生共有的17号房屋，并未将该房屋中属于苏老太所有份额（包括但不限于分配的安置房、补偿款、临迁费等）赠与罗先生，也没有这个意愿。

一审法院认为：根据苏老太、罗先生自认，苏老太不识字，受其文化水平限制，苏老太对于一些民事行为所产生法律后果可能存在误解。2019年3月15日、7月11日，其虽然分别对占有一半份额的17号房屋通过出具《赠与声明书》或立下《遗嘱》方式进行处分，但无论是在一审法院审理（2019）粤0115民初××号案期间，还是2019年12月26日，苏老太办理《委托书》公证过程中，苏老太均有要求拿回房屋等权益意思表示，可以推断《赠与声明书》或《遗嘱》中苏老太处分其占有的17号房屋份额的意思表示可能并不真实。

2019年12月10日查册显示17号房屋仍然登记在苏老太、罗先生名下，至今未作产权变更，苏老太否定之前作出《赠与声明书》或立下《遗嘱》处分17号房屋行为应当予以准许。因17号房屋拆迁，苏老太、罗先生作为房屋产权人与拆迁单位签订《补偿安置合同》，苏老太有权根据占有房屋份额对《补偿安置合同》项下权利要求分割。对于《补偿安置合同》中确定的补偿款，苏老太可以分配搬迁补助费、户籍人口奖励金，其余按占有房屋份额分配，罗先生应当返还苏老太387,443.39元。从第4个月起的临迁安置补助费罗先生每月应当返还3813.23元。对于置换的安置房高层住宅（带电梯）合计508.43平方米，苏老太享有50%的权益，另外以5940元/平方米购买的安置房高层住宅（带电梯）175平方米是按当时户籍人口7人计算的，苏老太享有按人均25平方米即1/7购买的权益。

综上所述，一审法院依照《物权法》第31条、第37条、第39条，《侵权责任法》第15条之规定，于2020年7月15日作出一审判决：（1）罗先生于本判决发生法律效力之日起10日内返还苏老太《补偿安置合同》项下补偿款387,443.39元；自第4个月起至安置房实际交付使用之日止临迁安置补偿费按每月3813.23元返还。（2）确认苏老太对《补偿安置合同》中508.43平方米的安置房高层住宅（带电梯）享有50%权益；对《补偿安置合同》中以5940元/平方米购买的安置房高层住宅(带电梯)175 平方米享有 1/7 权益。(3)驳回苏老太其他诉讼请求。如未按本判决指定的期间履行给付金钱义务,应当依照《民事诉讼法》第 253 条之规定,加倍支付迟延履行期间的债务利息。

经二审审查,确认一审法院查明的基本事实。二审诉讼中,上诉人提供 7 份证据:(1)(2020)粤 0115 民初 × × 号民事起诉状及 2020 年 9 月 9 日受理案件通知书,拟证明罗先生、何某某已另案起诉苏老太、朱某某,要求确认罗先生、何某某对涉案房屋享有共同建设、受赠共有的权利并要求朱某某停止侵害。(2)罗先生、何某某 2020 年 9 月 2 日请求法院签发人身保护令申请书。(3)罗先生、何某某为(2020)粤 × × 民保令 5 号案提交的证据材料。证据 2、3 拟证明朱某某侵害苏老太的人身权利。(4)(2020)粤 × × 民保令 5 号民事裁定书。(5)罗先生、何某某 2020 年 9 月 17 日复议申请书。证据 4、5 拟证明罗先生、何某某对一审法院作出驳回申请人身安全保护令请求提出异议。(6)罗先生与何某某结婚证。(7)罗先生、何某某公证书复查公告无效申请书。拟证明苏老太委托律师代理诉讼,罗先生、何某某 2020 年 7 月 28 日对公证处所作公证书提出异议。被上诉人对上诉人提供证据材料的真实性、合法性没有异议,但不认可关联性。本案诉讼中,何某某(罗先生之妻)、罗某 1(罗先生之子)、罗某 2(罗先生之子)申请以第三人身份参加诉讼,罗先生还提出申请同户籍家庭成员罗某 1、罗某 2 作为案件第三人参加诉讼。

本案二审需要处理的问题是:苏老太依涉案补偿安置合同对罗先生提出的权利主张是否应予支持。案件事实表明,涉案 17 号房屋产权登记时间为 2016 年 11 月 21 日,苏老太与罗先生各占 1/2 权属,苏老太所有权取得方式为析产,罗先生所有权取得方式为继承。依《物权法》第 9 条的规定,不动产物权的设立、变更、转让和消灭,经依法登记,发生效力。罗先生上诉以涉案 17 号房屋为罗先生夫妻出资建造为由,主张苏老太对涉案房屋没有实际权利,法律依据并不成立;罗先生通过继承方式取得所有权,将涉案房屋一半产权登记为苏老太所有,理应对此物权变动行为承担相应法律后果。

本案诉讼中,各方当事人对涉案补偿安置合同的签订及内容并无争议。该补偿安置合同是关于涉案 17 号房屋被征收所生补偿权利的约定,苏老太为补偿安置合同的权利主体,一审判决以合同约定为据支持苏老太本案所提诉讼请求,所作处理并无不当。罗先生主张苏老太于 2019 年 3 月 15 日作出《赠与声明书》,已对涉案 17 号房屋被征收所生补偿权利进行了处分。对于罗先生该项抗辩,一审判决基于苏老太在(2019)粤 0115 民初 × × 号案审理期间、2019 年 12 月 26 日办理委托公证过程中,要求拿回房屋权益的意思表示,认定《赠与声明书》中苏老太处分其占有的17号房屋份额的意思表示可能并不真实,并非没有依据。即使苏老太对《赠与声明书》不存异议,依《合同法》第186条的规定,赠与人在赠与财产的权利转移之前可以撤销赠与,罗先生也不得对苏老太撤销赠与的行为予以限制。本案是苏老太与罗先生之间关于补偿安置合同所涉征收补偿权利主体确认的争议,与涉案房屋按份共有权关联。对本案争议标的,何某某、罗某1、罗某2、罗某3、罗某4均不是正当的第三人,一审诉讼不存在遗漏当事人的情形,何某某、罗某1、罗某2申请作为第三人参加诉讼,罗先生申请罗某3、罗某4作为第三人参加诉讼,法院均不予支持。

综上所述,罗先生的上诉请求不能成立,应予驳回。一审判决认定事实清楚、处理结果正确,应予维持。依照《民事诉讼法》第170条第1款第1项的规定,判决如下:驳回上诉、维持原判。

争议焦点

1.《赠与声明书》或《遗嘱》中苏老太处分其占有的17号房屋份额给罗先生的意思表示是否真实。

2. 苏老太依涉案补偿安置合同对罗先生提出的权利主张是否应予支持。

代理意见

1.《赠与声明书》或《遗嘱》中苏老太处分其占有的17号房屋份额给罗先生的意思表示并不真实。苏老太不识字,受其文化水平限制,苏老太对于一些民事行为所产生法律后果可能存在误解。2019年3月15日、7月11日,其虽然分别将占有一半份额的17号房屋通过出具《赠与声明书》或立下《遗嘱》方式处分给罗先生,但通过庭审现场法官致电给《赠与声明书》《遗嘱》中拆迁办的两位见证人,也反映出《赠与声明书》《遗嘱》签订地点不一致的问题。且无论是在一审法院审理(2019)粤0115民初××号案期间,还是2019年12月26日,苏老太办理《委托书》公证过程中,苏老太均有要求拿回房屋等权益的意思表示。

2. 依《物权法》第9条的规定,不动产物权的设立、变更、转让和消灭,经依法登记,发生效力。罗先生上诉以涉案17号房屋为罗先生夫妻出资建造为由,主张苏老太对涉案房屋没有实际权利,法律依据并不成立;罗先生通过继承方式取得所有权、将涉案房屋一半产权登记为苏老太所有,理应对此物权变动行为承担相应法律后果。即使苏老太对《赠与声明书》不存异议,依《合同法》第186条的规定,赠与人在赠与财产的权利转移之前可以撤销赠与,罗先生也不得对苏老太撤销赠与的行为予以限制。

案例评析

在房屋动拆迁的过程当中,拆迁办等相关部门为了方便手续办理,常常会要求将拆迁款支付到被拆迁人家庭指定的一个账户,然后由被拆迁人家庭内部成员自行分割处理。但是,在这个过程当中,容易出现侵权行为,尤其是在被拆迁人年纪较大的情况下。例如,本案当中,苏老太的真实意思表示并没有将其本人名下的巨额动拆迁权益全部赠与罗先生,但是通过罗先生与拆迁办的沟通,全部的书面证据都指向苏老太已经将其本人名下的巨额动拆迁权益全部赠与罗先生。

由于苏老太年事已高,不识字也不会写字,在这种情况下,就更应该让法官了解苏老太的真实意思表示,从而作出公正的判决。从本案的判决也能看出,法官在判决时,更看重苏老太的真实意思表示,而非一些可能涉嫌虚假的授权或者赠与文件。

在处理动拆迁争议纠纷过程当中,公证的作用举足轻重。本案在诉讼过程当中,在苏老太还能清晰表达其真实意愿的情况下,办理了授权公证、遗嘱公证等,也为本案的审理以及日后的继承等做了充足准备。

专家点评

当今社会,越来越多老年人的合法权益受到侵害,尤其是大城市的老年人合法权益受到侵害的类型往往涉及不动产,导致标的较高。老年人由于文化水平以及法律知识受限,其合法权益受到侵害时,常常不知道通过何种途径维权。比如本案当中,苏老太连字都不会写,其拆迁的巨额权益完全被“赠与”被告。拆迁办为了拆迁便利,可能仅对授权、赠与等进行形式审查,导致被侵权的概率增大。

本案中,代理律师介入后,建议苏老太在公证处办理委托公证、遗嘱公证等事宜,对苏老太的维权有至关重要的作用。代理律师的诉求明确、清晰、举证充分,从一审判决时起就一直支持了苏老太的全部诉讼请求。之后,对方的二审、再审以及以其他案由起诉苏老太的诉讼,也全都被法院依法驳回,诉讼方案可圈可点,效果非常不错。

前事不忘后事之师，老年人在涉及相关协议的签字、盖章或者按手印的情况下要多加注意，不能随意确定。在不能理解意思的情况下，可以咨询懂得法律的朋友或者律师，避免权益受到侵害。

（点评人：杨超男，暨南大学法学院研究生导师）

对证据的精准研判助案件大获全胜

——代理广州某酒吧租赁合同纠纷案

黄福轩　黄汝妮

摘　要

我国民事诉讼制度中,是由对事实进行主张的一方承担举证责任的,如无证据或证据不足以证明其事实主张,将由负有举证责任的当事人承担举证不能的不利后果。该证明规则对当事人及律师的证据分析、审查能力提出了严格要求。如能有效把握并充分适用前述证明规则,严谨、抽丝剥茧式答辩及举证质证,将会获得出人意料的案件结果。

案情简介

原告广州某宾馆(作为出租方)与被告广州某酒吧(作为承租方)签订《合作协议书》,约定原告出租指定房间给被告使用,房间使用费依使用天数及房间数量按日结算,且被告需向原告提前支付押金。原告主张被告的员工及客人使用了房间,但被告却未按照前述协议支付相关住房款已构成违约,故原告起诉要求被告支付欠付的住房款及相应资金占用费。

原告举证:在本案中,原告广州某宾馆最初仅提供了《合作协议书》、原告向被告出具的但有被告员工手写内容的《情况说明》、原告单方制作而无被告签章的《结算单》。面对被告在庭审中直击要害的质疑,原告应法院要求在庭后主要补充提供了原告内部酒店系统登记的《入住信息表》、被告曾向原告支付押金及住房款的银行流水等证据。

被告举证:被告广州某酒吧主要提供了被告员工与原告店长的聊天记录、双方代表已签章确认的《入住明细表》、被告支付住房款的银行转账回单以及原告向被告出具的《住房款/押金收据》等证据。

被告主要答辩与质证意见:首先,被告曾应付未付的住房款已和原告实际收取的押金相抵销,现无拖欠原告的款项,原告在过去的多年里也未曾向被告主张过相应权利;其次,原告提供的证据中并未体现其已登记旅客身份证号码以及其已按行业规定向治安管理信息系统录入旅客入住信息,且其提供证据中所反映的关于入住期限、收费标准等入住信息内容相互矛盾;再次,原告也无法证明入住人员与被告存在关联;最后,原告已盖章确认的收据可证实被告已实际支付了相应住房款,但原告仍在本案中就其中的部分住房款再次向被告主张权利,即原告存在意图恶意侵犯被告合法财产权益的行为。综上,原告的证据无法证明其列明的入住人员真实存在,该主体真实入住,该主体确有长期连续居住,以及被告应当为该主体代付等事实,根据民事诉讼法"谁主张,谁举证"的原则,恳请法院依法驳回原告的全部诉讼请求。

一审法院认为:原告、被告之间的租赁关系成立,未违反法律禁止性规定,合法有效。原告主张被告欠付住房款,则其应对被告员工或客人曾实际入住涉案宾馆的数量、次数、期限等具体情况事实或者双方结算后被告曾确认欠付住房款的事实承担举证证明责任。本案中,原告提供了有被告的员工签名的情况说明拟证实欠款事实,但原告就该情况说明所载欠款数额作出的结算表明细的内容与原告盖章确认已收取的部分住房款存在重叠,二者存在矛盾,则上述情况说明不足以证实被告尚实际欠付住房款及欠付数额情况。因原告未能提供其他证据证实被告员工或客人曾实际入住宾馆的数量、次数、期限等具体情况事实以证实被告应付的住房款数额及欠付住房款的情况,则其依法应承担举证不能的不利后果,故法院对原告的涉案诉请不予支持,从而驳回了原告广州某宾馆的全部诉讼请求。一审判决作出后,因双方当事人均未上诉,一审判决业已生效。

争议焦点

原告广州某宾馆主张的被告欠款事实是否真实存在?如存在,则被告所欠金额为多少元。

代理意见

代理律师认为,本案租赁合同关系发生于广州某宾馆与广州某酒吧之间,因广州某酒吧授权人员的入住天数及房间使用数量呈随机性,从而不具备一般租赁合同中租金金额固定化的特性。同时,本案原告作为旅馆业的经营者,负有根据《广东省旅馆业治安管理规定》及时将旅客身份证件信息录入旅馆业治安管理信息系统的义务,且行业内旅馆业的经营者均普遍自觉履行前述义务,并对旅客的具体入住时间作登记。因此,本案中,原告应当对其主张的入住者的身份信息、入住期限、使用房间数量等案件事实承担相应的举证责任。

但是,通过代理律师对双方交易习惯的深入了解,发现双方的交易并非如原告提供证据所反映的事实。如此,通过对双方证据的精准研判,代理律师提出了上文中"被告主要答辩与质证意见",最后也赢得了本案的全部胜利。

案例评析

根据《民事诉讼法》、最高人民法院《关于适用〈中华人民共和国民事诉讼法〉的解释》以及最高人民法院《关于民事诉讼证据的若干规定》等相关的法律规定,当事人对自己提出的诉讼请求所依据的事实或者反驳对方诉讼请求所依据的事实有责任提供证据加以证明,当没有证据或者证据不足以证明当事人的事实主张时,即作为裁判基础的法律要件事实在诉讼中处于真伪不明的状态时,由负有举证责任的当事人承担举证不能的不利后果。

本案充分利用并生动演绎了上述证明责任的适用规则,并对律师代理案件有以下启发:

1. 对于作为诉讼发起者的原告而言,原告应当根据待证事实来充分收集相关证据,并严谨地分析已收集到的自身证据,最终向法院提供的证据应当尽可能形成完整的证据链,达到待定事实的高度盖然性,可有效阻挡被告的抗辩及对抗,充分证明原告主张事实的客观真实性。同时,案件各方当事人均应注意自身提供的证据切勿出现自相矛盾的不利情况,应当满足证据内容的逻辑自洽条件,以免使得自身陷入被法官及对方当事人严重质疑的窘境。此外,原告对于是否提起诉讼应本着慎重思考原则,应清楚如若案件最终败诉,被告将可能以此为由一直拒绝履行相应义务。而在自身证据不足的情况下,原告可通过协商、调解等途径来维护自己权益,或者在起诉前先行尝试补足相关证据。但原告也应注意诉讼时效的限制,积极采取措施以中断、中止诉讼时效的计算。

2. 对于作为抗辩及对抗一方的被告而言,因我国民事诉讼制度普遍对原告一方的举证责任作更高的要求,所以被告应当积极、充分适用相关证据规则。被告不仅可以收集对己方有利的证据进行有效抗辩及对抗，还可通过原告自身证据之间的合理性、自身矛盾性等内容进行多角度、多层次深入比较分析，并对比双方证据的关联性以进一步向法院论证原告的观点及证明内容为不攻自破的。

综上，律师在代理民事案件的过程中，应注意适用证明责任规则，对证据的精准研判可以帮助达到出奇制胜、案件胜诉的效果。另外，律师细心观察生活、了解各行业规则，增添社会阅历，也有利于案件的成功办理。

专家点评

在民事审判过程中，法院必须以事实为根据，以法律为准绳。前者中的“事实根据”，则依赖各方当事人提供相应的证据及其叙事逻辑(narrative)，以供法院予以查明及认定有关事实及其叙事逻辑。证据及其叙事逻辑是诉讼之王，成于斯，败于斯。

鉴于证据在民事诉讼中起着至关重要的作用。当事人及其律师应当注重证据规定的运用，其中，不仅要充分围绕自身待证明的事实及彼方不实陈述(statement)，而具体开展取证、举证及质证的诉讼工作；也要从证明力及证明标准的角度来判断各方举证的充分性及有效性，以此避免己方陷于举证不能的困境，或利用彼方的举证不能达到己方胜诉的目的。

在本案中，代理律师巧妙将当事人的交易习惯与行业规则相结合，完成有效答辩及举证质证，从而取得案件的胜诉结果。故此，本案的答辩思路及举证质证过程具有一定可参考性。

[点评人：全朝晖，中山大学法律硕士专业学位(涉外律师)研究生导师，高级律师职称]

债权人代位权纠纷案件中，债权人合法权益的救济

——采信被告的证据来证明原告的主张

梁伟生

摘要

债权人代位权是突破合同相对性的一项特殊制度，基于其特殊性，行使代位权必须同时符合多项构成要件。次债务人在本案中设置了多重障碍。鉴于此，代理律师作为债权人（原告）的代理人逐一清除障碍，并且还从次债务人（被告）提交的证据中发现了借据性质的内容，可据此认定债务人（第三人）对次债务人享有借款债权。代理律师及时采信被告的上述证据，补强相关证据，并据此结合其他相关证据主张原告的诉讼请求，最终获得法院支持。

案情简介

一、基本案情

（一）诉讼简况

孔某和简某之间是借贷关系，孔某是债权人，简某是债务人；简某与宁某之间亦存在借贷关系，宁某为本案的次债务人。因债务人简某怠于向宁某行使债权，损害债权人孔某的债权，故债权人孔某提起诉讼，主张对次债务人行使代位权。

（二）本案的基本法律关系（见图1）

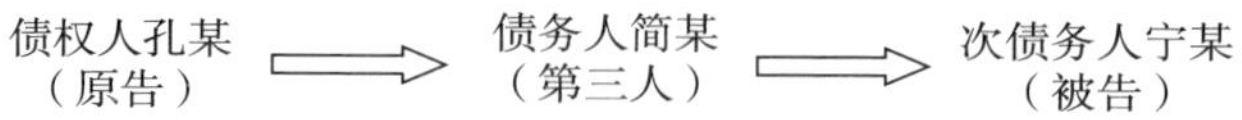

图1　案件基本法律关系

二、处理过程

孔某提交了简某提供的一份借据，拟证明简某对宁某享有债权，但经鉴定，该借据上借款人处“宁某”签名与指定样本的“宁某”签名不是同一人所写。

宁某为证明其与简某是合作投资关系而提交了数张《资金说明》。但《资金说明》约定了“出款日期、利息、借款方”，具备民间借贷的特征。于是，原告代理律师及时补强证据，向法院补充提交44份简某与宁某签订的《资金说明》，并结合简某与宁某之间的银行流水以及庭审各方的陈述，证明债务人简某与次债务人宁某之间为借贷关系。

三、裁判理由与结果

(一)原一审部分裁判理由

关于宁某与简某之间的借款关系问题：

第一，就鉴定的2500万元的借据，司法鉴定意见显示该借据上“宁某”签名与宁某本人签名并非同一人书写。

第二，孔某向原一审法院补充提交44份由宁某与简某签订的《资金说明》，结合宁某与简某之间的银行流水等，以证明简某与宁某之间的借贷关系。原一审法院确认案涉《资金说明》均是简某作为出借人与宁某作为证明人对简某的出资进行双方确认说明，《资金说明》的格式文本表明简某以宁某的名义与第三方发生借贷关系，且宁某有义务协助债务追讨事宜。其中39份《资金说明》中明确载明借款相对方和借款方为案外人张某、黎某等人。如简某认为宁某未能追讨造成了其损失，因与本案非同一法律关系，可另案主张。

第三，原一审法院支持部分《资金说明》构成借贷关系的主张，其分析如下：

(1)2012年4月12日的《资金说明》，文本中宁某与简某明确约定了款项用于宁某借款，以及文本下半部分中宁某在借款方处进行签名；孔某主张该资金说明中宁某与简某构成借贷关系，具有事实和法律依据。(2)2013年4月2日、2013年5月2日、2014年1月21日的《资金说明》，其保留了“借款”二字，并在“借款相对方”一栏中将原书写的“张”字划去，写明“投资”；同时在注明部分约定有利息，出款日期分别为2013年4月2日、2013年5月2日到7月1日、2014年1月21日，而“借款方”“义务方”均为空白。虽宁某抗辩称该款系其与简某合作进行投资，但无证据证明投资的具体事宜。由于文本中约定利息与借期，具备借贷合同特征，故孔某主张该资金说明中宁某与简某之间构成借贷关系，更符合常理，具有事实依据，法院予以支持。

结合上述分析，经办法院认为，宁某于2012年4月12日、2013年4月2日、

2013年5月2日、2014年1月21日的《资金说明》中,与简某达成借贷合意。其中2012年4月12日、2013年4月2日、2013年5月2日的借款已超过诉讼时效;2014年1月21日的借款因未约定还款期限,故简某可随时主张还款。综上所述,对于简某对宁某的到期债权500,000元及利息,宁某应依法向简某的到期债权人孔某清偿债务。

(二)(2020)粤0103民初××号、(2021)粤01民终××号比上述原一审法院多支持孔某200万元债权的裁判理由

2013年5月2日的《资金说明》中尽管约定出款日期为2013年5月2日到2013年7月1日,但同时注明“已收两个月费玖万元,但在7月2日起另计”,表明双方在提前支付两个月利息的基础上另行约定了到期后另计利息,但对于本金何时返还未明确约定,应视为双方就该资金说明项下的借款未明确约定还款日期,简某可以催告宁某在合理期限内返还。

综上所述,对于简某对宁某的到期债权2,500,000元及其利息,宁某应依法向简某的到期债权人孔某清偿债务。

争议焦点

1. 孔某与简某之间的民间借贷债务是否真实以及还款期限是否届满。

2. 简某与宁某之间的民间借贷债务是否真实以及还款期限是否届满。

3. 在简某与宁某的债权中,简某向法院请求保护其民事权利的诉讼时效期限是否届满。

代理意见

一、孔某与简某之间的民间借贷关系有银行流水、《借款协议书》、《还款协议书》、借据等证据证明,故孔某与简某之间系合法有效的民间借贷法律关系,并且《借款协议书》约定的借款期限已届满

二、针对债务人简某与次债务人宁某之间是借贷关系的代理意见

1. 简某、宁某在实际履行中的行为表明了双方是在履行借贷关系下的权利义务。

宁某收到简某的款项后,以自己的名义与张某、李某、朱某、黎某(第三方)另行签订《借款合同》,并以自己的名义转账借款给上述第三方,对于《资金说明》所

述的款项，宁某收到后很快就转账给第三方；张某、李某、朱某、黎某也是直接还款付息给宁某银行账号。

2. 次债务人宁某称借款相对方为“投资富成”的《资金说明》的实际借款人是张某。《资金说明》上的第三人和投资富成等相关内容，均是宁某找简某借款的理由，据此，相关的《资金说明》也是借据，而不是双方的投资款。

3. 宁某称只有张某和李某的借款未还清，相关的借款凭证、借款合同和银行流水均在其手上，其有追过款，但是没有起诉，其坚信该两人会还款。但是，与第三方相关的借款合同、银行流水等，宁某并未提交给法院和上诉人。

4. 提供格式条款一方的宁某利用其知识文化优势，出于推卸还款责任的目的，故意把“借款人”一栏写成“证明人”，故意把“借据”写成“资金说明”。但是，4张《资金说明》具有“借款”“利息”“出款日期”等借据的性质，故上述4张《资金说明》中宁某共向简某借款450万元。

三、针对诉讼时效的代理意见

2013年5月2日的《资金说明》中注明“已收两个月费玖万元，但在7月2日起另计”，表明双方约定了到期后另计利息，但未对本金何时偿还作出明确约定。《合同法》第62条规定：“当事人就有关合同内容约定不明确，依照本法第六十一条的规定仍不能确定的，适用下列规定：……（四）履行期限不明确的，债务人可以随时履行，债权人也可以随时要求履行……”

因此，2013年5月2日的《资金说明》应该视为未明确约定还款日期，不存在诉讼时效问题，债权人有权随时要求被上诉人还款。

案例评析

合同相对性是民商事交易的一般规则，债权人代位权则是突破该一般规则的特殊制度，故其运用必须同时符合各项要件，才能既发挥保护债权人合法权益的作用，又不会破坏经济交易秩序的稳定性。因本案发生于《民法典》施行前，故本案债权人代位权的认定适用原《合同法》第73条及最高人民法院《关于适用〈中华人民共和国合同法〉若干问题的解释（一）》（已失效）第11条的规定，即债权人提起代位权诉讼，应当同时符合下列条件：（1）债权人对债务人的债权合法；（2）债务人怠于行使其到期债权，对债权人造成损害；（3）债务人的债权已到期；（4）债务人的债权不是专属于债务人自身的债权。

上述第2项构成要件蕴含三个层面的内容，包括：第一层是强调债务人对第三人(次债务人)享有合法有效的债权;第二层是强调债务人对其享有的债权是怠于行使的,并且对债权人债权的实现造成损害;第三层则与上述第3项构成要件的意思一致。本案的争议焦点就在于第2项构成要件之下的第一层内容,即分析债务人与次债务人之间是否存在真实合法的债权。在本案起诉时,债权人孔某提交了债务人简某提供的一份总额为25,000,000元的借据,拟证明简某对宁某享有债权,但次债务人(被告)宁某否认该借据的真实性并向法院申请对该借据的签名字迹进行鉴定,经鉴定该借据借款人处"宁某"签名与指定样本的"宁某"签名不是同一人所写。那么,在己方提交的拟证明债务人与次债务人之间存在民间借贷关系的借据被鉴定为假冒的情况下,债权人应如何突破该障碍以保障合法债权的实现呢?

面对不利的形势,必须找到其他的债权文书以取代借据,才能维护债权人的合法权益。为此,代理律师从次债务人宁某提交的证据中发现了新的切入点。宁某为证明其与简某并非民间借贷关系,而是合作投资关系而提交了数张《资金说明》。代理律师通过仔细研究《资金说明》的内容,发现《资金说明》具有借据性质,可据此认定双方为民间借贷关系。《资金说明》中约定了"出款日期、利息、借款方",具备民间借贷合同的特征。于是,代理律师及时采信被告的上述证据,同时补强相关证据,向法院补充提交44份简某与宁某签订的《资金说明》,并结合简某与宁某之间的银行流水以及庭审各方的陈述,证明了债务人简某与次债务人宁某之间为合法有效的民间借贷关系,法院最终判决次债务人宁某向债权人孔某代位清偿债务。

由此,当己方所提交证据被对方攻击、不被法庭采信时,要及时分析对方提交的证据,从中找出破绽,尤其是当对方所提交的证据在法律性质上具有多面性时,对方依该证据证明其一方观点,我方仍可依该证据构建我方所主张的法律关系。在本案中,代理律师则是通过采信被告(次债务人)提交的证据证明了债务人与次债务人之间是合法有效的民间借贷关系,以实现债权人的诉讼请求。

专家点评

基于保护债权的目的,法律设立了债权人代位权制度;为了维持社会交易秩序的稳定性,法律严格规定了债权人代位权制度的构成要件。

代理此类案件往往具有较高的难度,本案代理律师在面临次债务人通过鉴定直接否认证明其与债务人之间存在债权债务关系的借据的情况下,凭借丰厚的法理知识、娴熟的办案经验，通过深入分析并及时采信对方提交的证据，结合庭审情况、案件其他证据，证明了次债务人与债务人之间存在合法有效的民间借贷关系。

本案对于同类案件具有一定的借鉴意义：一是如何深入分析债权人代位权制度的构成要件；二是启发我们如何构建有利于己方的法律关系，不仅可以通过己方的证据证明我方的主张，还可以通过采信对方所提交的有利于我方的证据，从而证明我方的主张，以达到“以其人之道，还治其人之身”的目的。

（点评人：蒋冬梅，中国人民大学经济法学博士，广东第二师范学院政法系副教授，二级律师）

第二章　房地产案例精选

关于两份博弈投标文件下的法律裁判原则

王　辉

摘　要

G公司参与H公司的工程招标,前后分别出具了两份投标文件。笔者作为G公司的代理律师凭借丰富执业经验,认为考虑合同的实际履行情况和合同背景情势变化下多个合同初始目的的叠加覆盖,并结合评估公司的造价鉴定专业意见,应当适用第二份投标文件。最终,法院认为第二份投标报价书是合同各方当事人的真实意思表示,作为施工合同包干价的报价文件合理,支持了G公司关于支付工程款及利息的请求。

案情简介

G公司与H公司签订合同约定H公司将某工程发包给G公司,约定了工程总价为245万元,本项目两份招投标文件和相关施工图纸构成合同的组成部分。此前,H公司曾就案涉工程进行招标,G公司参与投标,投标价为350余万元(投标报价文件时间为2009年2月5日),该次招标由T公司中标。后由于T公司施工不力,H公司将部分工程交由G公司施工,并未再次进行招标。G公司提交了第二份投标文件,投标总价为246万余元(报价文件时间为2009年4月15日),后一份投标文件相比前一份投标文件施工范围有减少,但工程单价有增加。在工程施工履行过程中,H公司在合同工程范围内又强行分拆了一小部分工程项目给S公司。后双方因工程款结算问题发生争议,G公司起诉要求H公司支付工程款,H公司提出反诉要求支付代垫工程款、施工费用及考核罚款等损失合计68.5万余元。本案争议焦点是G公司应该以哪份投标报价为准以及H公司的反诉请求是否成立。G公司的代理律师通过分析案情和案件事实所对应的法律适用，认为应当适用后一份投标文件即2009年4月15日的投标文件。评估公司通过造价鉴定，认为后一份投标报价书作为施工合同包干价的报价文件合理，故法院支持G公司请求以2009年4月15日的投标文件为准由H公司支付工程款及利息的主张，并驳回H公司要求支付代垫工程款和绝大部分损失的反诉请求。

争议焦点

1. 结算工程款应当以G公司2009年2月5日的投标报价文件为准，还是以2009年4月15日的投标报价文件为准。

2. H公司反诉请求由G公司承担代垫工程款和损失赔偿，是否成立。

代理意见

1. 两个投标文件从工程范围到项目单价均不相同，应当从投标报价文件的时间、背景、工程报价的角度来考量。

2. 合同履行过程中，应当根据实际所履行的工程范围和给付工程进度款来判断实际适用的是哪一个投标报价文件。

3. 代垫工程款和损失赔偿是由于未经G公司同意，H公司从后一份投标文件的工程范围内进行拆分再分包给S公司施工的项目，H公司构成违约，应当承担其违约责任和损失赔偿。

4. 施工图纸显示“好氧池风管槽的走道板”适用预制板，而分拆给S公司施工后更换为镀锌钢铬栅板，由此增加的代垫工程款应当由H公司承担。

5. G公司施工前，已由T公司中标施工，因技术力量不够且施工缓慢，造成的清洁文明施工费用和考核罚款的风险责任不可能由G公司承担，分拆给S公司的土建部分的坑基回填相比G公司后一次投标报价增加的62.9万元损失，源于坑基下陷而多出的土方，应当由H公司自行承担。

案例评析

1. 依据招投标法的有关规定，一个工程项目不可能适用两个投标报价文件，因此，合同约定两个投标报价文件都构成合同的组成部分，则必有一个投标报价文件是无效的。

2. 对于工程项目单价有争议,应当依据投标程序、合同签署所确定的合同价依据以及实际履行的价格计算渊源来做判断。在该案中T公司中标,意味着G公司的第一次投标报价已经对G公司没有约束力,合同暂定价源于后一次投标报价,在合同实际履行中,进度款的计算标准也是依据后一次投标报价。

3. 建设工程合同没有约定,应当以实际施工的施工图和工程竣工的竣工图为准。本案施工图中"好氧池风管槽的走道板"适用预制板,而分拆后履行中为镀锌钢铬栅板,由此判断增加工程款的责任归属。

4. 建设工程合同履行中,实际履行情况与施工图纸设计内容不一致的,应当以实际履行情况为准。本案中,分拆给S公司土建部分的坑基回填,施工图纸设计面积所套算出的土方金额为15万余元,但因坑基下陷而增加土方和改变土方回填材料为部分瓜米石,由此增加的损失62.9万元并非G公司过错,故H公司反诉主张不能成立。

专家点评

建设工程招投标有严格的招投标程序和相应的法律后果,前一次的招标G公司未能中标,则其投标文件不再对G公司产生法律约束力。合同将前一次的投标文件写入合同附件文本,事实上导致与后一次投标文件(也列入了合同附件)在工程范围、单位计价标准上存在明显的不同或矛盾。解决合同在建设工程项目的工程范围和项目单价等事项上的约定不明问题,可以以合同在实际履行中的进度款、施工图纸、签证单、联系函、会议纪要以及最后的验收工作报告、竣工图纸作为认定合同履行事实的判断标准。

本案的典型意义体现在建筑施工合同存在矛盾或约定不明的合同条款时如何确定事实和责任认定的依据。本案中通过律师的努力,人民法院综合考量了建设工程项目实际履行中相关施工范围、材料或工艺的变更、进度款给付的单价基数、实际施工与图纸的比对等证据,做出符合施工实际和双方当事人真实意思的认定。

(点评人:慕亚平,中山大学法学院教授)

设定五道防火墙,阻挡"实际施工人"的诉讼之火

——张三诉B公司和艺术院等建设工程施工合同纠纷案

梁伟生

摘 要

张三(一审原告,二审上诉人)诉李四(一审被告一,二审被上诉人一)、A公司(一审被告二,二审被上诉人二)、B公司(一审被告三,二审被上诉人三)、艺术院(一审被告四,二审被上诉人四)、研究所(一审被告五,二审被上诉人五)建设工程施工合同纠纷一案中,梁伟生律师代理B公司,B公司在涉讼工程中的地位为总承包人。张三称已经完成工程至封顶,却无法按时领取工程款,遂成讼。

代理律师抓住关键点,通过构建"5道防火墙",维护了总承包人的合法权益:(1)原告张三不是本案的实际施工人。(2)原告张三诉请支付工程款无合同依据,无事实依据。(3)总承包人B公司管理涉诉工程并施工,且并无证据显示原告张三负责管理项目。(4)总承包人B公司已经结算并付清了所有款项,原告张三不具备起诉的前提条件。(5)鉴于涉讼工程目前尚未竣工验收,原告张三并无解除合同并结算的依据,故不符合起诉付款的条件。

案情简介

2015年5月14日,广州公共资源交易中心向B公司发出《中标通知书》,确定B公司为艺术大楼施工总承包(第二次)的中标单位,承包内容为招标文件所规定的发包内容,中标价为4000万元。

2015年6月10日,艺术院、研究所(为甲方)共同作为发包人与B公司(为乙方、承包人)签订《广东省建设工程施工合同》,内容为:工程名称为艺术大楼施工总承包,工程地点为广州市某区某路200号,工程内容为招标图纸范围内的工程

内容。

2015年6月2日,张三(为乙方)与李四(为甲方)签订《项目经营分成协议》,其中内容为:甲方合法持有华南某大楼施工总承包(项目编号:JG8888－888)项目工程的所有权,甲乙双方经友好协商,甲方同意将其所持有的华南某大楼施工总承包项目工程的所有经营权一次性移交给乙方,乙方同意受让上述项目工程的所有权。

张三(为乙方)与A公司(为甲方)也签订了《项目联营内部承包协议》,其中内容为:甲方合法持有华南某大楼施工总承包(项目编号:JG888－888)项目工程的管理经营权,现双方拟同意合作该工程,张三于同日作出《承诺书》。

张三先后向李四转账付款860,000元,向A公司转账付款272,433元,合计1,132,433元。

张三称已经完成工程至封顶,却无法按时领取工程款,遂成讼。张三的诉讼请求为:(1)判由A公司、B公司支付张三工程施工进度款暂计1000万元;(2)判由李四、A公司将已收取工程款退还原告;(3)判决B公司、A公司、艺术院、研究所停止支付李四工程款;(4)判决B公司、A公司根据合同完成工程量进度或根据人民法院主持评估工程量为张三结算工程款;(5)判决艺术院、研究所承担补充清偿张三工程款法律责任;(6)本案诉讼费由被告承担。

为此,原告提供了《建设工程施工合同》、《中标通知书》以及大量施工文件的原件,部分班组长为原告签订合同所聘用,目前尚在岗。但是原告未提供工程款、工程量的结算文件,也没有其结算材料款和劳务费的凭证。

代理律师首先审查可以证明B公司实际施工的证据,从“施工前的准备”“钢筋的安装和验收”“模板的安装和验收”“混凝土的施工和验收”“劳务费的支付”“材料款的支付”“设备租赁款的支付”七方面充分组织证据。

其次,组织证据证明如下事实:

其一,证明5个主要负责人是B公司员工,即施工现场派驻的项目负责人、技术负责人、质量管理负责人、安全管理负责人、项目总工(施工长)等主要管理人员与B公司有劳动合同关系和社保关系。

其二,将发包方从诉讼中出除,发包方与总承包方签订《付款确认书》,确认发包方已经按照合同及工程进度结清工程款,发包方无欠付工程款的情况。

其三,将原告的诉讼风险与总承包人隔离,证明总承包方与劳务分包公司签订《确认书》,确认总承包人已付清劳务费给劳务分包人,如有拖欠,与总承包人无关。

其四,举证大量的总承包人结算并转账支付材料款和劳务费的凭证。

最后,结合建设工程施工合同纠纷案件的审判实务,就实际施工人主张工程款的案件,还要依次审查如下证据,反推原告并非实际施工人:(1)张三可否持有其与发包方、总承包人、监理单位等关联方签字盖章的关于工程款的结算书?(2)张三可否持有其与关联方签字盖章的关于工程量的签证?(3)张三可否持有其垫付或结算劳务费或材料款的凭证?(4)张三可否持有其参与施工管理的证据?张三可否向总承包人交纳属于实际施工人的管理费?总承包人或发包人可否向张三支付工程款?从正反两个方面,推翻张三的主张。

一审法院驳回原告诉讼请求,原告上诉,二审法院驳回上诉,维持原判。

争议焦点

1. 原告是否为实际施工人。

2. 原告与被告一(李四)、被告二(A 公司)分别签订的《项目经营分成协议》《项目联营内部承包协议》的效力如何。

代理意见

1. 张三并无确凿证据可以证明其是本案的实际施工人,故张三不具有本案的诉讼主体资格。

2. 并无张三与关联方签章确认的关于 1000 万元工程款的结算书,也无张三与关联方签章确认的关于张三实际施工的工程量的签证,更无关于张三垫付或结算劳务费和材料款的凭证。

3. 多方举证的关于施工管理的证据没有张三或其所雇佣人员的签名,且张三举证的证据也与张三无关。

4. 在缺失上述结算、签证及管理凭证,又无关联方确认的情况下,仅仅持有部分施工管理的原件并不能证明张三就是本案的实际施工人。

5. 张三与 A 公司、李四签订的协议并未履行,相关的协议也与本案无关,与 B 公司及发包方无关,由此产生的债权债务,只能由张三与合同相对人另案起诉处理。

6. 按照合同相对性原则,张三与 B 公司、发包人都无合同关系,其起诉 B 公司和发包人无合同依据和法律依据。

案例评析

在目前建设工程施工领域普遍存在违法分包、违法挂靠和非法转包,且立法日益偏向于保护农民工权益的情况下,总承包方如何维护自己的正当权益,显得艰难且重要。

在本案中,张三主张其是实际施工人,并且持有大量的施工文件的原件,这对于承包人极为不利。在接受委托代理后,首先要审查可以证明B公司(总承包方)实际施工的证据,从"施工前的准备""钢筋的安装和验收""模板的安装和验收""混凝土的施工和验收""劳务费的支付""材料款的支付""设备租赁款的支付"七方面充分组织证据。再结合建设工程施工合同纠纷案件的审判实务,就原告以"实际施工人"名义主张工程款的案件,要组织相关理据,反推原告并非实际施工人。

最高人民法院《关于统一建设工程施工合同纠纷中实际施工人的司法认定条件的建议的答复》对"实际施工人"的定义作了扩大解释,据此,可以起诉总承包人的主体日益扩大,总承包人的诉累较重。

为了维护总承包人的合法权益,代理律师设定了几道法律"防火墙",每道墙都可阻挡诉讼之火,详述如下:

1. 张三并无确凿证据可以证明其是本案的实际施工人。

2. 张三诉请支付工程款无合同依据,无事实依据。

3. 证明总承包人负责管理涉诉工程并施工,且并无证据显示原告负责管理项目。

4. 证明总承包人已经结算并付清了所有款项,张三不具备起诉的前提条件。

5. 鉴于涉讼工程目前尚未竣工验收,张三并无解除合同并结算的证据,故不符合起诉付款的条件。

专家点评

最高人民法院《关于审理建设工程施工合同纠纷案件适用法律问题的解释(一)》第43条规定,实际施工人可以向发包人主张权利,发包人在欠付工程款的范围内承担责任。

最高人民法院民事审判第一庭2021年第20次专业法官会议对该解释第43条规定进行研讨,最高人民法院解读本条解释是为保护农民工等建筑工人的利益，突破合同相对性原则，允许实际施工人请求发包人在欠付工程款范围内承担责任。对该条解释的适用应当从严把握，谨慎审查"实际施工人"的地位，从主体上规范该解释第 43 条规定的适用条件。

本案破解关键点恰好与最高人民法院的会议精神相契合，即如何认定当事人在涉案工程中是否具备"实际施工人"的地位。"实际施工人"是最高人民法院《关于审理建设工程施工合同纠纷案件适用法律问题的解释》（2004 年发布，已失效①）创制的概念，旨在描述无效合同中实际承揽工程施工的无法定资质的施工企业、非法人单位、农民工个人等。通俗地讲，实际施工人就是在违法情形中实际完成了施工义务的单位或者个人。

代理律师抓住了问题关键，从资金、人工、材料、机械设备、管理等方面充分组织证据，构建了证明本案原告并非实际施工人的"5 道防火墙"，问题最终迎刃而解，具有较强的借鉴意义。

（点评人：蒋冬梅，中国人民大学经济法学博士，广东第二师范学院政法系副教授，二级律师）

① 本书中标注已失效的文件在案件办理时均有效。

优秀的商务律师不应只为把控法律风险而成为"交易阻碍者"

——某500强房地产公司收购某地产公司公租房项目评析

王春平　许杰民　黎月梅

摘　要

房地产项目收购涉及巨额资金交易，且因房地产开发过程原本就要历经诸多行政审批程序，其中行政与民事法律关系错综交织，公租房项目还涉及国家政策的解读、适用，历史遗留问题的清理和解决、交易模式设计等多方面其他问题，这些使得此类项目中隐藏着较高的法律风险，律师法律服务在此类交易中的作用更加重要。本项目系为某500强房地产公司耗资数亿元收购某地产公司公租房项目提供"一揽子"的专项法律服务，代理律师运用专业知识，融合商业思维，针对公租房项目收购及交易模式的合法性、有效性、法律可行性进行审慎分析，为项目的合法合规推进提供法律支撑，帮助客户在最大限度保障自身权益的前提下完成资产出售。

项目简介

2017年，H公司在G市新机场附近某镇拥有已办理用地结案手续的1000多亩待开发国有商住两用地，且获批在部分用地上开发建设公租房项目。某500强房地产公司（B公司）有意与H公司合作进行房地产开发，H公司愿意和B公司合作，并希望借此一并解决自身逾3亿元的资金周转问题。B公司最初设计的方案是通过信托架构协助H公司直接从信托公司处获得3.5亿元的融资，在还款前，H公司需向信托公司转让其持有的公租房等资产的租金收益权。代理律师在代H公司审查该合作协议时,发现有关信托计划较为复杂,且由于公租房及其他商业资产的租金收益权存在不确定性,可能不足以保障3.5亿元的融资,信托公司不仅要求H公司出具还款及回购承诺,还要求H公司实际控制人提供连带还款保证,这会给H公司及其实际控制人造成潜在的巨大债务风险。为此,代理律师与H公司进行了仔细、深入的论证和分析,最终确定了同时能够满足B公司和H公司需求的方案,经过超过8个月的10多轮谈判,H公司与B公司最终就公租房项目收购签署了主协议及多份补充协议,并配套签署了有关股权转让协议、融资协议、修订Y公司章程等"一揽子"法律文件,圆满完成了资产收购,实现了双方合作之目的。

项目难点

本项目的难点在于设计交易架构时需要满足交易双方表面上存在一定对立的核心需求,并要保证有关交易安排的合法性及可操作性。比如:对于卖方而言,其希望及时、足额、安全、合规地收到交易款项,为此,在收到全额款项前,卖方需分期转让项目公司股权,并保证买方在控制项目公司期间及进行的融资等活动不会损害卖方利益;而对于买方而言,其希望尽早管理及实际控制项目公司,并要求卖方配合同意项目公司进行融资,以避免该资产收购占用过多买方自有资金。

律师办理思路

与诉讼抗辩不同,在非诉讼的商务事务中,交易对方并非纯粹的对手,更可能是合作的伙伴。因此,商务律师在秉持专业、充分向客户提示交易风险的前提下,若能适当从商业角度考虑问题,并与对方积极协商,提供双方可接受的、合理的解决方案,显然可以有效促成交易,从而给客户创造更大的价值。

本项目服务过程中,律师努力寻找双方的共同利益点,并在最大限度维护己方客户核心利益的情况下,合理响应对方关切。比如从商务实际出发,卖方同意积极配合买方进行融资,但这就面临未收到全部交易款项,交易核心标的物即公租房却可能会因为买方在融资活动中的违约而遭受损失的情形,因此,合理地寻求买方有可能接受及提供的担保方式,对卖方就至关重要。再如,买方在只获得51%项目公司股权的情况下,就要求实际控制及运营操盘项目公司。从商务的角度来看,这有利于项目公司的尽快发展及良性循环,但对于卖方而言,显然存在项目公司核心资产被不当处置或转移的风险。因此,同样需要设计完善的条款以确保在卖方完成全部交易前项目公司核心资产的安全,卖方或关联方在项目公司剩余股权的价值不会受到损害。

相关法律规定解读

一、关于公租房项目转让的相关法律规定解读

G市人民政府发布的《××公共租赁住房保障制度实施办法(试行)》(2013年)第16条规定:公共租赁住房建设实行"谁投资、谁所有",不得分割登记、分割转移登记和分割抵押登记,但可以依法整体抵押、整体(整幢)转让,转让后公共租赁住房性质不变。

2016年6月实施的《G市公共租赁住房保障办法》第17条保留了前述规定。

根据前述法律规定,民间投资主体投资建设公共租赁住房后,尽管不能分割登记及改变公租房性质,但可以将整体登记的公租房整体(整幢)转让。因此,H公司将所持5栋公租房整体转让给B公司是符合G市地方政府规章规定的。

二、关于利润分配的相关法律规定解读

《公司法》第34条规定:股东按照实缴的出资比例分取红利;公司新增资本时,股东有权优先按照实缴的出资比例认缴出资。但是,全体股东约定不按照出资比例分取红利或者不按照出资比例优先认缴出资的除外。

据此,公司有利润时才可以向股东分配,不能虚增利润进行分配,但股东间可以自行约定分取红利的比例。

案例评析

有人曾将商务律师称为"交易阻碍者",因为律师在审查交易文件时经常会倾向于关注风险而不考虑商业利益。但本项目代理律师则注意融合商业思维,不仅从客户的角度分析、解构、推进法律服务,在对交易主体、产权状况、原有住户清退、交易障碍、其他历史遗留问题等有关情况展开全面详细尽职调查的基础上,针对公租房项目收购和交易模式的合法性、有效性、法律可行性进行审慎分析,就潜藏的风险提供有效的应对策略,而且注意适当关注及尊重交易对方的核心需求,并协助客户审查、完善、把控法律文件和法律程序,在切实维护客户利益的情况下,尽量使交易安排能够合理满足交易对方的核心需求,这种务实、合作的态度,

亦有利于换取对方愿意作出让步和配合以满足客户的核心需求。

1. 核查及确定项目运作前提即公租房交易的合法性

这是任何并购交易发生时都必须首先解决的法律问题，若交易本身不合法，则无论如何设计交易架构和方案，都只是在通过技术性手段来规避法律禁止性规定。这虽然可以迎合客户当下的需求，但会给客户带来巨大的法律风险，殊不可取。

本项目中，律师对交易情况及背景进行详细调查后发现，G 市人民政府发布的《××公共租赁住房保障制度实施办法（试行）》（2013 年）及后来正式替代实施的《G 市公共租赁住房保障办法》（2016 年）均明确规定公共租赁住房建设实行“谁投资、谁所有”，可以整体（整幢）转让；且 H 公司在 2015 年也已获得 G 市住房保障办公室同意该公租房整体（整幢）转让的复函。

2. 了解交易双方的核心需求，在代表 H 公司进行交易谈判时，既注意维护客户的利益，又适当理解对方的关切

对客户核心需求的把控，有利于在商务谈判及法律文件拟定时抓大放小、求同存异，并协调双方的立场。本项目中，H 公司的核心需求在于安全、足额获得 3 亿多元的资金及避免承担债务和融资风险，B 公司的核心需求在于顺利收购公租房项目，及时掌控公司印鉴和证照，并可以利用公租房项目进行融资，避免投入过多自身现有资金。

3. 基于客户核心需求设计交易架构，草拟法律文件，并根据谈判情况及客户提出的新要求调整交易架构和法律文件

本项目中，根据 B 公司要求，采取了股权交易而非资产直接转让的方式，H 公司首先通过关联公司（A 公司、C 公司）出资 1000 万元设立了 Y 公司，其后将 5 栋公租房整体出售给 Y 公司，估值为人民币 2.2 亿元。Y 公司以现金支付 1000 万元，其余 2.1 亿元为 Y 公司向 H 公司借取的款项，B 公司同意代还该笔借款。交易架构如图 1、图 2 所示：

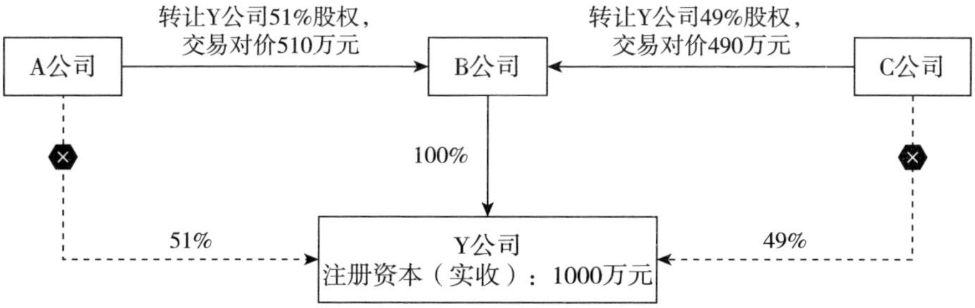

图 1　Y 公司股权交易架构（初始方案）

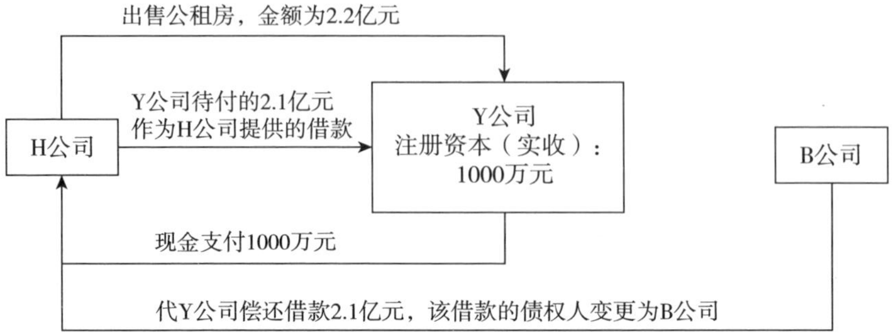

图2　Y公司资产交易架构

值得一提的是:应B公司的要求,在转让Y公司51%股权给B公司后,B公司就要求实际掌控项目公司的经营管理及公租房项目的后续运营工作。为了防范B公司擅自转移或处置项目公司核心资产即公租房产权,在多轮谈判的合同版本中,代理律师均代表H公司坚持在合同中加上及保留有关限制条款,即在B公司付清款项包括股权转让款、代偿项目公司欠款及协议约定的其他应付款项前,未经H公司书面同意,B公司不得转让项目公司股权,并保证项目公司不得转让公司名下的5栋公租房不动产权,亦不得容许项目公司以增资或其他方式摊薄H公司关联公司的股权。经多轮谈判,B公司最终同意了前述条款内容。

4.努力平衡客户需求和操作可行性,在确保符合法律规定的情况下达成客户交易需求

在完成上述交易架构设计后,H公司无法实现解决周转资金3.5亿元的问题。为此,双方约定,基于B公司在持有Y公司51%股权的情况下就全面运营管理项目公司,双方同意对项目公司未来的经营利润进行估算,并提前向C公司支付利润1.5亿元,C公司收到该利润款后,再安排将Y公司其余49%股权转让给B公司。但是,代理律师经审慎考虑发现,项目公司若在没有足够红利的情况下就直接向股东支付利润,显然会与当时有效的《公司法》(2013年)第34条关于股东依据出资比例分取红利等规定有所冲突,且根据最高人民法院《关于适用〈中华人民共和国公司法〉若干问题的规定(三)》(2014年修正)第12条之规定,若公司通过虚增利润进行分配,甚至可能构成股东抽逃出资。为此,代理律师努力在法律许可的框架下寻找满足客户需求之道,在进行合同条款设计时,明确提出在第二轮股权转让时C公司仅转让Y公司34%股权给B公司,以保证C公司持续获得利润分红的身份正当性,而项目公司Y公司运营期间所产生的利润,股东双方按B公司分配40%、C公司分配60%的标准进行利润分配,直至C公司获得1.5亿元分红之日,再转让剩余15%的Y公司股权给B公司。具体如图3所示:

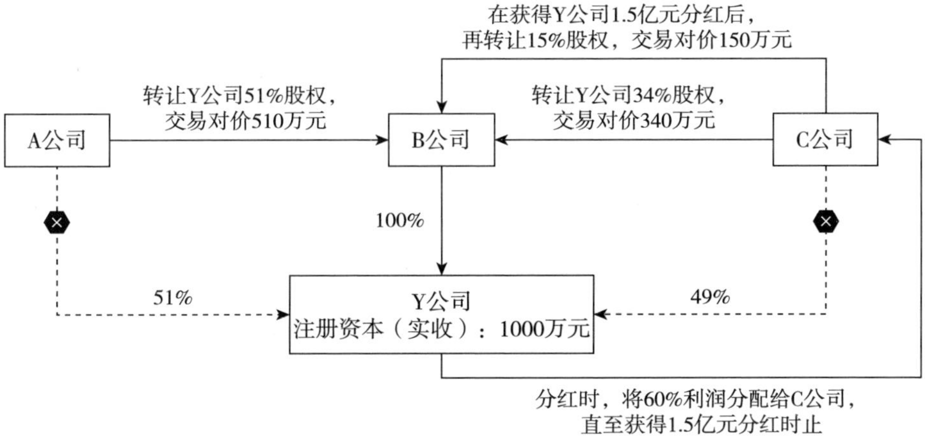

图3　股权交易结构(调整后方案)

5. 充分理解和积极配合交易对方的核心需求,但也要保障己方利益

B 公司在获得 Y 公司 51% 股权后,为了履行合同约定的借款等义务及避免占用自身过多资金,意图利用 Y 公司进行融资。为了避免自身遭受损失,H 公司要求 B 公司将其所持 51% 的 Y 公司股权进行质押以提供反担保。但由于融资过程中有关信托公司等融资方不同意,该股权质押反担保未能实现。后经代理律师提出,且经双方多次协商,最终同意由 B 公司所属的集团公司提供连带责任保证。该等灵活的处理方式不仅满足了交易对方的要求,推动了交易的进行,也避免 H 公司因为配合对方的融资活动而遭受实际损失。

6. 妥善处理交易相关配套事宜,并根据意外事件及时调整交易细节

本项目中,还需妥善处理其他相关配套事宜。比如,由于交易的公租房先前已整体出租给第三方进行公租房运营,因此本项目交易还涉及 H 公司和第三方解约的问题,若解决不好,亦容易对交易造成阻碍。又如,B 公司希望将 Y 公司并表纳入集团财务数据范围,为此在公司章程中需要明确其对 Y 公司的绝对控制权,而 H 公司则需要争取约定保护非控股股东利益的条款及安排。再如,交易过程中还发生了其中部分公租房因为房管部门原因迟延获得房产证的情况,为了规避风险,B 公司要求按比例相应调整付款时间和金额。对此,经权衡利弊,在确保风险可控的情况下,代理律师建议 H 公司本着实事求是的原则予以配合,避免因枝节问题影响整体交易。

从本案例可以看出,在商务领域,专业的律师不仅应当作为项目合法合规的把关者,也可以作为交易双方利益的调和者。律师不能为了在客户面前凸显自身的作用而采取对抗性的方式与对方纠缠法律细节,而应通过专业的服务,帮助客

户在最大限度保障自身权益的前提下促进商业收购事项的完成。

专家点评

虽然我国民法典立法采民商合一体例,但商事活动总会体现出一些不同于普通民事活动的特点及规则。所有从事民事法律业务的律师都可以提供商事服务,但若想成为优秀的商务律师,还需从多个方面淬炼自己。

商务律师不仅需要有专业的法律知识,还要学习外交官式的娴熟谈判技巧、商人般的机敏和经济学家那样快速的核心利益判断方法。此外,商务律师还有必要了解一些交易相关的行业知识、心理学知识及其他知识。但归根结底,所有的技巧和知识,都是为了让商务律师摒弃单纯的抗辩和法律风险思维,要有大局观,不能满足于就法律谈法律、只提风险不看利益。须知,商业领域的永恒规则是:没有风险就没有利润。

正如本案所揭示的,在复杂的交易活动中,律师对法律风险的把控及建议至关重要。但交易双方的律师,若能具备一定的商业思维,在及时把控及坚持己方客户核心利益的基础上,求同存异,化对抗为合作,积极寻求合法、可行的解决方案,则可以有效促进商业活动的顺利达成,实现客户核心利益的最大化满足。这是商务律师存在的最大意义和价值之所在。

(点评人:李昊,中南财经政法大学教授、博士生导师)

统揽全局、缜密思考、步步为营、谨慎处理，助解多年遗留复杂历史难题

——某省属国有上市公司下属企业逾 1100 亩场地征收搬迁补偿项目评析

王春平　黎月梅

摘　要

2003 年，由于某科技园建设需要征收某省属国有上市公司（G 公司）下属企业（A 公司）逾 1700 亩场地，F 区国土局与 A 公司、B 公司（A 公司原股东）签订了补偿协议。由于历史原因及其他多方面主客观原因，前述协议迟迟未能得到落实，约 552 亩土地被统筹使用，相关土地与地上附着物补偿及其他事宜也未能得到全面落实，A 公司仍实际占有使用其中逾 1100 亩土地。2019 年，因当地政府需收储该场地，引发新的征收搬迁补偿问题。

因项目不仅涉及原协议的终止及债权债务的清理结算，也涉及新的收储和征收搬迁补偿，欲借此契机"一揽子"妥善合理解决十几年来形成的历史遗留问题，确保签约主体、补偿方案、对象及其他安排符合国有资产处置、上市公司信批等规定及当地收储政策等。在全面详细尽职调查的基础上，代理律师分析、论证项目所涉法律问题，审慎研究了具体事项及每项安排的合法性、合理性、公允性，协助委托人设计、论证、比较、完善方案，与相关行政机关进行多轮协商、谈判，为客户保驾护航，助力客户依法依规地推进项目，获得了合规公允补偿，同时解决了历史遗留问题，实现了盘活国有上市资产，保值增值的目标。

项目简介

1984 年,B 公司与 N 区政府联营合办种鸡场(后改制为 A 公司),总投资人民币 800 万元,其中 N 区政府提供建场所需土地连同地上附属物折价投入人民币 100 万元,B 公司投入人民币 700 万元。前述山林所占土地共计约 1709 亩被分为两个山林权证登记在种鸡场名下。经营过程中,联营方 B 公司变更为 R 公司,N 区政府变更为 L 公司。

2002 年,为建设软件科技园,当地政府需收回登记在种鸡场名下的前述土地使用权。F 区国土资源局、B 公司、种鸡场于 2003 年 6 月签订了《补偿协议》,对因收回前述土地使用权而给予种鸡场、B 公司的土地补偿、现金补偿等相关事宜进行了明确约定。

就《补偿协议》下的新鸡场选址、道路建设需要征收原定提供给 B 公司的 70 亩留用地中的 24.77 亩土地引发的新补偿等问题,2004 年 9 月,F 区国土资源局与 B 公司、种鸡场签订《补充协议》。2004 年 12 月,为配合科技园的建设,加快种鸡场新场建场进程,解决和落实《补偿协议》与《补充协议》的履行等事宜,H 信投公司受 F 区国土资源局委托,与 A 公司签订了《协议书》。

《补偿协议》《补充协议》《协议书》签订后,F 区国土资源局委托 H 信投公司向 A 公司、B 公司支付补偿款共计人民币 2250 万元,尚有余款人民币 1144 万元未付。

前述协议签订后,A 公司根据《协议书》要求将山林权证交出,H 信投公司以其名义于 2006 年办理了 14 个土地使用权证(证载土地面积合计约 1136 亩)。

由于协议约定的补偿土地因多方面原因未能落实,土地移交及鸡场搬迁等工作被搁置。在 2004 年至 2018 年,前述土地中部分土地因道路建设、电力线路改造、学院扩建、返还农村集体土地等原因被各级相关单位统筹使用,A 公司实际占用土地约为 1136 亩(H 信投公司办理的前述 14 个土地使用权证证载面积)。

2005 年 11 月,B 公司将所持 A 公司 70% 的股权转让给 R 公司,R 公司同时承诺在持有 A 公司 70% 的股权后,继续严格执行原搬迁协议,按照有关条款做好搬迁工作等。现 A 公司股东仍为 R 公司和 L 公司,两者分别持股 70% 和 30% 。

2019 年年底,因建设高新区灯塔社区项目,当地政府需收储 A 公司在用的 1136 亩土地,《补偿协议》、《补充协议》、《协议书》及其他有关的文件客观上已无法继续履行。

为理顺《补偿协议》、《补充协议》、《协议书》及其他与种鸡场搬迁补偿有关的文件终止后的债权债务清理、结算及其他有关善后事宜，2020年4月，G公司委托代理律师就本项目提供专项法律服务，包括但不限于：与G公司进行研究、论证、分析和确定本项目所涉补偿的归属问题，理顺各方主体之间的内部关系，协助确定补偿主体、谈判主体、签约主体等，并协助设计、论证、比较、确定、完善补偿方案，必要时按照G公司的要求出具有关法律意见或建议；协助G公司依法履行，包括但不限于向上级主管单位或其他主管单位履行报批、备案等程序，修改、完善相关报批、备案文件；协助G公司依法履行股东大会/董事会/监事会等内部决策程序，修改、完善召开股东大会/董事会/监事会的通知，股东大会/董事会/监事会决议等文件；协助G公司对补偿土地及本项目的有关情况进行法律尽职调查，在完成尽职调查工作的基础上，出具法律尽职调查报告；协助G公司参与土地的征收、补偿、收储、招拍挂、交割、权属登记以及其他相关法律程序；协助审查、修改、完善本项目相关的法律文件；协调、配合完成相关的资产评估工作，协助进行相关报告内容的审查；根据G公司的实际需要，应邀请/要求参与相关重要会议，协助G公司与相关利益方、主管部门进行及时有效的沟通，参加相关会议以及代表G公司与相关当事人进行谈判、磋商，进行法律分析、论证等。

代理律师在接受委托后，对项目进行了全面详细的尽职调查，研究分析了项目所涉主要法律规定，包括但不限于：《土地管理法》、《民法通则》、《全民所有制工业企业法》、《公司法》、《合同法》、《物权法》、《行政诉讼法》、《土地管理法实施条例》、《企业国有资产监督管理暂行条例》、《国有土地上房屋征收与补偿条例》、《广东省实施〈中华人民共和国土地管理法〉办法》（已失效）、《企业国有产权转让管理暂行办法》（已失效）、国土资源部《关于印发〈关于完善征地补偿安置制度的指导意见〉的通知》（已失效）、《上市公司重大资产重组管理办法》，以及最高人民法院关于适用《合同法》《公司法》《行政诉讼法》的司法解释等。并就项目涉及的《补偿协议》《补充协议》的性质及效力、《补偿协议》《补充协议》下补偿款及土地之应给付对象、《终止协议》《收地及补偿协议》签约主体应如何安排等问题进行分析、论证，出具和提供法律意见书，为G公司提供专业的法律解决方案，进行利弊分析，确定方案，并根据G公司的要求，出席相关会议，参与相关谈判，审查、修改相关协议，把控风险，为项目的合法推进提供法律支撑，保驾护航。

项目难点

在原协议履行过程中，由于历史原因及其他多方面主客观原因，原协议下约定的补偿款、补偿土地、搬迁及其他有关事宜大部分长期未能得到落实,从2004年至2018年A公司名下约552亩土地被各级相关单位统筹使用,相关土地与地上附着物补偿及其他事宜也未能得到全面落实,A公司仍实际占有使用其中约1136亩土地。该1136亩土地因市政府推动建设灯塔社区项目现需被收储,由此会引发新的搬迁补偿问题。在前述背景下,本项目不仅需要解决原协议的终止、原协议下债权债务的清理结算、120亩土地对应权益的补偿方法、原协议与新补偿协议的衔接等历史遗留问题,还要解决补偿原则与范围、补偿方案、留用地解决方案、搬迁方案等新的问题,牵涉面广、利益主体众多,不仅要权衡各方利弊与轻重得失,也要符合"妥善处理历史遗留问题""国有资本利益最大化"之原则,以及须符合上市公司信披等规定及当地收储政策。所涉法律问题和商业问题均复杂疑难,处理不好可能会使原本就很复杂的事情变得更加复杂,可能会引发争议或纠纷,还可能会引发稳定事件。因此,需多维周全地考虑、谨慎处理。

律师办理思路

为帮助G公司彻底解决历史遗留问题,推进项目进程,最大化地降低法律风险,切实维护G公司及相关方的合法权益,实现国有资产增值保值的目的,在宏观把控、统揽全局的基础上,代理律师制定了"双轨并行"的方案,具体为:权衡利弊后,选定较佳的协议主体,同时签订《终止协议》《收地及补偿协议》,在《终止协议》中明确将《收地及补偿协议》生效作为《终止协议》生效的前提条件。通过前述两份协议的安排,借政府收储土地需要补偿之机一并依法依规、妥善合理地解决长期以来形成的盘根错节的各种历史遗留问题。

相关法律规定解读

一、关于《补偿协议》《补充协议》性质及效力的相关法律规定解读

根据《行政诉讼法》、《土地管理法》、《土地管理法实施条例》、《国有土地上房屋征收与补偿条例》、《广东省实施〈中华人民共和国土地管理法〉办法》、最高人民法院《关于规范行政案件案由的通知》(已失效)、最高人民法院《关于适用〈中华人民共和国行政诉讼法〉的解释》等有关规定,结合最高人民法院(1997)行终字第2号行政判决书、郑某财等243户村民诉汕尾市国土资源局土地行政合同纠纷案(行政审判指导案例第102号)中的有关裁判要旨,行政机关为实现公共利益或

者行政管理目标，在法定职责范围内，与公民、法人或者其他组织协商订立的具有行政法上权利义务内容的协议，属于行政诉讼法规定的行政协议。土地行政主管部门与被征用土地单位、个人或组织签订的土地征收补偿合同是行政协议，由此引起的纠纷属于行政诉讼的受案范围。

二、关于《补偿协议》《补充协议》下补偿款及土地之应给付对象的相关法律规定解读

根据《物权法》、《土地管理法》、《土地管理法实施条例》、国土资源部《关于进一步做好征地管理工作的通知》（已失效）、国土资源部《关于印发〈关于完善征地补偿安置制度的指导意见〉的通知》等有关规定，以及参照《国有土地上房屋征收与补偿条例》等有关规定，市、县级政府负责本行政区域的土地、房屋征收与补偿工作，市、县级政府确定的房屋征收部门组织实施本行政区域的土地、房屋征收与补偿工作，在征收单位、个人的房屋及其他不动产过程中依法给予被征收单位、个人补偿（包括被征收房屋价值补偿、因征收房屋造成的搬迁或临时安置补偿、因征收房屋造成的停产停业损失补偿、土地补偿、青苗及地上附着物补偿等）。

案例评析

一、关于《补偿协议》《补充协议》的性质及效力

本项目中，由于科技园建设需要征收 A 公司享有土地使用权、林权的 1709 亩土地，针对因此而引发的征收补偿相关事宜，F 区国土局与 B 公司、A 公司（原种鸡场）先于 2003 年 6 月 30 日签订了《补偿协议》，后于 2004 年 9 月 3 日签订了《补充协议》。根据前述法律规定，《补偿协议》《补充协议》系 F 区国土局为实现公共利益或者行政管理目标，在法定职责范围内，与 A 公司、B 公司签订的有行政法上权利义务内容的协议，在性质上系土地房屋征收补偿协议，属于行政诉讼法规定的行政协议（尽管彼时行政诉讼法尚未修改，但这不影响该等协议性质的认定）。

在法律实践中，因征收补偿协议的性质由民事合同变为行政协议，适用的法律规定也发生了改变，根据《行政诉讼法》第 75 条，最高人民法院《关于适用〈中华人民共和国行政诉讼法〉的解释》第 99 条、第 162 条等有关规定，《补偿协议》《补充协议》应为合法有效。

二、关于《终止协议》《收地及补偿协议》的签约主体安排

《终止协议》的签约主体设定为 F 区国土局、R 公司、A 公司、H 信投公司，《收地及补偿协议》的签约主体设定为土储中心、A公司、X控股公司、R公司。其中,F区国土局、A公司、H信投公司是原协议的签约主体,A公司是原1709亩土地的使用权人、1136亩土地的实际使用权人,H信投公司是1136亩土地的登记权属人,土储中心和X控股公司实际上均是受当地政府委托推进灯塔社区项目具体工作的实施主体,土储中心是土地收储方及补偿款支付方,X控股公司是落实预留地块的协调配合方。

为顺利推进本项目工作进展,在尊重历史和事实的基础上,综合考虑并权衡各种可能方案之利弊,由A公司和R公司作为受偿对象和签约主体,先行与相关方进行协商和签订协议,力争最大限度地拿到更多的补偿,将是一种较佳的处理方案。经反复推演论证,最终该方案被确定下来并被付诸实施。

三、协议中其他主要事项的安排处理

鉴于本项目时间跨度大,牵涉面广,利益主体众多,涉及诸多历史问题和复杂问题,相关问题盘根错节,处理不好可能会使原本就很复杂的事情变得更加复杂。为此,在多方长期多次磋商谈判和协议条款设置确定过程中,除了前述两个难题之外,对于协议中其他主要事项的安排处理,代理律师均大胆设想、小心求证,坚持有理、有利、有节的原则,该据理力争的寸步不让,该妥协让步的绝不倔强,力求没有一丝疏忽、不出一点纰漏,不使己方利益因律师的失误遭受丝毫损失,推动事态朝着有利的方向发展。由于所涉事项较多,仅简单列举两例如下:

1. 关于其中的522亩土地,因道路建设、电力线路改造、学院扩建、返还农村集体土地等多方面原因而被各级相关单位统筹使用,部分土地及地上附着物已获得补偿,但仍有部分土地及地上附着物未获补偿。在《终止协议》的沟通、协商和谈判过程中,经代理律师一再努力争取,最终在《终止协议》中添加了如下内容:“在对1136亩土地实施收储过程中,F区国土局、H信投公司负责协调有关部门或单位妥善理顺和处理相关部门或单位之间以及与已征收土地的原征地部门或单位之间的关系,避免R公司、A公司受到影响,确保收储、补偿及搬迁各项工作顺利进行”,使己方重大权益有保障且风险可控。

2. 案涉地块虽登记为1709亩,但据F区国土局介绍,实际应当只有1688亩。针对前述地块实际面积减少的依据问题,原本拟由F区国土局委托第三方测绘机构结合历史边界和影像数据等出具相关的专业技术报告作为依据并由各方在协议中对此予以确认,后基于时间等多方面因素的考虑,经各方洽商,不再委托第三方测绘机构出具报告,也不在前述两份协议中予以约定,而是另行在会议纪要中予以明确,以避免将来被质疑等风险。

功夫不负有心人，原本看似不可能的事情变成了可能。通过代理律师的参与和努力，各方最终按照既定方案达成了协议。目前，本项目正沿着既定轨道、朝着多方共赢的方向顺利推进。

专家点评

在本项目中，如何在错综复杂的民行交叉、新旧问题中管住、管活、管好国有资产，同时兼顾上市公司国有交易的监管，对于国有上市企业、律师、相关政府部门来说，都是巨大的挑战。

本案在尊重历史、守牢底线的基础上，全局统筹协调，理顺各方法律关系，解决好历史遗留问题、民行交叉法律难点及其他难题，积极探索互利共赢的解决方案，是敬畏法治、恪守诚信的重要体现，也是因时因地灵活变通、有效把控法律风险、努力保护国有资产的成功案例，形成了价值较高的实践经验。

（点评人：李昊，中南财经政法大学教授、博士生导师）

新生领域更加考验律师的专业能力和法律智慧

——某海岛填海造地项目评析

王春平　黎月梅

摘　要

2005年,A公司通过公开竞价方式取得X海岛的开发使用权,后因保护海岛,要求填海造地以解决开发建设问题,经发改、规划、国土、环保、水务、海洋、海事等多个主管部门审批并办理法律手续,A公司填海约19公顷,竣工验收后经完善用海用地手续,取得填海所造土地的使用权,但在办理规划条件过程中因控规调整,造成该公司可建住宅占比及其面积减少,影响其开发权益。代理律师在全面详细尽职调查的基础上对项目所涉相关法律问题进行分析、论证,出具法律意见书,并为A公司提供专业的法律解决方案,有效帮助A公司推动项目朝着有利的方向发展。

此类项目实践中极为少见,房地产开发项目所涉法律问题原本就已很复杂,本项目因涉及填海造地、控规调整等新兴、典型事项,所涉法律问题更加复杂,为以后类似项目的办理提供了有益的经验和借鉴。

项目简介

2005年7月,A公司和Z市国土局、土地交易中心签订《国有土地使用权挂牌出让成交确认书》,确认由A公司竞得X海岛地块,土地来源为出让,土地用途为酒店、商业、住宅,土地面积为58,000m^2,建筑面积为170,000m^2。2005年12月,A公司与Z市国土局签订《国有土地使用权出让合同》。2006年5月,Z市国土局作出复函,确认原则同意X海岛地块提高容积率至5.0,具体以市规划局批准的规划设计方案为准最终确定容积率,增加容积率部分建设面积地价按挂牌中标价格补缴。

2006年5月,Z市规划局向A公司颁发建设工程规划许可证;2006年12月,Z市环境保护局作出《关于X海岛建设项目意见的函》;2007年3月,Z市规划局作出《关于X海岛填海方案申请的复函》,同意A公司按照方案图申报填海范围;同月,Z市海洋与渔业局作出《关于A公司X海岛项目开发建设用海的预审意见》,同意A公司提出的项目相关申报事项;2007年9月,Z市水利委员会作出《关于X海岛项目开发利用工程建设方案的批复》,同意A公司申报的X海岛项目开发利用工程、工程的平面布置方案和工程规模,并要求A公司在项目批准后将设计文件报该委核备,工程竣工后6个月内将竣工资料报该委核备,工程验收时通知该委及当地水务行政主管部门派员参加。

2007年11月,G省海洋与渔业局作出《关于X海岛项目开发利用工程海洋环境影响报告书核准意见的复函》,同意X海岛项目的建设;2008年7月,Z市政府向A公司颁发了1个海域使用权证书,G省海洋与渔业局向A公司颁发了另外4个海域使用权证书,A公司支付海域使用金共计1500万元;2009年11月,G省海洋与渔业局、省国土资源厅联合作出《关于X海岛项目开发利用工程填海项目竣工验收的回复》,同意该填海工程通过竣工验收,要求A公司按照相关要求向Z市国土资源部门申办土地使用手续,取得土地使用权后,到G省海洋与渔业局办理海域使用权证书注销登记。

2010年3月,Z市国土局分别向Z市住房和城乡规划建设局、市海洋与渔业局征询X海岛用地项目使用范围调整及相关城市规划要求的意见等;2011年11月,Z市住房和城乡规划建设局原则同意A公司按Z市政府批准的用地功能开发建设X海岛用地项目,项目规划设计方案完善后按程序向社会公示,广泛征求社会各方面意见。

2013年7月,G省国土资源厅批复同意将X海岛项目的未利用地10.5352公顷纳入Z市S区城镇建设用地。

2013年10月,Z市国土局开具收件存根,确认收到A公司提交的《建设用地批准书》《关于办理X海岛用地项目开发建设利用工程项目填海新增土地建设用地手续的申请》等文件资料;同月,A公司向Z市国土局申请办理X海岛填海所形成土地的建设用地手续,Z市国土局向市规划局发函,要求提供规划设计条件等相关用地指标,因当时X海岛所处S区的控制性详细规划修改未获市政府批准,市规划局未回函。

2017年7月,Z市政府作出批复,原则同意Z市住房和城乡规划建设局的S

区控制性详细规划修改。Z市住房和城乡规划建设局随后在其官网中公示了S区控制性详细规划修改批后公示。但是,该局迟迟未就A公司提出的“X海岛项目建设用地范围及规划设计条件”作出回复意见,继而导致A公司无法办理相应的土地使用权证,面临着项目开发建设法律手续不完备,存在未报先建之虞,以及前期投入成本恐无法收回、可建住宅占比及其面积减少,影响开发权益等法律、商业上的多重风险。

2019年5月,A公司委托代理律师就本项目提供专项法律服务,包括但不限于:就涉及的法律问题提供咨询意见或建议;协助A公司与相关政府部门沟通、协调、谈判,参与项目非诉事项的处理,参加相关会议;围绕项目的主要法律问题进行研究,判断项目可能存在的法律障碍、风险以及相应的法律应对策略,在此基础上形成和出具律师法律意见;与A公司研究论证分析,协助设计、确定项目的推进方案;根据A公司需要,协助组织与项目技术、法律有关的专家研讨论证会;根据A公司的要求,协助拟写、提交与项目有关的政府信息公开申请及跟进政府信息公开程序,根据A公司的另行委托及授权,代理其办理因政府信息公开程序而引发的行政复议及接下来可能发生的行政诉讼程序等。

代理律师在接受委托后,对项目进行了全面详细的尽职调查,研究分析了项目所涉主要法律规定,包括但不限于:《物权法》、《土地管理法》、《城乡规划法》、《城市房地产管理法》、《海域使用管理法》、《海洋环境保护法》、《海岛保护法》、《渔业法》、《G省海域使用管理条例》、《Z市城乡规划条例》、国务院《关于进一步加强海洋管理工作若干问题的通知》(国发〔2004〕24号)、《海洋功能区划管理规定》、《海域使用权管理规定》、原国家海洋局《关于修订〈填海项目竣工海域使用验收管理办法〉的通知》(国海规范〔2016〕3号)、《Z市城市总体规划》(2001~2020年)等。并就项目涉及的“A公司是否获得了X海岛地块建设用地使用权”“A公司是否获得了X海岛填海造地所用海域的使用权”“A公司是否有权凭海域使用权证换发土地使用权证”“是否应向A公司核发建设用地规划许可及规划条件”“X海岛填海造地所形成地块的规划条件应如何确定”等法律问题进行分析、论证,出具和提供法律意见书,为A公司提供专业的法律解决方案,并根据A公司的要求参与和出席相关会议,为A公司提供法律支撑,保驾护航。

项目难点

土地是宝贵资源,无论是以前还是现在,都非常稀缺和珍贵。通过填海造地方式解决土地资源的稀缺问题，是顺应时代要求的创新举措，这也造成了此类项目在实践中极为少见，缺乏可借鉴、参考的实例。由于房地产开发项目所涉法律问题原本就已很复杂，本项目因涉及填海造地、控规调整等新兴、典型事项，所涉法律问题更加复杂，加之机制不健全、机构改革导致相关政府部门关系未理顺等多方面原因，项目的推进障碍重重，且不确定性较高。

律师办理思路

为帮助A公司摆脱当前困局，尽快解决现有问题，推进项目进程，切实维护A公司合法权益，在宏观把控、统揽全局的基础上，代理律师制定了"沟通协调等非诉手段＋政府信息公开＋行政复议＋行政诉讼"的组合拳解决方案，具体主要为：视情况，与相关政府部门进行沟通、协调、谈判，明确、理顺办事程序；对项目所涉有关法律问题或事项，出具法律意见，助力项目进展；必要时，策略性地申请政府信息公开，借此弄清办事依据、程序；视情况，策略性地向有关政府部门提交书面申请，请求其依法履行相应法定职责；策略性地针对有关政府部门的行政行为申请行政复议、提起行政诉讼，必要时，辅之以其他合法手段，助推问题解决和项目进展。

相关法律规定解读

一、关于海岛建设用地使用权登记的相关法律规定解读

根据X海岛建设用地使用权挂牌出让时施行的《土地管理法》《城市房地产管理法》《土地管理法实施条例》《G省实施〈中华人民共和国土地管理法〉办法》《城镇国有土地使用权出让和转让暂行条例》《招标拍卖挂牌出让国有建设用地使用权规定》《建设用地审查报批管理办法》等相关法律规定，挂牌出让国有建设用地使用权，是指出让人发布挂牌公告，按公告规定的期限将拟出让宗地的交易条件在指定的土地交易场所挂牌公布，接受竞买人的报价申请并更新挂牌价格，根据挂牌期限截止时的出价结果或者现场竞价结果确定国有建设用地使用权人的行为。出让人应当向中标人发出中标通知书或者与竞得人签订成交确认书。中标人、竞得人应当按照中标通知书或者成交确认书约定的时间与出让人签订国有建设用地使用权出让合同。以有偿使用方式提供国有土地使用权的，由市、县国土资源主管部门与土地使用者签订土地有偿使用合同，并向建设单位颁发《建设用地批准书》。土地使用者缴纳土地有偿使用费后，依照规定办理土地登记。

二、关于海岛填海造地所用海域使用权登记的相关法律规定解读

根据《物权法》、《海域使用管理法》、《海岛保护法》、《渔业法》、《海域使用权管理规定》、《G省海域使用管理条例》、国务院《关于进一步加强海洋管理工作若干问题的通知》(国发〔2004〕24号)、原国家海洋局《关于修订〈填海项目竣工海域使用验收管理办法〉的通知》(国海规范〔2016〕3号)、《海洋功能区划管理规定》、《全国海洋功能区划》(2002年)、《G省海洋功能区划》、《G省近岸海域环境功能区划》、《G省海域保护与开发利用总体规划》(1999年)、《Z市城市总体规划》(2001~2020年)、《Z市海洋功能区划》(2004年,报批稿)等相关规定,在我国内水、领海持续使用特定海域3个月以上的排他性用海活动,应依法申请海域的使用许可,县级以上政府海洋行政主管部门依据海洋功能区划,对海域使用申请进行审核,并依照法律和省、自治区、直辖市人民政府的规定,报有批准权的人民政府批准。经依法批准后,国务院批准用海的,由国务院海洋行政主管部门登记造册,向海域使用申请人颁发海域使用权证书;地方人民政府批准用海的,由地方人民政府登记造册,向海域使用申请人颁发海域使用权证书。海域使用申请人自领取海域使用权证书之日起取得海域使用权。

三、关于凭海域使用权换发土地使用权证的相关法律规定解读

《海域使用管理法》第32条规定:"填海项目竣工后形成的土地,属于国家所有。海域使用权人应当自填海项目竣工之日起三个月内,凭海域使用权证书,向县级以上人民政府土地行政主管部门提出土地登记申请,由县级以上人民政府登记造册,换发国有土地使用权证书,确认土地使用权。"

《关于加强G省填海造地管理的通知》第3条规定,围填海造地项目竣工后,海域使用权人应持下列证明文件向省海洋行政主管部门和国土资源行政主管部门申请项目竣工验收:(1)海域使用权证书;(2)围填海造地项目批准文件;(3)海域使用金缴纳凭证。第5条规定:"围填海项目竣工测量完成后,由省海洋行政主管部门会同省国土资源行政主管部门组织进行验收。经验收符合批准使用范围,达到围填海设计要求的,验收合格,出具竣工验收文件。"第6条规定,围填海项目竣工验收后3个月内,海域使用权人应持下列证明文件到填海成陆所在地的县级以上国土资源行政主管部门办理国有土地使用权登记,换发国有土地使用证:(1)土地登记申请书;(2)海域使用权证书(复印件);(3)围填海项目竣工验收文件;(4)围填海项目竣工测量的图件、资料;(5)建设用地批准书、《国有土地使用权出让合同》或国有土地划拨决定;(6)办理土地登记必须提交的其他证明文件。

2018年3月9日,G省国土资源厅、省海洋与渔业厅联合发布《关于加强围填

海成陆土地利用和管理若干问题的通知》,该通知第4条规定:"做好围填海成陆土地确权登记发证。围填海成陆土地属于国家所有。海域(包括无居民海岛)使用权、围填海成陆土地使用权及地上建筑物、构筑物、定着物所有权登记发证工作由沿海各地级以上市、县(市、区)不动产登记机构负责办理。围填海项目经批准后依法取得海域使用权的,可以向沿海各地级以上市、县(市、区)不动产登记机构申请海域使用权不动产登记。对单个项目建设的,围填海造地竣工验收后,海域使用权人可凭海域使用权不动产权证书、围填海项目竣工验收文件等材料向项目所在的各地级以上市、县(市、区)不动产登记机构直接申请办理国有建设用地使用权不动产登记,同时申请海域使用权注销登记。"

根据前述法律规定,海域使用权人有权凭海域使用权不动产权证书、围填海项目竣工验收文件等材料向项目所在的各地级以上市、县(市、区)不动产登记机构直接申请办理国有建设用地使用权登记。

四、关于应否向A公司核发建设用地规划许可及规划条件的相关法律规定

《城乡规划法》第38条规定:"在城市、镇规划区内以出让方式提供国有土地使用权的,在国有土地使用权出让前,城市、县人民政府城乡规划主管部门应当依据控制性详细规划,提出出让地块的位置、使用性质、开发强度等规划条件,作为国有土地使用权出让合同的组成部分。未确定规划条件的地块,不得出让国有土地使用权……"第39条规定:"规划条件未纳入国有土地使用权出让合同的,该国有土地使用权出让合同无效;对未取得建设用地规划许可证的建设单位批准用地的,由县级以上人民政府撤销有关批准文件;占用土地的,应当及时退回;给当事人造成损失的,应当依法给予赔偿"(《城乡规划法》于2008年1月1日施行,于2015年、2019年修正,此处援引的法律条文未被修改)。

《G省城乡规划条例》第36条规定:"国有土地使用权出让前,城市、县人民政府城乡规划主管部门应当依据控制性详细规划提出拟出让地块的规划条件。规划条件应当明确出让地块的位置、面积、使用性质、允许建设的范围、容积率、绿地率、建筑高度、建筑密度、基础设施和公共服务设施配套、地下空间开发利用要求等内容。需要编制修建性详细规划的,应当在规划条件中予以明确。规划条件及附图应当作为国有土地使用权出让合同的组成部分。国有土地使用权出让合同不得改变规划条件。"

《Z市政府城乡规划条例实施办法》第16条规定:"控制性详细规划是土地使用权出让、划拨以及建设用地规划许可的依据。"第24条规定:"城市规划区范围内的土地使用权出让、划拨以及建设用地的规划许可应当以控制性详细规划为依据。"

案例评析

一、关于A公司是否获得了X海岛建设用地使用权

在本项目中，Z市国土局通过挂牌出让X海岛地块建设用地使用权，A公司通过参与竞价最终中标，双方在前述基础上签订了国有土地使用权出让合同，A公司随后按约支付了土地出让金，办领了《建设用地批准书》，之后该地块容积率获批由3.0提高至5.0，X海岛地块项目也按照法律规定补缴了地价款。据此，A公司依法已取得了X海岛地块建设用地使用权。

二、关于A公司是否获得了X海岛填海造地所用海域的使用权

在本项目中，先后经市环保局、市水务管理局、市国土局、市规划局、市海洋与渔业局、市发展和改革局、水利部珠江水利委员会、市海事局、市政府、省海洋与渔业局、省国土资源厅、省政府等主管部门的批准、同意或核准，A公司已支付海域使用金1500万元，且先后办领数个海域使用权证。鉴于前述事实，根据前述法律规定，A公司依法已取得了填海造地所用海域的使用权。

三、关于A公司是否有权凭海域使用权证换发土地使用权证

在本项目中，A公司经多个主管部门依法批准、同意或核准实施的X海岛填海工程完工后，G省海洋与渔业局、省国土资源厅于2009年11月联合作出验收回复，同意填海工程通过竣工验收，通知A公司按照相关要求，向Z市国土资源部门申办土地使用手续，确认土地使用权，取得土地使用权后，到G省海洋与渔业局办理海域使用权证书注销登记。鉴于前述事实，根据前述法律规定，A公司有权凭海域使用权证换发土地使用权证。

四、关于是否应向A公司核发建设用地规划许可及规划条件

本项目中，A公司原本系在其依法竞得建设用地使用权的X海岛地块上进行项目建设，却因X海岛属于无居民海岛，须在严格保护X海岛自然状况和自然属性的前提下才能进行开发，Z市海洋与渔业局建议A公司利用该岛外围适当填海造地以解决X海岛保护与A公司建设用地使用权之间的矛盾问题。后A公司根据前述建议实施填海造地，先后获得了多个主管部门的批准、同意或核准，且依法支付了海域使用金，先后办领了数个海域使用权证。填海工程完工后，G省海洋与渔业局、省国土资源厅同意填海工程通过竣工验收。

据此，早在2010年年初，A公司已就填海造地所形成地块向Z市国土局申办土地使用权手续，因彼时该地块未被纳入Z市土地利用总体规划，需待有关主管部门先行编制总体规划。在G省国土资源厅同意将填海造地项目形成的土地纳入Z市S区城镇建设用地后,A公司于2013年10月再次向Z市国土局提出建设用地申请,但因彼时有关规划主管部门未编制S区总体规划,故需待该总体规划编制并批后公示。之后,Z市城乡规划委员会、市政府均原则同意X海岛概念性总体规划方案,先后在相关文件中确定了该地块的有关规划条件。2017年7月,Z市住房和城乡规划建设局在其官网中公示S区控制性详细规划修改批后公示,其中相关法定图则列明的X海岛填海造地所形成地块建设项目中的居住用地、商务用地、酒店用地、道路用地、公园绿地等面积与A公司提交的概念性规划方案所示各项用地面积一致。据此,Z市政府及相关主管部门已经审议通过并确定了X海岛填海造地所形成地块的规划条件。

鉴于前述事实,X海岛填海造地所形成地块至今未能取得建设用地规划许可及规划条件并非由于A公司的原因,结合项目实际情况,根据前述《城乡规划法》等相关法律规定,该地块现已符合核发建设用地规划许可及规划条件的条件,有关主管部门应依法及时向A公司核发用地许可及规划条件。

五、关于X海岛填海造地所形成地块的规划条件应如何确定

如前,Z市城乡规划委员会、市政府、市住房和城乡规划建设局作出的相关文件显示:Z市政府及相关主管部门已经审议通过并确定了X海岛填海造地所形成地块的规划条件,有关主管部门应依照前述相关文件中的意见向A公司出具规划条件。

专家点评

在我国当前土地稀缺、地价上升、耕地红线保护等大背景下,向大海要地的情形日益增多。但由于我国填海造地在立法上和制度上的缺失,实践层面出现了诸多问题。而因民间资本填海造地与政府填海造地有着根本性的不同,产生的法律问题不仅多,还更为疑难复杂,其中最大的问题是“海变地”过程中的权证转化问题。

填海造地会导致海域的消失和土地的产生,导致海域使用权到土地使用权的转换与承接,涉及各种利益调整与补偿,亟须能够科学配置资源、平衡协调各方权益的立法规范和制度安排。如果能够针对“海域围填”制定专门的法律规范,那么就可以使民间资本填海造地行为在法律的有效调控下实施,减少法律争议的产生,在达到依法用海的同时,实现和谐用海。

（点评人:李昊,中南财经政法大学教授、博士生导师）

诉讼新策略有效化解疑难宅基地纠纷

——唐氏家族两代宅基地纠纷

刘善巧　杨钰嵘

摘　要

在我国现行宅基地制度之下，因无宅基地资格而在农村与村民合作建房后发生纠纷的情况屡屡发生。无宅基地资格的人无法获得土地或者房屋的权属登记，其出资参与合作建房后的权益难以得到保障。本案中，唐氏兄妹因宅基地资格与合作建房等行为发生纠纷，为此双方曾多次诉讼。后代理律师采用了新的诉讼思路，终将该纠纷平息。本案为无宅基地资格人员在农村与有宅基地资格的村民合作建房发生争议和纠纷后应如何解决提供了一个典范和新的诉讼思路，为我国解决与宅基地相关的纠纷贡献了新的成功案例。

案情简介

20 世纪 80 年代，唐氏家族居住生活在广东省广州市某山村中。经过唐氏两代人的不断努力，共同买下了该村中的几个地块。两年后，唐家二子（本案两位原告）在其中一个地块共同出资建设了房屋的地基和首层。但是，由于两原告并非该村集体组织的成员，依据国家相关规定，无法以自身的名义申请报建涉案房屋，基于对其家族成员唐家之女（本案被告）的信任，故借用被告的名义进行报建。

3 年后，唐父以及两原告、被告等家庭成员，就涉案地块的使用及房屋兴建的问题举行家庭会议。在会议上，唐氏家族的成员对涉案地块进行充分的讨论，最终确定了归属方案，并由唐父制作了相关的会议纪要。其主要内容为："涉案地块分给原告二，并由他兴建使用和处理……由原告一自己出资建一层，谁具备资金能力则由谁兴建，谁兴建的使用权则归谁。"根据该家庭会议纪要，涉案房屋由两原告共同出资兴建,则使用权应当归属于两原告。

基于对家庭成员被告的信任,两原告投入了大量精力以及毕生积蓄,出资以被告名义兴建案涉房屋,并计划退休后回村中养老。房屋建成后,一直由两原告居住和使用。2001 年 10 月,广州市某区政府向被告核发房屋的房地产权证,被告将该证原件交由两原告保管。

无奈世事难料,人心莫测。被告基于涉案房屋已核准登记在自己的名下,且两原告年事已高,意图违反家庭会议纪要的约定,抢夺涉案房屋的使用权。2003 年,被告向法院起诉,要求两原告返还房屋,该案经过一审、二审后,法院最终判决两原告向被告返还涉案房屋。在 2003 年至 2005 年,两原告分别向法院提起对涉案房屋确认所有权的民事诉讼以及撤销涉案房屋房地产权属登记的行政诉讼,但由于农村宅基地的特殊性以及两原告户口等原因,法院均驳回了两原告的诉讼请求。2007 年,案外人两原告的侄子再次就涉案房屋向法院提起确认所有权的民事诉讼,但最终仍被法院裁定驳回。此后,涉案房屋仍由两原告继续居住并使用。

2019 年某晚,被告砸烂地下一楼的门锁破门而入,将两原告的物品搬走。原告一的妻子立刻向当地派出所报案,但民警到场后以家庭纠纷为由,未作实质性处理。直至 2020 年年初,在新冠肺炎疫情的影响下,两原告搬回市区与子女同住,被告趁机夺回涉案房屋并换上新锁,阻挠两原告进入。此外,被告还擅自将一楼地面商铺进行装修改造,并出租给他人使用。

随后,两原告向法院提起新的诉讼,请求法院确认两原告与被告之间的合作建房行为无效,并判令被告补偿涉案房屋的现有价值。一审中,两原告主张确认合作建房的行为无效,法院认为鉴于有关行为已发生且没有违反法律禁止性规定,故对该请求不予支持。考虑到案涉房屋自建设以来的占有使用情况,综合双方在一审庭审中提交的证据以及作出的陈述,同时结合家庭会议纪要的内容,一审法院对两原告主张由其出资加建案涉房屋的陈述予以采纳。现被告依物权人权利取得了案涉房屋的全部物权,且未能提供证据证实其有出资加建案涉房屋或两原告的出资行为是对其的赠与,故被告应就因为案涉房屋物权登记人而取得的利益向两原告作出补偿。根据司法鉴定程序中委托的有资质的评估机构作出的相关评估,案涉房屋的估价总值为 1,535,387 元。虽然该价值包括土地使用权,但根据已查明的事实,相关土地使用权均由唐父及两原告所购买,本着诚实信用、公平合理的原则,一审法院酌情支持由被告按上述评估报告的总值补偿两原告。随后,被告提起二审。二审法院经审理,确认一审法院查明的事实无误,并认为被告的上诉请求不能成立,应予驳回,维持一审原判。

争议焦点

1. 两原告与被告合作建房的行为是否有效,如果无效,应当如何处理。

2. 被告是否需要向两原告支付案涉房屋的价值补偿款,如需支付,价值补偿款的金额应当如何确定。

代理意见

本案中,唐父通过制定家庭会议纪要的方式明确了案涉房屋地块分给原告使用与处理,是合法有效的处分行为。但由于我国的宅基地制度,需要借用被告的名义报建房屋,故被告只是名义上的权属人。原告与被告是兄妹关系,基于对亲戚间情感的信赖,原告出资建设房屋。但被告却严重违背了诚信原则,欲争夺房屋。为此,原告多次与被告进行诉讼,耗费巨大精力。原告已接受合作建房行为无效的现实,但基于公平合理原则以及诚实守信的社会主义核心价值观,被告理应按照房屋现有的价格补偿原告的损失。故请求法院依法维护原告的合法权益,委托有资质的评估机构确定案涉房屋的现有价值,支持原告的全部诉讼请求。

案例评析

本案适用了《民法典》第 7 条诚信原则,即民事主体从事民事活动,应当遵循诚信原则,秉持诚实,恪守承诺;第 8 条守法与公序良俗原则,即民事主体从事民事活动,不得违反法律,不得违背公序良俗;第 10 条法律适用,即处理民事纠纷,应当依照法律,法律没有规定的,可以适用习惯,但是不得违背公序良俗。基于以上原则,法院依法支持了两原告请求被告支付价值补偿款的诉求。本案中,由于我国的宅基地制度,原告无法获得建房资格,只能在有宅基地资格的被告名下建房。然而被告竟试图以此获得不属于自己的利益,严重违背了《民法典》所规定的诚信、公平原则。

本案原告在委托代理律师前,曾提起确认房屋所有权的民事诉讼和撤销房屋产权登记的行政诉讼,均以败诉告终。原因在于,从我国现有的宅基地相关的法律法规出发,被告的确依法获得了涉案土地和房屋的所有权权属,故无宅基地资格的原告自然无法轻易变更或撤销原有的土地和房产权属登记。代理律师在接受两原告的委托后,为维护当事人的合法权益,并解决非当地农民无宅基地资格在农村建房发生纠纷后如何维护自身权益的问题，颇具创设性地向法院提起新的诉讼，改变原有变更房屋产权登记的诉讼请求，转而承认被告的房屋产权登记是有效的，同时向被告主张依据公平和诚信原则，返还原告出资建设房屋的价值补偿款。该诉讼请求符合相关法律要求，原告方出示的证据也可以证明其诉讼主张，故法院依据《民法典》相关的法条依据，支持了原告请求被告支付房屋价值补偿款的诉讼请求。

本案依据的主要是诚信原则以及守法与公序良俗原则。被告方固然能够凭借其农村村民户口的资格获得相关土地和房产的权属登记，但其仍然要对曾出资合作建房的原告给予补偿。本案的代理律师在对我国宅基地制度进行深入研究后，制定了新的诉讼方案，为当事人争取到其合法权益，也为宅基地相关纠纷提供了新的解决思路。

至此，这场因宅基地确权而引发的家族纠纷终究是在多次诉讼后告一段落，两原告虽未能获得涉案房屋的权属，但依法获得了其建筑房屋应得的补偿。本案的代理律师通过不断的努力，总结之前的诉讼情况，改变诉讼策略，维护了当事人的合法权益，并为无宅基地资格在农村建房等相关纠纷增添了新的辩护方向和经典成功案例。

专家点评

本案是无宅基地资格人员在农村参与合作建房后的相关纠纷，在我国现行的宅基地制度之下，类似的纠纷时有发生。

本案的代理律师为相关纠纷提供了新的诉讼思路，即可以委托相关有资质的机构，对房屋现有价值进行评估，房屋产权所有人可以依照房屋现有价值补偿给合作建房人。如此便可较为公平、合理地解决类似纠纷，更好地维护了诚信、公平的原则以及社会主义核心价值观。

（点评人：尤德卫，吉林大学法学博士）

房产评估新思路

——力破银行不良资产清收执行难题

刘善巧　杨钰嵘

摘　要

法院"执行难"是法律实务中屡屡碰到的问题,本案中,双方之间的债权债务关系明确,并且债务人和保证人有抵押房产可供执行。但是,由于年久失修,用于抵押的房产大多已损毁灭失,与当初房管局的抵押登记情况相去甚远。因此,评估机构无法作出相应的评估结果,房产无法拍卖,导致本案的执行拖延数年未有进展。

本案的代理律师凭借丰富的执业经验,力破本案的执行难题。为解决因无法评估而导致的执行阻碍,代理律师通过与法院、房管局、评估机构等多方协商,决定以房屋现状进行评估并拍卖,顺利地推进了本案的执行进程,圆满解决了本案的执行难题,维护了债权人的合法权益。

案情简介

2005 年年底,广东省广州市某银行与某公司、陈某签订《流动资金借款合同》,合同约定由某银行放款人民币 25,050,000 元给某公司和陈某,借款月利率为 5.115‰。借款人应于 2006 年 8 月 15 日前将贷款本息偿还给某银行。此外,2004 年年底,某银行曾与 A 公司和陈某分别签订了《最高额抵押合同》《最高额保证合同》,上述合同中特别约定:"本合同经公证后具有强制执行效力,合同各方同意在己方违约的情况下,对方可向有管辖权的法院申请强制执行,违约方自愿接受强制执行。"上述合同经公证处公证并被赋予强制执行效力。

随后,某银行依约放款人民币 25,050,000 元给某公司和陈某,某公司和陈某对某银行发出的《某银行借款凭证(借据)》予以签收确认。该笔借款到期后,经某银行向某公司和陈某发出《某催收逾期贷款本息通知书》进行催告后,某公司和陈某依旧未偿还本金 25,050,000 元及利息给某银行。因此,2006 年,某银行以借款合同纠纷为由向广州某区法院申请执行,要求被执行人(某公司、陈某和连带保证人 A 公司)归还借款本金及利息。法院向被执行人发出执行通知书,责令被执行人在 2007 年 1 月 30 日前履行还款义务。但被执行人依旧未按期还款,因此法院对被执行人的涉案抵押房产予以查封。

2021 年,某中央人民政府广东联络部(以下简称某广东联络部)以案外人的身份提出执行异议,请求中止上述房产的执行并解除查封。具体理由是,涉案房屋的土地使用权及其附着物属于某广东联络部和 A 公司的国有资产,权属一直登记在双方名下,自始至终未办理过任何更名手续,涉案房屋与债务人某公司和陈某无任何关系。

申请执行人某银行委托代理律师,希望能够回收其债权,处理不良资产清收工作,维护其合法权益。本案的代理律师在接受某银行的委托后了解到,该笔债权历经数年仍未实现的主要原因是,当初为担保该笔债权所抵押的房产大多已损毁灭失,该房产的现实状况与房管部门所作登记已相去甚远。基于现实与登记情况之间的巨大差异,涉案房产一直无法被合理评估及拍卖,故该案的执行迟迟未有进展,严重地拖延了执行进度。其间,某银行曾多次委托其他律师负责处理该案的执行问题,且该案的执行历经三位法官仍不能得到恰当的处理。由于现实房产情况与当初抵押登记情况的巨大差异,该案的执行久拖不决,成为典型的执行困难案件。

本案代理律师了解相关情况后,针对案外人某广东联络部的执行异议,提出相关答辩意见称,涉案房屋为某广东联络部和 A 公司共同开发,按份共有。A 公司有权单方处置自己名下的涉案房产并进行买卖或者抵押。并且,申请执行人与 A 公司、陈某签订了《最高额抵押合同》,并以涉案房屋为借款提供抵押担保且办理了抵押登记,抵押权自登记时设立,房屋抵押产生物权效力。

针对现实情况中涉案房产已大部分损毁灭失、无法重建,与房管部门所作登记不一致的情况,本案代理律师凭借丰富的执业经验,经过科学分析,多次与法院、房管部门和评估机构进行沟通,提出按照房屋现状进行评估、拍卖并过户的执行方案,得到法院与房管部门的支持,使得该执行积案圆满执结,破解了因抵押房产与房管局所作登记不一致而导致无法评估拍卖的执行难问题。

争议焦点

1. 涉案抵押房产已损毁灭失且无法重建，与当初抵押时的登记情况有较大差异，应当如何拍卖抵押房产，推进执行进程，实现某银行的债权。

2. 涉案房产是否属于案外人某广东联络部与抵押人 A 公司共同享有，以及涉案房产是否属于国有资产。

代理意见

债权人某银行与债务人某公司、陈某签订了《流动资金借款合同》，成立了债权债务关系，两被执行人应履行还款义务。涉案房屋为某广东联络部和 A 公司共同开发，按份共有。A 公司有权单方处置自己名下的涉案房产并进行买卖或者抵押。某银行与 A 公司、陈某签订了《最高额抵押合同》《最高额保证合同》，经公证处对上述合同进行公证并赋予强制执行效力。公证债权文书对主债务和担保债务同时赋予强制执行效力的，人民法院应予执行。被执行人陈某、A 公司与某银行签订了《最高额抵押合同》，并以涉案房屋为借款提供抵押担保并办理了抵押登记，抵押权自登记时设立，房屋抵押产生物权效力。某银行可依债权债务关系要求 A 公司承担连带担保义务，执行 A 公司名下财产。本案的涉案房产没有《国有资产产权登记表》也没有《国有资产授权占用证书》，因此涉案房产并非国有资产。综上所述，A 公司应就其抵押房产与债务人某公司、陈某一起对债权人某银行履行还款义务。

关于涉案抵押房产难以执行的问题，通过与房屋抵押登记部门、法院、评估机构等多方协调沟通后，可以对房屋的现状予以评估和拍卖并过户，推进执行进程，维护债权人的合法权益。

案例评析

破解本案执行难题的关键在于法律实务中在债务人无力偿还其债务，用于担保抵押的标的物又已损毁灭失的情况下，如何推进执行的进程，及时维护债权人的合法权益的问题。力破执行难题，需要深挖阻碍执行进程的原因，抓住核心关键。本案中，被执行人有可供执行的房产，具备一定的还款能力。只是由于涉案房产年久失修，无专人管理，大多已损毁灭失，属于执行难而非执行不能。在实务中，遇到类似执行难题，由于房产现状与抵押登记情况已大不相同，评估机构难以对不符合登记状况的房产进行评估。因此，该案的执行进程久久停留在该阶段，法院对此情况也表示难以继续推进。破解执行难题不仅仅需要代理律师与当事人和法院积极沟通，同时，在涉及房产拍卖等执行情况时，代理律师还需要与房屋登记部门、评估机构等相关部门积极主动地进行沟通。既然抵押标的物已损毁灭失，重建无望，与其搁置使得执行进程停滞不前，倒不如以房产现状进行评估和拍卖，将所得价款偿还给债权人，维护债权人的合法权益。

专家点评

本案是实务中破解“执行难”问题的典范。在抵押标的物已损毁灭失的情况下，本案的代理律师经过认真分析与研判，积极与法院、房管局、评估机构等相关部门协调沟通，富有创新性地提出以抵押房屋现状进行评估拍卖，最终推进本案圆满执结，为解决我国执行难题增添了新的成功案例。

（点评人：尤德卫，吉林大学法学博士）

广州某房地产有限公司给付之诉

刘善巧　徐颖雯

摘　要

在建筑工程合同纠纷中，发包人是否已完成工程款的支付不影响承包人履行协助发包方完成工程竣工验收备案的义务。此外，在特定行为的给付之诉中，法院将可能审慎考虑所诉的特定行为之给付，能否在强制执行中予以实际执行，并由此影响判决结果。

案情简介

2009年12月15日，广州某房地产公司1、广州某房地产公司2（以下统称某房地产公司）与中国建筑某工程局有限责任公司（以下简称中建某公司）、广东某建筑安装工程有限公司（以下简称某建筑安装工程公司）签订《广州嘉和商业城南区建筑安装工程联合体承包合同文件》（以下简称《建筑安装工程合同》），约定由中建某公司与某建筑安装工程公司以承包人联合体的方式承建广州嘉和商业城南区某工程（以下简称涉案工程）。其中，合同载明工程采用工程量清单计价方式，并以包二次深化设计及通过有关部门的设计审查、包机电工程综合管线图设计、包工包料、包税费、包保修、包机械、包质量、包安全、包工期、包风险（除合同约定的可调价款外）、包通过有关部门验收等方式承包涉案工程。同时，《建筑安装工程合同》第57.3条载明，在按第53条申请工程竣工验收之前，应按照本合同以及任何有关行政主管部门或机构的要求和政府关于建设工程档案管理的规定进行整理和装订全套竣工资料和竣工图（含所有指定分包工程的竣工资料和竣工图）并保证其正确性、有效性和完整性。

2015年12月29日，中建某公司由于自身原因单方暂停施工并全面退场。鉴于某房地产公司与第三方已就涉案工程的竣工交付达成相关协议，如涉案工程无法开展后续施工并竣工验收备案，第三方的权益将受到严重的侵害，进而导致某房地产公司承担巨额的违约责任、租金损失、融资损失等。为了及时止损且防止大规模维稳事件的发生，某房地产公司被迫另行委托第三方继续施工，并对中建某公司的不合格工程进行返修。现今，涉案工程已全部施工完毕，并具备竣工验收条件。但由于中建某公司拒绝配合竣工验收工作，致使涉案工程至今未能竣工验收备案，继而无法办理产权登记手续及开业。鉴于此，某房地产公司为维护自身的合法权益，遂向法院提起诉讼。

某房地产公司的诉请主要为：(1)中建某公司与某建筑安装工程公司向某房地产公司移交已施工部分的工程资料及全部工程图纸，配合某房地产公司完成工程竣工档案。(2)中建某公司与某建筑安装工程公司协助某房地产公司完成节能验收、档案验收行政审批部门要求的所有验收手续并提供相应资料。(3)中建某公司与某建筑安装工程公司协助某房地产公司办理工程竣工备案手续并提供相应资料。

一审过程中，中建某公司辩称：

1.《建筑安装工程合同》已在事实上被某房地产公司单方解除而终止。

2. 从承包合同约定的先后履行义务来看，某房地产公司支付工程款的义务在先，中建某公司提交工程资料和配合办理工程竣工验收及备案手续的义务在后。然而，某房地产公司长期恶意拖欠工程款。中建某公司在诉讼期间已提交证明两原告长期拖欠工程款事实的证据，根据《合同法》第 67 条的规定，中建某公司有权拒绝相应的履行要求，即中建某公司依法既享有停工的权利，也享有拒绝移交施工资料、办理竣工验收备案的权利。

3. 某房地产公司的诉请本身不明确、不具体，故诉请无法实际执行。

4. 根据我国政府主管部门的规定，建设单位未按合同支付工程款的，涉案工程不能进行竣工验收备案。我国住房和城乡建设部发布的《房屋建筑和市政基础设施工程竣工验收规定》第 5 条规定："工程符合下列要求方可进行竣工验收：(一)完成工程设计和合同约定的各项内容……(七)建设单位已按合同约定支付工程款……"《广东省房屋建筑工程和市政基础设施施工工程竣工验收及备案管理实施细则(试行)》(已失效)第 9 条规定："工程应具备下列条件和文件方可组织竣工验收：(一)已完成工程设计和合同约定的各项内容……(七)建设单位已按合同约定支付工程款……"

5. 涉案工程存在重大设计变更不报备、规划调整不审批等严重违法违规行为。在没有办理施工许可手续及取得政府部门的复工批准的情况下，某房地产公司一直强行委托第三方违法施工,故中建某公司不应承担竣工验收备案的义务,对此工程质量也不能承担责任。

一审法院认为:第一,通过《建筑安装工程合同》条款可以看出,中建某公司为某房地产公司施工,并应移交资料、完备档案以及协助验收。现涉案工程已通过了竣工验收,中建某公司作为涉案工程的承包人,有配合将其已完工部分的工程办理移交资料、完备档案、协助验收等手续的协助义务。关于中建某公司提出的某房地产公司未付工程款的抗辩,并非对抗上述义务的法定理由,且相关诉讼已由广州市中级人民法院受理,应另案处理。第二,中建某公司提交的证据尚不能证明《建筑安装工程合同》已解除。最终,一审法院判决,自判决生效之日起10日内中建某公司协助某房地产公司完成工程的节能验收、档案验收行政审批部门要求的办理工程竣工验收备案所需的所有验收手续并提供相应资料,以及协助办理工程的竣工验收备案手续并提供相应资料。

此后,中建某公司就本案进行上诉,其上诉理由与事实与其在一审过程中所作出的答辩内容基本一致。最终,二审法院判决驳回上诉,维持原判。

争议焦点

1. 本案的《建筑安装工程合同》是否已解除。
2. 中建某公司在本案中是否享有先履行抗辩权。
3. 某房地产公司的诉请是否具有可执行性。

代理意见

一、关于争议焦点一

代理律师认为:第一,本案中,某房地产公司及中建某公司双方从未行使法定或约定解除权。第二,根据《合同法》第60条(现《民法典》第509条)之规定,中建某公司应遵循诚实信用原则,按照本案涉案工程合同的性质、目的履行协助竣工验收相关义务。第三,即使法院最后认定涉案工程合同已终止,按照《合同法》第98条(现《民法典》第567条)之规定,中建某公司仍然应当履行相关清理义务,协助、配合某房地产公司完成涉案工程的竣工验收及备案手续。

二、关于争议焦点二

关于本争议焦点,实质是施工单位的法定竣工验收备案义务与发包方合同义务之间的冲突问题。

首先,工程竣工验收及竣工验收备案手续是国家对建设工程质量进行监督管理的制度。根据《建设工程质量管理条例》第 16 条第 2 款、《房屋建筑和市政基础设施工程竣工验收备案管理办法》第 5 条的规定,办理竣工验收及工程竣工验收备案手续应当提交的文件中,部分文件需要施工单位签署及提供,施工单位依法负有配合办理竣工验收及备案手续的义务。施工单位配合办理验收及备案手续是法定的强制性义务,不以结清工程款作为前提。总承包单位不得以合同的先履行抗辩权对抗法定义务。因此,本案不应以合同上的相关抗辩权进行对抗,即不得以结算、支付全部工程款作为办理验收及备案手续的前提。

其次,涉案工程不存在因未结清工程款而无法办理竣工验收备案手续的客观障碍。任何一个工程均不可能在完全完成结算后再办理验收及备案手续。事实上,从涉案工程在诉讼期间已完成的竣工验收工作可见,中建某公司所称不完成结算无法办理竣工验收及备案手续的障碍是不存在的,其作为总包单位,负有不容推卸的配合竣工验收及备案的义务。

再次,本案中,虽然某房地产公司自行聘请第三方进行施工,但中建某公司始终是登记在主管部门的涉案工程总承包单位,对涉案工程整体负有担保责任。根据《建设工程质量管理条例》第 26 条的规定,总承包单位应当对全部建设工程质量负责。因此,两被告以涉案工程由第三方进行施工为由,拒绝办理工程的整体竣工验收及备案手续的主张,未被法院所采纳。

最后,涉案工程涉及众多小业主、第三方的利益,而工程款的结算、支付问题往往耗时较长,如因工程款支付问题而拖延办理竣工验收备案手续,无疑会让各方的损失不断扩大。因此,本案一审、二审法院判令中建某公司配合办理竣工验收备案手续,能够避免各方损失继续扩大,具有合理性。

此外,虽然中建某公司根据《广东省房屋建筑工程和市政基础设施施工工程竣工验收及备案管理实施细则(试行)》第 9 条关于"工程应具备下列条件和文件方可组织竣工验收:(一)已完成工程设计和合同约定的各项内容……(七)建设单位已按合同约定支付工程款"的规定,主张本案应当先支付工程款再办理竣工验收备案,但从法律层面来看,国务院制定的《建设工程质量管理条例》第 16 条明确规定,施工单位配合办理验收及备案手续并不以结清工程款作为前提。国务院的《建设工程质量管理条例》效力显然高于《房屋建筑和市政基础设施工程竣工验收规定》以及《广东省房屋建筑工程和市政基础设施施工工程竣工验收及备案管理实施细则(试行)》的效力。从法律效力位阶角度而言,上位法与下位法有冲突时,应优先适用上位法,即本案应适用《建设工程质量管理条例》。

三、关于争议焦点三

鉴于如履行竣工验收备案的协助义务,需要中建某公司提供主管部门要求的大量工程文件,因此合议庭关注,某房地产公司仅概括性诉请中建某公司协助办理竣工验收备案手续,该诉请是否清晰明确,是否导致在强制执行中难以执行。案件代理过程中,代理律师向法庭提出如下观点:某房地产公司可以对诉请的资料进行列表,但出于全部工程资料十分庞大繁杂的考虑,如需列表提供至法庭,恐在执行阶段有遗漏,故代理律师在诉请中不予逐一载明。此外,需要提供的资料是由各个行政单位予以公布的,在执行时可能因行政单位政策变化而导致无法执行,届时仍需以相关行政单位、主管部门的实时要求为准。因此,某房地产公司请求法院以概括性的方式进行判决。此种诉请模式也有最高人民法院的先行案例[(2015)民一终字第269号]予以支持。但为消除合议庭之顾虑,代理律师向合议庭提供了各行政部门的具体操作指引及所需文件清单,辅助说明所诉之行为具备现实可执行性。

案例评析

本案各审法院对于合同解除的程序,先履行抗辩权之先后履行顺序的认定成立,以及履行从给付义务应当遵循诚实信用原则等方面的法律适用正确合理。

第一,行使合同(约定或法定)解除权要遵循法定方式。

依据《合同法》第96条第1款(现《民法典》第556条第1款)的规定,当事人一方依法解除合同的,应当通知对方。无论是《合同法》还是《民法典》均未规定合同当事人的行为可以作为解除合同的方式。因此,中建某公司关于某房地产公司以其实际行为解除合同的抗辩不能成立。

第二,建设工程纠纷涉及合同法领域及建筑法领域,合同当事人不得以合同之先履行抗辩权对抗建筑法律法规之法定义务。

发包人支付工程款项义务属于约定义务,而承包人配合办理移交资料、完备档案、协助验收事项属于法定义务。法院明确承包人不得以某房地产公司未付工程款为由拒不履行法定义务,不予采纳中建某公司抗辩是正确的。

第三,履行从给付义务也应当遵循诚实信用原则。

《合同法》第60条第2款(现《民法典》第509条第2款)规定,当事人应当遵循诚实信用原则,根据合同的性质、目的和交易习惯履行通知、协助、保密等义务。

诚实信用原则在私法领域,尤其是在民法债权理论中被视为“帝王条款”“最高行为准则”,是合同当事人在合同履行全过程中必须遵循的,不因义务类型而作区分对待。“通知、协助、保密等义务”在性质上可能属于从给付义务,但是仍要遵循诚实信用原则。

本案一审法院判决中明确“当事人应当遵循诚实信用原则,根据合同的性质、目的和交易习惯履行通知、协助、保密等义务”。同时,一审法院认为,案涉工程交由中建某公司实际开工,且主体工程已经完成,在此之后,中建某公司单方停工。中建某公司作为案涉工程的承包人,负有移交资料、完备档案以及协助验收的义务,由此为之后双方的结算做好准备,也可防止扩大双方的损失,合理利用资源。

根据上述判决观点可见,施工单位在完成合同施工义务后,仍然应当遵循诚实信用原则,从有利于双方止损、保护后续交易的角度出发妥善完成从给付义务。

综上,律师在代理建设工程施工合同纠纷时,应当注意谨慎审查涉案合同是否经法定程序解除,合同所涉事项是否同时适用其他行政法律法规等规定,以及双方当事人履行义务的顺序是否有法律规定、合同约定或交易习惯作为依据。

专家点评

本案代理律师在办理本案过程中,通过法律、事实、强制执行可行性以及社会影响全方位向法庭阐释己方当事人的诉请依据,被法院采纳,最终获得支持,对案情和法律把握准确,体现了较强的专业性。具体而言:

在法律及事实层面上,本案的核心争议焦点是“中建某公司是否应履行办理竣工备案手续的协助义务”。中建某公司主要从合同已解除以及某房地产公司未履行工程款支付义务两点进行抗辩。对此,代理律师把握关键要点,主张合同是否解除不影响协助义务的履行,以及竣工备案的法定义务不得以合同义务未履行作为抗辩事由,获得了法院的支持。

在强制执行可行性层面上,中建某公司以某房地产公司诉请不明作为抗辩,主张如其履行竣工验收备案的协助义务,需要提供大量工程文件,但某房地产公司仅概括性诉请中建某公司协助办理竣工验收备案手续,该诉请将导致在强制执行中难以执行。对此问题,合议庭与双方代理人进行了多轮沟通以了解该诉请的强制执行可行性。对此,代理律师除了从建设主管部门的备案程序予以论证外,还向法庭展示了竣工验收备案的全流程及所需资料、文件等细节,协助合议庭厘清事实。

在社会影响层面上，由于本案涉及的项目投入近 4 亿元，且涉及众多第三方业主、租户，如涉案工程无法开展竣工备案，将造成较大负面社会影响。代理律师论证了涉案工程未办理竣工备案期间的租金损失、融资损失、违约赔偿及业主、租户维稳时间等，进一步为法院裁判提供了支撑。

（点评人：杨超男，暨南大学法学院研究生导师）

终结25年魔咒，依法捍卫客户物权

——“一房两卖”引发的执行监督与房屋买卖合同纠纷案

陈远乐

摘要

吴某1、王某、吴某2诉广东某房地产股份有限公司、某房地产开发公司、广州某地产有限公司执行监督与房屋买卖合同纠纷案，陈远乐律师（以下简称代理律师）接受吴某1、王某、吴某2的委托，依法参加在广州市越秀区人民法院（以下简称越秀法院）和广州市中级人民法院（以下简称广州中级法院）审理的系列诉讼案，最终通过启动（2021）粤01执监×号案和（2020）粤01民终×××××号案的诉讼程序，成功撤销了广州中级法院作出的执行措施，并改判了越秀法院作出的一审判决，依法维护了吴某1、王某、吴某2的物权。

此历经25年、案情曲折离奇的“一房两卖”悬案，在吴某1、王某、吴某2和代理律师二十多年来持之以恒的努力下，最终广州中级法院采纳了代理律师的代理意见，撤销了广州中级法院作出的（1999）穗中法民执字第×××号裁定书、协助执行通知书关于将广州市××路××号××广场13层04房（以下简称1304房）裁定给广东某房地产股份有限公司的内容，依法确认1304房归吴某1、王某、吴某2所有。

案情简介

1997年1月21日，吴某1、王某、吴某2与开发商广州某地产有限公司签订了《房地产预售契约》，广州市房地产交易所于1997年3月25日办理了交易监证手续。吴某1、王某、吴某2全额付款后于1999年11月收楼，但广州某地产有限公司一直没有依约为吴某1、王某、吴某2办理房地产权证。令人始料未及的是，在等待广州某地产有限公司办理房地产权证的过程中，吴某1、王某、吴某2等到的是广州中级法院执行法官与广东某房地产股份有限公司前来接管1304房。在吴某1、王某、吴某2提供相关证据进行申辩后,广州中级法院中止了将1304房执行给广东某房地产股份有限公司。

2014年5月,代理律师向越秀法院提起诉讼,诉请广州某地产有限公司办理1304房的房地产权证。因发现1304房存在吴某1、王某、吴某2与广东某房地产股份有限公司重复登记的情形,该次起诉以撤诉告终,但通过该次诉讼程序,代理律师为吴某1、王某、吴某2找到了解决问题的突破口。

2015年8月,为查明1304房重复登记的真相,代理律师向广州中级法院提出执行异议,但此次维权石沉大海,广州中级法院未作出任何答复。

2018年1月,代理律师再次向越秀法院起诉广州某地产有限公司、广东某房地产股份有限公司、某房地产开发公司,诉请确认1304房归吴某1、王某、吴某2所有,判令广州某地产有限公司为吴某1、王某、吴某2办理1304房的房地产权证。在该案审理过程中,代理律师向越秀法院申请律师调查令,申请向广州中级法院调取相关案件的档案材料(据说下级法院向上级法院发出律师调查令尚属首次),代理律师成功调取了造成1304房重复登记的另外四个案件的卷宗,彻底查清了问题的来龙去脉,主要是:(1)广州某地产有限公司将1304房出售给吴某1、王某、吴某2时又通过关联交易将1304房登记到其股东某房地产开发公司名下,形成了"一房两卖"的结果;(2)某房地产开发公司欠广东某房地产股份有限公司的债务,广东某房地产股份有限公司向法院申请执行某房地产开发公司后,根据民事裁定书办理了1304房的预售合同备案转移登记手续;(3)广州中级法院经办法官在办理(1999)穗中法民执字第×××号案时虽然根据吴某1、王某、吴某2提出的异议没有将1304房交付给广东某房地产股份有限公司,但也没有撤销向广州市房地产交易所发出的执行裁定书,导致1304房存在吴某1、王某、吴某2与广东某房地产股份有限公司重复登记。虽然真相大白,但越秀法院却认为"广州市房地产交易所根据生效法律文书办理的《广州市预售房地产转让登记记录》并未注销,三原告不能通过该案诉讼排除生效法律文书及其已经作出的执行措施",据此裁定驳回吴某1、王某、吴某2的起诉。

吴某1、王某、吴某2不服上述越秀法院作出的裁定,代理律师向广州中级法院第一次提出上诉,广州中级法院经审理后裁定撤销上述民事裁定,指令越秀法院重审该案。吴某1、王某、吴某2似乎再次迎来了转机,但越秀法院重审该案后,仍然作出驳回吴某1、王某、吴某2的诉讼请求的判决,吴某1、王某、吴某2的希望再次幻灭。

2020 年 3 月，为捍卫吴某 1、王某、吴某 2 的物权，代理律师向广州中级法院第二次提出上诉，同步提出执行异议、执行异议之诉和执行监督程序。代理律师向广州中级法院前述程序的经办法官明确提出“解铃还须系铃人”的意见，要求广州中级法院依法处理错误执行所产生的历史遗留问题。广州中级法院四个合议庭分别审理上述四个案件后，最终接纳了代理律师的代理意见，在 2021 年 12 月 27 日作出（2021）粤 01 执监×号执行裁定，裁定：“1. 撤销本院（1999）穗中法民执字×××号《协助执行通知书》中要求将某房地产开发公司所有的 1304 房单方过户到广东某房地产股份有限公司名下的执行措施；2. 撤销本院（1999）穗中法民执字第×××号《协助执行通知书》中确认将 1304 房归广东某房地产股份有限公司所有并要求广州利才物业有限公司与广东某房地产股份有限公司办理 1304 房的交接手续的执行行为。”在 2021 年 12 月 30 日作出（2020）粤 01 民终×××××号民事判决，判决：“1. 撤销越秀法院×××号民事判决；2. 在广州市规划和自然资源局注销广东某房地产股份有限公司对 1304 房的预售转让登记手续后 10 日内，广州某地产有限公司与某房地产开发公司共同办理注销编号为市管契字第××××号《房地产预售契约》中涉及 1304 房的预售转让登记手续，广州某地产有限公司协助吴某 1、王某、吴某 2 办理 1304 房转移登记至吴某 1、王某、吴某 2 三人名下手续。”

至此，吴某 1、王某、吴某 2 无法行使 1304 房物权的法律障碍得以彻底清除，25 年的维权之路，合法权益终于得到司法的保障，吴某 1、王某、吴某 2 真正感受到了司法的公平和正义。

争议焦点

1. 吴某 1、王某、吴某 2 是否对涉案 1304 房享有合法的权益。

2. 广东某房地产股份有限公司是否应办理注销 1304 房的预售转让登记手续。

3. 广州某地产有限公司是否应协助吴某 1、吴某 2、王某办理该房屋转移登记手续。

代理意见

对于焦点一和焦点三：吴某 1、王某、吴某 2 自 1999 年 11 月 4 日与广州某地产有限公司指定的物业管理公司——广州某物业有限公司签署了1304房相关收楼文件并于同日办理了1304房收楼手续后至今,对1304房一直行使占有权、使用权、收益权,只是因广州某地产有限公司并没有按照穗房预契字第××××号《房地产预售契约》约定的期限为吴某1、王某、吴某2办理房地产权证,导致吴某1、王某、吴某2无法行使处分权,这正是该案需要解决的核心问题。但是,无论如何,这都不能妨碍吴某1、王某、吴某2依法对1304房享有所有权。

吴某1、王某、吴某2提供的证据显示:广州某地产有限公司是中外合作企业,某房地产开发公司占广州某地产有限公司51%的股东权益,是广州某地产有限公司的控股股东。广州某地产有限公司与某房地产开发公司作为关联公司以签订编号××××号《房地产预售契约》的形式将1304房登记到某房地产开发公司名下。由此可见,1304房虽然曾经由广州某地产有限公司"预售"给某房地产开发公司,但是,这纯属关联交易,并没有对价支付。从物权角度而言,造成1304房权属重复登记的某房地产开发公司已出具证明确认:"1304房的产权不属某房地产开发公司所有。预售契约(合同)No.:××××号应不包括1304房,产权属错误登记在某房地产开发公司名下,某房地产开发公司实际不拥有1304房产权。根据穗房预契字第××××号《房地产预售契约》1304房于1997年1月21日已售给吴某1、王某、吴某2,三人拥有共同产权",根据广州市不动产登记中心2018年5月21日(2018)查询××××号依申请信息公开答复书,广州市不动产登记中心确认吴某1、王某、吴某2是1304房的预购人,这与广州市国土资源和房屋管理局于2014年12月31日出具《关于查询13层04房房屋情况的复函》时反馈的情况不同。因此,1304房的物权属于吴某1、王某、吴某2已是无可争辩,广州某地产有限公司应协助吴某1、王某、吴某2办理该房屋转移登记手续。

对于焦点二:根据吴某1、王某、吴某2提供的证据,即使广东某房地产股份有限公司对某房地产开发公司享有权利,也只是债权,而非物权,广东某房地产股份有限公司为实现对某房地产开发公司享有的债权而通过广州市中级人民法院执行程序"成为"1304房的"权利人"根本不能够对抗吴某1、王某、吴某2基于与广州某地产有限公司签署《房地产预售契约》并支付了全部购房款而取得的1304房的物权。

需要强调的是,广东某房地产股份有限公司对广州市中级人民法院处置1304房的执行措施从未依法提出异议,相反是接受,证明了广东某房地产股份有限公司已放弃了通过执行1304房实现债权的权利。广东某房地产股份有限公司具体表现为:(1)在吴某1、王某、吴某2以案外人身份在广州中级法院(1999)穗中法执字×××号案执行过程中已对1304房的执行问题提出执行异议,广州中级法院执行局姜法官在 2000 年 5 月决定不向广东某房地产股份有限公司交付 1304 房,对此,广东某房地产股份有限公司没有提出异议,也没有根据 2017 年《民事诉讼法》第 227 条规定提出再审或提起诉讼,而是另行向广州中级法院申请查封某房地产开发公司位于越秀区西华路紫配新街 2 号首层、2—3 楼房产(广州中级法院于 2005 年 10 月 9 日查封上述房产),作为某房地产开发公司不能将 1304 房抵债给广东某房地产股份有限公司的补充执行财产。由此可见,广东某房地产股份有限公司已放弃了通过执行 1304 房实现债权的权利。(2)广东某房地产股份有限公司在广州中级法院于 2006 年 11 月 15 日作出(1999)穗中法民执字第×××号民事裁定,确定另行查封某房地产开发公司位于越秀区西华路紫配新街 2 号首层、2—3 楼房产,作为某房地产开发公司不能将 1304 房抵债给广东某房地产股份有限公司的补充执行财产并根据异议人的申请确定了对越秀区西华路紫配新街 2 号首层、2—3 楼房产的处分原则的情况下,怠于行使权利,没有继续执行某房地产开发公司位于越秀区西华路紫配新街 2 号首层、2—3 楼房产,依法应视为其放弃对某房地产开发公司享有的权利。(3)广东某房地产股份有限公司在广州中级法院于 2007 年 7 月 18 日作出(1999)中法民执字第×××号恢字 1 号民事裁定,裁定:"广州市中级人民法院(1999)穗中法民执字第×××号民事裁定书中将被执行人所有的位于广州市××路××号××广场 13 楼 1304 房转给广东某房地产股份有限公司一项中止执行"的情况下,广东某房地产股份有限公司从未提出异议,也没有根据 2017 年《民事诉讼法》第 227 条规定提出再审或提起诉讼。这再次证明广东某房地产股份有限公司已确认 1304 房不属于其有权处分的财产。(4)广东某房地产股份有限公司并没有任何证据证明其对 1304 房享有并行使权利,且在×××号案一审时已自认基于广州中级法院(1999)穗中法民执字第×××号裁定书"成为"1304 房的"权利人"后从未缴纳房地产税。因此,广东某房地产股份有限公司根本不是 1304 房的合法权利人,广东某房地产股份有限公司理应办理注销 1304 房的预售转让登记手续。

案例评析

吴某 1、王某、吴某 2 作为 1304 房的购买人,已实际全额付清购房款并自 1999 年 11 月 4 日实际使用 1304 房至今,依法对 1304 房享有所有权。广州某地产有限公司至今未按照合同约定为吴某 1、王某、吴某 2 办理房地产权证,已严重违约,应依法承担违约责任。广东某房地产股份有限公司、某房地产开发公司明知是错误办理了1304房的预售合同备案登记且不及时纠正其错误,直接导致吴某1、王某、吴某2无法办理房地产权证,亦侵害了吴某1、王某、吴某2对1304房所享有的合法权益。

在广州中级法院于2006年11月15日作出(1999)穗中法民执字第×××号民事裁定,于2007年7月18日作出(1999)中法民执字第××××号恢字×号民事裁定所查明认定的法律事实基础上,广东某房地产股份有限公司对某房地产开发公司未实现的债权,应当由广东某房地产股份有限公司继续向广州中级法院申请执行已被查封的某房地产开发公司名下位于越秀区西华路紫配新街2号首层、2—3楼房产,以所得款项来实现其债权,而不应祸水东流,继续利用广州中级法院执行局当时的经办法官采取的执行措施所遗留的问题影响吴某1、王某、吴某2办理1304房的房地产权证,妨碍吴某1、王某、吴某2实现1304房的物权。遗憾的是,广东某房地产股份有限公司为一己私利,祸水东流二十余载。

令人感到欣慰的是,广州中级法院负责执行监督的经办法官采纳了代理律师的代理意见,激浊扬清、拨乱反正,以负责的态度撤销了广州中级法院作出的(1999)穗中法民执字第×××号裁定书、协助执行通知书关于将1304房裁定给广东某房地产股份有限公司的内容;广州中级法院负责审理买卖合同纠纷案件的经办法官采纳了代理律师的代理意见,敢于担当、匡扶正义,以负责的态度依法确认1304房归吴某1、王某、吴某2所有,充分彰显了法律的公平正义。

专家点评

该案是典型的"一房两卖"案件,吴某1等人按照《房地产预售契约》(以下简称契约)支付全额房价款,已全面履行契约项下的购房人义务,广州某地产有限公司作为房屋开发商,其收取房价款的对价是交付房屋以及协助购房人办理房屋产权登记,但广州某地产有限公司在收取吴某1等人的购房款后,不但未依约协助吴某1等人办理房屋产权登记,而且将案涉房屋通过关联交易把房屋登记到其股东某房地产开发公司名下,最终导致某房地产开发公司债权人通过执行程序对案涉房屋采取执行措施。吴某1等人无法完成房屋产权登记手续,以获取房屋完整的产权。

本案代理人根据案情启动全方位的法律程序,将环环相扣、复杂疑难的法律问题逐一解开,最终破解了25年的悬案,保障了实际购房人的合法物权。

"一房两卖"案例已屡见不鲜,开发商往往利用法人资源的优势地位作出不诚信行为,而购房人因资讯的缺乏往往处于劣势地位,被动成为开发商牟利的工具,购房人即使投入了巨额房款，最终却因为房屋备案制度、执行程序等因素不能取得房屋的所有权。本案的最终结果让当事人感受到了司法的公平正义，达到了法律效果和社会效果的统一。

（点评人：程信和，中山大学法学院教授、博士生导师，兼任中国法学会经济法学研究会副会长、广东行政职业学院马克思主义研究院院长、国学研究所所长、广州市政府参事）

履约行为可能产生变更合同效力，一方违反变更后的约定需承担违约责任

——谢某与张某房屋买卖合同纠纷案

黄　恒

摘　要

房屋买卖合同中约定“买方在签署本合同时直接支付定金10万元给卖方”；然而，由于买卖双方采取异地签约的方式达成房屋买卖交易，在双方以自身行为对原合同交易模式进行了变更的情况下，双方均应按变更后的约定履行各自义务。卖方仅以合同中约定的，与实际履行情况不一致的内容为由主张买方没有支付定金，故拒绝按约定履行已构成违约，应向买方承担违约责任。

案情简介

2017年2月，张某作为卖方，谢某、黄某作为买方，A公司（A公司属于卖方委托的中介方，负责提供业主资源促成交易）作为经纪方签订了房屋买卖合同，合同约定买方以156万元向卖方购买案涉房屋。付款方式为银行按揭付款，买方在签订本合同时直接支付定金10万元给卖方；卖方应在收到定金后15日内提供齐全办理银行贷款所需资料，且协助买方申请银行按揭；买方应在签署本合约后15日内签署银行按揭文件及支付贷款所需费用。买方应在签署本合约时授权经纪方推荐的按揭机构办理按揭手续及交易过户手续，并向银行申请20年85万元的银行按揭贷款。银行经审批同意贷款后，买卖双方配合完成本次交易的递件手续；在房管部门出具成功受理本次交易的递件回执当天，买方将首期楼款支付给卖方。买方不能按本合同约定买入该物业，或因违约无法买入该物业，应向卖方支

付该物业成交价10%的违约金;买方逾期付款超30日的,卖方有权不再出售该物业,买方应向卖方支付物业成交价的10%作为违约金。卖方不能按本合同约定将该物业售予买方,或因违约而无法将该物业售予买方的,应向买方支付该物业成交价10%的违约金,卖方并须退回买方已付的所有费用。

本案买卖双方均确认因卖方张某合同签订时不在广州,所以双方并非同一时间同一地点签订房屋买卖合同,而是由买方谢某、黄某先在房屋买卖合同上签名,之后由A公司的工作人员将合同带至重庆给卖方张某签名,张某于2017年2月16日在合同上签名并出具了收款收据给A公司的工作人员。

由于买卖双方并非同时签订房屋买卖合同,且张某未提供案涉房屋的权属证明,谢某、黄某于2017年2月11日签名后,当天就将定金10万元交给B公司(B公司属于买方的中介方,负责提供客户资源促成交易)。因张某直到2017年2月21日晚才向A公司提供涉案房屋的房产证,之后B公司应A公司要求于2017年2月22日将买方缴纳的定金10万元转给A公司,再由A公司支付定金给卖方。A公司等到卖方在2017年2月22日收到定金款后才在收据上注明时间并通过B公司交到买方手中。谢某、黄某于2017年2月26日才收到该收款收据。

纠纷发生后,谢某、黄某取得了A公司向其提供的5万元付款凭证及A公司与张某签的补充协议,才知道A公司与张某对10万元定金的处理方式有约定:10万元定金中有5万元需要支付给A公司作为中介费,张某自己只收取剩余的5万元。

张某辩称没有收到谢某、黄某支付的定金,收款收据是预先写好交给A公司的,已在收据上注明收款账号,买卖双方也在合同中约定买方在签订合同当天支付定金10万元,买方就应当严格依照约定履行。因没有收到买方的定金,张某于2017年4月26日起诉至法院。谢某、黄某因张某在收到定金后拒绝配合办理按揭手续对其提起反诉,要求张某承担退回定金10万元,支付物业成交价10%的违约金等违约责任。

一审法院裁判认为,张某主张系谢某、黄某没有按合同约定按时将定金支付给其,导致合同无法履行。谢某、黄某则认为是张某在收取定金后没有按合同约定向其提供贷款所需资料导致本案发生。双方争议的焦点在于交纳定金10万元问题。根据房屋买卖合同关于定金约定:"买方在签署本合同时直接支付定金10万元给卖方。"但纵观双方当事人的整个交易过程,由于张某不在广州,买卖双方采取的是买方在广州签约卖方在重庆签约这种异地签约的方式。买卖双方无直接见面亦无直接沟通,均由中介进行联系。因此,双方按照房屋买卖合同约定买方签订合同当天即支付定金给卖方不符合实际情况和该定金条款设置的本意。而且,根据各方当事人陈述,谢某、黄某主张在签订买卖合同时即将定金 10 万元交中介方 B 公司转付给卖方,张某亦陈述签订合同后将预先出具并标注收款账号的定金收款收据交由 A 公司带回给买方,双方不单存在履行时间差,双方均系通过中介进行沟通及转达意见和钱物。买卖双方选择了这种间接的签约方式和履行方式,又进行了不符合现实情况的交易约定,导致双方在履约过程中存在协调沟通不畅,引发矛盾。双方就履行问题存在争议后未能协商解决,致使合同最终解除,双方当事人对于涉案买卖交易未能继续履行均有过错,故双方各自诉请对方当事人支付违约金的诉讼主张,法院不予支持。

对于谢某、黄某提出张某退还定金 10 万元的反诉请求,结合谢某、黄某提供的各项证据足以形成证据链,法院对谢某、黄某的主张予以采纳。合同解除后,张某应向谢某、黄某返还定金 10 万元。

一审判决后,谢某、黄某不服判决结果,向二审法院提起上诉。二审法院经审理,驳回上诉,维持原判。

由于对该案的生效判决依然不服,谢某、黄某继续向广东省高级人民法院(以下简称省高院)申请再审,经过审查,省高院认为,从当事人的履行情况可知,案涉房屋买卖合同约定"买方在签署本合同时直接支付定金 10 万元给卖方",与双方当事人实际履行情况不符。在谢某、黄某签订合同与支付定金过程中,张某未提出异议,且将定金收据交由 A 公司带回给谢某、黄某,应视为其对交易方式变更的默许。因此,当 B 公司将定金交付给 A 公司时,谢某、黄某已依约完成了交付定金的合同义务。至于 A 公司收到 10 万元定金后是否转交张某,属于 A 公司与张某另一法律关系,张某以其未收到谢某、黄某支付的定金为由拒绝履行合同,构成违约。二审法院以 A 公司自谢某、黄某缴纳的定金中扣减款项未征得张某同意为由,认定张某对定金支付提出异议并拒绝履行合同未构成违约不当,谢某、黄某据此主张再审本案的理由成立。故省高院指定二审法院再审本案。再审期间,迫于压力,张某主动与谢某、黄某达成和解,并同意向两人支付一定数额的违约金了结本案,谢某、黄某的合法权益经过多轮诉讼较量,最终得到了法律的保护。

争议焦点

案涉房屋买卖合同解除的责任认定问题。

代理意见

原《合同法》第 36 条规定:“法律、行政法规规定或者当事人约定采用书面形式订立合同,当事人未采用书面形式但一方已经履行主要义务,对方接受的,该合同成立。”上述法律规定的是合同成立的形式,对于合同变更,也适用同样的原理:当合同的实际签订、履行情况与约定不符时,需要分析到底是合同一方、双方违约还是双方以行为的方式对合同进行了变更,而不能一概以一方履行合同与合同上载明的约定不符,即认定该方属于违约。本案即属这样的情形:由于双方采取异地签约方式,合同签订时间不一致,定金的支付与收取均是通过中介进行的,与合同原来约定的明显不符。

庭审查明的案件事实可还原本案房屋买卖合同的签署及付款经过(与前述法院查明的案件事实一致,在此不再赘述)。上述即为原告、被告双方签署房屋买卖合同的全过程。在纠纷发生以前,被告一直相信 A 公司会将所支付的 10 万元定金全额转账给原告,况且被告一直未收到原告提出关于被告支付 10 万元定金的方式不符合合同约定,或其没收到被告定金款项的告知。直到案发后,被告通过 A 公司拿到其出具的证人证言以及其与原告签署的补充协议、工商银行转账凭证,被告才得知 A 公司与原告关于 10 万元定金款的处理,原来双方内部有这么一个分配约定,也就不难理解为何原告在两个多月的时间里(合同签订后至其起诉之日),从未就 10 万元的定金款支付方式向被告提出过异议。

由此可见,尽管原告、被告双方没有对定金款支付方式的变更形成书面协议,但被告通过中介公司向原告实际支付定金,原告接受并没提出异议的方式,表示了对合同条款变更的认可,被告已按变更后的合同,向原告支付了定金款。在被告依约(双方默许变更合同的履行方式)履行后,原告拒不配合提供办理按揭手续所需资料,已构成违约,应向被告承担相应的违约责任。

案例评析

本案的再审处理结果再次印证了一个法谚:“正义可能会迟到,但终究会到来。”无论是案发时的《合同法》,还是现已施行的《民法典》,均没有对合同变更的形式作出硬性的规定,允许双方当事人既可以采取书面形式变更合同内容,也可以以行为方式对合同内容进行变更。

在没有书面约定的情况下,交易双方通过行为对交易方式进行默许变更,一方违反变更后合同约定的,应承担相应的违约责任。本案通过再审法院对一审、二审法院错误裁判结果的及时纠正,维护了买方的正当权益,迫使卖方主动联系买方洽谈调解事宜,取得了理想的法律效果与社会效果,也为日后类似案件的处理提供了宝贵的裁判经验。本案虽历经曲折,但最终还是取得了理想的效果。这是当事人与代理人共同努力的结果,是一起经典的,在不利局面下力挽狂澜的案件。

专家点评

“正义也许会迟到,但绝不会缺席”,这是一句著名的法谚,也是本案最终取得理想结果的生动诠释。在面对一审、二审结果均不利于己方的情况下,代理律师与当事人均没有放弃对正义的追求,通过再审程序,结合案件事实与证据,详细论述了合同双方通过客观行为方式,变更了原合同约定的付款方式,从而使得再审法院采信了代理律师的代理意见,旗帜鲜明地指出原审两级法院认定案件事实的错误,及时纠正了原审判决结果,维护了作为房屋买卖交易中诚信一方买受人的合法权益。

(点评人:苏东海,广东外语外贸大学法学院兼职教授,华南国际知识产权研究院兼职研究员,华南理工大学法学院法律硕士校外导师)

某市高新区某片区产业园综合开发专项法律服务项目案例分析

梁沐周

摘　要

本项目总投资额为165亿元，区别于一般常见的政府和社会资本合作（PPP）项目，本项目采用国有企业与合作方设立合资项目公司，共同参与投融资、开发建设和产业园区开发的模式进行，通过设置市场化投融资模式，确保了区域地块的开发、建设和运营有合法合规资金，减少政府盲目举债的风险。代理律师团队代表客户组织协调咨询公司、招标代理公司等中介机构推进项目进展，为投资合作方和勘察、设计、施工总承包项目提供可行性研究报告、实施方案、招标文件编制，投资路径架构，融资方案设置，投资运营方案设计，专项资金使用审计等专项法律服务。项目目前顺利通过中央审计署关于2021年度隐性债务的审查，为广东省成为全国首个完成政府隐性债务清零的省份奠定了坚实的法律基础。

项目简介

2019年，根据省、市政府以及同级国资委的工作指示，某市高新区某片区的城市公共基础设施以及产业园土地平整等急需大量投入，同时为推动该片区基础设施开发建设工作，经过当地主管部门授权，由当地国有城投企业作为该区域的开发、建设、投资、运营等主体组织项目运行。

某市高新区某片区产业园项目分为片区开发项目和某道路升级改造项目两大部分，片区开发项目共三个子片区，涉及用地总面积约15,000余亩。项目建设内容包括拆迁及补偿、场地平整、地基基础处理、市政工程、水库整治、海绵城市建设等。某道路升级改造项目包括某道路升级改造工程、某汽车项目物流岛西侧道路、某市高新区应急备用水源工程。

2019 年 9 月,代理律师团队接受当地国资委、国企委托担任本项目专项法律顾问,为该项目全程提供法律服务,并代表客户组织协调咨询公司、招标代理公司等中介机构推进项目进展。接受委托后,代理律师团队立刻组织团队进驻项目现场,进行现场调研,根据现场调研以及参与政府、国企决策研讨成果,确定项目具体运作模式如下:第一,由当地政府部门授权国有企业作为实施主体,负责项目的投融资、设计、建设、产业导入与招商等工作,并同意其通过合法途径选择社会资本进行项目合作。第二,国有企业通过公开招标形式选择社会资本,与其共同组建项目公司负责合作内容项下的全部工作,并参与片区内部分土地的招拍挂。第三,项目公司各股东按时缴纳项目资本金。在国有企业同意的情况下项目公司可以本项目预期收益权质押向金融机构申请市场化融资。第四,在实施过程中,项目公司需要根据项目投资开发计划,逐步、分期、分批推进项目。第五,政府部门委托的第三方专业机构对项目的建设、产业导入与招商进行绩效考核,并根据项目考核结果结合企业自身现金流状况,对项目公司进行付费结算。第六,项目合作期满,中标社会资本向国有企业无偿移交项目公司股权或资产。

经过代理律师团队判断,本项目的运作方式为"企业主导的合作开发方式"。根据识别,本项目的运作方式属于"授权经营模式"(ABO),即授权(authorize)—建设(build)—运营(operate),但又不是纯粹的 ABO 模式,应属于混合型 ABO 模式。纯粹的 ABO 模式下,由政府授权企业(通常为本级国有企业)履行相关行业的业主职责,企业按照授权负责整合各类市场主体资源,提供相关行业项目的投资、建设、运营等整体服务,合作期满负责将项目设施移交给政府。政府履行规则制定、绩效考核等职责,同时支付企业授权经营服务费,以满足其提供全产业链服务的资金需求。本项目之所以界定为混合型 ABO 模式,关键在于:一是区政府授权区国有企业履行本项目的业主职责后,区国有企业并未直接提供投资、建设、运营等服务,而是通过合法途径选择社会资本进行合作,双方组建项目公司承担项目全部工作。二是本项目实施过程中,并非仅仅发生服务,而是包含了工程建设、运营服务等内容,因此,财政付费既有购买服务,又有采购工程。

ABO 模式尚属新鲜事物,但省内外已有相关地方政府采取 ABO 模式的实践,并取得了一定的经验。代理律师团队对该新兴模式制定了相应的路径解决方案,在现有法律、法规规定的基础上进行分析。从国有企业既是业主又是受托经营者的双重身份问题,到项目公司的定位、选择社会资本的程序、融资方式的选择、财政付费的管理、社会资本的回报机制等方面提出相应的法律分析以及合法合规性建议。第一,本项目的运作模式可以借鉴政府与社会资本合作模式的相关程序,明确社会资本参与本项目的资质、条件、业绩、资金能力等,并通过公开、竞争性程序确定社会资本方,确保程序合规。第二,完善财政承受能力评估机制,将政府付费依法纳入预算管理,防止产生政府隐性债务。第三,依法拓宽项目融资渠道。在合法合规的前提下,可以考虑银行贷款、企业债券、银行间市场债务融资工具、基金、委托贷款等多种市场化融资方式。同时,在公开、竞争性选择社会资本的过程中还可以考察社会资本的融资能力和资金运营能力,在招标时可考虑将有丰富的融资经验及运作业绩作为商务条件之一。第四,保障项目公司的自主经营权。通过股东会和董事会对项目公司进行公司化治理,充分保障项目公司法人治理结构和人格独立,防止政府和业主方对项目公司过多的"把控",让合作各方权利和义务对等平衡,确保有关公司治理、市场运作和政府监管相互促进、相得益彰,鼓励民企和社会资本参与本项目。第五,适时转变项目运作方式。本项目若在实施过程中因法规政策原因不合规或者出现政府隐性债务风险,或者无法如期完成项目融资等导致项目无法顺利实施,有必要根据具体项目情况转化项目实施模式。

在完成前期的项目推进工作后,代理律师团队作为中介机构的牵头方,继续就项目公司的成立拟定相应的投资合作协议、风控方案,融资和勘察、设计、施工总承包方案,提供完善财政承受能力评估机制等相应的专项法律服务。经过近 4 个月的努力,完成了项目立项、公开招聘合作方、成立项目公司等前期工作。目前,在资金筹集(融资)和使用方面,顺利通过中央审计署关于隐性债务的审查,为广东省 2021 年度完成政府隐性债务清零奠定了坚实的法律基础。

项目难点

首先,本项目设置了市场化投融资模式,避免了政府隐性债务,确保了区域地块的开发、建设和运营有合法合规资金,减少盲目举债,避免了政府负债巨大和行政考核的风险。

其次,区别于一般常见的政府 PPP 项目,本项目国企通过与合作方设立合资项目公司,共同参与投融资、开发建设和产业园区开发。通过与合作方的合作,既减少资金投入,又在合作中,学习片区开发的经验和产业园区运营经验。

再次,该项目律师团队为中介服务机构的牵头单位,所有中介服务机构的推进,根据客户的需求,由律师主导,严控时间节点和步骤,为律师组织国有大型项目开发提供了模板。

最后，在法律服务项目中，通过团队的优质服务，不断夯实客户的信任度，增强服务粘性，通过以点带面的形式，大大拓宽了投资前期、投资期、投资退出期等阶段的服务、收费项目。本项目工作内容既包括了投入前期的投资路径架构设计、招投标审核、法律文书的拟定等常规非诉讼法律服务收费项目，又涵盖了深度参与项目可行性分析、实施方案、财政预算风险防控等相关业务的非诉讼法律服务，还延伸出了投后管理（投资后的服务）、融资（企业债、民生债、PPN 等市场化融资）等法律服务项目。在后续的产业园区运营方面，团队还将与客户并肩作战，通过优质的服务，共享项目建设、开发的成果。

律师办理思路

在以国有大型基础设施和产业园区为基本框架的片区（经济区）开发、建设、运营项目中，律师大有可为。此类项目既需要律师的法律专业背景，更需要律师在项目推进中，对国土、建设、财政、融资等业务的经验积累和再学习能力。政府客户的实施方案必须建立在合法、可行的基础上，既要创造 GDP，又要懂得规避法律、行政和经济风险。需要特别提到的是，协调多类型中介机构开展工作，既是一种专业的碰撞，更是一个优质的学习机会，律师可以通过项目推进，不断学习到新的业务种类，掌握客户需求，拓宽业务服务范围。

相关法律规定解读

1. 财政部《关于进一步规范地方政府举债融资行为的通知》（财预〔2017〕50号）第 4 条中明确“健全规范的地方政府举债融资机制，地方政府举债一律采取在国务院批准的限额内发行地方政府债券方式，除此以外地方政府及其所属部门不得以任何方式举借债务。地方政府及其所属部门不得以文件、会议纪要、领导批示等任何形式，要求或决定企业为政府举债或变相为政府举债”。

2. 中共中央办公厅、国务院办公厅《关于做好地方政府专项债券发行及项目配套融资工作的通知》第 2 点规定，“（一）合理明确金融支持专项债券项目标准。发挥专项债券带动作用和金融机构市场化融资优势，依法合规推进专项债券支持的重大项目建设……（五）确保落实到期债务偿还责任。省级政府对专项债券依法承担全部偿还责任。组合使用专项债券和市场化融资的项目，项目收入实行分账管理。项目对应的政府性基金收入和用于偿还专项债券的专项收入及时足额缴入国库,纳入政府性基金预算管理,确保专项债券还本付息资金安全;项目单位依法对市场化融资承担全部偿还责任,在银行开立监管账户,将市场化融资资金以及项目对应可用于偿还市场化融资的专项收入,及时足额归集至监管账户,保障市场化融资到期偿付。市场化转型尚未完成、存量隐性债务尚未化解完毕的融资平台公司不得作为项目单位。严禁项目单位以任何方式新增隐性债务”。

实践当中,政府间接举债包括 PPP 模式,也包括 BT 模式、政府兜底承诺等,但后两者属于违规举债行为。在本次项目中,采取的 ABO 模式采用新型片区开发模式,有效避免产生政府隐性债务。在项目开发过程中,通过多种模式进行市场化融资,在融资过程中,合理增加信用担保、抵押担保、连带责任担保等方式,保障项目公司融资和还款能力的同时避免了政府兜底承诺等可能产生政府隐性债务的行为。

专家点评

代理律师团队主办的“某市高新区某片区产业园综合开发项目”,采取混合型 ABO 模式对新型片区进行开发,由国有企业与社会资本共同设立项目公司进行投融资、基础设施建设和产业园区开发。该模式不同于常见 PPP 模式或者纯粹 ABO 模式,对于政府避免隐性债务、获取开发资金和产业园运营经验具有重要作用,也是社会资本参与产业园区开发的重要途径。项目团队对于该模式的识别及其合规性判断具有重要的理论和实践价值。

在当前规范政府举债的大环境下,该项目的实施对于其他地方政府吸引社会资本参与产业园区建设具有重要的示范作用。律师团队作为牵头中介服务机构,一方面能够把控项目全过程、多领域、数节点的合法性,另一方面需要组织咨询机构、招标代理机构等其他专业服务机构参与到项目当中,从而确立在此类项目中的核心作用。在此过程中,律师团队显示了极强的组织协调能力和复合型的知识背景,对于土地开发、财政承受能力评估、融资途径、投资回报等问题,能够在相关领域专业评估的基础上做出合法性和合规性判断。

本项目办理过程专业规范,办理结果符合委托方预期,在完成项目前期工作的基础上,在项目公司成立以后的产业园开发与运营,政府投后管理、社会资本退出等的法律服务方面,大有可为空间。通过该项目的全生命周期法律服务,打造律师团队的专业特色和样板工程。

(点评人:杨丹,暨南大学法学院教授)

未经竣工验收但实际接收使用建设工程的，不得以质量不合格为由要求解除建设工程合同

——某省高院二审反败为胜的建设工程施工案

蒋修贤　吴剑良

摘　要

施工方完成所有项目工程，业主方也已支付大部分工程进度款，工程虽未竣工验收，但业主方已陆续接收工程并使用近10年，合同应属履行完毕，不符合解除条件，应由业主方自行承担质量方面的法律责任。

案情简介

该案是由于某公司于2008年5月通过公开的招标程序，中标了一项“建筑工程施工合同”所引发的纠纷。项目的业主为某市科技局，某公司（施工方）与某市科技局（业主方）就“B市科学中心广场建设工程项目”签订了《政府采购合同》，合同约定，工期为365天，工程质量标准为合格，工程款按施工进度支付，建设完成之后，由业主方组织监理方进行验收。合同签订之后，施工方按约定进场组织施工，施工过程中双方的合作比较顺利，但也存在一些质量、工期及审批手续延迟等问题。某市为了举办某国际性的展览活动，在该项工程虽基本完工，但尚未竣工验收的情况下，即于2009年10月交付给业主方使用，并举行了盛大的开幕仪式，并且自开幕之后，也一直在投入使用。由于在使用过程中发现局部工程存在一定的质量问题，所以该项工程边使用、边维修至2014年10月，至此，业主方才通知施工方不再进行维修，自行找其他维修单位维护。

业主方于2017年向某市中级人民法院提出诉讼，要求解除双方的施工合同、

追索施工方的违约责任。理由是施工方施工不合格、不负责，工程不仅严重延期，而且质量方面存在重大问题，无法验收。

施工方则提出反诉，要求业主方支付工程尾款和质保金等。理由是工程已经基本完工，延期问题是业主方协助、审批延迟等原因所致，监理方 2009 年已出具完成施工并竣工的证明，但业主方不予验收，尚有工程尾款未支付。

2018 年 6 月，某市中级人民法院进行开庭审理，该中院认为，该项目签约之后数年，施工方仍未能按照约定，完成工程项目的施工及验收。业主方根据施工方多年整改未达到合同约定质量的情况，认定施工方不具备履行本案工程项目的能力而解除合同，符合合同约定。另外，施工方明显超出了合理期间，构成工期延误，业主方亦有权依据合同约定解除合同。本案工程至今仍未验收合格，业主方有权要求返还已付的工程款，施工方违约致合同解除，应赔偿损失。中院判决：(1)合同解除；(2)施工方退还已收取施工款项 2000 万余元；(3)施工方支付罚款 300 万余元，驳回反诉。

该判决对已完工的工程量完全否定，对施工方所投入的建设施工等成本完全不予支持，不仅要退还全部施工款项，而且要支付巨额罚款，结果让施工方无法接受。

施工方决定委托代理律师代理二审，代理律师首先多次与客户团队深度进行案情交流，深入仔细研究，对本案进行了严谨的线索梳理、要点总结，认真听取施工方现场负责人员的意见，整理发现的新证据，提炼上诉要点及证据。在做好充分准备工作之后，上诉至某省高级人民法院，上诉要求撤销一审判决、驳回业主方的诉讼请求、支持施工方的反诉请求。在诉讼中，代理律师提交了双方的往来函件，该项目维修记录，该项目投入使用的电视新闻、网络截图、报纸报导等新证据。并指出该项目完工后未进行验收，责任并不在施工方，该项目自 2009 年 10 月起即投入使用，证实工程一直处于实际使用状态。

对方代理人则称，施工方签订《政府采购合同》，理应按合同全面履行，但施工方在施工中不仅偷工减料、以次充好，而且施工的工程粗制滥造且延迟交付，最重要的是工程根本无法投入使用，以致该项工程一直瘫痪闲置，并未实际使用，造成业主方的巨大经济损失。

该案在某省高级人民法院开庭，双方代理律师、当事人到庭参加审理。法院认真、严密地审理了双方提交的各项证据，总结了案件的争议焦点，让双方的律师充分发表了代理意见。该案开庭结束之后，代理律师又向法庭寄送了数份书面的代理意见、补充代理意见，充分进行证据分析、法理阐述及案例佐证，认真履行代理律师的职责。在休庭之后,代理律师意外发现该项目有投入使用的新证据,为此立即进行取证工作,对相关的新证据采取合理的保全措施,并提交给法院。新证据充分说明该项目处于使用状态之中,并非业主方声称的长期处于非使用状态。

法院审理后认定:该项工程虽然没有通过竣工验收的程序,但业主方已经陆续接收工程并使用至今,合同已经履行完毕,不符合解除的条件,不支持解约退款,业主方应向施工方支付工程尾款和质保金。某省高级人民法院判决:(1)撤销一审判决;(2)施工方向业主方支付误期的赔偿金400万余元;(3)业主方向施工方支付工程尾款、质保金200万余元;(4)驳回业主方的其他诉讼请求。终审判决之后,双方当事人按判决内容履行完结,取得了良好的社会效果和评价。

争议焦点

施工方完成所有工程项目,业主方也已支付大部分进度款,虽未竣工验收,但业主方已陆续接收工程并长期占有使用,业主方可否以质量瑕疵为由解除施工合同。

代理意见

1. 本案工程已完工且使用10余年之久,合同早已履行完毕,按合同性质,亦无法解除。(1)工程即便存在质量问题,依合同约定也只能进行修复。(2)业主方未经验收擅自使用至今,在本案中存在明显的过错责任。

2. 一审判决对于项目处于长期使用状态的情况,认定事实不清,并且对合同已经履行完毕性质,把握不准,判决结果不符合事实,失去法理基础,结果当然显失公平。

3. 根据最高人民法院《关于审理建设工程施工合同纠纷案件适用法律问题的解释》第13条(已失效)的规定:"建设工程未经竣工验收,发包人擅自使用后,又以使用部分质量不符合约定为由主张权利的,不予支持……"本案工程已于2009年10月完工并由业主方实际投入使用,依据上述规定,业主方擅自使用后,无权再以质量不符合约定为由要求解除合同。

4. 项目合同已经履行完毕,按照合同约定,理应支付施工方工程尾款和退还质保金。

案例评析

从法理角度出发，在建设工程领域，工程质量问题关系国计民生，竣工验收标志着承包人施工任务的完成和发包人对该工程接管并使用的开始，即工程的风险责任由承包人转移给了发包人。发包人接收后，同时意味着承包人已经履行完毕合同义务，从而享有按合同约定请求支付工程价款的权利。建设工程实践中，有的发包人为了提前获得投资效益或基于其他原因，未依照法律的规定，擅自使用未竣工验收的工程，不仅不符合法律规定，客观上也可能造成建设工程的安全隐患，这种做法不应得到法律的支持。

根据《民法典》第799条第2款之规定："建设工程竣工经验收合格后，方可交付使用；未经验收或者验收不合格的，不得交付使用。"最高人民法院《关于审理建设工程施工合同纠纷案件适用法律问题的解释(一)》第9条规定："当事人对建设工程实际竣工日期有争议的，人民法院应当分别按照以下情形予以认定：……(三)建设工程未经竣工验收，发包人擅自使用的，以转移占有建设工程之日为竣工日期。"第14条规定："建设工程未经竣工验收，发包人擅自使用后，又以使用部分质量不符合约定为由主张权利的，人民法院不予支持……"

可见，建设工程施工完成后，法律规定必须履行竣工验收程序，经竣工验收合格后才能交付使用。否则，发包人擅自使用的行为，视为发包人在交付工程时对质量的认可，或者自愿对质量不合格承担责任。随着发包人对未经验收工程的使用，其工程质量责任的风险也由承包人转移给发包人。发包人丧失了以工程未验收合格为由向承包人主张工程质量责任的权利。此总结亦为十分具有价值的实务要领。

本案中，代理律师抓住了这一关键点，同时收集该项目投入使用的新证据，对业主方长期使用事实进行佐证。二审采纳代理律师代理观点，撤销一审判决，帮助当事人挽回数千万元的重大经济损失。最终判决之后，双方未再起争议，也未申诉或提出异议，双方相互配合，严格按终审判决内容顺利履行完结，该案取得圆满代理效果和社会效益。

专家点评

本案的被告在一审中败诉，处于十分不利地位，代理律师在不利情况之下接受委托，利用深厚法学专业知识、执着的职业精神、完美的专业技能，将案件转败为胜。代理律师在办案过程中,始终把握住了重要的理论要点,即“已经交付使用的建设工程,发包方使用了多年的,即便存在质量瑕疵,亦不能以此为由,要求解除合同”,“合同已经履行完毕,不能解除”。在建设工程领域的实践中,质量问题是比较突出的问题,也是承包方要求解除合同的主要理由,本案二审法院支持了代理律师的观点,并且十分明确地阐明了已经接收和使用的建设工程,不得以质量不合格为由,要求解除合同。这对实务领域具有重要意义,提示发包方注意,如果认定承包方施工的工程质量严重不合格,在未竣工验收的情况下,不能轻易地接收并使用工程,否则就有可能丧失以质量为由解除合同的权利。对于承包方而言,按约履行合同,以质量取胜、保障建设工程产品的优良质量,也是承包方的法定义务和合同责任。纵观本案,代理律师不仅在办案效果上取得了胜诉,而且在司法实践和社会效果上,也有十分明确的示范作用,非常值得推荐。

(点评人:唐更华,广东工业大学教授)

律师收集到关键证据迫使业主立即支付设计费并赔偿可期待利益损失的设计合同纠纷案

——某设计公司诉某地产有限公司、某投资控股集团有限公司建设工程设计合同纠纷案

黎国贵　李甜甜

摘　要

不同于一般的建设工程施工合同纠纷，在建设工程设计合同纠纷中，目前尚无支持可期待利益的生效判决。本案设计单位代理律师在无可供参考类案判决的情况下，成功收集到业主与名下设计单位合作的关键证据，从而使业主欲以设计图纸不合格为由，解除与原设计单位合同并低成本套取图纸的目的无法实现。本案项目系商业住宅，户型和设计均存在高度可复制性，换言之，设计单位只要完成了一期设计成果，后续楼栋的设计工作均可建立在该成果基础之上，这也意味着设计单位的利润往往集中在后期设计阶段。但本案原设计单位在完成一期设计成果后，便收到开发商要求提前解除合同的函件。开发商此举无异于以极低成本获取了设计单位智力成果。在律师介入之前，设计单位的诉求仅包括开发商欠付的设计费本金和逾期付款违约金，但是律师在全面分析材料后，制定了包括设计费本金、逾期付款违约金以及可期待利益损失三大块索赔金额的代理方案，并在正式立案前做了大量完备的证据收集、损失鉴定工作。开发商在第一次开庭结束后即积极主动联系调解，最终设计单位得到了非常可观的损失赔偿，案件代理工作取得圆满成功。

本案体现了代理人极强的证据挖掘能力和执业操守，对办理同类业务具有较强的指导和借鉴意义。

案情简介

2018年5月18日,广州某设计公司中标成为某商业住宅项目的设计单位,并于2018年11月2日与开发商签订了《建设工程设计合同》。其后广东某投资控股集团有限公司注资该项目,涉案项目名称亦从“××国际项目”变更为“××城”。两开发商要求设计单位将原有的设计合同拆分为三份补充协议,并大大缩减了首期付款比例,将大部分设计费后移至《补充协议(二)》《补充协议(三)》。设计单位鉴于此时已经开展了大量实际工作,考虑到后续合作的友好推进,无奈之下只得配合完成了三份补充协议的签订,同意将设计费支付比例后移。

设计单位完成《补充协议(一)》的设计工作后,两开发商在2020年9月14日以设计成果存在质量问题为由要求解除合同,联合向设计单位出具《关于解除〈“××”项目建设工程设计合同〉的函件》。但此时一期设计文件已全部通过政府审批,12栋建筑物均已封顶,且一期和后期设计成果存在高度可复制性,这意味着两开发商以远低于市场价的成本获取了项目整体几乎全部的设计成果。

代理律师在接受委托后,做了两项非常重要的工作:(1)通过现场走访、佯装购房者添加销售人员微信、关注开发商及涉案项目微信公众号等多种方式挖掘证据,终于从开发商的微信公众号中挖掘出一份对本案极为关键的有力证据:开发商在向设计单位出具解除合同函之前的一周内官宣了与某下属设计公司的合作关系,并为此举办了隆重的签约仪式。虽然通过这份证据不能直接得出开发商恶意解除设计合同的结论,但是给本案的代理工作提供了全新的方向和思路。此后,代理律师的工作放在了对该新设计公司相关资料的收集上,代理律师同步向客户反馈了这一关键信息,客户也提供了许多证明开发商与该设计公司存在利益来往并且将项目后期交由其完成设计的证据材料。(2)代理律师委托第三方专业评估机构,对设计单位履行完毕全部设计合同可得利润进行鉴定,并将该鉴定报告作为证据向法院提交。

收集到前述关键证据材料之后,代理律师马上向法院起诉并申请财产保全,法院足额冻结了开发商的财产,再加上完备的证据链条,两开发商在第一次开庭结束后主动要求调解,并承诺除欠付的全部设计费和违约金外,还额外支付120万元补偿款和对设计成果予以认可的书面文件,对于设计单位来说,这样的调解结果远远超出了委托时的期望值。

争议焦点

1. 两开发商是否构成违约解除。

2. 如果两开发商构成违约解除，因两开发商违约解除给广州某设计公司造成的可期待利益损失应如何认定。

代理意见

设计单位已按约完成了总图规划方案设计、一期单体方案设计、一期单体施工图设计、一期景观深化方案设计、一期景观施工图设计以及一期建筑及景观的施工配合工作，完成并交付了上述全部设计文件，相关设计均通过了政府部门的审查，××城一期12栋建筑物（住宅）也已经全部封顶。按照合同约定，前述设计工作的付款条件已成就，两被告应向原告支付设计费本金共计8,220,859.83元。但两开发商多次逾期支付设计费，并在2020年9月14日联合向设计单位出具《关于解除〈“××”项目建设工程设计合同〉的函件》，以一期设计工作不合格为由要求解除设计合同并且不承担违约责任。原告获悉，两被告目前已委托广州某设计公司负责涉案工程后期设计工作，该公司正是被告二广东某投资控股集团有限公司另外一家全资子公司于2020年4月30日投资的设计公司。显然，两被告在原告完成一期核心方案之后即强行解除合同是有预谋的恶意违约行为。根据前述可知，原告之所以同意与两被告签署让利的补充协议，是基于被告承诺将按照《设计合同》执行，将涉案项目的后续设计工作继续交由原告负责。现如今被告压低原告前期价格，获取了项目核心设计成果，且在设计成果存在高度可复制性（后续存在大量可沿用一期住宅单体方案设计成果的住宅）的情况下，要求解除《设计合同》，另行委托其所投资的设计单位进行设计，属于严重违背诚实信用原则的行为，给原告造成了巨大损失。因此原告多次发函要求被告承担违约责任，支付剩余设计费本金及违约金，并对原告可期待利益损失进行赔偿，但上述要求被告不予理睬。截至今日，被告仅支付了设计费6,832,979.05元，尚欠原告设计费1,387,880.78元未支付，其行为已构成违约，应当承担支付剩余设计费1,387,880.78元及逾期付款违约金的违约责任，并赔偿原告的可期待利益损失。（前述设计费未包含《补充协议（一）》竣工验收阶段设计费，也未将该笔设计费计算入可期待利益损失中。）

关于本案逾期付款违约金的计算，应当根据《设计合同》第15.1.2条的约定，发包人未按约定的金额和期限向设计人支付设计费的,每逾期一天应向设计人支付应付设计费的2‰的违约金。本案逾期付款的违约金自三份补充协议约定的每阶段付款条件成就之日起分别计算,按照每天应付设计费本金的2‰的标准,计算至被告实际付清之日止,暂计至2021年1月7日为1,668,765.93元。

关于本案可期待利益,根据《民法典》第584条关于"当事人一方不履行合同义务或者履行合同义务不符合约定,造成对方损失的,损失赔偿额应当相当于因违约所造成的损失,包括合同履行后可以获得的利益;但是,不得超过违约一方订立合同时预见到或者应当预见到的因违约可能造成的损失"之规定,在被告违约解除合同的情况下,原告有权要求被告赔偿可期待利益损失。原告在多次要求被告承担违约责任未果后,于2020年11月9日向被告发函,要求被告与原告共同委托一家鉴定机构对可期待利益损失进行鉴定,但被告明确表示拒绝。其后,原告委托某工程咨询有限公司针对可期待利益损失进行鉴定,并于2020年12月7日向被告发函告知鉴定机构名称及资质。根据某工程咨询有限公司出具的《设计可期待利益费用鉴定咨询报告》作出的结论,因被告违约解除合同,原告丧失了针对一期面积为249,979m^2(合同约定面积为283,000m^2,已做面积为33,021m^2)的景观设计方案及施工图、后期(非一期)单体方案设计及施工图设计、后期(非一期)景观设计及施工图设计的可期待利益,被告依法应向原告赔偿的可得利益损失为4,313,185元。

鉴于被告二广东某投资控股集团有限公司系实际履行合同的主体之一,两被告之间就该项目又系合伙关系,故两被告应向原告承担连带责任。

案例评析

设计合同纠纷案件数量繁多,但是没有一份生效判决涉及设计领域可期待利益损失的赔偿问题。本案极具特点的地方就在于,代理律师在没有任何有利案例可供法院参考的情况下,通过以往经办建设工程领域复杂案件的经验,并结合设计合同纠纷的特点,给本案的设计单位争取到了可期待利益损失的赔偿。并且,本案代理律师的证据收集工作也相当有创造性,采取了多种创新性的证据收集方法,穷尽一切办法维护客户的合法权益,最终在代理律师与客户的良好配合之下,形成了极为完备的证据链条。

专家点评

代理律师想要在法庭内外为当事人争取最大限度的利益，就必须熟练掌握和运用各种专业技能，而证据的收集就属于重中之重。

本案代理律师在没有可供参考的类案有利判决情况下，能够创造性地完成证据的收集工作，从而向法院还原开发商低价套取图纸故而恶意解除合同的事实，是本案能够成功调解的关键。如果不是代理律师自身对证据收集的敏锐，仅依靠与客户的交流和对现有材料的分析，很难挖掘出这一有利事实，这就是律师代理工作的难能可贵之处。

此外，本案代理律师针对可期待利益损失金额的固定以及相关程序的处理也有可借鉴之处，代理律师并没有直接委托第三方评估机构出具鉴定结论，而是在选定相关机构之前发函给对方，给了对方充分的协商时间，在对方逾期不予共同选定的情况下，设计单位才单方委托鉴定公司，并将鉴定公司出具的意见结论在立案前书面送达给了对方。代理律师的前述流程增加了该份鉴定报告的可采信程度，这也是代理工作中职业素养的体现。一份已经尽到充分告知义务的鉴定报告，相较于直接单方委托第三方出具的鉴定报告，明显具有更高的程序正当性。

（点评人：朱滔，广州工商学院校外导师）

一审鉴定报告被推翻，二审反败为胜予改判

——广东某建设有限公司、周某与湖南某建设集团股份有限公司建设工程施工合同纠纷案

黎国贵　李甜甜　廖　苹

摘　要

湖南某建设集团股份有限公司（以下简称总包单位）将案涉工程项目转包给广东某建设有限公司（以下简称实际施工人），后案涉工程项目在施工过程中发生了一起重大安全事故，实际施工人提前撤场。其后，总包单位委托鉴定公司针对实际施工人已完成的实体工程量等进行了造价鉴定，并要求实际施工人返还超付的工程款及赔偿损失。代理律师凭借丰富的执业经验，抓住案件关键点：鉴定报告错误，不应采信；总包单位对施工现场的安全负有法定责任，不能通过合同约定免责。最终，代理律师帮助实际施工人减免了7,198,296.7元的债务负担，也为我国建设工程合同纠纷的解决增添了经典成功案例。

案情简介

2017年5月18日，案涉工程项目的建设单位（以下简称业主）将案涉项目发包给总包单位。2017年6月22日，总包单位将案涉项目转包给了实际施工人负责施工，约定业主按合同约定支付工程款给总包单位，总包单位扣除2%管理费及相关费用后，将工程款支付给实际施工人。之后，周某向总包单位出具了《承诺书》《个人担保保证书》，承诺就案涉工程向总包单位无条件承担责任。

2017年12月26日，案涉工程项目发生一起高处坠落事故，造成一人死亡，案涉项目当日停工整改。当地的政府部门开展事故调查，于2018年1月16日作出

了事故调查报告,认定施工单位(总包单位)对此次事故负有主要责任。后多个政府部门分别对总包单位进行了通报和处罚,总包单位被处以通报批评、扣减诚信评分、录入诚信档案、暂停其在本市参加工程投标业务、暂扣其安全生产许可证 30 日和罚款的处罚。

2018 年 2 月 5 日,总包单位向实际施工人通知解除《内部承包协议书》,要求实际责任人周某到项目现场与总包单位办理结算,但实际施工人未安排人员与总办单位办理结算。

2018 年 2 月 11 日,总包单位委托公证处对案涉工地施工及剩余建筑材料现状进行了证据保全并出具了《公证书》。之后,总包单位委托造价咨询公司针对案涉工程的已完成实体工程量、合同清单内临时设施、围墙等工程造价(截止日期:2018 年 3 月 16 日)以及现场堆放剩余建筑材料、办公用品清单等进行造价咨询。2018 年 4 月 20 日,造价咨询公司出具《工程造价咨询报告》(第一册造价咨询报告土建工程安装工程、其他),造价咨询成果为案涉新建项目含税总造价为 5,204,125.99 元;《工程造价咨询报告》(第二册造价咨询报告材料部分、其他),造价咨询成果为案涉新建项目的现场材料、办公用品不含税总造价为 283,631.35 元。2019 年 1 月 11 日,南京永道公司出具《工程造价咨询报告》,造价咨询成果为案涉新建项目的仓库库存材料工具、用具材料造价为 36,038.24 元。

案涉工程的建设项目自 2017 年 12 月 26 日起停工至 2018 年 3 月 22 日,共停工 86 天,并于 2018 年 3 月 23 日复工,由总包单位自行施工完毕并竣工验收。2018 年 3 月 28 日,总包单位向业主申请支付第三次工程进度款,并提供附件已完工程量清单。总包单位、监理公司以及业主三方分别于 2018 年 4 月 2 日、3 日在进度款汇总表上签字确认,该汇总表记载:截至本次实际总完成量,总包单位报审金额为 11,186,196.15 元,监理公司审批金额为 7,539,416.29 元,业主的审批金额为 8,175,763.82 元。

后总包单位向一审法院提起诉讼,主张其向实际施工人多支付了 5,899,021.32 元工程款,要求实际施工人、周某向其返还工程款并承担相关的损失赔偿责任,案涉标的金额合计为 14,106,091.90 元。

在本案诉讼过程中,实际施工人向一审法院申请对已完工程的总造价和遗留材料、办公用品的价值进行鉴定,之后,其又以经济困难无法支付鉴定费为由向一审法院撤回了鉴定申请。

一审法院判决:实际施工人向总包单位退还工程款 5,899,021.32 元,并承担因安全事故给总包单位造成的停牌损失、停工损失、诚信扣分损失的 60%,即

8,076,000 元;周某对上述债务承担连带清偿责任。

实际施工人和周某不服一审判决,遂委托代理律师作为二审代理人。代理律师以一审判决对总包单位对实际施工人的应付工程款和已付工程款金额认定错误,以及一审判决对总包单位的损失金额以及各方应承担的损失比例认定错误为由提起上诉,并提出:(1)总包单位诉前单方委托造价咨询公司作出的造价咨询报告存在鉴定方法错误、鉴定内容错误,故不应以其作为认定应付工程款的依据,而应以业主审核确认的进度款金额作为认定应付工程款的依据;(2)我国法律规定总包单位应对施工现场的安全生产负总责,该义务不能通过合同约定来免除,故对于因安全事故造成的损失,其应承担全部或主要责任;(3)总包单位提供的证据不足以证明其确实产生了其所主张的损失,也不能证明该损失与实际施工人存在因果关系。

二审法院采纳了代理律师的代理意见,并作出如下分析:

1. 关于实际施工人的已完成工程量。首先,虽然总包单位委托造价咨询公司对此进行造价鉴定,但是该鉴定系其单方委托。其次,涉案工程于 2017 年 12 月 26 日起停工至 2018 年 3 月 22 日,总包单位于 2018 年 3 月 28 日向业主申请支付第三次工程进度款时实际总完成工程量报审金额为 11,186,196.15 元,监理单位审批金额为 7,539,416.29 元,业主审批金额为 8,175,763.82 元。总包单位申报时仅复工 5 日,但其申报金额高出鉴定结论一倍,业主的审批金额也比鉴定结论高出 2,971,637.83 元,业主作为支付进度款的主体,其对于实际完成工程量的审批金额相对较为客观,从常理上总包单位 5 日内不可能完成近 300 万元的工程量。最后,停工时涉案工程已完成数百万元的工程量,因此工程造价鉴定报告中对于临时工程中工程用水、临时道路、电力照明、看守以及安全措施、检测费用等项目均未计任何造价,不符合客观事实。综上,工程造价鉴定报告的结论与客观事实不符,不应采信,但实际施工人因自身原因放弃申请造价鉴定的权利,应自行承担举证不能的法律后果,故以业主于 2018 年 4 月 3 日审批的已完成工程量金额作为实际施工人停工时的已完成工程量造价。

2. 关于总包单位停工歇业的损失及各方责任。总包单位与实际施工人签订的转包协议违反法律强制性规定,属无效协议,则其中的违约条款亦属无效,总包单位主张适用协议约定要求实际施工人赔偿因行政主管部门处罚所造成的损失,缺乏法律依据,不应予以支持。但是,行政主管部门对总包单位的行政处罚确实对其生产经营造成一定的影响,故根据总包单位提供的相关证据对其主张的损失认定如下:(1)总包单位并未提供证据证明其因暂扣企业安全生产许可证而实际受到的影响,其所提供的 2017 年度审计报告载明的利润金额也不足以证明其实际损失,故总包单位主张其因该行政处罚决定书造成损失300万元,证据不足,不予支持。(2)对于总包单位受到的扣减诚信评分30分以及自事故发生之日起6个月内暂停在本市参加工程投标业务的处罚,总包单位提交了其2015年、2016年、2017年在本市中标工程项目的数量和工程合同价款金额。鉴于该项处罚时间较长,确实会影响其在本市范围内投标、中标工程项目,但参考总包单位对案涉工程收2%管理费的约定,总包单位主张其因此处罚造成损失达900万元,证据不充分,不予采纳。法院参考其2015年、2016年、2017年在本市中标工程项目的数量和工程合同价款金额,酌情认定其因此处罚产生的损失为760万元(70,000万元×2%÷2+30万元×2)。(3)对于停工损失,涉案工程停工86天,必然造成资金周转、工机具、人工等方面的损失,因此总包单位主张停工损失符合客观事实,合同约定每天1万元合理,法院参照该合同约定认定其停工损失为86万元。

3.关于总包单位和实际施工人对损失承担责任的比例。法院认为,总包单位中标案涉工程后,将工程以肢解分包的方式转包给实际施工人,违反法律强制性规定,总包单位按合同约定扣取2%的管理费,却未履行管理责任,如事故调查报告认定,总包单位应对该安全事故的发生承担主要责任,实际施工人作为实际施工单位应承担次要责任。事故发生后,总包单位作为案涉工程的承包方,也未积极采取措施整改并妥善处理,项目停工其亦存在一定的责任,故法院酌定上述损失846万元(760万元+86万元),由总包单位承担60%,实际施工人承担40%,即338.4万元(846万元×40%)。

最终,二审法院判决撤销了原审判决,并改判实际施工人退还工程款3,452,781.56元,赔偿损失3,384,000元;周某对上述债务承担连带责任。

争议焦点

1.总包单位诉前单方委托造价咨询公司作出的造价鉴定报告能否采信?如不能采信应如何确定实际施工人的已完工工程造价?

2.在工程转包的情况下,因施工现场发生安全事故给总包单位造成的损失应如何认定?损失赔偿责任应如何划分?

代理意见

1.造价鉴定报告存在错误,不能据此确定实际施工人的已完工工程造价。

根据2011年7月26日广东省高级人民法院发布的《关于审理建设工程施工合同纠纷案件若干问题的指导意见》(已失效)第5条的规定,案涉工程造价应采用比例鉴定法,但造价咨询公司未采用比例鉴定法,鉴定方法错误;造价鉴定报告存在漏项、单价偏低等问题,内容错误。因此,鉴定报告不应予以采信。

2. 一审法院对因安全事故造成的停工歇业损失金额认定错误,且对于该损失,总包单位应承担全部或主要责任。

(1)施工现场安全由总包单位负责,该法律责任是法定责任,不可通过合同约定免责,总包单位中标案涉工程后转包,且未履行监管职责,应承担全部过错责任;行政主管机关出具的《事故调查报告》也认定总包单位负主要责任。

(2)合同无效的情况下,合同中名为"罚款"实为"违约金"性质的条款当属无效,故不能以违约条款判决实际施工人承担违约责任;总包单位的利润来源为收取管理费而非施工工程产值,故其举证2015~2017年三年的中标项目产值并不能反映其损失情况,且其利润来源多样,不仅限于承包工程所带来的利润,故其提交的审计报告不能证明其主张的损失金额。

案例评析

建设工程合同纠纷案件事实复杂,专业性强,其所涉造价、质量、工期争议的认定往往具有专门性的特点,大量案件需要进行鉴定。在此类案件中,当事人不申请鉴定,或虽申请鉴定但未支付鉴定费用,则法院往往会根据举证责任规则判决负有举证责任的当事人承担不利后果。但该规则并非一成不变,当负有举证责任的当事人证明其主张达到高度盖然性标准时,对方当事人如果提出主张不成立,应当承担反驳证明责任,此时即发生了举证责任的转移。在本案的一审中,实际施工人申请鉴定后又撤回,未能尽到证明其已完工工程造价的责任,故其因此承担了不利后果,法院采信了总包单位单方委托作出的鉴定报告。但二审中,实际施工人证明鉴定报告存在错误,不应采信,又证明了经业主审批确认的进度款金额,从而使得其主张的应付工程款金额达到了高度盖然性标准,二审法院因此改判对鉴定报告不予采信,并酌情将经业主审批确认的进度款金额作为认定实际施工人已完工工程造价的依据。

如前所述,举证不能时,当事人将承担其诉讼主张得不到支持的诉讼风险,但并不一定是其诉讼请求必遭驳回的败诉后果。在本案中,总包单位起诉要求实际施工人赔偿因发生安全事故而给总包单位带来的损失合计13,115,183.60元,一审法院认定损失金额为1346万元，并依据《合同法》第58条关于“合同无效或者被撤销后……有过错的一方应当赔偿对方因此所受到的损失，双方都有过错的，应当各自承担相应的责任”的规定判决实际施工人承担60%的责任即赔偿8,076,000元。二审中，实际施工人提出了转包合同无效故其约定的违约金条款亦无效的观点，以论证损失金额不能按照合同违约金条款进行计算，又进一步提出总包单位提供的证据不足以证明其所主张的损失金额，故其关于损失赔偿的诉讼请求应予驳回的观点。二审法院也认定违约金条款无效，以及总包单位提供的证据不足以证明其所主张的损失金额，但法院并未因此直接驳回总包单位的该项诉讼请求，而是认为总包单位的损失是客观存在的，酌定损失金额为846万元，并判决实际施工人承担40%。

从本案中，可以总结出以下规则和方法：(1)对于工程造价鉴定报告，可从鉴定程序(是否释明)、鉴定方法、鉴定内容方面进行质证与反驳，从而否定其证明力；(2)在双方未结算，鉴定报告又不能作为定案依据的情况下，可以酌情将建设单位审批确认的进度款作为认定工程造价的依据；(3)即便在工程转包的情况下，总包单位对施工现场也负有主要管理义务，该义务不能通过合同约定而免除。

专家点评

诉讼律师想要在法庭内外为当事人争取最大限度的利益，就必须熟练掌握和运用各种专业技能，而证据的运用就是其中最重要的必修基础技能。

在工程法律实践中，造价鉴定无疑是认定价款的重要证据。但在实务中，时常出现当事人不申请鉴定或申请后又撤回，导致法院只能依据举证责任规则直接作出裁判，或一方当事人申请鉴定后，另一方当事人未能就具体事项提出反驳证据和理由，人民法院直接将鉴定报告作为定案证据的情况。

在本案中，就出现了实际施工人在一审申请鉴定后又撤回，导致法院采信了对方当事人单方委托鉴定公司作出的鉴定报告的情形。但在二审期间，代理律师就如何对鉴定意见提出反驳作出了优秀的示范。

另外，在建设工程行业，转包、违法分包现象屡见不鲜，而有许多总包单位将工程转包后就当“甩手掌柜”，对现场的监管义务也一并转给实际施工人。这种情形虽然违法，但客观存在。因此，在我国司法实践中，为了保证建设工程施工质量与安全，在社会中起到正面引导作用，即便存在工程转包，法院也还是偏向于认定总包单位是项目施工及安全管理的第一责任人，在过往的案例中也是倾向于鼓励总包单位对施工现场进行监管。例如,如总包单位履行了监管职责则法院较大可能会认可其享有收取管理费的权利,反之则较大可能不支持其收取管理费。本案的二审代理律师也正是把握住了这一方向,从而扭转了法院对总包单位与实际施工人对损失承担的责任划分。

(点评人:朱滔,广州工商学院校外导师)

第三章 公司法事务案例精选

股权转让与担保中名义股东的债权人对股东出资不实应否承担连带责任

——新疆某公司诉某投资公司、叶某、某工贸公司合同纠纷案

陈远乐 谢 捷

摘 要

新疆某有限责任公司(以下简称新某公司)为金某财富投资有限公司(以下简称金某财富公司)债权人,金某财富公司为山东金某沥青股份有限公司(以下简称金某沥青公司)的控股股东。2015 年 8 月 12 日,金某沥青公司与海某石油化工有限公司(以下简称海某石油公司)共同签订《海某石油公司委托金某代理加工协议》(以下简称《加工协议》)。为担保《加工协议》的履行,金某财富公司将依法拥有的金某沥青公司部分股权质押给海某石化工贸有限公司(以下简称海某石化公司),叶某、朱某分别将个人持有的金某财富公司的股权无偿转让给海某石化公司。《加工协议》履行完毕后,海某石化公司与金某财富公司办理了股权质押注销登记,并将抵押的金某财富公司的股权无偿退还给原股东叶某、朱某。因金某财富公司没有如期清偿对新某公司的债务,新某公司提起诉讼,请求金某财富公司给付其股权回购价款;请求叶某、海某石化公司对金某财富公司不能清偿的债务向其承担连带责任等。

本案在一审、二审、再审、检察监督程序中均采纳代理律师的代理意见,最终最高人民法院和最高人民检察院确立了在股权让与担保机制下名义股东的债权人对股东出资不实的责任无须承担连带责任的裁判观点。本案例被评为广东省律师协会 2019 年度民事类典型案例。

案情简介

2011年8月8日,新某公司与金某沥青公司签订《增资协议》,约定:新某公司向金某沥青公司现金增资6000万元,取得金某沥青公司2000万元的股份,增资完成后,新某公司持有金某沥青公司股份总数的4.327%。同日,新某公司又与金某财富公司(持金某沥青公司31,500万股,持股比例为68.152%)签订《补充协议》,约定:金某财富公司作为金某沥青公司的控股股东,有义务保证金某沥青公司在上市前两年向所有股东现金分红或派发红股。自新某公司投资至金某沥青公司首次公开发行股票并上市的前一年,金某财富公司保证新某公司获得现金分红和红股价值,年化收益率不低于原始投资额的15%,不足一年的按实际月数比例计算红利。在出现下列情况时,金某财富公司承诺在新某公司以书面形式正式提出股份转让要求的20个工作日内,收购新某公司所持金某沥青公司的股份:(1)金某沥青公司在2014年12月31日前不能够完成首次公开发行股票并上市工作;(2)金某沥青公司存在影响公开发行股票并上市的实质性障碍。上述协议签订当日,新某公司向金某沥青公司合计支付6000万元投资款并完成了增资验资程序。

因金某沥青公司未能在2014年12月31日前完成首次公开发行股票并上市,2015年8月5日,新某公司向金某财富公司发函商请金某财富公司受让新某公司持有的金某沥青公司的全部股份。2016年1月13日,新某公司与金某财富公司共同签订《备忘录》,约定:金某财富公司回购新某公司持有的金某沥青公司的全部股份,回购价款=新某公司初始投资额(6000万元)+[新某公司初始投资额(6000万元)×15%÷12个月×实际投资月数],截至2015年12月31日,金某财富公司回购新某公司持有的金某沥青公司全部股份的价款在7000万元至9825万元,最终以金某财富公司的资产价值确定股权的转让金额。

2015年8月12日,金某沥青公司与海某石油公司就金某沥青公司代理海某石油公司加工稀释沥青料并销售产品事宜达成协议,共同签订《加工协议》。2015年8月18日,海某石化公司与金某财富公司签订《股权质押合同》,约定:金某财富公司将依法拥有的金某沥青公司68.152%股权质押给海某石化公司,作为《加工协议》业务合作风险担保。2015年8月19日,海某石化公司与叶某、朱某签订《股权转让协议》,约定:叶某、朱某分别将个人持有的金某财富公司的99.47%(叶某)、0.53%(朱某)股权全部无偿转让给海某石化公司,作为《加工协议》业务合作的风险担保,该股权转让仅为《加工协议》业务风险担保,不作其他用途。待

《加工协议》执行完毕后30日内,海某石化公司无条件将叶某、朱某股权全部退还,并无条件配合叶某、朱某办理股权退让转让手续。2015年8月20日,金某财富公司将其在金某沥青公司持有的68.152%全部股权质押给海某石化公司并办理了股权质押登记。2016年11月28日,嘉兴某投资合伙企业、海某石油公司、金某财富公司、海某石化公司、叶某共同签订《金某沥青公司股权战略重组协议书》,各方一致同意由嘉兴某投资合伙企业对金某沥青公司进行股权战略重组。2016年12月7日、8日,基于《加工协议》已履行完毕,并根据《金某沥青公司股权战略重组协议书》,海某石化公司与金某财富公司办理了金某财富公司持有的金某沥青公司68.152%股权的质押注销登记。2017年1月16日,海某石化公司与叶某、朱某签订《股权转让协议》,约定:双方在2016年12月28日共同签署并执行相关协议文件中明确金某财富公司和海某石化公司已清算完全部债权债务关系,《加工协议》已终止执行,海某石化公司同意按照协议文件的要求,将风险抵押的金某财富公司的股权无偿退还给叶某、朱某,并协助办理相关的股权退回转让手续。2017年1月24日,金某财富公司在工商行政管理机构进行股权变更信息登记。

因金某财富公司没有如期回购新某公司持有的金某沥青公司全部股份的价款,新某公司向新疆维吾尔自治区高级人民法院提起诉讼,其诉讼请求为:(1)判令金某财富公司给付其股权回购价款10,500万元;(2)判令叶某、海某石化公司对金某财富公司不能清偿的债务向其承担连带责任;(3)由叶某、金某财富公司、海某石化公司承担诉讼费用。

争议焦点

1. 金某财富公司的原股东叶某未全面履行出资义务的情况下以转让股权的方式实现股权质押的目的,在公司章程约定的出资期限内,是原股东叶某还是受让人(抵押权人)海某石化公司承担出资义务。

2. 在上述情况下,叶某、海某石化公司对金某财富公司不能清偿的债务是否应当在出资不实的范围内向新某公司承担连带赔偿责任。

代理意见

1. 新某公司与海某石化公司不存在法律关系,新某公司将其和金某财富公司的法律关系与海某石化公司和叶某、朱某的法律关系相混淆,进而追究海某石化公司的法律责任,该做法没有事实与法律根据,同时也颠覆了《公司法》关于企业法人与企业法人的股东承担不同的法律责任的法律制度。

2. 金某财富公司的独立法人地位至今仍然存在,根据《公司法》的规定,金某财富公司依法应以其全部财产对公司的债务承担责任。新某公司向金某财富公司主张合同之债,同时又向现已不是金某财富公司股东的海某石化公司主张补充清偿责任,既无事实依据,亦无法律依据。

3. 即使新某公司有证据证明金某财富公司财产不足以清偿债务而要追究金某财富公司的股东承担补充清偿责任,也只能向金某财富公司的设立股东和现股东叶某、朱某二人进行主张。对于金某财富公司的设立股东和现股东出资不实的行为,海某石化公司不承担补充清偿责任。

4. 新某公司再审要求海某石化公司承担补充清偿责任违背了权利和义务对等这一基本法律原则。

案例评析

鉴于新某公司作为金某财富公司的债权人依照最高人民法院《关于适用〈中华人民共和国公司法〉若干问题的规定(三)》第 13 条第 2 款的规定向金某财富公司提起诉讼,同时请求叶某、海某石化公司对此承担补充赔偿责任,因此,海某石化公司基于本案的案情应否承担补充赔偿责任并没有直接的法条规定。这是本案典型之处。作为海某石化公司的代理人,海某石化公司应否承担补充赔偿责任是代理律师要特别关注的重点。基于代理律师在一审、二审、再审阶段准确而充分地举证并提交了明确的答辩观点和代理意见,法院就该争议焦点问题作出了如下定性和结论:

第一,民事案件的审理必须依赖于具体的民事法律关系的构成,在法律事实的基础上依法认定、裁判。债权人在主张民事权利时,当其与多个民事主体有民事关系的,其不应将所有关联的民事主体均作为本案被告纳入诉讼,应对合同相对人加以严格界定。新某公司向金某财富公司主张合同之债时,同时向曾经入股的海某石化公司主张连带责任既无事实依据,亦无法律依据,依法不予支持。

第二,2015 年 8 月 19 日股权转让的实质目的是为《加工协议》提供股权担保,而非做其他用途。

为保证海某石化公司与金某沥青公司签订的《加工协议》顺利履约,叶某、朱某将二人持有的金某财富公司的全部股份转让给海某石化公司,在《加工协议》履行终结后，海某石化公司又将其持有金某财富公司的全部股份退回叶某、朱某，双方明确约定，金某财富公司股权相互转让的目的实质是为《加工协议》提供股权担保，并不做其他用途，且转让已经过股东会决议，符合《公司法》的相关规定。

在新某公司提交的《股权战略重组协议书》的五方签订主体中，亦包括叶某，印证了叶某将股权转让给海某石化公司后，金某财富公司经营过程中的一切权益仍属于叶某所有。基于当事人签订《股权转让协议》的真实意思表示，原审关于案涉股权转让只为担保，不做其他用途的认定具有事实依据。

新某公司以海某石化公司作为曾经受让金某财富公司的股份而成为该公司股东为由，认为海某石化公司应承担股东出资不实的补充赔偿责任的理由，没有事实和法律依据，亦不能成立。

第三，对金某财富公司不能清偿的债务在出资不实范围内向新某公司承担补充赔偿责任方应为叶某，而非海某石化公司。

金某财富公司于2011年4月设立，股东为叶某、朱某二人，注册资金3.8亿元，其中叶某认缴出资3.78亿元，其在公司设立时出资0.99亿元，应在2016年2月15日前出资2.79亿元，但其一直未履行，其实出资不实的股东系叶某。2015年8月19日，海某石化公司与叶某、朱某签订《股权转让协议》，将二人在金某财富公司的全部股权无偿转让给海某石化公司；2017年1月16日，三方又签订《股权转让协议》，约定海某石化公司无偿退还股权。2017年1月24日，金某财富公司已在工商行政管理机构进行了股权变更信息登记，股东仍为叶某、朱某。在此情况下，应履行出资义务的股东仍为叶某。根据最高人民法院《关于适用〈中华人民共和国公司法〉若干问题的规定（三）》第13条第2款“公司债权人请求未履行或者未全面履行出资义务的股东在未出资本息范围内对公司债务不能清偿的部分承担补充赔偿责任的，人民法院应予支持”的规定，承担补充赔偿责任方应为叶某，而非海某石化公司。

综上所述，最高人民法院作出（2019）最高法民申××××号《民事裁定书》，认定（2018）最高法民终××号判决系结果正确，驳回新某公司针对海某石化公司提出的再审请求。

最高人民法院在《民法典》尚未颁布前作出的上述裁判结论，与最高人民法院在《民法典》实施后颁布的最高人民法院《关于适用〈中华人民共和国民法典〉有关担保制度的解释》第69条关于“股东以将其股权转移至债权人名下的方式为债务履行提供担保，公司或者公司的债权人以股东未履行或者未全面履行出资义务、抽逃出资等为由，请求作为名义股东的债权人与股东承担连带责任的，人民法院不予支持"的规定具有异曲同工之妙。

由此可见,最高人民法院《关于适用〈中华人民共和国民法典〉有关担保制度的解释》第69条是对最高人民法院《关于适用〈中华人民共和国公司法〉若干问题的规定(三)》第18条"但是,当事人另有约定的除外"最直接而明确的司法诠释。

最高人民法院在本案裁判过程的论述和据此作出的判决结果充分体现了法院尊重当事人意思自治的原则,是对如何理解最高人民法院《关于适用〈中华人民共和国公司法〉若干问题的规定(三)》第13条第2款和第18条相关规定的有益探索,是最高人民法院践行"以事实为依据,以法律为准绳"进行裁判的范例,是对最高人民法院《关于适用〈中华人民共和国民法典〉有关担保制度的解释》第69条最直接的诠释。

新某公司仍然不服最高人民法院作出的(2019)最高法民申××××号《民事裁定书》,向最高人民检察院申请监督。最高人民检察院经审查后于2021年12月31日作出高检民监(2020)×××号《不支持监督申请决定书》,仍然采纳了代理律师的代理观点和最高人民法院终审、再审的裁判观点,决定不支持新某公司的监督申请。

至此,历经新疆维吾尔自治区高级人民法院一审、最高人民法院二审、最高人民法院再审、最高人民检察院检察监督四次完整的民事诉讼法律程序,围绕海某石化公司在本案应否承担补充赔偿责任的问题有了最终的结论。

衷心希望本案例能够对机械套用法条判决案件的法官有所借鉴,同时,对如何将最高人民法院《关于适用〈中华人民共和国民法典〉有关担保制度的解释》第69条和最高人民法院《关于适用〈中华人民共和国公司法〉若干问题的规定(三)》第13条第2款和第18条规定融会贯通提供有益的真实案例借鉴。

专家点评

围绕海某石化公司在本案应否承担补充赔偿责任的争议焦点问题,其本质上是法律理解和适用问题。历经新疆维吾尔自治区高级人民法院一审、最高人民法院二审、最高人民法院再审、最高人民检察院检察监督四次完整的民事诉讼法律程序,对该争议焦点问题终于有了清晰裁判观点。

根据最高人民法院《关于适用〈中华人民共和国公司法〉若干问题的规定(三)》第13条第2款的规定:"公司债权人请求未履行或者未全面履行出资义务的股东在未出资本息范围内对公司债务不能清偿的部分承担补充赔偿责任的,人民法院应予支持。”由此可知，承担补充赔偿责任的应是未履行或未全面履行出资义务的股东，但最高人民法院《关于适用〈中华人民共和国公司法〉若干问题的规定(三)》第18条又规定“当事人另有约定的除外”这一属于当事人意思自治的范畴的情形。根据上述规定并结合本案的案情，应该履行出资义务的应是原股东叶某，海某石化公司不需要承担补充赔偿责任。本案的最终裁判是对最高人民法院《关于适用〈中华人民共和国民法典〉有关担保制度的解释》第69条最直接的诠释。

代理律师对于案件事实和相关法律的理解以及法院最终的裁定结果都践行了“以事实为依据，以法律为准绳”的原则，对于相关法条的理解和适用具有典型的借鉴意义。

（点评人：程信和，中山大学法学院教授、博士生导师，兼任中国法学会经济法学研究会副会长、广东行政职业学院马克思主义研究院院长、国学研究所所长、广州市政府参事）

委托投资(持股)关系中委托人权益如何成功实现

——某公司诉深圳某公司委托投资纠纷案

王晓华　向金波

摘　要

本案的基本事实为深圳某公司(被告)以所持股份抵偿对某公司(原告)的债务,同时,原告委托被告代位持有该股份,双方因此形成股份代持的委托关系。本案涉及债权债务、债权转让、以股抵债以及股份代持等多种法律关系,涉及多个法人单位,案情复杂。代理律师经深入分析案件,向原告提出两个解决方案:(1)提起确认之诉,请求确认被告代原告持有的案涉股份权益属原告所有;(2)向被告主张债权。经过利弊分析后采取了方案一。诉讼中,原告方举证证明委托投资关系的存续及效力、债权债务基础关系的发生及变更过程、债权转让的过程及效力、被告以实际行为承接债务、原告名称变更过程、原告行使股权权益的事实,经过严格筛选排序,形成了坚不可摧的证据链,最终,本案在历经一审、二审、再审、抗诉后,原告方取得全面胜利。

案情简介

一、事实与理由

1992年11月14日,原某信托投资公司(以下简称a公司)与某房地产公司(以下简称房地产公司)签订了《契约投资合同》。双方约定由a公司向房地产公司契约投资5000万元人民币,投资期限为1年。截至1995年1月1日,房地产公司偿还了a公司投资本金3000万元,剩余2000万元房地产公司未能支付。

1995年1月3日,昆山某有限公司(以下简称昆山公司)分别与被告、房地产公司签订委托书及承诺书,昆山公司委托被告将昆山公司支付给被告的1000万元购货款转付给某信托投资股份有限公司(由信托公司改制而成,以下简称 b 公司),作为房地产公司应付 b 公司投资款 800 万元及投资回报 200 万元的债务。b 公司对此表示同意。从而,b 公司对被告形成了 1000 万元的债权。同年 3 月 16 日,b 公司将上述对被告 1000 万元债权中的 900 万元债权转让给某发展公司(原告的前身,以下简称 c 公司),并将该债权转让告知了被告。同日,被告表示愿意以其于 1993 年 12 月购入的 500 万股法人股抵偿 c 公司的债权,c 公司表示同意。同时,双方约定以委托投资协议的形式进行。同日,c 公司与被告签订《委托投资协议书》,双方约定 c 公司委托被告进行股权投资,投资额为 900 万元;随后,被告向 c 公司出具《关于落实〈委托投资协议书〉的函》。该函称:已选定购买 500 万股(法人股,该 500 万股由某公司于 1993 年 12 月利用昆山公司 1000 万元购货款中的 900 万元认购,每股发行价 1.8 元)。至此,被告与 c 公司之间形成了以股权抵偿债务的法律关系。随后,c 公司委托 b 公司与被告签订《委托办理股权转让协议书》,将被告用于抵债的上述股权转至 c 公司名下并委托 b 公司在该抵债股权转至 c 公司名下之前,由 b 公司代扣股息。

上述协议签订后,c 公司与被告即准备履行抵债股权的过户手续,但由于各种原因,抵债股权一时无法过户至 c 公司的名下。但 c 公司自与被告形成以股权抵偿债务的法律关系以来,即以股东身份行使该抵债股票的权利,被告对此从未有过异议。在此期间,c 公司基于股东身份,通过股票股利分配的形式,使被告名下的法人股的数额增至 13,975,500 股。由此可见,自与被告形成以股权抵偿债务的法律关系以来,c 公司就成为被告名下的法人股的真正股东,被告对这一事实也从未有过异议。2005 年 3 月 16 日,c 公司更名,c 公司对上述股票享有的权利归由原告继承。

2005 年 8 月,原告为了保障自身合法利益,委托广东广信君达律师事务所律师向深圳市中级人民法院起诉。本案涉及多方主体,法律关系复杂,且原告主体身份多次变更,广东广信君达律师事务所律师依靠其丰富的实务经验,通过搜集整合案件发展过程中涉案主体之间签订的委托投资协议书、投资合同、债权转让协议等证据资料,形成了完整的证据链条,证明了以下几点案件事实:(1)信托公司对房地产公司享有合法债权;(2)被告同意代房地产公司向 b 公司清偿债务;(3)b 公司同意被告代房地产公司清偿债务,房地产公司对 b 公司的债务由被告承担;(4)原告对被告享有 900 万元债权;(5)原告与被告之间形成委托投资的关系;(6)被告承认其购买股票是受原告的委托,同意以委托 b 公司办理转让股权的形式履行《委托投资协议书》;(7)原告为被告名下法人股的真实股东,实际享有股东权利;(8)原、被告主体适格;(9)被告名下股票是被告代原告持有的。

二、处理过程

原告基于上述事实与理由,请求判定:解除原告与被告之间的委托投资关系,确认被告名下的13,975,500股法人股(价值1622.56万元)属原告所有并判令被告将该股票过户至原告名下。被告辩称:(1)原告不具备本案诉讼主体资格;(2)原告和证券公司之间有相当密切的关联关系和利害关系,宏远证券是原告绝对的控股股东;(3)本案不存在任何形式的委托投资关系,原告或证券公司始终没有向被告先行支付或实际支付过任何投资款,《委托投资协议书》未实际履行,因此,原告主张与委托投资款相抵销不成立;(4)被告对本案诉争的股权的取得和持有合法有效。

经法院查明:(1)原告是由c公司经工商行政管理机关核准登记变更而来,依法具有本案的诉讼主体资格。(2)原、被告之间签订的《委托投资协议书》系双方真实意思表示,内容不违反我国法律法规的禁止性规定,依法成立,合法有效。原、被告之间据此构成了以投资股权为目的的委托合同关系,原告通过债权转让方式依法享有案外人b公司对被告所有的人民币900万元债权,并将该受让而来的债权全部予以抵销了前述投资款。该债权转让和抵销投资款事实在《委托办理股权转让协议书》中得到了被告的确认,因此,原告依法享有投资项目的实际所有权及投资收益权。

三、判决结果及理由

虽然原、被告之间的委托投资关系成立于《合同法》实施之前,但依据最高人民法院《关于适用〈中华人民共和国合同法〉若干问题的解释(一)》第1条的规定,本案中原、被告之间的委托投资关系适用《合同法》中有关委托合同的相关规定。《合同法》第410条规定"委托人或者受托人可以随时解除委托合同"、第404条规定"受托人处理委托事务取得的财产,应当转交给委托人"。

根据上述事实依据以及法律规定,法院判决如下:

(1)解除原告与被告之间的委托投资关系;

(2)确认登记在被告名下的13,975,500股法人股属原告所有;

(3)被告在本判决生效之日起15日内将上述法人股过户至原告名下。

争议焦点

1. 原、被告之间以股抵债是否成立。

2. 原、被告之间是否存在委托投资关系，原告是否为被告名下法人股的真实股东并实际享有股东权利。

3. 原告是否有权单方解除与被告的委托投资关系。

代理意见

本案中，原告即我方当事人的诉讼请求为确认其为被告名下的法人股的真正股东，以保障其合法权益。而达到这一诉讼请求的前提是证实原、被告双方存在以股抵债关系，且双方的委托投资协议真实有效。于是在完整梳理证据链之后，代理律师从提起确认之诉为切入点，明确了涉案委托投资协议的有效性，证实了原告为法人股的真正股东。接着，代理律师依据当时有效的法律及司法解释，双方在签订委托合同的前提下，委托方有权随时解除合同并收回受托人处理委托事务取得的财产，因此，代理律师继而提出解除双方委托投资协议并收回应得股份。综上，虽然本案法律关系较为复杂，还涉及其他基础法律事实，但通过提起确认之诉及解除委托投资合同可以更直接高效地达到诉讼目的，最大限度地维护当事人合法权益。

案例评析

关于本案中股权归属问题，实务中，在双方订立委托投资协议的情形下，会出现公司名义股东与实际出资人不一致的情况，基于公示主义及外观主义的制约，该情况对实际出资人取得基于股份所得利益造成阻碍。而实际出资人对名义股东起到控制作用最关键的就是双方签订的委托投资协议，但这时，实际出资人承担一旦名义股东违约，将造成股权归属争议的风险。于是，代理律师在处理相关案件时，应该着重于确认争议双方签署的委托投资协议真实有效，这样才有利于后续对当事人合法权益的保障。

根据合同效力的相对性原则，委托投资协议只能约束隐名股东和显名股东，而无法制约公司和公司其他股东。因此，隐名股东行使股东权利须通过显名股东配合。如果显名股东不配合，隐名股东需先取得股东资格（显名化），才能直接行使股东权利。因此，在处理这类风险问题上，建议隐名股东采取的应对措施如下：(1)隐名股东可以与显名股东签署不可撤销的授权委托书，约定隐名股东代显名股东在相关事项上投票、签字以及行使其他股东权利。(2)有特殊要求的事项，隐名股东可与显名股东办理特定事项的委托授权公证,但通常公证处只办理“一事一委托”。(3)根据《全国法院民商事审判工作会议纪要》第28条,若隐名股东能够提供证据证明有限责任公司过半数的其他股东知道其实际出资的事实,且对其实际行使股东权利未曾提出异议的,对隐名股东提出的登记为公司股东的请求,人民法院依法予以支持。公司以隐名股东的请求不符合最高人民法院《关于适用〈中华人民共和国公司法〉若干问题的规定(三)》第24条的规定为由抗辩的,人民法院不予支持。建议隐名股东要求名义股东签署隐名股东出席股东会的授权书,以保障表决权的行使;同时留存参加股东会、董事会等参与公司管理的证据,这样会增加显名化的概率。

专家点评

实务中,在股权代持的情况下,关于隐名股东的身份认定,学术界存在三种学说。一是实质要件说,即出资是股东身份认定的最重要要件,向公司实际出资或者承继公司股权的自然人或单位应当为公司股东。二是形式要件说,即以公司对外公示的材料作为股东资格确认的标准。三是折中说,即区分公司内部关系和外部关系适用不同的标准从而认定隐名股东的股东身份,如果不涉及善意第三人利益,应根据意思主义,据实对股东身份作出认定;如果涉及善意第三人的利益,认定股东身份应充分体现商法的公示主义,优先保护善意第三人,可直接依据工商登记的内容认定显名股东的身份。最高人民法院《关于适用〈中华人民共和国公司法〉若干问题的规定(三)》第24条的规定基本上与折中说相符合。

由于本案不涉及善意第三人的利益,在依据意思主义认定隐名股东身份的情形下,关键点为认定股权代持的合意,对于此合意,一般以协议或合同的形式予以呈现。在没有合同或协议的情况下,法院将结合案件事实如参与经营管理与实际出资等因素,予以认定股权代持关系的存在。本案中,代理律师搜集了有关原告自与被告形成以股权抵偿债务的法律关系以来,就以股东身份行使该抵债股票的权利而被告对此未有异议的证据,进一步证明了原、被告双方关于股权代持的合意。这一证明思路对于代理律师在处理同类案件时具有借鉴意义。

(点评人:慕亚平,中山大学法学院教授)

协助某企业转让国有股权专项

王晓华　刘东栓

摘　要

2003 年 10 月 9 日，代理律师接受某企业委托，参与设计、讨论制订国有股权转让方案，并对该方案的合法性出具书面法律分析意见，最后顺利协助该企业完成国有股权转让事宜。

项目简介

2003 年 9 月 21 日，某上市公司的第一大股东 A 公司与 B 公司签订《国有股权转让协议》，此协议已于 2003 年 10 月 18 日终止。后该上市公司的独立董事提出应以此次国有股权转让为契机，为公司引入和当前主业一致的纺织行业公司，进而促进公司经营状况的迅速改善，也正是因为这些因素，该上市公司的第二大股东 C 公司随即成为新的受让方。

2003 年 10 月，某企业与 C 公司签订《股权转让协议》，以每股 1.0107 元，数量为 99,076,962 股，转让总金额为人民币 100,137,085.49 元，全部以现金支付，分三次付清：(1)在本协议正式签署并依法公告《收购报告书摘要》之日起的 3 个工作日内，双方应委托证券登记结算机构临时保管拟转让的股票，并由受让方将第一期转让金——数额为转让总金额的 50%，计人民币50,068,542.75元，存放于上述证券登记结算机构指定的银行账户。其中转让总金额的 20% 作为定金。(2)获得国资委同意本次股份转让批复之日起 10 个工作日内，受让方将第二期转让款——数额为转让总金额的 20%，计人民币 20,027,417.10 元，存放于上述证券登记结算机构指定的银行账户。(3)受让方履行完前款义务后 2 个工作日内，转让方与受让方共同负责办理股权转让过户手续。股权过户日起 2 个工作日内，受让方向转让方支付转让金余额,数额为转让金总额的30%,计人民币30,041,125.64元。

代理律师在审查股权转让文件时,敏锐发现该上市公司的独立董事并没有对本次股权转让发表独立意见,并拒绝在出具的法律意见书上签字。依据当时有效的《关于在上市公司建立独立董事制度的指导意见》第6条"独立董事应当对上市公司重大事项发表独立意见",受让方C公司作为该上市公司的二股东,且此次股权转让的总金额超亿元,该上市公司的独立董事应当对本次股权转让的重大事项发表独立意见。

后经过代理律师和某企业、该上市公司多方面交涉,该上市公司的独立董事最终发表了独立意见:C公司通过收购该公司的国家股控股权成为第一大股东,公司今后发展可以依托其所具有的资金、网络、外贸经验等方面的优势,充分发挥品牌、专业人才、技术等有利条件,提高内部管理水平,抓好产品研发和技术改造,在发展主业的同时,积极发展其他相关市场前景好、盈利水平高的产品,进一步扩大生产规模,提高市场竞争力和盈利能力。

最终,代理律师成功促成某企业与C公司签署《股权协议书》,并报送中国证监会审核后无异议、获得国资委关于国有股权的转让批准,顺利协助某企业完成股权转让事宜。

项目难点

独立董事是否应当对上市公司重大事项发表独立意见?

律师办理思路

作为上市公司治理结构中的重要一环,独立董事责任重大。公司的重大事项的议案,如关联交易、对外担保、重大投资、并购重组、募集资金使用、股票质押、资金占用、利润分配、控股子公司的内控、薪酬和股权激励等事项,独立董事必须慎之又慎,出具专门意见。在本项目中,某企业与C公司签署《股权协议书》,依照当时的法律,该上市公司的独立董事必须对该重大事项发表独立的意见,并予以披露。从独立董事的角度,摆脱公司股东和管理层的干扰,站在客观的立场,有效地保护股东和公司的利益,起到监督管理层的作用,能够降低管理人员操控董事会而侵吞股东利益的风险。

相关法律规定解读

2001 年 8 月 16 日，为进一步完善上市公司治理结构，促进上市公司规范运作，中国证监会制定了《关于在上市公司建立独立董事制度的指导意见》，该指导意见正式明确上市公司建立独立董事制度，其中第 6 条规定，“独立董事应当对上市公司重大事项发表独立意见”。因近年来相关法规在不断地修订、修正或废止，中国证监会结合最新法规和独立董事履职的实践发展，于 2021 年 11 月 26 日发布了《上市公司独立董事规则(征求意见稿)》。为了进一步加强独立董事对公司进行内部控制的有效监督，应积极参与公司内部控制制度的建立、参与董事会审计委员会工作、对上市公司及相关主体进行监督和调查、对内部控制评价报告发表独立意见、督促上市公司持续加强和改善内部控制等工作。

2022 年 1 月 5 日，中国证监会公布《上市公司独立董事规则》(证监会公告〔2022〕14 号)，该规则自公布之日起施行。由于该规则的主要目的是对现有分散的独立董事规范进行统一编排、整合，形成统一的规范体系，因而该规则起草的原则是“搭好体系框架，避免内容大改”，旨在减少规则数量、解决规则矛盾，对原规则内容暂不作实质性修改。

案例评析

这是一宗发生在我国刚引进独立董事制度不久、独立董事制度在本土实施尚不成熟的典型案例。早期独立董事缺乏权责相统一的观念，并未真正意识到风险责任。在面对各种错综复杂的情况和监管压力下，代理律师坚持见到独立董事对本次股权转让发表独立意见才在法律意见书上签字，是基于律师专业的法律素养作出的正确判断。

专家点评

2022 年，是我国引进独立董事制度 21 周年。独立董事作为公司的外部董事，不参与企业的日常经营活动，对公司情况的了解、治理的介入不深，往往处于信息不对称状态。上市公司有意或无意隐瞒风险隐患和风险事件的情况也时有发生。在本项目中，代理律师坚持该上市公司的独立董事出具独立意见后才在法律意见书上签字，充分发挥了独立董事在上市公司治理方面的作用，有利于提高上市公司信息披露质量、规范运作水平,极大地保护中小股东权益免受大股东的侵害。

2021 年的“康美药业案”,法院对康美药业时任独立董事作出了民事赔偿的连带责任判决,由此也引发证券市场上市公司独立董事的“离职潮”,这暴露出我国独立董事制度依然脆弱,并存在严重的机制问题。

实践中,建议上市公司结合公司实际,建立相应的独立董事工作制度,完善独立董事工作机制,合理配置独立董事结构,为独立董事提供充分的决策信息,为其开展工作创造良好的条件。同时,独立董事要提高自身能力,勤勉尽职地开展工作,对涉及公司重大利益的决策要进行充分的调研,必要时聘请专业服务机构进行审计和咨询,提高决策的科学性和公正性,以自己的行动赢得社会的尊重和声誉。

(点评人:慕亚平,中山大学法学院教授)

特殊主体的特别违约

——以供销社集体企业违约案件为例

王　辉　谢佩雯

摘　要

Z 女士与 G 市供销社、供销公司签订合作协议，各方分别向某供销社的社属企业 A 公司增资扩股，同时 Z 女士关闭注销了自己名下的同行业企业，并将其客户、渠道、专有技术和其他资源全部引入 A 公司。其后 G 市供销社、供销公司违反合同约定，未将 G 市供销社下属的其他 14 家企业纳入 A 公司集中管理，同时 G 市供销社、供销公司在掌握到 Z 女士的专有技术和商业模式后，在外另行独资设立同类行业企业与 A 公司竞争，并限制和阻挠 A 公司的发展，严重损害 A 公司及 Z 女士的合法权益。笔者作为原告 Z 女士的代理律师，通过分析案件事实脉络，分析供销社下属企业（以下简称社属企业）作为集体所有制企业，社属企业的行为视同供销社及供销公司的违约行为，提出一系列的诉讼方案，请求 G 市供销社、供销公司补足 A 公司的出资款，赔偿未将 14 家企业纳入集中管理的损失，并承担合同约定的禁止同类经营的违约金 1500 万元。案件经历一审、二审、发回重审、重审的上诉审、申请再审、检察院抗诉审等诉讼的全流程，最终全部诉请获得法院支持并执行落地，为 Z 女士挽回了重大损失。

案情简介

一、案件处理过程

2009 年 4 月 1 日，原告 Z 女士与 G 市供销社（以下简称供销社）、供销公司（以下简称供销公司）签订了《A 公司增资扩股协议书》（以下简称《增资协议》），原告作为新股东以现金出资 735 万元入股 A 公司，增资后供销社、供销公司与原告的持股比例分别为27%、24%及49%。《增资协议》约定,任何一方直接或间接在G市区域内投资从事与A公司相同项目则视作违约,守约方可无条件解除合作、自行退股或要求违约方退出股份,同时违约方须按投资总额(1500万元)的50%向守约方支付违约金。在A公司存在的20年内,无论任一方转让股权,都须继续履行不得同类经营的义务和承担上述违约责任。

B企业是一集体所有制企业,相关工商信息记载成立日期为1986年,其工商内档多项变更文件中存在供销社及供销公司的盖章意见。2011年,B企业出资340万元参与设立C公司,C公司与A公司的经营范围相同。

2012年G市Y区法院一审认为:供销社和供销公司不构成违约,驳回原告的诉讼请求。

2013年G市法院二审认为:一审中遗漏了必要当事人B企业作为案件诉讼主体,违反法定程序,案件发回G市Y区法院重审。

2014年G市Y区法院重审认为,Z女士、供销社和供销公司应当按照《增资协议》的约定恪守执行,供销社是供销公司的主管部门,供销公司接受供销社领导,供销社和供销公司均为B企业主管部门,B企业接受供销公司的领导,供销公司对B企业的重大经营事项具有审批决定权。供销社、供销公司知道且应当知道340万元用于向C公司投资,视为供销社、供销公司以间接方式违反同类经营义务,应当承担违约责任。

2015年G市法院重审二审认为,供销社、供销公司和B企业三者关系为供销社实际控制供销公司,供销公司实际控制B企业;通过340万元资金流向可认定,B企业投资C公司的行为,视为供销社、供销公司对同业禁止条款违反的违约行为,确认违约金1500万元约定明确并予以支持。

据此,笔者作为原告代理律师以供销社和供销公司间接对外投资A公司同类项目违反《增资协议》为由,要求供销社和供销公司承担违约责任的诉讼请求被予以肯定,即供销社和供销公司各承担750万元违约金(合计1500万元)的赔偿责任。

判决生效后,2015年供销社、供销公司向G省法院申请再审。G省法院认为,原审判决事实清楚,证据充分,驳回其再审申请。

2018年供销社、供销公司向G省检察院提出抗诉。G省检察院认为,本案只有一个投资主体,一笔投资,只能产生一次违约,一个违约责任,要求供销社承担750万元的违约金属于适用法律不当。但G省法院最终认为抗诉不成立,维持原生效判决。

二、裁判理由及法律关系分析

1. 供销社、供销公司与 B 企业的关系

供销社的宗旨和业务范围为“为农业、农村和农民提供综合服务，负责重要农业生产资料储备、供应和农副产品经营的协调管理，促进城乡物资交流”，供销公司为供销社所批准组建，接受供销社领导，其章程制定、修改、终止均需接受供销社批准，章程冲突直接以供销社的规定执行。供销社对供销公司的主要负责人有权决定聘任和解聘。B 企业的开办资料及后期的多份工商档案均记载其主管部门为供销社，其于 1990 年制定的章程中规定接受供销公司领导，并规定章程的修改、终止由上级主管部门批准实施，章程与上级规定有抵触时，按上级的规定执行，该章程由供销社批准同意。另外，B 企业的人事、企业名称、经营范围等变化均由供销公司出具证明或作出审批。由此认定，供销社为供销公司的主管部门，供销公司接受供销社领导，供销社和供销公司均为 B 企业的主管部门，B 企业接受供销公司的领导，B 企业进行重大经营事项变更的工商登记均需先由供销公司审批同意，故供销公司对 B 企业的重大经营事项具有审批决定权。

供销社是 G 市市一级供销系统集体财产所有权代表，负责管理直属企事业和社有资产。供销公司经供销社批准设立，接受供销社的领导，两者在人事、财物方面有着明确的隶属关系。B 企业由某商店沿革而来，属集体所有制企业，虽有独立法人资格，属于公司制企业，但无明晰的股权结构；供销社曾为其主管单位，历次沿革中，供销社都加具“同意”的意见。B 企业的章程载明，接受供销公司的领导，是其“所属企业”。在经营活动中，三者也未遵循市场交易等价有偿的原则，可见三者的关系为供销社实际控制供销公司，而供销公司实际控制 B 企业。

2. B 企业投资 C 公司 340 万元事实的认定

供销公司先向 D 公司（供销公司 439.2 万元，占 60% 公司股权，经营场所为供销公司无偿提供，供销社确认场地使用情况属实）转账 340 万元，D 公司统一向 B 企业转账 340 万元，次日 B 企业将该 340 万元转入至 C 公司用于注资。尽管 D 公司和供销公司辩称该款为借款，但法院对此不予采信并认定：供销社、供销公司与 B 企业、D 公司均为互相关联的企业，除以上事实外，日常经营运行也存在紧密关联、相互合作的关系。作为关联企业，供销社和供销公司知道且应当知道 B 企业用供销公司提供的 340 万元款项投资 C 公司。

3. 供销社、供销公司是否违反《增资协议》不得从事同类经营的约定

原告与供销社、供销公司在《增资协议》中约定“三方均以 A 公司作为其在 G 市区域内有关再生资源业务的唯一投资、运营单位”，且明确“三方（供销社、供销

公司含供销社以及其所有全资、控股单位和直属企业)不得再在G市区域内投资其他再生资源同类经营项目或设立办事处经营再生资源行业业务”。供销社、供销公司在签订合同时,将B企业列为供销公司的“下属企业”,且对该B企业能否保留业务及具体保留业务范围作为合同的一部分进行约定,体现了供销社、供销公司对自身是否能够控制管理B企业具有清楚的认知。《增资协议》附件也明确B企业保留的经营业务不包含再行对外投资设立新公司。据此B企业在原告与供销社、供销公司签订《增资协议》后仍对外投资成立具有与A公司相同经营范围的C公司,视为供销社、供销公司以间接方式违反合同约定不得从事同类经营的义务,法院确认供销社、供销公司的行为构成违约,应当按合同约定支付违约金。

4. B企业投资C公司是否构成供销社和供销公司违约

B企业投资的C公司与A公司有相同的经营业务,在投资款走向路径中起到中转作用的D公司设立在A公司之后,由供销社投资设立并占股比60%。综合判断B企业的投资行为,供销社实际控制供销公司、供销公司实际控制B企业,供销社在D公司的大股东地位、D公司章程关于对外借款的规定,投资款流向的时日及各自公司当时账户上的余额等证据,法院采纳了原告方所提供的证据,认定供销社、供销公司构成违约。

5. 供销社、供销公司构成违约应如何确定违约金的计算方式

当事人一方违约后应当承担实际履行、采取补救措施、赔偿损失等违约责任。当事人也可以约定一方违约时根据违约情况向对方支付一定数额的违约金。《增资协议》中关于违约时责任形式的约定和关于违约时违约金的给付方式的约定均符合法律规定,不属于约定不明。《增资协议》是关于A公司能在G市区域内对有关再生资源业务唯一投资、长期经营的约定,即使股东转让股权、退出公司仍然要受到同业禁止条款的约束,一旦违反,还须承担违约责任。关于同业禁止条款的违反,将是违约的持续进行,供销社、供销公司自2011年构成违约后,违约进行一直未终止,可见,当事人对于违约金条款的约定是对未来长期经营的预期判断。

争议焦点

本案历经一审、二审、重审及抗诉审,代理律师综合全案的核心争议及双方的事实和证据,归纳争议焦点如下:即供销社、供销公司与B企业关系,B企业投资C公司340万元事实的认定,供销社、供销公司是否违反《增资协议》不得从事同

类经营的约定,B 企业投资 C 公司是否构成供销社和供销公司违约,供销社、供销公司构成违约应如何确定违约金的计算方式及一笔投资行为是否构成多次的违约等。

代理意见

中共中央、国务院《关于深化供销合作社改革的决定》(中发〔1995〕5 号)和国务院《关于解决当前供销合作社几个突出问题的通知》(国发〔1999〕5 号)两个文件作为国家级机构发布的文件,具有行政法规的效力,可将其作为司法审判的依据,代理律师通过积极寻找相关司法判例支持上述意见。

本案的“违约”行为不是单纯的 B 企业和 C 公司自身经营范围违反同业竞争,而是供销社和供销公司分别通过决策和管理 B 企业投资达到实际控制(包括人员、场地、资金等的控制)C 公司(以及其他类似的公司)的违约行为方式,这一投资的违约事实结果的发生,经历了供销社和供销公司履行了的各自公司章程法定职责(两个不同的违约行为)而造成,否则,B 企业投资 C 公司就不可能实现。供销社和供销公司作为《增资协议》的主体应当分别承担各自的违约责任。

另 B 企业和 C 公司二者与原告之间并不存在任何的合同关系,我方也没有要求 B 企业和 C 公司承担违约责任。B 企业在供销社和供销公司签订《增资协议》之前已经归属 G 市供销集体所有,因此《增资协议》将上述间接投资行为纳入了同业竞争的范畴,就是为了防止任何合同一方通过多重股权架构的设置规避其违约行为给其他方造成损失。因此涉案的两个独立的违约行为产生的结果由两个违约主体承担是协议明确约定的违约责任,符合协议各方订立的初衷,也应当尊重其《增资协议》当事人各方的意思自治。

案例评析

一、供销合作社系统中各经济实体的法律地位和法律适用

《城镇集体所有制企业条例》第 2 条和第 65 条分别明确规定了“本条例适用于城镇的各种行业、各种组织形式的集体所有制企业,但乡村农民集体举办的企业除外”“供销合作社的管理办法,另行制定”。

根据最高人民法院(2002)民二终字第 172 号民事判决书的判决精神以及中华全国供销合作总社办公厅发布的供销厅合字〔2003〕8 号《关于转发最高人民法

院关于山西省大同市供销合作社与所属企业金鑫贸易中心侵权纠纷一案终审判决的通知》可见,“最高人民法院作为国家最高审判机关在判决书中肯定了中共中央、国务院《关于深化供销合作社改革的决定》(中发〔1995〕5号)和国务院《关于解决当前供销合作社几个突出问题的通知》(国发〔1999〕5号)两个文件具有行政法规的效力,将其作为司法审判的依据”。从最高人民法院判决书的“本院认为”部分内容可知,司法机关引用了中发〔1995〕5号和国发〔1999〕5号两个文件,阐明了供销合作社的性质以及与所属企业的关系。

最高人民法院认为,供销合作社是农民的合作经济组织,必须坚持供销合作社集体所有制性质,要保证入社农民共同所有财产,共同享受权益,共同承担责任和义务。供销合作社的集体财产不能量化到人,不能分掉。也不能把供销合作社改成股份制公司或股份合作制公司,违背供销合作社的性质。不得随意改变供销合作社及其所属企业的隶属关系。且“大同市供销合作社有权对金鑫贸易中心(各级供销合作社理事会对其所属企业)进行义务指导,协调与政府部门、社会组织的关系,行使社有资产出资人代表职能,监督社有资产保值增值,并按出资额依法享有所有者的出资权益、重大决策和选择管理者的权利”。

另外,中发〔1995〕5号文中明确了“各级供销合作社理事会是本社集体财产(包括所属企事业财产)的所有权代表和管理者,拥有对所属企业主要负责人的聘任和解聘权,企业重大经营、投资活动的审批权,企业经营管理的监督检察权,享有财产受益权”。结合本案证据可见,B企业属于供销社集体所有制企业,其人事任免权、增加经营范围、场地使用证明、章程的制定等工商备案资料均需供销社和供销公司盖章同意。因此,代理律师认为供销社和供销公司应当按照《增资协议》承担违反约定不得从事同类经营条款的违约责任。

二、供销社和供销公司是否各自构成违约并应单独承担违约责任

B企业的投资是供销社系统的集体投资行为和供销社系统的集体权益。供销社是G市供销企业的出资人代表,供销公司作为供销社的全资企业,且被授权管理包括B企业在内的供销集体企业。根据本案中我方提交的供销社和供销公司的人财物的管理方面的证据,以及供销公司和B企业的章程等证据,都已经很清晰地显示,B企业投资C公司不是B企业可以单独决策的,而是由供销公司和供销社确定的;同时,根据供销社企业的集体性质,其投资权益(收益)也是最终归属于G市供销社系统的出资人代表,即供销社,而不是B企业。据此,B企业投资C公司是G市供销企业系统的集体投资,投资权益归属于G市供销企业系统集体,B企业只是G市供销企业系统集体关于C公司投资的代持人而已。

也正是基于此,《增资协议》在订立之初就约定附件中的企业(包括B企业)一旦超越原有的再生资源经营范畴,则供销社和供销公司承担巨额的违约责任的缘由了。

B企业关于C公司的投资只是一个涉案违约结果的表现,而本案的违约行为存在和产生于供销社和供销公司的协议约定和章程的法定职责之中。

供销社和供销公司基于《增资协议》承担违约责任有明确的合同约定,符合合同相对性原则,B企业并非合同当事人,更不是违约主体,只是合同附件中所涉的关于违约结果成就的一个"参照物"。

《增资协议》中的同业竞争条款约束的一直都是合同当事方,即供销社和供销公司,使任何一方均不能直接或者间接在G市区域内投资从事与A公司相同的再生资源项目。供销社和供销公司明知B企业是协议附件中列明的同业禁止的企业,就应当严格遵守协议约定。

同时,B企业的章程和供销公司的公司章程均明确约定,其重大经营权和投资决策权都分别归属于供销公司和供销社。章程是一个企业的"宪法式"的大法,必须严格遵守执行。

因此,B企业一旦发生《增资协议》约定的同业禁止的再生资源行业的投资行为,不管直接间接或者中间经过了多少层级的股权结构,均不能否定其通过供销公司和供销社实际控制进行投资的性质。根据我方的证据以及之前法院查明的注册资金转入的事实,B企业作为供销社、供销公司的所属企业和下属企业,其全部同业禁止之投资经营行为当然都是供销公司和供销社作为实际控制人意志的体现,也正是供销公司和供销社违约行为的后果之最好证明。

依据我方提供的公证书证据,证明了供销社决策B企业这一投资的违约行为的存在和成立,供销社知道或应当知道。另供销社绝对控股的D公司支付的B企业的注册资金也印证了这一违约行为的事实,其具体方式为:供销公司将投资款340万元通过供销社控股的D公司汇转到B企业,再由B企业全额注资至C公司。供销社和供销公司对此投资是知情并且分别积极配合,故供销社和供销公司应当分别承担违约责任。

专家点评

最高人民法院的司法判例,虽然不能直接在裁判文书中援引,但其判决的精神可以予以参照,尤其《城镇集体所有制企业条例》中明确了"供销合作社的管理办法,另行制定”的相关规定,裁判文书通过判决说理部分明确了国务院文件具有行政法规的效力,即可以作为司法审判的依据。故作为特殊的主体,供销社及其社属企业区别于普通的集体所有制企业。

供销社和供销公司作为集体机构,其资产属于集体资产,但是在与其他平等主体之间建立合同关系时,同样应当遵守合同之间的约定。考察合同主体是否有违约行为,除了该主体以自身名义作出的行为,还应当包括利用其身份控制其他主体造成的间接行为。本案中,行为的主体不能独立体现自身的意志而是在人、财、物等各方面均听从于实际控制人,其行为的效果应该归属于实际控制人。实际控制人通过受控主体实施的违反协议的行为,可以被认定为是实际控制人构成违约。

(点评人:慕亚平,中山大学法学院教授)

婚内增资之后的股权一方未经配偶同意对外转让并不导致转让合同无效

——某股权转让合同纠纷案

肖 璐 向 劲

摘 要

本案是确认股权转让合同效力之诉。唐某婚前曾出资5万元与父母共同注册成立公司，婚后增资为30万元，占股10%不变。2018年罗某起诉离婚，同时另案诉讼(本案)要求法院确认唐某在离婚诉讼之前将名下公司股权转让给母亲吴某的合同无效。唐某原代理人答辩称股权是唐某替父代持，非夫妻共同财产，转让是受实际持有人指示。一审判决认为股权代持关系不成立，离婚前未经妻子同意转让股权存在恶意。后案件二审发回重审，重审后一审法院依然判决合同无效。两次一审判决均败诉后肖璐律师、向劲律师在第二次二审开庭前接受委托，变更上诉事实与理由，提出代持成立与否并非本案焦点、股权转让行为完全有效等全新观点，最终二审法院改判确认股权转让合同有效。

案情简介

2006年4月3日，唐某与罗某登记结婚，婚前唐某曾出资5万元，与母亲吴某、父亲唐某松共同注册成立A公司，其本人作为公司法人代表和执行董事，持股比例为10%。2008年4月23日，唐某分别以股东名义签署了《A公司股东会通过决议》，增加公司的注册资本(实缴)至300万元，唐某本人增资30万元，持股比例不变，公司法人和执行董事由唐某变更为唐某松。广州市源成会计师事务所于2008年5月5日出具验资报告，对该事实予以验资确认。

2008年4月23日,案外人唐某波向唐某、吴某的账户内各转入30万元[转账备注:投资款(增加投资)]。同日,唐某、吴某的账户分别将30万元转入A公司的账号内(转账附言:增资款)。

2018年1月10日,唐某松与唐某签订了《委托代持股权确认书》,协议做出如下约定,确认唐某松于2004年9月自愿委托唐某出资5万元代持A公司10%的股权,该公司2008年4月增资后的股权仍由唐某代持(对应出资为人民币35万元)。双方同时约定,获得代持股权应缴纳的出资款全部由唐某松支付,唐某松将代持股权转移至自己或第三人名下后,代持关系结束,唐某不得就代持股权向唐某松主张任何权利。

2018年4月18日,唐某与其母亲吴某签订《A公司股权转让合同》,约定唐某将其持有A公司10%的股权以35万元转让给吴某,在合同订立15日内以现金形式一次性向唐某支付股权转让款,唐某转让其股权后,其在A公司原享有的权利和应承担的义务,随股权转让而转由吴某承担。2018年4月18日,唐某、吴某、唐某松召开A公司股东会并作出股东会决议,同意将唐某名下的股份全部转回吴某名下。一周后,A公司的股东由唐某、唐某松、吴某变更为唐某松、吴某。

2018年6月27日,罗某向广州市越秀区人民法院提起诉讼,要求与唐某离婚,在该离婚案件中罗某对原登记在唐某名下的10%的股权要求分割,在离婚案件中法院以该股权现已经转让至案外人名下为由未对该部分股权进行处理。随后,罗某向广州市白云区人民法院提起诉讼,要求确认唐某与其母亲在2018年4月18日签订的《A公司股权转让合同》无效,主张唐某在离婚前转让股权属于恶意串通转移婚内财产,要求吴某将A公司10%股权回转给唐某。唐某在该案一审审理过程中以《委托代持股权确认书》作为证据答辩称股权实际是替其父亲唐某松代持,股权转让是受其父亲指示而转让给其母亲吴某。一审认为股权代持关系不能成立,离婚前未经妻子罗某同意转让股权存在恶意,支持罗某的诉讼请求,判决股权转让合同无效。后该案经过上诉发回重审,一审法院变更合议庭后依然再次判决股权转让合同无效。再次提出上诉后,唐某变更代理人,肖璐律师、向劲律师在二审开庭前介入案件,两位代理人全面抛弃了原代理人的诉讼思路,变更上诉事实与理由,提出股权是否代持并不影响股权转让合同的效力;股权以份额作为权利标志,已经在婚前完成原始取得,婚内虽然增资但份额未做改变,仍属于婚前财产;唐某作为登记在册的股东转让股权不需要征得罗某同意等观点。最终二审法院对本案进行改判,确认股权转让合同合法有效。三次判决中从两次完全不支持到最后一次完全支持,代理人以翔实的法律理论作为依据、运用独到的诉讼思路最大限度维护了当事人的合法权益。

争议焦点

案涉股权转让协议是否因存在唐某与吴某恶意串通的情形而无效。

代理意见

第一,股权是否代持并不影响股权转让合同的效力。唐某作为A公司的股东对其名下的股权享有处分权。

第二,唐某为登记在册的股东,按照《公司法》的规定,股权所涉各项权能应由股东本人独立行使,唐某转让股权无须征得罗某同意。首先,夫妻关系存续期间未登记在夫妻一方的股权在对外转让时不需要得到未登记一方同意,未登记一方不能对抗股权转让行为的效力。其次,现有司法实践中包括最高人民法院及广州市中级人民法院的判例也认为即便是夫妻关系存续期间获得的股权,一方转让股权也不需要获得另一方配偶的同意。最后,唐某婚前已经完成了股权的原始所得,份额也从未发生改变,其所取得的股权如若增值也属于个人财产,转让不会损害罗某的利益,不能作为合同无效的事由。

第三,股权转让合同本身只是形成一个合同之债,认定有效仅仅需要股权转让合同本身民事主体适格,意思表示真实,协议内容不违反法律的强制性规定。显然,本案的股权转让合同满足以上所有条件,应属有效。

第四,股权转让已经支付了合理对价,不存在恶意串通的情况。

案例评析

一、事实分析

股权是否代持并不影响股权转让合同的效力,也根本不应当作为本案争议的焦点,一审错误地归纳争议焦点,导致错误的认定股权属于夫妻共有。

唐某一直认为A公司是由其父亲创业所设,其股权的原始资金来源是其父亲,因此在法律认识不足的情况下,唐某错误地认为股权最终属于其父亲所有,原一审代理律师在后续给予的法律意见中也进一步加深了唐某对其只是代持股东的错误认识。但是,股权是否代持并非本案争议的焦点,唐某在婚前也就是2004年A公司设立之初就已经完成了股权的原始取得,股权份额为10%。按照《公司法》第32条的规定,记载于股东名册的股东,可以依股东名册主张行使股东权利。唐某既然是登记在册的股东,本身就有权依法行使股东权利,包括签署股权转让合同对外转让股权。至于被上诉人罗某能否对抗唐某独立行使股东权利下文再表,因此,本案一审将争议焦点归纳为股权代持是否成立是完全错误的。当然,一审错误地归纳本案争议焦点的一部分原因也在于唐某及其原代理律师均未认清股权的本质。既然唐某在权利外观上是合法股东,其就有权签订股权转让合同,在权利外观上唐某转让股权是有权转让,代持是否成立不影响股权转让合同的效力。

二、法理分析

第一,唐某为登记在册的股东,按照《公司法》的规定,股权所涉各项权能应由股东本人独立行使,唐某转让股权无须征得罗某同意,一审判决认为未经罗某同意转让股权是无权处分属于事实认定错误,法律适用错误。

夫妻关系存续期间未登记在夫妻一方的股权在对外转让时不需要得到未登记一方同意,未登记一方不能对抗股权转让行为的效力。

第二,现有司法实践中包括最高人民法院及广州市中级人民法院的判例也认为即便是夫妻关系存续期间获得的股权,一方转让股权也不需要获得另一方配偶的同意。

第三,唐某婚前已经完成了股权的原始所得,份额也从未发生改变,其所取得的股权如若增值也属于个人财产,转让不会损害罗某的利益,不能作为合同无效的事由。

第四,一审法院没有正确区分处分行为和负担行为,法律适用存在严重错误。股权转让合同本身只是形成一个合同之债,认定有效仅仅需要股权转让合同本身民事主体适格,意思表示真实,协议内容不违反法律的强制性规定。显然,本案的股权转让合同满足以上所有条件,应属有效。

第五,一审判决认定"恶意串通,损害第三人利益"证据严重不足,错误地分配举证责任进而做出错误的推论及认定。

三、总结

近年来,随着营商环境与市场经济体制改革的变化,公司股权争议也出现了新变化。本案案情较为复杂,因此分析争议焦点至关重要,争议焦点的把握甚至直接关系案件的成败。律师代理上诉案件后提出股权是否代持并不影响股权转让合同的效力,也根本不应当作为本案争议的焦点。最终,在二审中扭转乾坤,本案对于处理夫妻股权认定问题、股权转让合同效力问题、争议焦点冲突问题等具有很强的借鉴意义。

专家点评

本案在原审判决极为不利的背景下,由律师介入并获得改判,殊为不易,体现了律师的法律功底和诉讼技巧。本案是发回重审的二审案件,第一次一审、二审,第二次一审原抗辩观点均认为登记在夫妻一方名下的股权是代持,因此离婚前转让股权合法有效。为了佐证该抗辩观点,当事人还向法院提交了补签的股权代持确认协议作为证据。殊不知,该抗辩反而加重了法院对夫妻一方恶意转移婚内财产的内心确信,致使案件抗辩走入"死胡同"。律师承接案件后,剖析法律本质,提出股权是否代持并不影响股权转让合同的效力,夫妻关系存续期间登记在一方名下的股权对外转让无须经配偶同意的前置程序,更不会导致股权转让合同无效的观点,获得了法院的采纳。

本案是较为典型的疑难复杂案件,一方面是案情本身复杂,容易出现错误的法律理解;另一方面是原不合理的抗辩和证据还需予以合理回应,并要得到法院的认同。这在以往案例中并不多见。本案不但为处理股权争议特别是涉及夫妻共有财产的股权案件提供了独到的代理思路,也为律师如何妥善扭转不利的诉讼局面提供了可资借鉴的经验。

(点评人:杨超男,暨南大学法学院研究生导师)

公司管理权相争中"定身术"的运用

陈伟雄

摘 要

日本A公司作为B公司的唯一股东,在B公司原法定代表人C拒绝履行股东决议配合移交公司证照和办理公司变更的情况下,我们作为A公司代理人成功通过申请行为保全对原公司法定代表人采取了保全措施,禁止原法定代表人C使用公司印章或代表B公司签署任何文件,责令原法定代表人向第三方机构移交公司证照代为保管,成功协助B公司完成了公司变更登记,夺回A公司对B公司在人、财、物等重要方面的经营控制权。

案情简介

本案中,日本A公司系B公司的唯一股东,C担任B公司的法定代表人和总经理职务10多年,通过任人唯亲等方式长期控制着B公司;近两年更利用A公司碍于疫情无法派人过来中国直接参与管理的状况,无视总公司的各项指令和管理要求。A公司决定要撤换管理层。2022年4月,日本A公司的董事会通过决议,并作为B公司股东,作出股东决定免去C的董事职务,重新任命新的董事会、监事成员,董事会作出决议免去C的总经理职务。但C拒绝履行A公司决定及董事会决议,并拒绝移交公司印章、营业执照和财务资料,甚至拒绝A公司委派的新任总经理进入B公司,公司陷入经营僵局,C还实施了诸多损害B公司的行为。2022年6月,A公司向B公司监事、董事会履行了《公司法》第151条规定的前置程序,无果后,A公司直接以股东名义提起了证照返还及公司变更登记之诉。

然而,法院诉讼程序漫长(对方还可能运用各种拖延诉讼手段,包括管辖权异议、在管辖权一审裁定后提起上诉、一审、二审、执行阶段的执行异议等),企业根本无法在失控的情况下经历如此漫长的诉讼程序(时间通常经历1年以上)。因此,我们团队必须要为客户找到一条准确和相对快捷的路径控制B公司,以阻止C对B公司的进一步侵害,防止B公司被拖垮。由此,我们想到了运用民事诉讼中的行为保全措施,请求法院责令C必须作出一定行为和禁止C作出一定行为。

争议焦点

1. 是否支持A公司的行为保全申请?
2. 公司法上对法定代表人行为保全的条件?

代理意见

我们作为A公司代表律师,在听证前成功协调当地政府出资的咨询管理公司出具同意协助履行裁定的书面函件,确保裁定的可操作性。在行为保全听证时,进一步明确保全请求:(1)裁定禁止被申请人C本人或授权任何人,使用、重新刻制、隐匿公章以及任何其他公司印章;如需使用,需经原告或原告委托代理人或董事长或其授权代表书面同意;(2)裁定禁止被申请人C本人或授权任何人,代表公司签署任何文件、作出任何意思表示或从事任何与公司有关的活动;如必须由被申请人签署文件的,需经原告或原告委托代理人或公司董事长或其授权代表书面同意;(3)裁定责令C移交公司印章、营业执照、财务账册(包括记账凭证和原始凭证)等公司资料,并指定上述咨询管理公司代为保管,如涉及使用,需经原告或原告委托代理人或B公司董事长或其授权代表书面同意。此外,从诉讼代理资格方面,我们对C利用B公司印章委托的律师的代理资格提出挑战,C无权代表B公司或使用公章委托律师。

对于是否支持A公司的行为保全申请的问题,我们参照最高人民法院《关于审查知识产权纠纷行为保全案件适用法律若干问题的规定》第7条的内容,并结合本案案情,提出如下意见:首先,申请人的申请有充分的事实基础和法律依据,申请人作为B公司唯一股东作出的决定,以及B公司董事会决议合法有效,B公司、C作为B公司的原法定代表人应配合办理公司变更登记和返还公司证照,C不再担任B公司法定代表人、董事、经理职务,无权代表B公司签署任何文件或使用B公司印章,其相关行为应予禁止。其次,如不采取行为保全措施会使申请人的合法权益受到难以弥补的损害或造成案件裁决难以执行,本案C利用登记的法定代表人身份和非法持有的公章实施了诸多损害B公司的行为,对C采取行为保全有必要性和紧迫性。最后,从利益是否会失衡的角度,我们向法院阐明采取行为保全措施对被申请人造成的损害不会超过不采取行为保全措施对申请人造成的损害。

最终法院支持了代理律师提出的意见,支持了申请人的行为保全申请,作出了行为保全裁定,禁止C的行为,并责令其向指定的第三方机构移交公司印章。后C申请复议被法院驳回。

在代理律师的专业代理和各项协调工作的推进下,A公司免予经历漫长的诉讼程序便成功夺回对B公司的控制权和经营权,A公司及B公司的合法权益得到了有效维护。

案例评析

话说《西游记》中玉皇大帝招安了孙悟空,给了悟空一个封号,也就是齐天大圣,让他管理蟠桃园。一天,七仙女得到王母的命令,到桃园来摘些桃子,在蟠桃大会上分发给出席人员吃。孙悟空见到这些仙女后,连忙向她们打听这个盛会是否会邀请自己。而仙女的回答则很得体,并没有明面上说出来,只是说大会邀请的成员都是去年的那批神仙,至于今年有没有邀请大圣,她们就不知道了。她们的回答自然也没有激怒孙悟空,孙悟空只能说让她们稍等片刻,他要去天宫里面打探点消息。然后就对七仙女施用定身术了,但定身术的效果只有24小时,只能达到临时和应急的作用。

受《西游记》故事启发,民事诉讼中,我们可以运用向人民法院申请适用《民事诉讼法》第103条的行为保全裁定,责令一方当事人作出一定行为或禁止其作出一定行为的临时措施,可以达到临时限制对方行为的效果,相当于在诉讼过程中申请法院向对方施用"定身术"。

《民事诉讼法》提供了行为保全措施的法律依据,但目前对于行为保全的应用主要在知识产权侵权纠纷,鲜有涉及股东权利和管理权案件中运用行为保全的案例。

专家点评

相较于财产保全,行为保全有其特殊性。财产保全的主要目的是对被申请人的财产进行暂时性的保全,是对物采取的保全措施;而行为保全的目的是纠正被申请人的违法或者违约行为,是对被申请人行为的限制。基于公司的特性,公司法领域上的行为保全,通常是在涉及公司权益纠纷中,利害关系人为避免其利益受到损害或损害进一步扩大,在诉讼过程中申请责令公司或股东、董事、监事、高管等为一定行为或不为一定行为的制度。

就本案而言,是涉及公司法上行为保全的典型案例。申请人 A 公司作为 B 公司唯一股东,是 B 公司最高权力决策机构。而 B 公司的法定代表人身份的权利来源,仅通过申请人的决定及依据申请人决定制定的公司章程设定;但因被申请人占有公章导致申请人和 B 公司无法完成法定代表人工商变更登记手续,导致申请人作出的决定无法对外产生公信效力,从而导致申请人完全丧失对 B 公司的控制权和经营管理权,如不对被申请人实施的违背 B 公司和申请人意志的行为进行限制,将很可能使申请人及 B 公司陷入困境。

而从本案实际情况来看,在诉讼当事人双方的权益保障手段严重失衡的情况下,法院作出的行为保全裁定对于申请人和 B 公司利益的保护起到了决定性的作用。而本案代理人陈伟雄律师,从复杂的案情中抽丝剥茧,申请法院对被申请人采取"定身术",有效解决当事人面临的困境,是本案成功的关键,体现了陈伟雄律师扎实、深厚的理论功底和专业素养。而本案无疑为我国民事诉讼行为保全制度的进一步完善提供了重要参考。

(点评人:朱滔,广州工商学院校外导师)

突破传统办案思路，实现客户利益最大化

——东莞市某有限公司、惠州市某有限公司诉东莞市某集团有限公司等借款合同纠纷案

陈远乐

摘　要

东莞市某集团有限公司因资金周转需要向惠州市某有限公司借款人民币2000万元、向东莞某有限公司借款人民币7300万元。

上述借款的还款期限届满后，东莞市某集团有限公司没有如期还本付息。为解决前述借款纠纷，惠州市某有限公司和东莞某有限公司曾诉至法院，陈远乐律师在接受上述委托后，根据案件的特殊情况，制定了有效的法律服务方案，通过起诉、诉讼保全、诉讼中和解（明确债权债务关系和债务人）后撤诉、参与债务人东莞市某集团有限公司进行债务重组的债权申报工作、在债务人债务恶化的情况下及时再次起诉、再次诉讼保全、调查债务人财产状况、一审判决（胜诉）、与重组方多轮谈判等法律程序，帮助惠州市某有限公司和东莞某有限公司成功收回了全部本金债权、利息以及实现债权的全部法律费用（包括律师费）等。

案情简介

2014年5月8日，东莞市某集团有限公司因资金周转需要向惠州市某有限公司借款人民币2000万元，惠州市某有限公司于同日以转账方式向东莞市某集团有限公司指定的账户划付借款人民币2000万元。为明确上述资金的性质和借款期限及借款利率，惠州市某有限公司与东莞市某集团有限公司于2015年6月29日签订了《借款合同》。在《借款合同》约定的借款期限届满后，东莞市某集团有

限公司没有如期还本付息。惠州市某有限公司为维护自身的合法权益将东莞市某集团有限公司诉至法院,并委托广信君达律师事务所的陈远乐律师依法开展维权工作。

2014 年 5 月至 2015 年 9 月,东莞市某集团有限公司向东莞市某有限公司提出共人民币 7300 万元的借款申请。廖某波作为东莞市某集团有限公司的实际控股人和东莞市某有限公司时任的法定代表人,与东莞市某有限公司其他时任董事陈某、黎某、程某作出同意向东莞市某集团有限公司借款人民币 3000 万元的决议,促使东莞市某有限公司与东莞市某集团有限公司签订借款协议书。东莞市某有限公司以转账方式向东莞市某集团有限公司划付借款人民币 7300 万元,东莞市某集团有限公司向东莞市某有限公司出具收条。在借款协议书约定的借款期限届满后,东莞市某集团有限公司没有如期还本付息。为解决前述借款纠纷,东莞市某有限公司曾诉至法院,在诉讼期间,东莞市某集团有限公司、廖某畅、东莞市某商住区有限公司、东莞市某商住区建造有限公司、廖某波于 2016 年 5 月 26 日签订了还款承诺书暨担保书,对东莞市某集团有限公司的债务承担连带清偿责任,东莞市某有限公司撤回起诉。鉴于东莞市某集团有限公司在分期还款期间已出现逾期偿还债务的情形且登报进行债务重组,东莞市某有限公司为保障自身的债权,决定对东莞市某集团有限公司另案起诉,继续委托陈远乐律师依法开展维权工作。

陈远乐律师团队在接受上述委托事项后,根据案件的特殊情况,制定了有效的法律服务方案,通过起诉、诉讼保全、诉讼中和解撤诉、参与债务人进行债务重组的债权申报工作、在债务人债务恶化的情况下及时再次起诉、再次诉讼保全、调查债务人财产状况、一审判决(胜诉)、与重组方多轮谈判等法律程序,帮助委托人成功收回了全部本金债权和实现债权的全部法律费用(包括律师费)。

东莞市第一人民法院于 2018 年 7 月 10 日作出(2018)粤 1971 民初×××号民事判决,判决:(1)东莞市某集团有限公司自判决生效之日起 5 日内向惠州市某有限公司归还借款本金 2000 万元及利息;(2)东莞市某集团有限公司支付律师费 10 万元;(3)东莞市某集团有限公司支付诉讼保全担保保险费 70,856 元。

东莞市第二人民法院于 2018 年 9 月 7 日作出(2017)粤 1972 民初××××号民事判决,判决:(1)东莞市某集团有限公司于判决生效之日起 15 日内向东莞市某有限公司偿还人民币 2000 万元;(2)东莞市某集团有限公司于判决生效之日起 15 日内向东莞市某有限公司支付借款利息;(3)东莞市某集团有限公司于判决生效之日起 15 日内向东莞市某有限公司支付(2016)粤 1972 民初×××号案的诉讼费 78,924 元、诉讼保全费 5000 元、诉讼保全担保费 185,677.42 元、律师费 141,434 元;(4)东莞市某集团有限公司于判决生效之日起 15 日内向东莞市某有限公司支付案诉讼保全担保费 91,368.22 元、律师费 112,713.11 元;(5)廖某畅、东莞市某商住区建造有限公司就前述一至四项债务承担连带清偿责任,在承担责任后,有权向东莞市某集团有限公司追偿。

东莞市第二人民法院于 2018 年 9 月 7 日作出(2017)粤 1972 民初××××号民事判决,判决:(1)东莞市某集团有限公司于判决生效之日起 15 日内向东莞市某有限公司偿还人民币 3000 万元;(2)东莞市某集团有限公司于判决生效之日起 15 日内向东莞市某有限公司支付借款利息;(3)东莞市某集团有限公司于判决生效之日起 15 日内向东莞市某有限公司支付(2016)粤 1972 民初×××号案的诉讼费 108,553 元、律师费 213,621 元;(4)东莞市某集团有限公司于判决生效之日起 15 日内向东莞市某有限公司支付案诉讼保全担保费 137,958.49 元、律师费 170,187.52 元;(5)廖某畅、东莞市某商住区建造有限公司就前述一至四项债务承担连带清偿责任,在承担保证责任后,有权向东莞市某集团有限公司追偿。

东莞市第二人民法院于 2018 年 9 月 7 日作出(2017)粤 1972 民初××××号民事判决,判决:(1)东莞市某集团有限公司于判决生效之日起 15 日内向东莞市某有限公司偿还人民币 2300 万元;(2)东莞市某集团有限公司于判决生效之日起 15 日内向东莞市某有限公司支付借款利息;(3)东莞市某集团有限公司于判决生效之日起 15 日内向东莞市某有限公司支付(2016)粤 1972 民初×××号案的诉讼费80,374元、律师费 144,945 元;(4)东莞市某集团有限公司于判决生效之日起 15 日内向东莞市某有限公司支付案诉讼保全担保费 94,923.84 元、律师费 117,099.37 元;(5)廖某畅、东莞市某商住区建造有限公司就前述一至四项债务承担连带清偿责任,在承担保证责任后,有权向东莞市某集团有限公司追偿。

东莞市某有限公司在东莞市第二人民法院作出(2017)粤 1972 民初××××、××××、××××号民事判决后均提起上诉,充分利用二审程序启动前的时间和空间,通过非诉手段(谈判、债权转让)实现债权。在实现债权后及时申请撤诉,节省宝贵的诉讼资源,达致各方满意的效果。

据此,东莞市中级人民法院分别作出(2019)粤 19 民终××××、××××号民事裁定,准许东莞市某有限公司撤回(2017)粤 1972 民初××××、××××号案上诉。东莞市中级人民法院作出(2019)粤 19 民终××××号民事裁定,裁定:按东莞市某有限公司撤回(2017)粤 1972 民初××××号案上诉处理。

上述法律文书生效后,为债权人通过非诉手段(谈判、债权转让)实现债权提供了坚实的法律基础。

争议焦点

在东莞市某集团有限公司债务严重恶化的情况下，惠州市某有限公司诉东莞市某集团有限公司的民间借贷纠纷案的执行案和东莞市某有限公司诉东莞市某集团有限公司、东莞市某商住区建造有限公司、东莞市某商住区有限公司、廖某畅、廖某波、陈某、黎某、程某企业借贷纠纷及损害公司利益责任纠纷系列案执行案如何实现债权。

惠州市某有限公司诉东莞市某集团有限公司的民间借贷纠纷案[案号：(2018)粤1971民初×××号]的争议焦点如下：(1)原告惠州市某有限公司与被告东莞市某集团有限公司签订的借款合同是否成立生效；(2)本案是否已过诉讼时效；(3)被告东莞市某集团有限公司应否还本付息。

东莞市某有限公司诉东莞市某集团有限公司、东莞市某商住区建造有限公司、东莞市某商住区有限公司、廖某畅、廖某波、陈某、黎某、程某企业借贷纠纷及损害公司利益责任纠纷系列案[案号：(2017)粤1972民初××××、××××、××××号]的争议焦点如下：(1)原告东莞市某有限公司与被告东莞市某集团有限公司之间的企业借贷中涉及利息的计算方式及担保人、担保责任的认定；(2)被告廖某波、陈某、黎某、程某是否损害了公司的利益。

代理意见

在惠州市某有限公司诉东莞市某集团有限公司的民间借贷纠纷案[案号：(2018)粤1971民初×××号]中，代理律师认为：(1)原告惠州市某有限公司与被告东莞市某集团有限公司之间的借款行为属于合法有效的“民间借贷”行为，双方签订的《借款合同》是基于双方当事人真实意思表示签订的，合法有效，不存在任何法律法规所规定的合同无效情形；(2)《借款合同》实际是在确定原被告双方存在借款法律关系的基础上对该借款偿还期限进行了变更，该借款应视为无固定期限借款，故不应以《借款合同》签订之日作为诉讼时效的起算日，且原告惠州市某有限公司于2017年4月17日向被告东莞市某集团有限公司委托的托管方及重组方进行债权申报，应当产生诉讼时效中断的法律效果，因此本案并未超过诉讼时效；(3)原告惠州市某有限公司已依约向被告东莞市某集团有限公司指定账户支付了所有借款,被告东莞市某集团有限公司没有按照《借款合同》约定归还借款,违约事实清楚,理应承担由此产生的全部法律责任,被告东莞市某集团有限公司应立即向原告惠州市某有限公司偿还全部借款并支付利息;(4)本案是因被告东莞市某集团有限公司违约行为所致,被告东莞市某集团有限公司应承担本案诉讼费、保全费以及惠州市某有限公司为申请诉讼保全而支付的诉讼保全担保费人民币70,855.2元、原告惠州市某有限公司聘请律师支付的律师费人民币10万元。

在东莞市某有限公司诉东莞市某集团有限公司、东莞市某商住区建造有限公司、东莞市某商住区有限公司、廖某畅、廖某波、陈某、黎某、程某企业借贷纠纷及损害公司利益责任纠纷系列案[案号:(2017)粤1972民初××××、××××、××××号]中,代理律师认为:(1)原告东莞市某有限公司与被告东莞市某集团有限公司之间的借款行为属于最高人民法院《关于审理民间借贷案件适用法律若干问题的规定》的“民间借贷”行为,原告东莞市某有限公司有权根据借款协议书向被告东莞市某集团有限公司主张权利;(2)原告东莞市某有限公司已依约向被告东莞市某集团有限公司指定账户支付了所有借款,被告东莞市某集团有限公司没有按照借款协议书约定归还借款,违约事实清楚,理应承担由此产生的全部法律责任,被告东莞市某集团有限公司应立即向原告东莞市某有限公司偿还全部借款并支付利息;(3)被告东莞市某集团有限公司在还款承诺书暨担保书中作出不可撤销及无条件地承诺分期还款计划,在分期还款期间,被告东莞市某集团有限公司已经出现逾期偿还债务的情形,原告东莞市某有限公司有权根据还款承诺书暨担保书的约定要求东莞市某集团有限公司立即一次性偿还应付未付的借款本息及费用(包括未到期的借款本息及费用);(4)被告廖某畅、东莞市某商住区有限公司、东莞市某商住区建造有限公司、廖某波应对东莞市某集团有限公司向东莞市某有限公司履行清偿债务的义务承担连带清偿责任;(5)被告东莞市某集团有限公司、东莞市某商住区有限公司抗辩要求优先处理东莞市某商住区建造有限公司抵押物,不足部分,再由借款人东莞市某集团有限公司、担保人东莞市某商住区有限公司承担清偿责任的主张没有事实依据和法律依据;(6)被告廖某波、陈某、黎某、程某时任东莞市某有限公司的董事,违反《公司法》第21条和第149条的规定,作出将原告东莞市某有限公司资金出借东莞市某集团有限公司的决定,损害原告东莞市某有限公司的合法权益,对此依法应承担赔偿责任;(7)本案是因被告东莞市某集团有限公司违约行为所致,被告东莞市某集团有限公司应承担本案诉讼费、保全费、诉讼保全担保费,以及原告东莞市某有限公司聘请律师支付的律师费。

案例评析

在原告东莞市某有限公司和惠州市某有限公司诉被告东莞市某集团有限公司等借款合同纠纷系列案件中，代理律师根据案件的特殊情况，制定了有效的法律服务方案：

(1)及时采取诉讼保全，利用大数据整理分析被告东莞市某集团有限公司等对外投资的情况，及时申请法院调查被告相关对外投资持有的35家公司相关股权和205套房产、990个车位，阻止被告通过股权转让方式间接转让资产和直接转让房产的路径。

(2)通过诉讼程序落实债权，取得了法院支持原告诉讼请求的胜诉判决。在处理原告惠州市某有限公司诉被告东莞市某集团有限公司[案号：(2018)粤1971民初×××号]过程中，被告抗辩称"原告起诉已超过诉讼时效"，要求法院驳回原告的诉讼请求。为此，代理律师运用举证规则，向法院提出了举证责任倒置的意见并被采纳，同时，法院还采信了代理律师提交的证据(原告财务人员个人日记)，根据日记所记录的内容，证明原告于2017年4月17日向被告委托的托管方及重组方进行债权申报。法院最终认定"被告及被告委托的托管方及重组方是否对原告提交的债权登记文件进行登记，并不能否定原告在公告期限内向被告及被告委托的托管方及重组方进行了债权申报的事实，原告于2017年4月17日向被告委托的托管方及重组方进行债权申报应当产生诉讼时效中断的法律效力"。并全部支持了原告的诉讼请求，从而为原告惠州市某有限公司实现人民币2000万元的债权提供了有力的法律保障。

(3)代理律师向法院主张适用最高人民法院《关于审理民间借贷案件适用法律若干问题的规定》(法释〔2015〕18号)的规定，认定《借款合同》合法有效，并被法院采纳，为原告根据借款协议书向被告主张权利(包括律师费、诉讼保全担保费)提供了合同依据。

(4)通过非诉手段(谈判、债权转让)实现债权。在被告东莞市某集团有限公司已严重资不抵债、公开登报进行债务重组的背景下以及通过法院强制执行程序实现债权的比例普遍偏低的情况下，通过代理律师提供的法律服务，原告成功收回了全部本金债权人民币9300万元和实现债权的全部法律费用(包括律师费)人民币3,872,329.08元。

专家点评

借款合同纠纷案件是司法实践中最为常见的案件之一，最高人民法院《关于审理民间借贷案件适用法律若干问题的规定》规定，民间借贷法律关系的成立需要满足形式要件和实质要件，即达成合意的外在形式，如借条、借款合同、口头约定以及其他可以表明双方借款合意的形式，并完成款项的实际交付。根据上述司法解释的规定，法院采纳本案代理律师意见，认定原告与被告之间的借款行为属于民间借贷，《借款合同》合法有效，这为原告根据借款协议书向被告主张权利(包括律师费、诉讼保全担保费)提供了合同依据。

本案中，代理律师通过制定有效的法律服务方案，充分运用起诉、诉讼保全、诉讼中和解撤诉、债权申报等诉讼程序，在债务人债务恶化的情况下及时再次起诉、再次诉讼保全、调查债务人财产状况、在一审判决胜诉后与重组方进行多轮谈判，这充分展现了代理律师办理案件独特的思路和把控案件的能力，代理律师在办理借贷案件中并不局限于通过诉讼形式主张权利，同时还根据债务人的具体情况，启动多种有效的法律程序，最终为客户争取到最大的利益，在案件执行率普遍偏低的大环境下，代理律师能够为客户成功收回全部债权本金和实现债权的全部费用，实属难能可贵。

(点评人：程信和，中山大学法学院教授、博士生导师，兼任中国法学会经济法学研究会副会长、广东行政职业学院马克思主义研究院院长、国学研究所所长、广州市政府参事)

海港、码头等涉海洋法保护尽职调查特殊性

——某国有钢铁公司收购某码头公司部分股权的法律尽职调查项目

蒋修贤　吴剑良　郑　劭

摘　要

法律尽职调查是项目收购(股权收购)的重要前置程序。在达成初步的意向后,收购方委托法律、会计及其他专业机构对项目(股权)进行全面的调查,以便对项目(目标公司)的股权、设立和沿革、资产、知识产权、债权债务、税务、诉讼(仲裁)及行政处罚、担保、劳动、环保等各个方面进行更深入的了解,进而为收购决策提供重要的参考依据、分析意见。本调查目标是沿海码头经营项目公司的股权,具有外商投资背景,业务涉及海域、土地,港口建设、经营、装卸、环保等领域。律师团队根据项目特点,有针对性地进行法律调查、勤奋尽责,出具调查报告,获得委托客户认可。

项目简介

某大型国有企业拟收购某码头公司(以下简称目标公司)部分股权,需委托法律、财务、航院、重型设备技术公司等专业中介机构对目标公司进行调查。2021 年年底,代理律师接受委托后,与团队成员共同前往位于某市某港口的目标公司,进行现场查看、查阅、复制资料、向相关人员了解情况,审查、分析债权债务情况,并逐个前往工商、社保、港务、海洋、土地、劳动等行政部门调查。

代理律师对目标公司最关键的港口经营业务,通过项目报建、施工、竣工验收,政府部门审查发放经营许可等全流程项目合规性进行了调查了解。另外,特

别要注意的是,该项目涉及海域使用权,代理律师及团队对包括海域使用金、年限、透水构筑物、围海造地方式、审批权限、填海后手续办理、使用权证取得等事项均进行了调查核验,认真研究了海洋法保护等相关法律和政策规定。由于目标公司所持有的海域使用权证的数量较多,获取途径和发证的政府机构各不相同,时间跨度较大,涉及发证机构变更、职能下放、政府部门拆分合并等原因,通过简单不动产查册和电话咨询无法查询。代理律师经反复研究、政府部门咨询、向相关员工了解等多种途径,对目标公司的海域使用情况进行了详尽的核验。对于调查中发现的问题以及瑕疵,也提出了相应解决方案以及建议,为客户排忧解疑。对于客户关注的海域使用权审批,代理律师也经过多轮复查验证,多次给予详细、准确的解释。最终,代理律师及团队完满完成了本次项目的尽职调查,出具了详尽的尽职调查报告。对于港口、码头、海域的法律调查,在通常的法律调查中是较少涉及的领域,具有相当的难度和挑战性。该项目的完成,为代理律师涉足港口、海洋领域的法律业务,奠定了坚实的实践基础和经验。

项目难点

该项目难点主要在于:项目的港口、码头、海域使用权领域律师较少涉足,目标公司规模庞大,资料繁多,项目建设至今已经超过 10 年,项目多期工程分别涉及国家与地方审批程序,政府职能部门拆分合并,政策规定新旧更替。

以本次项目中调查核实目标公司所持有的多个海域使用权证书为例。难点主要集中在以下三个方面:

第一,每个海域使用权证书的时间跨度较长,期间涉及法律法规的删改、政府部门的调整。比如海域使用权以前的主管部门——国家海洋局并入自然资源部;目标公司所处地级市中海域使用权原审核单位——某市海洋农渔和水务局已拆分。导致该海域使用权证审批的有效性难以查证。

第二,就海域使用权的权属登记问题,由于发证机关不统一,地方不动产登记中心与地方自然资源局就海域使用权属登记职权也颇为模糊。不动产登记中心称部分海域使用证系原国家海洋局颁发,应到自然资源局查询。地方自然资源局称海域使用权证系不动产登记权属证明的一种,应在不动产登记中心查询。两政府部门解答不一,导致权属证书的核实难以推进。代理律师必须对当时的法律政策、当时政府部门职能进行研究梳理,找出症结并提出核查方案。

第三,海域使用权涉及海域使用金的问题也颇为复杂,调查首先要核验海域使用金的完全缴纳，一方面需核对缴费凭证，另一方面也需根据海域使用金相关的缴费规范对特定面积、用途的海域使用金的数额、缴费使用予以核实。另外，由于目标公司存在的填海项目，不仅涉及海洋保护、填海的审批和环保问题，还存在项目已经验收完成、已交清土地出让金，但是尚未办理权属使用证书的法律风险。

律师办理思路

代理律师根据需要，主动学习研究新领域涉及的法规政策，并对海洋港口码头业务进行一定程度的深入了解，选取调查重点，制定调查方向，对资料删繁去简，组织归纳、分析，对项目的合法合规性把握审查。对于调查中碰到的每一个新问题，需要律师秉持不断学习的精神，释疑解难。

例如，涉及海域使用权属登记问题，特别是针对已裁撤的国家海洋局所颁发的海域使用权证书的权属核实。代理律师及团队通过尝试联系国家自然资源部，并按照《不动产登记操作规范（试行）》的要求，经沟通后，取得自然资源部同意，以邮寄相关授权材料方式进行调查核实。

针对海域使用权审批有效性以及海域使用金缴纳规范的问题，除查询国家的法律行政法规外，还需要查询项目所在地的政府对应职能部门的具体规定。对于当地法规的具体规定，一方面需致电当地的自然资源局土地、海洋科室进行调查，另一方面需查询当地的关于填海造地管理的相关规定，甚至需要到当地的管理机关当面咨询和调查，并且还需注意规范性文件的时效问题，应挑选、梳理、重点关注审批（缴纳海域使用金）当时生效的规范性文件、政策，而并非简单依据尽职调查期间的生效规范性文件。

相关法律规定解读

本次法律尽职调查涉及法律法规众多，囿于篇幅，在此就目标公司某海域使用证审批合规性进行法律规定解读。

针对目标公司所持有的 A 号、B 号宗海，某市人民政府是否有权审批的问题，法律调查分析如下：从海域的现场特征可分析得出，这两项围海系开放式港池，目标公司的 A 号宗海港池面积 0.555 公顷，B 号宗海港池面积 0.999 公顷，均属于开放性及不改变海域自然属性的项目用海。

根据 2007 年《广东省海域使用管理条例》第 15 条第 3 款规定，700 公顷以下不改变海域自然属性的项目用海,由地级以上市人民政府审批。另外,根据某市用海项目审批的相关规定,“一百公顷以上、七百公顷以下的港池用海、浴场用海、开放式游乐场用海、专用航道、锚地用海、其他开放式用海”,属市政府审批项目。“一百公顷以下的港池用海、浴场用海、开放式游乐场用海、专用航道、锚地用海、其他开放式用海”,属区政府审批项目。2007 年《广东省海域使用管理条例》对“不改变海域自然属性的项目用海”规定不清晰,对海域审批采取严管严控,很多海域使用项目均由市审批,现某市用海项目审批的相关规定生效后,一百公顷以下的港池用海由区政府审批。综上,某市政府有权审批目标公司的 A 号、B 号宗海的海域使用权。

案例评析

律师开展尽职调查工作,必须要有“活到老、学到老”的学习精神,根据需要不断拓展新领域、学习新知识。在尽职调查工作中,也需要代理律师把握工作方向、调查重点,有针对性地解决客户关注的问题,对于涉及一些特殊领域的项目,比如涉及海洋、海域、填海等特殊性的问题,一些矿山、发电站、铁路等特殊项目,均要根据项目本身的行业属性和特殊性,有针对性地展开调查工作,研究相应的法规和政策,对项目的法律关系、法律风险、对策建议,作出具体详尽的解答,以达到法律尽职调查的目标。在尽职调查中,对于合法合规事项的审查必须“刨根问底”,例如,在审查相关证书的有效性时,要敢于质疑,对政府作出行为是否存在相应依据进行核实。本次尽职调查项目取得圆满成功,除了基于多年积累的法律服务经验,同时也是本项目律师团队勤勉尽责工作的硕果。广东省、粤港澳大湾区是濒海地区,存在大量港口、码头及海域使用等法律事务,代理律师团队通过本项目的深度研究和务实工作切入,全面研究并掌握了有关海洋、海域使用权等方面的法务技能,对于办理涉及该领域的法律事务,夯实了团队和经验基石。

专家点评

企业兼并收购,是市场经济重要的交易活动,是企业优胜劣汰、发展壮大的主要途径。当前我国企业之间的收购兼并十分频繁,法律服务机构为企业收购兼并提供尽职调查,是十分重要的工作,尽职调查是开展企业收购兼并的前期基础工作,调查工作的好坏直接关系到收购工作能否顺利完成。本项目是一宗涉及资产、权益重大的沿海码头收购,不仅资产庞大,而且涉及特殊的权益和法律问题,比如填海在程序上是否合法的问题,填海之后交纳土地出让金,尚未取得土地使用权证,是否存在法律风险的问题。这些问题都极为特殊,需要特殊的行业经验和法律专业技能,本项目代理律师凭借娴熟的尽职调查经验、深厚的法学专业知识、勤奋负责的调查精神,有效解决了调查中遇到的各种法律问题,顺利完成对目标公司的调查,形成了客观、全面的调查成果。通过本项目形成了系统性的涉海域、涉填海项目的尽职调查专业知识和经验,对办理同类项目具有借鉴意义,具有较强引领示范作用,同时代理律师严谨的调查精神也值得学习。

(点评人:唐更华,广东工业大学教授)

第四章　劳动案例精选

司机开车发生交通事故的责任归责问题

——员工履职致单位损失是否需要承担赔偿责任

肖剑基

摘　要

徐某与A公司在签订的《劳动合同》中约定"劳动者履行劳动合同期间给用人单位造成的经济损失以及应承担的赔偿款项,劳动者同意用人单位从劳动者工资及各类离职结算款中扣抵"。故A公司有权向徐某索赔损失,但徐某赔偿的数额应综合考量确定。A公司作为用人单位,其获得利益的同时,本身也应承担一定的经营风险,徐某不应对A公司的全部经济损失承担赔偿责任。综合徐某的过错程度、工资收入情况,并考虑到其因交通肇事后果带来的个人生理、心理健康问题,家庭负担等各种因素,按照公平合理原则酌情认定徐某的赔偿数额为A公司直接经济损失的20%。

案情简介

徐某是A公司的员工,任职司机,双方签订了劳动合同。

2015年11月的某天,徐某驾驶粤A牌小型普通客车(车主为A公司)在履行A公司的工作任务时与黄某驾驶的二轮摩托车在南沙区万顷沙镇某路段发生碰撞,造成黄某经抢救无效死亡的交通事故。

该事故经广州市公安局交通警察支队南沙大队作出《道路交通事故认定书》认定徐某驾驶车辆忽视安全通过没有交通信号灯控制也没有交警指挥的路口,转弯未让直行的车辆先行的过错行为,是导致该事故发生的主要原因,黄某驾驶未按规定定期进行安全技术检验的摩托车时,未按规定佩戴安全头盔的过错行为,是导致该事故发生的次要原因,根据徐某和黄某的行为对事故发生的作用以及过错的严重程度,由徐某承担事故的主要责任,黄某承担事故的次要责任。

双方均确认A公司因前述交通事故向黄某的家属支付了医疗费、丧葬费及赔偿款等费用共535,727.52元;徐某则支付了与黄某家属达成谅解的谅解款35,000元;A公司对徐某的肇事行为作出了内部通报批评记大过一次的处分。另外,广州市南沙区人民法院就前述交通事故作出的刑事判决书认定:徐某无视国家法律,违反交通运输管理法规,因而发生重大事故,致一人死亡,负事故的主要责任,其行为已触犯《刑法》,构成交通肇事罪,判处徐某相应有期徒刑。2017年4月21日,徐某以个人原因辞职,并签署了财务结算通知书,该通知书载明A公司因徐某的交通肇事行为造成了经济损失,A公司因此共计赔付给黄某家属535,727.52元,A公司要求徐某在收到该通知书3日内向A公司支付该赔付的金额。A公司认为徐某在履行职务期间发生交通事故,经交警部门认定徐某承担主要责任,同时,人民法院亦判决徐某犯交通肇事罪,徐某的行为构成重大过失,且该次重大过失造成A公司直接经济损失535,727.52元,故申请劳动仲裁,请求裁决徐某对前述损失全额赔偿A公司。

徐某对A公司赔付的金额535,727.52元予以确认,但认为其在该次事故中主观上并无过错,其因职务行为产生的后果应由A公司承担,且其已支付黄某家属谅解款35,000元,A公司亦对其作出了通报批评记大过一次的处分,加之其因该次事故已承受身体、名誉、经济等巨大损失,家庭贫困,故无力支付任何赔偿。

仲裁委经审理认为:徐某与A公司之间存在劳动关系,双方的合法权益均应受到法律保护。本案双方对A公司因徐某的交通肇事行为所赔付的金额无异议。现双方对徐某是否应向A公司赔偿经济损失存有争议。仲裁委认为,根据《广东省工资支付条例》第15条的规定,徐某在履行职务过程中发生交通事故,负事故的主要责任,且被人民法院认定其无视国家法律,违反交通运输管理法规,因而发生重大事故,其行为构成交通肇事罪并判处了相应的刑罚,故应认定徐某在履行职务过程中存在重大过失,A公司有权要求徐某赔偿经济损失,但徐某赔偿经济损失的数额应综合考量确定。由于A公司作为用人单位,其获取收益的同时,本身也应承担一定的经营风险,而徐某提供劳动过程中的过错对A公司所造成的经济损失应属于经营风险的一部分,如果苛求徐某根据其过错承担A公司全部经济损失的赔偿责任,实质是将A公司的经营风险全部转移到作为劳动者的徐某身上,这对处于弱势地位的徐某来说,不尽合理。因此,A公司要求徐某承担全部经济损失的赔偿责任,不被支持。仲裁委综合徐某的过错程度、工资收入情况,并考虑到其因交通肇事后果带来的个人生理、心理健康问题,家庭负担等各种因素,按照公平合理原则,酌情认定徐某承担因其交通肇事行为造成A公司直接经济损失的20%,即徐某应赔偿A公司经济损失107,145.5元(535,727.52元×20%)。

徐某不服该裁决,提起诉讼,请求法院判令其无须向A公司支付前述裁决费用。

法院审理后认为:关于徐某是否应向A公司赔偿经济损失。徐某与A公司之间存在劳动关系,双方的合法权益均应受到法律保护。本案双方对A公司因徐某的交通肇事行为所赔付的金额535,727.52元无异议。由于徐某在履行职务过程中发生交通事故,负事故的主要责任,被人民法院认定其无视国家法律,违反交通运输管理法规,因而发生重大事故,其行为构成交通肇事罪并判处了相应的刑罚,故应认定徐某在履行职务过程中存在重大过失,同时双方签订的劳动合同中明确约定徐某同意A公司从其工资及各类离职结算款中抵扣徐某履行本合同期间给A公司造成的经济损失以及应承担的赔偿款项,故A公司有权要求徐某赔偿经济损失,但徐某赔偿经济损失的数额应综合考量确定。由于A公司作为用人单位,其获得收益的同时,本身也应承担一定的经营风险,而劳动者提供劳动过程中的过错对用人单位所造成的经济损失应属于经营风险的一部分,如果严格要求劳动者根据其过错承担用人单位全部经济损失的赔偿责任,实质是将企业的经营风险全部转移到劳动者身上,这对处于弱势地位的劳动者来说不尽合理,因此徐某作为劳动者不应当对A公司的全部经济损失承担赔偿责任。法院综合徐某的过错程度、工资收入情况,并考虑到其因交通肇事后果带来的个人生理、心理健康问题,家庭负担等各种因素,按照公平合理原则,酌情认定徐某承担因交通肇事行为造成A公司直接经济损失的20%,即徐某应向A公司赔偿经济损失107,145.5元。遂判决徐某一次性赔偿A公司经济损失107,145.5元。

争议焦点

员工在履行职务的过程中,因过错造成用人单位损失,是否应赔偿用人单位?如何把握员工的过错程度并根据员工的过错与用人单位的经营风险合理地对损害结果承担相应比例?

代理意见

1. 徐某发生交通事故属于职务行为，其法律后果应当由 A 公司承担。

在劳动关系履行过程中，徐某的劳动行为是为了实现 A 公司的生产经营利益，徐某因此而造成的损失应当归于利益的享有者即 A 公司来承担，而且，A 公司支付给徐某的劳动报酬与徐某创造的劳动成果具有不对等性，A 公司作为劳动成果的享有者理应承担生产经营风险；本案因交通事故产生的损失属于用人单位即 A 公司生产经营风险的范畴，如将此损失加于劳动者徐某身上，无异于加重了徐某的责任，将 A 公司的生产经营风险转嫁于徐某，有失公允；徐某作为 A 公司的司机在履行职务过程中比其他岗位的人员更具有风险性，若该风险由徐某承担，明显对徐某十分不利也不公平。徐某离职前平均工资 3000 多元，即使让徐某将在 A 公司处服务几年的全部工资加起来，也不够支付 A 公司所主张的损失金额。A 公司作为用人单位，可以坐收劳动者为其创造的巨大利润，故将用工风险转嫁于劳动者，是不公平的。

2. 徐某对于所发生的交通事故，并不存在主观过错，徐某也不认同交通事故认定书的结论。

首先，徐某在交通事故中，并没有存在逆行、超速、超载等主观故意违反交通法规的行为，而事故是因为对方酒驾、超速等主观故意违反交通法规而发生；其次，A 公司在徐某的刑事案件中向法院提交的请愿书记载徐某无过错，表明 A 公司认可徐某的行为并没有给单位造成损失；再次，A 公司提交的证据显示其已对徐某通报批评记大过一次，且徐某已向黄某家属支付 35,000 元，由此可见，A 公司当时已对该事件作出了处理，没有要求徐某承担赔偿的想法；最后，A 公司在交通事故发生后从未向徐某主张过赔偿事宜，此后之所以以仲裁的方式要求徐某承担责任系因其未向徐某支付 2016 年 9 月之后的工资，徐某家属基于生活困难前往 A 公司要求支付相应工资待遇后，A 公司才借赔偿之名提出仲裁。

3. 徐某因交通事故已承受身体、名誉、经济等巨大损失，家庭贫困，无力支付任何赔偿。

(1)徐某由于发生交通事故后，受到了严重的刺激，导致患上了严重的失眠症及出现了精神问题，经多家医院治疗，仍无好转。现精神恍惚，一提及相关赔偿事宜，就情绪激动，需要家人照顾，否则容易受刺激造成他人伤害。好端端的一个家庭支柱，却因为在为 A 公司提供劳动的过程中发生交通事故，而导致精神出现问题，令整个家庭遭受沉痛打击。

(2)徐某由于因精神问题,于2016年9月13日发生意外摔倒,身体多处骨折,花费医疗费用几万元,令原本贫困的家庭更是雪上加霜。

(3)徐某由于摔伤,在向A公司主张工资待遇过程中,受A公司误导,自行填写了离职申请书,放弃了十几年的工龄补偿,损失巨大。

(4)徐某出身于农村,家境贫困,妻子月工资也不过3000~4000元。徐某由于患上了严重的失眠症及出现了精神问题,加上意外摔伤,需要高额的治疗费用,现又失业在家。另有一个未成年小孩及年迈的父母需要照顾。

综上可知,徐某由于为A公司开车而引发交通事故,不仅背上罪犯的负面影响,还遭遇身心的双重打击,令原本贫困的家庭,更是雪上加霜。A公司作为一家大型的上市公司,经济能力强大,不但不关怀员工的身体、精神、家庭,还仲裁员工,作出令人心寒的举措。

4. A公司的主张,部分已过仲裁时效。

按A公司仲裁申请书所述,其于2015年11~12月向黄某家属支付了96,216.3元的赔偿,因此仲裁时效应当从A公司支付了相关的赔偿开始计算一年,但A公司于2017年6月才申请劳动仲裁,对该部分金额的主张已过一年的仲裁时效,应当予以驳回。

案例评析

A公司作为知名品牌企业,应在进一步完善经营风险管理的同时,更加注重对职工的人文关怀建设,以发挥作为品牌企业在行业、社会中的示范作用,体现作为品牌企业的社会价值;若A公司忽视对职工的人文关怀,麻木地将经营风险转移给职工,势必影响职工对企业的归属感、打击职工的工作积极性,造成职工工作效率乃至企业经营效益降低等负面影响,不利于企业内部劳动关系和谐和外部经营的稳步发展。A公司应以人为本,在保障自身经营权益的同时,从构建和谐社会的角度出发,妥善化解矛盾。在这次事故中,徐某对交通事故确实存在过错,仲裁机构、法院均认定徐某需要承担(小)部分责任,对此,无论是作为代理人的肖剑基律师还是作为徐某及其家属,都认可了裁判结果,但A公司若能以更大的格局,在充分考虑徐某的实际家庭情况、身体情况以及其为企业所作出的贡献的基础上,包容徐某本次过错所造成的损失,则更能体现A公司作为品牌企业的担当,也能因此赢得众多员工的好口碑以及好感度,这对于A公司而言,赢得人心的拥护,未尝不是比通过申请仲裁徐某获得赔偿更好的结果。

而作为事故主角的徐某应以该次事故为鉴，在充分认知该次事故带来的严重后果的同时，要敢于面对和承担自身的过错责任。

专家点评

《劳动合同法》明确了三种劳动者应当承担损害赔偿责任的情形，分别是违反法律规定解除劳动合同、违反劳动合同中约定的保密义务以及违反劳动合同中约定的竞业限制，给用人单位造成损失。部分地方性法规、规章还进一步规定了用人单位向劳动者索赔应遵循的规则，比如《广东省工资支付条例》第 15 条的规定，“因劳动者过错造成用人单位直接经济损失，依法应当承担赔偿责任的，用人单位可以从其工资中扣除赔偿费，但应当提前书面告知扣除原因及数额；未书面告知的不得扣除。扣除赔偿费后的月工资余额不得低于当地最低工资标准”。实践中，劳动者造成用人单位损失，如何归责，较为复杂。本案历经劳动仲裁及一审判决，均得到相同的裁判结果，即根据劳动者的过错程度，并参考公平原则，酌定劳动者应赔偿用人单位 20% 的经济损失。该裁判结果，既符合劳资双方的约定原则（《劳动合同》中的相关明确约定），也遵照了法律法规的规定（《广东省工资支付条例》第 15 条），同时兼顾了公平原则。劳资双方对一审判决均息诉服判，也印证了该结果的公平合理性。该案例可为类案的审理提供参考。

（点评人：杨超男，暨南大学法学院研究生导师）

企业被兼并是否属于订立劳动合同的基础发生重大变化

——郑某与A公司劳动合同纠纷案

肖剑基　殷松茂

摘　要

企业因“客观情况发生重大变化”而致合同履行的基础发生变更或不复存在，企业能否因此而解除劳动合同？哪些属于“客观情况”呢？通过案例可知，法院认为，“客观情况发生重大变化”，系指当劳动合同有效成立后，在合同履行过程中发生的客观情况与劳动合同订立时赖以成立的基础相比，产生了重大变更，如果继续履行劳动合同显失公平或不能实现合同目的，因而允许双方当事人对于合同的内容进行变更或解除，同时，在双方无法协商一致的情况下，基于劳动法律法规保障劳动者合法权益之特殊立法目的，由用人单位支付劳动者一定的经济补偿解除劳动合同，以保障劳动者的基本生存权益。所谓的“客观情况”，除了不能归咎于双方的客观原因外，亦不能绝对地排除用人单位的企业行为。

案情简介

郑某于2005年10月20日入职A公司任客户经理，双方签订无固定期限劳动合同。2018年9月7日，A公司以“因市场环境影响，公司亏损严重，经营方式需要进行调整，且公司需要重新装修约1年时间，导致双方签订的劳动合同无法继续履行，经公司多次与你协商变更劳动合同，双方未能就变更劳动合同内容达成协议……公司即日与你解除劳动合同……”郑某认为A公司属违法解除，于是申请劳动仲裁，并主张违法解除劳动关系赔偿金290，150元以及加班费、未签劳动合同2倍工资差额等。仲裁委经审理后认为A公司的解除系合法解除，遂裁决：A公司向郑某支付解除劳动关系经济补偿金134,550元，驳回其他仲裁请求。

郑某不服该裁决，提起诉讼，请求A公司支付违法解除劳动关系赔偿金290,150元、未签订劳动合同2倍工资差额以及加班费等。一审法院经审理后认为：A公司经营方式需要调整以及需要装修等，属于A公司根据经营状况所自行作出的主观调整，并不属于客观情况发生重大变化；且A公司作为企业经营者，应当预计到在市场经济环境的各种情形下，即便市场环境变化导致其进行调整亦属于企业自身作出的正常调整而不属于客观因素；此外，在市场环境下，企业进行调整，也需考虑劳动者的合法权益，其亦可在企业内部对郑某在薪资等基本不变的情形下通过调岗、培训等方式进行安排，或者是在停业期间定期支付郑某必要生活费用待停业结束后恢复郑某正常工作状态而不是采取解除劳动关系的措施，故认定A公司的解除行为系违法解除，应向郑某支付违法解除劳动关系赔偿金269,100元并驳回其他诉讼请求。

一审判决后，A公司不服并委托本所肖剑基律师、殷松茂律师介入二审。两位律师经查阅全部案件材料、与当事人充分沟通、检索类案裁判文书及相关法律规定后，明确了诉讼思路并制定了诉讼策略。后代书并提交上诉状，请求二审法院判决A公司无须支付郑某违法解除劳动关系赔偿金269,100元。

二审法院经审理后认为：关于A公司解除与郑某的劳动关系是否符合客观情况发生重大变化之情形的问题。根据《劳动合同法》第40条之规定，“有下列情形之一的，用人单位提前三十日以书面形式通知劳动者本人或者额外支付劳动者一个月工资后，可以解除劳动合同：……（三）劳动合同订立时所依据的客观情况发生重大变化，致使劳动合同无法履行，经用人单位与劳动者协商，未能就变更劳动合同内容达成协议的”。对此，二审法院认为，上述法律条文所规定的“客观情况发生重大变化”，具体系指当劳动合同有效成立后，在合同履行过程中发生的客观情况与劳动合同订立时赖以成立的基础相比，产生了重大变更，如果继续履行劳动合同显失公平或不能实现合同目的，因而允许双方当事人对于合同的内容进行变更或解除，同时，在双方无法协商一致的情况下，基于劳动法律法规保障劳动者合法权益之特殊立法目的，由用人单位支付劳动者一定的经济补偿解除劳动合同，以保障劳动者的基本生存权益。所谓的“客观情况”，除了不能归咎于双方的客观原因外，亦不能绝对地排除用人单位的企业行为。例如，参照劳动部《关于〈中华人民共和国劳动法〉若干条文的说明》第26条的规定，“客观情况”还应包括企业迁移、企业资产转移、被兼并以及企业的分立、合并等情形。若用人单位作出的决定并非针对劳动者,不能因该行为系用人单位作出,而否定客观情形已经实际发生了变化之结果,而应公平地衡量该行为所导致的变化情况是否具有变更劳动合同的必要性。具体到本案,双方均确认A公司处于长期整体停业装修状态。虽然郑某主张停业装修决定为A公司主动作出,但根据双方均确认的行政会议纪要,在该停业装修期间A公司酒店客户均需进行清退或者预定转移,而郑某本身岗位属于酒店销售,A公司在停业装修期间客观上确实无法继续为郑某提供劳动岗位。鉴于A公司目前整体经营状态与双方劳动合同订立时所依赖的客观基础相比,确实发生了重大的变更,若强行要求A公司按照原合同履行则会产生显失公平的情形,因此A公司与郑某协商变更劳动合同存在必要性,应该予以认可。实际上,A公司确实多次与郑某进行协商,并为郑某提供了多种合同变更方案,其中包括了广州市内其他酒店暂时性的工作支援等,同时也保障了郑某提出不同意见的权利。在郑某对于A公司所提供的变更方案均不同意,但又未能提出可替代方案的情况下,应该视为双方协商未能达成一致。故A公司依据《劳动合同法》第40条第3项,以双方未能协商一致为由解除郑某的劳动关系,未违反法律规定。一审认定A公司违法解除劳动合同有误,依法应予以纠正。遂改判A公司仅需向郑某支付解除劳动关系经济补偿金134,550元。

争议焦点

企业因经营不善,长期处于亏损状态,不得不变更经营方式,由第三方兼并并停业装修,该情形是否构成劳动合同履行过程中"客观情况发生重大变化"?郑某认为该情形系企业基于自身经营状况所作出的主观调整,不属于客观因素,更不属于劳动合同履行过程中"客观情况发生重大变化",而A公司则认为企业被兼并属于劳动部《关于〈中华人民共和国劳动法〉若干条文的说明》第26条之规定的"客观情况"。双方各执一词,并在庭审中就此展开了激烈的争论。

代理意见

关于A公司所出现的情形是否符合"客观情况发生重大变化":(1)根据劳动部《关于〈中华人民共和国劳动法〉若干条文的说明》第26条的规定,"客观情况"指:发生不可抗力或出现致使劳动合同全部或部分条款无法履行的其他情况,如企业迁移、被兼并、企业资产转移等。本案中,A 公司因经营不善,长期亏损严重,对经营方式进行调整,被第三方酒店兼并,并对经营场所进行长达两年的全面装修。根据前述规定,企业被兼并属于劳动合同订立时所依据的客观情况发生重大变化。(2)根据《劳动合同法实施条例》第 19 条的规定,本案中 A 公司的行为属于生产经营发生严重困难及经营方式调整,应属于客观经济情况发生重大变化。(3)A 公司没有恶意解除郑某的行为。A 公司在出现该客观情况后,第一时间向包括郑某在内的所有员工进行会议协商,其中 2 次会议郑某也直接参加了。A 公司又于 2018 年 7 月 11 日与郑某协商装修期间的劳动关系变更处理,还于 2018 年 7 月 24 日及 26 日与郑某协商变更劳动关系,但郑某不同意 A 公司提出的协商内容。A 公司已经穷尽一切方式与郑某协商变更或解除劳动关系,但郑某却故意不予接受。A 公司作为一家民营企业,在目前经济大环境不顺的情况下,长期严重亏损,不得不对经营方式进行调整,大部分员工都予以体谅并协商解除劳动合同,而郑某却以此机会要求赔偿金。《劳动合同法》关于赔偿金的立法目的是打击故意违法解除劳动关系的用人单位,而不是作为带有目的性的劳动者获取不法利益的法律工具。

案例评析

A 公司作为一家大型民营企业,从事酒店经营管理业务。由于经营不善以及受市场环境影响,长期处于亏损状态,需要转变经营方式,无论是从止损角度还是从挽救角度来看,由第三方兼并都不失为目前最好的举措。兼并后,重新装修改变酒店原有装潢又是符合企业兼并、分立或合并的市场规则,因此,在 A 公司不得不全面停业装修长达 1 ~ 2 年,无法为郑某提供对应的劳动岗位及条件,与郑某多次协商未能取得一致意见的情况下,解除与郑某的劳动关系,应被认定为合法解除,而非违法解除。在这种情况下,若还思维固化地认为被兼并系 A 公司根据自身经营状况所作出的主观调整,不属客观因素,对 A 公司来说显然有点强人所难,造成企业进退两难,不利于企业的转型或挽救。因为被兼并已成事实,该情况非作为劳动者的郑某以及作为被兼并的 A 公司所期望,属于不能归咎于双方的客观情况,根据劳动部《关于〈中华人民共和国劳动法〉若干条文的说明》第 26 条的规定,"客观情况"还应包括企业迁移、企业资产转移、被兼并以及企业的分立、合并等情形。因此,A 公司被兼并显然属于以上法律规定的"客观情况",虽然被兼并是 A 公司作出的决定,但该决定并非针对郑某或某一个劳动者,而是基于企业的整体经营状况,裁判人员不能因为该决定系 A 公司所作出而固化地认定系企业的主观判断,否则,无疑加重了 A 公司的前行(被兼并)难度,使本就由于经营不善需要被兼并的 A 公司在长期亏损的情况下再背上违法解除劳动关系需要支付赔偿金的法律责任,若如此,对 A 公司来说,就属于难上加难、雪上加霜了。况且,即便该决定系 A 公司所作出的主观判断,本案更需审查的重点也非这个,而是在客观事实(被兼并)既成的情况下,郑某与 A 公司是否有协商变更原劳动合同内容的必要性,从而认定在双方多次协商无果的情况下,A 公司解除劳动关系是否合法,而非一味地揪着 A 公司作出被兼并的决定属于主观调整还是客观因素进行评价。

代理律师认为,仲裁机构以及二审法院的裁判观点更符合市场的规则,所适用的法律依据也更为灵活。

专家点评

用人单位具有自主用工权,劳动者也有劳动保障权,两者不可偏颇。在司法实践中,当两种权利发生冲突时,如何取得两者之间的平衡,则成为裁判人员重点考量的因素。

《劳动合同法》第 40 条第 3 项及第 46 条第 3 项,为用人单位享有的解除权及劳动者享有的经济补偿权提供了制度保障。而与此等法律条款关联的有效行政性法规、规范性文件也不能或缺。

代理律师在二审阶段接受用人单位的委托后,在一审败诉的不利情况下,认真仔细研究案情,检索法律法规及类案判决。所检索到的关键法规,为劳动部《关于〈中华人民共和国劳动法〉若干条文的说明》第 26 条之规定。其中规定用人单位可适用的“客观情况”,应包括企业迁移、企业资产转移、被兼并以及企业的分立、合并等情形。该规定是本案所发生的变化被认定为“客观情况发生重大变化”的关键依据,并最终取得了符合预期的胜诉判决。该胜诉判决,不仅仅为用人单位节省了用人成本,更大程度上为该用人单位解除与其他类似情形的劳动合同提供了有力依据,同时促进了企业的顺利转型。

本案的用人单位为一大型民营企业,在经营过程中,难免或因自身经营不善,或受经济大环境的影响而造成经营困难,特别是 2020 年 1 月全球暴发新冠肺炎疫情以来,经济不断下行,不少企业在困难中艰难生存。司法裁判部门在个案裁判方向及处理标准上,适当保护企业、协调劳动者的诉求,或许能帮助企业在面对类似新冠肺炎疫情等困难时，能更理性、多元化地处理企业与劳动者之间的劳动争议问题，及时化解矛盾，促进社会和谐、稳定。

［点评人：全朝晖，中山大学法律硕士专业学位（涉外律师）研究生导师、高级律师职称］

用人单位依法自主确定本单位工资分配方案不违反法律规定

——某事业单位与邓某劳动争议案

黄　恒

摘　要

《劳动法》第47条规定，用人单位根据本单位的生产经营特点和经济效益，依法自主确定本单位的工资分配方式和工资水平。该规定运用到实际案例中，即只要用人单位依法制定的薪酬管理制度没有违反法律、行政法规的强制性规定，并且已向劳动者进行公示，即产生法律约束力。裁判机构应当予以尊重，而不应简单为了追求公平正义，在劳动者不符合薪资发放的情况下，以裁判形式侵犯用人单位的自主经营权，这对用人单位的权益实质是一种侵害。

案情简介

某事业单位(以下简称A单位)与劳动者邓某签订的最后一份劳动合同期限至2019年12月31日，合同中关于劳动报酬有约定：劳动报酬根据《×区某中心评审技术人员(非编)绩效工资实施方案》(以下简称原工资方案)的有关规定执行工资和福利待遇。

原工资方案的出台时间为2016年4月8日。原工资方案主要内容为：(1)实施范围为A单位技术人员。(2)工资构成由基本工资、绩效工资、年终绩效奖和其他福利组成。其中，绩效工资按评审项目核减额计提，其中概算按0.5%计、预算按0.5%计、结算按0.6%计。二级评审员(邓某属于二级评审员)应各自完成核减额1100万元以上/年，最高计提6万元/年封顶。年终绩效奖：人均5万元；计算方案：个人年终绩效奖 = 年终绩效奖总额 ×（个人全年预结算总金额/集体全年预结算总金额 ×70% + 个人全年预结算核减额/集体全年预结算总核减额 ×30%）（注：不符合条件参与年终绩效考评的个人业绩及年终绩效奖5万元/人，均不计入上述计算范围）。出现以下情况的，不得参与年终绩效考评：（1）违反廉政准则的；（2）全年累计延迟结案5件以上的；（3）全年累计被有效投诉3次以上的；（4）未能完成全年个人相应核减额的。各级评审员的基本工资按照本方案规定数额每月发放，绩效工资按本方案封顶数90%减除处罚额预发，年终清算。本工资方案自2016年1月起施行，有效期3年。2019年12月，A单位发布新的工资方案，对原工资方案进行了变更与调整，并规定新的方案自2020年1月1日起生效，有效期3年。2018年9月，该地财政局发布《关于贯彻落实〈广州市工程建设项目审批制度改革试点实施方案〉的通知》，主要内容包括：工程建设项目取消预算财政评审、工程建设项目由建设单位组织审查，行业主管部门批复初步设计（概算）、区财政部门继续办理工程建设项目结算及竣工财务决算的财政评审业务。

邓某离职时间为2020年1月15日。2019年，邓某完成核减额4,435,875元，没有达到原工资方案所要求的核减额1100万元/年。庭审中，就工资方案的执行问题，A单位与邓某均确认2019年按原工资方案执行。因为与A单位就绩效工资及年终奖发放问题产生争议，邓某向某区劳动人事争议仲裁委员会申请仲裁，该会作出裁决，裁决A单位一次性向邓某支付2019年暂扣10%绩效工资6000元和年终奖50,000元。A单位对仲裁裁决不服，起诉至法院。

法院裁判认为，邓某与A单位均确认按原工资方案计算邓某2019年年终奖及绩效工资问题，本院予以采信。根据《劳动法》第47条的规定，用人单位有权自主确定员工的工作标准和工资支付等事项。年终奖属于激励性报酬，用人单位有权根据自身效益及员工工作表现确定员工的年终奖，不可能每个员工每年都获得年终奖或相同数额的年终奖。邓某作为二级评审员，在2019年只完成核减额4,435,875元，未能完成1100万元的核减额任务，未达到原工资方案中领取年终奖的条件，A单位据此主张无须支付邓某2019年年终奖合理合法，本院予以支持。邓某辩称是由于政策取消了预算核减额才导致其无法完成原工资方案规定的核减任务，但审查劳动合同及原工资方案，发现均未约定邓某的工作内容及核减任务中预算核减、概算核减及结算核减的比例，即使政策有所变化，但并未改变邓某的工作内容及性质，因此，邓某辩称因政策变化导致其无法完成核减任务，理由不成立，本院不予采纳。同理，关于2019年暂扣10%绩效工资，因邓某未能完成原工资方案规定的核减任务，根据原工资方案规定，亦无法获得暂扣10%的绩效工资。

据此,一审法院判决 A 单位无须向邓某支付 2019 年暂扣的 10% 绩效工资及年终奖。邓某不服提起上诉,二审法院经审理,驳回上诉,维持原判。

争议焦点

在原薪酬管理制度所依据的外部客观环境发生变化的情况下,用人单位仍然依据原薪酬管理制度的相关规定,确定劳动者的工资发放方式及工资水平,是否有法律上的依据。

代理意见

《劳动法》第 47 条规定:"用人单位根据本单位的生产经营特点和经济效益,依法自主确定本单位的工资分配方式和工资水平。"《广东省工资支付条例》第 7 条规定:"用人单位应当依法制定本单位的工资支付制度,并书面告知本单位全体劳动者。"用人单位有权根据自身经营状况、劳动者的工作岗位及绩效表现等多方面因素,自主与劳动者约定年终奖等各类奖金是否发放、发放的条件及发放标准等,这是用人单位经营自主权的体现。本案中,因邓某没有完成 2019 年既定的任务核减额,故其无权要求原告支付 2019 年年终奖及暂扣 10% 的绩效工资,理由如下:

(1)邓某清楚知晓其工资标准及福利待遇是根据原工资方案执行。邓某在庭审上也明确了其主张的 2019 年年终奖及暂扣 10% 绩效工资的依据是原工资方案,因此,邓某庭审时陈述"在 2019 年缺乏有效的临聘人员绩效工资方案,过错责任在于 A 单位",与其自身对案件事实的陈述前后矛盾。因此,邓某主张 A 单位发放 2019 年年终奖及暂扣 10% 的绩效工资,归根结底还是需要依据原工资方案的内容来认定邓某是否符合发放的条件。

(2)按照原工资方案的规定,邓某的工资由基本工资、绩效工资、年终绩效奖(年终奖)和其他福利组成。邓某所在岗位属于二级评审员,除基本工资是固定以外,绩效工资、年终绩效奖均是根据评审员每年完成的业绩(含评审项目的核减金额以及全年预结算总金额)进行计算的,并非固定不变。原工资方案并没有确定全年工程项目的预算、概算、结算项目数量等应占总额的具体比例。

(3)通过庭审查明的事实可知,早在 2018 年 9 月,邓某就清楚知悉工程建设项目审批制度的改革,取消了工程建设项目预算的财政评审,能够预测到 2019 年的工作业绩可能受到的影响,并同意承担由此对其工资收入可能造成的影响。

2019 年邓某个人完成的工作业绩为总核减金额 4,435,875 元,未能完成原工资方案中所要求二级评审员核减额 1100 万元/年的任务。因此,根据原工资方案的相关规定:"未能完成全年个人相应核减额的",不得参与年终绩效考评。因此,邓某因其没有达到业绩要求,根本没有资格进入年终奖的考评环节。A 单位无须向邓某发放 2019 年年终奖及暂扣 10% 的绩效工资。

案例评析

本案一审、二审法院对仲裁裁决结果的纠正,改变了过去在劳动法领域一味强调保护劳动者权益,忽视用人单位合法权益的做法。《劳动法》及《广东省工资支付条例》均赋予了用人单位在不违反法律、法规强制性规定的情况下,自主确定本单位员工的工资分配方式和工资水平。裁判机构应当尊重用人单位的自主经营权,适用用人单位的规章制度(薪酬管理制度理所当然属于用人单位规章制度中的一种)去进行裁判,不能越俎代庖,径直违反双方已经约定好的工资分配方案去进行工资分配。只有充分尊重用人单位的自主经营权,才能充分调动劳动者工作的积极性,为社会主义市场经济创造更多的财富。本案的裁判结果也为往后类案的处理提供了裁判要点和依据。

专家点评

《劳动合同法》是一部自诞生以来,就定位倾斜保护劳动者权益的法律。因此,在司法实践中,往往是劳动者胜诉多,用人单位败诉多,尤其是涉及劳动者工资、奖金这一块。本案中,在仲裁阶段,劳动争议仲裁委员会就认为因客观情况发生变化,非劳动者原因所导致,从而支持了劳动者要求用人单位支付年终奖及绩效工资的请求。本案代理律师在一审阶段接受委托后,紧紧抓住"用人单位薪酬方案制定的合法合理性""用人单位具有工资分配的自主经营权"等要点进行切入,论述了"即使客观情况发生变化,也非劳动者可以简单以公平原则"作为理由,在不符合年终奖及绩效奖金发放的情况下要求用人单位予以支付,从而扭转了仲裁的不利结果,保护了用人单位的自主经营权,体现了代理律师较高的专业技能。

(点评人:苏东海,广东外语外贸大学法学院兼职教授,华南国际知识产权研究院兼职研究员,华南理工大学法学院法律硕士校外导师)

第五章　婚姻家事案例精选

婚姻法与其他部门法的综合运用

——张女士与丈夫离婚纠纷及引发的相关案件

史　萍

摘　要

张女士与邓先生原为夫妻，未曾想在 2016 年 3 月张女士偶然发现丈夫与第三者长期保持男女关系，张女士几经努力仍然无法挽回丈夫的心，遂准备提起离婚诉讼，经过律师帮其梳理财产时发现，原来丈夫早就在做着各种离婚的准备。于是张女士向法院提起了离婚诉讼，并要求一并分割夫妻共同财产。案件经过三次庭审，持续将近一年，最终在法院的主持下仅就离婚及部分财产分割达成了调解，并引发了一系列案件。

案情简介

"我希望你们能将我的故事写出来，让更多的人学会保护自己，不再犯我这样的错误。"张女士平淡地说。经过几年的诉讼，她已由初见时的沮丧、痛苦变得冷静、淡然。

2008 年，张女士与邓先生夫妇共同设立了一家公司，邓先生（法定代表人）负责对外营销，张女士负责内部管理，经过多年的努力，二人将公司经营得有声有色，虽然规模不大，但利润较为可观。2015 年年底，邓先生以张女士照顾家庭为由，让其放弃公司管理工作，张女士欣然同意，原以为可以回家过上幸福的家庭主妇生活，未曾想在 2016 年 3 月偶然发现丈夫与第三者长期保持男女关系。他们不仅拍摄了婚纱照，还生育了一个女儿，并拥有共同的住所。

根据代理律师的初步分析，除了离婚和财产分割，双方如果僵持下去还会产生更多的纠纷,但是如果双方能够调解,一方面会减少张女士对邓先生的怨恨,另一方面也会减少邓先生的诉累,避免双方持续长时间的纠缠。但是几经努力代理律师发现,对方和其代理人丝毫没有调解的意向,于是张女士向法院提起了离婚诉讼,并要求一并分割夫妻共同财产。

起初,关于夫妻共同财产部分,张女士并不清楚有哪些。之前出于对丈夫的信任,张女士离开公司,邓先生最初每月会拿回一些现金给张女士作为家用,但是公司的其他收入去向何处,张女士并不清楚,也从未过问。当张女士提出离婚,想让邓先生将夫妻共同财产拿出分割时,邓先生却闪烁其词。代理律师只好申请律师调查令,查到了邓先生名下自2015年以来多个账户的银行流水。流水显示,其个人账户多次从公司账户转入大额资金,有的资金去向他个人的其他账户,大多数则去向不明。由此,代理律师又申请调取了他收款的账户流水,从而要求法庭调查一些大额资金的最终去向和用途,最终达成部分调解,从而也引发了以下案件。

代理意见1

第一案:张女士与他人股权转让纠纷案

在与张女士最初的沟通中,其不经意提到大概2年前,邓先生以业务发展需要为由,让张女士将其名下一部分股权分别转让给梅某及何某(张女士均不认识)。在代理律师的提示下,张女士找到了两份股权转让协议,协议约定了张女士出让股权的份额和价格,但张女士本人从未收到过股权转让款。离婚案件立案后,张女士即另案起诉两位股权受让人支付股权转让款,而邓先生对其是否收到转让款不置可否,法院支持了张女士的诉讼请求。

值得一提的是,案件进入执行阶段后,法院未能查到财产线索,代理律师多方努力终于找到二人所在的单位,并将此信息告知执行法官,二人最终迫于压力履行了付款义务。

在夫妻关系存续期间,双方通常都有基本的信任,一方拿回的材料,极少配偶会去仔细阅读和了解,因为拿捏不好可能会伤害双方的感情,但是有些时候,过度的信任可能又会侵害自己的权益,类似案例也屡见不鲜。在此建议夫妻一方让另一方签署文件时,能够基于尊重进行简单的释明,另一方最好能理解文件的意思并复印留存,涉及自己权益的要及时跟进和行使,以免遗忘难以救济。

代理意见2

第二案:张女士股东知情权纠纷案

因离婚财产的分割涉及公司股权的处理,张女士有必要了解公司目前的经营情况和财务情况,但是邓先生拒绝告知,甚至不许张女士进入公司。此时,邓女士才领悟到为何早在2015年,邓先生让张女士回归家庭,只不过是为了摆脱张女士的监管从而转移财产罢了。因此张女士在起诉股权转让纠纷案后不久,即委托律师向公司发出函件,请求查阅财务资料,但却未得到回应。2017年7月张女士将公司诉至法院,要求公司提供相关财务资料供本人查阅、复制。审理期间,恰逢最高人民法院《关于适用〈中华人民共和国公司法〉若干问题的规定(四)》,该解释对股东行使知情权做了更为详细的规定,法院依此支持了张女士的诉讼请求。在法院的强制执行下,会计师、律师查阅复制了自公司设立之日起的章程、决议及财务会计报告,并查阅了会计账簿和会计凭证(原始凭证、记账凭证)等,从中发现了邓先生的一些违法经营行为。

实践中,类似张女士夫妇这种夫妻档的公司极其普遍,通常是一人负责经营管理,另一人辅助或者基本不参与经营管理,也有双方都参与的情形。这时双方都要考虑参与或者不参与管理的利弊,可以在专业人士的帮助下,通过法律文书或者法律行为保护自己的权益,以免事后救济出现阻力或者增加救济成本。

代理意见3

第三案:张女士丈夫涉嫌职务侵占、虚开增值税发票案

就在查阅、复制公司上述资料的过程中,代理律师和会计师发现,在邓先生经营管理公司期间,公司虚开了大量发票(律师发函到开票单位核实后确认虚开),且伪造记账凭证、多列支出。比如公司本身经营化工类产品,规模不大,人数不多,但是在某超市购买扫把之类的劳保费用每月达到几十万元。另外虚构工人人数,虚开工资,甚至将去世的哥哥作为员工记账领取工资,逃避了数额巨大的税款,大笔资金流向邓先生的个人账户后不知去向。为此,张女士向公安部门和税务局提出控告和举报,税务局依次对公司进行了处罚。

当今社会,离婚案件引发刑事案件已不罕见,曾经轰动一时的某明星离婚案,

该明星最终将自己的经纪人送进了监狱。很多人士在经营企业时不能遵纪守法,也给自己埋下了隐患。如今在税务透明以及法律对股东知情权的保护下,公司经营更要合法合规。

代理意见 4

第四案:公司起诉张女士借款纠纷案

令张女士没有想到的是,自己也收到了法院的传票,原来是公司起诉要求她还款。原来在 2016 年,邓先生曾以公司经营需要为由购买林肯车一辆(实际一直是邓先生本人使用),并声称登记在张女士名下最为安全,张女士毫不犹豫就答应了。买车时邓先生则以现金都在公司暂不便取出为由,让张女士出具借条向公司借款支付购车首期款,剩下购车款以张女士的名义向银行贷款。张女士认为公司的钱就是家里的钱,无所谓怎么提取,所以不假思索地签署了借条。最让张女士恼火的是,这些年张先生偶尔拿给张女士的家用,也是让张女士出具借条给公司,现在公司却一并起诉张女士要求还款,并查封了张女士名下的房产。

为此,代理律师协助张女士梳理了其向公司借款的情况,认为这些借款并非张女士的个人借款,一部分是双方的夫妻共同债务,另一部分是邓先生给予张女士的生活费无须偿还(当时股东仅为张女士夫妇),并以该思路整理出相应的诉讼策略。最终法院在综合双方质证意见及认真调查询问后,支持了代理律师的上述观点。但此时张女士已经恨透了邓先生。

家庭财产与企业财产混同,是许多企业普遍存在的现象,也存在很多风险。很多企业家认为企业就是我的家,企业的财产就是我的财产。但从法律的角度看,企业的归企业,家庭的归家庭,二者财产应作出区分及隔离。尤其是当大股东出现婚姻纠纷时,很可能会严重影响公司的经营,这种案例也屡见不鲜。

代理意见 5

第五案:银行起诉二人偿还车贷纠纷案

如前案所述,邓先生以公司经营需要为由以张女士名义购买林肯车并以张女士名义向银行申请贷款。贷款申请通过后张女士则需要向银行承担偿还贷款的责任,因张女士在离婚期间没有任何收入来源,自然无能力偿还贷款,银行也查封了张女士名下的房屋,并将二人告上法庭,张女士的征信因此受到严重影响。

庭审中,邓先生否认因购车事宜产生的借款与自己有关,但经法庭调查,涉案债务发生于婚姻关系存续期间,而邓先生作为公司法定代表人和实际经营人出借公司款项给张女士,且借款用途明确为购买林肯车,张女士在邓先生明知且同意以公司名义借款的情况下购买车辆用于共同生产经营,有时亦用于家庭的共同生活,该债务属于夫妻共同债务,法庭最终判决二人共同偿还上述贷款。

在夫妻关系存续期间,无论以哪方名义借款,如果债权人能够证明该款项是为共同生产经营或生活所需而使用,则法院可以认定为夫妻共同债务。本案中债权人虽不能举证,但张女士能够举证证明前案中因购车一事而产生的借款已用于夫妻共同生产、经营及共同生活,则法院完全可以依此作出判决认定购车产生的贷款属于夫妻共同债务,应由张女士与邓先生共同偿还。

代理意见 6

第六案:第三人起诉张女士借款纠纷案

正当代理律师以为前述纠纷告一段落时,张女士又来电称收到了某区法院的开庭通知,房屋也第三次被查封。“史律师,之前我真的不好意思跟你说这事。”原来,张女士在发现丈夫出轨之初,一时没了头绪,到处咨询求助,邻居华姐声称其在北京的男朋友可以帮忙,并要求张女士提取现金 40 万元给其男朋友用于帮助调查和聘请北京厉害的律师,但是张女士根本没有这么多现金,此时华姐的男朋友称可以介绍一位罗先生借款给她。张女士遂出具借条并取得借款,随后将该 40 万元支付给华姐及其男朋友,现罗先生起诉张女士要求归还到期借款。

当张女士将这些情况向代理律师陈述时,代理律师立刻警觉,这极有可能涉嫌诈骗,于是申请法庭将案件移送公安机关处理。但因本案中是否存在诈骗行为并未经过司法程序认定,故法院针对张女士与罗先生之间的借贷纠纷做出判决,同时因无法认定该笔债务为夫妻共同债务,从而判令由张女士个人承担全部还款责任。

当你无力支付款项,对方却介绍熟人借款给你时,应当警觉是否存在套路,而在债权债务比较清楚的情况下,法院也只能判决归还借款。此时打输官司的张女士如何讨回 40 万元,唯有依靠刑事案件去查明处理了。

代理意见7

第七案:第三人涉嫌诈骗张女士财物案

张女士拿到上述判决后,多次试图与华姐及其男朋友联系要求退款,但均遭到二人的各种搪塞和躲避。于是代理律师在协助张女士收集、固定与本案有关的证据,准备好充足的报案材料后,陪同张女士到公安机关报案,很快公安机关予以立案。后在侦查过程中,经过几番周旋,华姐及其男朋友最终将骗取的款项如数归还给了张女士,张女士总算是挽回了损失。

当发现丈夫有婚外情后,很多女性都是又气又恨,但又手足无措,很容易盲目轻信他人,导致钱财被骗,严重的甚至因为取证方式不当给自己带来牢狱之灾。但是如果身边有律师朋友引导,合法取证、合法维权,或许能达到较好的效果。

代理意见8

第八案:离婚后财产纠纷案

如前所述,张女士在此次离婚案件中,仅对解除婚姻关系及部分夫妻共同财产进行了分割,剩余夫妻共同财产的分割、债务承担还需另诉处理。经过多番查证、整理,张女士于2019年8月提起了离婚后财产分割诉讼。

目前案件进行了第一次庭审,由于涉及的财产种类较多且事实较为复杂,本案还会再次开庭审理。对于张女士来说,经过一次次的庭审,她已经不再纠结案件的结果,而是一边争取自己的权益,一边努力地工作,好好地生活。

财产分割案件,重中之重是掌握初步财产线索,以便申请法院查明相应财产从而进行分割,因此,在夫妻日常相处之间,也应留意夫妻之间财产情况,保留相应证据。

案例评析

也许,张女士还会面临第九个、第十个案件,但这些都不是代理律师想要看到的。也许有人会问:不是案件越多越好吗?其实,对于绝大多数家事律师来说,都希望能够通过调解的方式化干戈为玉帛,毕竟双方曾经夫妻一场,未来可能还会因为孩子而见面、交往。本案中,双方都因为诉累付出了大量的时间、精力、金钱。如果当初能和解,可能再见亦是朋友。

当然,在各种名人和身边亲朋离婚案件的影响下,也有越来越多的人士意识到婚姻存在的风险。为了避免各种矛盾和伤害的出现,在婚前婚后通过专业人士的帮助,运用协议、遗嘱、保险、信托等方法做好财富的管理和规划,让爱变得更加纯粹和长久,成为许多高净值人群的选择。

专家点评

本案例源起一宗离婚纠纷,但充分呈现了离婚纠纷中潜藏的各领域矛盾,本次则延伸出民间借贷纠纷、公司股权纠纷、股东知情权纠纷,甚至涉及职务侵占、诈骗等刑事案件。

由此可见,律师代理离婚案件,不仅需要引导委托人对婚姻情况做较为全面的描述,也需要在其描述中发现更多的问题以及提出“一揽子”解决方案。这就要求办案律师不仅要熟悉婚姻家事领域的法律法规,也需要熟练掌握并综合运用民商事乃至刑事领域法律规定,只有这样才能在办案过程中充分维护委托人的合法权益。

(点评人:闪涛,广东外语外贸大学法学院法律硕士研究生导师)

孙儿对奶奶抚养较多，获得相应的继承份额

——王某兵诉王某明、王某连继承纠纷案

张慧进

摘　要

王某兵(香港籍)诉王某明(香港籍)、王某连继承纠纷，原告与两被告系被继承人张某某的儿女。王某兵起诉要求与两被告平均继承被继承人名下位于深圳某村的股份、祖屋、自建房等财产。被告王某明委托代理律师代理。律师在办案过程中发现委托人的儿子，也就是被继承人的孙儿对被继承人尽了主要赡养义务。经与委托人沟通之后，律师代为向法院申请追加委托人的儿子作为第三人参加诉讼，参与分配遗产。在庭审中，代理律师留意到王某连作为被继承人的女儿，只要求对祖屋进行继承，放弃对其他遗产的继承。最后，该案除祖屋外的遗产，委托人与委托人的儿子共取得2/3，王某兵取得1/3。该案代理律师制定增加第三人参与继承的诉讼策略，使对奶奶尽了主要赡养义务的孙子，获得了与老人子女几乎同等的继承权，委托人一家获得了较多的遗产份额，也弘扬了中华民族尊老爱幼的良好品德。

案情简介

2021年3月，原告王某兵向法院起诉被告王某明、王某连继承纠纷，请求原被告均等继承留存在深圳市某某股份合作公司账户内的被继承人张某某名下的宅基地及配套用地的补贴款人民币618,000元；原被告均等继承被继承人张某某生前持有的深圳市某某股份合作公司的股份；原被告均等继承被继承人名下的祖屋；原被告均等继承被继承人名下的违建房。

被告王某明是香港人，原告委托律师在深圳市龙岗区人民法院起诉之后，法

律文书一直无法向被告王某明送达。法院根据原告方提供的线索,向居住在深圳龙岗区的被告王某明的儿子王某新了解王某明的送达地址及身份资料后,案件定下来在2021年11月29日开庭。由于当事人认为是家庭纠纷,对案件不够重视,在开庭前10天才想起委托律师代理案件。代理律师接受委托后,联系书记员使用法院诉讼服务微信小程序“授权见证通”办妥了香港籍当事人的委托手续,同时与当事人沟通案件基本情况,了解到违建房及祖屋均未取得房产证。代理律师告知当事人,在本案中法院无法处理房屋确权事宜。建议通过本案确定各方的分配比例,待房屋确权之后,各方协商处理。委托人提出:原告王某兵在被继承人生前对老人未尽过赡养义务,老人生前一直由被告王某明支付赡养费用,王某明的儿子王某新与被继承人同住,一直照顾被继承人张某某。王某明及王某明的儿子王某新对被继承人尽了主要的赡养义务。希望分割遗产的时候,对未尽抚养义务的原告方少分。针对委托人的诉求,代理律师与委托人沟通后,根据《民法典》第1131条的规定,对继承人以外的依靠被继承人扶养的人,或者继承人以外的对被继承人扶养较多的人,可以分给适当的遗产。申请追加委托人的儿子作为第三人参加诉讼。该申请获得法庭的批准。在庭审过程中,王某连在回答法官的问题时,多次表述“祖屋我要求平分,对其他的东西,我不理”。代理律师在庭前已经了解到,王某连作为被继承人张某某的女儿,依据农村的习俗,没有提出过要求分割遗产的请求。代理律师提请法官留意,王某连的主张是只要求分割祖屋,对其他遗产放弃继承。法官留意到该问题,对王某连的真实意思反复询问及确认,并在笔录中进行了记载。开庭两个月后,代理律师收到了法院的判决结果:对已查清的遗产,由王某明和王某兵各继承35%,王某新继承30%。

争议焦点

1. 本案被继承人的遗产有哪些?

2. 未经确权,尚未取得房产证的祖屋和违建房是否为被继承人的遗产?能否在本案中进行处理?

3. 王某新能否分得本案被继承人的遗产?

4. 本案被继承人遗产应当如何分割?

代理意见

1. 根据原《继承法》第 14 条的规定:"对继承人以外的依靠被继承人扶养的缺乏劳动能力又没有生活来源的人,或者继承人以外的对被继承人扶养较多的人,可以分给他们适当的遗产。"王某新由被继承人抚养长大,而且成年后与被继承人共同生活,被继承人年老后主要由其负责照顾,其为继承人以外对被继承人扶养较多的人,可以分给其适当的遗产。

2. 原告王某兵平时生活在香港,对老人没有尽过赡养义务,老人甚至都联系不到他,即使在疫情前,也是几年才回深圳一次,回来深圳后最多待两天,有时只待几个小时。在被继承人过世时,原告王某兵都没有参加葬礼;在经济上平时都是王某明对老人赡养较多,王某明逢年过节都会从香港回深圳探视老人,每年给被继承人 1 万到 3 万港元,被继承人就换成人民币,平时打牌消遣,后需请保姆照顾,王某明每年给的费用大概是 10 万元,因此,根据原《继承法》第 13 条规定:"对被继承人尽了主要扶养义务或者与被继承人共同生活的继承人,分配遗产时,可以多分。有扶养能力和有扶养条件的继承人,不尽扶养义务的,分配遗产时,应当不分或者少分。"原告王某兵应当少分或不分遗产,被告王某明应当多分遗产。

3. 被告王某连只要求继承祖屋,放弃继承被继承人的其他遗产。

案例评析

1. 本案中,王某新虽没有赡养被继承人的法定义务,但其从小就由被继承人照顾,与被继承人共同生活,成年后也一直扶养照顾被继承人,甚至被继承人的葬礼也由王某新操办,是良好社会道德风尚的具体体现,应当予以鼓励。本案裁判结合原《继承法》第 14 条:"对继承人以外的依靠被继承人扶养的缺乏劳动能力又没有生活来源的人,或者继承人以外的对被继承人扶养较多的人,可以分给他们适当的遗产"之规定,对王某新扶养照顾被继承人的行为给予高度肯定,结合其对被继承人扶养照顾行为对王某新适当继承遗产的范围进行合理认定,实现了情理法的有机融合,弘扬了团结友爱、孝老爱亲的中华民族传统美德。

2. 本案中,原告王某兵与两被告王某明、王某连均为被继承人的法定继承人,为被继承人的第一顺位继承人;本案裁判根据原《继承法》第 13 条"同一顺序继承人继承遗产的份额,一般应当均等"之规定,结合被告王某连仅要求继承祖屋,放弃继承其他遗产的情况,判决原告王某兵与被告王某明均等继承被继承人除祖屋外的其他遗产，不仅符合立法目的，而且有利于互谅互让、和睦团结精神的传播。

3. 通过本案可知，律师在办理法定继承案件时，应当深入了解案件事实，查清除法定继承人，是否存在继承人以外的对被继承人扶养较多的人，方可确认被继承人的遗产的分割方向，更好地维护当事人的合法权益。

专家点评

本案是一起“自愿赡养老人继承遗产”的典型案例。代理律师在办案过程中发现委托人的儿子，也就是被继承人的孙子对被继承人尽了主要赡养义务，从而制定诉讼策略，追加被继承人的孙子为本案第三人参加诉讼，使对被继承人尽了主要赡养义务的孙子，获得了与被继承人子女几乎同等的继承份额，不仅最大限度地维护了当事人的合法权益，而且弘扬了孝老爱亲的中华传统美德；本案裁判根据《民法典》第 1131 条的规定，对继承人以外的依靠被继承人扶养的人，或者继承人以外的对被继承人扶养较多的人，可以分给适当的遗产，判决对被继承人尽较多赡养义务的孙子继承被继承人 30% 的遗产，充分践行了司法为民的宗旨，让人民群众在司法案件中感受到了公平正义，做到了以典型案例为导向，弘扬了社会主义核心价值观，对促进社会公平、树立时代新风具有引领示范作用。

（点评人：曾琼，湘潭大学法学院副教授、硕士生导师）

重婚离婚案件中无过错方或可分得九成比例共有财产实例探讨

——翟某与谢某离婚纠纷案

林　杨　陈昱霖　史红云

摘　要

翟某与谢某历经相识、相恋并登记结婚,婚后育有一女。后翟某以夫妻感情破裂为由起诉至法院。代理律师受谢某委托,代理其离婚案件,在民事案件审理过程中根据委托方谢某提交的初步证据,凭借丰富的执业经验,敏锐发现翟某不仅婚内出轨他人,更以夫妻名义与他人同居、育儿。代理律师确认翟某的行为已触犯了我国《刑法》,构成重婚罪;且翟某在离婚案件中作为婚姻关系破裂的过错方,还应当承担过错赔偿金和经济补偿金。经代理律师不懈努力,多途径收集有力证据,最终翟某不仅重婚罪名成立,在离婚案件中也为谢某争取到高达九成比例的夫妻共同财产分配,并获得过错赔偿金、经济补偿金。代理律师不仅通过离婚案件保护了谢某的合法权益;更通过提起刑事案件维护了社会道德秩序;同时拓展了离婚案件争议解决的新思路,属于非典型的刑、民交叉案例。

案情简介

一、案件事实

翟某与谢某在大学相识、相恋并于2008年登记结婚,2011年育有一女。但从2017年初开始,翟某便已出轨婚外异性余某,在此期间,翟某存在转移、挥霍、隐匿夫妻共同财产的行为,将其与谢某的夫妻共同财产多次用于其与余某的共同生活、出游、购买品牌轿车及各类轻奢产品上。2018年,余某添加谢某的微信,对其多番羞辱,谢某方得知翟某出轨他人。在翟、谢二人婚姻关系存续期间,翟某和余某以夫妻名义共同生活,并育有一子翟小某。翟某放任余某对谢某的辱骂行为,给无过错的谢某造成了极大的精神伤害。后翟某甚至先以夫妻感情破裂为由起诉至广州市天河区人民法院,天河区人民法院受理本案。

二、处理过程

2020 年,天河区人民法院受理翟某诉谢某离婚纠纷一案,在一审审理过程中,代理律师根据委托人谢某提交的初步证据,跨省调阅翟某与余某因生育翟小某所填写的资料及提交的证照,并根据该部分证据向二人长期居住地东莞市所在地方的公安机关报案。2020 年 11 月,被告人翟某被东莞市公安机关羁押并被刑事拘留;2021 年 3 月,东莞市第一市区人民检察院指控被告人翟某犯重婚罪,向东莞市第一人民法院提起公诉;东莞市第一人民法院随即适用简易程序公开开庭审理,判决被告人翟某犯重婚罪,判处有期徒刑 7 个月。在东莞市公安机关立案后,代理律师据此向天河区人民法院申请中止民事诉讼案件的审理并获准。直至刑事案件判决生效后,天河区人民法院方开庭审理,并于 2021 年 7 月就翟某与谢某离婚纠纷一案作出生效判决。

三、裁判理由

根据《民法典》第 1087 条第 1 款之规定:"离婚时,夫妻的共同财产由双方协议处理;协议不成的,由人民法院根据财产的具体情况,按照照顾子女、女方和无过错方权益的原则判决。"在本案中,被告谢某是抚养子女的一方,是女方,也是无过错方,符合该条文规定的情况,应当在分配财产时对被告方进行大幅度的倾斜。基于上述法律规定以及本案的事实,天河区人民法院作出生效判决。

四、裁判结果

广州市天河区人民法院在(2020)粤 0106 民初×××××号生效民事判决书中,判决如下:

(1)准予原告翟某与被告谢某离婚;

(2)女儿由被告谢某抚养,原告翟某应每月向被告谢某支付抚养费 1000 元至 2029 年某月某日;

(3)位于广州市天河区××房产及清远市××卡铺归被告谢某所有,位于清远市××房产归原告翟某所有;车牌号为××的小轿车归被告谢某所有,车牌号为××的小轿车归原告翟某所有;

(4)在本判决生效之日起 10 日内,原告翟某向被告谢某支付过错损害赔偿金 20,000 元及离婚经济补偿金 10,000 元。

争议焦点

结合案情,本案争议焦点如下:

(1)翟某与谢某夫妻感情是否破裂?

(2)翟某在婚姻关系存续期间出轨他人,并与他人以夫妻名义共同生活、育儿是否构成重婚,应否承担刑事责任?

(3)婚姻关系存续期间,一方明显存在过错,无过错方对共有财产如何分配问题?

(4)婚姻关系存续期间,明显存在过错的一方责任如何承担问题?

代理意见

代理律师结合本案事实及证据,依据相关法律规定提出以下代理意见:

(1)翟某在婚姻关系存续期间出轨婚外异性余某并育有一子翟小某,夫妻感情确已经破裂。根据最高人民法院《关于适用〈中华人民共和国民法典〉婚姻家庭编的解释(一)》第 46 条、第 49 条规定,女儿应当由被告谢某抚养并由翟某支付抚养费、生活费、教育费直至女儿 18 周岁。

(2)翟某将夫妻共同财产用于与余某共同生活,故意隐藏、挥霍夫妻共同财产,并且在婚姻关系存续期间与他人以夫妻名义生活、育儿,已经构成重婚罪,并被定罪追究刑事责任。根据《民法典》第 1087 条的规定,翟某无权分得任何财产或应少分财产。

(3)翟某抛弃妻女,婚内出轨、重婚育儿,并挥霍共同财产且拒绝支付女儿抚养费及家庭的必要支出;谢某因抚育女儿负担较多义务且无过错。根据《民法典》第 1087 条的规定,翟某无权分得任何财产或应少分财产。另根据第 1088 条的规定,谢某有权要求翟某支付离婚经济补偿金。

(4)翟某放任余某对谢某进行辱骂,给谢某造成极大伤害,根据《民法典》第 1091 条的规定,谢某有权要求翟某向其支付精神损害赔偿金。

案例评析

1. 本案法律适用得当

结合本案案情以及争议焦点,作为本案原告方的翟某在夫妻关系存续期间,存在以夫妻名义与他人同居育子,挥霍、转移夫妻共同财产等事实。本案代理律师主要从夫妻关系确已破裂、重婚罪名成立、子女抚养、共同财产分割以及过错方责任承担五个方面着手,适用最高人民法院《关于适用〈中华人民共和国民法典〉婚姻家庭编的解释(一)》第46条、第49条,《民法典》第1087条、第1088条、第1089条、第1091条的规定,结合案件事实以及证据材料,从现有法律规定中寻求相应的请求权基础,法律适用十分得当。

2. 本案蕴含丰富的法学理论基础

婚姻是家庭的起始,家庭是社会的细胞,婚姻家庭健康有序,才会有健全和谐的社会。

从立法目的来看,《民法典》婚姻家庭编作为维系婚姻家庭的基本法律,对婚姻家庭中涉及的人身权益和财产权益进行全面的规定,对于维系和谐社会,有序解决婚姻家庭纠纷提供了规范指引。本案代理律师以《民法典》中的相关条款为请求权基础,结合案件情况和证据材料,为翟谢离婚纠纷的有序、合法解决提供专业指引,符合《民法典》的立法目的。

从成文法和法理之间的关系来看,虽然《民法典》对过错方财产分割、责任承担进行规定,但是多为原则性的内容,具体到个案,财产分割的比例、责任承担的多少,则由法官自由裁量,其中就涉及成文法和法理关系的一个处理。本案代理人在《民法典》、最高人民法院《关于适用〈中华人民共和国民法典〉婚姻家庭编的解释(一)》成文法规定的基础上,运用丰富的法理知识,说服法官,从而获得更有利于委托人谢某的判决结果。

3. 本案可供推广的规则和方法

结合本案的判决结果和办案过程,代理律师结合实务经验,在处理离婚纠纷案中,除以《民法典》、最高人民法院《关于适用〈中华人民共和国民法典〉婚姻家庭编的解释(一)》等规定为依据,在民法范围内维护婚姻关系无过错方的权益外;还可以结合《刑法》的规定,追究过错方的刑事责任,最大限度地维护无过错方的权益、维护社会道德秩序。

专家点评

婚姻是家庭的起始,家庭是社会的细胞,婚姻家庭健康有序,才会有健全和谐的社会。近年来,随着离婚案件的增多,财产分割、债务承担、子女抚养等已经成为离婚案件中最为常见的争议焦点问题,那么如何维护委托人在离婚案件中的权益,是婚姻家事代理律师需要重点关注的问题。本案中,林杨律师团队及代理律师陈昱霖利用自身过硬的专业能力、丰富的办案经验、扎实的专业知识为委托人谢某争取最大利益。在以往的司法实务中,就离婚案件财产分割问题而言,在过错一方婚内出轨他人并以夫妻名义与他人同居的情况下,法院一般会以夫妻感情确已破裂,准予离婚,同时在夫妻共同财产分配上略倾向于无过错一方,很少以重婚罪判处过错方,本案过错方重婚罪名的成立是谢某获得更多赔偿的根源。此外,《民法典》婚姻家庭编进一步明确"维护无过错方权益原则",为婚姻关系中无过错方谢某分得高达九成比例的婚姻共同财产提供法律上的依据,这在同类离婚纠纷案件中并不多见。此外,结合家事纠纷的相关案例,法院很少在离婚案件中因婚姻关系存续期间与他人以夫妻名义生活以"重婚罪"定罪,本案作为为数不多的案例,对于离婚案件中涉及的刑民交叉问题具有重大参考意义。

林杨律师团队以及代理律师陈昱霖通过离婚案件最大限度地保护了谢某的合法权益,使得婚姻关系中作为过错一方的翟某,不仅承担了刑事责任,也因为对婚姻的不忠承担了相应的民事责任,这对于婚姻关系中忠诚一方权益的维护,提供了很好的案例借鉴和价值指引,具有重大的社会意义。

(点评人: 王雪丹,广东财经大学副教授)

第六章 医事案例精选

储备相关医学知识，助力化解因果关系认定的难题

——王某某等人诉某大学附属医院医疗损害责任纠纷案

李　立

摘 要

患者余某某因体检发现“宫颈 CIN Ⅱ累及腺体21天”于2015年5月21日进入被告某大学附属医院就诊。医院于2015年5月22日为患者在门诊行“宫颈LEEP锥切手术”，患者术后经抢救无效，于2015年6月24日0时40分被宣告临床死亡。患者近亲属王某某等人以医院严重违反诊疗规范，严重侵害了患者的生命健康权为由向人民法院提起医疗损害责任纠纷诉讼。代理律师介入案件，代理患方向法院申请医疗损害鉴定，鉴定意见明确医院存在诊疗过错，但因患者突发心脏骤停的原因不明，无法评定医方的过错行为对患者死亡的参与度。

而后，代理律师凭借丰富执业经验，向法院明确指出：医院未在术前对麻药剂量进行估算、两份妇产科手术护理记录单不相符以及尸检结论排除了患者因自身疾病造成死亡，患者死于手术过程中的缺氧只能是医院的过错导致。最后，一审法院基本支持了代理律师的意见，认定医疗过错行为与患者余某某的死亡存在因果关系，但考虑到患者余某某因疾病需要手术治疗需承担一定的麻醉风险及手术并发症风险，而且亦不能完全排除因余某某自身疾病的因素而导致死亡，综合认定医院承担90%的责任。二审法院最终维持原判。

案情简介

一、案情

患者余某某因体检发现“宫颈 CIN Ⅱ累及腺体21天”于2015年5月21日进

入被告某大学附属医院就诊。医院于 2015 年 5 月 22 日为患者在门诊行“宫颈 LEEP 锥切手术”，患者术后经抢救无效，于 2015 年 6 月 24 日 0 时 40 分被宣告临床死亡。

患者近亲属王某某等人以医院严重违反诊疗规范，严重侵害了患者的生命健康权为由向人民法院提起医疗损害责任纠纷诉讼，请求判令：(1)被告退还原告已支付的医疗费 5000 元，并免除患者在住院期间的所有医疗费；(2)护理费等各项费用合计 1,642,624.9 元；(3)本案的诉讼费、鉴定费由被告承担。

二、鉴定结果

1. 死因鉴定：原告及被告委托某法医鉴定中心对患者余某某的死因进行鉴定，该中心出具某法鉴中心【××××】病鉴字第×××××号《某法医鉴定中心司法鉴定意见书》，鉴定意见为：余某某符合在行宫颈椎切术后，并发脑缺血缺氧、继发多脏器病变致多器官功能障碍死亡。

2. 医疗损害鉴定：经原告申请，一审法院委托某大学司法鉴定中心进行医疗过错鉴定，该鉴定中心出具某司法鉴定中心【××××】医鉴字第××号《某司法鉴定中心医疗损害鉴定意见书》，鉴定结论为：被告在对余某某的诊疗过程中存在过错，其过错行为与患者的死亡有因果关系。因患者突发心跳骤停的原因不明，故无法评定医方的过错行为对患者死亡的参与度。

三、判决结果

一审判决：原审法院分析认为，在患者处于麻醉复苏观察阶段，医院缺乏对患者术后复苏状态的判断，缺乏患者病情转变之后的麻醉记录，在患者麻醉苏醒过程中未尽到高度注意义务，存在过错；发现患者无脉搏和呼吸时，医院立即予以心肺复苏，但未见心率监测记录，病情变化后 7 分钟才予以第一支肾上腺素静推，发现患者口鼻流出血液时亦未见清理呼吸道、保持气道通畅的措施，病情变化后 14～17 分钟才行气管插管，而一般心脏骤停发生后，大部分患者将在 4～6 分钟内开始发生不可逆脑损害，某大学附属医院采取措施不及时，存在过错。上述医疗过错行为在鉴定结论中均有证实，与余某某的死亡存在一定的因果关系。但考虑到余某某因疾病需要行手术治疗需承担一定的麻醉风险及手术并发症风险，而且亦不能完全排除因余某某自身疾病的因素而导致其死亡。综上，结合本案实际情况，原审法院酌情认定被告某大学附属医院承担 90% 的赔偿责任。判决如下：(1)被告某大学附属医院赔偿原告王某某等人 126,005.78 元；(2)驳回原告其他诉讼请求。

二审判决：二审法院认为原审判决事实认定清楚，法律适用并无不当，予以维持,判决驳回上诉,维持原判。

争议焦点

1. 某大学附属医院是否存在医疗过错,该医疗过错与患者的死亡之间是否存在因果关系以及参与度大小。

2. 关于应否继续委托鉴定机构进行再次鉴定的问题。

3. 关于责任比例问题。

代理意见

一审代理意见:患方认为是医院在给予患者麻醉、手术及术后监护和抢救过程中的严重错误致使患者身亡的,这些错误具体包括:(1)麻醉剂使用的剂量不明,超剂量极有可能是患者术后无法苏醒的原因。(2)麻醉医师不是麻醉专业的,医院也未提供其麻醉专业的职称。(3)麻醉过程根本没有监护,以致患者出现呼吸抑制没有被发现。(4)患者缺氧时间很长后才实施抢救,抢救时未及时请血液等专科会诊、查明出血原因等。(5)医院用大量的针剂冲洗循环,极力掩盖麻醉超剂量的过错,甚至试图阻止家属尸检。(6)医院篡改重要的病历资料,极力掩盖麻醉没有监护以及抢救不及时的错误。(7)医院疏忽大意,极其不负责任,患者原本办理的是入院手续,但其手术却是在门诊做的。

我方补充代理意见:(1)医方未在术前根据患者的体重对麻药剂量进行估算,病历中也无相应的体现,鉴定意见根据医方事后补充的体温单,并依据该体温单上对患者体重的记载倒推医方麻醉及使用剂量不存在过错,明显是对医方的偏袒。(2)鉴定意见书中提到,有两份妇产科手术(射频消融、LEEP 刀)护理记录单记录不相符,重点体现在手术时间、手术结束时间以及血压记录上,这些不同记录反映出被告之所以刻意隐瞒原告,是因为患者麻醉未苏醒而又无人监管以致氧死亡的重要事实,但鉴定意见并未对此进行具体分析,医方更未能给出合理的解释和说明,应推定被告的行为承担相应的责任。(3)鉴定意见指出了因果关系但未给出参与度,原告认为,尸检结论已排除了患者因自身疾病造成死亡,患者死于手术过程中的缺氧,只可能是医方的医疗过错所导致,应当认定医方的过错是导致患者死亡的全部原因。

二审代理意见:同意原审判决。本案医方存在病历造假,涉案医疗损害鉴定已对相关专业性问题进行鉴定,医方没有提交充分的证据推翻鉴定意见。鉴定意见书已明确认定医方存在过错,医方的上诉主张缺乏依据,应驳回其上诉请求。

案例评析

本案代理律师凭丰富的办案经验,在医疗损害鉴定结论不利的情况下,认真仔细审查现有证据,并结合证据充分发表意见,充分举证证明了医院的医疗过错行为以及该医疗行为与患者死亡之间的因果关系,最终取得了良好的代理效果,纠正了司法实践中"唯鉴定论"的错误思潮,成功维护了患方的合法权益,为医疗损害责任纠纷的解决增添了经典成功案例。

专家点评

对医务人员:本案是患者全麻手术后,在全麻苏醒过程中因医院监护不到位引发的医疗纠纷。患者由健康人经治疗后死亡,该案医务人员主要违反谨慎注意义务。注意义务体现为临床医生出于对患者病情的高度关注及根据当时的具体情况所采取的更为恰当的处置和诊疗行为,实际的临床规范或法规中并没有相应文字注释。对于全麻术后自主呼吸未完全恢复的病人,医务人员更应关注病人的供氧情况。

对律师的代理过程:医疗纠纷因涉及医疗高度专业问题,在评估个案的诊疗过程是否存在过错、是否存在损害后果、损害后果与因果关系是否成立以及诉讼策略的选择等多个方面都考量专业律师的能力,因此医疗纠纷案件选择专业律师代理对案件的影响极大。本案中,代理律师在代理过程中表现出高度专业水平。在医疗损害鉴定意见只分析过错,未有参与度的情况下,代理律师通过努力梳理案件的病历证据,充分论证了医院医疗行为对损害后果的参与度,最终该意见被法官所采纳,体现了代理律师具有扎实和专业的医疗基础以及良好的法律实践能力。

(点评人:陈一天,广东省社会科学院法学研究所研究人员)

从医疗器械来源入手，深入挖掘医方不足，提高责任比例

——杨某某诉广东某某医院医疗损害责任纠纷案

李　立　许文滔

摘　要

原告杨某某因症状性癫痫发作于2013年9月18日到被告广东某某医院（以下简称被告）入院治疗，被告于2013年11月7日和21日分部对患者施行左额中内区颅内电极置入术和左额中央区癫痫灶切除术，但术后患者病情不仅未得到改善，反而还造成了严重的躯体和精神伤残。

代理律师介入本案后，向法院提出进行伤残鉴定及医疗损害鉴定，并指出了被告存在的大量违法行为。但伤残鉴定意见书仅有对躯体伤残的结论，忽略了原告的严重精神伤残；而医疗损害鉴定只认定了被告承担轻微原因力的责任，对于代理律师指出的违法行为，鉴定机构并未进行事实认定，而是交由法院进行调查核实。

代理律师凭借丰富的执业经验，全面分析案件并搜集固定证据，证实了被告存在的诸多违法行为。一审法院基本采纳了代理人的意见，进而认定被告承担60%的高赔偿责任，并认定了原告20年的后续治疗费及护理费用。代理律师积极争取了更高的赔偿责任及赔偿金额，从而维护了原告的合法权益，取得了良好的代理效果，逆转了不利的医疗损害鉴定意见书，纠正了司法实践中“唯鉴定论”的错误思想，并根据患者的实际情况免除了诉讼费，为医疗损害责任纠纷的解决增添了成功案例。

案情简介

一、案情介绍

患者杨某某因症状性癫痫发作于2013年9月18日在被告处治疗,2013年11月7日及21日,医方对患者分别施行左额中内区颅内电极置入术和左额中央区癫痫灶切除术。术后患者病情不仅未得到改善,反而还出现了严重的躯体和精神伤残。患者认为医方严重违反诊疗规范,严重侵害了其健康权、身体权,为维护自己的合法权益,特提起诉讼(案由:医疗损害责任纠纷案),请求判令:(1)被告向原告赔偿合计4,503,589.06元(包括医疗费、伤残赔偿金、交通费、住院伙食补助费、住宿费、住院期间的护理费、评残后护理费、营养费、残疾辅助器具费、后续治疗费及康复费、精神损害抚慰金、鉴定费、鉴定期间产生的伙食补助费及住宿费、公证费用);(2)本案诉讼费、鉴定费由被告承担。

二、鉴定结果

1. 伤残鉴定:(精神)被鉴定人杨某某目前诊断为器质性精神障碍;精神伤残评定为五级;需长期服药治疗,每月门诊医疗费约需1000元。(躯体)被鉴定人杨某某颅脑手术后遗症右侧偏瘫(右上肢肌力5-级,右下肢肌力4级),评定为八级伤残。

2. 医疗损害鉴定:(1)有手术指征。(2)医方在告知方面存在严重的缺陷:①未告知患方,这是首例机器人手术(建议法庭对此进行查证);②对被告的资质有告知不实之嫌,依据同行经验判断,该院实为私营医院,但对外宣传和在见面会上均声称自己是三甲医院等。(3)在手术操作过程中,其他人员不宜停留在手术室。手术当时误导了患方,患方以为是法国高水平的医生在为病人进行手术治疗,事后医方解释出现法国人是学术交流之需要。这个时候进行学术交流难以用医疗行业习惯来理解,至少医方与患方沟通不足。(4)被告使用植入的仪器是否符合法律的规定,建议法庭查证。(5)被告的高收费是否有合法的依据,建议法庭查证。(6)病人系难治性癫痫,医方对于两次手术后的观察不细致,如第二次手术后,被告未每天写病程记录,而三甲医院对术后重病患者一般每天都要写病程记录。(7)医方是否将病人的手术过程公开发布及是否侵犯病人的隐私权,由法庭调查和处理,不属于本鉴定范畴。(8)医方是否曾拒绝患方封存病历资料,请法庭调查和处理,不属于本鉴定范畴。鉴定结论:(1)被告对杨某某的诊疗行为如果经法庭查证没有违法行为,鉴定意见则为有过错,轻微责任;(2)被告对杨某某的诊疗行为如果经法庭查证有违法行为,请法庭根据案情和现行法律规定作出适宜的处理。

代理意见

一、起诉意见

原告所受到的严重损害正是由于被告的诊疗行为存在重大过错直接造成的，具体如下:(1)被告严重违反诊疗规范,对原告实施了过度诊疗,这是造成原告无法正常生活的直接原因。(2)被告严重违反诊疗操作规范,在定位不准确的情况下对原告进行脑皮质的切除,直接致原告残疾和脑器质性精神障碍。(3)被告对原告实施实验性临床医疗且完全未尽说明告知义务。(4)被告在手术中置入的是非法的医疗器械,严重违反诊疗规范。(5)被告的诊疗存在严重的资质问题。(6)被告存在伪造篡改病历的行为。(7)被告未经原告及家属同意,将原告病情、手术过程的照片等信息在网上公开宣传,严重侵犯原告的个人隐私权。

综上所述,被告在对原告的诊疗过程中严重违反诊疗规范,过度盲目诊疗,未尽如实、充分告知义务,未尽替代方案说明义务、欺瞒重要诊疗信息、使用非法器械、开展无资质诊疗项目、聘用无资质医生行医、伪造篡改病历等种种严重过错行为,不仅直接影响原告及家属对诊疗方案的决策,而且被告进行的错误、失败的手术,最终造成了原告身体的严重创伤。

二、针对伤残鉴定意见的质证意见

原告认可躯体伤残评定结论,但认为其精神伤残等级应达到三级,鉴定机构对后续治疗费、护理期、营养期、误工期及护理依赖评定不充分。原告需长期接受治疗,其后续治疗费用应包括当地门诊费用、就诊交通费用及前往当地或外地三甲医院治疗的费用、交通费和伙食补助费等必要成本;原告日常生活能力明显受限且为成年男性,外出时 1 名家属根本无法看护,至少需要 2 人陪同,且需长期陪护,护理期限应计算至受害人恢复生活自理能力时止,时间上应认定为 20 年;原告需长期接受治疗,营养费属于必要支出;原告外出需人陪同,需家属长期护理,必然发生误工损失;原告精神状况问题严重,具有打人、伤人行为,无法独立生活,应认定为完全依赖。

三、针对医疗损害鉴定的质证意见

原告对某大学司法鉴定中心做出的鉴定意见书不予确认。其认为鉴定程序违法,直接影响鉴定结果的公正性及正确性:(1)鉴定所依据的材料只有被告提供的病历材料及其在鉴定会时提交的未经质证的录像资料,没有原告在被告处出院之后在外院就医的相关材料,且被告所提供的病历存在伪造、篡改之处,因此鉴定机构无法做出准确的评估。因此,仅根据被告提供的病历资料无法反映出原告入院前及在被告处进行手术的全面情况。(2)鉴定机构将被告提交的未经法庭质证的材料(拍摄的医院的部分录像资料)作为鉴定依据,属于程序严重违法。(3)某大学司法鉴定中心不具备精神鉴定资质,而精神鉴定对于本案的损害后果、因果关系、参与度的评定至关重要,因此该鉴定中心无法做出准确合理的鉴定结论。鉴定专家在不具备精神鉴定资质,且仅看了被告的材料而没有综合外院就诊资料的情况下武断做出"杨某某精神状况正常"的意见,与事实相违背,对原告不公平。在入住被告处前,原告曾在北京某脑科医院、清华大学某医院、北京大学某医院、湘雅某院等多家医院就诊,均未反映出其患有精神障碍,且在被告的住院记录上也并未体现出其患有精神障碍,可见原告在入住被告医院手术前,不存在精神障碍。而在被告为原告进行手术后,原告就出现了器质性精神障碍的损害后果。在术后很短的时间内,被告就为患者开具了抗精神病药——奥氮平,表明原告术后即出现了精神障碍,但被告一直隐瞒,并未将真实病情及相应的治疗措施告知原告家属。并且被告为了掩饰自己的过错,在原告出现精神状况时要求原告出院,而此时原告并不符合出院条件。后原告又去了北京某医院、湘雅某医院、深圳某医院等多家医院就诊,以上就诊病历材料均反映出原告在被告处手术后出现了器质性精神障碍。另外,根据中国残疾人联合会颁发的残疾人证,原告属精神残疾二级。因此,原告方完全有证据证明由于被告的错误手术导致原告术后出现器质性精神障碍的严重后果。(4)鉴定过程中,鉴定专家没有听取原告方的陈述即给出意见,又未给原告方辩驳陈述的机会,属于程序错误。鉴定会上,原告方没有陈述的时间。鉴定中心摘抄的内容遗漏了至关重要的信息,但鉴定人并未耐心听取原告方意见。(5)两位鉴定专家不具备资质,给出的鉴定意见没有依据。原告在被告处接受的手术属于四级甲等手术,手术的专家必须具备很高的资质。第一位神经内科的鉴定专家对于癫病外科手术并不在行,无法给出公正、公平的鉴定意见,并且不具备精神鉴定资质;第二位神经外科的鉴定专家在双方均已陈述完毕的时候才到场,且没有查看笔录,没有询问双方当事人,单凭对方提交的未经质证的录像资料得出结论。

四、上诉理由

1. 一审轻信了医方陈述,对关键性事实部分查明不清。(1)对医方使用机器人手术且没有任何资质的情况没有查明。(2)对医方聘用无资质外籍医生没有查明。(3)对患者护理人数及护理程度的认定没有查清。身体和精神残疾鉴定是先委托的,护理依赖程度鉴定是在听证检查后再补充委托的,护理依赖程度并未在当时听证的考虑范围内。结合患方提供的全部证据材料,已可证明患者目前情绪激动,且有精神障碍的安全问题,应当认定为全部护理依赖。此外,患者现为成年男性,不能独立生活,仅有1名家属根本不能看护,恳请二审纠正。

2. 一审对医方的过错程度未能查清,以致判定医方的责任比例明显过轻。(1)鉴定机构和一审都已查明,医方谎称其为全国知名的脑科三甲医院,诱骗患者相信医方的能力及水平,影响患者及家属对医疗风险的正确评估,导致患者丧失了选择三甲医院治疗并有可能得到痊愈的机会权益。(2)根据有关规定,被告行机器人手术需要经过国家卫生和计划生育委员会办公厅特批才能具备资质并开展业务,而医方在为患者进行机器人手术时,没有获得相关部门批准开展机器人手术的资质。(3)癫痫的手术治疗必须被控制在非常严格的范围之内,由于患者手术时是未成年人,缺乏手术指征,且其曾行过左额叶致痫病灶切除术,再次手术必须慎之又慎,但医方没有评估患者病情以及既往手术影响是否有必要而再次采取手术治疗。(4)医方严重违反诊疗规范,没有充分监测患者癫痫发作的区域信息,没有定位准确就进行手术切除,直接导致患者不可逆转的损害后果,医方纯粹是为了诱骗患者实施手术,用以赚取患方的巨额医疗费。(5)采用手术机器人为难治性癫痫患者实施电子埋藏术在国内仅开展几个月,且没有成功案例,这么一个实验性医疗行为却实施在一个年仅14岁的未成年人身上,严重违背了伦理要求;医方将实验性临床手术治疗作为华南地区第一例进行宣传,没有在术前向患者进行过任何形式的告知,严重违背了医疗伦理原则。(6)手术中有外国专家指导并参与手术,违反了《外国医师来华短期行医暂行管理办法》等有关规定,一审未据此认定医方的过错。(7)医方直至今日仍不能提供植入仪器的医疗器械注册登记表以及医疗器械注册证,即医方使用的医疗器械为非法器械,无保证定位的准确性和有效性。(8)医方未履行如实充分告知义务,致使患者丧失了接受更优质医疗治疗的机会。(9)医方篡改病历,病历的多处记载相互矛盾,且无法做出合理解释,医方神经内科李某主任亲口承认篡改了患者入院时的评估。(10)医方能够提供病房内录像,却无法提供手术视频,与常理不符,且根据《医疗纠纷预防和处理条例》以及国务院有关病历的规定,手术视频属于病历资料的内容,现医方拒绝提供手术视频,其应当承担不利的举证后果以及隐匿病历资料的推定过错。(11)一审仅凭患方在手术知情同意书上签字就认为上面所记载的内容是真实的,而忽视了医方在患方签字之时并没有告知过肌力等级的具体含义,并且麻醉师负有评估患者病情的责任,麻醉记录上的记载才符合客观事实,据此分析,患者肢体残疾明显出现在手术之后。

3. 一审关于赔偿费用的核定不符合客观事实,恳请二审依法纠正并支持患方的上诉请求。(1)鉴于医方的电极片等材料无法证明合法来源,属于非法医疗器械,而且也无法证明该电极片为一次性使用,医方应当退回关于电极片等非法医疗器械的费用。(2)一审认定的22,130.4元交通费仅为患方现保存的发票金额,但实际支出远超过该数额,患者因病情问题需要四处就医,即便是省内就医也会发生巨额的交通费用。(3)由于患者离不开护理,护理人员由此产生的必要住院伙食补助费并不违反相关规定,该部分支出属于家属因陪护必然产生的合理费用,医方应当承担相应的赔偿责任。(4)由于医方存在严重的诊疗过错行为,患者需要四处就医,一审认定的住宿费数额过小,不符合实际情况。(5)因患者存在精神伤残,需要护理,且考虑到患者已满18岁,情绪易失控烦躁,时而具有伤人表现,必须有两名以上的成人才能有效地控制和护理。根据《人身损害护理依赖程度评定》(GB/T 31147—2014)3.1.5"被评定人同时有躯体伤残、精神障碍和精神障碍安全问题均需要护理依赖的,应分别评定,按护理依赖程度较高的定级"的规定,患者构成全部护理依赖。(6)一审对营养费认定错误,应按照每天500元的标准计算7个月,为105,000元。(7)一审认定的精神损害抚慰金数额过低,没有考虑到医方存在的诱骗患者进行临床实验性手术、使用非法器械、未如实告知手术风险和聘请无资质医师行医等过错行为,以及患者需要终身接受治疗的事实和严重的精神伤残。(8)鉴定费和公证费的产生均是由于医方的错误诊疗行为导致的,现鉴定意见书以及公证的结果均显示医方存在严重过错,因此鉴定费以及公证费用应当全部由医方承担。(9)患者精神伤残评估不足,对于躯体伤残的因果关系认定错误,应当按照患者实际的精神伤残情况进行计算,而且患者有二级残疾证,医方对于患者的伤残存在直接损害,应当承担相应的赔偿责任。

综上,一审事实查明及法律适用存在错误,恳请二审予以纠正并依法改判。

五、二审答辩理由

1.医方的诊疗过错行为是患者术后出现精神伤残的根本原因,二者具有直接因果关系。(1)患者于2014年11月6日被中南大学某医院诊断为额叶切除术所致精神障碍。某司法鉴定中心做出的司法鉴定意见书亦认为,"术后MRI显示:左侧额上、中回部分切除。这一部位的手术损伤为实施手术难以避免。脑的此区域与情绪控制有关,当其损害后,自然会发生自控力下降,表现为易躁易怒"。湖南某司法鉴定中心做出的司法鉴定意见也载明"被鉴定人颅内存在明显器质性改变,有引起精神障碍的病理基础"。因此,医方认为手术涉及区域不会导致精神障碍为虚假陈述,也与其在知情同意书中所记载的"术后少数患者可能出现思维紊乱甚至精神障碍"的说明自相矛盾。(2)患者曾在多家医院就诊,均未反映出任何的精神障碍病情,而且在医方的住院记录上也未体现出其患有精神障碍,可见患者在入住医方前,并不存在精神障碍。患者手术后就有精神障碍疾病的表现,包括易怒和烦躁等,但当时家属不知道这是精神疾病的表现,医方也一直未将真实病情及相应的治疗措施告知患者,并在术后就用了抗精神病药物奥氮平(当时哄骗家属说只是促睡眠的药物)。患者后来又去了多家医院就诊,均反映患者在术后就出现了器质性精神障碍。因此,患者精神伤残的损害后果和医方实施手术之间的关联性已可达到法律所要求的"高度盖然性"规则。(3)医方在本案长达6年期间未提出过任何关于鉴定的申请,现却因为一审判决对其不利而要求再次进行鉴定,明显是为了拖延判决。患者因本案已遭受了长达6年之久的折磨,何况治疗精神障碍的费用极高,患方坚决不同意医方在二审才提出该项申请。

2. 医方不仅未尽到充分的知情告知义务,还存在欺骗性医疗。患者家属在术后才知道医方为患者实施的电极植入术,这是华南地区首例用手术机器人为难治性癫痫患者实施的电极埋藏术,术前医生未告知家属此手术系该院首例这一重要信息。医方在手术中置入的是非法医疗器械,还向患者收取了高达20多万元的高额费用,纯粹是诱骗患者进行手术,以达到赚取高额医疗费的目的。无论医方如何狡辩,事实就是其并非三甲医院,却对外以三甲医院进行宣传。患者当时已经有情绪障碍表现,但医方故意不进行任何精神方面的监测和评估,若不是患者到其他医院就诊很可能无法发现,家属也是在其他医院才知道医方使用的奥氮平是抗精神病药物。

3. 一审关于20年护理费和后续治疗费的认定是合理的,根据司法鉴定意见书,护理程度主要基于精神伤残等级,护理年限则是基于患者存在精神疾病需要长期护理,并没有涉及原癫痫病情的护理,不需要鉴定机构另外进行所谓的回函。患者在外院门诊和住院的花费均是为治疗手术所导致的精神疾病,患者实际产生的费用远高于每月1000元。湖南某司法鉴定中心所作的鉴定书已经将患者后续治疗费包含在内,医方未在规定期间提出异议,现又提出所谓的申请,完全是为了混淆视听和拖延时间。相关的治疗费损失发生在术后,都是与医方的过错直接相关,且按照责任比例划分已经是进行了区分。

综上,医方的上诉主张缺乏事实与法律依据,请求二审予以驳回。

案例评析

法院在审理医疗责任损害纠纷案件时,很大程度上依赖于医疗损害鉴定的分析意见和结论,鲜少有改变鉴定结论作出判决。而本案的特殊之处在于,鉴定机构出具的鉴定结论虽已明确认定被告在患者的诊疗活动中存在过错,但留有许多需要由法庭调查核实的医方违法行为,原鉴定意见作出的参考依据是轻微责任。

本案的代理律师在医疗专业上通过分析病历资料总结医疗行为的过错,准确找到了其中存在的问题和因果关系。在本案中,医疗过错的鉴定意见书的出具对原告方是不利的,其中仅认定了轻微责任,而轻微责任在现有规定下是20%以下的责任,代理律师通过抽丝剥茧、层层分析,重点把握住医方的机器人手术缺乏资质、非法医疗器械无合法来源、外国医生没有资质、篡改病历、欺诈性医疗和不实告知等过错,通过充分向法院说理并诉诸情感,最终逆转了原来不利的鉴定意见书,最终法院认可医方对患者的损害后果承担60%的责任。在二审的代理过程中,代理律师仔细梳理并通过做表格的方式最终在原审的判决基础上增加了赔偿金额。

此外,本案中关于损害方面的费用主张,代理律师严格把握案件的基本事实,通过结合伤残的鉴定意见书充分说理,最终使得法院认可了法律规定的最长期限20年的护理费和后续治疗费用的主张,同时结合患者本人的实际情况向法院申请免交诉讼费,也得到了法院认可,减轻了患者的诉讼成本。

专家点评

对医务人员:本案是一例神经外科手术治疗引发的医疗纠纷。该案中法院认为医方未尽到告知说明义务。关于告知说明义务,实务中医方常会忽略及时向患者具体说明医疗风险、替代治疗方案、高值耗材等[本案的鉴定意见书认为,医方涉嫌未告知这是医方的首例机器人手术、对医方的资质告知不适(实质民营医院)]。该案提示广大医务人员要正确理解告知义务的内涵和外延,在诊疗中切实履行告知说明义务,保障患者的知情同意权。

对律师的代理过程:本案患者的监护人(委托人)对案件极为重视,多次电话向代理律师及法庭表达己方意见和诉求。律师在代理过程中,充分尊重委托人的意见,合理引导监护人在合法的途径下进行维权,多次与监护人见面沟通,安排助理协助整理案件的发票等证据材料,较好完成该案的代理过程,也赢得委托好评。在案件代理结束后,委托人给代理律师送上感谢锦旗。代理律师耐心、严谨而专业的工作态度和作风值得行业内所有律师学习。

(点评人:陈一天,广东省社会科学院法学研究所研究人员)

金融证券
及资本市场篇

第一章　金融法律事务案例精选

关联方应收账款作为发行资产支持票据产品基础资产的成功实践

邓传远　赵俊峰　周若瑜

摘　要

供应链应付账款资产支持票据作为中国银行间市场交易商协会较为新颖的债务融资工具,与传统的应收账款资产支持票据具有不同交易结构设计。在当时有效法律法规和部门规章规定及《非金融企业资产支持票据指引》未对基础资产债权人关联关系比例作出明确限制的前提下,代理律师论证了供应商与债务人全部为关联方的应收账款作为供应链应付账款资产支持票据的基础资产是合法合规的,体现了律师在金融领域法律服务的创新性和可能性。

代理律师在提供法律服务过程中,应在满足规定的基础上,充分发挥主观能动性,结合项目主体需求,关注投资人利益,充分理解金融产品,把握产品特性,创新融资方法,助力实体经济。

项目简介

2020 年 3 月,广东广信君达律师事务所接受某保理公司的委托,指派邓传远、赵俊峰、周若瑜等律师为某保理公司关于 A 公司 2020 年度第一期供应链应付账款资产支持票据注册与发行(以下简称本项目)提供全过程的法律服务。

接受委托后,代理律师与本项目的主要发起人 A 公司、作为发起机构的保理公司、作为主承销商的证券公司及银行、作为受托机构的信托公司及作为资金保管机构的银行就如何开展本项目进行初步讨论,重点了解 A 公司及下属公司拟参与本项目的主体及数量及其正在履行的应付账款的数额、形成原因、债务类别、到期日等基本信息。

经代理律师及项目其他参与方梳理A公司及A公司下属公司的应付账款发现,应付账款中建设工程项目产生的应付账款同质性高、资金体量大、周期短,可作为本项目基础资产的首要选择。此外,考虑到市场上同类产品亦有发行,保理公司选择该类基础资产开展本项目成功率更高。完成对入池基础资产的初筛后,各方就交易结构设计开展了深刻的讨论。

一、设计交易结构

代理律师与项目其他参与方在了解到A公司及下属公司提供的应付账款均为建设工程款且债权人全部为债务人关联方的基本情况下,关注A公司及下属公司的资金需求,在参考市场中同类项目的交易结构设计的基础上,就供应商参与项目的意愿、过桥资金的安排及A公司可提供的信用增进措施等细节问题进行了充分讨论。经过充分论证,本项目设计的交易结构、法律框架及现金流转如图6所示。

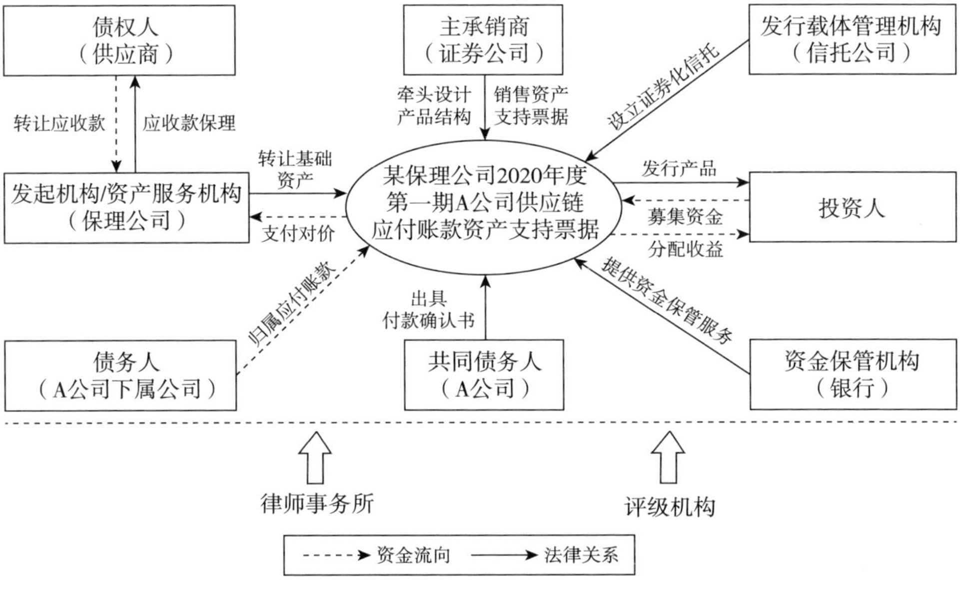

图6 本项目的交易结构、法律框架及现金流转

在本项目的交易结构中,主要的法律关系和资金流向如下:

1. 供应商/债权人因向债务人提供境内工程承包/分包服务等而对债务人享有应收账款债权。对于每一笔应收账款债权,在债务人向供应商/债权人出具《买方确认函》进行确认的前提下,共同债务人向供应商/债权人另行出具《付款确认书》,对债务人未在相应的应收账款到期日前1天清偿的应付账款差额部分承担共同付款义务。

2. 发起机构根据债权人的委托,就债权人对债务人享有的应收账款债权提供保理服务,从而受让该等未到期的应收账款债权。

3. 发起机构以该等应收账款债权委托设立财产权信托,发行载体管理机构接受委托,设立财产权信托向资产支持票据投资人募集资金,同时,代表财产权信托按照财产权信托文件的约定对财产权信托资产进行管理、运用和处分。

4. 发行载体管理机构与资金保管机构签订《资金保管协议》,资金保管机构开立财产权信托账户,对财产权信托资金进行保管。财产权信托设立后,资产支持票据将在上海清算所登记和托管。资产支持票据存续期内,资产支持票据将在中国银行间市场交易商协会进行转让和交易。

5. 发行载体管理机构委托发起机构作为资产服务机构,为财产权信托提供基础资产管理服务,包括但不限于基础资产筛选、基础资产文件保管、基础资产池监控、基础资产债权清收、基础资产回收资金归集等。

6. 应收账款到期后,债务人偿还全部应收账款余额至财产权信托账户,而后发行载体管理机构按照财产权信托文件的约定将财产权信托利益分配给资产支持票据持有人。

代理律师和项目其他参与方在设计上述交易结构时,充分考虑了供应商获得应收账款提前清偿的需求,A 公司下属公司拟通过变更原持有应付账款到期日以便缓解资金压力等因素,在交易结构中加入信用增进措施等安排,最终通过本项目各参与方签署相关交易文件的形式实现。

二、拟订交易文件

在确认交易结构的基本框架后,为完善和保障各方权利,代理律师根据各参与方的要求,草拟了包括但不限于《应收账款转让合同》《买方确认函》《付款确认书》《应收账款转让通知书》《主定义表》《信托合同》《资金保管合同》《资金服务合同》等交易文件。

其中,《应收账款转让合同》《买方确认函》《付款确认书》《应收账款转让通知书》等文件是为保障供应商将拟入池基础资产转让给保理公司过程中各方的权利义务,而《主定义表》《信托合同》《资金保管合同》《资金服务合同》等文件则是为了设立发行载体管理机构及规范本项目后续运营过程中各方权利义务。为充分保护投资人利益,代理律师在《信托合同》中设计了包括但不限于不合格资产赎回、权利完善事件、提前清偿事件等特殊条款。

三、审查基础资产

结合当时有效的《民法总则》、《合同法》、《信托法》及《非金融企业资产支持票据指引》等法律法规和指引文件对基础资产的规定，按照保理公司及信托公司的要求，代理律师为入池基础资产合格标准的设定做了大量基础工作。按照《主定义表》及《信托合同》的约定，以真实性、合法性、有效性、可特定化、可转让性为原则，在基础资产转让行为能够合法、有效、完整实现的前提下，代理律师及各参与方最终设定了本项目入池基础资产的合格标准。

为选择符合合格标准的基础资产，代理律师有效把握基础资产的抽样及调查方法，关注基础资产形成与转让合法性的尽职调查细节，考量基础资产池总金额、笔数、单笔金额分布等基本情况，开展了充分调查。

在审查基础资产的过程中，因为供应商对 A 公司下属公司的应收账款均为建设工程款，且供应商与全部债务人均为关联方，判断基础资产形成合法性成为本项目的关键。代理律师适用了当时有效的《招标投标法》、《建筑法》、最高人民法院《关于审理建设工程施工合同纠纷案件适用法律问题的解释》、最高人民法院《关于审理建设工程施工合同纠纷案件适用法律问题的解释(二)》等法律法规及规章的规定，逐笔审查，充分关注基础资产中建设工程项目的建设工程模式、项目招投标程序、发包及分包的合法性等问题，厘清基础法律关系，得出供应商及债务人虽均为关联方但不影响应收账款作为本项目基础资产的结论。

最终，按照本项目入池基础资产的合格标准，代理律师与各参与方确认了本项目入池基础资产笔数、应收账款债务人户数、供应商户数。其中，债务人与供应商均为 A 公司关联方。

四、出具法律意见书

按照当时有效的《民法总则》、《民法通则》、《公司法》、《信托法》、《合同法》、《担保法》以及中国人民银行《银行间债券市场非金融企业债务融资工具管理办法》，中国银行间市场交易商协会《非金融企业资产支持票据指引》、《非金融企业债务融资工具注册发行规则》、《非金融企业债务融资工具公开发行注册工作规程》，中国银保监会办公厅《关于加强商业保理企业监督管理的通知》等法律法规、部门规章及中国银行间市场交易商协会业务规则的规定，代理律师从发起机构、发行程序、发行文件、发行载体及相关中介机构、信托的基础资产、产品方案的概述、现金流归集的特殊安排、关于信用增进安排的合法性及有效性、风险隔离的效果、投资者保护机制等角度进行论证，出具了本项目的法律意见书及补充法律意见书。

五、发行结果

中国银行间市场交易商协会出具了《接受注册通知书》后，某保理公司成功发行"某保理公司2020年度第一期A公司供应链应付账款资产支持票据"。此后，依据同类型的基础资产，该保理公司发行了第二期A公司供应链应付账款资产支持票据。

六、项目意义

代理律师认为，本项目的成功发行有以下三方面的意义：

一是创新融资模式，助力实体经济。本项目基础资产主要为建设工程类供应链应付账款，通过保理公司向供应商受让对A公司下属公司的应收账款，与信托公司签订信托合同并设计发行资产支持票据的交易结构安排，变更A公司下属公司应付账款到期日的方式，提高A公司下属公司资金周转效率，拓宽实体企业在债券市场融资渠道，具有一定的示范效应。

二是拓宽融资渠道，降低融资成本。受自身资产实力、信用评级等因素限制，部分企业特别是中小企业难以进入债券市场融资。从本项目最终的发行利率来看，相比传统的融资方式，本方式具有一定的成本优势。本类资产支持票据的注册与发行，一定程度上为企业解决了"融资难、融资贵"的难题，降低市场化融资门槛，拓宽融资渠道，降低融资成本。

三是为律师服务提供新思路。本项目的成功一定程度上体现了金融产品的创新性，体现了律师在金融领域法律服务的创新性和可能性，为更多律师投身金融领域开展法律服务提供了新思路。

项目难点

设计符合要求的交易结构是关键。本项目中，供应商如何出售资产、是否设定及如何选择共同债务人、设定何种条件的合格标准、过桥资金如何安排等均是项目交易结构设计中的难点。

判断基础资产合法性是另一关注点。本项目中，应收账款债权人与债务人之间均为关联方，界定建设工程项目发包及分包合法性问题是重中之重。除基于传统的EPC[①]、BOT[②]的建设工程模式发生的应收账款，本项目涉及的基础资产中还

① EPC，(Engineering Procurement Construction)指承包方接受业主委托，按照合同约定对工程建设项目的设计、采购、施工等实行主过程或若干阶段的总承包。

② BOT(Build - Operate - Transfer)即建设—经营—转让。

存在基于特许经营权项下发生建设工程项目的应收账款及早前政府鼓励社会资本进入建设工程行业形成合作型项目产生的应收账款,并且应收账款产生的合同相对方均为关联方,代理律师需充分论证在不同政策环境及政策文件下,基础资产是否符合合格标准。

相关法律规定解读

一、《银行间债券市场非金融企业债务融资工具管理办法》

该管理办法规定了具有法人资格的非金融企业在银行间债券市场发行约定在一定期限内还本付息的有价证券最基本的要求。本项目中拟注册以及发行供应链应付账款资产支持票据的保理公司是非金融企业,拟发行证券是还本付息的有价证券,应遵守该规定的要求。

二、《非金融企业债务融资工具注册发行规则》

该发行规则规定了非金融企业注册发行债务融资工具的普遍性要求。

三、《非金融企业资产支持票据指引》

该指引就资产支持票据、发行载体、基础资产等进行明确定义,为资产支持票据注册发行的发行方式、参与机构、基础资产和交易结构、信息披露、投资者保护等事宜进行明确要求,提供明确审核、注册及发行指引。

四、《信托法》

因本供应链应付账款资产支持票据交易结构中设计了特殊目的载体结构,发起机构的基础资产需符合《信托法》第 7 条的规定。根据《信托法》第 15 条的规定,信托一经设立,信托财产与委托人的自有财产相区别。特殊目的载体结构设置使得基础资产独立于发起机构财产,实现破产隔离的目的,充分保障投资者权益。

五、中国银保监会办公厅《关于加强商业保理企业监督管理的通知》

本资产支持票据发起机构系保理公司,除了符合非金融企业注册发行资产支持票据的主体普遍的合法性要求,还应当符合该通知的特殊要求。

案例评析

代理律师在对基础资产的审查过程中发现,本期项目的入池基础资产是 A 公司下属公司与供应商之间形成的建设工程项目应收账款,且存在应收账款债权人全部为债务人关联方、应收账款同质性高、集中度较高的情形。因建设工程领域是法律实践过程中重要的专业领域,现行法律法规、规章及规范性文件内容繁多,在审查本项目涉及的建设工程合同中,代理律师尤为关注发包及分包合法性。

在本项目服务的过程中,最为艰难的是如何论证并与中国银行间市场交易商协会沟通确认可发行应收账款债权人全部为债务人关联方形成的应收账款作为基础资产的资产支持票据问题。在法律论证过程中,代理律师仔细翻阅了关于供应链类资产支持票据发行的规定,结合同期同类型产品的发行情况,发现在法律法规、部门规章及规范性文件及业务规则方面均未对应收账款债权人全部为债务人关联方作出禁止性规定,因此,提出在A公司作为共同债务人,注册发行文件能够充分披露基础资产情况下,债务人均为A公司下属公司的供应链应付账款资产支持票据是可行的意见。

代理律师认为,在为企业提供金融法律服务,尤其是为创新性金融产品提供法律服务的过程中,律师不仅应当积极寻求现行法律法规、部门规章及规范性文件的规定作为发表法律意见的依据,还应当充分发挥主观能动性,敢于论证未明确禁止的法律行为的合法可能性,为新生的融资产品或融资工具提供论据,提高律师对金融市场法律服务水平。

专家点评

资金短缺往往是影响企业发展的关键因素,解决好融资问题可促进企业良性循环。这一供应链应付账款资产支持票据的发行,为许多自身资金体量小、资金压力较大、资金流转率低、负债率偏高的企业提供了融资思路,促使他们在充分考量自身资产情况的前提下,依附母公司或集团公司的主体信用作为担保,实现利用自有应收账款或应付账款融资的需求,拓宽融资渠道,提高其市场化融资可能性及积极性,降低融资成本。

代理律师团队在完成必要性的研究分析之后,论证了没有法律法规、规章或指引文件的明确限制的应收账款债权人全部为债务人关联方的应收账款作为资产支持票据的基础资产是合法的。本项目法律关系多而复杂,除了常规的法律服务之外,最值得注意的是律师团队能够以法律为依据的同时以客户的需求为导向,按照金融产品本身的逻辑参与到产品设计以及风险分配结构中,最终实现供应商、A公司及下属公司及投资人的利益最大化,诠释了律师在金融与资产市场上勤勉尽责义务的内涵,体现了律师团队扎实的法律功底,充分体现了律师的专业分析和解决问题能力。

复杂的商业模式或交易往往涉及多法律领域,律师提供法律服务需要融会贯通。该产品最终能够成功发行,是监管部门对律师团队工作的认可,其最终实现了社会效益与经济效益的统一。期望这一案例能够鼓励律师勇于创新、敢于创新,为我国的金融与资本市场建设发挥更大更积极的作用。

(点评人:苏祖耀,广东经纶君厚律师事务所董事长、高级律师、高级经济师)

2020 年并购重组首单

——某某防务 28.58 亿元重大资产出售项目法律服务

全朝晖　谢　昕　杨　尹

摘　要

2019 年 7 月，广东广信君达律师事务所受某某海洋与防务装备股份有限公司(以下简称某某防务)委托，为某某防务拟实施标的金额约为 28.58 亿元的重大资产重组(以下简称本次重大资产重组)提供专项法律顾问服务。

某某防务兼具上市公司、涉军企事业单位、国有企业性质，且收购方某某船舶工业股份有限公司(以下简称某某船舶)为境内上市公司，对价为收购方非公开发行的股份，且重组过程中发生国拨资金转增注册资本事项，这在当时的上市公司的重大资产重组中难以找到相似度较高的先例，因此代理律师在除参考类案外，更须综合分析研究规制境内外上市公司、涉军企事业单位及国有企业的法律规则，如国防科工局、证监会、港交所、上交所、国资委等主管部门颁布的法律法规及规章。代理律师认真研究各方面的法律法规及规章，对拟置出资产进行法律尽职调查，协助审核修订交易方案、交易协议及内部决议文件，出具重大资产出售法律意见书等，并协助公司解决本项目的难点问题，如本次重大资产重组面临历史上未转换为权益的国拨资金在本次资产重组中是否可转增为注册资本的问题。代理律师尊重历史事实，分析各难点问题法律性质，提出相关法律意见，维护投资者及国有资产利益，并协助本次重大资产重组项目获证监会、证券交易所、国务院国资委、国防科工局等主管部门的审核批准。

项目简介

某某防务是某某船舶属下的大型造船骨干企业之一，其前身是某某国际股份有限公司(以下简称某某国际)。某某防务于 1993 年在上海和香港特别行政区上市,是中国第一家 A + H 股上市造船企业。

基于此前的研究及业务实践积累,广东广信君达律师事务所及本项目相关代理律师为经国家国防科技工业局在广东省范围较早考核审查通过的具有从事军工涉密业务咨询法律服务安全保密备案条件资质的律师事务所及具体办案律师。2019 年 7 月,该所受某某防务委托,为该公司拟实施重大资产重组提供专项法律顾问服务。

本次重大资产重组最终确定的重组方案为:某某防务向某某船舶出售其持有的某某国际 27.4214% 股权,同时放弃对某某国际 23.5786% 股权及某某黄埔文冲船舶有限公司(以下简称黄埔文冲)30.9836% 股权的优先购买权,某某船舶以非公开发行 A 股股份的方式向某某防务支付对价。剔除国拨资金对交易对价的影响,本次标的资产交易作价为 285,788.32 万元,约 28.58 亿元。

广东广信君达律师事务所及相关资质律师作为本次重大资产重组的中国公司专项法律顾问,提供了专业的法律服务,主要服务内容为:

1. 起草、审查本次重大资产重组项目股东大会、董事会、监事会相关文件、交易协议及公告内容。

2. 对本次重大资产重组项目拟出售的资产是否满足 A + H 股上市公司重大资产重组有关法律法规进行了详细的尽职调查,包括拟出售资产的公司设立和股权历史沿革、主要资产、业务资质、对外担保、税务、诉讼仲裁情况、行政处罚等事项。对于尽职调查后发现的法律问题,如未取得权属证书的土地及建筑物,涉及环保及土地等事项的行政处罚,代理律师提出整改方案、跟进整改措施的落实情况,并就尽职调查发现的有关瑕疵事项是否会实质性影响本次交易发表法律意见。

3. 对本次重大资产重组项目的交易方案发表法律意见,包括交易对手、标的资产、交易价格及定价依据、支付方式、交割方式、锁定期安排等。在本次重组的交易方案中,首先,收购方某某船舶系以非公开发行 A 股股份的方式向某某防务支付对价。代理律师对某某集团以非公开发行 A 股股份作为支付对价事项,详细审阅了双方的交易方案和交易条件,对是否符合当时有效的《上市公司重大资产重组管理办法》规定及定价是否公允发表法律意见,出具了《关于某某海洋与防务装备股份有限公司重大资产出售暨关联交易的法律意见书》。其次,由于子公司某某国际和黄埔文冲净资产均包括由国拨资金形成的资本公积,某某防务于 2019 年 9 月 16 日对 2019 年 8 月 7 日通过的重组草案进行调整,剔除了 2017 年 6 月 30 日至 2019 年 4 月 30 日国拨资金形成的由某某集团独享的资本公积,标的资产交易作价减少3337.58万元,代理律师根据法律法规,充分分析论证该调整是否构成重组方案重大调整,以及该调整是否符合《涉军企事业单位改制重组上市及上市后资本运作军工事项审查工作管理暂行办法》等相关规定,并发表法律意见。

4.代理律师根据中国证监会于2016年6月24日发布的《关于上市公司重大资产重组前发生业绩“变脸”或本次重组存在拟置出资产情形的相关问题与解答》核查上市公司上市后的承诺履行情况及近3年的规范运作情况等,包括上市公司是否存在违规资金占用、违规对外担保等情形,上市公司及其控股股东、现任董监高是否曾受到行政处罚、刑事处罚,是否曾被交易所采取监管措施、纪律处分或者被中国证监会派出机构采取行政监管措施,是否有正被司法机关立案侦查、被中国证监会立案调查或者被其他有权部门调查等情形,出具《关于重大资产出售前发生业绩“变脸”或本次重组存在拟置出资产情形的专项核查意见》。

5.经中国证监会批准后,根据法律法规及中国证监会的有关规定,代理律师对项目是否取得必要的批准及授权、工商变更登记及股份登记情况、已披露信息是否存在重大变更、是否发生违规资金占用及对外担保事项、承诺事项是否得到履行等方面认真履行尽职调查职责,并对本次重大资产重组的资产过户、项目实施完成情况分别发表相应法律意见。

本次重大资产重组成功于2019年10月23日获某某防务股东大会高票通过,之后取得国务院国资委、证监会审核批准,顺应了国务院国资委及某某船舶作为央企的“南北船合并”的顶层设计,率先开启平台定位重估,南船旗下上市公司平台布局将更加清晰,并进一步解决某某防务和某某集团旗下集团公司其他企业之间的同业竞争问题。本次某某防务和某某船舶重大资产重组也开启了某某集团重组路径“三步走”的第一步。

项目难点

本项目难点之一是关于目标公司某某国际国拨资金转增注册资本事宜的合规性分析。由于某某国际和黄埔文冲净资产中均包括国家国防科技工业局对某某国际研制保障条件项目投资的国拨资金投入,该等国拨资金为政府相关部门拨入的专项建设基金,为国有独享性质,并在2018年年初某某国际和黄埔文冲引入债转股投资者之前已划入某某国际和黄埔文冲。某某防务作为A+H股上市公司,其所属的某某国际和黄埔文冲将上述国拨资金转增为注册资本是否符合国资管理规定?如何在各股东之间调整出资额比例以在依法保护国有资本、债转股投资者以及境内外中小投资者利益之间取得平衡?

律师办理思路

国有独享资本公积转增注册资本符合法律法规规定,通过调整股东出资额确保符合公允性原则。

代理律师认真研究了《涉军企事业单位改制重组上市及上市后资本运作军工事项审查工作管理暂行办法》等法规依据,并对其他近似的上市公司国有独享资本公积转增注册资本的案例进行了比较分析,认为该办法等相关规定并未规定国拨资金形成的国有独享资本公积在未来可能转增注册资本及股权的具体条款或条件,但国拨资金并非政府投资,而是国家的资本投资,由国家独有。就此,代理律师初步认为某某国际和黄埔文冲国有独享资本公积转增注册资本符合相应的法律法规。

就债转股投资者而言,在 2018 年年初债转股投资者对某某国际及黄埔文冲增资时,持股比例乃基于债转股投资者增资额以及某某国际及黄埔文冲于 2017 年 6 月 30 日增资前的 100% 股权[含某某集团独有的国有独享资本公积(应转换为权益但当时并未转换)的价值]估值计算得出。因此,债转股投资者在本次国有独享资本公积转增注册资本中获得的某某国际和黄埔文冲的注册资本,应为根据债转股投资者的增资金额和截至 2017 年 6 月 30 日某某国际和黄埔文冲增资前 100% 股权评估值(扣除由某某集团独享的资本公积),得出债转股投资者本次相应获得的注册资本金额。

就某某防务而言,由于某某防务于 2018 年年初债转股投资者出资及本次国有独享资本公积转增中未进行出资,因此,在本次国有独享资本公积转增注册资本及股权结构调整前后,某某防务持有某某国际及黄埔文冲的出资额保持不变。

基于上述理由调整各股东相应的出资额,某某防务享有的注册资本不变,本次以国有独享资本公积转增某某国际和黄埔文冲注册资本,调整某某国际及黄埔文冲的股权结构,剔除国拨资金对交易对价的影响并调整交易对价,符合公允性原则,符合某某防务及股东的整体利益。

为此,代理律师发表法律意见:某某防务子公司某某国际和黄埔文冲净资产均包括由国拨资金形成的资本公积,根据《涉军企事业单位改制重组上市及上市后资本运作军工事项审查工作管理暂行办法》等相关规定,由国拨资金形成的资本公积应由国有资产出资人代表，即某某集团享有，并按照有关规定转为国有股权。为此，某某防务对某某国际和黄埔文冲实施了国有独享资本公积转增注册资本，并调整某某国际和黄埔文冲股权结构。

2019 年 9 月，某某国际和黄埔文冲的资产评估报告完成了国务院国资委的备案。

相关法律规定解读

关于“国拨资金转增注册资本”的主要参考法规：

一、《涉军企事业单位改制重组上市及上市后资本运作军工事项审查工作管理暂行办法》(科工计〔2016〕209 号)

第 24 条　涉军企事业单位改制、重组、上市及上市后资本运作过程中，国家以资本金注入方式投入的军工固定资产投资及其形成的军工资产，应按照有关规定转为国有股权，由明确的国有资产出资人代表享有；暂不具备转换为国有股权条件的，可以计入国有债权或国有独享资本公积，并在明确规定的时限内转为国有股权。以其他方式投入的，应确保形成的军工能力和军工资产安全完整有效。

二、《关于企业取得国家直接投资和投资补助财务处理问题的意见》(财办企〔2009〕121 号)

(1)集团公司取得属于国家直接投资和投资补助性质的财政资金，根据《企业财务通则》第 20 条规定处理后，将财政资金再拨付子、孙公司使用的，应当作为对外投资处理；子、孙公司收到的财政资金，应当作为集团公司投入的资本或者资本公积处理，不得作为内部往来款项挂账或作其他账务处理。(2)资金拨付前后，集团公司应当依法通过子、孙公司的股东(大)会、董事会等内部治理机构，按照“谁投资、谁拥有权益”的原则，落实应当享有的股东权益，以确保对外投资的保值增值。

三、《企业财务通则》(财政部令第 41 号)

第 20 条　企业取得的各类财政资金，区分以下情况处理：(1)属于国家直接投资、资本注入的，按照国家有关规定增加国家资本或者国有资本公积。(2)属于投资补助的，增加资本公积或者实收资本。国家拨款时对权属有规定的，按规定执行；没有规定的，由全体投资者共同享有。(3)属于贷款贴息、专项经费补助的，作为企业收益处理。(4)属于政府转贷、偿还性资助的，作为企业负债管理。(5)属于弥补亏损、救助损失或者其他用途的，作为企业收益处理。

四、《国有控股企业军工建设项目投资管理暂行办法》(科工计〔2012〕326 号)

第 8 条　国家投资采取资本金注入方式的项目，竣工验收后形成的国有资产转增为国有股权或国有资本公积，由国有资产出资人代表持有或享有。

解读:根据该办法，涉军企事业单位改制重组上市及上市后资本运作事项，国家于固定资产投资和军事资产中注入的资金应转换为国有股份，且应属于国家出资人代表。倘若未转换为国有股权，则可计入应付予国家款项或由国家全资拥有作后续转增的资本储备。因此，某某国际与黄埔文冲于国拨资金中的国有独享资本公积应遵守上述规定。上述由国拨资金形成的国有独享资本公积应由国有资产出资人代表，即某某船舶工业集团有限公司享有，并按照有关规定转为国有股权，符合关于国拨资金处置的相关规定。

五、《企业国有资产交易监督管理办法》(国资委、财政部令第 32 号)

第 35 条　国家出资企业决定其子企业的增资行为。其中，对主业处于关系国家安全、国民经济命脉的重要行业和关键领域，主要承担重大专项任务的子企业的增资行为，须由国家出资企业报同级国资监管机构批准。增资企业为多家国有股东共同持股的企业，由其中持股比例最大的国有股东负责履行相关批准程序;各国有股东持股比例相同的，由相关股东协商后确定其中一家股东负责履行相关批准程序。

第 46 条　以下情形经国家出资企业审议决策，可以采取非公开协议方式进行增资:(1)国家出资企业直接或指定其控股、实际控制的其他子企业参与增资;(2)企业债权转为股权;(3)企业原股东增资。

解读:根据该办法，某某集团以国有独享资本公积对某某国际、黄埔文冲增资属于国家出资企业直接参与增资，符合《企业国有资产交易监督管理办法》规定的非公开协议方式增资情形，并履行了相关批准程序。

案例评析

某某防务本次重大资产重组项目的标的金额高达 28.58 亿元，是为推进某某防务于 2017 年开展的市场化债转股项目，以及考虑到民品船舶市场产能过剩、提升公司盈利能力并同步解决同业竞争等事宜，既得到 A 股及 H 股股东的高度赞成，也是 2020 年首单获证监会无条件通过的并购重组项目。

在本案代理过程中，某某防务兼具 A + H 股境内外上市公司、涉军企事业单位、国有企业的性质，且收购方某某船舶为境内上市公司，对价为收购方非公开发行的股份,且重组过程中发生国拨资金转增注册资本事项,这在当时的上市公司重大资产重组中难以找到相似度较高的先例,因此代理律师除参考类案外,更须综合分析研究规制境内外上市公司、涉军企事业单位及国有企业的法律规则,如国防科工局、证监会、港交所、上交所、国资委等主管部门颁布的法律法规及规章。

例如,在本案中,由于本次重大资产重组项目的支付对价系收购方非公开发行的股份,因此在计算时,应注意收购方的对价应当符合当时有效的《上市公司重大资产重组管理办法》的规定,即上市公司发行股份的价格不得低于市场参考价的90%。市场参考价为本次发行股份购买资产的董事会决议公告日前20个交易日、60个交易日或者120个交易日的公司股票交易均价之一。

又如,代理律师在对国拨资金发表法律意见时,需探究国有独享资金出资时间、各投资者出资对价的历史事实,同时代理律师分析研究国防科工局颁布的《涉军企事业单位改制重组上市及上市后资本运作军工事项审查工作管理暂行办法》和《国有控股企业军工建设项目投资管理暂行办法》,国资委及财政部颁布的《企业国有资产交易监督管理办法》以及财政部颁布的《关于企业取得国家直接投资和投资补助财务处理问题的意见》和《企业财务通则》等法律法规、规章的规定,确保此次国拨资金转增注册资本以及股权结构的调整符合公允性原则,保护股东及国有资产的合法利益,最终亦获得了国务院国资委的认可。

律师在资本市场业务中最本质的特征是保护投资者,保证公司遵守相关信息披露规则,此为律师在从事资本市场业务中应当谨记的原则。在工作方法上,律师一般需先行研究证监会、交易所的相关法律规则,搜索参考类似案例,但由于本案不存在相似度较高的先例,代理律师需认真分析研究本案与其他并购重组案件的区别,针对较为特殊的主管部门及行业以及特别事项搜索相应的法律法规及规范性文件,并在此基础上尽心履行法律尽职调查、出具法律意见、协助起草信息披露文件等工作,确保公司遵守相关法律法规及信息披露规则,从而发挥证券律师保护投资者的重要功能。

专家点评

本次重大资产重组法律顾问服务项目涉案标的较巨大,案涉需要解决的法律问题疑难复杂且没有相似前例参考,案件处理中需要出具较多的专项法律意见,责任重、时间紧,但代理律师团队通过高质量的专业法律服务,有力维护了当事人的合法权益,实现了国有资产、涉军资产的保值增值,特别是为我国涉军、涉国有资产、涉境内外上市公司的复杂型公司资产重组、股权收购探索出一条可操作的法律路径,具有显著的示范引领价值。律师团队在工作过程中制定了严谨周密的实施推进方案,充分发挥团队律师的各自法律优长,勤勉尽责,充分沟通了解委托人的具体法律服务需求;全面查阅并准确把握相关法律、法规及政策规范,依法对涉案的文件资料内容的真实性、准确性、完整性进行核查和验证,在此基础上对拟置出资产进行了法律尽职调查、协助审核修订交易方案、交易协议及内部决议文件,出具了重大资产出售法律意见书、业绩“变脸”法律意见书、交割法律意见书等,并协助委托人解决了一系列重大疑难法律问题。通过本案律师团队的高度专业、勤勉高效的法律服务,重大资产重组项目及时顺利地获得了我国证监会、证券交易所、国务院国资委、科工局等多方主管部门的审核批准,本案的律师服务也真正实现了法律效果、政治效果与社会效果的高度统一。

(点评人:关永红,华南理工大学法学院教授)

营业中断利润损失险保险理赔的免责事由成立要件

——某电力企业诉某保险公司利润损失险保险索赔案

许丽华

摘　要

被保险人与保险人签订保险合同，内容包括：财产一切险、财产一切险项下后果损失险、机器损坏险、机器损坏险项下后果损失险以及公众责任险。后被保险人二号机组主变压器发生意外爆炸事故（"10·15"事故），通知保险人后采取临时施救措施换成临时替代变压器，再次发生爆炸事故（"2·26"事故）。被保险人依据保险合同要求保险公司理赔，但保险公司拒绝赔付机器损坏险项下营业中断利润损失。协商无果后，代理律师代理被保险人对保险人提起利润损失险索赔诉讼，索赔金额达1.1亿美元，为中国保险史上单个保险标的索赔金额最大的保险索赔案。整个索赔历时4年之久，最终在本案主审法官的见证下，保险人与被保险人就该保险索赔案签订和解协议，被保险人一次性收到保险赔款8600万美元。

争议焦点

1. 本案"10·15"事故是否为不可预见的，是否属于保险事故。

2. 本案是否存在法定或约定的保险免责事由，例如：被保险人是否在投保时诚实善意地履行了告知义务；保险标的物是否存在危险程度增加的情况；被保险人是否按照国标履行了维护保养义务。

3. 本案"2·26"事故是否为独立事故而应多计算一次免赔额。

4. 应按单台机组还是3台机组捆绑计算营业中断损失。

代理意见

1. 从“10·15”事故发生的状态来看,该事故的发生显然是突然的和没有预见的,符合保单所约定的保险责任范围。

2. 答辩人在投保时诚实、善意地履行了告知义务。

3. 本案保险标的物并不存在危险程度增加的情况。大型变压器局部发热是很普遍的现象,事故主变压器存在的局部发热点,由于发热程度轻微,根本不影响安全运行,不存在危险程度增加的情况。

4. 被保险人按照国标履行了维护保养义务。变压器低压升高座局部发热与变压器油整体低温过热是两个完全不同的概念。

5. “2·26”事故中的临时替代变压器安装属于施救行为,而施救失败不能视为一次独立事故而多计算一次免赔额。

6. 保单是以单台机组每月收入来订立保险金额的,因此应当按照保单条款来赔偿,且不存在保险金额大于保险价值情形,因为保险金额是按照机组最大发电能力的约62%来确定的。同时被保险人不能自行安排每台机组的发电量,而是按照中调的安排,因此不能通过增加#1、#3 机组发电量来弥补#2 机组停机的损失。

案例评析

本案中,代理律师在研究被告提交的证据时,发现了被告的一个重大错误。被告保险人在答辩状中声称,#2 主变压器油的溶解气体分析结果显示乙烷量超过中国国家标准 GB 7252-87 规定的警戒线(40PPM),并以此为依据判定事故是可预见的,从而拒赔。代理律师经过与技术专家核实国家标准,国标中仅规定了三种气体(乙炔、总烃和氢)的注意值,没有乙烷含量注意值,并且国标中规定的仅仅是“注意值”,而非“警戒线”,可见保险人错误地引用了国标,从而得出错误的结论,并以此错误结论作为自己拒不理赔的理论依据。对这一推论的成功驳斥,推翻了保险人据以求胜的基础。代理律师据此以诉促谈,代表被保险人与保险人反复斡旋交锋,最终在本案主审法官的见证下,保险人与被保险人签订和解协议,被保险人一次性收到保险赔款 8600 万美元。本案从保险人最初拒赔到持久的诉讼,直至最终和解,达成圆满结局,代理律师成功保护了国有资产,为被保险人挽回巨额损失。

专家点评

整个索赔历时4年之久，代理律师注重关键证据的收集、保存、分析，凭借丰富执业经验，发现保险人错误引用国标GB 7257－87作为拒不理赔的理论依据，这是本案保险人从最初拒赔到愿意最终和解的关键。本案时间跨度长，涉及众多利益相关方，案情错综复杂，影响重大。据了解，保险公司此前最高赔付案件是2002年中国国际航空公司“4·15”韩国釜山空难，赔付8000万美元，也没有达到本案规模。另外，本案还引致国际再保险人对保险规则进行了修改，此后能源保险项目要求更多地进行“临时分保”，并对“和约再保”规则进行了限制，目的在于给能源项目设定更加严格的再保险条件，本案对国际再保险市场的影响可见一斑。

（点评人：汤进锋，能源行业高管，工程师）

破产企业所欠租金可作为共益债务进行清偿

——广州永某房地产发展有限公司破产清算案

肖小俊

摘 要

本案中,广东广信君达律师事务所作为管理人精准灵活地适用了破产法共益债务制度,将拖欠村里的500多万元租金作为共益债务优先清偿,再通过小股东积极协调沟通村委,使得调解方案顺利通过了村民会议,在优先支付租金的前提下继续履行租赁合同,将案涉厂房19年的经营权得以对外拍卖,职工债权、税款债权全额清偿,普通债权人的清偿率高达18%。本案在充分保障职工债权和税款债权的同时,大大提高了清算效率和普通债权人的清偿率,成功化解了破产企业与村民的矛盾,得到了法院和社会各界的高度认可。

项目简介

广州市黄埔区人民法院于2018年受理了广州永某房地产发展有限公司(以下简称永某公司)的破产清算申请,指定广东广信君达律师事务所担任破产管理人,负责人为肖小俊律师。管理人接受指定后,全面展开对永某公司的债务清理和资产清查工作,发现永某公司原实际控制人失联,负债高达1亿多元,永某公司名下没有任何房产、车辆、银行存款和证券资产,未接管到账簿,应收账款也无法核查,从初查结果来看,永某公司没有可供分配的财产,清偿率很可能为0。

随着管理人进一步的调查,管理人发现永某公司是一个项目公司,该公司从广州市永某街永岗社区田某经济合作社租赁土地,再以田某社的名义建造厂房,对外出租。在项目竣工验收投入使用前,永某公司资金链断裂,拖欠大量外债,尤其是拖欠了田某社的土地租金500多万元。村民多次打算夺回厂房的使用权,但管理人都及时进行了劝退。田某社曾于 2014 年起诉到法院，要求解除土地租赁合同，永某公司腾空房屋。一审法院支持了田某社的诉讼请求，永某公司上诉，二审发回重审。重审时，案件由永某公司管理人代理。本案所涉及的焦点问题是如何化解破产企业与村民之间拖欠租金的矛盾，即村民因未获得租金而起诉要求解除土地租赁合同并腾空场地，已获得了一审法院的支持；同时，破产企业的众多债权人希望管理人能够拍卖厂房以得到更多的清偿。一方得益必将导致另一方受损，双方利益诉求针锋相对，互不相让。

管理人反复跟村民代表进行沟通，并通过小股东广州永某建设发展有限公司从中协调，使得调解方案顺利获得了村民会议的通过。根据调解方案，在确保拖欠租金优先清偿的前提下，双方继续履行租赁合同，田某社同意管理人将厂房剩余的 19 年经营权对外拍卖，拍卖款项优先支付所拖欠的田某社 500 多万元的租金。同时，管理人逐个说服各债权人同意将所拖欠的田某社的租金作为共益债务优先清偿。经过管理人反复沟通和协调，最后债权人和田某社都通过了调解方案。此后，管理人将两栋厂房对外拍卖，最终以人民币 2554 万元的价格成交。分配时，职工债权、税款债权全额清偿，普通债权人的清偿率大幅提高，从无财产可供分配提高到 18%，各债权人的合法权益都得到了充分保障，也成功化解了破产企业与村民的矛盾，破产案件得以顺利快速结案。

项目难点

本案的难点在于破产财产性质不明，处置十分困难。管理人在本案中充分发挥了主观能动性，为了维护破产企业及众多债权人的利益，在各个利益主体之间反复协调沟通，想方设法平衡双方利益，在主办法官的组织下，多次召开村集体、国有股东、债权人代表协调会，促成各债权人与村集体达成调解，不仅使村集体的租金得以及时收回，维护了社会稳定，还使得破产企业的核心资产得以快速变现，大大提高了债权人的清偿率，实现了良好的法律效果与社会效果的统一。

律师办理思路

管理人经过审慎分析后认为：田某社的诉请存在合理性，有一定的法律依据，永某公司有再次败诉的风险，一旦败诉很可能一无所有，对债权人十分不利。

管理人认为可以利用永某公司的小股东广州永某建设发展有限公司在永某

社区的影响力,协调村委和村民会议,以达成调解方案,保障债权人利益。

相关法律规定解读

《企业破产法》第42条规定,人民法院受理破产申请后发生的下列债务,为共益债务:

(1)因管理人或者债务人请求对方当事人履行双方均未履行完毕的合同所产生的债务;

(2)债务人财产受无因管理所产生的债务;

(3)因债务人不当得利所产生的债务;

(4)为债务人继续营业而应支付的劳动报酬和社会保险费用以及由此产生的其他债务;

(5)管理人或者相关人员执行职务致人损害所产生的债务;

(6)债务人财产致人损害所产生的债务。

《企业破产法》第43条规定,破产费用和共益债务由债务人财产随时清偿。

债务人财产不足以清偿所有破产费用和共益债务的,先行清偿破产费用。

债务人财产不足以清偿所有破产费用或者共益债务的,按照比例清偿。

债务人财产不足以清偿破产费用的,管理人应当提请人民法院终结破产程序。人民法院应当自收到请求之日起15日内裁定终结破产程序,并予以公告。

管理人结合本案实际情况,认真分析问题症结和面临的困境,积极寻求最优解决方案,通过灵活运用上述两个法条,提出将所拖欠的租金列为共益债务的方案,多次组织召开多方代表协调会,同时逐个说服各债权人,争取债权人会议支持,最终双方达成一致意见,签署了调解协议,顺利将所拖欠的田某社的500多万元租金纳入共益债务优先清偿,从而解开了一个棘手的困局。

案例评析

永某公司破产清算案是一个非常典型的"无产可破"房地产企业破产案件,管理人未接管到任何财务资料,无法核查应收账款,亦未查询到任何名下财产,同时永某公司对外欠1亿多元的债务,村集体提起诉讼要求偿还巨额租金、解除合同、归还场地,管理人面临二审败诉风险。在如此不利情形下,管理人站在全盘考虑、兼顾双方利益的角度,舍弃单从债权人或村民单一角度去制定工作方案,而是以维护社会稳定、顾全大局为主，同时兼顾村民利益和债权人权益，找准双方矛盾点，筛选最佳方案，积极履行法律法规所赋予的职责，同时争取到了债权人会议和村民会议的支持，从而取得了调解谈判的主动权。

建议在今后的破产清算案件中，管理人积极化解清算过程中的不利因素，化被动为主动，寻找困难矛盾的症结所在，以矛盾双方利益最大化为基础，提出最优方案促成双方和解，以推动清算工作顺利完成。

专家点评

广州是我国《企业破产法》实施的重要示范地区，又是我国“三旧改造”与城市更新进程中的先行城市，在破产财产处置过程中难免遇到企业与村集体利益的冲突。一方面，企业进入破产程序，名下的财产必须处置，否则债权人的利益无法实现，存在程序违法的风险；另一方面，村集体的利益与破产企业的财产交叉，如不优先保障村民利益，则有可能产生稳定问题，同时不利于《企业破产法》权威的树立。

本案肖小俊律师带领的破产团队对案件事实充分论证后，考虑各方利益主体诉求，巧妙适用破产法共益债务制度，化解各方矛盾，维护社会的稳定和谐，实现了各方利益的最大化，充分体现了律师的专业分析和解决问题能力。希望肖小俊律师能敢于创新，为我国的金融与资本市场建设发挥更大更积极的作用。

（点评人：苏东海，广东外语外贸大学法学院兼职教授，华南国际知识产权研究院兼职研究员，华南理工大学法学院法律硕士校外导师）

如何阻断保险人以侵权为由行使代位求偿权

陈伟雄

摘　要

B 公司在为出租人 A 公司进行中央空调设备安装过程中导致仓库起火。原告 T 保险公司依据承租人 Z 公司投保的财产一切险，向 Z 公司支付保险金 12,252,500.89 元，随后向 A 公司和 B 公司主张代位求偿权。代理律师凭借丰富执业经验，抓住案件关键点：B 公司是唯一的侵权人，本案不存在任何共同侵权的情形，且 Z 公司作为实际的发包人有协议的明确约定，同时 T 保险公司因为承包人 B 公司的行为导致财产损失，而要求发包人 A 公司承担连带赔偿责任，于法无据。终审法院支持了代理律师提出的全部答辩意见，对原告要求 A 公司承担赔偿责任的诉讼请求不予支持。在代理律师的专业代理下，A 公司因此避免了 1200 多万元的经济损失，公司的合法权益得到了有效维护。

案情简介

原告 T 保险公司诉第一被告 A 公司、第二被告 B 公司，第三人 Z 公司保险人代位求偿权纠纷一案，陈伟雄律师接受第一被告 A 公司的委托，代理该案件。

第一被告 A 公司将房屋出租给第三人 Z 公司，用于汽车用线束成品的仓库，租赁期限为 3 年，房屋于 2010 年 4 月 1 日交付。2010 年 6 月 24 日，原告 T 保险公司与第三人 Z 公司签订《财产一切险保险单》，对该租赁的仓库建筑物（含装修）、机械设备、办公设备、原材料、成品、半成品等财产一切险进行投保。2010 年 9 月 6 日，第一被告 A 公司与第二被告 B 公司签订一份《中央空调安装工程合同》，约定由第二被告 B 公司对该仓库进行中央空调的设备供货和安装工作。在安装过程中，因 B 公司的员工违反操作规程，使用手提切割机切割消音箱的镀锌板过程中产生火花引燃空调消音箱内海绵发生燃烧，由此导致仓库起火。对此，原告T保险公司对第三人Z公司支付了保险金12,252,500.89元。

原告T保险公司认为，二被告A公司、B公司作为发包方和施工承包方，是中央空调安装工作的共同行为人，对该火灾的发生均有过错，所以原告在依法取得代位追偿权后，有权要求二被告承担连带赔偿责任。另外，第一被告A公司未尽到作为出租人的安全保障义务，擅自加装空调，并导致火灾事故，故第一被告A公司亦应承担违约赔偿责任。原告要求二被告对12,252,500.89元的保险金及其利息承担连带赔偿责任。

对于以上诉讼请求，代理律师首先提出：原告到底是要求第一被告A公司承担侵权责任还是违约责任？二者不能同时提出，原告必须明确作出选择。原告后明确为承担侵权责任。

随后，代理律师答辩称：首先，B公司是唯一的侵权人，本案不存在任何共同侵权的情形。A公司在安装空调过程中没有实施任何安装行为，也没有和B公司具有任何共同的故意或者过失，火灾发生与A公司没有任何因果关系。其次，A公司系受第三人Z公司单独委托前往安装空调，Z公司才是实际的发包人，有协议的明确约定。最后，原告T保险公司因为承包人B公司的行为导致财产损失，而要求发包人A公司承担连带赔偿责任，于法无据。综上，A公司请求法院驳回原告的全部诉讼请求。

本案通过在广州市花都区人民法院一审、广州市中级人民法院二审，历经将近两年的时间，最终以终审法院支持了A公司代理律师提出的全部答辩意见而结案。法院经审理认为，A公司没有任何共同侵权行为，也不存在任何应当承担侵权责任的情形，对原告要求A公司承担赔偿责任的诉讼请求不予支持。就此，代理律师为当事人A公司避免了1200多万元的经济损失。

争议焦点

A公司作为发包人，是否应该对涉案损失承担赔偿责任。其对涉案损失承担赔偿责任的前提是：(1)A公司对事故的发生存在过错；(2)A公司的行为与案涉事故的发生存在因果关系。

代理意见

在原告明确要求承担侵权责任后,代理律师提出代理意见如下:首先,B 公司是唯一的侵权人,不存在任何共同侵权的情形,A 公司在安装空调过程中没有实施任何安装行为,也没有和 B 公司具有任何共同的故意或者过失,火灾发生与 A 公司没有任何因果关系。其次,A 公司是受第三人 Z 公司单独委托去安装空调的,Z 公司才是实际的发包人,有协议的明确约定。最后,原告 T 保险公司因为承包人 B 公司的行为导致财产损失,而要求发包人 A 公司承担连带赔偿责任,于法无据。

案例评析

本案系违约责任与侵权责任竞合的案件。《合同法》第 122 条明确规定了受损害方享有要求加害方依据《合同法》承担违约责任或依据《侵权责任法》承担侵权责任的选择权。而因侵权责任与违约责任的归责原则不同,应对和答辩的策略也有所不同。基于此,结合案件事实及已有证据,并针对原告可能作出的不同选择制定两种代理方案,是代理本案的第一要务。

针对侵权责任,从立法目的上看,《侵权责任法》的目的在于明确侵权责任、预防并制裁侵权行为,需以侵权行为的客观存在及损害后果的实际发生为前提;从侵权责任的构成要件上看,只有在同时满足侵权行为、损害后果、因果关系、主观过错四个要件的前提下,才能认定侵权责任成立。而无论是《侵权责任法》时代抑或当下的《民法典》时代,这一立法精神与实践基本原则始终未发生变化。

代理律师围绕本案委托人不存在实际施工行为的事实,紧扣侵权责任的核心原理及归责原则,针对四个构成要件分别阐明答辩理由,通过证明构成要件不成立以否定侵权责任,使得相关答辩获得了终审法院的支持,帮助当事人避免了于法无据的大额财产损失,有效维护了当事人的合法权益,值得称赞与学习。

专家点评

我国属于大陆法系国家,在保险代位求偿权制度的设置上采用的是法定的债权让与模式。保险人代位求偿权,建立在被保险人对第三人损害赔偿请求权的基础之上。因此,被保险人是否对第三人享有损害赔偿请求权,必然是纠纷中法院审理的主要法律关系。而赔偿请求权是否仅限定为侵权请求权，理论界大多数的人均主张赔偿请求权不仅包括侵权赔偿请求权，也包括违约赔偿请求权。违约赔偿请求权以当事人之间存在合同关系为前提，侵权赔偿请求权不需要当事人之间存在合同关系，以违反了保护他人民事权益的法定义务为前提。因侵权责任与违约责任的归责原则不同，当发生侵权责任与违约责任竞合的情况时，法律赋予当事人选择权，而不能同时主张违约责任和侵权责任。

就本案而言，被保险人 Z 公司与被告一 A 公司之间，存在租赁合同关系，与被告二 B 之间不存在合同关系。因此，当保险人向 A 公司主张赔偿请求权时，就必须对请求权基础作出选择，这是本案的关键。当保险人选择侵权赔偿请求权时，如要求 A 公司和 B 公司承担连带赔偿责任，则应以 A 公司与 B 公司存在共同侵权行为为前提。显然，因直接侵权行为人为 B 公司，A 公司既无侵权行为，与 B 公司亦无共同侵权的合意，保险人要求 A 公司承担连带赔偿责任缺少理据。

陈伟雄律师作为 A 公司代理人，首先要求原告对 A 公司的请求权基础作出明确选择，是本案成功的第一步，也是最关键的一步，体现了陈伟雄律师扎实的理论功底和专业素养。

（点评人：朱滔，广州工商学院校外导师）

助力中国第一家中外合作经营的五星级酒店中国大酒店改制为国有独资公司并引入国际顶级酒店管理系统

——以中国大酒店中外合作期限届满回归市政府，与万豪集团达成合作协议为例

谢　捷　陈远乐

摘　要

中国大酒店作为中国首家中外合作的大型五星级酒店，在20年中外合作合约期满后，酒店产权于2004年回归广州市政府，“回归”后的中国大酒店将保持原管理模式，继续由世界酒店管理集团中位列前端的万豪国际集团管理。谢捷、陈远乐律师（以下简称代理律师）接受中国大酒店委托，处理中国大酒店中外合作期限届满资产回归广州市政府及其后续与万豪国际集团签订管理及国际服务合同的一系列法律事宜（以下简称本项目）。

代理律师本着严谨细致的态度，凭借在法律实务方面累积的丰富经验，最大限度地发挥了中国法律顾问在本项目合同审查、涉外谈判中的作用，并最终助力中国大酒店产权回归，实现平稳过渡。广州的酒店业是中国内地最早引进外资的领域，中国大酒店、白天鹅酒店等酒店产权的移交被赋予“见证中国改革开放二十多年历史”的特殊意义，因此本项目亦引起广泛关注，在广州的文化产业板块法律服务中添上了浓墨重彩的一笔。

项目简介

中国大酒店是新合成发展有限公司(以下简称新合成)与广州市羊城服务发展公司(广州市羊城兆业企业集团有限公司的前身,以下简称羊城兆业或委托人)合作成立的中外合作企业,合作经营期限从1984年6月10日起至2004年6月9日(以下简称终止日)止。羊城兆业作为当时在广州赫赫有名的国有企业,后成为广州岭南集团控股股份有限公司的全资子公司,在广州的文化产业版图中曾经有过深厚影响力。

新合成在合作经营期限内为中国大酒店提供管理和经营服务。新合成在合作期限内先后与新世界酒店有限公司、新世界酒店(国际)有限公司签订《酒店管理合约》及相关补充协议(以下简称原管理合同),先后聘请香港五大财团之一的新世界集团旗下的新世界酒店有限公司、新世界酒店(国际)有限公司经营管理中国大酒店。新合成与羊城兆业合作经营中国大酒店的期限于终止日届满,新合成聘请的新世界酒店(国际)有限公司对中国大酒店进行经营管理的期限亦于终止日终止。终止日后,羊城兆业依法成为中国大酒店的唯一股东,中国大酒店将变更为羊城兆业全资拥有的国有独资有限责任公司。

万豪国际集团是世界上著名的酒店管理公司和入选财富全球500强名录的企业。万豪国际集团创建于1927年,总部位于美国华盛顿。万豪国际集团拥有21个著名酒店品牌,在全球经营的酒店超过4000家,年营业额近200亿美元,多次被世界著名商界杂志和媒体评为首选的酒店业内最杰出的公司。在2015年收购喜达屋酒店及度假村集团后,万豪国际集团成为了全球最大的酒店集团。广州市商业局于2004年3月25日发布的《关于拟定中国大酒店管理合同思路的批复》(穗商发〔2004〕7号),同意羊城兆业拟与万豪国际管理公司(以下简称万豪公司)订立中国大酒店的管理合同,以原管理合同为基础,原则上维持中国大酒店的管理模式和管理架构。在中国大酒店合作期限届满前,羊城兆业还应组织专门工作组对中国大酒店进行清产核资、财产交接工作,以确定企业持续经营方式,依据企业清产核资有关债权、债务的处理结果,接收中国大酒店全部资产。

鉴于此,代理律师接受羊城兆业的委托担任本项目全程的专项法律顾问,在原管理合同的基础上代理羊城兆业提出修改意见,并参与羊城兆业与万豪公司之间国际酒店管理合同、中国大酒店和国际许可有限责任公司签订的其他相关法律配套文件等的谈判、合同草拟及修订工作,并同步处理中外合作期限届满后资产回归中方所涉及的一系列法律事宜。代理律师和万豪公司方进行了多次合同谈判,在谈判过程中充分施展智慧和策略对羊城兆业的法律权益进行了充分保障,并在项目进行过程中先后出具了《关于中国大酒店部分设备账实不符及储备基金应否分配事宜的法律意见》《关于中国大酒店管理合同主要分歧问题的法律意见》等一系列专项法律意见书,出色地完成了本次专项法律服务工作,并同时得到委托人、本项目领导小组甚至万豪公司的充分认可和一致好评。

本项目是一个文化产业领域的涉外非诉法律服务项目,从法律专业服务覆盖的范围上看,既涉及中国大酒店中外合作期限届满资产回归广州市政府的重大“法律工程”,也涉及“回归”后中国大酒店引进世界顶级酒店管理集团的服务系统,与万豪公司签订管理及国际服务合同等一系列事宜。在当时涉外非诉法律服务尤其是酒店服务引进国际管理品牌仍处于发展初期,类似的法律服务项目寥寥,因此代理律师摸索出的办理思路和提供的法律服务方案对同行来说可资借鉴。

项目难点

1. 本项目涉及作为当时广州五星级酒店地标之一的中国大酒店的内部法律关系和外部关系,包括酒店中外合作经营期满的合同关系和资产关系、管理责任承担事宜、劳动人事关系、酒店名店城与各品牌未了结合同的延续问题、酒店与各行政管理部门办理有关手续和协调事宜、关于在清产核资中的债权问题及酒店在终止日前与后责任的运作措施等方方面面法律问题,需要代理律师逐一理顺并草拟修订相关法律文件进行确认。

2. 中国大酒店在与万豪公司签订国际管理合同和服务合同的谈判、合同草拟和修改工作的过程中,双方虽然难免就部分合同条款存在利益上的冲突和碰撞,但是总体来看双方是合作共赢的关系。然而考虑到委托人作为国有企业的属性,且上述合同均为涉外合同,需要代理律师在合同中涉及中方重大利益的条款与外方出现分歧时坚持原则和底线,并通过谈判策略和充分协商与外方取得一致,以最大限度维护委托人的合法权益。

3. 鉴于万豪公司为国际酒店集团旗下公司,双方拟订的合同协议同时备有中英文文本,对代理律师的英文能力提出了较高的要求,代理律师在坚持以管理和服务合同的中文版本为主的同时,也需要对英文合同版本进行大量研读并提出合理修改意见,力求中英文版本的表述一致。

4. 中国大酒店中外合作期限届满资产回归广州市政府的过程中,不仅有律师的参与，亦有会计师事务所、资产评估机构等专业中介机构的加入。代理律师除对项目本身涉及的一系列法律文件进行草拟、修改外，也需针对中介机构进行资产核查工作所出具的《清产核资专项审计报告》中应审计的事项、范围及报告的表述方式、费用支付方式、适用法律、争议解决方式及报告使用范围等提供法律意见，对代理律师的综合能力要求较高。

律师办理思路

第一，鉴于在终止日前中国大酒店的性质是中外合作企业，终止日后则变更为国有独资有限责任公司，为了避免中国大酒店因企业性质的变化而影响酒店的持续经营和解决中国大酒店履行管理合同的问题，由羊城兆业与万豪公司于终止日先行签订管理合同，再由羊城兆业、万豪公司、中国大酒店三方根据管理合同第二十章第二节“本合同义务的承担”这一条款的约定，在终止日后签订《承担义务合同》，使中国大酒店成为管理合同的当事人，这种签约安排是合法有效的。据此，在管理合同和《承担义务合同》均依法成立及生效后，中国大酒店承担管理合同约定的由其承担的义务并享有由管理合同约定的由其享有的权利，管理合同对万豪公司及中国大酒店均具有法律约束力。

第二，在中国大酒店合作期限届满后，羊城兆业应以所接收的中国大酒店的全部财产作为对合同期满后继续存续经营的中国大酒店的实缴资本，并办理相关验资手续以及工商、税务、财政登记等变更手续，将企业性质由中外合作企业变更为内资企业。有关变更或设立登记手续应于 2004 年 6 月 10 日前完成，以确保中国大酒店具有合法的经营主体资格、持续合法经营。涉及各方的财产清单、债务清单、账册、报表、印章、企业档案、各类证照及批文的签章确认和接收，需作变更时应作公告。

第三，代理律师在本项目中同时为广州赫赫有名的国有企业羊城兆业和作为当时广州五星级酒店地标之一的中国大酒店提供法律服务。在中国大酒店转变为国有独资有限责任公司后，需和万豪公司签订年期较长的管理服务合同。不同于民营企业，国有企业受到国有资产监督管理委员会的监督，需要代理律师在合同条款中更加注意保护国有企业的权益。此外，本项目中涉及的一系列法律协议均有中英文两个版本，代理律师在处理项目事宜的过程中仔细研读英文版本，避免因为语言的不同造成合同条款理解上的歧义从而使委托人的权益受损。

相关法律规定解读

本项目涉及的法律问题繁多,涉及多部法律法规及规范性法律文件,在此不予赘述。仅就项目中重要法律事宜相关的法律规定及规范性法律文件作出如下具体解读:

1. 关于管理合同的合法性及权利义务对等性的问题。

管理合同的协商修改过程充分体现了《合同法》的自愿原则,是双方当事人真实的意思表示,并无违反法律、法规的强制性规定。与此同时,管理合同遵循《合同法》的公平原则,确定了双方的权利义务。在此基础上,一方面,羊城兆业提出了增加和变更一些重要条款的要求并最终为万豪公司接纳,这些条款与原管理合同相比,拓宽了中国大酒店的权利范围,对万豪公司部分管理职权的行使作出了合理合法的限制,并为羊城兆业及中国大酒店的合同权利提供了更为有效的法律保障;另一方面,针对万豪公司始终坚持增加的个别条款,羊城兆业根据对等原则,在管理合同中相应补充了万豪公司承担同等义务的约定。管理合同中双方的权利义务设定相互对等,增加和变更后的相关条款与原管理合同相比可更大限度地保障羊城兆业和中国大酒店的合同权益。

2. 关于储备基金应否分配的事宜及其相关法律依据。

中国大酒店在合作经营期限内于税后利润中提取了储备基金,现新合成提出对历年已提取的储备基金或储备基金剩余部分进行分配。根据《中外合作经营企业法》(已失效)第21条规定:"中外合作者按照合作企业合同的约定,分配收益或者产品,承担风险和亏损。中外合作者在合作企业合同中约定合作期满时合作企业的全部固定资产归中国合作者所有的,可以在合作企业合同中约定外国合作者在合作期限内先行回收投资的办法。依照前款规定外国合作者在合作期限内现行回收投资的,中外合作者应当依照有关法律的规定和合作企业合同的约定对合作企业的债务承担责任。"财政部2001年1月1日起执行的《企业会计制度》(财会〔2000〕25号)第83条第2款第1目规定,"储备基金,是指按照法律、行政法规规定从净利润中提取的、经批准用于弥补亏损和增加资本的储备基金"。财政部《外商投资企业财务管理规定》(〔1992〕财工字第294号)第37条规定:"外商投资企业的所得利润依法缴纳所得税。缴纳所得税后的利润按下列顺序分配:(一)支付各项赔偿金、违约金、滞纳金、罚息、罚款;(二)弥补企业以前年度亏损;(三)提取储备基金、企业发展基金和职工奖励及福利基金;(四)向投资人分配利润。"

基于上述法律及规定,代理律师认为:新合成作为中国大酒店中外合作经营期间的外方合作者,其收益分配依法应按照合作合同的约定进行。而新合成已依法依约提前收回投资本息及提取利润,羊城兆业也依法依约于合作经营期满日接收了中国大酒店的全部资产。至于企业储备基金,相关法规及规范性文件对其性质及其用途已作出了明确限定,将储备基金作为所有者权益于中外合作企业合作期满后分配给外方合作者,目前缺乏法律依据。

案例评析

代理律师在本项目中坚持遵循最大限度实现中方权益、国有资产保全两项原则。根据《中外合作经营企业法》,在中外合作企业经营过程中,中外双方不以投资数额、股权等作为利润分配的依据,而是通过签订合同具体确定各方的权利和义务。中国大酒店在合作经营期限内按照管理合同的约定已优先于经营利润中分红,代理律师要在本项目的资产处置过程中最大限度地实现作为国有企业暨中外合作期限届满后中国大酒店唯一业主的委托人的法律权益。另外,在中国大酒店的产权回归后,和民营企业相比,中国大酒店作为国有企业,应受到国务院国有资产监督管理委员会的监督,遵守相关法律规定,并负有国有资产的增值和保值义务,因此在与万豪公司签订相关国际服务合同时,对合同中体现重大利益的关键条款必须坚守委托人的利益。

本项目涉及管理合同的重新签订,代表了中国大酒店将从中外合作经营企业变更为羊城兆业全资拥有的国有独资有限责任公司。代理律师作为中国大酒店唯一股东——羊城兆业的代理律师,在签订、修改管理合同的过程中代表羊城兆业的利益和万豪公司一方进行合同谈判,代理律师在谈判中既有为维护己方权益对关键条款的设置和对方据理力争,也有作出适当合理的让渡,在博弈中达致互惠共赢。例如,在管理合同发生争议后仲裁地点的选择上,在外方坚决要求在新加坡当地的仲裁委进行仲裁的情况下,代理律师认为鉴于中方作为国有企业,在出现涉外合同纠纷时的争议解决条款应当属于他们需要特别关注的重大条款,选择中国境内的仲裁机构无疑最大限度符合中方的利益,因此对仲裁地点的约定“寸土不让”,最后将仲裁机构确定为中国国际经济贸易仲裁委员会,取得了委托人满意的结果。

在中国大酒店之前,广州极少有五星级酒店被纳入国际大型酒店管理系统进行管理。中国大酒店作为先行者,引入了国际著名的酒店管理公司——万豪公司,万豪公司在接手中国大酒店前,就已拥有遍布全球各国家及地区的酒店或品牌,已经形成了一套成熟的酒店运营管理服务体系。即使在多年后的今天,本项目对类似中国酒店与国际酒店管理公司在对酒店的经营管理过程中涉及的配套法律文件的拟定、修改及谈判仍具有极大的借鉴意义。

专家点评

广州的酒店业是中国内地最早引进外资的领域,中国大酒店作为中国第一家中外合作经营的五星级酒店,承担着我国改革开放初期的中外交流的重任。在20年中外合作期限届满后,中国大酒店的产权于2004年回归广州市政府,并在产权回归后重新与万豪国际集团签订管理及国际服务合同。在实践中,中外合作企业的产权回归涉及验资手续、工商、税务、财政登记等变更手续。广东广信君达律师事务所谢捷、陈远乐律师团队在承办中国大酒店的产权回归和重新与万豪国际集团签订管理及国际服务合同过程中,最大限度地发挥了中国法律顾问在本项目合同审查、涉外谈判中的作用,并最终助力中国大酒店产权回归,实现平稳过渡,体现了律师团队扎实的法律功底,充分体现了律师的专业分析和解决问题能力。

在涉外非诉业务的法律服务尚处于发展初期的阶段,本项目的圆满完成,对于当时同类案件的处理具有重要的示范效应。谢捷、陈远乐律师有效保障了委托人的法律权益,为中国大酒店最终将产权移交给广州市政府作出了贡献,在广州的文化产业酒店旅游板块法律服务中添上了浓墨重彩的一笔。

(点评人:程信和,中山大学法学院教授、博士生导师,兼任中国法学会经济法学研究会副会长,广东行政职业学院马克思主义研究院院长,国学研究所所长,广州市政府参事)

广东省国有"僵尸企业"处置的重点与难点

林　锋　雷志容　陈春燕　陈　希

摘　要

广东省国有"僵尸企业"出清重组,是为贯彻落实中央经济工作会议精神和广东省委、省政府关于供给侧结构性改革的决策部署,促进国有资本布局结构优化,加快国有企业转型升级的重要举措。鉴于国有"僵尸企业"的历史性与特殊性,在当时相关部门未针对国有"僵尸企业"出清重组制定明确法律法规或相关规范性指引,以及资料缺失的前提下,代理律师在满足现行法律规定的基础上,充分发挥主观能动性,针对不同类别的"僵尸企业",精准识别,分类指导,探索通过不同的市场退出路径,关注主管单位需求,并先后为22家省属国有"僵尸企业"出清处置提供法律服务,为日后相关部门出台"僵尸企业"处置的规范指引提供了实务经验。

项目简介

中共十八大提出供给侧结构性改革后,各行各业都在紧密地落实去产能的工作,消除产能过剩的问题。2016年国务院政府工作报告指出了"僵尸企业"的存在会引发和扩大产能过剩的问题,不利于我国经济持续健康的发展。在此背景下,各地国有企业有序地推进其下属或管理的"僵尸企业"的处置和清理工作,而本团队也受聘于广东省某国有企业,为该国有企业下属或管理的"僵尸企业"的处置和清理工作提供专业的法律服务。

一、"僵尸企业"处置和清理的方式

本团队协助国有企业处置和清理的"僵尸企业"为纳入了国有资产部门"僵尸企业"名录的国有或全民所有制的企业,处置和清理的主要方式有破产清算、破产

重整、强制清算、自主清算等,而如何选择"僵尸企业"的出清方式,则需要对"僵尸企业"进行精准识别,分类指导,这也是本项目办理的重点。

(一)破产清算

对于救治无望且资不抵债的"僵尸企业",原则上通过破产清算的方式进行清理,通过向受理法院申请破产清算,以司法介入的方式清理"僵尸企业",既能实现去产能的问题,又有利于保障债权人的合法权益。

(二)破产重整

对于经营管理虽存在困难,但仍具备运营价值的"僵尸企业",原则上通过破产重整的方式进行救治。破产重整是通过司法手段使得企业避免退出市场且获得重生,有利于激活企业的潜能、完善企业的造血功能,使得企业能够良性发展、有活力的运营。

(三)强制清算

对于救治无望但未达到资不抵债程度,且企业存在职工安置、职工集资、产权争议、对外投资、债权债务不清晰等情况的较为复杂的"僵尸企业",原则上通过强制清算的方式进行清理,通过司法介入实现资产的处置,完成债权债务的清理,以便该"僵尸企业"可以合理合法地退出市场。

(四)自主清算

对于救济无望但未达到资不抵债程度,且企业的债权债务清晰、资产可以自行处置,无对外投资、无人员安置等情况的"僵尸企业",原则上由企业自行清算,简易注销。

对于上述四种"僵尸企业"主要的处置和清理方式,本团队在实际操作过程中,主要从以下几方面对"僵尸企业"进行甄别,以确定该"僵尸企业"具体出清路径:(1)查看"僵尸企业"的资产负债表,以了解该"僵尸企业"的资产负债情况,确定该"僵尸企业"是否符合资不抵债的情况,以便确定其为破产路径还是清算路径。(2)搜索该"僵尸企业"的行业信息及技术情况,并与该"僵尸企业"的股东或管理者进行谈话,了解该"僵尸企业"现在的运营情况、核心资产及核心技术,以便判断该"僵尸企业"是否能通过破产重整的方式,给"僵尸企业"灌注新鲜的血液,从而激发"僵尸企业"的活动,实现"僵尸企业"的自我造血功能。(3)了解该"僵尸企业"的人员情况,以便明确该"僵尸企业"是否存在人员下落不明的情况,若存在人员下落不明的情况,则对于自行清算会存在较大的难度。同时为已知的现有"僵尸企业"人员的安置提出专业意见,这样更有利于后续通过司法介入方式清理"僵尸企业"。(4)了解该"僵尸企业"的账册、重要文件的保管情况,确定资料的完整性，资料存在缺失的，则自行清算风险较大，不建议适用。(5)了解该“僵尸企业”的对外投资情况，明确“僵尸企业”清理过程中对外投资的清理方式，并且若该“僵尸企业”的对外投资也为“僵尸企业”，则建议通过司法处置的方式进行清理，若该“僵尸企业”的对外投资仍在运营，则可以考虑将对外投资的企业通过股权转让方式进行处置，以确保对外投资的企业可以继续运营，且不损害“僵尸企业”的股东收益。(6)了解“僵尸企业”的财产状况，是否存在职工集资或产权争议问题，若存在职工集资或产权争议问题，建议通过司法处置的方式进行清理，若企业的财产清晰，权属清楚，并且该财产由“僵尸企业”自行占有使用，则可以考虑通过自行清算的方式进行处置。

二、“僵尸企业”处置过程中的主要问题

本团队在处置22家“僵尸企业”的过程中，发现“僵尸企业”普遍存在如下问题：(1)部分“僵尸企业”为全民所有制企业，而目前《公司法》的调整对象为在中国境内设立的有限责任公司和股份有限公司，并不包含全民所有制企业，因此对于全民所有制企业只能有限地适用《民法总则》(已失效)有关规定；(2)部分“僵尸企业”存在无账册、无人员、无公章等问题，在清理债权债务或者递交资料过程中均存在一定的困难；(3)部分“僵尸企业”存在离退休员工较多且尚未移交社会管理的情况，对于该部分的员工需要进行妥善处置；(4)部分“僵尸企业”的财产状况不清晰或财产因历史原因由离退休人员占有使用，处置较难。

对于“僵尸企业”的上述困难，本团队在选择“僵尸企业”的出清路径过程中，给予委托方有针对性的解决方案，并且也会作为出清方式选择的重点考虑因素。

三、“僵尸企业”处置和清理的法律依据

公司制“僵尸企业”法人可依据《公司法》确定企业解散的事由，而非公司制“僵尸企业”法人(如全民所有制企业)则可根据《民法总则》第69条确定解散事由。而在进入解散程序后，除依据上述法律外，还可以依据《企业破产法》《关于审理公司强制清算案件工作座谈会纪要》对“僵尸企业”进行清理。

四、“僵尸企业”出清项目的办理进度及结果

本团队自2018年开始为“僵尸企业”清理提供专项法律服务以来，合计办理了22家省属国有“僵尸企业”的出清工作，涉及法院包括广州市中级人民法院、佛山市中级人民法院、佛山市南海区人民法院、肇庆市端州区人民法院、普宁市人民法院等，上述22家“僵尸企业”大部分已通过司法途径完成了出清，仍有一家“僵尸企业”因财产状况复杂，资产处置困难，目前尚未完成出清工作。少部分“僵尸企业”通过自行清算的方式已完成出清工作。本团队为某国企下属或管理的“僵尸企业”出清项目提供专业法律服务及清理速度也获得客户的认可。

项目难点

缺少相关部门针对国有“僵尸企业”司法出清制定明确法律法规或相关规范性指引,是本项目办理的难点之一。“僵尸企业”中大部分是“三无”企业或者没有证据证明存在债权债务关系的企业,需要摸清“僵尸企业”的直接债务和担保债务等,严格依照法定程序接收公章、账册和资料,依法清查资产,全面掌握资产基本情况,既要做好“僵尸企业”处置法律风险防范,又要做好国有资产流失风险防范。为此,代理律师在本项目办理过程中,紧扣可供参照适用的法律规定并凭借过往相似案件的办理经验,避免因“僵尸企业”人员下落不明、财产状况不清、账册及重要文件缺失等客观事实导致司法不予受理的情况。

律师办理思路

首先,对“僵尸企业”的现有资料进行清理,明确“僵尸企业”的资产负债情况,以确定出清路径,即对于资不抵债的“僵尸企业”原则上确定为破产路径,资可抵债的“僵尸企业”原则上确定为清算路径。其次,对“僵尸企业”的账册、资产、人员、债权债务、行业情况等进行梳理,对于资不抵债,且无法运营的“僵尸企业”通过破产清算方式退出;对于资不抵债,但所在行业整体环境较好,具备核心资产和核心技术的“僵尸企业”通过破产重整方式清理;对于资可抵债,但账册遗失,存在人员安置、资产处置问题,且债权债务较为混乱的“僵尸企业”通过强制清算的方式退出;对于债权债务清晰,无对外投资,资产清晰可自行处置的“僵尸企业”通过自行清算的方式退出。最后,在确定清理方案后,依据现有的清理方案确定具体的资产处置方案、员工安置方案、对外投资的处置方案等,以便后续通过司法途径退出或自行退出。

相关法律规定解读

一、非公司制“僵尸企业”法人解散的法律依据

公司制“僵尸企业”法人可依据《公司法》确定企业解散的事由,而非公司制“僵尸企业”法人(如全民所有制企业)则可根据《民法总则》第 69 条“有下列情形

之一的，法人解散：（一）法人章程规定的存续期间届满或者法人章程规定的其他解散事由出现……（四）法人依法被吊销营业执照、登记证书，被责令关闭或者被撤销……”的规定，结合该类法人已被纳入各级国资部门“僵尸企业”名录，已被吊销营业执照，停产或半停产较长时间等实际情况，确定存在法人解散的事由。

二、非公司制“僵尸企业”法人司法处置的法律参照

依据《民法总则》第 70 条“法人解散的，除合并或者分立的情形外，清算义务人应当及时组成清算组进行清算。法人的董事、理事等执行机构或者决策机构的成员为清算义务人。法律、行政法规另有规定的，依照其规定。清算义务人未及时履行清算义务，造成损害的，应当承担民事责任；主管机关或者利害关系人可以申请人民法院指定有关人员组成清算组进行清算”以及第 71 条“法人的清算程序和清算组职权，依照有关法律的规定；没有规定的，参照适用公司法的有关规定”的规定可知，非公司制“僵尸企业”法人司法处置可参照适用《公司法》、最高人民法院《关于审理公司强制清算案件工作座谈会纪要》等相关法律法规。

案例评析

随着我国经济结构的不断升级和转型以及供给侧结构性改革的深入推进，为了有针对性地引导市场可持续健康发展，“僵尸企业”成为影响经济发展的重要因素，“僵尸企业”清理成为时代的必然选择。而“僵尸企业”因历史原因存在各种各样的复杂问题，对此，为了更好地清理“僵尸企业”，确保在清理过程中既能兼顾社会效益和结构性处置影响，又能做好债务处置和职工安置工作，对“僵尸企业”出清路径的选择成为至关重要的一个环节，作者团队在综合分析了“僵尸企业”现状及现有资料的情况下，按不同的企业情况选择破产清算、破产重整、强制清算、自行清算等不同的出清路径，这显然是针对“僵尸企业”有序推进的措施，并非“一破了之”的处置方式，同时作者团队在选择路径过程中，也充分考虑“僵尸企业”处置的内部成本和外部影响，争取做到“能活的尽量促其活”，以确保我国经济市场的健康发展。

在作者团队办理本项目时，虽然缺少相关部门针对国有“僵尸企业”司法出清制定的明确法律法规或相关规范性指引，但作者团队根据过往相似案件的办理经验，积极与办案机关联系，并紧扣当时可供参照适用的法律规定，对“僵尸企业”按照具体情况梳理分类，通过不同途径实现实质性出清。作者团队在不断总结经验的基础上，整理出一套“僵尸企业”出清工作的流程以及材料清单，更好地助力了客户完成广东省国有“僵尸企业”出清重组工作,为优化营商环境贡献了司法力量。

专家点评

在国家经济飞速发展的同时,不少丧失自我发展能力、不符合如今产业政策和市场需求、长期处于停业或半停业状态的企业怠于清算注销,持续占用各类生产要素却无法创造社会价值,该类型企业被称为“僵尸企业”。2018 年,国家发改委等 11 部门联合下发《关于进一步做好“僵尸企业”及去产能企业债务处置工作的通知》,明确各地区应建立“僵尸企业”及去产能企业债务处置工作机制,“原则上应在 2020 年年底前完成全部处置工作”。习近平总书记曾在中央财经领导小组第十五次会议中明确指出,深入推进去产能,要抓住处置“僵尸企业”这个“牛鼻子”;必须要坚定不移处置“僵尸企业”,还要区别不同情况,积极探讨有效的债务处置方式,有效防范道德风险。在深入推进供给侧结构性改革的大背景下,“僵尸企业”出清工作是一项关乎产业升级的重要议题,同时也是推动经济高质量发展的必然要求,而国有“僵尸企业”出清工作的推进更是盘活国有资源的应有之义。

本案律师团队深刻领悟中央精神,运用其在企业解散清算领域深耕多年的丰富经验,立足于国有“僵尸企业”现状及现有资料,按不同的企业情况选择破产清算、破产重整、强制清算、自行清算等不同的出清路径,娴熟运用法律思维并参照适用法律解释方法紧扣相关法律规定,在兼顾社会效益和结构性处置影响的同时妥善完成了债务处置和职工安置工作。律师团队出清工作极高的完成率足以证明其工作流程的可行性以及该项目可带来的良好的法律效果,对“僵尸企业”出清工作具有一定借鉴意义,对优化营商环境及推进供给侧结构性改革具有积极作用。

(点评人:杨超男,暨南大学法学院研究生导师)

保险人行使保险代位求偿权的正确方式

——某保险公司与某供货商、代理商保险人代位求偿案

黄　恒

摘　要

在财产保险中,保险法赋予了保险人代位求偿的权利:因第三者原因导致保险标的发生损害而造成保险事故的,保险人自给付保险赔偿金给被保险人之日起,在赔偿金范围内取得向第三者代位求偿的权利。如何认定保险事故是第三者原因所造成的,往往是此类案件突破的关键。本案就是一起较为典型的保险人代位求偿案,如何有理有据地反驳第三者关于保险事故非其原因所造成的主张,可以从本案裁判中借鉴到有益的经验。

案情简介

A 公司(甲方)与 B 公司、C 公司(乙方)签订《增压风机备件采购合同》。其中,B 公司是合同设备的供货商,C 公司是 B 公司的授权代理商。除非另有约定,否则本合同中所提及的乙方包括 B 公司与 C 公司,共同向甲方承担连带责任。乙方向甲方保证所供应的合同设备须符合相应的国家标准、行业标准或其原厂家最新颁布的正式标准并符合设计材质、技术要求等,同时对其供货范围内的完整性、可靠性、先进性负责,所供设备是全新、技术先进的,并满足设计寿命内长期、安全、稳定运行的要求。乙方在此同意,如未能完成上述责任而导致甲方蒙受损失,乙方将负责赔偿;质保期为合同设备通过验收后 12 个月。合同签订后,A 公司依约支付律师涉案合同设备的货款。

2013 年 8 月 2 日,A 公司向 D 保险公司投保了机器损坏险。保险标的为机器设备,保险期间为 2013 年 8 月 11 日 0 时至 2014 年 5 月 31 日 24 时,保险金额为

1,607,870,000 元,每次事故免赔额为 280,000 元或损失金额的 5%,以高者为准。

2014 年 4 月 15 日凌晨,涉案增压风机发生损坏,A 公司于 2014 年 4 月 16 日向 D 保险公司报案。2014 年 4 月 21 日,D 保险公司委托深圳某保险公估公司对 A 公司增压风机损坏的施工进行现场查勘取证、查找事故原因、核定损失项目及损失金额等。2016 年 1 月 22 日,深圳某保险公估公司出具公估报告,报告载明 2014 年 4 月 15 日增压风机事故的原因是增压风机根部螺栓的材质及硬度与设计不符,认为本次事故的保单责任成立,扣减免赔额 28 万元后,本次事故的理赔金额为 1,127,310.48 元。

A 公司亦委托某电力科学研究院(以下简称某电科院)对涉案增压风机损坏事故的原因进行鉴定,某电科院于 2014 年 10 月 11 日出具的《A 公司增压风机叶片螺栓材质分析报告》显示,案涉增压风机叶片螺栓断裂的主要原因为:疲劳断裂、叶片螺栓材质与厂家设计材质不符、叶片螺栓硬度低于厂家图纸提供的 12.9 级螺栓的硬度值要求。

因增压风机受损,A 公司进行了抢修并支付了相关的维修费用。修复后,A 公司向 D 保险公司索赔。D 保险公司(甲方)与 A 公司(乙方)签订定损协议书,内容为双方确认案涉增压风机于 2014 年 4 月 15 日因受损叶片螺栓材质与厂家设计材质不符造成的所有损失金额为 1,407,310.48 元。2016 年 2 月 1 日,D 保险公司向 A 公司赔付保险金 1,127,310.48 元,并取得 A 公司签字确认的权益转让书。

一审法院经审理认为,A 公司就其机器设备向 D 保险公司投保了机器损坏险,保险期间内涉案增压风机发生损坏事故,D 保险公司依约向 A 公司赔付保险金 1,127,310.48 元后,依法有权代位行使 A 公司向对保险事故发生存在责任的第三者请求赔偿的权利。根据双方诉辩意见,本案的争议焦点为涉案增压风机发生的保险事故是否是风机的质量问题所造成的。

D 保险公司主张涉案保险事故发生的原因为风机根部螺栓材质及硬度与设计不符,而 B 公司、C 公司则认为与风机共振及失速有关。对此,法院认为,涉案《增压风机叶根部螺栓断裂原因分析会议纪要》载明 B 公司自发研究的叶片根部螺栓材料不适用在叶片根部螺栓上,B 公司应予以改进,该次会议由 B 公司、A 公司及某电科院共同参与。虽然会议纪要没有任何签名,但 D 保险公司、B 公司均将上述会议纪要作为证据提交,A 公司对该会议纪要也无异议,故法院认为该会议纪要可以作为认定涉案事故原因的有效依据。同时,某电科院出具的分析报告、深圳市某保险公估公司出具的鉴定报告,均认为涉案事故的原因是案涉增压风机根部螺栓材质及硬度与设计不符,该份报告的证明效力显然大于 B 公司提交的某几次会议纪要的证明力。退一步说,涉案采购合同约定 B 公司、C 公司保证所供应的合同设备符合相应的国家标准、行业标准,且应满足设计寿命内长期、安全、稳定运行的要求,故即使涉案保险事故的发生与风机共振及失速有关,该问题亦属风机成套设备的生产商即 B 公司在设计、生产涉案设备并确保涉案设备长期、安全、稳定运行时应解决的事项。现没有证据证实 A 公司对此存有过错,故因此导致设备损坏的,应由 B 公司、C 公司承担赔偿责任。

最终,一审法院判决 B 公司、C 公司共同向 D 保险公司赔偿 1,127,310.48 元。B 公司对一审判决不服,向二审法院提起上诉。二审法院经审理,认为一审判决认定事实清楚,适用法律正确,驳回上诉,维持原判。

争议焦点

案涉保险事故发生所产生的赔偿责任是否应由案涉设备的生产商 B 公司承担。

代理意见

关于本次保险事故发生的原因,无论是 D 保险公司提交的证据——某电科院作出的《A 公司增压风机叶片螺栓材质分析报告》,还是深圳某保险公估公司作出的《保险公估报告》,均清楚地指出了 A 公司增压风机叶片螺栓断裂的原因为:(1)疲劳断裂;(2)叶片螺栓材质与厂家设计材质不符。归纳起来即案涉增压风机根部螺栓材质及硬度与设计不符。无论是某电科院分析的依据及使用的技术手段,还是深圳某保险公估公司调查分析的过程,均遵循了法定的鉴定程序,公估师具备相应的鉴定资格,鉴定意见所依据的事实与证据确实充分。因此,D 保险公司所提交的上述两份证据,可充分反映本次保险事故发生的原因,应予以采信。相比之下,其一,B 公司所提交的认为风机事故发生的原因在于风机在不稳定的失速区运行,引发共振的证据(会议纪要)均是复印件,无法判断其真实性。其二,2008 年最高人民法院《关于民事诉讼证据的若干规定》第 77 条规定:"人民法院就数个证据对同一事实的证明力,可以依照下列原则认定:……(二)物证、档案、鉴定结论、勘验笔录或者经过公证、登记的书证,其证明力一般大于其他书证、视听资料和证人证言……"据此,D 保险公司所提交的证据属于鉴定意见,其证明力应大于 B 公司所提交的会议纪要。

鉴于本案保险事故发生的责任在于 B 公司,而 C 公司属于 B 公司的代理商,故应共同向D保险公司承担赔偿责任。

案例评析

保险人在行使保险人代位求偿权时,应同时满足以下要件:(1)保险人因保险事故对第三者享有损失赔偿请求权;(2)保险标的损失的原因属于保险责任范围,保险人负有赔偿义务;(3)保险人已经给付保险赔偿金。在上述三个要件中,实践中产生争议的往往是第一个要件,即保险事故的发生与第三者的行为是否具有因果关系。保险事故的发生往往涉及非常专业的技术论证问题,如本案,需要借助第三方专业机构进行研判分析,而且需要及时将证据固定下来。本案之所以取得比较理想的办案效果,除了在诉讼过程中作了较为充分的准备以外,也与D保险公司在诉讼前收集到较为充分的证据有关,尤其是对保险事故发生原因的调查,除了有公估结论外,还有专业机构出具的分析意见。若缺乏了上述有力证据,要论证保险事故的发生与涉案设备的生产厂家有因果关系,是较为困难的。相关证据一环扣一环,形成完整证据链,才使得法院采信了D保险公司的主张,最终取得圆满的办案效果。

专家点评

保险人代位求偿权是保险法赋予保险人所特有的一项权利,亦是保险法上的一项重要制度。本案在涉及保险人代位求偿权的众多案件中是十分具有典型性和代表性的。本案在诉讼前及时、高效、有预见性地固定了有力证据;在诉讼中各项证据相互印证、逻辑严密,形成了紧密相连的因果关系;最后成功让有过错的第三者承担了其在法律上应负的责任。

本案中保险人代位求偿权的成功保障,为今后此类案件的办理提供了参考依据以及方式方法。例如,在涉及专业的技术论证时应及时寻找第三方专业机构出具专业鉴定及全面详细地收集各类证据,抽丝剥茧形成清晰思路等;在一定程度上统一了裁判尺度,对同类案件的审理具有借鉴意义。

(点评人:苏东海,广东外语外贸大学法学院兼职教授,华南国际知识产权研究院兼职研究员,华南理工大学法学院法律硕士校外导师)

第二章 证券及资本市场案例精选

统筹兼顾，助力客户在一年内登陆香港联合交易所主板

——以某某控股集团于香港联合交易所主板上市项目为例

陈远乐　谢　捷

摘　要

某某控股集团于香港联合交易所有限公司（以下简称香港联交所）主板上市项目（以下简称本项目）完成于2019年，某某控股集团有别于传统服装制造商，其属于端到端供应链解决方案供应商；庞大的合约加工商网络覆盖境内外，上市申报过程需要同步处理多法域的法律审查，且其间香港特别行政区经济环境正面临巨大挑战、香港联交所在规则修订后对上市审核更为严苛。在此背景下某某控股集团的上市难度显著增加。

在本项目中，代理律师本着严谨细致的态度，凭借多年来在境外上市法律服务领域累积的丰富经验，最大限度地发挥了中国法律顾问在境外上市申报中的把关和协调作用，并最终助力某某控股集团在1年之内完成上市，对同类境外上市业务具有借鉴意义。本案例被评为广东省律师协会2019年度证券类典型案例。

项目简介

某某控股集团为美国、欧洲及亚太地区知名品牌提供多服装品类的供应链解决方案，其端到端供应链解决方案涵盖了客户关于时装设计、样本开发、技术方案开发、布料及原材料采购、生产监督、质量监控、交付及分销物流的需求。某某控股集团在中国、越南及亚太地区的其他国家和地区有60家合约加工商，网络原生

客户是公司最强大的收益驱动力,服装供应链的增值平台能力令某某控股集团于2016年至2018年取得的收益复合年增长率约55.3%。鉴于此,某某控股集团通过其委聘的保荐人及香港特别行政区的律师,找到具备丰富上市业务经验的陈远乐律师、谢捷律师担任上市的中国法律顾问。鉴于某某控股集团的主营业务及主要实体权益在中国境内,代理律师作为上市发行人委聘的中国法律顾问,在本项目所涉及的境内权益的相关法律事宜的工作中真正发挥了主导作用,其所出具的《上市法律意见书》《法律法规概览》等上市申报文件在香港联交所审核中无异议通过,为某某控股集团按照既定时间表在1年之内完成上市争取了宝贵时间。本项目典型及借鉴意义主要体现在以下几个方面:

1. 代理律师为某某控股集团提前规划办理香港联交所要求的重要上市申报文件无违规证明,在上市法律意见书的草拟阶段便通过深圳市上市办这个端口统一与各政府部门取得联络,协助某某控股集团在1个月之内取得全部无违规证明。

代理律师依据以往办理的上市业务的丰富经验,准确预判无违规证明的办结时间,并在尽职调查阶段就提前为某某控股集团准备无违规证明的相关申请报告。面对保荐人从审慎的角度出发,要求某某控股集团在第一次提交上市申请时必须取得各相关政府部门出具的全部无违规证明文件这一有别于过往个案的申报要求变化,以及保荐人对某某控股集团取得所有无违规证明的时限提出的更为严苛的要求,代理律师迅速与深圳市上市办取得联络,通过深圳市上市办与深圳市各政府部门进行沟通协调,一方面,主动定期与政府部门进行沟通,了解相关的审批程序进度,对无违规证明出具时间进行跟踪及跟进;另一方面,全力协助某某控股集团办理相关的申请工作,某某控股集团最终在1个月内获取全部的无违规证明,其中包括海关和外汇管理部门等“难啃的硬骨头”。代理律师出色地完成上述看似“不可能的任务”,获得某某控股集团及保荐人的一致赞许,其通过深圳市上市办与各政府部门沟通协调办理无违规证明,最大限度提高沟通效率及压缩办理时间的做法,可供同类型或相似类型的上市业务的律所或律师借鉴使用。

2. 代理律师凭借过往境外上市法律服务积淀下来的专业敏锐度,第一时间关注到拟上市期间所涉及的相关法律法规的新旧交替,并在《上市法律意见书》及招股书的《法律法规概览》中及时作出相应调整和变更,使其得以在香港联交所的严格审核中无异议通过,节省了因联交所对上述法律文件产生疑问而耗费的答问往来时间。

鉴于某某控股集团拥有大量境内业务,代理律师实时关注本项目所涉及的中国境内法律法规的变化，并且做好法律法规更新的披露工作，为某某控股集团提供实时有效的法律意见。自我国加入 WTO 承诺对外开放，我国不断放宽外商投资市场准入条件，境外企业大量涌入，涉外纠纷数量大幅度增加，近年来我国新旧法律更替及新法颁布较为频繁，特别是与外商投资相关的法律法规，例如，国家发展改革委员会、商务部于 2018 年发布了《外商投资准入特别管理措施（负面清单）》取代《外商投资产业指导目录（2017 年修订）》中的外商投资准入特别管理措施（外商投资准入负面清单），此后每年国家发展和改革委员会、商务部均对外商投资准入负面清单进行调整。考虑到上市申报每个阶段均可能涉及法律问题的解答与回复，代理律师专门提出在本项目工作守则中增加一项例行工作，即每次涉及上市法律意见书及法律法规概览的修订时均同步进行新旧法的检索及更新工作；此外，针对不同阶段提出的法律问题，代理律师在进行回复前亦会事先进行相关的法律法规检索工作，核查是否存在新旧法交替及衔接问题。

3. 代理律师对上市申报中涉及的中国法律问题，即使与保荐人存在分歧，仍能保持应有的独立性，据理坚持相关法律意见，在本项目申报涉及境内权益的法律事项处理中发挥了审核和把关作用。

在香港上市项目中，保荐人统领全部的申报工作并承担相关担保责任，其在协助上市的所有中介机构当中往往具有至高无上的地位。本项目中，当保荐人向代理律师提出上市法律意见书某些问题不属于关键性的法律问题不应予以披露时，代理律师认为如何把控上市业务中涉及境内权益的法律合规性与法律风险之间的平衡，是上市发行人委聘的中国法律顾问需要重点关注的部分，对于上市法律意见书中涉及中国法律的相关事项是否予以披露，应由代理律师决定。

例如，代理律师在审核上市申报材料时，发现某某控股集团未对 2016 年度、2017 年度控股关联关系进行申报，依据国家税务总局《关于完善关联申报和同期资料管理有关事项的公告》、《企业所得税法》、《税收征收管理法》、《深圳市税务行政处罚裁量基准》等法律法规的相关规定，某某控股集团应对公司的控股关联关系进行申报，如某某控股集团未进行申报可能会面临因逾期申报而被税务机关处罚的风险，据此代理律师在《上市法律意见书》中向某某控股集团提出风险预警并对补办申报的流程及法律后果提出相关建议及意见。但保荐人认为该问题不属于关键的法律问题，可不予披露，建议代理律师删除该部分内容。

代理律师凭借自身经验及深入细致的法律分析，在与保荐人及其项目负责人进行充分沟通后达成了进行补充申报的一致意见。某某控股集团根据代理律师的提议，及时对 2016 年度、2017 年度关联业务往来进行补充申报，一方面，最大限度地降低了某某控股集团被处罚的风险;另一方面,强化了某某控股集团上市申报工作的合法合规性。

4. 代理律师对上市申报中涉及的中国法律问题,即使与保荐人另行委托的中国法律顾问存在分歧,代理律师也能清醒地认识到作为《上市法律意见书》签发人所承担的责任,与保荐人委托的其他中国法律顾问进行专业而有效的沟通,在本项目申报涉及境内权益的法律适用方面发挥了主导作用。

近年来保荐人在拟上市公司中国法律顾问之外另行为上市项目委聘中国法律顾问的情况越来越普遍,本项目便多次出现代理律师与保荐人另行委托的中国法律顾问的法律意见不统一的情形。例如,保荐人委托的其他中国法律顾问曾就代理律师出具的《上市法律意见书》中关于某某控股集团架构重组所涉及的税务申报备案事项提出质疑,认为在某某控股集团所进行的境外股权架构重组中,因转让方为自然人而不属于"非居民企业间接转让中国境内应税财产"之情形,由此认定某某控股集团架构重组所涉及的股权转让不适用于国家税务总局于2015年2月3日公布并施行的《关于非居民企业间接转让财产企业所得税若干问题的公告》(国家税务总局公告2015年第7号,以下简称第7号文公告);另外,转让方L公司及F公司直接持有受让方某某控股集团85.56%的股权且本次转让以股份支付对价,由此认为该部分股权转让有可能被认定为具有合理商业目的,而不涉及第7号文公告申报纳税及补缴税款的问题,并对《上市法律意见书》相关内容进行大幅度修改。

代理律师得知情况后,立即与保荐人及本项目负责人进行电话会议,提出某某控股集团所提供的境外重组架构图的真实性应由相关公司所涉法域的律师予以确认,保荐人另行委托的中国法律顾问仅仅依据由某某控股集团提供的股权架构图不足以计算出并确认上述的股权比重及支付对价,代理律师进而认为某某控股集团进行架构重组所涉及的股权转让问题不适用第7号文公告第6条中关于具有合理商业目的的情形的条款,即某某控股集团应当进行税务申报。具体地说,欲证明某某控股集团股权比重问题,须由转让方所在地的律师出具相关的法律意见书,显然某某控股集团提供的股权架构图并不具备该条件;且代理律师所出具的《上市法律意见书》仅就中国法律及与本次发行上市有关的法律问题发表法律意见,对境外重组的真实性及合法性的确认已超出代理律师的审核范围。基于上述情况,代理律师坚持依据第7号文公告第1条、第2条、第9条、第10条以及第19条等规定,某某控股集团进行架构重组所涉及的股权转让问题,被视为某某控股集团通过以转让汉某有限公司及利某设计院境外控股公司(以下简称利某设计院）股权的形式间接转让中国居民企业汉某有限公司及利某设计院股权的行为，某某控股集团应就海外重组向汉某有限公司及利某设计院所在地主管税务机关作出申报及备案。代理律师同时认为，向香港联交所提交的《上市法律意见书》应由上市发行人委托的中国法律顾问进行草拟、制定及签发工作，并且由其承担相应的责任，对某某控股集团在境内业务中涉及的法律问题的法律分析应以上市发行人委托的中国法律顾问的意见为主。在代理律师与保荐人及某某控股集团进行沟通协调后，保荐人及某某控股集团均采纳代理律师的意见。

其后，保荐人另行委托的中国法律顾问对代理律师出具的第二次《上市法律意见书》中关于某某控股集团应何时进行税务申报事宜提出质疑，代理律师及时向保荐人另行委托的中国法律顾问、保荐人和某某控股集团阐明保荐人委托的中国法律顾问提出的反驳依据——第 7 号文公告第 8 条第 2 款、第 13 条现已失效，即使某某控股集团未完成相关申报备案手续，就该问题存在法律风险的可能性较低，代理律师出于对重组架构的确定性的考虑，还是建议某某控股集团在上市获得批准后再补办申报备案手续。最终，某某控股集团采纳代理律师的意见，向香港联交所提交了由代理律师出具的最终版《上市法律意见书》，该意见书在香港联交所审核及聆讯会议中获得无异议通过，为某某控股集团上市争取时间。

项目难点

1. 数据统计，在 2019 年全国资本市场法律业务中，广东省律师事务所仅占 8%，且成功率并不高，而拟上市公司某某控股集团要求在 1 年的时间内于香港联交所主板上市，时间上的紧迫性无疑增加了难度。

2. 保荐人要求在向香港联交所第一次申报时拟上市公司须取得全部无违规证明，意味着代理律师要在 1 个月内完成上述艰巨工作，这对代理律师提出了极高的工作要求。

3. 自我国加入 WTO 承诺对外开放，我国修改或制定了许多与外商投资相关的法律法规，我国法律法规的新旧交替影响着某某控股集团上市申报工作。

4. 保荐人认为部分非关键的法律问题如公司关联交易申报问题在《上市法律意见书》中可不予披露，由此与代理律师产生了分歧。

5. 保荐人另行委托的中国法律顾问，就某某控股集团架构重组所涉及的申报备案及申报时间等事项作出的意见与代理律师的意见不一致，代理律师增加了额外的专业沟通和协调工作。

律师办理思路

代理律师在接受委托后,为某某控股集团上市申报工作制定一系列基础性的法律服务方案,如制定上市方案、出具《上市法律意见书》、以英文起草招股书的监管概览章节、审阅中英文招股书中涉及中国法律的相关章节、协助某某控股集团对香港联交所及香港证监会提出的反馈意见中涉及中国法律的问题进行答复和说明及审阅和起草与上市申报相关文件等。并且,根据此次上市项目产生的特殊情况,代理律师也开展了一系列有针对性的代理工作:

1. 在某某控股集团需要在短时间内全部提交各政府部门出具的无违规证明时,代理律师通过深圳市上市办窗口与深圳市各相关政府部门进行协调与沟通,定期与政府部门沟通去了解相关的审批程序,从而对无违规证明出具时间进行估算,及时跟进。若深圳市各相关政府部门未能按时出具相应的无违规证明,代理律师将直接与政府部门联络,督促其出具相应的无违规证明。

2. 针对某某控股集团的公司性质、行业特点等,代理律师检索公司生产经营中所涉及的法律法规,并对已有的法律法规进行实时更新;在工作守则中提出将法律法规检索并更新的工作作为一项例行工作。

3. 当代理律师与保荐人对《上市法律意见书》中涉及的中国法律问题产生分歧时,代理律师以一个中国法律顾问的专业角度,凭借办理上市业务的丰富经验,与保荐人进行了充分的沟通及解释。

4. 当保荐人另行委托的中国法律顾问对《上市法律意见书》中一些关键的法律问题提出质疑时,代理律师依据相关的法律法规,向保荐人委托的中国法律顾问及某某控股集团阐明该事项所涉及的法律风险问题。

相关法律规定解读

本项目的合法合规性审查工作涉及《公司法》、《外资企业法》(已失效)、《企业所得税法》及《劳动法》等多部法律规定,对于上述常规性法律规定,在此不予赘述。与本项目关联性较大的规范性文件,特别作出如下具体解读。

1. 关于第7号文公告所涉及的公司因架构重组所进行的股权转让是否需要进行税务申报及缴纳事项

国家税务总局《关于加强非居民企业股权转让所得企业所得税管理的通知》(国税函〔2009〕698号,以下简称698号文通知)第1条规定:“本通知所称股权转让所得是指非居民企业转让中国居民企业的股权(不包括在公开的证券市场上买入并卖出中国居民企业的股票)所取得的所得。”

第7号文公告第1条规定:“非居民企业通过实施不具有合理商业目的的安排,间接转让中国居民企业股权等财产,规避企业所得税纳税义务的,应按照企业所得税法第四十七条的规定,重新定性该间接转让交易,确认为直接转让中国居民企业股权等财产。本公告所称中国居民企业股权等财产,是指非居民企业直接持有,且转让取得的所得按照中国税法规定,应在中国缴纳企业所得税的中国境内机构、场所财产,中国境内不动产,在中国居民企业的权益性投资资产等(以下简称中国应税财产)。间接转让中国应税财产,是指非居民企业通过转让直接或间接持有中国应税财产的境外企业(不含境外注册中国居民企业,以下称境外企业)股权及其他类似权益(以下称股权),产生与直接转让中国应税财产相同或相近实质结果的交易,包括非居民企业重组引起境外企业股东发生变化的情形。间接转让中国应税财产的非居民企业称股权转让方。”第2条规定:“适用本公告第一条规定的股权转让方取得的转让境外企业股权所得归属于中国应税财产的数额(以下称间接转让中国应税财产所得),应按以下顺序进行税务处理:(一)对归属于境外企业及直接或间接持有中国应税财产的下属企业在中国境内所设机构、场所财产的数额(以下称间接转让机构、场所财产所得),应作为与所设机构、场所有实际联系的所得,按照企业所得税法第三条第二款规定征税;(二)除适用本条第(一)项规定情形外,对归属于中国境内不动产的数额(以下称间接转让不动产所得),应作为来源于中国境内的不动产转让所得,按照企业所得税法第三条第三款规定征税;(三)除适用本条第(一)项或第(二)项规定情形外,对归属于在中国居民企业的权益性投资资产的数额(以下称间接转让股权所得),应作为来源于中国境内的权益性投资资产转让所得,按照企业所得税法第三条第三款规定征税。”第9条规定:“间接转让中国应税财产的交易双方及被间接转让股权的中国居民企业可以向主管税务机关报告股权转让事项,并提交以下资料……”第10条规定:“间接转让中国应税财产的交易双方和筹划方,以及被间接转让股权的中国居民企业,应按照主管税务机关要求提供以下资料……”第19条规定:“本公告自发布之日起施行。本公告发布前发生但未作税务处理的事项,依据本公告执行。《国家税务总局关于加强非居民企业股权转让所得企业所得税管理的通知》(国税函〔2009〕698号)第五条、第六条及《国家税务总局关于非居民企业所得税管理若干问题的公告》(国家税务总局公告2011年第24号)第六条第(三)、(四)、(五)项有关内容同时废止。”

经核查,某某控股集团所进行架构重组如涉及中国境内居民企业汉某有限公司及利某设计院的境外控股公司的股权转让问题,根据上述规定,该等股权转让行为被视为某某控股集团通过转让汉某有限公司及利某设计院境外控股公司股权的形式间接转让中国境内居民企业汉某有限公司及利某设计院股权的行为。因此,代理律师认为某某控股集团以及其在中国香港特别行政区设立的全资控股企业——联某制衣和利某服装所进行架构重组所涉及的股权转让问题属于698号文通知和第7号文公告的适用范围,公司因就海外重组作出申报及备案,向汉某有限公司及利某设计院所在地主管税务机关提供资料,以完成申报备案手续。

2.关于是否需要中国证券监督管理委员会(以下简称证监会)的审批及境外投资外汇登记的事宜

根据证监会于2000年6月9日发布的《关于涉及境内权益的境外公司在境外发行股票和上市有关问题的通知》(证监发行字〔2000〕72号)的规定,涉及境内权益的境外公司在境外发行股票和上市除应就其境内权益部分的法律状况取得证监会的"无异议函"外,无须取得其他任何部门、机关的批准、许可或办理任何其他法律手续,亦不需上报其他任何中国政府部门或机构备案。但国务院于2003年2月27日发布的《关于取消第二批行政审批项目和改变一批行政审批项目管理方式的决定》(国发〔2003〕5号)取消了证监会的该项行政审批权限。因此,某某控股集团本次发行上市无须取得证监会之核准、同意、许可。

2006年8月8日,商务部、证监会、国家外汇管理局等六部委联合颁布了《关于外国投资者并购境内企业的规定》(以下简称10号文),并于2006年9月8日起施行。10号文是对《外国投资者并购境内企业暂行规定》的修订。2009年6月22日,商务部发布《关于外国投资者并购境内企业的规定》(商务部令2009年第6号),对《关于外国投资者并购境内企业的规定》部分条款作出修订。根据10号文的规定,自2006年9月8日起,中国境内公司、企业或自然人以其在境外合法设立或控制的公司名义并购与其有关联关系的境内公司,应报商务部审批;中国境内公司或自然人为实现以其实际拥有的境内公司权益在境外上市而直接或间接控制的境外公司(以下简称特殊目的公司)在境外上市交易,应经证监会批准。商务部《关于外国投资者并购境内企业的规定》也作出同样规定。

另外,根据中国国家外汇管理局于2005年10月21日发布,并于2005年11月1日起实施的《关于境内居民通过境外特殊目的公司融资及返程投资外汇管理有关问题的通知》(以下简称75号文通知),境内居民设立或控制境外特殊目的公司,应向所在地外汇局办理境外投资外汇登记手续;境内居民将其拥有的境内企业的资产或股权注入特殊目的公司,或在向特殊目的公司注入资产或股权后进行境外股权融资,应就其持有特殊目的公司的净资产权益及其变动状况办理境外投资外汇登记变更手续。

2014 年 7 月 4 日,国家外汇管理局发布了《关于境内居民通过特殊目的公司境外投融资及返程投资外汇管理有关问题的通知》(汇发〔2014〕37 号,以下简称 37 号文通知)。根据 37 号文通知第 16 条第 1 款规定,“本通知自发布之日起实施。《国家外汇管理局关于境内居民通过境外特殊目的公司融资及返程投资外汇管理有关问题的通知》(汇发〔2005〕75 号)同时废止。之前相关规定与本通知内容不一致的,以本通知为准”。75 号文通知就“境内居民通过境外特殊目的公司融资及返程投资外汇管理有关问题”作出的相关规定自 2014 年 7 月 5 日不再实施,取而代之的是 37 号文通知的相关规定。根据 37 号文通知第 1 条规定,“特殊目的公司”,是指境内居民(含境内机构和境内居民个人)以投融资为目的,以其合法持有的境内企业资产或权益,或者以其合法持有的境外资产或权益,在境外直接设立或间接控制的境外企业;“返程投资”,是指境内居民直接或间接通过特殊目的公司对境内开展的直接投资活动,即通过新设、并购等方式在境内设立外商投资企业或项目,并取得所有权、控制权、经营管理权等权益的行为;“境内机构”,是指中国境内依法设立的企业事业法人以及其他经济组织;“境内居民个人”,是指持有中国境内居民身份证、军人身份证件、武装警察身份证件的中国公民,以及虽无中国境内合法身份证件,但因经济利益关系在中国境内习惯性居住的境外个人;该通知所称“控制”,是指境内居民通过收购、信托、代持、投票权、回购、可转换债券等方式取得特殊目的公司的经营权、收益权或者决策权。

据某某控股集团提供的上市前重组架构图以及经代理律师恰当核查,某某控股集团是其境外自然人股东(不属于境内居民)及境外法人股东于中国境外以直接或间接资金注入方式所设立;汉某有限公司以及利某设计院是某某控股集团通过其注册地位于境外的子公司根据《公司法》、《外资企业法》及其实施细则、《外商投资产业指导目录》以及其他相关的法律、法规、规章及规定,由某某控股集团的子公司出资合法设立的外商独资有限责任公司。某某控股集团通过其注册地位于境外的子公司设立的外商独资企业汉某有限公司及利某设计院并不属于 10 号文及 37 号文通知所适用的情况。据此,代理律师认为,某某控股集团的境外自然人股东以拥有权益的境外公司设立境内企业的行为已获得中国法律所要求的批准及许可,10 号文及 37 号文通知对前述境外公司设立境内企业的行为不具有法律约束力,且境外自然人依法完成设立的境外公司的境外上市亦无须另行获得证监会的批准。

案例评析

代理律师认为,律师在担任上市发行人的中国法律顾问时,可以因地制宜地为委托人制定专属的、专业的法律服务方案,密切关注上市项目所涉及的法律法规的变化,在解答委托人或香港联交所提出的问题时,每一次都进行适用法律法规的检索和更新工作。另外,由于本项目中委托人的实体权益上市业务主要在中国境内,因此代理律师作为中国境内律师在处理涉及境内权益的法律事项时应敢于把关,在针对现行有效的法律法规发表意见的范围内起主导作用。代理律师建议上市发行人委托的其他中国法律顾问在书写《上市法律意见书》时坚持己见,应当披露一些自己坚持的法律意见,据此解决代理律师与保荐人委托的其他中国法律顾问的法律意见不统一的问题。

综上所述,代理律师基于丰富的业务经验以及对上市申报中涉及的法律法规、规范性文件的条款的法律分析,为某某控股集团上市申报奠定了坚实的法律基础,其所出具的《上市法律意见书》《法律法规概览》等上市申报文件在香港联交所审核中没有产生任何的质疑,加快了某某控股集团获批上市的时间。

专家点评

第7号文公告所涉及的公司因架构重组所进行的股权转让是否需要进行税务申报及缴纳事项的问题,是香港联交所在审核境内外公司上市申报时重点关注的法律问题,代理律师在完成必要性的研究分析之后,据理坚持相关法律意见,在本项目申报涉及境内权益的法律事项处理中发挥了作为中国法律顾问的审核和把关作用。代理律师对于该文件的理解及在《上市法律意见书》中对该问题提出的法律分析意见都对其他律师处理同类境外上市业务具有借鉴意义。

代理律师在有限的时间内统筹规划了本项目境内权益涉及的法律问题过程中的工作流程,通过深圳市上市办与各政府部门沟通协调办理无违规证明,最大限度提高沟通效率及压缩办理时间,与项目保荐人及保荐人委托的其他中国法律顾问之间进行了充分沟通,有效地解决分歧意见,最终助力某某控股集团在1年之内成功上市,对广东资本市场法律行业起到了鼓舞作用。

(点评人:程信和,中山大学法学院教授、博士生导师,兼任中国法学会经济法学研究会副会长,广东行政职业学院马克思主义研究院院长、国学研究所所长,广州市政府参事)

国资与员工集合资产管理计划混合持股和谐共荣

——上市公司非公开发行A股股票项目

全朝晖　石其军　杨　尹

摘　要

广东某某股份有限公司(以下简称某某公司)是国内最早进入露天矿山爆破采掘服务行业的国有控股上市公司。继代理律师助力某某公司成功于2012年3月首次公开发行A股股票并在深圳证券交易所中小企业板上市后,代理律师于2013年11月再次受某某公司的委托,为该公司的非公开发行A股股票的项目(以下简称本次定增项目)提供专项法律顾问服务。

代理律师与某某公司及各方中介机构经过共同努力,主要攻克了本次定增项目中涉及上市公司员工参与集合资产管理计划认购非公开发行股票所引致的法律难题,严格地规范相关定增方案的设计及落实,并获得监管机关审核部门的认可,进而促使本次定增项目的申请顺利获得中国证券监督管理委员会的审核通过,成为当时具有借鉴意义的成功案例。

项目简介

某某公司是国内最早进入露天矿山爆破采掘服务行业的国有控股上市公司,亦是广东省国资系统成功推行混合所有制的标杆企业,其国资与员工混合持股和谐共荣的成功经验成为广东省的学习典范。

代理律师曾接受某某公司的委托,为其首次发行股票并上市(以下简称IPO项目)提供专项的法律服务并成功推进项目完成,某某公司已于2012年6月12日在深圳证券交易所正式挂牌上市,成为广东省国资委下属广东广某资产经营有限公司(以下简称广某公司)国资经营系统中首家上市企业,同时广东广信君达律师事务所因代理某某公司IPO项目而成为全省首批为涉及军工企业提供上市服务的法律专业机构。

IPO项目的成功,促使某某公司快速成长并且规模日益壮大。2013年11月3日,某某公司第二届董事会召开2013年第八次会议,审议通过了《关于〈公司非公开发行股票预案〉的议案》等10项议案,某某公司正式启动了本次定增项目,以募集不超过人民币6亿元并全部用于补充公司流动资金。代理律师再次受某某公司的委托,为其本次定增项目提供专项法律顾问服务。

项目难点

本次定增项目具有发行对象多样性的特点,其所面向的5名发行对象主体包括公司法人、有限合伙和依法成立并受监管的集合资产管理计划;其中,尤以某某公司及其子公司员工自筹资金2亿元人民币认购的广发恒定×号集合资产管理计划(以下简称广发恒定×号)作为发行对象,为本次定增项目的最显著特色及本次定增项目的法律难点。

律师办理思路

自2013年起,IPO停摆和市场低迷的环境催生出一系列的上市公司以自身员工参与集合资产管理计划作为发行对象的非公开发行股票项目,可见于:兴森科技(股票代码:002436)、康缘药业(股票代码:600557)、诚志股份(股票代码:000990)等上市公司的非公开发行股票预案。但是,在某某公司本次定增项目的推进时,尚无其他已发行成功的同类案件可供参考,且当时证监会相关部门负责人明确否定含有结构化产品的集合产品作为增资对象,故代理律师必须深入研究法律、法规等相关监管规定,充分理解相关立法精神,勤勉尽责地核查、验证本次定增项目是否符合非公开发行股票的各项法定条件,以引导和确保员工为主体的广发恒定×号乃至某某公司的本次定增项目均能合法依规地按正常程序进行募资。

经过代理律师与公司及保荐人反复讨论和研究,广发恒定×号作为本次定增项目的发行对象,其区别于同时期的其他上市公司非公开发行股票同类案例,主要特点在于:

(1)其他同类案例中的集合资产计划将认购人根据外部投资人和本公司员工

身份，划分了优先级和劣后级的收益分配方式，而广发恒定×号的认购人全部为某某公司及其控股子公司的员工，所有认购人同份额同权，认购人的最终出资均为自筹资金，不包含任何杠杆融资结构化设计产品，以防止引发利益输送问题。控股股东暨实际控制人广某公司承诺不直接或间接向某某公司管理层提供财务资助或补偿。

(2)基于某某公司管理层通过集合资产计划间接享有本次非公开发行股份的最终受益权，其在广发恒定×号的利益可能与其直接持有公司股票的利益方向一致，故广发恒定×号与公司管理层签订一致行动人协议，公司管理层因持有广发恒定×号份额所间接折算的收益股份与其直接持有的某某公司股份合并计算。

(3)为防止短线交易、内幕交易，并且为遵守《上市公司董事、监事和高级管理人员所持本公司股份及其变动管理规则》，保障中小投资者利益，广发恒定×号亦承诺在集合资产管理计划减持期内，每年减持股份数不超过公司管理层和广发恒定×号合计持有股份数的25%。相关集合资产管理合同中亦明确约定了广发恒定×号不得在股票买卖窗口期内出售标的股票。

案例评析

代理律师与某某公司及各方中介机构经过共同努力，攻克了本次定增项目中关于上市公司员工参与集合资产管理计划认购非公开发行股票所引致的法律难题，严格地规范了广发恒定×号的方案设计及落实，并获得监管机关审核部门的认可，进而促使某某公司关于本次定增项目的申请顺利获得中国证券监督管理委员会的审核通过。

2014年9月17日，某某公司成功完成本次定增项目，该案成为当时具有借鉴意义的成功案例，其作为控股国资与管理层员工进一步混合持股和谐共荣的成功案例成为广东省的学习典范，并在广东省及广州市国资部门给予了肯定的报道，亦对往后的同类案件起到示范性作用。

专家点评

本次定增项目的某某公司是广东省国资委下属广某公司国资经营系统中首家上市企业。

律师团队与某某公司及各方中介机构经过共同努力，攻克了本次定增项目中关于上市公司员工参与集合资产管理计划认购非公开发行股票所引致的法律难题,赢得了客户和中介同人的认可及信赖。

某某公司是广东省国资系统成功推行混合所有制的标杆企业,该案例作为控股国资与管理层员工进一步混合持股和谐共荣的成功案例成为广东省的学习典范,并在广东省及广州市国资部门给予了肯定的报道,亦对往后的同类案件起到示范性作用。

(点评人:邓传远,中山大学法学院硕士研究生导师,高级律师职称)

稳固的知识产权收入成就企业超募

——某某控股有限公司首次公开及上市 IPO 项目

全朝晖　林绮红

摘　要

A 控股有限公司(以下简称 A 某公司),由香港著名演员及资深电影制作人黄某某及其家族成员成立并控制。继代理律师成功助力黄某某创办的 B 控股有限公司成功于 2001 年 9 月在香港联合交易所主板上市,广东广信君达律师事务所再次于 2011 年 12 月接受黄某某创办之 A 某公司委托,为该公司的 IPO 项目提供法律服务。

代理律师通过专业的法律尽职调查并解决各项法律难题,为项目进程中涉及的中国境内法律事务提供法律意见,并协助公司及各方机构积极筹措,再次成功助力 A 某公司于 2012 年 10 月 31 日在香港联合交易所创业板上市,该公司成为首家借助《内地与香港关于建立更紧密经贸关系的安排》(以下简称 CEPA)进军中国内地市场的香港电影公司,更于上市两年后由创业板成功转至主板。

项目简介

A 某公司由香港著名电影人黄某某、其女黄某钧及其子黄某桓组成的家族成立及控制。A 某公司自 2009 年 3 月成立以来,主要通过其建立的发行渠道于中国香港特区、中国境内以及东南亚地区发行电影,同时发行覆盖范围亦包括中国台湾地区、日本、美国及欧洲等地,并且一直以中国作为其主要市场而制作华语电影,代表作品有脍炙人口的贺岁电影片《家有喜事 2009》《花田喜事 2010》《最强喜事》《八星抱喜》等。

公司执行董事黄某某作为著名演员以及资深电影制作人,自 1997 年以来一直担任香港电影制作发行协会主席,亦为香港电影发展局委员。其曾于1991年创办B控股有限公司,该公司亦曾与代理律师合作并于2001年9月成功在香港联合交易所主板上市,成为当时香港四大娱乐集团之一。2004年,CEPA的签署逐步放宽了内地与香港合资合拍电影的限制,黄某某在看清香港电影业正遭遇低谷的同时亦看准了内地与香港合拍片所带来的商机,认为香港电影业的前景仍依赖于内地电影业,于是其率先大踏步地将自己的电影事业转移到内地市场。2009年,黄某某辞去B控股有限公司董事职务,创办A某公司,旨在通过摸索出成功的内地与香港合拍片发展道路,继续开拓内地电影市场,从而推动香港电影业发展再创高峰。

继B控股有限公司成功上市,2011年12月,代理律师再次接受黄某某创办之A某公司的委托,为其首次发行股票并上市提供专项法律服务。代理律师通过专业的法律尽职调查并解决各项法律难题,为A某公司在推进IPO过程中涉及中国境内的法律事务出具专项法律意见书。经过A某公司及各方机构的积极筹措与努力,某某公司已成功于2012年10月31日在香港联合交易所创业板上市。

项目难点

1. 财务审计

对于任何IPO项目,财务资料的信息披露皆是非常重要的环节。由于A某公司定位中国内地为其主要市场,经常与中国内地的合作方发生资金往来,对中国内地的电影法律规定以及会计法律规定的不熟悉,令申报会计师在财务审计问题上一度陷入困惑。

2. 知识产权

(1)合拍片知识产权归属

A某公司是以电影制作和发行为主要业务的电影公司,知识产权收益始终是其最为根本的收入来源。如何界定权属并合理使用这些衍生作品,避免因知识产权纠纷而影响公司IPO项目的推进,也是本所律师承办A某公司IPO项目面临的重要法律问题。

(2)商标注册

在A某公司IPO项目推进的同时,计划分别在中国内地以及香港地区以“天马”及其英语译名“Pegasus”申请注册商标。如何控制公司对该商标注册及使用的法律风险、最大限度维护公司在商标注册方面的利益,成为本所律师需要攻克的又一大难题。

律师办理思路

1. 财务审计

对于任何 IPO 项目，财务资料的信息披露皆是非常重要的环节。A 某公司委托了香港的德勤·关黄陈方会计师行担任其 IPO 项目的核数师及申报会计师。尽管香港特区并无特别针对电影行业的会计准则制度，但由于 A 某公司定位中国内地为其主要市场，经常与中国内地的合作方发生资金往来，申报会计师对中国内地的电影法律规定以及会计法律规定不熟悉，在财务审计问题上一度陷入困惑。

为帮助申报会计师排解困惑，代理律师经过认真研究财政部、国家广播电视总局等部门制定的各项规章，终于在众多法规文件中查得申报会计师在审计 A 某公司涉及中国内地业务的会计核算事宜时所应遵循的法律依据——《电影企业会计核算办法》(财会〔2004〕19 号)。

《电影企业会计核算办法》的适用，使香港的申报会计师在审计 A 某公司的会计账目时有法可鉴，同时也令 A 某公司在 IPO 项目推进过程中遇到的会计疑问如对内地与香港合拍片合作模式的定义、对收益分配的厘定、对财务信息的披露等问题迎刃而解，使得申报项目最终取得了香港证监会的认可，进而为公司上市扫除了障碍。

2. 知识产权

(1)合拍片知识产权归属

A 某公司是以电影制作和发行为主要业务的电影公司，知识产权收益始终是其最为根本的收入来源。公司以中国内地作为其主要市场，专注于内地与香港合拍片的制作与发行，故 A 某公司每制作一部内地与香港合拍片，往往有多方参与主体共同协力，严格按照《中外合作摄制电影片管理规定》的有关规定处理电影片的立项申请、投资摄制、公映发行等环节的各项事务。在内地与香港合作摄制电影片协议中如何约定这些参与主体对电影片知识产权的归属和行使以平衡各方利益，成为 A 某公司收益的重要考量因素。另外，A 某公司聘用参与电影制作的包括编剧、导演、摄影、作词、作曲等单位或者个人因制作电影片而产生的一切知识产权，也必然牵涉权利归属问题。如何界定权属并合理使用这些衍生作品，避免因知识产权纠纷而影响公司 IPO 项目的推进，也是代理律师代理 A 某公司 IPO

项目面临的重要法律问题。

代理律师发挥勤勉尽责的精神，仔细审阅了 A 某公司在 IPO 报告期内签订及/或履行的中外合作摄制电影片协议，公司聘用监制、导演、编剧及摄影指导等工作人员的聘用协议，电影音乐授权使用合同等文本，尤其关注了当中的知识产权条款约定，并建议公司对电影衍生作品的知识产权进行买断，对仅授予使用权的音像作品在授权范围内合理使用，对已签署但在知识产权归属问题上存在约定瑕疵的合同以补充协议的方式加以补正，以确保公司在履行合同的过程中尽可能避免发生知识产权纠纷。另外，在为公司起草内地与香港摄制电影片协议文本时，代理律师则根据合作各方在申请、制作、公映、发行内地与香港合拍片过程中拟发挥的作用，精心设计符合中国法律规定以及公司利益的知识产权条款，力求做到明确电影片各项知识产权的归属，合理分配知识产权收益，最终令合作各方达到互利共赢的目的，而该等合同方案得到了 A 某公司及其合作伙伴的认可，得以顺利完成签署手续并履行。

（2）商标注册

在 A 某公司 IPO 项目推进的同时，A 某公司亦计划分别在中国内地以及香港特区以“天马”及其英语译名“Pegasus”申请注册商标。“天马”寓意“天马行空”的创作空间及意念，是 A 某公司未来的发展宗旨；然而，因“天马”及“Pegasus”文字简单且内涵丰富，该文字商标无论于香港特区还是中国内地，在与 A 某公司业务密切相关的商品或服务项目所在类似群中都被他人注册和广泛使用。如何控制 A 某公司对该商标注册及使用的法律风险、最大限度维护其在商标注册方面的利益，成为代理律师需要攻克的又一大难题。

代理律师经过对我国关于商标及企业名称的一系列法律规定的深入研究，并结合某某公司的实际需要，就该公司拟在中国境内申请注册商标事宜出具了专项法律意见书。代理律师为 A 某公司详细分析了其拟在中国境内使用含有“天马”或“Pegasus”字号的企业名称的法律风险，阐述了代理律师对于“突出使用”一词的理解，并对公司拟以“天马”“Pegasus”等标识在中国境内申请注册商标的前景作出评估，认真筛选出与公司业务存在一定相关度且尚未被注册该商标的商品或服务类似群以供公司参考和选择。A 某公司采纳代理律师的上述法律意见，并于 2012 年 3 月向国家工商行政管理总局商标局提出了相关商标注册申请；同时，公司亦根据代理律师的法律意见审慎地使用含有“天马”及“Pegasus”的标识，进而大大降低了“某某公司 IPO 项目”推进期间商标侵权诉讼的风险。

案例评析

A 某公司作为首家借助 CEPA 进军内地市场的香港电影公司，其 IPO 项目顺利完成后，公司在低迷的市场环境中仍能取得超募的成果，这匹“天马”的腾飞，离不开项目各位同人及代理律师的共同努力。其招股说明书对内地电影行业发展现状的深入介绍以及相关法律、政策规定的翔实披露，也为香港后来涉及内地电影业务的影视企业上市及运作提供了参考范例。

专家点评

A 某公司作为首家借助 CEPA 进军内地市场的香港电影公司，其 IPO 项目顺利完成后，A 某公司在低迷的市场环境中仍能取得超募的成果，这匹“天马”的腾飞，离不开各方的共同努力。

律师团队总结 IPO 项目的经验，继续发挥勤勉尽责的精神，秉承严谨的工作态度，凭借过硬的法律理论知识，提供优良的法律服务，为更多“天马”的腾飞提供助力。

（点评人：邓传远，中山大学法学院硕士研究生导师，高级律师职称）

二十年耕耘“小产品”，科创板彰显“大市场”

——公司首次公开发行股票并在科创板上市

石其军　曹武清　林绮红

摘　要

广东广信君达律师事务所接受广州某某股份有限公司（以下简称某某公司）委托，作为其申请首次公开发行股票并在科创板上市的发行人律师。

代理律师根据《科创板首次公开发行股票注册管理办法（试行）》及《上海证券交易所科创板股票上市规则》等要求，为某某公司本次发行上市出具律师工作报告、法律意见书及所需的其他鉴证意见。同时，代理律师根据上海证券交易所问询意见及落实意见以及中国证监会反馈意见等，结合某某公司实际情况就相关问题逐一回复。本项目于2019年6月3日获上交所受理，于2019年11月12日通过上交所上市委审议，于2019年12月20日取得中国证监会同意注册的批复。

项目简介

某某公司成立于2001年4月11日，主要从事细胞培养类及与之相关的液体处理类生物实验室一次性塑料耗材研发、生产和销售的高新技术企业，主要产品包括生物培养和液体处理两大类生物实验室一次性塑料耗材，并配有少量试剂、小型实验仪器等，涉及700余种产品。某某公司曾于2015年在新三板挂牌，于2017年申请首次公开发行股票并在创业板上市，后于2018年相继撤回创业板首发申请，并在新三板摘牌。某某公司于2018年12月再次启动首次公开发行股票并上市工作，并选定科创板为上市板块。

经过近6个月的辅导工作，某某公司于2019年4月形成申报文件，后因财务数据更新，再补充审计后于2019年5月重新递交申请并获上交所受理。在经历上交所四轮问询、上交所上市委落实意见回复，以及证监会落实意见回复等六轮问询或落实意见后，本项目于2019年6月3日获上交所受理，于2019年11月12日通过上交所上市委审议，于2019年12月20日取得中国证监会同意注册的批复。

项目难点

证监会及上交所在审核本项目过程中，主要集中关注以下几个焦点问题：

1. 某某公司是否符合科创板行业定位；

2. 某某公司与外部股东签订对赌协议，该等对赌协议是否符合科创板审核问答的要求，是否符合科创板上市规则的规定；

3. 某某公司在报告期内的董事、高级管理人员及核心技术人员均发生过变更，该等变更的真实背景是否属于重大变更，是否对某某公司造成了重大不利影响；

4. 某某公司部分核心技术源于合作研发，目前是否对该等专利有重大依赖；

5. 某某公司主要以境外销售为主，且主要产品用于生物实验室环境，该等产品进入海外市场是否需要取得当地主管部门核发的资质、是否需要办理相关认证；

6. 某某公司曾被海关行政处罚，其境外出口等经营活动是否符合海关及税务的相关规定。

律师办理思路

1. 本项目有较为复杂且具有历史意义的背景，主要包括：

第一，我国资本市场新股发行审核体制改革，新股发行注册制试行；

第二，科创板作为新设板块成功开板，中央打造上海为国际金融中心的战略目标更进一步；

第三，科创板发行审核过程均系公开的，对中介机构执业质量要求更高。证监会为科创板的顺利实施，制定了《科创板首次公开发行股票注册管理办法（试行）》及专门针对科创板的信息披露内容与格式准则，上交所则发布了《上海证券交易所科创板股票上市规则》、《上海证券交易所科创板股票发行上市审核问答》及《上海证券交易所科创板股票发行上市审核问答（二）》等业务规范性文件。

2. 针对上述规范文件,代理律师严格遵照其要求,并严格根据《律师事务所从事证券法律业务管理办法》《公开发行证券公司信息披露的编报规则第 12 号——公开发行证券的法律意见书和律师工作报告》等要求,结合某某公司的实际情况,认真落实核查要求,并形成科创板申报所需的律师工作报告、法律意见书以及其他鉴证文件。

3. 代理律师在某某公司申请文件递交后,与保荐机构、会计师事务所就上交所可能关注并问询的问题进行模拟,并拟定核查方向及回复思路;在收到上交所的问询后,及时参与中介机构协调会,讨论上交所关注的核心,并就各问询问题的核查方向统一梳理,考虑到科创板回复时间限定在 3 个月内,历次问询回复工作均应当确保在短时间内完成核查工作形成补充法律意见书形式的问询回复意见。

4. 在此后的几轮问询中,上交所、证监会将问询关注重点逐步聚焦,代理律师结合前期扎实的尽职调查工作及对某某公司提出的规范整改工作,作出能够符合《上海证券交易所科创板股票上市规则》《上海证券交易所科创板股票发行上市审核问答》《上海证券交易所科创板股票发行上市审核问答(二)》等规范性文件要求的回复意见。

相关法律规定解读

针对本项目的争议焦点,关于《科创板首次公开发行股票注册管理办法(试行)》《上海证券交易所科创板股票上市规则》等相关规定分析如下:

1. 针对科创板定位的相关规定。科创板的定位率先在证监会《关于在上海证券交易所设立科创板并试点注册制的实施意见》中初步确立,该意见规定,科创板重点支持新一代信息技术、高端装备、新材料、新能源、节能环保以及生物医药等高新技术产业和战略性新兴产业。而《科创板首次公开发行股票注册管理办法(试行)》在第二章"发行条件"中,并没有将行业定位作为明确的条件之一,仅在第三章"注册程序"中要求发行人符合科创板定位。根据《上海证券交易所科创板企业上市推荐指引》第 3 条规定,保荐机构可以在优先推荐符合第 3 条第 1 款规定企业的同时,可以按照本指引的要求,推荐其他具有较强科技创新能力的企业。由此奠定了非属于上述六大行业领域的其他具有较强科技创新能力的企业也符合科创板的定位。

2. 针对对赌协议的合规性。非诉讼项目受"窗口指导意见"影响较大,根据以往的经验,IPO 项目中涉及对赌的,"一刀切"地要求解除或终止,原因在于,根据

《证券法》规定，IPO 的发行条件之一是股权清晰，而对赌往往以股权变动为对赌条件，由此引致对赌条件一旦成就，发行人的股权结构将可能发生变动。但在《上海证券交易所科创板股票发行上市审核问答（二）》第十个问答规定，原则上要求发行人在申报前清理对赌协议，但同时满足以下要求的对赌协议可以不清理：一是发行人不作为对赌协议当事人；二是对赌协议不存在可能导致公司控制权变化的约定；三是对赌协议不与市值挂钩；四是对赌协议不存在严重影响发行人持续经营能力或者其他严重影响投资者权益的情形。本条问答实际执行过程存在差异，该规定发布后，已有的案例均是要求清理，即便发行人律师已经明确发表了符合要求的意见。该规定要求，首先，发行人不作为对赌协议的当事人，但何为对赌协议当事人，如果仅是作为投资标的列为协议一方，能否认定为对赌协议当事人？形式上不具有约束义务的当事人，是否应当落入该条件的范畴？其次，实践中，大多数对赌协议都不会影响控制权、不影响持续经营，同时也不会与市值挂钩，但即便如此，科创板审核中心的意见仍然坚持从原则出发，凡是存在理解歧义的，均要求彻底清理。

3. 针对董事、高级管理人员及核心技术人员是否构成重大变更。根据《科创板首次公开发行股票注册管理办法（试行）》第 2 条第 1 款第 2 项之规定，“发行人管理团队和核心技术人员稳定，近 2 年内主营业务和董事、高级管理人员及核心技术人员没有发生重大不利变化是”科创板 IPO 的条件之一。根据《上海证券交易所科创板股票发行上市审核问答》第六个问答的要求，应当本着实质重于形式的原则，综合两方面因素分析：一是近 2 年内的变动人数及比例，在计算人数比例时，以上述人员合计总数作为基数；二是上述人员离职或无法正常参与发行人的生产经营是否对发行人生产经营产生重大不利影响。变动后新增的上述人员来自原股东委派或发行人内部培养产生的，原则上不构成重大不利变化。发行人管理层因退休、调任等原因发生岗位变化的，原则上不构成重大不利变化，但发行人应当披露相关人员变动对公司生产经营的影响。如果近 2 年内发行人上述人员变动人数比例较大或上述人员中的核心人员发生变化，进而对发行人的生产经营产生重大不利影响的，应视为发生重大不利变化。该等规定可操作性较强，在实践中，对于发行人报告期内的董事、高级管理人员及核心技术人员变动，主要参考以下几个指标：（1）董事是否系外部委派；（2）任职时间；（3）承担工作内容；（4）继任人员来源；（5）变动的总人数比例等。

4. 针对合作研发专利的依赖性。科创板对合作研发专利依赖性的审核较为慎重，原因在于科创板的发行条件中，包含了发行人业务完整，具有直接面向市场独立持续经营的能力,该发行条件在《科创板首次公开发行股票注册管理办法(试行)》第12条中被规定。代理律师认为,关注发行人是否对合作研发专利具有依赖性,可以从以下几个方面详细论证:(1)发行人主要依靠核心技术生产经营;(2)核心技术形成过程;(3)源于合作研发的核心技术占比情况及在主要产品中的应用情况等。

5. 境外销售及出口的合法合规性。《科创板首次公开发行股票注册管理办法(试行)》第13条第1款和第2款规定:"发行人生产经营符合法律、行政法规的规定……不存在……其他涉及国家安全、公共安全、生态安全、生产安全、公众健康安全等领域的重大违法行为。"该规定要求,首先,发行人的生产经营必须具备资质,从实践出发,该等资质不仅包括国内机关核发的资质,还包括境外的机构颁发的资质、认证。目前有大量的上市公司以境外销售为主,或有海外市场业务板块,以生物医药为例,最为常见的资质即美国FDA认证,该认证是境内药物流向美国市场的通行证。其次,该规定在日常生产经营方面要求不存在重大违法行为。根据《上海证券交易所科创板股票发行上市审核问答》第三个问答的要求,近3年内,发行人及其控股股东、实际控制人在国家安全、公共安全、生态安全、生产安全、公众健康安全等领域,存在以下违法行为之一的,原则上视为重大违法行为:被处以罚款等处罚且情节严重;导致严重环境污染、重大人员伤亡、社会影响恶劣等。有以下情形之一且中介机构出具明确核查结论的,可以不认定为重大违法:违法行为显著轻微、罚款数额较小;相关规定或处罚决定未认定该行为属于情节严重;有权机关证明该行为不属于重大违法。但违法行为导致严重环境污染、重大人员伤亡、社会影响恶劣等并被处以罚款等处罚的,不适用上述情形。由此可见,罚款的具体数额是判断是否属于重大违法行为的参考标准之一,但实践中大量存在拟上市公司被行政处罚的情况,代理律师认为不能"一刀切"都认为是重大违法。结合上述规定及实践操作,一般情况下,论证发行人某违法行为是否属于重大违法行为,最直接的是取得处罚作出机关认定不属于重大违法行为的证明,并结合违法行为的事项、处罚的金额、造成的后果等进行判断,对于科创板IPO的发行人,也要求发行人律师作出明确的意见。

案例评析

本项目系广东广信君达律师事务所作为发行人律师代理的首个科创板上市项目,也是广东省内首个行业定位为"其他领域"的科创板申报成功案例,因此具有非常重要的代表意义。

专家点评

本次项目有较为复杂且具有历史意义的背景，律师团队作为其申请首次公开发行股票并在科创板上市的发行人律师，及时参与中介机构协调会，讨论上交所关注的核心，并就各问询问题的核查方向统一梳理，以专业、高效、稳健的工作风格，严谨细致的服务态度获得了某某公司及其他中介机构的一致肯定。

本项目系广东广信君达律师事务所作为发行人律师代理的首个科创板上市项目，也是广东省内首个行业定位为“其他领域”的科创板申报成功案例，具有非常重要的代表意义。

（点评人：邓传远，中山大学法学院硕士研究生导师，高级律师职称）

证券发行制度改革的历史见证者

——公司首次公开发行股票并上市

王晓华　石其军　林绮红　熊　玲

摘　要

2010 年代理律师参与某某有限公司项目尽调，同年 12 月接受某某股份有限公司（以下简称某某公司）的委托为其首次公开发行股票（A 股）并上市（以下简称本次发行及上市）提供法律服务。历经两次暂停发行审核工作，三届证监会主席履新，发行审核越发严格。代理律师在该项目中，为客户提供整体的、系统的法律服务，历时近 8 年，协助企业成功上市。某某公司可以用证券发行制度改革的历史见证者来形容，也正因如此，某某公司的成功上市才更有典型借鉴意义。

项目简介

2010 年 12 月，广东广信君达律师事务所接受某某公司的委托，为其本次发行及上市提供法律服务。

某某公司以截至 2011 年 1 月 31 日的账面净资产值折股整体变更设立的股份有限公司，其主要上市历程如下：

2011 年 4 月 16 日，某某公司创立大会暨第一次股东大会召开。

2011 年 4 月 29 日，某某公司领取工商营业执照。

2013 年 1 月，某某公司向中国证监会提交本次发行及上市申请材料。

2016 年 1 月 22 日，中国证监会主板发行审核委员会审核通过某某公司本次发行及上市。

2017 年 12 月 15 日，某某公司取得中国证监会核发的《关于核准某某公司首次公开发行股票的批复》。

2018年1月5日，某某公司成功登陆深圳证券交易所中小板，正式进入资本市场上市交易。

代理律师自2010年参与该项目尽调，同年12月正式接受委托到某某公司成功登陆深圳证券交易所中小板，历时近8年。代理律师在某某公司上市项目中，为其提供整体的、系统的法律服务，协助企业成功上市。

项目难点

一、"毒胶囊"事件

2012年4月，经报道，部分明胶厂商用皮革下脚料制造药用胶囊。国家食品药品监督管理局统一部署，并下发了多项产品质量管理及检查工作的通知。2012年5月，广东省胶囊剂药品监督抽验情况通报，广东省对143家在产胶囊剂药品生产企业进行了全覆盖监督抽验，共抽验胶囊剂药品976批次，合格产品934批次，不合格产品42批次。不合格产品涉及16家企业。

"毒胶囊"事件的曝光，引发了民众对药品质量的不安和持续关注，对违规使用毒胶囊的药品生产企业造成了重大不利影响，并在一定程度上影响药品代理商、临床医生、患者对药品剂型的选择，对胶囊剂药品生产企业造成一定的不利影响。某某公司具有多款胶囊产品，如雷贝拉唑钠肠溶胶囊、厄贝沙坦胶囊等。报告期内，胶囊剂产品占公司销售收入比重在70%以上，尽管某某公司送检的留样品全部合格，未发现铬超标情形，但"毒胶囊"事件的发生对公司产品销售造成了一定的不利影响。

二、公司治理结构——共同控制

鉴于公司的长远发展及上市目的，某某公司自2007年起已经开始规范公司运营治理结构。

自2007年至2011年1月，李某和陈某分别持有某某公司50%的股权。2011年1月，公司股东增至18名并变更为股份有限公司，截至某某公司上市，某某公司总股本为7500万股，李某、陈某分别持有41.05%的股份，合计持有公司82.10%的股份。鉴于自2007年至某某公司上市，并列持有和实际支配公司股份表决权比例最高的人始终为李某和陈某两人，且两人合计持有某某公司的股份比例一直处于控股地位，未发生变更；某某公司的董事长或执行董事(2011年4月之前未设立董事会，仅设1名执行董事)职位一直由李某担任；总经理职位一直由陈某担任，两人是某某公司的领导核心，对某某公司的日常生产经营、产品研发、企业发展方向以及公司董事、监事、高级管理人员人选等重大决策具有决定性的影响能力。因此,确定某某公司由李某和陈某作为共同实际控制人,有利于公司稳定、有效地发展。

三、关联企业清理

某某公司的共同实际控制人李某、陈某为了保证某某公司的独立运营,规范运作,避免同业竞争,减少和规范关联交易等,在某某公司申请上市前,做了大量的清理工作,其中包括注销广东某某有限公司、珠海市某某研究所等,转让江西某某股份有限公司、珠海市某某有限公司、广东某某药业有限公司(已经更名为“广东某某科技有限公司”)等公司的股权。

四、时间跨度大——监管环境变化

中国资本市场监管环境近几年几经变幻,IPO 审核几度起伏,2012 年 11 月迎来了中国新股发行第 8 次暂停,2013 年整个一年没有新股发行。在暂停期间监管层开展了严格的 IPO 公司财务大检查,以挤干拟上市公司财务上的“水分”。

2012 年 12 月 28 日,中国证监会发布《关于做好首次公开发行股票公司 2012 年度财务报告专项检查工作的通知》,通知要求各中介机构在开展 2012 年年度财务资料补充和信息披露工作时,应严格遵守现行各项执业准则和信息披露规范要求,勤勉尽责,审慎执业,对首发公司报告期内财务会计信息真实性、准确性、完整性开展全面自查工作,并要求保荐机构、会计师事务所应在 2013 年 3 月 31 日之前将自查工作报告报送中国证监会。2013 年 1 月 29 日,中国证监会又发布了《关于首次公开发行股票公司 2012 年度财务报告专项检查工作相关问题的答复》,称如果确实出现在 3 月 31 日前无法提交自查报告的情况,根据证监会审核流程,某某公司和保荐机构可提出中止审查申请,待其提交自查报告并经审核后,证监会仍将对该部分企业按比例组织抽查。

2012 年上会未通过的比率较大,达到 25%,被否原因依次为持续盈利能力存疑、独立性存疑、会计基础不规范、内部控制制度存在缺陷等。经过长达 1 年多的等待,2014 年,IPO 重启。2014 年上会未通过的企业共有 9 家,占上会企业比例 7.56%,被否原因主要为内部控制制度存在缺陷和经营能力存在重大依赖。2015 年及 2016 年,上会未通过的企业被否原因主要为持续盈利能力存疑和独立性存疑。

IPO 重启后,随之而来的是财务核查。某某公司自 2013 年 1 月提交发行及上市申请材料后,恰逢新股发行暂停,但好事多磨,经历财务核查后,终于在 2016 年 1 月中国证监会主板发行审核委员会审核通过。

律师办理思路

疑难点1:“毒胶囊”事件

代理律师意见及处理方法:核查公司的采购流程、标准,并提供法律建议,进一步完善相关的内控程序。

疑难点2:公司治理结构——共同控制

代理律师意见及处理方法:就共同控制提供法律建议,拟定《共同控制协议书》。

疑难点3:关联企业清理

代理律师意见及处理方法:就关联企业情况进行核查,并就其清理提供法律建议,审核相关的交易文件的合法性及有效性。

疑难点4:时间跨度大——监管环境变化

代理律师意见及处理方法:核查公司本次发行及上市的决议及授权的有效性,就公司符合发行条件进行持续调查。

案例评析

本案独特之处在于某某公司系制药类企业,主要从事治疗消化性溃疡、抗高血压药物的生产与销售,主要产品雷贝拉唑钠肠溶胶囊、厄贝沙坦胶囊分别为治疗消化性溃疡、抗高血压药物。关注一级市场的律师会发现,制药类企业商业贿赂问题是证监会重点关注的问题,如普华制药、西点药业、润弘制药都被证监会重点关注商业贿赂问题,且均被否决,可见证监会对此问题的关注程度。

商业贿赂不仅违反了《反不正当竞争法》《关于禁止商业贿赂行为的暂行规定》,甚至是触犯刑事法律的犯罪,企业如涉嫌商业贿赂,企业及相关人员面临行政处罚或刑事处罚的可能性将大为提升。另外,商业贿赂也是影响制药类企业持续盈利能力的不利因素,涉及商业贿赂的企业经营合规性会遭到质疑,以商业贿赂换取销售的增长也是不可持续的。

本案亦被证监会关注并对此进行了反馈。在本案中,代理律师主要通过核查某某公司采取的反贿赂合规措施,如正在执行的制度性文件、企业内控意识、经销商约束措施、销售人员约束措施、设置合规管理岗、费用报销的严格把控等,并通过走访相关监管部门以及访谈公司主要人员,以核实某某公司是否存在或者曾经存在商业贿赂而被处罚的情况。

某某公司作为具有完整产业链的医药企业,有其特殊的商业模式和行业特点。在上市辅导过程中,代理律师就医药企业的特性进行重点关注,如药品定价政策,学术推广与招商代理模式及费用支出是否异常,专利与技术相关问题,生产、采购及销售是否合法合规等,就特殊问题作了尽职核查工作。在上市辅导期间,曾有媒体曝光河北存在企业使用皮革废料用于胶囊生产的情况,代理律师对该问题予以了重点关注,并就此对某某公司生产的多款胶囊进行重点核查,最终核实某某公司所生产的胶囊不存在金属铬超标情况。

历经两次暂停发行审核工作,三届证监会主席履新,某某公司可以用证券发行制度改革的历史见证者来形容,也正因如此,某某公司的成功上市才更有典型借鉴意义。

专家点评

某某有限公司作为具有完整产业链的医药企业,有其特殊的商业模式和行业特点。律师团队全程参与了本项目的相关法律工作,为本项目提供了全面、专业、高质量的法律服务,历时近 8 年,协助企业成功上市,以高度专业和高效的法律服务及严谨细致的工作态度赢得了客户的认可和信赖。

本项目历经两次暂停发行审核工作,三届证监会主席履新,某某公司可以用证券发行制度改革的历史见证者来形容,也正因如此,其成功上市才更具有典型借鉴意义。

(点评人:邓传远,中山大学法学院硕士研究生导师,高级律师职称)

爆破服务企业成功迈向资本市场

——广东某某股份有限公司IPO项目

全朝晖　石其军

摘　要

广东某某股份有限公司（以下简称某某公司）是国内最早进入露天矿山爆破采掘服务行业的企业，完成了包括"中国煤矿第一爆""世界环保第一爆""中国第一爆"在内的多项具有影响力的爆破项目。

代理律师接受公司的委托，为某某公司首发上市提供专项法律服务，解决了上市过程中包括国企改制、内部职工持股、同业竞争的吸收合并、军工涉密业务及"10·16"事件非责任事故的法律论证等各项法律难题。经过某某公司及各方机构多年的积极筹措与努力，某某公司于2012年3月16日正式通过中国证监会审核，成功迈向资本市场，是广东省国资委下属广某公司国资经营系统中首家上市企业，同时广东广信君达律师事务所因代理此项目而成为全省首批为涉及军工企业提供上市服务的法律专业机构。

项目简介

某某公司是国内最早进入露天矿山爆破采掘服务行业的企业。某某公司自1988年成立至今，专注于为国内大中型矿山业主提供环保、高效、低损耗的露天矿山爆破采掘一体化解决方案。经过多年发展，某某公司已经成为国内大中型露天矿山爆破采掘服务领域内整体爆破设计能力最强、爆破技术最先进、服务内容最全面的爆破采掘领先服务商。作为一家高新技术企业，某某公司凭借其业内领先的技术实力，完成了包括"中国煤矿第一爆""世界环保第一爆""中国第一爆"在内的多项具有影响力的爆破项目。

代理律师接受某某公司的委托,为其首次发行股票并上市提供专项的法律服务,通过专业的法律尽职调查并解决各项法律难题,为该司出具专项的律师工作报告及法律意见书,经过某某公司及各方机构多年的积极筹措与努力,某某公司于2012年3月16日正式通过中国证监会审核,成功迈向资本市场,是广东省国资委下属广某公司国资经营系统中首家上市企业,同时广东广信君达律师事务所因代理此项目而成为全省首批为涉及军工企业提供上市服务的法律专业机构。

项目难点

1. 企业改制、增资、股改的法律尽调。某某公司的历史沿革较为复杂,因其是最早的全民所有制企业,经历改制、增资、股改的程序是否合法合规,有无涉及国有资产的流失,都需要律师进行严格的尽职调查。

2. “非责任事故”的法律论证。某某公司在2008年发生了震惊全国的“10·16”事件,造成16死48伤的后果,如何将此次重大事故解释清楚,从法律层面去分析某某公司的责任及社会影响不会对某某公司上市申报造成负面影响,对代理律师是重大的考验。

律师办理思路

一、企业改制、增资、股改的法律尽调

某某公司的历史沿革较为复杂,其最早是全民所有制企业,根据广东省属国企改革精神,该公司在2003年改制为由广某公司控股及内部职工持股的有限公司。另外,某某公司因发展需要从原来注册资本115万元历次增资至上市前的16,420万元,这些改制、增资、股改的程序是否合法合规,有无涉及国有资产的流失,都需要代理律师进行严格的尽职调查。

代理律师因此走访省国资委、广某公司,查阅公司改制时期的相关政策文件、通知,调查某某公司改制方案的制定经主管部门、省国资委、省政府的批准回复的真实性,由于某某公司依照当时的法律法规及地方政策规定进行了资产评估、验资、工商登记等合法程序,代理律师确定某某公司已完全履行了国有企业改制时所必需的一切审批手续并取得有权部门的批准,某某公司的改制合法、合规并具有法律效力。另外,代理律师抱着对国家资产保护与谨慎负责的态度,认真分析总结了某某公司增资及股改的真实原因、当时的定价依据、所履行的程序,核实各

出资股东的资金来源真实性，最终认定某某公司的历次增资、股转行为真实、合法、有效，并不存在国有资产流失的情形，令证监会与广大投资者了解某某公司从改制到增资、股改等过程的合法合规性，更加深入了解某某公司从成立到成长的历史过程，认可某某公司业务及技术实力。

二、“非责任事故”的法律论证

某某公司在2008年发生了震惊全国的“10·16”事件，造成16死48伤的后果，代理律师根据《证券法》《公司法》等有关法律、法规和中国证监会颁布的《首次公开发行股票并上市管理办法》（以下简称《首发办法》）、《公开发行证券公司信息披露的编报规则第12号——公开发行证券的法律意见书和律师工作报告》（以下简称《编报规则12号》）等有关规定，在法律文件中如实披露了某某公司此次重大事件的详细情况及受到行政处罚的情况，但如何将此次重大事故解释清楚，从法律层面去分析某某公司的责任及社会影响不会对某某公司上市申报造成负面影响，对代理律师是重大考验。

该起事故经宁夏回族自治区人民政府调查并出具处理意见，认定这是一起非责任事故。那么，何为“非责任事故”？对其定义及其法律的理解需要律师花精力与时间去落实合适的答复。代理律师就此问题向宁夏回族自治区安监部门、自治区政府出具询证函并现场考证，多次组织某某公司领导、项目负责人、安全生产人员开会讨论，了解该事故的具体情况、处理后果及对某某公司造成的影响。

首先，律师了解到事故的具体情况是因某某公司在施爆中国某某集团下属的大峰煤矿时诱爆了以前深埋在该区的拒爆炸药，从而导致了此重大爆炸事故。事故发生后，国务院、宁夏回族自治区政府给予高度重视，某某公司也以积极、负责任的态度依法依规去解决问题，经过政府部门及相关专家对此次事故的调查，该起事故被认定为非责任生产安全事故。造成此安全隐患是受当时科学技术水平和技术条件的限制，公司不能完全预见全部的潜在危险因素，未能发现这一重大危险源，即排除了某某公司及相关单位的管理责任问题。此外，代理律师还进一步查阅了《安全生产法》第74条及一系列在“生产安全事故”方面的法律、法规及案例，并考察了当前工业事故中有关非责任事故和责任事故的法律研究情况，并就事故责任认定法律问题与保荐机构一同请教了爆破行业专家意见。律师最终认为：生产经营单位发生安全生产事故，其原因非常复杂。从管理者的角度看，根据《安全生产法》之规定，安全生产事故可以分为非责任事故和责任事故两种。非责任事故是由于自然界的因素而造成的不可抗拒的事故和目前科学技术条件限制而发生的难以预料的事故，包括自然事故和技术事故。该类事故的发生与生产经营单位或有关安全生产监督管理部门、审批部门的工作无关,事故造成人员伤亡、财产损失或其程度扩大非单位管理不善或处理不力所致。在这种情况下,事故责任更多的是按照一般事故的归责责任承担方式及民事赔付方式处理,而不能追究生产经营单位或有关安全生产监督管理部门、审批部门的法定责任。反之,如果事故的发生是生产经营单位管理不善、安全生产监督管理部门监督管理疏忽或混乱、有关审批部门违法审批所造成的,则应依法追究相关单位或主管部门的法律责任。宁夏回族自治区政府及安监部门确认了此次事故的性质认定。代理律师出于谨慎负责的态度再次向宁夏安监局去函征询并得到该局专门出具的《关于广东某某股份有限公司施工合规性及"10·16 事故"情况的说明函》,该函指出,该事故是一起非责任事故,但抱着对死伤家属及社会公共利益高度负责的态度,我局对某某公司及相关高管、员工给予相应的罚款处理,但该处罚不属于"受到行政处罚且情节严重"的情形。

此外,律师还从某某公司中标中国某某集团下属的大峰煤矿项目的合法及公司施工方案、施工程序未违反国家现有规范和标准,某某公司在此项业务中均严格按照安全生产的法律法规、行业规程及其内部生产安全规章制度进行生产经营活动等方面发表意见。事故发生后,某某公司的救济行为以及积极处理善后和理赔,不存在由死亡家属投诉举报等引起的重大潜在纠纷,符合《安全生产法》等我国法律法规对事故处理的法律规定。

律师重点从尽职调查事故的详细情况、对"非责任事故"的详细解释,以及事故发生后某某公司的积极社会责任态度,业主方及政府部门对某某公司技术、处理后果的认同、后续合作等方面去向证券监管部门及广大投资者论证,以实事求是的态度去解释该重大事故并不对某某公司上市申报有影响,充分发挥律师的专业论证技巧,向证券监管部门及广大投资者发表专项法律意见认为某某公司"10·16事故"不构成对本次发行的实质性障碍。律师的专业意见得到监管部门及广大投资者的接受与认可,顺利推进了某某公司的上市进程。

相关法律规定解读

本次某某公司 IPO 上市业务,本所代理律师不仅根据上市申报所依据的《证券法》《公司法》《首发办法》《编报规则 12 号》等相关法律法规,而且根据矿山采掘、工程承包、国家安监管理、劳动法、保守国家秘密、国有资产管理、安全生产、国家军工企业管理等相关法律法规尽职调查及分析。另外,某某公司的各项目分布区域广，个别疑难问题的处理较为敏感，这些都需要律师发挥勤勉尽责的精神，进行实地考察、多方验证，出具严谨并具有说服力的法律观点，去解决证监会、投资者的疑惑，这就是律师在IPO项目当中起积极作用的表现。

案例评析

"某某公司IPO项目"上市法律服务项目与其他上市法律服务项目的差异化优点：

1. 某某公司为大中型露天矿山采掘行业的龙头企业，成功打造了"整体化、精准化、个性化、安全化"的以爆破技术为核心的"矿山民爆一体化"的服务模式，主要服务范围在中国境内各个矿山区域，并不依赖于地方审批及保护政策，这为代理律师提供跨地区法律服务、调研及对全国范围内同行业业务、技术的比较，提出了挑战。律师为此分别造访全国各主要矿山项目业务网点，实地调研某某公司在矿山采剥技术、安全水平、开采效率、环保节约等方面的情况，查阅各项目地区有关爆破行业、矿山管理的政策法规，核实某某公司各矿山采掘项目的合法经营管理，为总结统一的法律调研情况奠定基础。

2. 某某公司从20世纪80年代初的工程服务发展成为目前集工程服务、爆破材料生产及集中营销、矿山民爆一体化服务于一体的结构性转型，这为代理律师提供跨领域的法律服务提出了挑战。某某公司自成立以来，不断加大研发投入，在充分整合社会科技资源的同时，不断挑战爆破技术高峰。代理律师深入某某公司各子公司实地调研，核实其全资子公司拥有工信部核发的民用爆炸物品生产许可证，公司拥有矿山工程施工总承包一级、爆破与拆除工程专业承包一级、土石方工程专业承包一级资质等，确定某某公司是行业内资质最为健全、资质等级最高的企业之一。

3. 在某某公司涉及的并购国家军工爆破材料生产企业及重组过程中，代理律师从对原有的工程承包合同梳理、分析到并购具体程序的落实、国有土地的配比性注入、有关劳动人事纠纷化解及上下游业务链条，重组合同涉及的税费成本、定性分析和合理分摊等进行了细节工作，顺利推进某某公司此次吸收合并重组的合法合规性，因此次涉及军工爆破材料，代理律师专门参加广东省经济和信息委员会、广东省国防科学技术工业办公室军工处的培训课程，学习《保守国家秘密法》及涉及业务中介的工作指导。

专家点评

本次 IPO 项目的某某公司是广东省国资委下属广某公司国资经营系统中首家上市企业,同时广东广信君达律师事务所因代理此项目而成为广东省首批为涉及军工企业提供上市服务的法律专业机构。

律师团队进行实地考察及多方验证,出具了具有说服力的法律观点,解决了证监会、投资者的疑惑,顺利推进了某某公司的上市进程。

律师团队发挥勤勉尽责的精神,以专业、高效、严谨细致的工作态度提供了法律服务,赢得了客户和中介同人的认可及信赖。

(点评人:邓传远,中山大学法学院硕士研究生导师,高级律师职称)

第三章　债券法律事务案例精选

律师事务所担任公司债券受托管理人的成功探索

邓传远　赵俊峰

摘　要

债券受托管理人通常是由券商或银行等金融机构担任的，律师事务所担任债券受托管理人据查在全国律师行业尚无先例。广东广信君达律师事务所在据查全国律师行业无先例的情况下，按照法律和监管规则，被聘为债券受托管理人，并指派邓传远律师、赵俊峰律师及其律师团队提供了全程法律服务，一定程度上代表了跨省服务的广东律师在债券市场的法律服务水平，在律师传统业务领域外开创了新型业务类型。服务中，代理律师妥善应对波及全国的债券危机，化解矛盾，维护了债券持有人权益和社会稳定。

项目简介

2015 年 7 月，某公司启动发行 2015 年非公开发行公司债券项目，广东广信君达律师事务所在据查全国律师行业无先例的情况下，按照法律和监管规则，被聘为债券受托管理人，并指派邓传远律师、赵俊峰律师及其律师团队提供了全程法律服务。

一、工作内容

代理律师在据查无律师担任债券受托管理人先例的情况下，代表债券持有人，通过见面、邮件、微信、电话、网络搜索等形式，并查阅查核各中介机构报告及发行人公告等，对发行人在债券发行及存续期间的重大事项予以了重点关注，通过临时报告和年度报告，向债券持有人及时做出了信息反馈。在服务期间，代理律师通过研究证监会和上海证券交易所等债券监管部门的各项规定，虚心请教熟悉该项业务的银行和证券公司等合作伙伴，结合多年来担任债券发行人律师的成功经验，创设性地制定了一套服务模式，并通过娴熟运用业务技巧和付出艰辛的法律服务实践予以了完善。特别是受永泰能源债券兑付违约事件的影响，某公司的多只债券惨遭连累，成交价出现异常，国内各种媒体和自媒体大量发布负面新闻，在事件成为债市热门话题、备受资本市场关注的情况下，代理律师第一时间与某公司协商沟通，查明债券交易状况及企业运营情况，制定危机应对措施，督促某公司及时向证监会和上海证券交易所等监管部门汇报情况并报案、发布临时公告，有效地稳定了债券持有人的情绪，避免了不利后果，维护了债券持有人权益和社会稳定。

二、项目结果

2015 年 8 月 27 日，上海证券交易所出具《关于对某公司非公开发行公司债券挂牌转让无异议的函》，某公司共发行了 3 期公司债券，共计发行债券 25 亿元人民币。2019 年 5 月 17 日，某公司三期债券余额均兑付完毕，该债券受托管理人服务项目圆满完成。

代理律师妥善面对波及全国的债券危机，积极化解矛盾，采取措施得当，维护了债券持有人权益和社会稳定。

三、项目意义

债券受托管理人通常是由券商或银行等金融机构担任的，律师事务所担任债券受托管理人据查在全国律师行业尚无先例。广东广信君达律师事务所被聘为债务受托管理人，一定程度上代表了跨省服务的广东律师在债券市场的法律服务水平，在律师传统业务领域外开创了新型业务类型，为公司债券受托管理人制度或银行间交易所协会债务融资工具受托管理人制度调整或更新提供了具备可行性及参考价值的实践案例。

项目难点

广东广信君达律师事务所历时近 4 年，圆满完成了某公司 2015 年非公开发行公司债券受托管理人项目的法律服务，但经历的艰辛历历在目。仅以接受委托为例，根据《证券法》的规定，债券受托管理人的一个适格主体由本次发行人的承销机构担任，实务中通行的做法也是如此，但代理律师认为受托管理协议实质上就是委托协议，承销机构既代表发行人，又代表债券持有人，一手托两家是不妥当的，特别是债券持有人的利益很容易受损。代理律师认为律师事务所才是可以接受债券持有人的委托，代表债券持有人行使权利、履行义务，依法维护债券持有人合法权益的适格主体之一。基于上述判断，代理律师与发行人、各中介机构特别是上海证券交易所等监管部门，进行了耐心细致和艰难的说服沟通，摆事实、讲法律，直至最后被各方认可，代理律师成功地与债券发行人签署了受托管理人协议。

项目办理思路

虽然律师事务所担任债券受托管理人据查在全国律师行业尚无先例，但代理律师认为律师事务所担任债券受托管理人是受债券持有人的委托，代表债券持有人行使权利、履行义务，依法维护债券持有人合法权益的适格主体之一。在说服各参与方认可律师事务所作为受托管理人后，代理律师严格遵循《证券法》、《公司债券发行与交易管理办法》及《公司债券受托管理人执业行为准则》等法律法规的规定，严格遵守受托管理人执业行为准则，维护债券持有人合法权益，最终圆满完成本项目。

相关法律规定解读

一、《证券法》

该法第 92 条第 2 款规定，公开发行公司债券的，发行人应当为债券持有人聘请的债券受托管理人；同时规定了受托管理人应当由本次发行的承销机构或者其他经国务院证券监督管理机构认可的机构担任。

二、《律师法》

该法第 2 条规定，律师依法取得律师执业证书，接受委托或者指定，为当事人提供法律服务。

三、《公司债券发行与交易管理办法》（2015 年 1 月 15 日生效，2021 年 2 月 26 日废止）

该管理办法是中国证券监督管理委员会为规范公司债券发行、交易或转让行为，保护投资者的合法权益和社会公共利益而制定的。第 3 条规定了公司债券分为公开发行和非公开发行两类。发行人发行公司债券的应当为债券持有人聘请债券受托管理人。第 60 条规定，非公开发行公司债券的，债券受托管理人应当按照债券受托管理协议的约定履行职责。

四、《公司债券受托管理人执业行为准则》

该准则是中国证券业协会为规范公司债券受托管理人行为,保护投资者合法权益而制定的,对受托管理人资格、权利义务、变更、自律管理等方面做了全面且详细的规定。特别是第37条第2款指明了非公开发行公司债券的,受托协议可以依据与发行人约定的内容,参照《公开发行公司债券受托管理协议必备条款》制定,具有方向性的指引作用。

五、《上海证券交易所公司债券业务指南》(已失效)

该指南是上海证券交易所对公司债券从申请到本息兑付和摘牌的全过程,对债券代码申请、债券发行、债券上市(挂牌)、信息披露、后续管理业务流程等方面做了全面和详细的规定。

案例评析

广东广信君达律师事务所担任债券受托管理人,在全国律师行业尚属首例。项目代理律师在无先例的情况下,善于学习、勤勉尽职、审慎服务。特别是在面临债市危机时,代理律师妥善应对,积极化解矛盾,采取得当措施,维护了债券持有人权益和社会稳定。经过三年多的辛勤工作,广东广信君达律师事务所受托管理的全部债券本息兑付完毕,展示了广东律师在全国债券市场上的法律服务水平以及把握大局、维护稳定的法律服务能力。

专家点评

律所作为中介机构参与公司债券的发行由来已久。一直以来,律师事务所在公司债券发行的过程中均担任审查公司债券是否符合发行条件并出具法律意见书的角色,本项目中,代理律师突破以往的刻板印象,以受托管理人的角色出现在公司债券发行的过程中,为律师事务所在资本市场中的法律服务提供新思路。

广信君达律所邓传远律师、赵俊峰律师等代理律师团队在完成必要性的研究分析之后,接受公司委托,作为受托管理人管理公司债券存续期间事宜。值得注意的是,在本项目中,代理律师团队在公司债券受到市场波动影响的时候,能够及时与公司沟通,协调各方,最终使得公司债券顺利按时偿还。该项目的成功体现了律师在金融与资产市场上以创新角色提供法律服务的能力，充分体现出律师理解法律规定和处理突发情况的能力。

期望这一案例能够鼓励律师善于解读现行法律规定，挖掘市场潜能，解锁新型服务方式，为我国的金融与资本市场建设发挥积极作用。

（点评人：庄伟燕，北京大学法学博士，高级律师职称）

广东省政府在境外发行的首支地方政府债券

——广东省人民政府赴澳门特别行政区发行离岸人民币债券案例简析

张雪芳

摘　要

2021 年 9 月，广东广信君达律师事务所接受广东省财政厅的委托，担任发行人广东省人民政府唯一的中国法律顾问，为广东省人民政府赴澳门特别行政区发行 3 年期 22 亿元离岸人民币地方政府债券项目（亦称莲花债）提供专项法律顾问服务。

代理律师团队为本次项目审阅了相关的中、英文版本交易文件（包括认购协议、财务代理协议、债券条款条件、发行通函等），对相关法律文件中与中国法律有冲突内容要进行提示及发表意见，从中国法律角度为发行人、牵头主承销商及其境外法律顾问提供法律建议及答疑，在澳门法律的基础上，在中国法律规定的范围内出具本次债券发行所需的英文法律意见书，最终助力广东省政府于 2021 年 10 月 12 日首次成功发行莲花债。

项目简介

一、项目背景

粤港澳大湾区是我国经济最活跃的地区之一，是我国改革、开放、创新、发展的重要窗口。进一步高质量建设粤港澳大湾区、深化粤港澳金融合作，是我国形成全面深化改革和扩大开放新格局的重要途径，对于实现社会主义现代化远景目标具有重要意义。在支持粤港澳大湾区经济社会建设过程中，金融发挥着不可或缺的作用。为此,中共中央、国务院印发了《横琴粤澳深度合作区建设总体方案》,明确提出发展促进澳门经济适度多元的新产业,支持澳门发展债券市场等现代金融业。

在此政策背景下,经国家相关部委批准,广东省人民政府试点在澳门特别行政区发行地方政府债券,作为落实中央《粤港澳大湾区发展规划纲要》、国家有关部委《关于金融支持粤港澳大湾区建设的意见》以及《广东省金融改革发展"十四五"规划》的重要举措,亦是对澳门特别行政区经济适度多元、发展现代金融提供有力支持。

二、办理过程与法律依据

2021 年 9 月 16 日,广东省人民政府正式启动在澳门发行地方政府债券项目,本所有幸受广东省财政厅委托,作为发行人广东省人民政府唯一的中国法律顾问,为广东省人民政府在澳门发行离岸人民币债券提供专项法律顾问服务。代理律师密切了解澳门发债方面的法定条件中涉及其境外发债主体要件的相关要求,对澳门债券发行及交易转让的相关管理指引、承销及托管业务指引、财政部及国家外汇管理局的相关规定、国际法上关于主权豁免原则及相关规定进行了类案比较研读和分析,并适用到项目工作中。本所同时作为广东省人民政府的唯一境内律师顾问,代理律师团队需要审阅相关的中、英文版本交易文件(包括认购协议、财务代理协议、债券条款条件、发行通函等),对相关法律文件中与中国法律有冲突内容要进行提示及发表意见,从中国法律角度为发行人、牵头主承销商及其境外法律顾问提供法律建议及答疑,在澳门法律的基础上,在中国法律规定的范围内出具本次债券发行所需的英文法律意见书。

在上述工作过程中,本所代理律师与主承销商境外律师及澳门本地律师联合工作,代理律师团队成员根据以往代理美元债、地方政府债、资产证券化等不同债券类融资项目的丰富处理经验,并通过代理律师对财政部一直以来在香港特别行政区发行离岸人民币债券的案例进行比较研究,分析异同,最终进行总结与创新,对相关法律文件进行思考与提炼,并适用到本次莲花债项目工作中。

三、项目结果

2021 年 10 月 12 日,广东省人民政府在澳门特别行政区成功发行 3 年期 22 亿元离岸人民币地方政府债券,本次莲花债在中华(澳门)金融资产交易股份有限公司清算及挂牌上市,募集资金主要用于教育、科技、农业等领域。本次莲花债成为广东省人民政府在境外发行的首支地方政府债券,也是在澳门本地发行、登记并上市的首支地方政府债券,更是澳门债券市场单次最大发行规模的债券。本次莲花债的成功发行是推动粤港澳大湾区开展合作和实现市场一体化的重要举措,同时吸引了国际投资者参与澳门债券市场建设,进一步提升了澳门金融市场的知名度。同时,本次莲花债的发行受到全球投资者踊跃认购,投资者涵盖海峡两岸暨中国香港特别行政区、澳门特别行政区,同时日本、巴西、澳大利亚等多个国家的地区财富机构、商业银行等超倍数认购,表明广东省人民政府债券对境外投资者有较强的吸引力,也反映出全球投资者对中国经济、广东发展和粤港澳大湾区建设的信心。

项目难点

本次莲花债主要适用中华人民共和国澳门特别行政区法律,作为在澳门发行的首支地方政府债,于境内及澳门均未有相应的项目经验可参考借鉴。

律师办理思路

就法律研究而言,代理律师首先对澳门债券发行及交易转让的相关管理指引、承销及托管业务指引、财政部及国家外汇管理局的相关规定、国际法上关于主权豁免原则及相关规定进行了类案比较研读和分析,并结合律师团队成员以往代理美元债、地方政府债、资产证券化等不同债券类融资项目的丰富处理经验,同时,代理律师亦通过对财政部在香港特别行政区发行离岸人民币债券的案例进行比较研究,分析异同,最终进行总结与创新,对相关法律文件进行思考与提炼,并适用到本次莲花债项目工作中。

就服务职责而言,作为发行人唯一的中国法律顾问,代理律师团队需要仔细审阅本次莲花债相关的中、英文版本交易文件(包括认购协议、财务代理协议、债券条款条件、发行通函等),对相关法律文件中与中国法律有冲突内容要进行提示及发表意见。同时,代理律师需从中国法律角度为发行人、牵头主承销商及其境外法律顾问提供法律建议及答疑。如发行人获授权程序的合法性、交易文件的签字/用印的有效性等问题。最后,在澳门发债法律的基础上,代理律师团队根据中国法律规定的范围出具本次莲花债发行所需的英文法律意见书。

相关法律规定解读

关于“地方政府离岸债务”的主要参考法规:

1.《预算法》。

第35条 地方各级预算按照量入为出、收支平衡的原则编制，除本法另有规定外，不列赤字。

经国务院批准的省、自治区、直辖市的预算中必需的建设投资的部分资金，可以在国务院确定的限额内，通过发行地方政府债券举借债务的方式筹措。举借债务的规模，由国务院报全国人民代表大会或者全国人民代表大会常务委员会批准。省、自治区、直辖市依照国务院下达的限额举借的债务，列入本级预算调整方案，报本级人民代表大会常务委员会批准。举借的债务应当有偿还计划和稳定的偿还资金来源，只能用于公益性资本支出，不得用于经常性支出。

除前款规定外，地方政府及其所属部门不得以任何方式举借债务。

除法律另有规定外，地方政府及其所属部门不得为任何单位和个人的债务以任何方式提供担保。

国务院建立地方政府债务风险评估和预警机制、应急处置机制以及责任追究制度。国务院财政部门对地方政府债务实施监督。

2.《预算法实施条例》(国务院令第729号)。

第45条 省、自治区、直辖市政府财政部门依照国务院下达的本地区地方政府债务限额，提出本级和转贷给下级政府的债务限额安排方案，报本级政府批准后，将增加举借的债务列入本级预算调整方案，报本级人民代表大会常务委员会批准。

接受转贷并向下级政府转贷的政府应当将转贷债务纳入本级预算管理。使用转贷并负有直接偿还责任的政府，应当将转贷债务列入本级预算调整方案，报本级人民代表大会常务委员会批准。

地方各级政府财政部门负责统一管理本地区政府债务。

3. 国务院《关于加强地方政府性债务管理的意见》(国发〔2014〕43号)。

4.《地方政府债券发行管理办法》(财库〔2020〕43号)。

5. 国务院办公厅《关于印发地方政府性债务风险应急处置预案的通知》(国办函〔2016〕88号)。

4.1 分级响应和应急处置

地方政府对其举借的债务负有偿还责任，中央实行不救助原则。地方政府要加强日常风险管理，按照财政部《地方政府性债务风险分类处置指南》，妥善处理政府性债务偿还问题。同时，要加强财政资金流动性管理，避免出现因流动性管理不善导致政府性债务违约。对因无力偿还政府债务本息或无力承担法定代偿责任等引发风险事件的,根据债务风险等级,相应及时实行分级响应和应急处置。

6.《地方政府一般债务预算管理办法》(财预〔2016〕154 号)。

第 3 条　一般债务收入、安排的支出、还本付息、发行费用纳入一般公共预算管理。

第 4 条　除外债转贷外,一般债务收入通过发行一般债券方式筹措。

7.《外债登记管理办法》(汇发〔2013〕19 号)。

第 7 条　债务人为财政部门,应在每月初 10 个工作日内逐笔向所在地外汇局报送外债的签约、提款、结汇、购汇、偿还和账户变动等信息。

案例评析

本次莲花债成为广东省人民政府在境外发行的首支地方政府债券,也是在澳门本地发行、登记并上市的首支地方政府债券,更是澳门债券市场单次最大发行规模的债券,对日后各地方政府发行莲花债具有借鉴意义。

专家点评

本次发行的地方政府债券是继 2019 年财政部在澳门发行国债后,推动粤港澳大湾区开展合作和实现市场一体化的重要举措,有助于吸引国际投资者参与澳门债券市场建设,将进一步提升澳门金融市场的深度和广度。律师团队的专业服务,助力了本次莲花债的顺利发行,体现了律师团队的综合学习能力与国际视野,同时也表达了对胜任境外项目的法律服务的信心。

(点评人:慕亚平,中山大学法学院教授)

国内首单“三绿”公交票款收费收益权 ABS 项目

——某公交票款收费收益权2020年第一期粤港澳大湾区绿色资产支持专项计划案例简析

张雪芳

摘 要

某公共交通集团有限公司作为原始权益人，将从其下属子公司受让的特定公交线路在特定期间内的公交票款收费收益权转让给计划管理人，并由计划管理人发起设立“某公交票款收费收益权大湾区绿色资产支持专项计划”（以下简称专项计划）。原始权益人通过专项计划融资 10.5 亿元。代理律师团队为该专项计划提供专项法律服务并出具了所需的法律意见书，最终助力原始权益人于 2020 年 7 月 30 日成功发行本次债券。该专项计划为国内首单“三绿”（绿色主体 + 绿色基础资产 + 绿色募集资金用途）公交票款收费收益权资产证券化项目，同时也是粤港澳大湾区首单公交票款收费收益权资产证券化项目。

项目简介

一、项目背景

1. 主体信息

计划管理人：某证券股份有限公司（以下简称某证券公司）

原始权益人/资产服务机构/差额支付承诺人/回售和回购承诺人：某公共交通集团有限公司（以下简称某公交集团）

托管银行：某银行股份有限公司

监管银行：中国某银行股份有限公司广州分行

登记机构:中国证券登记结算有限责任公司深圳分公司

2. 项目交易结构

本项目采用单SPV架构,具体如下:

(1)某公交集团下属子公司与公交集团签订转让协议,将目标线路特定期间内的公交票款收费收益权转让给公交集团。

(2)原始权益人与计划管理人签订基础资产转让协议,将目标线路特定期间的公交票款收费收益权转让给计划管理人设立的资产支持专项计划。

(3)投资者通过与计划管理人签订认购协议,将认购资金以专项资产管理方式委托计划管理人管理,计划管理人设立并管理专项计划,投资者取得资产支持证券,成为资产支持证券持有人。

(4)某公交集团向计划管理人(代表专项计划)为优先级资产支持证券的本金及预期收益提供差额支付的信用支持。并承诺在发生回售和回购事项时向专项计划账户支付相应回售和回购款项。

(5)某公交集团作为资产服务机构,根据与计划管理人签订的服务协议,提供与基础资产及其运营、回收票款有关的管理服务及其他服务。

(6)在专项计划存续期间,某公交集团将合法拥有的基础资产产生的现金流按照约定按时划付至监管账户一,监管账户一仅用于接收本专项计划基础资产形成的现金流。

(7)在每个专项计划划款日,资产服务机构授权监管银行将监管账户一中的资金全部划转至专项计划账户。

(8)计划管理人根据标准条款及相关文件的约定,向托管银行发出分配指令,托管银行根据分配指令,将相应资金划拨至登记托管机构的指定账户用于支付资产支持证券本金和收益。

二、办理过程与法律依据

代理律师为该专项计划提供专项法律服务并出具法律意见书,在完成初步尽调、交易架构初步设计后,先对重点问题进行研究并提出相应解决方案,多次与交易所审核老师进行初步接洽沟通,就相关事项听取审核老师的意见。

代理律师密切了解《证券公司及基金管理公司子公司资产证券化业务管理规定》《证券公司及基金管理公司子公司资产证券化业务信息披露指引》《资产证券化业务基础资产负面清单指引》《深圳证券交易所基础设施类资产支持证券挂牌条件确认指南》等法律、法规、规范性文件和交易所规则的要求并出具本次债券发行所需的法律意见书。

在上述工作过程中，代理律师团队成员根据以往代理地方政府债、资产证券化等不同债券类融资项目的丰富处理经验，对相关案例进行比较研究，分析异同，最终进行总结与创新，对相关法律文件进行思考与提炼，并适用到本次专项计划工作中。

三、项目结果

（1）深圳证券交易所就该专项计划出具了无异议函。

（2）专项计划成功设立并发行，发行规模为10.5亿元。

（3）该专项计划为国内首单“三绿”公交票款收费收益权资产证券化项目，同时也是粤港澳大湾区首单公交票款收费收益权资产证券化项目。

项目难点

一、公交线路经营期限无法覆盖专项计划期限

本专项计划的基础资产为特定公交线路在特定期间内的公交票款收费收益权。专项计划期限为9年，公交线路的经营期限每期不得超过8年，公交线路的经营期限不足以覆盖专项计划期限。如线路经营期限到期后，线路经营展期政策发生变化，则存在线路经营期限未能如期续期的风险，进而影响基础资产现金流。

二、相关资产（如车辆）权属瑕疵

目标线路涉及的公交车辆的大部分已开展融资租赁，融资租赁涉及车辆所有权均不在某公交集团下属子公司名下，根据融资租赁合同，如果承租人未按时足额缴付首期租金或任一期租金或合同项下其他应付款项，融资租赁公司可采取加速到期，采取收回或处置租赁物件等措施。若融资租赁车辆被所有权人收回或处置，将会影响基础资产现金流。

律师办理思路

一、常规工作思路

根据《证券公司及基金管理公司子公司资产证券化业务管理规定》《证券公司及基金管理公司子公司资产证券化业务信息披露指引》《资产证券化业务基础资产负面清单指引》《深圳证券交易所基础设施类资产支持证券挂牌条件确认指南》等法律、法规、规范性文件和交易所规则的要求，对项目各参与方、交易结构、基础资产、相关资产等进行尽职调查及出具法律意见书，并起草本项目全套交易文件。

二、疑难问题的解决工作思路

1. 针对“公交线路经营期限无法覆盖专项计划期限”问题

针对“公交线路经营期限无法覆盖专项计划期限”问题,代理律师团队协助原始权益人最终取得其上级主管部门出具的书面意见,上级主管部门确认将依法依规,按程序为某公交集团下属各公司经营的公交线路办理延续经营手续。此外,专项计划设置了“不合格基础资产处置机制”,若公交线路一旦丧失经营权并影响专项计划现金流,计划管理人有权要求原始权益人替换或新增基础资产。该风险缓释措施最终获得深圳证券交易所认可。

2. 针对“相关资产权属瑕疵”问题

针对“相关资产权属瑕疵”问题,代理律师团队协调某公交集团下属子公司出具相关资产承诺函,承诺如融资租赁车辆被出租人收回处分而影响目标线路的运营,将进行内部车辆调度,为目标线路补充运营车辆;承诺将按照专项计划募集资金用于存量融资租赁业务置换的用途,积极督促及配合融资租赁公司办理车辆融资租赁解除手续;承诺专项计划存续期间,专项计划项下底层资产和相关资产不得进行赠与、出售、抵押、质押等设定权利负担行为。该风险缓释措施最终获得深圳证券交易所的认可。

相关法律规定解读

1.《证券公司及基金管理公司子公司资产证券化业务管理规定》。

解读:该法规主要对资产证券化业务及基础资产进行定义:①资产证券化业务是指以基础资产所产生的现金流为偿付支持,通过结构化等方式进行信用增级,在此基础上发行资产支持证券的业务活动;②基础资产是指符合法律法规规定,权属明确、可以产生独立、可预测的现金流且可特定化的财产权利或财产。

2.《深圳证券交易所基础设施类资产支持证券挂牌条件确认指南》。

解读:该法规主要规定了挂牌条件,基础设施类资产支持证券的基础资产应该符合:①基础资产的界定应该清晰,能够独立界定;②基础资产及相关资产应该合法、合规,已履行必要的审批、核准、备案、登记等程序;③基础资产的运营应依法取得相关特许经营或许可等资质,且该特许经营应该覆盖专项计划的期间;④基础资产现金流应基于真实、合法的经营活动产生,形成基础资产的法律协议或文件应该合法、有效;⑤原始权益人应该合法拥有基础资产;⑥基础资产可特定化,其产生的现金流应当独立、稳定、可预测;⑦基础资产应当具有可转让性;⑧基础资产转让依法取得的授权手续应当齐备。

案例评析

在资产证券化项目中,交易所较为倾向于优质主体、优质基础资产,对于主体或基础资产存在的问题,可以通过交易结构安排进行处理,在解决方案得到认可、风险披露充分、风险缓释措施有效、增信措施完备的情况下,一般可以通过审核。

律师在参与资产证券化项目过程中,应当对基础资产、底层资产、相关资产进行充分核查,对存在的问题要充分研究并了解相关背景及法律、法规、政策等,并需要在法律意见书中充分释明。

专家点评

本专项计划为国内首单“三绿”公交票款收费收益权资产证券化项目,也是粤港澳大湾区首单公交票款收费收益权资产证券化项目。该项目的成功发行,创国内公交收费收益权类 ABS 发行利率新低,得到中国银行间市场交易商协会当年度典型案例荣誉,展现出本专项计划极佳的示范效应与极高的市场认可度。

(点评人:慕亚平,中山大学法学院教授)

全国首单地铁客运收费收益权 ABN 项目

——某地铁集团有限公司 2019 年第一期绿色资产支持票据

张雪芳

摘 要

某地铁集团有限公司拟以某条线路特定期间的客运收费收益权为基础资产，成立某地铁集团有限公司 2019 年度第一期绿色资产支持票据信托，发行某地铁集团有限公司 2019 年度第一期绿色资产支持票据。因纳入底层资产的地铁线路所在的土地及建筑物权属大部分暂时未能取得产权证明，将对基础资产现金流的回收的稳定性带来风险。在各中介机构的沟通及政府部门的配合下，最终的风险缓解措施得到中国银行间市场交易商协会认可，成功发行。

项目简介

一、主体信息

牵头主承销商/簿记管理人：某银行股份有限公司

原始权益人/资产服务机构/差额支付承诺人/回售和回购承诺人：某地铁集团有限公司（以下简称某地铁集团）

受托人/特定目的管理机构：某信托有限责任公司

资金保管机构/保管人/保管银行：某银行股份有限公司广州分行

监管银行：广州某银行股份有限公司

评级机构：某国际信用评级有限责任公司

登记托管机构：中国证券登记结算有限责任公司深圳分公司（以下简称中证登深圳分公司）

二、案例背景

1. 交易架构基本情况

根据《信托法》、《合同法》(项目进行时《民法典》未实施)、《信托公司管理办法》及其他相关法律法规,为了实现基础资产的资产证券化,某地铁集团有限公司作为发起机构/委托人将其合法拥有的地铁客运费收益权信托给作为发行载体管理机构/受托人的某信托有限责任公司设立“某地铁集团有限公司2019年度第一期绿色资产支持票据信托”。在信托成立后,委托人按照《信托合同》的约定,将地铁客运费收益权项下的地铁客票收费收益支付给信托,并承担差额支付的义务。信托期限内,受托人根据信托文件及法律法规的规定对信托财产进行管理、运用和处分。

发行载体管理机构以信托作为特定目的载体发行本资产支持票据,资产支持票据代表“某地铁集团有限公司2019年度第一期绿色资产支持票据信托”信托受益权的相应份额。信托将信托受益权划分为优先档信托受益权和次级信托受益权;资产支持票据也相应划分为优先档资产支持票据和次级资产支持票据,优先档资产支持票据代表优先于次级信托受益权获得信托利益的信托受益权类型,次级资产支持票据代表劣后于优先档信托受益权获得信托利益的信托受益权类型。

委托人指定由受托人按照《信托合同》约定向银行间市场的机构投资者(国家法律法规禁止购买者除外)发行资产支持票据。资产支持票据投资者有权按《信托合同》约定享有与其持有资产支持票据类别和数额对应的信托受益权。

信托利益的计算和分配详见《信托合同》相关条款及项目《募集说明书》相关说明。本期资产支持票据由主承销商组织承销团,通过集中簿记建档、集中配售的方式在银行间市场公开发行。

2. 增信措施

第一,内部增信措施具体如下:

结构化分层:信托通过设定优先档/次级档的偿付次序来实现内部信用增级。根据交易文件所约定的现金流分配顺序,次级档资产支持票据为优先档资产支持票据提供信用支持。

现金流超额覆盖:本专项计划预期各期基础资产现金流入对优先级资产支持证券当期应偿付本息采取超额覆盖措施,覆盖倍数较高,可为优先级资产支持证券本息的兑付形成一定保障。

信用触发机制:设置了“加速清偿事件”“违约事件”“提前终止事件”,如果上述机制被触发,委托人有义务按照规定的期限归集回收款,并将回收款转付至信托账户。

第二,外部增信措施具体如下:

差额支付承诺:在差额支付启动事件发生时,则差额支付承诺人应根据《差额支付协议》的约定履行差额支付义务。某地铁集团不可撤销及无条件地向信托管理人(代表资产支持证券持有人)承诺根据约定条款与条件,承担差额支付义务。

项目难点

一、基础资产合法合规性论证

本项目是全国首单以地铁客运收费收益权作为基础资产的ABN案例,其收费权利的合法合规性需要进行专业论证才可得到主管部门的认可。

二、土地权属及建筑物权属风险

历史原因所致,地铁线路所在的土地及建筑物权属部分暂时无法取得产权证明,将对基础资产现金流的回收的稳定性带来风险。

律师办理思路

一、常规工作思路

根据《非金融企业债务融资工具注册发行规则》《非金融企业债务融资工具公开发行注册工作规程》《银行间债券市场非金融企业债务融资工具管理办法》《银行间债券市场非金融企业债务融资工具募集说明书指引》《银行间债券市场非金融企业债务融资工具信息披露规则》等法律、行政法规和中国证券监督管理委员会的有关规定,对项目各参与方、发行主体、基础资产、交易架构等情况进行尽职调查及出具法律意见书。另根据项目组要求,协助项目组起草项目所需的交易文件。

二、疑难问题的解决工作思路

1. 基础资产合法合规性论证

经充分了解原始权益人的设立、更名及发展的过程,以及某市轨道交通管理法律法规乃至全国轨道交通管理法律法规的发展进程,代理律师结合《企业国有资产法》《市政公用事业特许经营管理办法》《某市城市轨道交通管理条例》相关规定及定价意见等文件,从法律逻辑、股权架构、经营历史等角度,经与中国银行间市场交易商协会老师多次沟通,论证某地铁集团经营的合法合规性,最终该结论得到中国银行间市场交易商协会的认可。

2. 土地权属及建筑物权属风险

经代理律师充分核查及某地铁集团说明，明确了地铁线路所在的土地及建筑物权属部分暂时无法取得产权证明，系某历史原因所致。代理律师将核查结果在法律意见书中进行了详尽披露，为缓释上述风险，代理律师建议某地铁集团在中国人民银行征信中心动产融资统一登记办理完毕基础资产的转让登记。在办理转让登记后，该登记行为可有效起到对抗第三方的效力。同时，在特定金额收费权信托期间，原始权益人不得作出对产生基础资产必备的土地、房屋、设备等资产进行出售、抵押、质押等设定权利负担的行为，并且需承担差额支付义务。上述风险缓释措施最终得到中国银行间市场交易商协会认可。

相关法律规定解读

中国银行间市场交易商协会发布的《非金融企业资产支持票据指引》主要提出资产支持票据是指非金融企业为实现融资目的，采用结构化方式，通过发行载体发行的，由基础资产所产生的现金流作为收益支持的，按约定以还本付息等方式支付收益的证券化融资工具，发行载体可以为特定的信托、特定目的公司等，基础资产应符合法律法规的规定，权属明确，可以依法转让，能够产生持续稳定、独立、可预测的现金流且可特定化的财产、财产权利等。形成的基础资产的交易基础应当真实，交易对价应当公允。

2018 年 12 月，中国银行间市场交易商协会出具《接受注册通知书》，发起机构资产支持票据注册金额为 50 亿元。2019 年 1 月，第一期资产支持票据成功发行，发行规模为人民币 30 亿元。

案例评析

一、新颖性

本项目为全国首单地铁客运收费收益权 ABN，在基础的合法合规性的认定上，也突破了传统基础设施收费权 ABN 以运营证照作为必备条件的要求，针对没有获得运营证照的融资主体，从历史发展、法律规定等角度出发，经过全方位的论证，确认其运营资质和基础资产的合法合规性。该产品同时获得“绿色主体 + 绿色基础资产 + 绿色募集资金用途”的“三绿”认证，为全市场首单“三绿”的证券化产品。

二、影响力

截至项目通过交易商协会审核,本项目为全国首单地铁客运收费收益权ABN,给其他各省市地铁集团改善融资渠道提供了很好的经验借鉴。就某地铁集团而言,本项目具有样本特性。某地铁集团负责某城市快速轨道交通系统的工程建设、运营管理和附属资源开发经营。经过二十余年的建设,线网里程居全国前列,世界前列。本项目基础资产仅包含某线路的客运收费收益权,后续将有可能根据其他各大线路的情况陆续发行资产支持票据产品。

专家点评

本案例系全国首单以地铁客运收费收益权作为基础资产的ABN,属于典型的以基础设施收费收益权作为基础资产的典型案例。其通过创新交易结构设计,有效实现了收费收益权类基础资产的特定化,优化了交易结构,为企业拓宽融资渠道的同时也节约了融资成本,具有良好的示范推广性,为某地铁集团后续继续融资提供了样本作用,在轨道交通领域的新型融资途径中能够起到一定的示范作用,具有一定的社会意义。

(点评人:慕亚平,中山大学法学院教授)

涉外事务篇

第一章　涉外传统业务案例精选

双重雇佣，境外已纳税何以不免境内纳税义务

——跨境双重雇佣个人所得税第一案评析

全朝晖　王春平

摘　要

本案的主要争议焦点是R.M.H先生(英国公民)在2005年至2007年取得的由中国境外企业支付的工资薪金是否应当按照中国有关税收法律规定征缴个人所得税,及是否构成双重征税。经过代理律师的代理及努力,两审法院最终均采纳了代理律师的意见与观点,认为R.M.H先生在2005年至2007年同时任职于某美资环保公司和美国某国际公司,且两家公司分别向其支付工资、薪金等报酬;其在此期间每年在中国境内居住的时间均超过183天。而R.M.H先生并未就其在前述期间在美国某国际公司受雇取得的报酬依法交纳个人所得税。故,涉案税务处理决定符合法律规定。同时,因R.M.H先生在中国境内及境外双重受雇,且在中国境内停留连续或累计超过183天,故对其在中国境内受雇的所得征税并未构成双重征税,亦不违背中美税收协定。

该案被称为“跨境雇佣双重征收个人所得税第一案”,被收录于中华全国律师协会《涉外法律服务优秀案例》。

案情简介

R.M.H先生在2005年至2007年任职美国在华外商独资环保公司(某美资环保公司)的法定代表人和董事长,其在前述时期每年在中国境内居住的时间分别是259.5天、289天、286天。

R.M.H先生2005年至2007年在某美资环保公司工作期间,同时也任职于

总部位于美国的某国际公司,美国某国际公司在2005年至2007年每年支付给R. M. H先生的薪金(含工资、小费、奖金和其他报酬)分别是107,124美元、176,566美元和120,081美元,每年支付的商业保险是7764美元,该部分应税额已在美国申报美国个税。

2009年9月29日,某市地方税务局稽查局(以下简称市税务稽查局)作出穗地税稽一处[2009]××号税务处理决定(以下简称××号税务处理决定),认定某美资环保公司在2005年1月至2007年12月未按税法规定为R. M. H先生足额代扣代缴个人所得税,责成该公司补扣缴应扣未扣个人所得税658,556.01元,同时告知该公司履行义务的方式及依法享有的申请复议权利。某美资环保公司于2009年12月8日收到前述税务处理决定后,代R. M. H先生缴纳个人所得税及滞纳金,合计685,695.98元。

后某美资环保公司将R. M. H先生诉至法院,要求R. M. H先生向其返还上述款项及利息,经法院调查及审理,最终支持了某美资环保公司的诉讼请求。

2013年8月14日,R. M. H先生因不服××号税务处理决定,向市地方税务局申请行政复议,该局于2013年8月14日作出复议决定,维持了市税务稽查局作出的××号税务处理决定。

R. M. H先生仍不服,以市税务稽查局认定事实不清,违反中美税收协定及法律规定,未向其送达税务处理决定、程序违法等为由,向法院提起行政诉讼。

一审法院认为,根据国家税务总局《关于外商投资企业和外国企业对境外企业支付其雇员的工资薪金代扣代缴个人所得税问题的通知》(国税发〔1999〕241号,已失效,以下简称241号文)的规定,个人在中国境内外商投资企业中任职、受雇应取得的工资薪金,应由该外商投资企业支付。凡由于该外商投资企业与境外企业存在关联关系,上述本应由外商投资企业支付的工资薪金中的部分或全部由境外关联企业支付的,对该部分由境外关联企业支付的工资薪金,境内外商投资企业仍应依照《个人所得税法》,据实汇集申报有关资料,负责代扣代缴个人所得税。由于R. M. H先生在2005年至2007年是某美资环保公司的法定代表人,职务为董事长,同时还任职于美国某国际公司。美国某国际公司和某美资环保公司分别支付R. M. H先生工资薪金等报酬,符合241号文的条件,因此应当按照《个人所得税法》及国税总局《关于在中国境内无住所的个人取得工资薪金所得纳税义务问题的通知》(国税发〔1994〕148号,已失效)的相关规定,对R. M. H先生2005年至2007年取得的由美国某国际公司支付的工资征收个人所得税。R. M. H先生对一审结果不服,提起上诉,二审法院维持原判,驳回了R. M. H先生的上诉请求。

争议焦点

1. 市税务稽查局向某美资环保公司发出税务处理决定而未向 R. M. H 先生送达是否违反法定程序？

2. R. M. H 先生在 2005 年至 2007 年取得的由中国境外企业美国某国际公司支付的工资薪金是否应当按照中国有关税收法律规定征缴个人所得税？

3. 案涉 × × 号税务处理决定是否构成双重征税？

代理意见

1. R. M. H 先生在中国境内工作期间取得的由中国境外企业美国某国际公司支付的工资薪金，依法属于源于中国境内的所得，应当按照中国有关税收法律规定征缴个人所得税。

根据某美资环保公司提供的合同和账册凭证等证据材料，R. M. H 先生在 2005 年至 2007 年同时在中国境内、境外企业兼任职务，并在中国境内、境外企业取得工资薪金所得。而 R. M. H 先生护照上载明的出入境记录显示，R. M. H 先生 2005 年在中国境内居住超过 183 天不满 1 年，2006 年至 2007 年在中国境内居住满 1 年但不满 5 年。根据《个人所得税法》第 1 条、2005 年《个人所得税法实施条例》第 5 条第 1 项、国家税务总局《关于在中国境内无住所的个人取得工资薪金所得纳税义务问题的通知》第 1 条、国家税务总局《关于在中国境内无住所的个人计算缴纳个人所得税若干具体问题的通知》（国税函发〔1995〕125 号，已失效）第 1 条、第 2 条等有关法律规定，R. M. H 先生分别在中国境内和境外企业、机构兼任职务的，无论其工资、薪金是否按职务分别确定，均应就其取得工资薪金总额，依据《个人所得税法》及其他有关法律规定，按其实际在中国境内的工作期间（含公众休假日、个人休假日等）确定纳税。综上，R. M. H 先生应就其源于中国境内的所得（包括其实际在中国境内工作期间取得的由中国境外企业美国某国际公司支付的工资薪金）依法纳税，案涉 × × 号税务处理决定认定事实清楚、证据确凿。

2. 市税务稽查局作出的 × × 号税务处理决定符合中美税收协定。

R. M. H 先生 2005 年至 2007 年担任某美资环保公司董事长一职，在中国境内受雇，并且在中国境内停留连续或累计超过 183 天。R. M. H 先生在美国某国际公司受雇取得的报酬显然不属于《中华人民共和国政府和美利坚合众国政府关于对所得避免双重征税和防止偷漏税的协定》第14条第2款规定的仅需在美国征税的情形,市税务稽查局作出的××号税务处理决定符合中美税收协定,未构成重复征税。

3. R. M. H先生主张案涉税务处理决定未向其送达,侵害了其陈述、申辩等权利,于法无据,不能成立。

根据《税收征收管理法》等规定,对于纳税人、扣缴义务人的税务违法行为,税务机关可以同时或分别对其作出税务处理和处罚。本案中,市税务稽查局经核查,发现某美资环保公司未按规定代扣代缴R. M. H先生的个人所得税,依法作出责成其补扣缴应扣未扣个人所得税的处理决定,处理程序符合有关法律规定。此外,在某美资环保公司配合市税务稽查局进行税务稽查期间,R. M. H先生仍担任该公司的法定代表人,且某美资环保公司向市税务稽查局提交的回复亦是由R. M. H先生亲自签署,可推定R. M. H先生对其个人所得税需要补缴是知情的。据此,R. M. H先生主张的"涉案税务处理决定未向其送达构成程序违法",缺乏事实和法律依据。

案例评析

本案是中国境内第一起由纳税人的双重雇佣关系引发的纳税争议案件,对来华外籍人员在华税收征管及其相关争议解决具有重要参考意义。

1. 来华外籍人员在中国境内企业和中国境外企业兼任职务的,是否及/或如何就境外企业支付的工资、薪金依法缴纳中国个税?

根据中国国家税务总局有关法律规定,来华的外籍人员分别在中国境内和境外企业、机构兼任职务的,无论其工资薪金是否按职务分别确定,均应就其取得工资薪金总额,依据《个人所得税法》及其他有关法律规定,按其实际在中国境内的工作期间(含公众休假日、个人休假日等)确定纳税。如以"在中国境内居住超过183天不满一年或在中国境内居住满一年但不满五年"这种较易发生有关争议的情况为例,涉及的相关人士根据其在境内外实际工作情况分别适用的年度应纳税额的计算公式为:

应纳税额=(当月境内外工资薪金应纳税所得额×适用税率-速算扣除数)×(当月境内工作天数÷当月天数)

应纳税额=(当月境内外工资薪金应纳税所得额×适用税率-速算扣除

数）×［1－（当月境外支付工资÷当月境内外支付工资总额）×（当月境外工作天数÷当月天数）］

2. 来华外籍人员与境内企业之间未成立劳动法上的劳动关系的，是否影响中国税务局向其依法征缴个税？

依据《个人所得税法》等有关法律规定、实质判断原则，以及中国税务复议案例判决，来华外籍人士与中国境内企业之间是否存在劳动法上的劳动关系，并不一定影响中国税务局就其实际在中国境内工作期间取得却由境外关联方支付的工资薪金依法征缴中国个税。

3. 在中国缴纳了个税的来华外籍人员，是否可以根据双边税收协议的有关规定向其所在国政府申请税收抵免以消除双重征税？

根据本案争议涉及的《中华人民共和国政府和美利坚合众国政府关于对所得避免双重征税和防止偷漏税的协定》第1条、第2条、第14条等规定，对在中国缴纳了个税的来华外籍人员，可以依据该协定向美国政府申请税收抵免，以消除双重征税；确因超期无法抵免的，该人员则可以视与其所在企业之间雇佣合同条款中的扣缴税安排等具体情况，另循其他法律途径解决。

本案中，如R. M. H先生就其在中国税务机关缴纳的税款需适用《中华人民共和国政府和美利坚合众国政府关于对所得避免双重征税和防止偷漏税的协定》向美国政府申请税收抵免以消除双重征税，中国税务部门、美资环保公司及其美国总部的某国际公司应依法予以协助。当然，若上述申办税收抵免确因超期无法办理，该美资环保公司及美国某国际公司可与R. M. H先生于最新3个年度的雇佣合同中的薪酬及扣缴税安排上另行作出新安排。

4. 对于扣缴义务人未按规定代扣代缴纳税人的个税的，税务机关是否可以仅对扣缴义务人作出税务处理、处罚？

根据《税收征收管理法》等有关法律的规定，对于纳税人、扣缴义务人的税务违法行为，税务机关可以同时或分别对其作出税务处理、处罚。在中国境内的外商投资企业，通常都是来华外籍人员的扣缴义务人。有管辖权的税务机关有权对作为扣缴义务人的中国境内的外商投资企业进行检查，发现其未按规定代扣代缴纳税人的个税并在作出税务处理决定之前，该税务机关可向该企业发出《税务检查情况核对意见书》，并依法作出责成其补扣缴应扣未扣个人所得税的处理决定。因此，R. M. H先生在本案中以市税务稽查局仅对境内外资企业发出书面通知，而其本人并未收悉任何书面通知为由，提出涉案税务处理决定未向其送达，侵害了其陈述、申辩等权利的主张在中国《税收征收管理法》上不能成立。

专家点评

在实施“走出去”战略的背景下,我国企业获得更多发展机遇的同时,也将面临更大的境外投资风险包括税务风险的挑战。拟“走出去”的企业只有充分了解和熟悉投资地的市场环境、税收政策、司法环境以及相关国际规则,研究这些可能对其投资产生的影响,才能确保在合法合规经营的同时,保证企业利益最大化。但对于大多数拟“走出去”的企业而言,如何应对境外税务风险,既缺乏可资借鉴的案例,又没有足够的资料可供参考,本案作为“跨境雇佣双重征收个人所得税第一案”,其中所涉工资薪金所得来源地认定标准、跨境双重征税、税收抵免等有关问题,无疑具有一定的典型参考意义。

(点评人:汪庆华,北京师范大学法学院教授、博士生导师)

处理跨境融资担保的法律问题

——成功代理澳门某银行诉广东W公司、吴某等人金融借款纠纷案

陈 希 雷志容

摘 要

本案为涉及其他形式跨境担保的金融借款纠纷,即广东某公司向澳门某银行借款,由境内自然人吴某和赵某为该笔借款提供保证责任,同时由吴某提供境内的不动产作为该笔借款的抵押物,在澳门某银行如约向广东某公司发放贷款后,广东某公司未能按期支付利息及归还本金,由此导致本案的产生。在诉讼过程中,因保证人暨抵押人吴某去世,从而产生了追加继承人的诉讼程序。在办案过程中,代理律师为了查询和确定吴某的继承人,曾先后向多个部门了解、咨询相关问题,尽可能穷尽一切方式确定吴某的继承人范围。面对涉外案件送达、审判程序烦琐、案件被告死亡的复杂情形,本案能在立案后一年审结并胜诉,体现了代理律师的专业水准和负责的职业操守,也为涉外跨境融资纠纷解决增添了经典成功案例。

案情简介

本案为一宗涉外金融借款纠纷,贷款主体为境外金融机构澳门某银行,借款主体为境内企业广东某公司,保证人为境内自然人吴某(广东某公司股东)及其配偶孙某,抵押物为境内自然人吴某所有的位于广州市天河区的商铺。澳门某银行向广东某公司发放贷款后,广东某公司未能按照合同约定归还贷款,因此澳门某银行向内地法院提起诉讼,要求广东某公司偿还全部贷款本金、利息、罚息、复利、

实现债权的费用、额度安排费等，同时要求吴某、孙某承担保证责任，并要求对境内的抵押物实现抵押权。

本案的贷款主体为境外金融机构澳门某银行，借款主体为境内企业广东某公司，结算货币为港元，且债权债务关系的形成在境外，因此本案的债务属于外债。而本案所涉的外债已依据《外债登记管理办法》的规定在外汇管理局办理了外债登记，且澳门某银行已实际向广东某公司提供了贷款，因此澳门某银行对广东某公司享有合法债权。本案所涉担保物分别为境内不动产以及自然人担保，案涉抵押物已依法办理抵押登记，抵押人暨保证人吴某、保证人孙某为境内居民，故本案的抵押担保及保证担保属于其他形式跨境担保。根据《跨境担保外汇管理规定》的规定，是无须办理任何对外担保批准手续的。虽最高人民法院《关于适用〈中华人民共和国担保法〉若干问题的解释》（已失效）第6条规定，"有下列情形之一的，对外担保合同无效：（一）未经国家有关主管部门批准或者登记对外担保的……"本案的抵押合同、保证合同未在国家有关主管部门办理对外担保批准或登记手续，但根据国家外汇管理局发布的《跨境担保外汇管理规定》第29条关于"外汇局对跨境担保合同的核准、登记或备案情况以及本规定明确的其他管理事项与管理要求，不构成跨境担保合同的生效要件"的规定，案涉担保合同是否履行对外担保批准或登记手续，并不影响保证合同的效力，澳门某银行与吴某、孙某之间所签订的合同，是各方当事人的真实意思表示，没有违反法律法规的强制性规定，应为合法有效。

在诉讼过程中，法院和案件原告及代理人才获悉保证人暨抵押人吴某死亡的事实。根据本案适用的《继承法》的相关规定，其生前个人所负的债务并不因死亡而免除，其遗产仍将作为生前所负担债务的责任财产，继承人应当在所继承遗产的范围内承担保证责任。基于此，代理律师认为有必要变更其继承人作为被告，要求继承人在遗产范围内承担清偿责任。为了查询和确定被告的继承人，法院要求吴某的配偶孙某提供继承人信息，同时代理律师曾先后向公安机关、民政部门、档案机构了解、咨询，且在诉讼过程中代理律师也向法院申请律师调查令获取相关信息，尽可能穷尽一切方式确定被告的继承人范围，最终向行政部门了解及查询获得的相关信息也与孙某提供的第一顺位继承人信息相符，即吴某的第一顺位继承人为孙某（吴某配偶）、吴某1（吴某父亲）、赵某（吴某母亲）、吴某2（吴某儿子）、吴某3（吴某女儿）。在确定吴某的继承人范围后，基于孙某作为担保人应对本案债务承担连带保证责任，因此澳门某银行不再要求孙某作为法定继承人对本案债务承担责任，仅向法院申请将被告吴某变更为吴某1、赵某、吴某2、吴某3。

且根据孙某的陈述,吴某并未立有遗嘱,吴某的财产也并未进行实际分配,各继承人之间并未提交放弃继承的相关资料。因此,澳门某银行依据《继承法》第 2 条“继承从被继承人死亡时开始”,第 3 条“遗产是公民死亡时遗留的个人合法财产,包括:(一)公民的收入;(二)公民的房屋、储蓄和生活用品;(三)公民的林木、牲畜和家禽;(四)公民的文物、图书资料;(五)法律允许公民所有的生产资料;(六)公民的著作权、专利权中的财产权利;(七)公民的其他合法财产”,第 25 条“继承开始后,继承人放弃继承的,应当在遗产处理前,作出放弃继承的表示。没有表示的,视为接受继承。受遗赠人应当在知道受遗赠后两个月内,作出接受或者放弃受遗赠的表示。到期没有表示的,视为放弃受遗赠”,以及第 33 条“继承遗产应当清偿被继承人依法应当缴纳的税款和债务,缴纳税款和清偿债务以他的遗产实际价值为限。超过遗产实际价值部分,继承人自愿偿还的不在此限。继承人放弃继承的,对被继承人依法应当缴纳的税款和债务可以不负偿还责任”的规定,要求吴某 1、赵某、吴某 2、吴某 3 在继承吴某遗产实际价值的范围内对债务本金最高余额港元及利息、复利等承担连带清偿责任。

在案件审理过程中,部分继承人经法院合法传唤未到庭,已到庭的继承人在本案审理过程中并未作出放弃继承的意思表示。法院认为在无证据证明吴某立有遗嘱且吴某的遗产尚未进行实际分配的情况下,在遗产未予分配之前,并没有实际继承结果产生,即便有继承人明确表示放弃继承,该意思表示也仅在继承人之间生效,尚不具有对抗吴某的债权人的效力。故可以认定在继承开始后,继承人均未明确作出放弃继承的意思表示,则视为接受继承,因此法院依法判决继承人以其继承遗产价值为限承担债务。同时根据最高人民法院《关于适用〈中华人民共和国担保法〉若干问题的解释》第 68 条“抵押物依法被继承或者赠与的,抵押权不受影响”,以及《城市房地产抵押管理办法》第 24 条第 2 款“抵押人死亡、依法被宣告死亡或者被宣告失踪时,其房地产合法继承人或者代管人应当继续履行原抵押合同”的规定,吴某虽已经死亡,但澳门某银行对抵押物仍享有抵押权,有权以上述房产折价或者以拍卖、变卖的价款优先受偿。

最终,法院裁决被告广东某公司须向原告澳门某银行偿还货款本金并支付利息、逾期利息和复利、额度安排费以及实现债权费用。原告澳门某银行就判决确定的债务在债务本金最高余额及利息、复利、罚息、额度安排费、实现债权费用范围内对吴某提供的抵押物享有抵押权,有权以上述房产折价或者以拍卖、变卖的价款优先受偿。在以上述房产承担抵押责任后,吴某的法定继承人有权向被告广东某公司追偿;被告孙某在债务本金最高余额及利息、复利、罚息、额度安排费、实现债权费用范围内对判决确定的债务向原告澳门某银行承担连带清偿责任。被告孙某承担保证责任后,有权向被告广东某公司追偿;被告赵某、吴某1、吴某2、吴某3分别以各自继承吴某遗产实际价值为限在债务本金最高余额范围内及利息、复利、罚息、额度安排费、实现债权费用范围内对判决确定的债务向原告澳门某银行承担连带清偿责任。被告赵某、吴某1、吴某2、吴某3承担保证责任后,有权向被告广东某公司追偿。

争议焦点

1. 准据法的法律适用问题。
2. 澳门某银行享有的债权、抵押权等担保债权的合法性。
3. 吴某死亡后,其继承人的确认以及责任承担范围。
4. 金融借款是否适用民间借贷年利率24%的红线要求。

代理意见

1. 关于法律适用的意见。

本案具有涉外因素,而所涉合同均约定了合同争议向合同签订地人民法院提起诉讼并约定了适用中华人民共和国法律,因此依据《涉外民事关系法律适用法》第41条的规定,本案应该适用我国内地法律作为准据法。

2. 澳门某银行对广东某公司享有合法的债权、对抵押物享有合法的抵押权,对吴某、孙某享有合法的担保债权。

(1)本案所涉的外债已依据《外债登记管理办法》的规定在外汇管理局办理了外债登记,且澳门某银行已实际向广东某公司提供了借款,因此澳门某银行对广东某公司享有合法债权。

(2)因本案的抵押担保及保证担保属于其他形式跨境担保。根据《跨境担保外汇管理规定》的规定,是无须办理任何对外担保批准手续的,澳门某银行与吴某、孙某之间所签订的合同,是各方当事人的真实意思表示,没有违反法律法规的强制性规定,应为合法有效。

综上,澳门某银行对广东某公司享有合法债权,对抵押物享有合法的抵押权,保证人吴某、孙某应在债务本金最高余额范围内对广东某公司应负债务承担连带保证责任。

3. 吴某死亡后,澳门某银行仍对抵押物享有抵押权,且吴某的第一顺位继承人吴某1、赵某、吴某2、吴某3应在继承范围内承担担保责任。

根据最高人民法院《关于适用〈中华人民共和国担保法〉若干问题的解释》以及《城市房地产抵押管理办法》规定,吴某虽已经死亡,但澳门某银行对抵押物仍享有抵押权,有权以抵押物折价或者以拍卖、变卖的价款优先受偿。同时根据《继承法》的规定,吴某生前个人所负有的债务并不因死亡而免除,其遗产仍将作为生前所负担债务的责任财产,继承人应当在所继承遗产的范围内承担保证责任。

4. 澳门某银行的利率不适用民间借贷年利率的红线要求。

本案为金融借款纠纷,并且澳门某银行为境外商业银行,同时澳门某银行向广东某公司提供的贷款也已经办理了外债登记手续,因此澳门某银行属于合法放贷,并不当然地适用民间借贷年利率24%的红线要求。

案例评析

在积极响应粤港澳大湾区建设的形势下,澳门地区众多金融机构都在积极开拓跨境金融业务,此时跨境融资业务的合法合规性十分重要,只有在符合法律规定的情况下,才能更好地维护澳门地区金融机构的合法权益。就本案而言,澳门某银行为在澳门依法登记设立的公司,广东某公司为境内依法设立的企业法人,孙某、吴某1、赵某、吴某2、吴某3均为户籍所在地在境内的自然人。鉴于本案所涉合同均约定了合同争议向合同签订地人民法院提起诉讼并约定了适用中华人民共和国法律,因此依据《涉外民事关系法律适用法》第41条的规定,本案应该适用我国内地法律作为准据法。澳门某银行与广东某公司之间的借款行为属外债性质,而本案所涉的外债已依据《外债登记管理办法》的规定在外汇管理局办理了外债登记,且澳门某银行已实际向广东某公司提供了借款,因此澳门某银行对广东某公司享有合法债权。根据《跨境担保外汇管理规定》的规定,案涉担保合同是否履行对外担保批准或登记手续,并不影响保证合同的效力,澳门某银行与吴某、孙某之间所签订的合同,是各方当事人的真实意思表示,没有违反法律法规的强制性规定,应为合法有效。综上,澳门某银行对广东某公司享有合法债权,对抵押物享有合法的抵押权,保证人吴某、孙某应在债务本金最高余额范围内对广东某公司应负债务承担连带保证责任。

本案为涉及澳门地区金融机构与境内企业的债权债务纠纷,据了解,在澳门地区金融机构涉及的跨境融资项目中,担保物一般为境内银行提供的保函,而律师所经办的本案为澳门金融机构向境内企业提供贷款,并且通过跨境担保的方式保障债权的实现,本案的担保物为境内不动产以及境内自然人担保,属为数不多的以非银行保函作为担保物的其他形式跨境担保金融纠纷。故,本案对于同类型案件具有一定的借鉴意义,同时也有利于澳门地区金融机构了解到内地法院对该类案件的审理情况,有利于推进粤港澳大湾区的跨境金融建设。

同时,在办理该案件过程中出现作为保证人之一的被告死亡的特殊情形。根据相关法律规定,吴某死亡后,虽然其民事权利能力终止,但其生前个人所负有的债务并不因死亡而免除,其遗产仍将作为生前所负担债务的责任财产,继承人应当在所继承遗产的范围内承担保证责任。因此有必要变更其继承人作为被告,要求继承人在遗产范围内承担清偿责任。作为代理律师,应该尽可能穷尽一切方式确定被告的继承人范围,以维护债权人的合法权益。

专家点评

建设粤港澳大湾区,是习近平总书记亲自谋划、亲自部署、亲自推动的重大国家战略。2019 年 2 月,中共中央、国务院正式印发《粤港澳大湾区发展规划纲要》,粤港澳大湾区建设进入全面实施、加快推进的新阶段。2020 年 5 月 14 日,经国务院批准,中国人民银行等四部门制定的《关于金融支持粤港澳大湾区建设的意见》发布。该意见是金融领域贯彻落实《粤港澳大湾区发展规划纲要》的具体措施,是粤港澳大湾区建设进程中又一重大利好,为进一步推进大湾区金融创新、深化粤港澳金融合作、携手打造国际金融枢纽提供了有力的政策保障。随后,广东省地方金融监管局会同有关部门也制定了《关于贯彻落实金融支持粤港澳大湾区建设意见的实施方案》,广州市政府也审议通过了《关于贯彻落实金融支持粤港澳大湾区建设意见的行动方案》,上述政策都进一步推进金融开放创新,深化粤港澳金融合作,加大金融支持粤港澳大湾区建设力度,推动共建粤港澳大湾区国际金融枢纽。

在推进的过程中,不动产跨境抵押项目也日益增多,跨境融资业务引起的法律纠纷也随之增多,能否保障境外抵押权人合法权益是港澳地区金融机构关注的重点。本案代理律师在为澳门金融机构提供跨境金融法律服务方面具有丰富经验。本案属于为数不多的以内地不动产作为担保物的其他形式跨境担保金融纠纷,同时涉及担保人死亡的复杂情形,代理律师熟练运用法律法规,并积极与法院沟通以及进行相关调查,最终该案件取得良好的法律效果,对于同类型案件具有一定的借鉴意义,有利于推动不动产跨境抵押登记工作,更有利于推进粤港澳大湾区的跨境金融建设。

(点评人:杨超男,暨南大学法学院研究生导师)

海外运营合规法律服务的模式与流程

——中国企业某巴基斯坦交通项目运营阶段合规法律服务

闪　涛

摘　要

中国某国有企业集团委托广东广信君达律师事务所共同拟定多项可供选择的后续实施方案,并分别就不同方案的优劣势、可行性、合法性、合规性进行全面、深入的分析论证。闪涛律师团队迅速联系确定巴基斯坦合作律师并与之协作,就项目所涉中国和巴基斯坦法律项下相关问题、合法合规风险进行总结、分析,并提供了具体建议。目前,该企业正按照律师团队提供的相关意见,落实具体的实施方案。

项目简介

该交通项目自运营 1 年以来,在巴基斯坦取得了良好的社会效应和经济效益。为保障联营体各方依法依规履行与业主签订的协议、顺利推进项目的后续运营,亟须从合法合规层面采取相关措施。为此,中国某国有企业集团委托广东广信君达律师事务所共同拟定多项可供选择的后续实施方案,并分别就不同方案的优劣势、可行性、合法性、合规性进行全面、深入的分析论证。律师团队迅速联系确定巴基斯坦合作律师并与之协作,就项目所涉中国和巴基斯坦法律项下相关问题、合法合规风险进行总结、分析,并提供了具体建议。目前,该企业正按照律师团队提供的相关意见,落实具体的实施方案。

项目难点

委托方中国某国有企业集团对“走出去”项目全面合规予以高度重视。本项目的难点在于该项目既要合业主的协议约定之“规”,又要合中巴两国的法律法规以及中国国有企业监管要求之“规”。中国某国有企业集团充分认识到了项目全面合规的重要性,并对项目实施全流程的合规风险及律师团队的专业意见高度重视。

律师办理思路

1. 关注相关法律分析及合规建议的实操性。本项目中,律师团队的工作重点不仅是就项目的相关法律问题进行分析和回应,更重要的是针对多个具体问题从实操层面为中国某国有企业集团提供合规建议,并就相关建议的可行性进行分析和论证。

2. 确保沟通机制的高效性。律师团队以邮件、电话、会议等形式,与委托方及巴方律师、联营体其他两方及其委托的律师、专业机构之间进行了频繁、密集的沟通,并就项目相关问题与巴基斯坦投资委员会等部门进行了直接、高效的邮件和电话咨询,力求信息对称、沟通高效。

3. 重视法律服务的持续、完整性。鉴于联营体与巴方业主签订了 8 年的运维服务合同,代理律师还协助委托方对后续运营可能涉及的法律和合规风险进行了初步评估和分析,建议委托方采取长期、持续的合规风险防范措施,给出其相关操作建议。

4. 突出中方律师的牵头作用和项目主导性。一方面,中方律师的专业背景、地域背景有助于与委托方进行及时沟通,准确获知委托方诉求并将其通过法律语言精准传达给巴方律师;另一方面,中方律师可对巴方律师的回复以适合委托方的方式反馈给委托方,并附以相应的解释说明。该模式有效降低了委托方对重大事项产生误解并导致合规风险的概率。

相关法律规定解读

本项目中,项目的合法合规性、可行性均围绕两个主要法律概念:一是境外投资;二是无限连带责任。鉴于此,就前述两个概念的法律法规依据,以及对相关法律法规的基本理解和分析思路阐述如下。

1. 境外投资的定义和范围

当前,我国已有多个主管部门从不同的监管角度、在不同的监管文件中对境外投资的定义进行了规定。主要包括:

(1)发改部门的监管要求。

《企业境外投资管理办法》规定的境外投资,是指境内企业直接或通过其控制的境外企业,以投入资产、权益或提供融资、担保等方式,获得境外所有权、控制权、经营管理权及其他相关权益的投资活动。根据该条规定,除了通常理解的企业并购、新设等行为外,境内企业通过各种方式获得境外土地所有权、土地使用权以及境外自然勘探等权益的行为均被视为境外投资行为,应按照《企业境外投资管理办法》的相关规定履行审批手续。

(2)商务部门的监管要求。

根据《企业境外投资管理办法》第 2 条规定,该办法所指的境外投资,是指在中华人民共和国境内依法设立的企业通过新设、并购及其他方式在境外拥有非金融企业或取得既有非金融企业所有权、控制权、经营管理权及其他权益的行为。可见,与《企业境外投资管理办法》对境外投资的定义不同,商务部门强调对境外企业的"股权类"投资。

(3)国有资产监督管理部门的要求。

根据《中央企业境外投资监督管理办法》第 2 条规定,该办法所称境外投资,是指中央企业在境外从事的固定资产投资与股权投资。各地国有资产监督管理委员会制定的国有企业境外投资相关规定中对境外投资的定义也基本与前述规定保持一致。

(4)财政主管部门的监管要求。

财政部《国有企业境外投资财务管理办法》(财资〔2017〕24 号)明确,境外投资指在香港特别行政区、澳门特别行政区、台湾地区以及中华人民共和国领域以外的地域从事的股权投资与固定资产投资。

2. 无限责任和无限连带责任的基本内涵

鉴于现有法律法规、相关文件并未对无限责任、无限连带责任的概念进行明确规定,代理律师仅在参照现行有效的相关法律法规对无限责任、无限连带责任的关联条款,以及对相关法律法规、政策文件的制定背景和初衷进行分析的基础上,对无限责任、无限连带责任进行以下分析:

无限责任,主要出现在我国的《个人独资企业法》。该法第 2 条规定:"本法所称个人独资企业，是指依照本法在中国境内设立，由一个自然人投资，财产为投资人个人所有，投资人以其个人财产对企业债务承担无限责任的经营实体。”无限连带责任，主要出现在我国的《合伙企业法》。该法第 2 条第 2 款、第 3 款规定：“普通合伙企业由普通合伙人组成，合伙人对合伙企业债务承担无限连带责任。本法对普通合伙人承担责任的形式有特别规定的，从其规定。有限合伙企业由普通合伙人和有限合伙人组成，普通合伙人对合伙企业债务承担无限连带责任，有限合伙人以其认缴的出资额为限对合伙企业债务承担责任。”

案例评析

项目本身对“一带一路”倡议实施具有典型的代表意义。该交通项目系中巴经济走廊建设中的典型项目，也是巴基斯坦第一个城市轨道交通项目。项目的顺利落地及平稳运行对中巴两国及两国人民都具有重要意义。

一方面，本次服务在极短的时间内有效解决了中国某国有企业集团及联营体成员在项目中面临的相关法律及合规问题，在保障委托方合法利益的同时，为委托方全面评估了项目运营中的合法、合规风险，并提出了极具实操性的可行性建议。

另一方面，有助于委托方中国某国有企业集团严格按照中巴两国的相关法律法规、监管要求以及业主的需求保障项目的顺利运营，继续为当地民众带来便利，发挥该交通项目的社会和经济效应，彰显中国速度和中国品质。

专家点评

闪涛律师团队代理中国企业在巴基斯坦某交通项目是中巴经济走廊建设中的典型项目，也是巴基斯坦第一个城市轨道交通项目，对“一带一路”倡议实施具有典型的代表意义。

该项目法律服务模式突出了中方律师的牵头作用和项目主导作用。一方面，中方律师的专业背景、地域背景有助于与委托方进行及时沟通，准确获知委托方诉求并将其通过法律语言精准传达给巴方律师；另一方面，中方律师可对巴方律师的回复以适合委托方的方式反馈给委托方，并附以相应的解释说明。该模式有效降低了委托方对重大事项产生误解并导致合规风险的概率。同时，中国律师助力了中国企业严格按照中巴两国的相关法律法规、监管要求以及业主的需求保障项目的顺利运营,从而继续为当地民众带来便利,发挥该交通项目的社会和经济效应,彰显了中国速度和中国品质。

(点评人:杨桦,广东外语外贸大学法学院教授)

中资企业海外投资与注册应重点关注的问题

——中国企业在巴基斯坦设立全资子公司法律服务

闪 涛

摘 要

闪涛律师团队为某国有企业集团在巴基斯坦瓜达尔港设立全资子公司提供全程法律服务,先后完成了国内发改、商务部门的境外投资审批和备案,以及境外子公司注册资料的填写、审查、公证认证及提交等程序,并于 2021 年 1 月 22 日顺利取得巴基斯坦证券交易委员会(Securities and Exchange Commission of Pakistan,SECP)颁发的子公司的注册证书。目前,该项目已正式进入工程建设阶段。

项目简介

为贯彻落实《广东省推进"一带一路"建设高质量发展三年行动方案(2019 - 2021)》,按照市委、市政府的部署,某国有企业集团作为积极践行国家"一带一路"倡议、建设中巴经济走廊的重要载体,于 2020 年年初正式启动在瓜达尔港设立全资子公司并在当地投资建设某商品展示交易中心及民生配套设施项目,投资总额为 1 亿元人民币。

广信君达律师事务所闪涛律师团队接受委托,为该集团在巴基斯坦瓜达尔港设立全资子公司提供全程法律服务。在新冠肺炎疫情全球肆虐的大环境下,闪涛律师团队与该集团法务、巴基斯坦当地律师紧密合作,先后完成了国内发改、商务部门的境外投资审批和备案,以及境外子公司注册资料的填写、审查、公证认证及提交等程序,并于 2021 年 1 月 22 日顺利取得巴基斯坦证券交易委员会颁发的子公司的注册证书。目前,该项目已正式进入工程建设阶段。

目前,闪涛律师团队已受托作为该子公司的常年法律顾问,为该司在瓜达尔港投资、建设某商品展示交易中心及民生配套设施等事务提供法律服务。

项目难点

本项目涉及境内投资审批及境外公司设立两个阶段,项目难点为中国法律及巴基斯坦法律的适用。

律师办理思路

1. 发挥中方律师资源优势,选定合适的境外合作律师和中介机构。

本项目中,为确保项目在境内和境外的合法合规,需由中国律师和巴基斯坦律师共同为项目提供法律服务,而境外律师的反馈速度、办事效率对项目推进至关重要。律师团队结合项目的具体情况以及客户的需求,发挥多年积累的境外合作资源优势,在项目初期联系多家巴基斯坦律所和公司注册中介机构,收到超过3家律所发来的简介和服务报价,并从反馈速度、综合实力、专业领域等方面综合考虑协助中国企业选定了最终的境外合作律师和中介机构。

2. 中巴律师紧密合作,且由中方律师主导法律服务全流程。

在中巴律师合作过程中,中方律师占主导地位。一方面,中方律师的专业背景、所处环境有助于与中国客户进行高效、及时的沟通,准确获知客户的利益诉求,并将其关注点、利益诉求通过法律语言精准传达给巴方律师;另一方面,中方律师可以对巴方律师作出的回应以适合中国企业的方式准确反馈给中国企业,并进行相应的解释说明。该模式有利于各方沟通顺畅、信息对称,有效减少投资方对重大事项产生误解并导致决策失误的概率。

3. 及时关注政策变化,确保项目实施的合法合规。

海外投资项目往往流程复杂、时间跨度大。在项目实施过程中,投资方需及时关注有关主管部门对海外投资项目的监管要求。例如,在企业投资境内合规方面,目前部分省份已取消国有企业境外投资前置审批程序。以广东省为例,广东省国资委于2020年2月27日发布的《广东省省属企业投资监督管理办法(试行)》对省属企业及其下属企业开展投资项目作出了规定,对不属于该办法明确列举的需要国资委事前审核批准的省重大工程建设项目或新设基金等情形,适用《广东省省属企业投资项目负面清单》(2020年版)的监管要求,即只要项目不违反该负面清单的禁止性规定则无须经过国资委事前审批。

但是，鉴于此负面清单作为《广东省省属企业投资监督管理办法（试行）》的附件，施行时间较短且处于试行期，部分条款内容较为宽泛，在实践操作中如何衡量和把握仍存在一定的不确定性，因此建议企业就拟开展的项目是否符合负面清单的监管要求向国资部门进行事先沟通和确认。

4. 在境内外监管要求的衔接方面，由律师对相关监管要求进行释明，以便投资方作出正确决策。

本项目开展过程中，因巴基斯坦 2017 年《公司法》第 14 条规定的巴基斯坦的公司组织形式分为公众公司/上市公司（Public Company）和非公众公司（Private Company）两类，与中国《公司法》的规定并不一致。本项目中，为便于中国企业更好地理解该两种组织形式的区别并作出相应决策，律师团队将该两种组织形式与我国《公司法》的相关规定结合起来进行分析，并出具了专门的分析意见供中国企业及有关主管部门参考。基于该意见，投资方最终确定了拟设立的子公司的组织形式为非公众公司。

目前，闪涛律师团队已受托作为该子公司的常年法律顾问，为该司在瓜达尔港投资、建设某商品展示交易中心及民生配套设施等事务提供法律服务。

相关法律规定解读

本项目为典型的中国（国有）企业海外投资项目，主要包括境内投资审批及境外子公司设立两个阶段，同时涉及中国法律及巴基斯坦法律的适用，具体可大致分为境内和境外两个阶段。

1. 境内投资审批备案阶段

企业办理前述事项依据的是中国法律法规的相关规定，以确保投资项目符合国内法律法规的监管要求。审批、备案事项主要包括：向国资部门申请办理国有企业境外投资前置审批（非国有企业可忽略此步骤）、向商务部门办理备案并获得企业境外投资证书、向发改部门办理备案并获得境外投资项目备案通知书、在外汇管理部门办理登记。

2. 境外子公司设立阶段

企业境外子公司的设立需依据巴基斯坦《公司法》等法律规定，以确保投资项目符合巴基斯坦法律法规的监管要求。投资方需重点关注的事项包括：巴基斯坦的投资准入要求（部分行业的投资需要当地有关部门的预先批准）、公司组织形式的确定、明确《公司法》对投资方选定的公司组织形式的具体设立要求（包括但不限于注册资本、股东和董事的数量等）、名称的预先核准、注册申请材料的准备、注册费用及注册资本的缴纳程序等。

案例评析

本项目为典型的中国（国有）企业海外投资项目，主要包括境内投资审批及境外公司设立两个阶段，项目中发挥中方律师资源优势，主导法律服务全流程，确保项目实施的合法合规。

专家点评

国有企业是我国国有经济的主体，是国民经济的重要支柱力量，也是国家积极探索海外经营模式的“排头兵”和“顶梁柱”。国有企业肩负着国有资产保值增值的使命，国有企业境外投资，既要符合国资监管机构对其内部决策、风险管控的要求，又要遵循对外直接投资（Outboard Direct Investment）主管部门对投资备案/审核程序的相关规定，还要注重最终目的所在国政治、经济、文化、社会、市场、法律、政策等风险，对投资项目进行全面评估。

闪涛律师团队代理中国企业在巴基斯坦设立全资子公司的项目，是典型的国有企业海外投资项目。在代理本项目时正值新冠肺炎疫情全球肆虐，闪涛律师团队与该集团法务、巴基斯坦当地律师紧密合作，先后完成了国内发改、商务部门的境外投资审批和备案，以及境外子公司注册资料的填写、审查、公证认证及提交等程序，并顺利取得巴基斯坦证券交易委员会颁发的相关证书。在助力国有企业顺利完成境外子公司设立后，进一步协助该公司结合国内投资主体投资目的、遵守巴基斯坦法律法规在当地开展运营。该服务项目既发挥了中方律师资源优势，选定合适的境外合作律师和中介机构，又兼顾了与巴方律师的合作进度与节奏。在由中方律师主导法律服务全流程服务中，该模式保持了各方沟通顺畅、精准传递信息，有效减少了服务过程中可能产生的误解，总体上取得了较好的法律服务效果。

（点评人：杨桦，广东外语外贸大学法学院教授）

中国裁决如何在外国进行承认和执行

——中国企业在越南申请承认与执行中国仲裁裁决案件的法律服务

闪　涛

摘　要

2020 年 3 月至今，广信君达律师事务所闪涛律师团队接受中国企业的委托，向越南当地法院申请承认与执行仲裁裁决提供全程法律服务。2020 年 9 月，本案所涉中国仲裁裁决已获得越南法院的承认，取得了良好的阶段性成果，目前正在执行程序的准备阶段。

项目简介

中国某国有企业与越南当地企业因商事合作产生纠纷，根据双方约定向中国某仲裁机构申请仲裁。仲裁程序历时 3 年，该中国企业胜诉。临近该越南企业承认与执行的期限，闪涛律师团队接受企业的委托，向越南管辖法院申请承认与执行程序。

1. 中方律师介入高效推进案件进展。

根据越南相关法律规定，越南申请承认与执行程序的时效为 3 年。企业因对跨境法律业务较为陌生，未在合理时间内找到合适的跨境法律服务团队，因此耽误了向越南申请承认与执行程序的黄金时间。中方律师在收到委托之时，已临近申请程序的期限届满。在短时间内中方律师迅速反应，与越南律师精准沟通企业诉求及分析案情，为企业提供了正确的跨境法律路径，顺利在期限内向越南管辖法院提出申请程序并获得越南管辖法院的承认，目前本案正在执行中。

2. 中越律师紧密合作,且由中方律师主导法律服务全流程,克服跨法域、跨语言沟通障碍。

在中越律师合作过程中,中方律师占主导地位。本案涉及中国和越南两个法域和中、英、越3种语言,中国企业向越南法院提交的文件资料需翻译成越南语、越南法院向中国企业发出的文件需翻译成中文。中、越律师通过英语进行沟通合作,克服了相关障碍,有效保障了相关程序的顺利推进。

项目难点

申请承认和执行仲裁裁决的期间正值全球新冠疫情暴发时期,闪涛律师团队通过线上与越南律师的紧密沟通和配合,顺利在限期内完成了"双认证"申请材料的准备和递交工作。此外,中、越律师通过英语进行沟通合作,有效克服了跨法域、跨语言沟通障碍,保障了相关程序的顺利推进。

律师办理思路

办理域外承认与执行的案件,应注重申请材料的形式和时效问题。具体如下:

1. 确定申请国管辖法院对提交申请材料的形式要求。

越南管辖法院需要提交经过"双认证"的申请材料,即首先需要经过中国公证机构的公证,再由越南驻中国使领馆进行领事认证。

2. 确定申请国管辖法院对提交领事认证材料的时限要求。

越南管辖法院有不成文的规定,需要提交的领事认证材料是近3个月内进行认证的。

3. 确定申请人与被申请人主体适格的证明材料。

申请人与被申请人主体适格材料证明,包括但不限于公司营业执照正副本、公司法定代表人护照等主体信息。若无法提供国外被申请人主体适格信息材料,也可通过双方签订的相关文件予以确认,但文件材料需要经过"双认证"。

4. 确定申请人与被申请人约定争议解决方式是仲裁条款。

除提供的国内仲裁机构的裁决书以外,申请人与被申请人之间签订合同中约定的仲裁条款也是程序关注的重点内容。

5. 确定国内仲裁机构的仲裁规则翻译为越南语的法律精准性。

越南管辖法院在审理程序中，会将仲裁规则作为审理案件的重要参考，因此仲裁规则在翻译为越南语时，中方律师反复与越南律师沟通确认翻译的精准性问题，确保越南管辖法院在审理过程中能够准确理解仲裁规则。

此外，中方律师以《专家证人法律意见书》形式对中国法项下相关问题进行释明，有效推进案件进程。

在申请承认仲裁裁决程序的审理阶段，因被申请人原因，申请承认和执行程序在越南法院经历了三次听证、两次中止审理。针对庭审争议焦点问题，中方律师主动向越南法院申请并提交了《专家证人法律意见书》，及时协助越南律师就中国法项下的相关问题向越南法院进行释明，有效推进了案件进程。

相关法律规定解读

本项目为典型的中国（国有）企业在海外维护自身权益的案例，在越南申请承认与执行仲裁裁决程序涉及国际条约、越南法律、中国法律的交叉适用情形。具体法律分析如下。

1. 申请承认与执行程序的国际条约依据

《承认及执行外国仲裁裁决公约》（the New York Convention on the Recognition and Enforcement of Foreign Arbitral Awards），该公约处理的是外国仲裁裁决的承认和仲裁条款的执行问题。越南在 1995 年 7 月 28 日签署了该公约，成为该公约的成员方。该公约要求成员方承认与执行在外国作出的仲裁裁决，并且成员国在执行外国仲裁裁决时不应施加较执行国内裁决更苛刻的条件和过高的费用，除此之外，各成员方将以自己的程序规则执行外国仲裁裁决。

2. 申请承认与执行程序的越南法律依据

越南社会主义共和国 2015 年《民事诉讼法》（Civil Procedure Code），该条约是越南 2015 年颁布的法律法规，该条约“审议外国仲裁员裁决中越南的承认和执行申请的程序”（Procedures for Consideration of Applications for Recognition and Enforcement in Vietnam of Foreign Arbitrator's Award）部分第 451 条第 1 款规定：“外国仲裁员裁决生效之日起 3 年内，判决债权人、具有相关合法权益的人或者其合法代理人，可以依照越南社会主义共和国签署的国际条约的规定，向越南司法部或者本法规定的越南主管法院提出申请，如果越南社会主义共和国签署的国际条约没有规定或没有相关的国际条约规定，请法院承认和执行该裁决。”（Within 3 years from the day on which the foreign arbitrator's award takes legal effect,the judgment creditors and persons with relevant legitimate rights and interests or their lawful representatives may submit their application to Vietnam's Ministry of Justice according to provisions of International treaty to which the Socialist Republic of Vietnam is a signatory or to a competent Vietnam's Court specified in this Code,in case the International treaty to which the Socialist Republic of Vietnam is a signatory does not provide for or there is no relevant International treaty provisions,to request the Court to recognize and enforce such award.)据此,该案可以根据越南本地国的法律,向管辖法院提出承认和执行仲裁裁决的程序。

3. 申请承认与执行程序的中国法律依据

《中华人民共和国和越南社会主义共和国关于民事和刑事司法协助的条约》,该条约于1998年10月19日由中越双方代表在北京签署。首先,关于该条约的适用范围,该条约第15条第1款规定:"缔约一方应根据本条约规定的条件在其境内承认与执行在缔约另一方境内作出的下列裁决:(一)法院对民事案件所作出的裁决;(二)法院在刑事案件中所作出的有关民事损害赔偿的裁决;(三)仲裁裁决。"其次,关于该条约的承认与执行程序,第16条第1款规定:"承认与执行法院裁决的请求,可以由当事人直接向有权承认与执行该项裁决的法院提出,亦可由作出裁决的缔约一方法院通过本条约第四条规定的途径向缔约另一方有权承认与执行该项裁决的法院提出。"最后,该案可以依据此条约的指向,向越南当地有管辖权的法院提出承认和执行仲裁裁决的程序。

案例评析

本项目为典型的中国(国有)企业在海外维护自身权益的案例,在案件中,中方律师主导法律服务全流程,克服跨法域、跨语言沟通障碍,注重并解决了境外服务申请材料的形式和时效问题。此外,中方律师以《专家证人法律意见书》形式对中国法项下相关问题进行释明,有效推进了案件进程。

专家点评

仲裁裁决的承认和执行在仲裁过程中具有极其重要的意义。正确地承认和执行仲裁裁决既是保证仲裁程序有效性的手段,也是仲裁优先于其他争端解决方式的一个关键因素。

本项目为典型的中国(国有)企业在海外维护自身权益的案例,闪涛律师团队充分发挥律师在跨境裁判承认与执行案件中的积极作用,其以中方律师的身份出具《专家证人法律意见书》,释明中国国内仲裁程序及仲裁规则,进一步协助越南法官审理案件,运用专业知识为当事人提供高质量的跨境法律服务,维护了中国企业在海外的自身权益。

(点评人:杨桦,广东外语外贸大学法学院教授)

广州市迪恩服装有限公司诉某某、第三人 G. B. Y. M. INC. 、第三人金某进委托合同纠纷案

周 莲

摘 要

本案属于涉外贸易纠纷案件,代理广州市迪恩服装有限公司的周莲律师和韦琪律师针对案件事实以及应适用的法律法规进行了充分的分析与研究,促成原告广州市迪恩服装有限公司成功与被告某某达成调解协议。在案件审理过程中,周莲律师和韦琪律师从当事人角度出发,降低诉讼成本,有效地促进当事人双方的互谅互让和友好合作,取得了成功的案件结果。

案情简介

一、案件背景

买方广州市迪恩服装有限公司与第三人 G. B. Y. M(美国公司)长期以来均保持服装货物买卖关系,广州市迪恩服装有限公司为卖方某某提供货物,第三人为买方支付相应价款。由于被告某某曾从事境外贸易,与境外公司有一定的业务往来,2012 年起,原告广州市迪恩服装有限公司同意由被告某某代其收取原告广州市迪恩服装有限公司与第三人之间的多笔应收货款,被告某某收取后应当原数归还。但是,买方广州市迪恩服装有限公司在公司财务结算过程中发现其入账情况与应收账款不符,后立即联系第三人并将相关数据进行核对,确认第三人已依指令将每笔应付款项按期足额支付给原告广州市迪恩服装有限公司及被告某某。但原告广州市迪恩服装有限公司发现 2012 年至 2018 年间,截至 2018 年 5 月 10 日,被告某某已代收货款共计 249,000 美元(折合人民币 1,673,603 元)未返还。2018 年 10 月 17 日被告某某向原告广州市迪恩服装有限公司返还代收货款人民

币130,000元后,仍有人民币1,543,603元尚未返还。原告广州市迪恩服装有限公司曾向被告某某发函要求其返还代收货款,但被告某某均不予理会,不予返还。

二、案件结果

在周莲律师及韦琪律师的努力下,2020年4月广州市南沙区人民法院对本案进行调解,各方当事人自愿达成以下调解协议,本案得到完美解决。

1. 被告某某同意偿还原告广州市迪恩服装有限公司共计人民币70万元。被告某某承诺上述款项分两期支付给原告广州市迪恩服装有限公司,即被告某某需于2020年5月1日前向原告广州市迪恩服装有限公司支付人民币35万元;于2020年12月30日前向原告广州市迪恩服装有限公司支付剩余款项35万元。上述款项需支付至原告广州市迪恩服装有限公司指定收款账户。

2. 原告广州市迪恩服装有限公司确认收到被告某某支付的第一期款项35万元之日起的次日,原告广州市迪恩服装有限公司需向法院提交《解封申请书》,申请法院解除对被告某某名下房屋及账户的查封。

3. 被告某某支付完上述第一项约定的调解金额70万元之后,原告广州市迪恩服装有限公司、被告某某就本案的债权债务结清,原告广州市迪恩服装有限公司不再以任何理由要求被告某某及其家属返还任何款项。

4. 若被告某某未在本协议第一项约定的期限内支付任一期款项,原告广州市迪恩服装有限公司有权依据起诉时的金额(合计人民币1,794,678元)向法院申请强制执行。

争议焦点

本案的争议焦点在于,本案系一起典型的涉外委托合同纠纷,被告某某在收到第三人支付的货款后没有及时交给原告广州市迪恩服装有限公司,原告、被告之间是民事委托关系,被告某某对货款并无所有权,其拒不归还货款的行为不符合约定。

由于本案涉及第三方美国公司,在选择使用法律和管辖法院方面需要综合考虑法律关系,此外会有大量的外国文书,如何保证外国文书的有效性和翻译的准确性,也是律师需要考虑的问题。

原告诉求

结合本案的实际情况,周莲律师和韦琪律师提出的诉求如下:

1. 判令被告某某向原告广州市迪恩服装有限公司返还代收货款共计229,658美元(折合人民币约为1,543,603元,按照起诉时的美元汇率1:6.72换算),并按照中国人民银行同期贷款利率支付相应利息直至付清之日止(自2012年9月30日起计算,暂计至2019年3月1日,为人民币251,075元,以上金额合计人民币1,794,678元)。

2. 判令被告某某承担本案诉讼费、律师费等费用。

案例评析

本案系一起典型的涉外委托合同纠纷。在代理本案过程中,为维护当事人的合法权益,周莲律师及韦琪律师针对案件事实以及应适用的法律法规进行了充分的分析与研究,厘清了各方当事人之间的法律关系,根据案件要点向被告某某提出了合理有据的诉讼请求。在案件审理过程中,为缓解当事人的讼累、降低诉讼成本,同时有效地促进当事人双方的互谅互让和友好合作,周莲律师及韦琪律师推动案件当事人在人民法院的主持下达成了调解,取得了皆大欢喜的案件结果。

专家点评

本案属于涉外贸易纠纷案件,代理本案件的周莲律师及韦琪律师对案件事实进行充分研究,并整理列举了案件涉及的法律法规,厘清了各方当事人之间错综复杂的法律关系,综合考量本案情况,提出了合理的诉讼请求。本案审理中,代理律师成功保障当事人合法权益,降低诉讼成本,有效促进当事人双方的互谅互让和友好合作,推动案件当事人在人民法院的主持下成功调解,既解决了纠纷,也维护了双方当事人之间的关系。

(点评人:王承志,中山大学法学院教授)

通过"知识产权第一案"探讨涉外计算机软件著作权纠纷适用法律法规及涉外诉讼的应诉策略

——以Pacific Unidata公司、北京京延电子有限公司诉广州雅芳化妆品有限公司、美国Jenkon公司、Ardent Software计算机软件著作权纠纷案为例

谢 捷

摘 要

Pacific Unidata公司（以下简称PU公司）、北京京延电子有限公司（以下简称京延公司）诉广州雅芳化妆品有限公司（以下简称雅芳公司）、美国Jenkon公司及Ardent Software（以下简称Ardent公司）公司计算机软件著作权纠纷一案（以下简称本案）时间跨度三年，历经一审、二审及被告申诉后的发回重审阶段：1998年6月18日，一审原告PU公司起诉额超过2亿元人民币（3000万美元），广东省高级人民法院一审判决被告雅芳公司赔偿额达1亿元人民币（1200万美元），雅芳公司不服判决，上诉至最高人民法院；1999年2月2日，最高人民法院第一法庭对此案进行了为期两天半的二审审理，最终裁定发回广东省高级人民法院重审。2000年10月10日广东省高级人民法院开庭重审，追加Ardent Software公司为有独立请求权的第三人。最终本案以各方当事人庭外和解，法院准许当事人撤回起诉落下帷幕。

本案的整个审理过程一直聚焦在媒体和法律界的高度关注之下，并被《光明日报》、新浪网等各大媒体冠以"中国知识产权第一案"，其一波三折、跌宕起伏的走向充分折射出我国对知识产权法律保护的重视和提升，对知识产权诉讼案件具有很高的启发性意义和借鉴的价值。谢捷律师率领的我所律师团队作为本案第

三人 Ardent 公司的代理人参与其中并发挥了重要作用,凸显出我所律师早在20年前于涉外法律服务领域已达到一个较高的专业水平。

案情简介

1984 年,岳甲、岳乙和叶某明等中国留美学生在美国创立了 Unidata 公司(以下简称 UI 公司),历时 5 年开发了一种大型数据库系统管理软件(Unidata),软件上市后广受市场欢迎。1992 年,3 人将其在 UI 公司的股权转让给新股东后回国发展,并在香港成立了 PU 公司。1994 年 9 月,PU 公司经过与 UI 公司在美国的诉讼后,双方签订了《软件经销与授权协议》,根据该协议,PU 公司拥有在海峡两岸及香港的一切知识产权,其他地域的知识产权归美国 UI 公司。同年 10 月 29 日,PU 公司与京延公司签订了《独家代理商协议》,约定 PU 公司授予京延公司在中国大陆独家代理、经营、销售 Unidata 的权利,有效期为 17 年,自 1995 年起计算。1995 年 5 月 2 日,PU 公司获准在我国登记 UnidataV2 · 3 · 2 软件的著作权,保护期限自 1993 年 1 月 1 日起。

1995 年,雅芳公司支付 1.5 万美元从美国 UI 公司的销售代理商 Jenkon 公司处购买了 Unidata(版本号:3.1.5B)软件并在中国的销售管理过程中广泛使用,在使用该软件期间每周进行一次 Unidata 软件与数据备份的混合复制。1996 年 1 月 18 日,京延公司与中国凯利实业有限公司(以下简称凯利公司)签订了《Unidata 软件独家使用许可协议》。双方约定:京延公司经 PU 公司同意,许可凯利公司在中国大陆领土内独家使用 Unidata 软件的 2.0 和 3.0 系列版本的目标程序、源程序,以及一切有关说明书、简介等文档资料。使用费总额为 5000 万美元,使用期限为 10 年。

1996 年 6 月,PU 公司获悉雅芳公司在使用 Unidata 软件,于是指控雅芳公司侵犯了其拥有的 Unidata 软件版权,并认为雅芳公司的侵权行为导致凯利公司解除了《Unidata 软件独家使用许可协议》,使 PU 公司和京延公司应收取的使用费落空,经济损失巨大。据此,1997 年 8 月,PU 公司和京延公司以雅芳公司在版权拥有者 PU 公司未授权的情况下侵犯其计算机软件版权为由,向广东省高级人民法院起诉雅芳公司以及出售 Unidata 软件给被告的美国 Jenkon 公司,请求法院判令雅芳公司和 Jenkon 公司立即停止侵权行为并公开向 PU 公司赔礼道歉;判令雅芳公司和 Jenkon 公司赔偿 PU 公司和京延公司经济损失 3000 万美元并承担本案的诉讼费和律师费。1997 年 8 月 27 日,Jenkon 公司在美国宣布注销。两原告撤销对 Jenkon 公司的起诉,转而要求雅芳公司承担全部赔偿责任。

1998 年 6 月 18 日,广东省高级人民法院判令雅芳公司停止使用 Unidata 软件,并向 PU 公司和京延公司支付赔偿金 1200 万美元,负担部分诉讼费 75 万元人民币。雅芳公司不服,向最高人民法院提出申诉。2000 年 10 月 10 日,广东省高级人民法院开庭重审,裁定追加 Ardent 公司(本案诉争软件美国版权人 UI 公司的权利义务继承人)和软件销售商美国 Jenkon 公司为有独立请求权的第三人,和雅芳公司共同承担赔偿责任。鉴于此,Ardent 公司找寻到具备丰富涉外法律服务业务经验的谢捷律师(下称承办律师)担任该案件重审阶段的代理人。开庭后,两原告提出变更诉讼请求,要求判决 Ardent 公司与雅芳公司立即停止侵权行为并公开道歉;Ardent 公司与雅芳公司作为共同侵权者共同向京延公司赔偿 2600 万美元;雅芳公司向 PU 公司赔偿 400 万美元。最终,本案以双方当事人庭外和解,法院准许当事人撤回起诉了结。

本案典型及借鉴意义主要体现在以下几个方面:

第一,本案属于典型的计算机软件著作权纠纷,在当时同类型案件较少的情况下,承办律师抓住案件关键争议焦点,对有限的法律法规进行分析研究,从而形成答辩意见。

本案由广东省高级人民法院知识产权法庭组成合议庭进行审理,并将案件定性为"计算机软件著作权纠纷"。当时有效的《计算机保护条例》第 24 条第 1 款规定,"向软件登记管理机构办理软件著作权的登记,是根据本条例提出软件权纠纷行政处理或者诉讼的前提";第 30 条第 5 项规定,除本条例第 21 条及第 22 条规定的情况外,未经软件著作权人或者其合法受让者的同意修改、翻译、注释其软件作品的,应当根据情况,承担停止侵害、消除影响、公开赔礼道歉、赔偿损失等民事责任,并可以由国家软件著作权行政管理部门给予没收非法所得、罚款等行政处罚。由上述法条可知,无论是提起诉讼或是提出侵权损害赔偿主张,原告均应为软件著作权人或其合法受让者。承办律师在研究案件时经仔细审阅大量的涉案合同协议等案卷材料,敏锐地注意到涉案软件开发后历经开发人的股权转让、多次通过协议包括《软件经销与授权协议》、《独家代理商协议》及《软件独家使用许可协议》等进行一系列权利让渡,PU 公司及京延公司所获取的仅是涉案软件在特定区域的排他性经销许可权而非软件著作权,遂根据上述法条以 PU 公司及京延公司不具备民事诉讼原告主体资格作为 Ardent 公司的重要抗辩理由之一,拓展了答辩思路。由于在当时可参照的同类型案例有限,承办律师在办理本案的过程中对于相关法律规定的深入解读和运用都对同行律师处理类似案件有着极大的借鉴意义。

第二,承办律师充分运用关于诉讼程序的规则,制定了相关诉讼策略,更好维护了 Ardent 公司的法律权益。

首先,关于 Ardent 公司的答辩期限。由于 Ardent 公司是美国公司,故此案属于涉外民事诉讼案件,适用(当时)《民事诉讼法》关于涉外民事诉讼程序的特别规定,按照《民事诉讼法》第 248 条的规定,涉外民事诉讼当中的被告(第三人比照被告)提出书面答辩状的期限是 30 天,自原告的民事诉状副本送达被告之日起计。在被告提交书面答辩状后,合议庭于 5 天内将答辩状副本送达原告。但是届时如果 Ardent 公司未提交书面答辩状并不意味着其丧失答辩的权利,因为根据《民事诉讼法》第 127 条的规定,在案件开庭审理期间的法庭辩论阶段,被告及第三人有权进行口头答辩,并可于庭后提交答辩状或于代理词中陈述答辩意见。被告如不能在 30 天书面答辩期内完成答辩,可以向法院申请延期。鉴于本案法律关系较为复杂,与本案有直接或间接关联的事实及有关证据材料繁多,包括但不限于 UI 公司与各公司签订的《增值在售商协议》、PU 公司与京延公司签订的《关于委托京延公司汉化、编译 Unidata 软件的协议》及京延公司和凯利公司签订的《Unidata 软件独家使用许可协议》等。承办律师向合议庭提出申请要求将本案的开庭时间延后,以便 Ardent 公司方面有充分时间准备相关证据材料:本案原审的一审、二审阶段 Ardent 公司均未参与,Ardent 公司直至本案发回重审阶段才被广东省高级人民法院通知追加为第三人,更直至签收诉状当时才知悉已被两原告正式列为被告,且 Ardent 公司方面与本案有关的证据材料绝大多数是英文,应给予 Ardent 公司合理时间对案情进行研究及进行证据的翻译工作。承办律师建议 Ardent 公司可不必在法定提交答辩状的时间前提交,以免给原告方时间研究相应对策,Ardent 公司可于开庭当日再进行答辩,答辩状于庭后提交,或以代理词形式针对对方在开庭所陈述的理由发表答辩意见。

其次,关于庭前交换证据的程序。自 1999 年 9 月 1 日起实施的《广东省法院民事、经济纠纷案件庭前交换证据暂行规则》第 9 条第 1 款规定:"……涉外(包括涉港澳台)案件当事人的举证期限为 30 日。"第 10 条第 1 款规定:"当事人在举证期限内因客观原因无法完成举证的,应在举证期限届满前,向人民法院提出延期举证申请……但顺延或另行指定的举证期限一般不得超过 15 日,涉外(包括涉港澳台)案件当事人在顺延或另行指定的举证期限内完成举证仍有困难且情况特殊的,应当在举证期限届满前向人民法院再次提出延期举证申请,经人民法院审查同意可酌情延长……"第 13 条规定:"在第二审程序中,当事人如果向法院提交新的证据,旨在请求变更或撤销原审裁决的,必须在开庭审理中说明其在一审指定的举证期间未能提供该证据的理由,并由双方当事人以此进行质证。若理由正当的,由双方当事人对新证据进行质证;若无正当理由的,视为在一审诉讼期间已自动放弃举证的诉讼权利,由其承担举证不能的法律后果。"根据上述法律规定及当时的审判实践,承办律师建议 Ardent 公司可以不必一次性在答辩中披露所有与案件有关的事宜和细节以及相关的证据材料,而可视实际需要,于书面答辩阶段、开庭前或开庭审理阶段分次、分段提交有关证据材料。如有必要,甚至可于开庭后至宣判前向合议庭提交。

最后,关于本案的授权委托事宜。因为委托方 Ardent 公司是美国公司,本案的授权委托办理手续较为复杂,而承办律师急需拿到授权委托材料代表 Ardent 公司签收 PU 公司递交的民事诉状副本以及相关资料,并向法院申请查阅其他与本案有关的证据材料。但由于美国当地的中国领事过去未办理过美国公司委托中国律师进行诉讼的类似手续,延后了办理时间。承办律师多次和广东省高级人民法院知识产权庭本案的经办法官沟通,向合议庭先行提交了经国际公证人公证并有 Ardent 公司签名的授权委托书传真件,认为通过外交途径送达需要等待的时间更加漫长,请求合议庭等待办理授权委托书的领事认证手续。

综上所述,承办律师善于合理运用涉外民事诉讼上述程序规则所赋予的时间,为整理、分析及研究海量的案卷材料并形成成熟稳健的诉讼代理方案打下坚实基础。

第三,本案为涉外案件,而且涉及在美国发生的一桩同属软件侵权索偿的平行诉讼。承办律师和美国律师保持密切沟通,进一步了解美国关联案件的事实证据,补充参照可适用于本案的案例和法律原理以完善本案的诉讼策略和方案。

PU 公司于 1996 年 9 月就在美国起诉向雅芳公司提供产品的 UI 公司(原 Unidata 公司,后称为 Ardent 软件公司)侵犯了 PU 公司所拥有的 Unidata 软件在中国地区著作权。经过 4 年旷日持久的等待,2000 年 9 月 11 日美国仲裁庭宣布《裁决书》。该《裁决书》认定美国 UI 公司侵犯 PU 公司著作权,美国 UI 公司应向 PU 公司赔偿侵权损失 3,597,114 美元,并向 PU 公司赔偿一切律师费用,暂定为 521,367.71 美元。因此本案涉及中美两国不同法律的冲突及有关国际法的规则,还有许多当时中国法律尚无明确规定的问题。承办律师在案件的办理过程中多次与 Ardent 公司的美国方律师进行沟通,对于当时有效的计算机软件保护方面的法律法规尚未具体涵盖的空白点,参照借鉴英美法系对该计算机著作权纠纷的规定及相应案例,以更大限度地维护 Ardent 公司的合法权益。

争议焦点

1. 雅芳公司所使用软件在中国的归属问题:UI 公司和 PU 公司签订的《软件经销与授权协议》在中国是否合法有效,PU 公司是否因此协议享有受中国法律保护的著作权及其他权利。

2. PU 公司及京延公司是否拥有本案原告主体诉讼资格,其签订的《独家代理商协议》是否合法有效,所获得的在中国大陆独家代理、经营、销售 Unidata 的权利是否受到中国法律保护。

3. 京延公司和凯利公司所签的《Unidata 软件独家使用许可协议》是否真实有效,该协议是否违反对外经济贸易合作部的规章要求,有无超越经营范围。

4. 雅芳公司购买、使用和定期复制该软件的行为是否构成侵权,雅芳公司是否有合理依据知道应向 PU 公司购买 Unidata 软件;如果雅芳公司的行为构成侵权,具体赔偿金额的计算依据是什么。

5. Ardent 公司的诉讼地位以及其就 PU 公司及京延公司侵权指控的抗辩理由与雅芳公司是否完全一致? 如否,应如何区分相关责任(如有)。

代理意见

1. PU 公司和京延公司对 Ardent 公司提起诉讼缺乏事实依据和法律依据,PU 公司、京延公司在中国对 Unidata 软件没有著作权,不具备民事诉讼原告主体资格。

本案由广东省高院知识产权法庭组成合议庭审理,案由为计算机软件侵权纠纷,在此情况下,原告应为软件著作权人或其合法受让者,但根据 UI 公司与 PU 公司签订许可协议的英文原文,UI 公司授予 PU 公司的仅仅是该软件在中国大陆的排他性经销许可权,而非著作权。况且,PU 公司并没有按照协议规定向 UI 公司提交有关 Unidata 软件许可使用情况的季度报告,也没有按协议规定尽最大努力在中国市场推广 Unidata 软件的使用,更没有按协议规定在 UI 公司的同意后将 Unidata 软件在中国大陆的专属经销权转让或委托给京延公司。鉴于 PU 公司上述违反协议的行为,根据许可协议的约定,其已丧失 UI - PU 协议下的专属权,相关权利已复归 UI 公司。因此,雅芳公司向 Jenkon 公司购买的 Unidata 软件并非侵权物。

2. 京延公司对 Ardent 公司索偿依据的《Unidata 软件独家使用许可协议》依法无效。

首先,京延公司超越自身经营范围与客户签订了该协议,且该协议违反了原对外贸易经济合作部发布的《技术引进和设备进口贸易工作管理暂行办法》的规定;其次,承办律师在和办理平行诉讼的美国律师交流中一致认为,京延公司极有可能是和凯利公司恶意串通,签订一份未必能履行的协议从而向雅芳公司和Ardent公司索要高价赔偿款。因此该协议属于《合同法》第52条第2项和第5项规定合同无效的法定情形。退一步来说,就算认为该协议有效,其索偿的金额也不能得到法律上的支持。因为此时京延公司和PU公司索偿是依据《合同法》第121条的规定,向导致该协议履行不能的雅芳公司要求赔偿协议正常履行可能带来的利益,即预期利益。预期利益作为间接损失,需要京延公司和PU公司充分证明关于损失的具体金额,否则司法实践一般不予支持。

3. 京延公司作为PU公司的销售代理,既然PU公司已经美国仲裁裁决获得400万美元的赔偿,其不能再次在中国提出对Ardent公司的索偿。

PU公司及京延公司作为共同原告于发回重审阶段提交的民事起诉状中,尽管两原告已明确将Ardent公司列为被告,但其所列的具体诉讼请求当中,已将PU公司及京延公司的诉讼请求区分开来,直接向Ardent公司提出索偿要求的是京延公司而非PU公司。PU公司于诉状中特别指出,其在该诉中对Ardent公司没有提出任何主张是基于美国科罗拉多州法庭关于仲裁的命令以及仲裁庭已裁决Ardent公司侵犯PU公司的著作权,并据此裁决Ardent公司赔偿PU公司400万美元这一事实。上述诉求的划分以及PU公司的特别声明,其目的无疑是使其目前于中国法院继续进行的诉讼活动合法化,以避免与已于美国进行的仲裁及其有关裁决出现法律程序的重叠或抵触。因此Ardent公司的答辩除针对PU公司外,更大量的是必须针对京延公司进行。

4. Ardent公司曾要求雅芳公司停止使用Unidata软件,因此和雅芳公司相比,应按更小比例承担赔偿金额。

根据PU公司及京延公司共同提交的民事诉状(修正本),其变更的诉讼请求第2条明确要求法院判令Ardent公司、Jenkon公司和雅芳公司共同向京延公司赔偿经济损失2600万美元。即使雅芳公司确有侵权行为,由于该诉讼请求对Ardent公司和雅芳公司各自的索偿请求不明确,如果PU公司及京延公司在开庭审理时不予确认,合议庭可能会认为京延公司是要求Ardent公司和雅芳公司对其索赔互相承担连带责任或按份责任。承办律师在与客户的沟通中了解到,1996年8月Ardent公司曾反复要求雅芳公司将Unidata软件从其中国系统中撤出,因此承办律师就这一事实收集相关证据材料,从而减少Ardent公司的过错责任,使赔偿金额对Ardent公司更为有利。

案例评析

本案是一宗“含金量”很高的涉外民事诉讼,“含金量”首先指官司的标的金额高,在当时可以说是旷古空前;“含金量”的另一重含义是指,在涉外法律服务发展的初期,该类横跨不同法域的关联诉讼的推进法律难度很大,因为各国的版权法的相关规定以及对涉案法律关系的认定都会有所不同,而本案诉讼更牵扯 PU 公司和 UI 公司版权地域划分和归属的问题,从当时的司法实践来看,绝对属于凤毛麟角。本案是经过一审、二审后又发回重审的案件,作为在重审阶段被法院追加的第三人的诉讼代理人,承办律师在代理 Ardent 公司计算机软件著作权纠纷一案中,迅速吃透和消化大量英文诉讼材料,凭借敏锐的法律思维和跨法域触觉,在实体上不断地挖掘案件背后的事实真相,依托中国关于计算机软件保护的法律规定,融会贯通地借鉴英美法的法律思维制定了合理有效的诉讼策略。与此同时,从维护当事人最大合法权益的角度出发,灵活运用民事诉讼法及其相关程序规则,以争取更充分的备诉时间,同时在心理上打击对方,做到了实体与程序并举,取得了良好的代理效果。本案作为影响深远的“中国知识产权第一案”,即使在 20 年后的今天,从诉讼思路到策划、实施的整个过程都对其他律师处理类似案件具有思考和借鉴意义。

专家点评

随着知识经济的迅猛发展,经济全球化步伐加快,知识产权对经济社会发展的重要作用日益凸显,然而在 21 世纪初期我国涉外知识产权案件的数量持续增长的同时,我国所适用的与知识产权相关的国内法与国际法规则都相对模糊、简单。在我国加入 WTO 后,国内企业参与国际经贸交往的程度进一步深入,越来越多的涉外知识产权纠纷开始受到关注,这对我国律师的法律素养及综合能力提出了新的要求。本案属于典型的计算机软件著作权纠纷,涉及中美两国不同法律的冲突及有关国际法的规则。案件审理时,知识产权保护方面的法律法规尚未完善,审判的程序也有待提升,谢捷律师在当时的法律框架内,勇于突破法律难题,充分发挥办案智慧,灵活运用诉讼规则制定诉讼策略,对于当时有效的计算机软件保护方面的法律法规尚未具体涵盖的空白点,参照借鉴英美法系对该计算机著作权纠纷的规定及相应案例,对该案件的焦点问题相关的适用法律法规进行了有益探索,最大限度地维护了委托方的合法权益。本案被《光明日报》、新浪网等各大媒体冠以“中国知识产权第一案”，充分显示了其对我国知识产权法律保护的发展和深化具有突出的启发性意义和借鉴价值。

（点评人：程信和，中山大学法学院教授、博士生导师，兼任中国法学会经济法学研究会副会长、广东行政职业学院马克思主义研究院院长、国学研究所所长、广州市政府参事）

第二章　涉外航空及海事案例精选

广州B国际机场公司诉美国G航空服务公司航空器留置权案

慕亚平

摘　要

关于航空器留置权,是国际航空法学界近年来热切关注的理论问题,在司法实践中几乎没有成案和先例。于是,自2009年发生的广州B国际机场公司诉美国G航空服务公司航空器留置权案便成了我国法院办理此类案件的首例,该案也得到了国际航空界和国际航空法学界的高度重视。代理原告广州B国际机场公司的慕亚平律师和罗春霖律师克服种种法律空白造成的困难和法律障碍,成功取得了广州中院的一审胜诉判决,抢占了先机和优势地位,迫使趾高气扬的外方在接下来的诉讼及协商中逐渐接受了中方的要求和条件,双方在多次调解后达成共识。代理律师解决了争议,化解了冲突,促进了合作。该案应当说是我国涉外审判实践中的成功范例,具有开先河之意义。

案情简介

2007年9月美国G航空服务公司与广州B国际机场公司签订服务协议,约定由广州B国际机场公司为美国G航空服务公司运营提供服务。协议签订后,广州B国际机场公司依约为航空器提供了航空服务。但美国G航空服务公司未能按时支付航空服务费用。至2009年年初广州B国际机场公司获悉美国G航空服务公司被部分债权人申请破产清算的消息后,于2009年3月15日通知将美国G航空服务公司停留在广州B国际机场公司的三架飞机进行留置。后美国G航空服务公司来函主张该三架飞机的所有权并要求取回。广州B国际机场公司事后得知该三架飞机是中国D航空服务公司从美国G航空服务公司等四家公司融资租赁取得的,并且融资租赁没有到期,所有权尚未转移给中国D航空服务公司。慕亚平、罗春霖(广东经纶律师事务所)、周莲律师组成律师团队作为广州B国际机场公司代理人,对美国G航空服务公司等四家公司向广州市中级人民法院提起民事诉讼,请求确认留置行为合法并请求实现留置权,四被告共同支付维修费等4400多万元。广州市中级人民法院受理该案,案号为(2009)穗中法民四初字第27号。2013年6月3日广州市中级人民法院作出判决,确认广州G国际机场公司的留置行为合法,并判决美国G航空服务公司等四被告承担连带清偿责任,全部支持了广州B国际机场公司申请的4400多万元中扣除通过破产清算获得的830多万元的剩余部分的3570多万元的诉讼请求。

美国G航空服务公司等四被告不服,提起上诉。在二审审理过程中,慕亚平律师团队顾全大局、以理服人,考虑到今后与对方的合作及航运业的发展,积极促使案件和解,在广东省高院的积极调解下终于促成中外双方各当事人多次协议。2015年5月28日,广东高院下达民事调解书,我方追回款项2820多万元,案件执行顺利,案结事了,纠纷得到圆满解决。

争议焦点

本案争议焦点在于我方是否拥有对三架飞机的留置权以及对于适格被告的选择。飞机所有权不属于中国D航空服务公司,而是由美国G航空服务公司所有。我国航空法对航空器留置权缺乏专门规定,在案件管辖法院的确定,适用的法律,确认留置权依据,留置权的性质,留置权的适用范围,留置权与取回权的关系,留置物种类的限制,航空器相关行为的判断标准等方面,现行立法例中均没有专门而明确的规定,为案件的代理带来极大困难和压力。因此,对于我方是否拥有三架飞机的留置权,成为本案最大的争议焦点。此外,取回权的行使主体既可以是中国D航空服务公司,也可以是飞机的实际所有人。由于本案存在两层法律关系,即留置权产生的债权债务关系和实现债权债务关系的留置权关系,广州B国际机场公司可以根据不同的法律关系确定本案的被告。因此,被告的选择也成为其中的争议焦点。

代理意见

慕亚平律师团队深入研讨分析,确定了适用于本案的国内法规定及国际公约,明确了留置权的性质、范围和依据,留置权的实现方式,阐明了留置权与取回权之间的关系,选择适格被告的理由,厘清了与航空器有关行为的范围,特别是引入了商事留置的概念和规则,并有力地驳斥了美国某某航空服务公司等多家公司另案起诉广州 B 国际机场公司侵权诉讼的主张。

在选择适格被告方面,由于美国 G 航空服务公司拒绝行使取回权,也拒绝履行债务,作为留置物实际所有人的四被告则表明要行使取回权,则广州 B 国际机场公司可以选择涉案四家公司为被告,请求法院确认原告对飞机行使留置权的合法性和正当性。

在寻找航空器留置权的法律依据方面,由于航空器留置权案在我国缺乏先例,因此本案围绕留置权的法律依据产生了巨大争议。慕亚平律师团队以充分的国内法和国际法依据支持了广州 B 国际机场公司的留置行为。在国内法方面,虽然我国国内法缺乏对航空器留置的专门规定,但是在合法占有债务人动产的情况下,《物权法》《担保法》均赋予了债权人对动产的留置权。留置权是民事主体在民商事经营中,为了维护自己的合法债权而依法对合法占有的债务人的财产进行留置,以保证债权实现的一种重要权利。在本案中,因为所有权人和占有人是利益共同体,修理及保管飞机不仅保证飞机以及飞行安全,还保护了承租人及所有权人的利益。在飞机融资租赁合同缔结时,美国 G 航空服务公司和中国 D 航空服务公司之间就应对违约产生的法律责任作出规定。正因如此,在所有权人与占有人之间有合同约定的情形下,应由所有权人与占有人自行解决内部之间的争议。我国《物权法》第 106 条第 3 款、第 230 条、第 231 条也分别就留置权的善意取得、一般留置和商事留置作了规定。根据第 106 条第 3 款,即便留置物并非由债务人所有,只要是债务人占有动产并符合善意取得的构成要件,债权人即拥有留置权。根据第 231 条规定:“债权人留置的动产,应当与债权属于同一法律关系,但企业之间留置的除外。”因此,本案中,广州 B 国际机场公司对由中国 D 航空服务公司占有但由美国 G 航空服务公司所有的飞机进行留置,具有国内法依据。尽管国际公约对航空器留置权也缺乏规定,但慕亚平律师团队巧妙运用我国加入《移动设备国际利益公约》和《移动设备国际利益公约关于航空器设备特定问题的议定书》时的声明,为债权人取得留置权提供了依据:全国人大常委会就上述公约第 39 条第 1 款(a)、(b)项,第 39 条第 4 款,第 40 条作了特殊声明,强调因航空器产生权利义务关系时,债权人可以扣押航空器以实现权利。因此,在我国领土范围内,债权人可基于航空器产生的债权而扣押或者留置债务人所有的航空器。

慕亚平律师团队在代理本案时准确运用商事留置概念,合理规避风险。由于国际民用航空的特殊性,加之航空器价格昂贵,长期留置多架航空器必然产生高额的费用,造成各方经济损失,慕亚平律师团队合理运用商事留置权原理,建议仅留置一架飞机,将其他各架在对方作出担保的情况下提前放行,避免了因留置而产生的其他债务,合理止损,防止损失扩大,维护了各方的利益,受到各方支持。

判决结果:本案一审胜诉,广州中院于 2013 年 6 月 3 日作出判决,确认广州 B 国际机场公司的留置行为合法。在本案经过二审后,最终以调解形式结案,为中方企业挽回了近 3000 万元的损失。

案例评析

本案的调解首先维护了广州中院对案件的管辖权。尽管被告美国 G 航空服务公司及所属公司不属于中国企业,但由于涉案标的物以及法律行为均发生在中国,中国法院有充分依据行使管辖权。根据《民事诉讼法》第 241 条的规定,作为诉讼标的物所在地,同时也是可供扣押财产所在地的广州法院对本案当然享有管辖权。

纵观全案代理,慕亚平律师通过不懈的努力在案件中据理力争,维护了广州 B 国际机场公司方的合法权益。慕亚平律师亦无惧对方在行业中的影响力,先后借助多方力量,运用法律维护了国有企业的权利,成功代理我国第一起航空器留置权案件,保护了国有资产安全。慕亚平律师团队在完全主动的情况下顾全大局、因势利导,成功与对方四公司达成和解,坚持用法律手段维护了国有资产,为中方企业挽回了近 3000 万元的损失,同时坚持原则、灵活处理,圆满化解了双方的矛盾,促进了双方再次合作的可能性,维护了交易的稳定性。本案是成功解决国际航空纠纷的一个非常成功的典型判例。

本案成功的另一要素为专家们的协助。在案件代理过程中,慕亚平律师团队多次专程前往北京、上海与行业专家进行反复论证,并且求教于国内权威的航空法专家,请求其出谋划策。因此,该案的胜诉也是国内法律界集体智慧的成果。

关于航空器留置权,是国际航空法学界近年来热切关注的理论问题,在司法实践中几乎没有判决或先例。于是本案得到了国际航空界和国际航空法学界的高度重视。代理原告广州 B 国际机场公司的慕亚平、罗春霖及周莲律师团体克服种种由于法律空白所造成的困难和法律障碍，成功取得了广州中院的一审胜诉判决，抢占了先机和优势地位，迫使趾高气扬的外方在接下来的诉讼及协商中逐渐接受了中方的要求和条件，双方在多次调解后最终达成共识。代理律师解决了争议，化解了冲突，促进了合作。该案是我国涉外审判实践中的成功范例，具有开先河之意义。

慕亚平律师团队在代理案件时需要面对从未出现过的航空器留置权纠纷，尤其该纠纷存在国际行业保护、外交关系、开拓国际市场业务等多方面的顾虑，加之政府内部也存在不同的声音，对于案件的定性也一直处于讨论商榷的过程中。慕亚平律师团队有自信、有担当，依据深厚的法律功底，坚持原则而不被其他顾虑所影响，特别是案件得到了广东省、广州市机场公司领导的支持，且又有机场公司法务负责牵头并由各关联公司积极参与配合，全程跟进、推动案件的进程，这些都为为案件胜诉打下坚实基础。

专家点评

本案中，慕亚平律师团队运用法律维护了国有企业的权利，成功代理我国第一起国际航空器留置权案件，保护了国有资产安全。成功与对方四公司达成和解，坚持用法律手段维护了国有资产，为中方企业挽回了近3000万元的损失。同时，坚持原则、灵活处理，圆满化解了双方的矛盾，促进了双方再次合作的可能性，维护了交易的稳定性。本案是成功解决国际航空纠纷的一个非常成功的典型判例。

航空器留置权是国际航空法学界近年来热切关注的理论问题，在司法实践中几乎没有判决或先例。代理原告广州B国际机场公司的慕亚平、罗春霖及周莲律师团体克服种种由于法律空白所造成的困难和法律障碍，成功取得了广州中院的一审胜诉判决，抢占了先机和优势地位，在多次调解后最终与对方达成共识。本案例是我国涉外审判实践中的成功范例，具有开先河之意义。

（点评人：罗剑雯，中山大学法学院教授）

广州白云国际机场股份有限公司诉泰国暹罗航空有限公司航空服务合同纠纷案

慕亚平　周　莲

摘　要

本案属于涉国际航空服务合同的案件，代理原告广州白云国际机场股份有限公司（以下简称白云机场公司）的慕亚平律师、周莲律师克服重重困难和障碍，成功取得了广州中院的一审胜诉判决，虽然二审法院后来修改了滞纳金的计算方式，但在慕亚平律师团队的努力之下，白云机场公司仍然能追回款项共800余万元，保护了白云机场公司的法益，挽回了白云机场公司的损失。该胜诉判决全面采纳了慕亚平律师、周莲律师的主张和观点，不仅成功挽回公司损失，也为国内同领域涉外航空器纠纷的成功解决提供了范例。

案情简介

原告白云机场公司与被告泰国暹罗航空有限公司（以下简称暹罗航空公司）在2015年2月1日签订了《广州白云国际机场地面代理服务协议》及《广州白云国际机场综合保障服务协议》，约定白云机场公司为暹罗航空公司飞机的起降提供航空服务，该协议自2015年2月1日生效，有效期至2017年1月31日。白云机场公司按照合同约定为暹罗航空公司提供了航空服务，但暹罗航空公司自2015年5月1日至原告起诉时一直拖欠飞机起降等航空服务费用，共计7,268,270.17元。慕亚平、周莲律师组成律师团队作为白云机场公司代理人，对暹罗航空公司向广州中院提起民事诉讼，请求被告支付飞机起降等航空服务费用。广州中院受理该案。

广州中院指出，暹罗航空公司是在泰国注册成立的公司，该公司与白云机场公司之间的民事关系属于涉外服务合同纠纷，故本案应为涉外服务合同纠纷，应当适用《涉外民事关系法律适用法》第41条有关选择准据法的规定，确认以中国法为准据法。由于被告经合法传唤拒不到庭，缺席庭审，因此本案焦点围绕着原告主张而展开。

白云机场公司主张为暹罗航空公司的飞机在广州白云国际机场提供起降等航空服务后，暹罗航空公司未按合同约定向白云机场公司支付航空服务费。

2016年6月3日广州中院当庭作出判决，一审法院认为白云机场公司的主要诉讼请求有理，依法予以支持。暹罗航空公司经本院合法传唤，无正当理由拒不到庭，视为其自愿放弃答辩的权利，一审法院依法对其缺席判决。

一审法院认为双方签订代理服务协议和综合服务保障协议是双方的真实意思表示，内容不违反我国法律和行政法规的强制性规定，合法有效，双方应按照约定履行各自义务。

一审法院支持了白云机场公司关于暹罗航空公司向其支付2015年4月15日至12月31日的航空服务费人民币7,268,270.17元的主张，事实和法律依据充分，依法予以支持。关于滞纳金问题，暹罗航空公司未按合同约定向白云机场公司支付航空服务费，其行为构成违约，白云机场公司作为守约方有权主张暹罗航空公司承担支付逾期付款的滞纳金等违约责任，滞纳金计算标准应认定为是双方的真实意思表示，暹罗航空公司也未对此提出任何异议。故对白云机场公司关于按每日千分之五标准计算滞纳金的主张，一审法院依法予以支持。至2015年12月，滞纳金共计1,067,790.50元。

上诉人暹罗航空公司不服广东省广州中院判决，向广东省高级人民法院提起上诉。本案二审于2018年5月24日立案后，广东省高级人民法院依法组成合议庭，进行了审理。

争议焦点

本案争议焦点在于暹罗航空公司是否应向白云机场公司支付航空服务费及相应的滞纳金。而二审的争议焦点则围绕滞纳金标准是否过高而进行。

代理意见

慕亚平、周莲律师深入研讨分析本次案件，在经过团队精确核算后，统计出在

2015年4月15日至12月31日，暹罗航空公司共欠白云机场公司飞机起降等航空服务费人民币7,268,270.17元。

另外，慕亚平、周莲律师向法院提出，本案双方之间的合同明确约定了滞纳金，该滞纳金不是在违约金条款中约定，而是在财务结算条款中约定，其计算标准为通行标准。白云机场公司一审中提交了与6家航空公司签订的合同，其中都约定了同样的滞纳金计算标准，而我国相关法律法规对滞纳金计算标准没有规定。虽然二审法院后来修改了滞纳金的计算方式，但在慕亚平、周莲律师的努力之下，白云机场公司仍然能追回款项共800余万元，保护了白云机场公司的法益，挽回了白云机场公司的损失。

判决结果

本案一审胜诉，广州中院支持了白云机场公司对暹罗航空公司关于航空服务费700余万元的债权，也支持了白云机场公司对惩罚性滞纳金的请求。

被告上诉后，广东省高级人民法院于2019年4月23日下达(2018)粤民终765号民事判决书，维持了一审原告对航空服务费人民币7,268,270.17元的主张。不过，广东省高级人民法院变更了滞纳金的计算方式，从第30个工作日起计收每日千分之五的滞纳金改为以年利率24%为标准，以每月未付款项为基数的滞纳金，从2016年2月18日起计算，2015年12月未付款项本金人民币1,067,790.50元。

案例评析

本案得到媒体广泛报道，不少媒体以“突爆停飞之后还欠下巨额服务费，‘耍赖’的暹罗航空被告上法庭”为标题，指出暹罗航空公司资金链断裂、面临破产，因而恶意拖欠债务。白云机场公司从旅客利益角度出发，即使暹罗航空公司从2015年5月1日起就开始拖欠航空服务费，但依然坚持为其在白云机场公司起降的航班提供地面保障服务，没有采取强硬的留滞措施，直至2016年8月25日，暹罗航空公司才停飞了其在白云机场公司的所有航班。

慕亚平、周莲律师以其深厚的航空法、民法底蕴及丰富的涉外法律服务经验帮助白云机场公司取得胜诉结果。白云机场公司从旅客利益出发，在暹罗航空公司拖欠款项时坚持为航班提供服务，慕亚平、周莲律师追回的欠款不仅保障了白云机场公司的权益,更替白云机场公司伸张了正义,使白云机场公司持续提供服务的善意不至于付诸东流。

航空业发展越发迅猛,航空公司拖欠债务的频率也必然增加。在2016年,因资金链断裂导致航班停飞的不只暹罗航空公司,泰国东方航空、泰国都市航空等都曾因面临破产而突然停飞。本案判决不仅为白云机场公司追回债款,也认同了债务人迟延偿还欠款所需要交纳的滞纳金。

专家点评

本案的争议焦点围绕滞纳金问题展开,慕亚平、周莲律师以其深厚的航空法、民法底蕴及丰富的涉外法律服务经验帮助白云机场公司取得胜诉结果。白云机场公司从旅客利益出发,在暹罗航空公司拖欠款项时坚持为航班提供服务,追回的欠款不仅保障了白云机场公司的权益,更替白云机场公司伸张了正义。

本案判决为国内各机场开创先例,即在航空公司欠款的情况下,机场仍然可以为航班提供航空服务,这种以旅客利益为宗旨的做法首先保证了中国航空业的口碑,其次在机场与航空公司有约定滞纳金时,滞纳金条款将会得到法院认可,可有效保障机场利益。该案件作为我国涉"一带一路"倡议全国首案,备受关注,在国内外产生了重要影响,而且该案件作为慕亚平、周莲律师代理的典型涉外案件,荣获2019年《法制日报》举办的全国"一带一路·合规之路优秀法律服务案例"大奖。

(点评人:张亮,中山大学法学院教授)

广州飞机维修工程有限公司与泰国东方航空有限公司欠费纠纷仲裁案

慕亚平　叶辉伦

摘　要

本案属于涉航空器案件，代理飞机维修公司的慕亚平律师团队克服重重困难和障碍，成功取得了中国国际经济贸易仲裁委员会的支持。慕亚平律师团队凭借深厚的国际法及航空法理论功底和丰富的涉外法律服务经验，为飞机维修公司的权益据理力争。同时，采取正确的策略，从事实及法律层面进行了深入的分析与论证，合理利用现有法律规定和有利的司法案例成功地保护了国有资产，为国内同领域涉外航空器纠纷的成功解决提供了范例，也为加强与境外律师的合作积累了经验。

案情简介

2016 年 7 月 18 日，广州飞机维修工程有限公司（以下简称飞机维修公司）与泰国东方航空有限公司（以下简称泰东方公司）签订《通用条款》，约定由飞机维修公司向泰东方公司提供临时入境飞机维修服务，具体的飞机、维修服务费用、维修时间等由双方通过《通用条款》所附属的《补充条款》明确，同时在第 24 条规定："本协议适用中华人民共和国法律（但不包括全部法律选择规则和法律冲突规则），并依照其进行解释，因本协议引起或与本协议有关的所有争议应依据其解决。"

合同签订后，飞机维修公司先后以海关保税维修方式承接了泰东方公司送修的 5 架飞机的维修任务，并为其垫付了人员酒店费用、白云机场公司收取的飞机停场费等。2017 年 9 月底，双方对部分泰东方公司欠付的维修服务费、材料费、飞机维修公司代垫费用等(不含停场费及违约利息)进行了对账,确定了欠付的维修服务费、材料费、飞机停场费及其他代垫费用等。2017 年 11 月 10 日,泰东方公司向飞机维修公司出具了《关于泰东方飞机后续工作的计划》的函,确认"由于飞机老旧,其重要航材在市场上难以短时间内采购到,目前飞机依然停留在广州飞机维修工程有限公司",并告知申请人其拟将其中部分飞机出售。2018 年 3 月 20 日,飞机维修公司向泰东方公司出具了新的维修服务费、材料费、飞机停场费及其他代垫费用等的账单,泰东方公司于 2018 年 4 月 20 日签收。此外,还有已经实际发生但飞机维修公司尚未向泰东方公司开账单的维修服务费、材料费、代垫费用等达数十万美元。

2018 年 3 月 28 日,飞机维修公司委托律师向泰东方公司出具了律师函,要求其清偿所欠费用,但自 2018 年 6 月起泰东方公司就不再与飞机维修公司进行任何沟通。2018 年 7 月 17 日,GTA 有效期届满,但泰东方公司始终未向飞机维修公司支付任何所欠费用。另外,根据中华人民共和国海关的相关规定,泰东方公司送修的飞机属于保税进口的修理物品,现已经滞留在飞机维修公司经营场所两年多,飞机维修公司亦将面临被海关处罚的风险。无奈之下,飞机维修公司向中国国际经济贸易仲裁委员会对泰东方公司提起仲裁申请[案号为:(2019)中国贸仲京裁字第 1333 号]。

2018 年飞机维修公司与广东广信君达律师事务所签订《民商事仲裁委托代理合同》,委托具有丰富涉外诉讼及仲裁经验的高级合伙人慕亚平律师作为首席律师、叶辉伦律师作为本案的仲裁代理人,团队律师也积极配合协助,为加强仲裁代理力量,还吸收公司法务经理张钺加入仲裁代理团队。本案涉及多架外国航空器,争议金额较大,涉及大量国有资产,属于重大涉外纠纷案,公司港方股东和记黄埔公司也非常重视,先后多次过问该案,甚至多次派公司律师与公司洽谈应对之策,加之,美国 ALC 公司也自称所有人而提出主张取回飞机。于是,公司主要领导亲自过问案件,慕亚平律师团队对该案给予了高度重视,反复讨论分析案件、证据及相关法律关系、法律规则,制定出了有理、有利、有节的仲裁申请方案,为案件最终胜诉奠定了基础。

代理意见

在仲裁过程中飞机维修公司主张:飞机维修公司已经按照合同的约定提供了检测、维修服务,但泰东方公司未按照合同的约定提供航材、相应的特殊工具设备等，导致飞机维修周期过长，长期占用飞机维修公司的经营场所，妨碍飞机维修公司正常经营，并且至今仍未按照约定支付相关费用。为此，飞机维修公司请求仲裁庭依法支持飞机维修公司的全部仲裁请求，包括：

1. 裁决泰东方公司向飞机维修公司支付已经于 2017 年 9 月底对账的维修服务费、材料费、飞机维修公司代垫费用等及利息。

2. 裁决泰东方公司向飞机维修公司支付已实际发生但未对账的维修服务费、材料费、飞机维修公司代垫费用等及利息。

3. 裁决泰东方公司向飞机维修公司支付飞机停场费至飞机离开申请人经营场所为止。

4. 裁决泰东方公司向飞机维修公司支付律师费、差旅费及仲裁费用。

判决结果

根据案件事实及双方主张，仲裁庭支持了飞机维修公司大部分的仲裁请求，裁决泰东方公司需向飞机维修公司支付维修服务费、材料费、飞机维修公司代垫费用、停场费及承担主要部分的飞机维修公司律师费及仲裁费等，为飞机维修公司确认了 5000 多万元的债权。

案例评析

该案经仲裁庭认真审理，于 2019 年 9 月 3 日下达仲裁裁决书，慕亚平律师代理飞机维修公司取得了圆满成功的审理结果，飞机维修公司取得了主张的 5000 多万元债权得到全面支持的全胜结果。该航空服务合同纠纷案是慕亚平律师及团队多年以来成功代理胜诉的国际航空纠纷诸多案件之一。这个案例于 2019 年年底被推荐入选为国家航空商事解决 2019 年报告典型案例。

纵观全案代理，慕亚平律师团队凭借深厚的国际法及航空法理论功底和丰富的涉外法律服务经验，勇于创新开拓，大胆尝试，不懈努力，为飞机维修公司的权益据理力争；同时，在战略格局安排方面尽量回避与强劲对手正面交锋，扬长避短，将原本需要直接通过留置对抗解决的纠纷，分步进行缓解对立，使得飞机维修公司方面始终站在有利地位上。在仲裁代理过程中针对案件中的合同订立履约情形、泰东方公司欠付飞机维修公司费用的具体违约事实、案涉飞机的具体维修情况等问题从事实及法律层面进行了深入的分析与论证，并认真收集有利证据，合理利用现有法律规定和有利的司法案例努力做到以理服人。慕亚平律师团队在支持委托人仲裁主张过程中,紧紧围绕双方争议较大的责任承担及停场费的计算展开充分阐述,保证了委托人利益的最大化。在代理该案过程中慕亚平律师团队有效借助多方力量,特别是作为公司股东的香港和记黄埔公司的影响力及律师的专业及技术的支持,与飞机维修公司积极配合,最终取得了案件审理结果的大获全胜,避免了飞机维修公司遭受巨额损失,成功地保护了国有资产,也为加强与境外律师的合作积累了经验。

在仲裁裁决作出后,面对泰东方公司陷入严重财务危机随时可能破产清算、Engage Aviation DWC LLC 公司就泰东方公司所滞留飞机向飞机维修公司提出损害赔偿之诉等难题,慕亚平律师团队依据良好的法律功底,与飞机维修公司紧密联系、配合,凭借先前经办国际航空纠纷案件的成功经验,果断采取措施留置泰东方公司滞留我方处的飞机,不仅有效地保障了飞机维修公司债权的实现,亦有礼有节地阻却了 Engage Aviation DWC LLC 公司所提出的无理诉求,合理利用规则,高效、合法地避免了国有资产的流失。特别是由于本案的胜诉,为最终解决飞机维修公司与泰东方公司之间的债务纠纷奠定了基础。

面对国际航空纠纷这块少有律师问津的复杂疑难领域,慕亚平律师团队顶住了压力和挑战,即便面对国际航空大鳄亦依然无畏,灵活处理,勇于突破法律难题,积极采用法律手段维护国有企业的合法权益,最终得以圆满化解矛盾,成功保护国有资产。他所经办的多起航空纠纷案件不仅促进了民用航空制度和规则的完善,也为我国解决国际航空纠纷增添了诸多经典成功案例。

该案最为直观的效果就是:基于该仲裁裁决,飞机维修公司于 2020 年 4 月 9 日向广州市中级人民法院提起了航空器留置权之诉,案号为(2020)粤 01 民初 ×××号。可喜的是该案受到了最高人民法院的高度重视,认为:“本案系具有重大影响和典型意义的第一审国际商事案件,纷争所涉利益巨大,宜由国际商事法庭审理。”2020 年 10 月 22 日最高人民法院作出(2020)最高法民辖 55 号民事裁定书,裁定该案由最高人民法院提审。

作为在国际航空纠纷领域办案经验丰富的律师,慕亚平律师此前成功代理的全国首例国际航空留置权案——广州白云机场诉美国通用航空公司航空器留置权纠纷案,被 2019 年 10 月 9 日《法制日报》强力推介,该案例荣获 2019 年广东省律协涉外法律服务典型案例一等奖。另外,慕亚平律师、周莲律师合办的全国首件涉“一带一路”建设案——广州白云机场诉泰国暹罗航空公司国际航空服务合同纠纷案,于 2019 年 12 月获评全国第二届“一带一路”优秀法律服务案例奖,慕亚平律师还同时获评“一带一路十佳律师”。2019 年慕亚平律师还作为广东广信君达律师事务所的代表正式出席 2019 年世界律师大会。

我国民用航空业自 21 世纪以来发展迅猛,目前已是仅次于美国的全球第二大航空客运市场。然而,发展往往伴随着纠纷,与我国民用航空业发展势头及其重要地位难以相称的,是我国所适用的国内法与国际法都相对模糊、简单,许多如“航空留置权”等生僻冷门的概念更是难以得到业界、学界的关注。尽管如此,在航空业不断发展的脚步之下,越来越多的航空纠纷开始出现在视野中,对律师在国际法、航空法等方面的法律素养及综合能力提出了新的挑战,而此次代理的飞机维修公司诉泰东方公司便是其中一例经典案例。

专家点评

本案中慕亚平律师团队凭借深厚的国际法及航空法理论功底和丰富的涉外法律服务经验,为飞机维修公司的权益据理力争,使得飞机维修公司方面始终站在有利地位上。其团队深入分析与论证争议焦点,并认真收集有利证据,合理利用现有法律规定和有利的司法案例,努力做到以理服人,保证了委托人利益的最大化,最终取得了案件审理结果的大获全胜,避免了飞机维修公司遭受巨额损失,成功地保护了国有资产,也为加强与境外律师的合作积累了经验。

(点评人:王承志,中山大学法学院教授)

美国A公司诉广州G公司财产损害赔偿纠纷案

慕亚平　叶辉伦

摘　要

本案属于涉航空器案件，代理广州G公司的慕亚平律师团队克服重重困难和障碍，成功取得了广州中院的胜诉判决，驳回了原告美国A公司的所有诉讼请求，案件诉讼费用全部由美国A公司承担。在该胜诉判决中，法院全面采纳了慕亚平律师团队的主张和观点，认为本案属于财产损害赔偿金纠纷，属于侵权纠纷案件。这也为国内同领域涉外航空器纠纷的解决提供了范例。

案情简介

一、案件背景

2013年4月22日，美国A公司与泰国东方航空公司就波音767飞机HS－BKE签署租赁合同，双方其后于2017年1月15日再次就涉案飞机签署《飞机租赁协议》及补充协议。

2016年，广州G公司与泰国东方航空公司签署《通用条款协议》，约定由广州G公司就包括涉案飞机HS－BKE在内的飞机提供保税维修服务。在广州G公司依约提供了维修服务之后，泰国东方航空公司始终未向广州G公司支付任何维护、养护及停场费用。为此，广州G公司向中国国际经济贸易仲裁委员会提起仲裁申请，要求确认泰国东方航空公司对广州G公司的债务关系及金额。仲裁裁决全面支持了广州G公司主张的5000多万元的债权的要求。

就在仲裁案件进行的同时，美国A公司向广州G公司提出其为涉案飞机HS－BKE的所有权人，并以所有权人身份向广州G公司提出归还该飞机的要求，甚至单方面向广州市中级人民法院对广州G公司提起了财产损害赔偿之诉。原告美国 A 公司主张其系 HS - BKE 飞机的所有权人,G 公司扣押原告财产,侵犯了原告对飞机的所有权。而且,原告与被告交涉数次未果,原告甚至已支付 22 万美元维修费,证明被告知悉原告为所有权人,被告理应返还涉案飞机。原告亦声称,G 公司明知原告为飞机所有权人却仍然扣留飞机,其具有主观恶意与明显过错,扣押行为构成了对原告的侵权,应当赔偿原告损失。

二、案件结果

广州中院于 2020 年下达判决,驳回了原告美国 A 公司的所有诉讼请求,案件诉讼费用全部由美国 A 公司承担。在该胜诉判决中,全面采纳了慕亚平律师团队的主张和观点,认为本案属于财产损害赔偿金纠纷,属于侵权纠纷案件。

广州 G 公司系基于其与泰国东方航空公司之间的维修合同关系合法占有 HS - BKE 飞机,G 公司并不存在主动向合同相对方返还飞机的义务。对于原告提出的返还原物请求权,也不适用于本案。

美国 A 公司至今未能向广州 G 公司实际支付涉及 HS - BKE 飞机的维修、保管等费用,本案被告曾修理属于第三人的六架飞机,又为第三人垫付了其他支出,合计 3,308,493.04 美元。原告支付 22 万美元,因此原告事实上未能支付涉案飞机的全部费用,现有证据亦无法证实泰国东方航空公司对飞机的返还事宜。

目前尚无证据证明涉案飞机被扣留,即便广州 G 公司留置飞机,也不足以证实广州 G 公司行为违法,美国 A 公司要求返还涉案飞机的义务主体应当是泰国东方航空公司而非广州 G 公司。

最后,法院指出:美国 A 公司要求广州 G 公司直接向其发还处于适航状态的 HS - BKE 飞机并赔偿损失的请求缺乏依据,法院不予支持。

争议焦点

1. 美国 A 公司基于什么法律关系对广州 G 公司提起诉讼?应当基于物权关系,还是基于合同关系?其有没有权利对广州 G 公司起诉?其原告身份适格不适格?

2. 广州 G 公司是否存在违法行为?如果有是违反了什么法律?

3. 广州 G 公司有没有权利占有该飞机?其占有依据是什么?

4. 美国 A 公司能否向 G 公司请求返还处于适航状态的 HS - BKE 飞机并承担取回飞机一切费用的问题。

代理意见

1. 广州 G 公司占有涉案飞机 HS - BKE 是基于飞机维修合同,属于合法占有,尤其是在美国 A 公司提起诉讼时,广州 G 公司并没有对该飞机采取任何法律措施。本案被告基于维修合同而合法占有并保管该飞机,属于合法占有,原告声称被告“恶意扣留飞机”缺乏事实依据。广州 G 公司合法占有涉案飞机,因此原告主张的侵权及损失赔偿,以及返还原物请求权不能成立。

2. 原告与被告之间并不存在飞机维修的合同关系,美国 A 公司并不能就合同关系向广州 G 公司主张权利和义务;飞机并非由其送修的,美国 A 公司无权要求被告返还涉案飞机。《通用条款协议》由被告与第三人泰国东方航空公司所订立,与美国 A 公司无关,因而,美国 A 公司援引《物权法》要求被告将涉案飞机维修至适航状态,缺乏法律与合同依据,其作为原告缺乏主体资格。

3. 返还原物请求权的请求主体为所有权人,由于未有直接证据证明美国 A 公司为涉案飞机的所有权人,因此不成立返还原物请求权。无论是美国 A 公司或是 A 公司的关联公司,均未能有效证明其所有权人的身份,原告所提供的“泰国东航同意函”也并未抄送泰国东方航空公司,其真实性未得到确认。

案例评析

一、案例评析

1. 慕亚平律师把握住原告的身份并非合同相对人,强化广州 G 公司对涉案飞机的占有系依据约定的有权占有,从而提出美国 A 公司对广州 G 公司侵权的物权主张缺乏事实和法律依据的观点。

2. 慕亚平律师运用涉外证据转递的规则和要求,明确指出了美国 A 关于其所有权人身份的举证,不符合我国涉外诉讼举证规则的主张,强调美国的飞机所有权登记需要在 FCA 注册并提供飞机来源证明,原告无法提供 FCA 注册登记的证据,从而否定了原告对飞机所有权的主张。

二、建议

慕亚平律师与广州 G 公司紧密联系、配合,凭借先前经办国际航空纠纷案件的成功经验,合理运用规则,高效、合法地避免了国有资产的流失。

专家点评

本案中慕亚平律师团队凭借深厚的国际法及航空法理论功底和丰富的涉外法律服务经验，为G公司的权益据理力争，使得G公司方面始终站在有利地位上。其团队深入分析与论证争议焦点，并认真收集有利证据，合理利用现有法律规定和有利的司法案例，努力做到以理服人，保证了委托人利益的最大化，最终取得了案件审理结果的胜利，成功地保护了国有资产，也为加强与境外律师的合作积累了经验。

（点评人：王承志，中山大学法学院教授）

广州白云国际机场股份有限公司诉俄罗斯威姆航空公司服务合同纠纷案

慕亚平　周　莲

摘　要

本案属于涉国际航空服务合同纠纷的案件,代理广州白云国际机场股份有限公司的慕亚平、周莲律师克服重重困难和障碍,成功取得了广州中院的胜诉判决,原告广州白云国际机场股份有限公司向被告俄罗斯威姆航空公司主张的所有诉讼请求均得到法院支持,案件诉讼费用全部由俄罗斯威姆航空公司承担。在该胜诉判决中,法院全面采纳了慕亚平、周莲律师的主张和观点,这也为国内同领域涉外航空器纠纷的解决提供了范例。尤其是在取得胜诉判决后,慕亚平、周莲律师又想方设法、寻求协作,赢得法院执行的全力支持和兄弟机场的大力帮助,终于将判决支持的金额的绝大多数执行到位。

案情简介

原告、被告于2016年5月1日签订了《广州白云国际机场地面服务协议》(以下简称本协议),本协议约定自2016年5月1日起生效,生效期至2018年4月30日止,本协议中约定了甲方向乙方提供的航空性服务以及相应收费标准。本协议约定:"若乙方违反国际清算所的有关结算规定逾期不负,甲方将从第30个工作日起计收每日千分之五的滞纳金。"原告、被告于2017年5月25日签订了《2016年5月1日生效的地面服务协议的补充协议1》(以下简称补充协议一),补充协议一约定:"在承运人已缴纳的50万元履约保证金之外,承运方需确保在2017年5月28日前在服务方账户里再存入100万元履约保证金。若承运方未按以上约定及时缴纳履约保证金,则服务方将有权不再提供地服协议中约定的服务。"原告、被告于2017年6月25日签订了《2016年5月1日生效的地面服务协议的补充协议2》(以下简称补充协议二),补充协议二约定:“在承运人已缴纳的150万元履约保证金之外,承运方需确保在2017年7月10日前在服务方账户里再存入31万元履约保证金。若承运方未按以上约定及时缴纳履约保证金,则服务方将有权不再提供地服协议中约定的服务。”然而,被告至今一直没有支付两个合同明确约定的181万元的履约保证金。

争议焦点

本案争议焦点在于俄罗斯威姆航空公司是否应向广州白云国际机场股份有限公司支付航空服务费及相应的滞纳金,以及广州白云国际机场股份有限公司主张的履约保证金是否应予支持。

代理意见

本案中,原告已经按照合同约定为被告提供了约定的所有服务,但被告一直拖欠飞机起降等航空性费用以及履约保证金,遂成讼。慕亚平、周莲律师接受委托,组成了专门的律师团队。在深入研讨分析本案的实际情况后,慕亚平、周莲律师在经过与广州白云国际机场股份有限公司法务团队的共同精确核算后,统计出被告俄罗斯威姆航空公司共欠广州白云国际机场股份有限公司飞机起降等航空服务费人民币2,584,502.45元及对应金额的滞纳金,以及履约保证金181万元。

在本次诉讼中,慕亚平、周莲律师作为代理律师向广州市中级人民法院提出,本案双方之间的合同明确约定了滞纳金,其计算标准为通行标准。虽然我国相关法律法规对滞纳金计算标准没有规定,但是应按照通行标准对滞纳金进行计算。最终在慕亚平、周莲律师及委托方广州白云国际机场股份有限公司法务团队的共同努力之下,广州市中级人民法院支持了广州白云国际机场股份有限公司关于滞纳金的主张,保护了广州白云国际机场股份有限公司的合法权利。

案例评析

本案属于国内为数不多的通过国内诉讼途径解决国际航空领域纠纷的典型案例。

本案中,原告广州白云国际机场股份有限公司已经按照合同约定为被告俄罗斯威姆航空公司提供了合同约定的所有服务,但被告俄罗斯威姆航空公司一直拖欠飞机起降等航空性费用以及履约保证金,并且该问题经过双方的多次沟通并未得到有效解决,原告广州白云国际机场股份有限公司被迫起诉以维护自身权益。

本案中争议焦点有二:其一,俄罗斯威姆航空公司是否应向广州白云国际机场股份有限公司支付航空服务费以及相应的滞纳金。其二,广州白云国际机场股份有限公司主张的违约保证金是否应予支持。本案中,慕亚平、周莲律师依据相关法律、法规及协议第5条争议解决和适用法的约定,请求法院维护原告合法权益,判令被告偿还服务费及约定滞纳金并向原告支付履约保证金,及时有效地维护了原告利益,保护了国有资产的安全。

慕亚平、周莲律师在案件代理过程中,先后借助多方力量,多次组织专家论证会,与行业专家进行反复论证,并且求教于国内权威的航空法专家,共同讨论本案最为稳妥的解决方案,从我方当事人角度出发,充分维护了我方当事人的合法权利。在本案的代理过程中,慕亚平律师团队巧妙运用法律规定,为我方的诉讼请求寻求坚实的法律基础,最终法院支持了我方的全部诉讼请求,既有效维护了我方当事人的合法权利,也保护了国有资产安全,防止了国有资产的不当流失。

本案例的典型意义在于:一方面,在"一带一路"大背景下本案属于国内为数不多的通过国内诉讼途径解决国际航空领域纠纷的典型胜诉案例。考虑到航空服务不仅具有高度专业性和特殊性,而且需要考虑较高财务成本、商务成本,原告在准确认知面临的商业风险后通过合法有效的途径维护自身合法权益的做法值得肯定。另一方面,在取得胜诉判决后,在得知被告俄罗斯维姆航空公司突然倒闭的突发状况下,慕亚平、周莲律师积极想方设法、寻求协作,赢得法院执行的全力支持和兄弟机场的大力帮助,终于将判决支持的被告拖欠的航空性费用的绝大多数执行到位,有力地维护了国有资产的利益与安全,取得了"胜诉"与"执行"双赢的局面。

专家点评

本案属于国内为数不多的通过国内诉讼途径解决国际航空领域纠纷的典型案例。慕亚平、周莲律师向法院主张,本案双方之间的合同明确约定了滞纳金,其计算标准为通行标准。但是我国相关法律法规对滞纳金计算标准没有明确规定,慕亚平、周莲律师依据相关法律、法规及协议第五条争议解决和适用法的约定,请求法院维护原告合法权益,并进行了充分的论证。法院在听取慕亚平、周莲律师诉讼意见后,全面支持了广州白云国际机场股份有限公司提出赔偿滞纳金的主张,表明他们代理的案件非常成功。特别应当称赞的是:慕亚平、周莲律师在取得胜诉判决结果后,再接再厉、想方设法,积极寻找被告资产动向,在国内合作机场的积极配合下,最终成功执行了法院判决的大部分的应付欠款,更难能可贵和值得称道的是,该案件结果不仅保护了广州白云国际机场股份有限公司的合法利益,也挽回了国家资产的损失。

(点评人:梁丹妮,中山大学法学院副教授)

跨境海事侵权案件的责任认定及法律适用

——某公司澳门水域船舶碰撞损害责任纠纷案

谢　明

摘　要

“粤肇庆货9028”轮与“博运882”轮均为中国籍内河船舶，某日两船在澳门水道嘉乐庇大桥15号航标附近会遇，在14号至15号航标之间发生碰撞，损失较大。珠海海事局湾仔海事处出具《水上交通事故调查结论书》，认定两船对本次碰撞事故负同等责任。澳门特别行政区土地工务运输局出具公函说明“博运882”轮所有人已赔偿航标设施损失。后两船船舶所有人分别就损失向对方主张索赔。代理律师在二审阶段代理，认为本案主要是中国籍内河船舶在澳门特别行政区管辖水道发生碰撞事故引发纠纷的责任划分和法律适用问题，最终法院在审理中直接认定澳门特别行政区公文书的证据效力，参考内地海事部门作出的碰撞事故调查报告，依据《1972年国际海上避碰规则》对案涉事故责任和损失数额作出认定，对维护粤港澳大湾区海域航运秩序具有积极意义。该案最终入选广东高院发布的大湾区跨境纠纷20大典型案例，并被《人民日报》报道。

案情简介

2014年5月3日，“粤肇庆货9028”轮从广州南沙附近水域满载700立方牛皮沙到珠海横琴，约17:10时到达嘉乐庇大桥附近水域准备进港。同日，“博运882”轮空船从珠海大桥开往唐家湾，约17:00时，经过西湾大桥18号航标，航速减为约3节，准备从嘉乐庇大桥出港，看见“粤肇庆货9028”轮在澳门水道9号至10号航标之间。“博运882”轮紧跟前方自卸砂船和旅游船，并距离旅游船约100米。经过第18号、第16号航标时保持与航标横向距离约15米，航向不变，继续紧跟前方旅游船,航速减慢。在距嘉乐庇大桥200米时,“博运882”轮靠右航行,航速2节,水流速度2节至3节,在接近15号航标时打左舵2度至3度,沿航道中间航行,然后回舵,准备过桥。“粤肇庆货9028”轮驶入嘉乐庇大桥桥底一半后,驾驶员用VHF16频呼叫,前方对面三艘船均无应答。自卸砂船过桥孔后,旅游船进入桥孔。“粤肇庆货9028”轮与自卸砂船、旅游船对遇行驶,与该两船会遇后,“粤肇庆货9028”轮与“博运882”轮各自在航道右侧航行。“粤肇庆货9028”轮驾驶员用VHF16频呼叫提醒“博运882”轮无应答,便采取慢车过桥,往右边改变航向,过完桥孔后鸣两次长声喇叭等措施,并继续向右变航向。“博运882”轮驾驶员用VHF呼叫无应答,在“粤肇庆货9028”轮驶过嘉乐庇大桥后,发现有碰撞危险,采取全速倒车,保持航向未变,并在15号航标附近会遇,左舷会船。约17:20时,两船在14号至15号航标之间发生碰撞,“粤肇庆货9028”轮左边的吸沙管碰撞“博运882”轮的船艏左侧下部,碰撞后“粤肇庆货9028”轮接近航道绿标,“博运882”轮航向向右转50度至60度,船艏朝向嘉乐庇大桥航标设施,约17:21时,“博运882”轮船艏右侧触碰嘉乐庇大桥14号灯桩及桥梁警示栏杆等航标设施。碰撞事故发生地当天天晴,能见度良好,偏东风,退潮,水流速度2节至3节,海面有微波至小浪。两轮碰撞事故导致“博运882”轮船艏左舷出现小面积凹痕及一道裂口,“粤肇庆货9028”轮左舷侧挂吸沙管损坏。“博运882”轮触碰14号灯桩相连接的桥梁警示栏杆导致其部分折断落水。

后经澳门海事及水务局要求,永某公司向澳门土地工务运输局会计科支付了维修费用2,856,343澳元。永某公司向广州海事法院起诉粤某公司,请求赔偿因碰撞事故导致的船期损失71万余元。中国人民财产保险股份有限公司珠海分公司赔偿永某公司触碰澳门嘉乐庇大桥护栏及航标损失、修理费损失249万余元后行使代位求偿权,就以上损失起诉粤某公司。粤某公司认为珠海海事局湾仔海事处《水上交通事故调查结论书》与向粤某公司出具的《“粤肇庆货9028”轮事故经过及原因分析》前后矛盾,且永某公司未充分举证“博运882”轮没有过失,故反诉永某公司,请求赔偿停航损失、维修费损失、船舶自然折旧损失等366万余元。

广州海事法院受理后将本反诉纠纷进行合并审理,经审理认为,本案碰撞事故发生在中华人民共和国澳门特别行政区水道第14号至15号航标之间的航道水域,故本案具有涉澳因素。因各方当事人在本案审理过程中均选择适用我国内地法律解决纠纷,故本案应适用我国内地法律。因船舶碰撞事故发生在澳门水域,事故责任可以参照适用《1972年国际海上避碰规则》进行判定。“粤肇庆货9028”轮与“博运882”轮均存在违反《1972年国际海上避碰规则》的情形,对事故发生过错相当,应对本次事故各承担50%的责任。在查明各方损失的基础上,广州海事法院按责任比例判令双方各自赔偿对方船舶损失。判后,双方当事人均提起上诉。

后广东省高级人民法院审理认为,本案系船舶碰撞损害责任纠纷。对于一审法院确定"博运882"轮与"粤肇庆货9028"轮对本案碰撞事故的责任比例是否恰当的问题。《1972年国际海上避碰规则》第1条适用范围第1款规定:"本规则各条适用于在公海和连接于公海而可供海船航行的一切水域中的一切船舶。"根据该规定,本案碰撞事故发生于澳门特别行政区,应属于《1972年国际海上避碰规则》的适用范围。依据本案已查明的事实,"粤肇庆货9028"轮从广州南沙附近水域驶往珠海横琴,准备从嘉乐庇大桥进港,"博运882"轮从珠海大桥开往唐家湾,准备从嘉乐庇大桥出港,两船在接近相反的航向上相遇,形成对遇局面。依据珠海海事部门出具的《水上交通事故调查结论书》及本案已查明的其他事实,"博运882"轮在本案碰撞事故中存在向左调整航向致船舶靠近航道中间,未充分估计与"粤肇庆货9028"轮存在碰撞危险,并致使两轮横向间距过近的行为。"粤肇庆货9028"轮存在严重超载影响船舶的操纵性能及避让效果,配员不足影响船舶航行值班的行为。"博运882"轮的上述行为违反了《1972年国际海上避碰规则》第5条关于保持正规瞭望以便对碰撞危险作出充分估计、第7条碰撞危险第1款关于正确断定是否存在碰撞危险、第9条第1款关于船舶狭水道或航道行驶时应尽量靠近本船右舷的水道或航道的外缘行驶及第14条第1款关于两船对遇时应各自向右,各从他船的左舷驶过的规定。"粤肇庆货9028"轮的上述行为违反了《1972年国际海上避碰规则》第5条关于保持正规瞭望以便对碰撞危险作出充分估计、第8条第4款关于为避免碰撞采取的行动应能导致在安全距离驶过及第14条第1项关于两船对遇时应各自向右,各从他船的左舷驶过,以及《海上交通安全法》(1983年)第6条关于船舶应当按照标准定额配备足以保证船舶安全的合格船员的规定。因此,"博运882"轮与"粤肇庆货9028"轮对本案碰撞事故均有过失。比较"博运882"轮与"粤肇庆货9028"轮在本案碰撞事故中的过失程度,"博运882"轮和"粤肇庆货9028"轮应各承担50%责任。最终认为一审判决对此认定正确。

争议焦点

"博运882"轮与"粤肇庆货9028"轮在本案碰撞事故中是否负对等责任、触碰桥墩是否为二次事故以及跨境纠纷的法律适用。

代理意见

两船碰擦事故发生在澳门水道，“博运882”触碰嘉乐庇大桥更属于澳门市政的财产，因侵权行为和结果发生地均发生在澳门辖区，故碰撞以及触碰事故应当由澳门海事及水务局进行处理，珠海湾仔海事处对事故责任进行划分存在行政执法主体不当的问题，其出具的《水上交通事故调查结论书》不合法，不应作为办案责任划分认定的依据。

根据《涉外民事关系法律适用法》第44条“侵权责任，适用侵权行为地法律，但当事人有共同经常居所地的，适用共同经常居所地法律。侵权行为发生后，当事人协议选择适用法律的，按照其协议”的规定，尽管一审当事人选择事故适用内地法律解决纠纷，但是不能改变碰撞尤其是触碰桥墩事故处理机关应当是澳门海事及水务局的事实。

珠海湾仔海事处出具的《水上交通事故调查结论书》事实依据非常不清晰，对事故责任认定严重不公，当事人因一审没有请到专业海事律师耽误了申请鉴定程序的问题，应改判本案两船碰擦事故中，“博运882”轮应当承担主要责任，“粤肇庆货9028”轮承担次要责任；在触碰嘉乐庇大桥护桥栏事故中，“博运882”轮应当承担全部责任，“粤肇庆货9028”轮仅承担轻微责任甚至不承担责任。

湾仔海事处违反航运界“谁造成紧迫局面，谁承担主要责任”船舶碰撞公认的基本原则作出违背事实的责任划分，根据二审鉴定报告和鉴定专家出庭接受质证反映出来的基本事实，两船碰擦事故的紧迫局面是由“博运882”轮严重超速加上不适航和没有良好船艺等原因造成。

广东华南海事司法鉴定中心对船舶碰撞和触碰事故具有司法鉴定资质，鉴于当事人对海事行政机关《水上交通事故调查结论》的巨大争议既不可复议，也不可行政诉讼，该机构的鉴定报告是当事人能够对此行政文书证据进行质疑和提供相反证据的唯一救济途径。

案例评析

该案入选广东省高级人民法院发布的大湾区跨境纠纷20大典型案例——确定内地船舶在澳门水域碰撞责任认定。广东省高级人民法院推荐理由：本案为内地内河船舶在澳门特别行政区管辖水道发生碰撞事故引发的纠纷，法院在审理中直接认定澳门特别行政区公文书的证据效力，参考海事部门作出的碰撞事故调查报告,依据《1972 年国际海上避碰规则》对案涉事故责任和损失数额作出认定,对维护粤港澳大湾区海域航运秩序具有积极意义。

2020 年 11 月 3 日,广东广播电视台珠江频道播出《湾区睇法》系列之“碰撞与规则”,就该典型案例进行全方位解读。代理律师在接受电视台采访时认为,本案的典型意义在于,双方船舶船籍都是中国籍,却在澳门特别行政区的国际水域中发生侵权事故,导致了《涉外民事关系法律适用法》和《海商法》中涉外关系的法律适用,国际私法中的两个重要侵权责任准据法原则,即属地原则和属人原则在本案中都有体现和适用。按照属地的原则参照适用了国际公约——《1972 年国际海上避碰规则》,去判断双方是否具有良好船艺,按照属人的原则认可内地海事部门的《水上交通事故调查结论书》对责任的划分,在粤港澳大湾区跨境侵权纠纷案件的法律适用中,具有很强的参考价值。

专家点评

本案为一起典型的具有涉澳因素的船舶碰撞损害责任纠纷,主要争议焦点为“博运 882”轮与“粤肇庆货 9028”轮在碰撞事故中的责任划分问题。事故双方对此分歧巨大,分别提起了诉讼与反诉。珠海湾仔海事处就本次事故出具了《水上交通事故调查结论书》,该结论书在民事诉讼中虽然仅可以作为证据使用,不对当事人的权利义务产生直接影响,但海事主管机关作出的事故调查结论,对民事诉讼的审判结果往往具有重要影响,难以推翻。谢明律师针对本案争议焦点,从海事主管机关所作结论是否具有相应的执法权限、是否具有充分的事实依据、适用船舶碰撞责任认定相关规则与原则是否准确等多个角度出发,根据第三方出具的鉴定报告和专家证人提供的专家意见,对海事主管机关所作调查结论提出了多方面质疑。谢明律师抓住了本案焦点、难点,力促法院作出准确的、令人信服的判决,对船舶碰撞损害责任纠纷的处理以及涉澳侵权纠纷案件法律适用的认定,均具有典型意义。

(点评人:蒋跃川,大连海事大学法学院副院长、副教授)

国际海上货物运输合同中的托运人、承运人识别及无单放货案件中相关责任主体

——重庆某国际经贸有限公司诉某物流有限公司、香港某货运公司、丹麦某航运有限公司等国际海上货物运输合同广东省高级人民法院二审案

谢 明

摘 要

本案属于经典国际海上运输合同(无单放货)胜诉案例,该案收到当事人感谢信,并且荣获广州市律师协会2008年度业务成就奖。广东省高级人民法院二审主审法官专门就此案件著文《FOB贸易合同下海上货物运输合同当事人的识别》(载最高人民法院机关刊,《人民司法》2009年第18期),并入选前广东省高级人民法院院长郑鄂主编《广东法院案例精选》。

案情简介

重庆A国际经贸公司根据国外买家的指定,委托B物流公司从广州托运一批玻璃茶杯到巴基斯坦卡拉奇,并制作了出口货物托运单,载明委托B物流公司负责收货、验数、保管、发运并出具收货凭证。后B物流公司将玻璃杯向海关报关,出口货物报关单记载了经营单位及发货单位均为A国际经贸公司、贸易方式为FOB,运抵国为巴基斯坦,目的港为卡拉奇等内容。后香港C货运公司对前述货物签发了货代指示提单,B物流公司随即向A国际经贸公司交付了报关单及提单,并开具了国际货物运输代理业专用发票。之后B物流公司委托D货运公司向丹麦E航运公司承运,E航运公司签发船东提单。委托后,香港C货运公司向E

航运公司发出海运单通知,要求E航运公司对运往巴基斯坦卡拉奇的涉案货物直接发给收货人,并承诺由此引起的一切责任由其承担。因国外买家未足额支付货款,重庆A国际经贸公司在委托发运时明确告知B物流公司,须有书面指示才可放货。但B公司在提货人未出示任何凭证的情况下直接交付货物,最终导致货款无法收回。

重庆A国际经贸公司一审委托非海事律师代理案件。广州海事法院一审判决香港C货运公司作为承运人赔偿重庆A国际经贸公司全部损失,而有经济实力的B物流公司无责。重庆A国际经贸公司二审决定更换律师,谢律师代理案件后立即调整思路并向广东省高级人民法院补充提交一组新证据。

二审法院认为,从提单的签发地可知,本案货代提单是在广州签发,签发时货代提单上载明的无船承运人香港C货运公司已经解散,而B物流公司与香港C货运公司之间本就签有《国际代理协议》,案涉提单在签发时,B物流公司完全知道香港C货运公司已经解散,并无法人资质,但其仍向重庆A国际经贸公司交付载明已经解散的香港C货运公司的货代提单。而且重庆A国际经贸公司是根据国外买方的指定与B物流公司进行联系,货物也实际交由B物流公司代为装运,货代提单也是B物流公司直接交付给A国际经贸公司。此外,B物流公司的法定代表人与香港C货运公司广州办事处的首席代表是同一人,B物流公司又不能举证证明该提单是由国外买方另外指定的承运人签发后转交给它,因此认定B物流公司才是案涉货物的承运人,案涉剩余货款及相关损失应由B物流公司承担。至此,二审法院基本采纳谢律师提及的新证据和代理意见,最终撤销一审判决,并改判B物流公司向重庆A国际经贸公司赔偿全部货款损失及因此导致的其他损失。

争议焦点

国际海上货物运输合同中的托运人、承运人识别及无单放货案件中相关责任主体的责任承担。

代理意见

1. 一审所认定的合同承运人香港C货运公司在货代提单签发时已不存在,因此,本案涉嫌海运合同欺诈,而B物流公司对欺诈具有明显故意:二审庭审调查我方出具了由香港公司注册处出具并经香港律师公证的有关香港 C 货运公司登记资料，显示该公司于 2006 年 1 月 13 日解散。并且，根据广东省工商管理局企业登记资料显示，其广州代表处在 2000 年 12 月 1 日已经停止经营并再未办理年检手续。然而，可以看到香港 C 货运公司仍然在 2007 年 4 月签发了三份涉案提单，原因就是 B 物流公司、香港 C 货运公司及其广州代表处的法定代表人（实际控制人）为同一人，且人员、办公地点混同等。

2. 尽管 B 物流公司主张自己为货运代理，但却是在借壳一家根本不存在的香港 C 货运公司名义签发提单，让后者承担合同承运人无单放货责任，而自己却以货代为名“金蝉脱壳”：根据证据，可以认为是同一人签字同意签发香港 C 货运公司提单，又签字同意代表 B 物流公司要求 E 航运公司签发海运单，而这个人可以同时使用 B 物流公司和香港 C 货运公司公章，而 B 物流公司收取了和出具三份提单有关的“文件费”和“操作费”。

3. 退一步而言，即便是法院认定 B 物流公司的法律地位为货运代理，其仍然对无单放货具有重大、明显的过错，并且实施了超越权限指示放货行为。根据国务院《国际海运条例》（2002 年）第 26 条“未依照本条例的规定办理提单登记并交纳保证金的，不得经营无船承运业务”的禁止性规定，B 物流公司为委托人物色根本没有“办理提单登记并交纳保证金”的香港 C 货运公司签发无船承运人提单并从事国际海运交付业务，给出口方带来巨大的风险。托运人在刚刚委托 B 物流公司运输时就明确口头或者书面指示“客户未付清货款，请根据我司书面指示放货给客户”，但 B 物流公司仍然向 E 航运公司发出海运单通知，要求 E 航运公司将货物直接发给收货人，并承诺由此引起的一切责任由其承担。

4. E 航运公司无视中国法律强制性规定，接受没有无船承运人资格的合同承运人托运并接受其指示参与了无单放货，应当依法承担法定连带赔偿责任。《海商法》第 59 条第 2 款规定：“经证明，货物的灭失、损坏或者迟延交付是由于承运人的受雇人、代理人的故意或者明知可能造成损失而轻率地作为或者不作为造成的，承运人的受雇人或者代理人不得援用本法第五十六条或者第五十七条限制赔偿责任的规定。”E 航运公司作为专业的国际海运企业具有明知可能造成损失而轻率地不作为行为，该“不作为”具体表现在：《国际海运条例》第 21 条规定“国际船舶运输经营者在与无船承运业务经营者订立协议运价时，应当确认无船承运业务经营者已依照本条例规定办理提单登记并交纳保证金”，然而，尽管 B、C、D 公司都没有无船承运人资格，更没有办理提单登记和交纳保证金，尽管存在这种巨大的风险，E 航运公司仍然接受他们委托并根据其指示进行放货，造成了上诉人损失。

案例评析

二审法官著文《FOB 贸易合同下海上货物运输合同当事人的识别》认为：

从本案可看到，在 FOB 贸易合同项下的海上货物运输活动中，承运人以及与承运人达成海上货物运输合同关系的契约托运人的识别，均应当根据具体案情来综合分析认定。既不能仅根据 FOB 贸易合同中有关货物运输的约定认定海上货物运输合同的契约托运人就是货物买方，也不能仅凭提单上承运人的记载而当然认定其是海上货物运输合同的承运人。

关于 FOB 贸易合同项下契约托运人的识别。首先，应遵循 FOB 贸易术语的交易习惯，买方是负责安排货物运输的义务人，应将买方作为契约托运人；其次，如贸易合同中所载明的 FOB 贸易术语仅仅是被用于价格的确定，或买方实际上并没有依照该约定安排运输时，应当认定将货物交付运输的卖方是契约托运人；最后，在现有证据不能证明究竟是卖方还是买方安排了海上货物运输的情况下，应当根据卖方实际交付货物的事实认定卖方是契约托运人。

关于 FOB 贸易合同项下承运人的识别。首先，应根据书面海上货物运输合同认定承运人。其次，在当事人之间不存在书面海上货物运输合同的情况下，根据提单签发的实际情况识别承运人。最后，在当事人之间既不存在书面海上货物运输合同也不存在签发提单的情况下，应当根据谁履行承运人主给付义务、谁索取运费以及海上货物运输活动的实际过程来认定谁是与托运人直接发生海上货物运输合同关系的承运人。

本案代理律师认为：国际业务中设立离岸公司去规避风险，本无可厚非，但明显违反中国法律规定，甚至存在合同欺诈行为就不可取。非专业律师很难发现这些国际业务中的违规行为，需要精通国际贸易、海运业务操作，并熟练运用好英语方能识别。此案判决生效后，最高人民法院于 2009 年出台《关于审理无正本提单交付货物案件适用法律若干问题的规定》，开始为此类案件提供更具体、明确的指引，但是，类似丹麦 E 航运公司违反《国际海运条例》第 21 条规定而存在过失时，是否应当依法承担法定连带赔偿责任的问题，尚待明确。

专家点评

1. 此案从实务的角度看是存在连环货运代理情形下的出口订舱委托合同纠纷，纠纷的根源在于合同承运人没有根据托运人的指示，在放货环节没有按照海运提单的规则进行放货,即产生所谓的无单放货的损失。案件的难点在于出现货代提单和海运提单两层提单法律关系,以及香港C货运公司身份的突兀。

2. 厘清本案中错综复杂的法律关系及责任,需从以下方面剖析:

(1)A国际经贸公司与B物流公司的法律关系,根据案情提示:重庆A国际经贸公司根据国外买家的指定(姑且不论是委托的原因),委托B物流公司从广州托运一批玻璃茶杯到巴基斯坦卡拉奇,并制作了出口货物托运单,载明委托B物流公司负责收货、验数、保管、发运并出具收货凭证。后B物流公司履行委托订舱,发货单位均为A国际经贸公司,A国经贸公司与B物流公司之间存在订舱委托,A国际经贸公司是该运输合同的托运人。虽然案情没介绍实际承运人的海运提单是何种类型,除非是记名提单,否则指示人应该是托运人A国际经贸公司,香港C货运公司对前述货物签发了货代指示提单,B物流公司随即向A国际经贸公司交付了报关单及提单。从此可见,本案中香港C货运公司在第一审被认定为承运人并无不当。但是一审法院认为B物流公司无责就存在问题:从案情看B物流公司和香港C货运公司的法律关系突兀,二审律师的可贵之处在于查明了B物流公司和香港C货运公司身份混同以及香港C货运公司不具备商事主体资格(已被解散)等事实,揭开了所谓货运代理人的面纱,基于上述事实及法律规定,B物流公司均应担责。二审律师意见认为B物流公司才是案涉货物的承运人,无论是根根合同相对性,还是A国际经贸公司与B物流公司的提单运输法律关系,A国际经贸公司是该运输合同的托运人,B物流公司是提单运输法律关系的承运人,都是准确的。

(2)B、D、E的法律关系,从案情介绍看,B委托D货运公司向E航运公司承运,E航运公司签发船东提单。在这一层提单法律关系中,承运人与托运人身份清晰,B物流公司作为订舱委托人。委托后,以香港C货运公司的名义向E航运公司发出货物直接发给收货人,是造成无单放货的直接原因。本案与常见的承运人无单放货案件不同的是,本案属于承运人根据托运人的要求实施无单放货不承担责任的情形。

3. E航运公司的责任问题:其一,根据案情E航运公司签发的提单在法律适用上,应该不具备适用中国法的条款。因此不存在违反我国《国际海运条例》第21条规定的情形。其二,在合同关系上,香港C货运公司与E航运公司如存在合同或提单法律关系,则E航运公司仅对其签发的船东提单向香港C货运公司承担义务。其三,B物流公司、D货运公司是否具备无船承运人资格与E航运公司是否承担赔偿责任没有因果关系,因为无船承运人资格在本案中体现在能否签发无船承运人提单上,这份提单的流转与 E 航运公司没有任何关联,且在行政法上的可罚性不影响商事合同的履行。综上 E 航运公司不存在应当依法承担法定连带赔偿责任的任何法律依据。

在国际航运实践中,由于海商法的涉外性,以及国际航运市场主体的复杂性,给准确查明事实和法律适用带来挑战。通过这个案例,可以看到作为具有广泛涉外性的海商法领域,活跃着精通国际国内法律,熟悉外贸航运业务的职业法律人。

[点评人:张敏,广州航海学院(广州交通大学[筹])
海运学院海商法学科带头人]

以非诉方式快速解决跨境海事纠纷案

——著名空调企业遭遇无单放货，涉外律师介入两周追回损失

谢　明

摘　要

广东省某著名空调企业（以下简称空调公司）与匈牙利 CKL（以下简称 CKL 公司）达成一笔出口订单。货物起运后，空调公司将提单副本传真件发送给 CKL 公司，告知其货物起运并要求 CKL 公司尽快付清余款。然而，货到目的港后，因承运人无单放货，导致空调公司剩余货款迟迟无法追回。代理律师代理后，凭借丰富的经验，仔细分析案情，考虑到对 CKL 公司、香港货运公司诉讼追偿的成本过大，最终通过非诉方式，告知 CKL 公司、香港货运公司法律后果后，两周内让空调公司收回全部剩余货款。该案作为新闻线索最终也被 2007 年 3 月 19 日《民营经济报》收录。

案情简介

空调公司与 CKL 公司达成一笔出口订单，购买价格为 1,535,440 美元。交易条款为 FOB SHUNDE，付款方式为电汇货款后发货。订单确认后，CKL 公司委托的代付款人付清 1,535,440 美元。此时，由于原材料价格暴涨，空调公司要求涨价，将价格变更为 1,725,260 美元，CKL 公司同意了空调公司的涨价要求，并以传真的方式确认了承担涨价款 189,820 美元，但是要求先发货，并会及时将该涨价货款电汇。运输方面，CKL 公司指定了香港货运公司承运货物，后者以自己名义签发了多式联运提单，提单注明：托运人为空调公司，收货人凭指示。提单背面条款写明，任何对承运人的诉讼必须在香港而非其他法院提出并适用香港法律解决，承运人的责任则适用《海牙规则》或《海牙—维斯比规则》、《美国海上货物运

输法》。

货物起运后,空调公司发了提单副本传真件给 CKL 公司,告知货物起运并要求其尽快付清余款,但 CKL 公司在货到目的港后凭提单复印件和自己出具的保函将货物提走之后,一直以余款已经付给代付款人和货物有所谓质量问题为由拖延付款。空调公司也找到了香港货运公司要求赔偿损失,但是对方答复收货人告诉他们已经付了货款,要空调公司再核实货款是否到账。在经过将近半年的跨国追讨无果后,空调公司做好了一切诉讼准备工作,找到代理律师,要求对上述两家单位进行诉讼。

代理律师受理案件后,经仔细分析案情,认为如通过诉讼方式追回损失,无法最大化、最快速为空调公司追回全部损失,遂向空调公司说明采取诉讼方式或非诉方式追讨的利弊,最终确定先以非诉方式进行追讨。方案确定后,代理律师向 CKL 公司发出一封律师信,告知该公司在没有收到正本提单的情况下,在承运人处提走货物的行为侵犯了空调公司对货物的所有权,要求其立即支付涨价款,否则空调公司方面将采取一系列的法律措施等,但是 CKL 公司仍然以空调公司单方面涨价、贸易合同是代付款人和空调公司达成的、他们与空调公司不存在直接贸易合同关系等为理由拒绝付款。了解对方态度后,代理律师立即进行了针对性的回复并明确告诉对方当事人,他们已经通过传真方式确认并同意承担涨价款 189,820 美元,即意味着接受了空调公司变更后的合同,他们必须按照新价格履行付款义务。同时,根据往来电子邮件、传真等证据,可以明确 CKL 公司就是贸易合同的买方,不能拿代付款人做挡箭牌以逃避付款义务。

与此同时,代理律师又向香港货运公司发出另一封律师信,告知该公司签发的是“指示提单”,无论根据中国的《海商法》,还是《海牙规则》、《海牙—维斯比规则》,或者《美国海上货物运输法》,他们都应当承担“无单放货”的违约责任,并要求该司立即赔偿损失或者协助向收货人追偿。香港货运公司的保险公司在了解争端后,为避免香港方面损失也迅速介入了向 CKL 公司的追偿。接下来几天内,又经过与 CKL 公司几个回合的交锋,他们终于付清了剩下的尾款,空调公司从委托律师到收到货款仅仅花了两个星期时间。

争议焦点

国际贸易和海运出现争议时,是否必然通过诉讼方式才能实现中国出口方的合法权益。

代理意见

代理律师在分析材料后发现，如采用诉讼方式追讨，将遇到如下问题：(1)对CKL公司诉讼，如果在国内法院进行审理，判决胜诉后案件执行落实困难，如果在匈牙利诉讼，路途遥远、费用高昂等因素会让当事人得不偿失；(2)对香港货运公司诉讼，如果在国内法院立案，香港方面肯定会提出管辖权异议，主张案件应当由香港法院管辖，如果在香港进行诉讼，当事人同样会面临路途、费用和执行的问题；(3)诉讼的审理时间比较长，企业无法及时收回货款。于是，代理律师最终建议空调公司先通过非诉讼途径看能否迅速解决问题。

案例评析

遭遇国际贸易和海运环节中的"无单放货"时应及时向提单承运人或者外国进口商提出索赔，否则可能造成货款不能收回，外汇不能核销，出口不能退税的情况。外贸企业为了挽回损失往往对承运人提起诉讼，要求其赔偿由此产生的损失，但是由于一些外贸企业对相关法律不甚了解，打了漫长的官司也未见得能挽回损失，反而由于增加诉讼成本而扩大了企业的损失。

从本案顺利为当事人追回损失来看，在与外商发生纠纷时，应当依法"有理、有利、有节"地争取合法权益，主要注意以下几点：(1)自从最高人民法院在美国总统轮船公司与万宝集团广州菲达电器厂、中国长城工业广州公司无单放货纠纷再审案中确立根据《美国海上货物运输法》，海洋货物运输承运人对"记名提单"可以不凭正本提单放货后，国外很多航运公司涉及中国运出的货物时，提单中都喜欢加上适用美国法律的条款免除无单放货的责任，建议国内企业在遇到这种提单时要尽量避免签发"记名提单"，如果签发了"记名提单"，记得一定及时通知承运人还要凭托运人"指示"凭单放货。(2)由于有关国际公约、各国法律基本肯定"指示提单"必须凭正本提单放货，因此，在国际贸易中尽量要求承运人签发这种提单。(3)遇到国际贸易争端时，要及时聘请专业的律师，即能娴熟运用国际贸易和国际航运的游戏规则，往往看起来要诉讼的国际纠纷不必打官司也能迅速、有效解决，毕竟毫不讲理的外商只是极少数。

专家点评

在国际贸易和海运中遭遇“无单放货”并非个例,一旦发生类似事件,我国外贸当事方应及时向提单承运人或者外国进口商提出索赔,以维护己方的合法权益。从本案在接受委托的短短两周内便顺利追回所有款项,这就是非常典型和成功的维权范例。涉及跨境索赔中,我国外贸企业应当及时聘请专业律师,充分发挥其熟悉国际贸易和国际航运规则的优势,采用多元化纠纷解决方式,从而迅速、有效解决国际纠纷。如果一味地选择诉讼的单一方式解决争议,由于涉及法院管辖确定、法律适用、判决承认与执行等诸多复杂的法律问题,不仅耗时,而且未必能够及时挽回损失,反而会因诉讼成本增加而扩大损失。

此外,我国外贸企业要特别注意国际海上货运合同下签发海运提单的类型,从而规避无单放货可能带来的风险。根据相关国际公约以及各国法律,指示提单、空白提单之下,承运人均应当凭正本提单放货。但是记名提单之下是否需要凭正本提单交付货物,各国法律规定及实践并不统一。例如,根据美国的法律,记名提单下承运人可以不凭正本提单放货,一些航运公司也会在提单中载有适用美国法律的条款,从而实现免除无单放货责任的目的。建议我国外贸企业对此予以足够的重视。

[点评人:郭萍,中山大学法学院教授、博导,南方海洋科学与工程广东省实验室(珠海)特聘研究员]

中国律师成功挑战美国保险公司全球通用格式条款

——广东G家电集团诉某财产保险有限公司出口产品责任保险案

谢　明

摘　要

2013年广东G大型民营制造、出口集团公司(以下简称广东G集团)诉美国控股某保险广东分公司(简称保险公司)出口产品责任保险纠纷案(涉案标的:300万欧元),因案件涉外、复杂、标的大,并且对保险公司"同类索赔归一批单"条款在中国的履行有重大影响,保险公司亚太区负责人向美国总部请示聘请律师,经过多轮挑选,保险公司聘请了我国某著名保险律师。但该案最终仍以与广东G集团全面和解调解结案,案件达到了胜诉效果。

案情简介

广东G集团近10年一直在保险公司安排产品及完工操作责任保险及商业综合责任保险,一直秉着最大诚信的原则与保险公司进行合作。

《产品及完工操作责任保险保险单(事故发生制)》的承保范围包括但不限于承保广东G集团及其所有附属或拥有的子公司(以下简称记名被保险人)生产、销售、操作、分配或处理的微波炉、家用/商用空调和生活日用电器等产品的产品责任及其完工操作责任,还承保记名被保险人因此应付的诉讼费用、律师费用等补充支付。

广东G集团在2008年1月开始研发某家电,并在2009年4月获批准生产,

2009年7月正式开始批量生产。2009年10月29日,接到第一起某家电事故报告,香港销售商告知有一用户的某家电程控器位置出现融烧现象,广东G集团当时没有找出具体的原因;2010年2月24日,收到第二起某家电事故报告,香港销售商的另一用户又出现同样情况。由于上述两起案件第三方没有正式向广东G集团提出索赔,导致的损失不大,且香港销售商在法国等地的经销商也有安排相关保险,故广东G集团没有向保险公司报案,但是上述两起事故已经标志着保险合同中约定的"事件"的发生,并且"事件"实际在保险单约定的保险期间内发生。

2010年2月以后,又陆续收到几起类似质量投诉报告,广东G集团技术部门认为某家电程控器内部存在缺陷的可能性较大,因此,从2011年5月开始,停止旧程控器的使用,改用新的程控器。随后再没有收到安装了新程控器之某家电的火灾事故报告,结合专家的技术分析报告,广东G集团最终判定是程控器内部存在缺陷。

截至起诉为止,保险公司通过其法国公司、广东G集团或广东G集团的保险经纪人共计收到超过30起某家电型号某家电起火索赔案。但是,保险公司一直不予确认"同类索赔归一批单"条款的适用性("记名被保险人或其他以记名被保险人名义生产、销售、处理或经销的同一批次货物或产品,直接或间接地由于持续、重复地暴露于相关的或实质上相同的情形而导致的所有'身体伤害'或'财产损害',应被视为源于单一'事件'。该'事件'将被视为于记名被保险人在保险期间内首次收到此类损害通知时发生"),对这些案件迟迟不予处理。2011年12月31日保险公司更是单方面发出解除保单的通知,以所谓违反《保险法》第16条规定的如实告知义务,单方面终止了保险人的合同履行法定义务,并且拒赔事件扩大到除某家电型号以外的其他型号以及其他产品的产品责任保险理赔处理。

广东G集团作为原告提出诉讼请求:(1)判定保险公司发出的解除保险单通知无效,应当继续履行保险单项下的全部合同义务;(2)判定因某家电故障导致的融烧(火灾)事件全部应当适用"同类索赔归一批单"条款;(3)赔偿广东G集团经济损失。且原告认为,其单方面违约行为没有任何事实和法律依据,事实和理由如下:

1. 保险公司提出的解除合同是错误地适用了法律。

原告认为该案应适用中国法律,并非保险公司倾向适用的英美法(衡平法)。理由是:

根据保险合同条款第四章第10条中有关法律适用的约定为,"本保险合同的成立、生效、履行及争议解决均适用中华人民共和国法律",以及保险公司出具的保险批单中载明,“兹约定,在中国境外的保单效力以英文保单为准;在中国境内的保单效力以中文保单为准”,但保险公司在邮件中发函解除合同的解释中提及的是“我们保留一切关于于 2009 年和 2011 年保单及其以外的所有法律及衡平法的权利”的说法,说明其行事所倾向的基本依据是衡平法,而不是中国法律,因此其适用法律错误。

2. 原告没有重大过失更没有故意未履行如实告知义务,也没有足以影响保险公司决定是否同意承保的事实。

根据《保险法》第 16 条第 1 款、第 2 款“订立保险合同,保险人就保险标的或者被保险人的有关情况提出询问的,投保人应当如实告知。投保人故意或者因重大过失未履行前款规定的如实告知义务,足以影响保险人决定是否同意承保或者提高保险费率的,保险人有权解除合同”,因此,仅仅当违反未如实告知的义务,程度必须是故意或者因重大过失,并且“足以影响保险人决定是否同意承保”时,方构成解除合同的法定条件。

根据本案事实情况,广东 G 集团确有通过保险经纪人向保险公司提供一份《产品回收费用保险投保申请表》,广东 G 集团在回答该申请表第 8.3 项的问题时(“过去是否实施过产品回收”),选择了“否”。但,上述行为不构成“故意或者因重大过失”。

3. 即便是上述行为构成“故意或者因重大过失”且该行为“足以影响保险人决定是否同意承保”,保险公司也并未在法定以及合同约定的知道有解除事由之日起 30 日内向原告宣布解除合同。

根据《保险法》第 16 条第 3 款“前款规定的合同解除权,自保险人知道有解除事由之日起,超过三十日不行使而消灭”的规定,至少存在以下多处事实可以证明,广东 G 集团完全可以认为 2011 年 12 月 31 日之前 30 天,甚至更长的时间里,保险公司已经完全知道“有解除事由”发生。因此,即便保险公司享有合同解除权,该权利也已在 2011 年 4 月消灭,而且,该所谓的“违反未如实告知的义务”根本与本案涉及的“产品及完工操作责任保险”无关。

4. 因某家电程控器引起的火灾事故应当全部适用“同类索赔归一批单”条款。

上述保单中每年都有附加如下“同类索赔归一批单”条款:“修改第五章【定义】第(十三)条‘事件’释义以增加以下规定:记名被保险人或其他以记名被保险人名义生产、销售、处理或经销的同一批次货物或产品,直接或间接地由于持续、重复地暴露于相关的或实质上相同的情形而导致的所有‘身体伤害’或‘财产损害’,应被视为源于单一‘事件’。该‘事件’将被视为于记名被保险人在保险期间内首次收到此类损害通知时发生。”

广东G集团认为,从2009年10月29日收到第一起火灾事故报告开始,以后发生的同类事故全部可以归一为“源于单一事件”,且均可以在前述保单中获得赔偿。因该型号家电是在同一生产线上按同一标准集中生产出来的,即“根据同一技术图纸、在同一生产线上制造的同一规格的产品”,完全属于“同一批次货物或产品”,而且,这一批次的家电都暴露了同样的缺陷,即程控器缺陷。

对此,保险公司的理解是基于买卖合同项下有不同的产品序列号,因此,不同的序列号就是不同的“批次”。广东G集团则认为,这仅仅是生产厂家同类产品“批次”和“批量”区别,“批量”的多少并不影响此类产品为同一“批次”的基本性质。

根据《保险法》第30条“采用保险人提供的格式条款订立的保险合同,保险人与投保人、被保险人或者受益人对合同条款有争议的,应当按照通常理解予以解释。对合同条款有两种以上解释的,人民法院或者仲裁机构应当作出有利于被保险人和受益人的解释”的规定,保险公司的“同类索赔归一批单”条款是有向中国保险监督管理委员会报备的,是保险公司单方面提供并且不允许进行任何修改的格式条款,因此,对此条款的解释应当有利于广东G集团。

案件经多次开庭后,保险公司律师主动提出和解,案件在法院达成调解。

争议焦点

1. 出口产品责任保险合同的法律适用。
2. 保险投保中的最大诚信和如实告知原则。
3. 保险人解除合同的时效和合法性。
4. 外国保险公司的“同类索赔归一批单”条款。
5. 保险合同的解释原则。
6. 管辖地法院的考量。

代理意见

1. 2010年3月原被告双方对出口产品责任险续保报价,与以往8年不同的是,原告开始增加了对另一险种产品召回费用险的询价。我方补交的证据能证明产品责任险与产品召回费用险是分开投保的两个独立险种。退一万步而言,即便是被告所称故意或重大过失未履行如实告知义务存在，也只是另一事实和另一法律关系，不在本案审查范围内。

2. 被告没有任何证据来反驳我方的鉴定报告，也没有申请重新鉴定，在这种情况下，应该认可我方委托作出的鉴定报告。

3. 我方从事实上和法律上都未违反“如实告知义务”。

在保险中采询问告知主义，投保人告知义务的范围以被保险人的询问事项为限，即被告当庭承认的“有限告知主义”。保险人未询问的，被保险人没有主动告知的义务。

投保人对保险人书面问卷调查的内容，以其知悉以及应知的内容为限。本案事实上，也没有任何证据显示原告有隐瞒可能导致重大召回事件的故意或者重大过失。

4. 被告当庭承认隐约知道存在法定解除事由的时间，即已经知道存在该法定解除事由的时间。

5. 被告解除合同，已过 3 个月行使期间。

6. 从民事诉讼的证据规则和保险实务的角度看，不能适用“同一批次”问题的举证责任在被告，而不在原告。

案例评析

国际保险市场的游戏规则基本上由几家外国大型保险公司主导，保险条款更是典型的格式合同。如何维护中国出口贸易企业的合法权益，善于利用中国法和发出中国声音是本案中的难点。

1. 关于管辖问题，要善于利用诉讼请求确定法院的级别管辖。代理律师在基层法院立案以后，保险公司果然提出管辖权异议，认为本案争议保险合同项下涉及的金额初步估算已达近 6000 万元，且案件涉及事实在广州市乃至全国都有重大影响，要求至少是广州中级人民法院管辖，但对该异议一审、二审法院都予以驳回。

2. 对于外国保险公司基于衡平法下的思维，要善于引导法官注意对方提出解除合同的法律依据并不符合中国法规定。

3. 只有当投保人违反未如实告知的义务，程度必须是“故意或者因重大过失”，并且“足以影响保险人决定是否同意承保”时，方构成保险人解除合同的法定条件，律师应当重点围绕是否构成“故意或者重大过失”进行举证。

4. 保险合同的格式条款出现理解不一致时,应当作出对被保险人有利的解释。就本案而言,律师围绕中国法和客户相关行业的专业术语,甚至是国家标准,对有分歧的条款进行对客户有利的理解和解释。

5. 要重点留意《保险法》第16条规定的30天很短除斥期间对被保险人的保护。

专家点评

本案属于出口货物产品责任险的经典胜诉案例。涉案的中资企业在欧洲遇到出口产品质量风险和商业危机时,外资保险公司本应及时跟进保险事故调查并积极开展理赔工作,以挽回中资企业的商誉和经济损失。但其却反其道而行之,突然向中资企业发出解除保险合同的通知。作为上述投保人及受益人的上述中资企业的涉案代理律师,谢律师积极维护中资企业,能从案件管辖法院、发出解除保险合同通知的除斥期间等程序问题,以及法律适用、投保人是否违反如实告知义务、保险条款分歧的解释规则等实体问题之多维度向法院和外资保险公司进行举证和说理。代理律师勤勉敬业且专业,促使该外资保险公司改变决定,回到诚信履行保险合同的轨道上来,使得本案最终以调解方式结案。

[点评人:全朝晖,中山大学法律硕士专业学位(涉外律师)研究生导师,高级律师职称]

作 者 简 介

（按姓氏笔画排序）

王晓华 广东广信君达律师事务所创始合伙人，高级合伙人，一级律师，留英法律硕士，执业超过34年，曾担任全国青年委员、广州市律协执行会长、第16届广州亚运会火炬手。现任广东省政协常委、广东省人大常委会监督司法咨询专家。先后被评选为“广州市优秀律师”、“广东省优秀律师”、“全国优秀律师”、广州天河“2021 CBD之星”。

王春平 广东广信君达律师事务所高级合伙人，曾任或现任全国律协宪法与行政法专业委员会委员、广东省律协行政法律专业委员会委员、广东省律师专家库行政法律事务律师专家、广州仲裁委员会仲裁员、广东省北京大学校友会副会长等。曾获2019年度广东省律协优秀委员、2018年度广州市律协业务成果奖、理论成果三等奖，办理的“开创性跨境追收，多元化执行手段，有效破解‘执行难’”被评为广东省律协2018年度律师典型案例，撰写的《新行政诉讼法下的律师机遇及其应对》《发挥法律顾问作用助力党的依法执政》获2016年度中国领导科学研究会优秀成果等，专注于民商事诉讼/仲裁、行政复议/诉讼及民行交叉案件、公司银行金融、房地产/建设工程、债权处置与强清破产等领域。

王　辉 广东广信君达律师事务所高级合伙人。中国社会科学院法学博士班在读，具有证券从业资格、基金从业资格以及上交所上市公司独立董事资格。代理的侵犯商业秘密相关案件曾荣选为《法治日报》全国十大案例之一。

邓传远 广东广信君达律师事务所高级合伙人。具有二级律师、高级经济师职称和上市公司独立董事任职资格。任广州市律协副会长、广州市中立法律服务社理事长、中山大学法学院研究生导师、广州市人大监察和司法委员会咨询专家、广东股权交易中心审核委专家、广东省法学会民商法学研究会常务理事、广东省国际经济协会常务理事、汤臣倍健股份有限公司独立董事等。专注于证券与资本市场、能源与公共产品(服务)、改革与国资管理、重大与疑难案件处理等法律业务。

石其军　广东广信君达律师事务所合伙人。具备会计师职称、上市公司董事会秘书资格及上市公司独立董事资格。专注于企业收购、兼并、重组、证券发行及上市、基金、公司法律服务等业务,知识产权、政府与公共事务等领域。

叶辉伦　广东广信君达律师事务所合伙人。中国政法大学硕士,专业领域为疑难民商事争议、公司法相关争议以及航空领域争议解决。

史红云　广东广信君达律师事务所律师助理,毕业于广东财经大学,获法律硕士学位。荣获广东省破产管理协会2021年度突出贡献奖。

史　萍　广东广信君达律师事务所合伙人,从事法律工作19年,现任广东省律协建筑工程法律专业委员会秘书长、广东省经济法学研究会理事、广州市律协建设工程法律专业委员会委员、广州仲裁委员会仲裁员,曾任第十一届广东省律协婚姻家事委员会委员。专注于房地产建设工程、民商事诉讼、重大疑难家事案件及家族财富管理问题的实务研究。

冯丽娟　广东广信君达律师事务所专职律师。任广州市海珠区三方联合调解中心调解员。专注于企业常年法律顾问、劳动人事、公司治理、民商事仲裁与诉讼争议解决等领域。

闪　涛　法学博士,广东广信君达律师事务所高级合伙人。中国人民政治协商会议广州市委员会法制工作顾问,全国律师协会涉外律师领军人才库人选,司法部、全国律师协会"一带一路"跨境律师人才库首批成员,最高人民检察院"民事行政检察专家咨询网"专家,中山大学法学院、广东外语外贸大学法学院兼职教授、硕士研究生导师。任广东省律协国际贸易法律专业委员会主任、广州市律协"一带一路"法律专业委员会副主任。

朱　滔　广东广信君达律师事务所合伙人。其团队由具有长期从事审判、仲裁实务工作经验的律师组成。专注于劳动人事、建设工程、民商事争议解决、常年法律顾问等领域。

向　劲　广东广信君达律师事务所专职律师。具有专利代理师、知识产权师、中级经济师资格以及大型医药研发单位任研究员经验,广东省律协跨境电商法律专业委员会秘书长、粤港澳大湾区知识产权调解中心首批调解员、广州市白云区重点产业知识产权维权援助和保护专家。专注于知识产权类和疑难复杂民商事纠纷。

向金波 广东广信君达律师事务所高级合伙人。长期深耕民商事诉讼/仲裁法律业务,在重大疑难民商事诉讼/仲裁领域为客户提供高效的法律争端解决方案。

全朝晖 广东广信君达律师事务所高级合伙人。具备二级律师职称,曾任广州市律协保险法律专业委员会主任,现任广东省律协、广州市律协财资工委副主任、中国保险资管业协会法律合规专委会委员。英国特许仲裁员协会仲裁委员、内地及香港数家机构仲裁员,司法部及广东律协涉外律师领军人才,任中国贸促会、中证资本市场法服中心及中证协、我国香港特别行政区、新加坡、日本等国际调解中心调解员及中山大学法律硕士专业学位(涉外律师)研究生联合培养导师等职。专注于资本市场、金融财税保险、跨境投融资及相关多元纠纷等领域。

刘东栓 广东广信君达律师事务所合伙人。从事律师工作20余年,曾任广东省律协证券委委员、广东省注册会计师协会申诉委委员,曾获广东省残联"法律助残先进个人"称号,获广州市律协"公益爱心奖"。专注于公司改制、上市、并购、重组等。

刘善巧 广东广信君达律师事务所高级合伙人。现任及曾任广州市荔湾区第十六届政协委员,广州市第十五届人民代表大会代表,广州市第十五届人民代表大会经济委员会委员,广州市荔湾区政协第十四届常委,广州市荔湾区华侨联合会副主席,广州/湛江/清远仲裁委仲裁员,广东省新社会阶层人士联合会常务理事,粤港澳大湾区专业人士智库专家、总干事,广东省高级人民法院调解员等社会职务。

刘　嘉 广东广信君达律师事务所专职律师,任广东省环境保护基金会法律事务委员会委员、广东省环境保护纠纷人民调解委员会人民调解员、广东省动植物资源保护与利用纠纷人民调解委员会人民调解员、广州市环境教育学会法务部主任等。专注于生态环境领域诉讼、企业法律顾问服务及民商事诉讼。

江　波 广东广信君达律师事务所高级合伙人。于1981年以广州市文科高考第二名考入北京大学法律系,1986年取得律师资格并执业,曾由广东省司法厅外派香港特别行政区,担任香港粤海企业(集团)公司法律顾问;担任过广东省第十届、第十一届人民代表大会代表、广东省第十一届人民代表大会常务委员会内务司法委员会委员、广州市政协委员。现为北京大学广州校友会副会长、秘书长。

专注于合同法、国际贸易和投资、银行和证券、家族财富传承、房地产和建筑工程、海事和海商及知识产权。

许文滔 广东广信君达律师事务所专职律师。广东省法学会港澳法研究会理事、《医事法学亮点在广东》编委会成员、广州医科大学法治与政策研究中心秘书,中国法学会会员。专注于民商事领域诉讼争议解决、公司治理以及医事法学等领域。

许丽华 广东广信君达律师事务所合伙人。具有律师从事证券法律业务资格、外经贸企业股份制改组业务资格、上市公司独立董事资格、军工涉密业务咨询服务资格。执业领域为基础设施法律业务,资本市场法律业务及商业诉讼、仲裁法律业务。

许杰民 广东广信君达律师事务所专职律师,广州市律协第八届、第九届、第十届民事法律专业委员会委员。具有17年的律师执业经验,专注于公司事务、房地产、合同纠纷、信托、知识产权等方面的非诉及诉讼业务。

孙君元 广东广信君达律师事务所专职律师。专注于民商事诉讼、公司风险防范与内部治理等领域。

苏东海 广东广信君达律师事务所高级合伙人。执业逾30年,法律实务经验丰富,荣获广东省司法厅嘉奖1项,省、市律协颁发的业务成果奖,执业20年贡献奖,理论成果三等奖及广东律师杂志评选专业文章一等奖等约20项奖项,2021年获评为广东省(2017-2021)“全省优秀律师”。专注于行政法与政府法律顾问、知识产权、法律风险管理及重大疑难诉讼案件代理等领域。

苏耀云 广东广信君达律师事务所专职律师。担任广东省社会组织总会法工委互联网专业组委员。在《中国律师》、《广州律师》、威科先行、今日头条、新浪网、广州市律协等平台发表文章数十篇。专注于互联网纠纷争议解决、隐私和个人信息保护、数据安全与合规、政府监管合规、行政诉讼等领域。

李龙龙 广东广信君达律师事务所专职律师。专注于重大民商事诉讼与仲裁、公司法、重大经济刑事辩护及风控等。

李　立 广东广信君达律师事务所高级合伙人,广东省律协医疗卫生与健康法律专业委员会副主任,中国医学论坛报《医事法学》栏目编委,中国卫生信息与健康大数据学会公益慈善与伦理专业委员会委员;多次获得广州市律协业务成果奖,曾获第三届广州律师辩论赛“优秀辩手”,专注于医事领域(民事、行政、刑事、非诉）、政府法律顾问及行政诉讼等领域。

李甜甜 广东广信君达律师事务所专职律师。广州律师协会辩论团成员，获得最佳辩手称号，广东省法学会经济法学研究会理事。专注于建设工程、房地产、民商事诉讼（仲裁）、企业法律顾问等领域。

杨 尹 广东广信君达律师事务所合伙人，广州市涉外律师领军人才。专注于企业并购重组、证券发行上市、公司治理以及外商直接投资等法律业务。

杨钰嵘 广东广信君达律师事务所实习人员。专注于民商事诉讼和刑事辩护业务学习。

杨超男 广东广信君达律师事务所合伙人。暨南大学/柏林自由大学法学博士，广东省涉外律师领军人才。2020 年至 2022 年，连续三年被国际知名法律评级机构 The Legal 500 评为中国法域律师广州地区“新星律师”。专注于民商事争议解决业务、公司与商事业务、涉外贸易与投资业务、海事海商与航空航天行业业务等领域。

肖小俊 广东广信君达律师事务所合伙人。清华大学硕士，现为广州市破产管理人协会副会长，广东省法学会破产法学研究会常务理事，广州市法学会、广州市不良资产管理协会“金融稳定专家委员会”委员，专注于破产清算与重整、债务重组、不良资产等领域。

肖剑基 广东广信君达律师事务所合伙人。现任广州市律协劳动和社会保障法律专业委员会委员、广州市“百名公益专家律师”、广州市总工会职工法律服务律师团成员、广州市中小型企业协会律师团成员、广州市海珠区劳动人事争议三方联合调解中心调解员。专注于劳动法、合同法、企业人事管理等领域。

肖 璐 广东广信君达律师事务所兼职律师。广东财经大学马克思主义学院讲师，广东省法学会诉讼法学研究会理事，粤港澳大湾区法商研究院研究员。荣获广州市第二届公诉人与律师控辩大赛团体二等奖、广州市律协 2021 年度业务成果奖、广东省首届防范非法集资微视频设计大赛一等奖。专注于刑事辩护、企业合规、企业家刑事法律风险防范等领域。

吴剑良 广东广信君达律师事务所专职律师。毕业于华东政法大学法学院，获法学学士学位。曾任或现任广州市律协房地产专业委员会委员、电子商务专业委员会委员。专注于房地产、建筑工程、股权并购等领域。

吴晓彤 广东广信君达律师事务所专职律师。专注于政府与学校法律事务、劳动人事争议、民商事争议解决及执行案件。

何嘉欣 广东广信君达律师事务所专职律师。曾参与广东省人大常委会办公厅委托的立法项目、广州市金融工作局主管广州金融业协会组织的金融法学研究项目,先后荣获多项学术成果奖项,专注于公司治理与风险防控、民商事争议解决、反垄断与竞争法等领域。

张 哲 广东广信君达律师事务所合伙人。专注于争议解决、婚姻家事、企业商业模式与资产债务重组、政府与学校法律事务。

张雪芳 广东广信君达律师事务所高级合伙人。具有上海证券交易所授予的上市公司独立董事资格,现担任广东省律协第十二届律师代表及广州市律协第十届律师代表、广东省律协证券专业委员、广州市律协金融委专业副主任。专注于金融、资本市场、常年法律顾问服务、重大疑难民商争议解决等领域。

张 蓉 广东广信君达律师事务所合伙人。西南政法大学民商法学士、中山大学法学硕士。专注于企业合规体系建设、重大合同商事纠纷、公司常年法律顾问、公司股东纠纷及衍生法律问题等领域。

张慧进 广东广信君达律师事务所合伙人。其拥有 17 年执业经验,具备国际专业调解员培训证书,专注于婚姻家事领域。

陈伟雄 留日法学博士,广东广信君达律师事务所高级合伙人、日本东京分所主任。是广州仲裁委员会仲裁员,广州市留东会理事兼法律顾问,广州市留学人员商会法律委员会副主任。2016 年取得日本法务省授予的日本外国法事务律师资格,2018 年荣获“广州涉外大律师”称号,2019 年入选司法部全国千名涉外律师领军人才名单。执业领域为民商法、公司法、国际投资、国际贸易、知识产权、劳工纠纷处理等,以非诉讼业务为主。

陈远乐 广东广信君达律师事务所创始合伙人、高级合伙人。曾任或现任广信律师事务所副主任/主任、全国律协公司法专业委员会委员、第六届广东省律协常务理事、第六届广东省律协知识产权法律业务委员会主任、广东省律协发展战略委员会委员、广东省律协法律职业共同体委员会副主任、广州市律协纪律委员会副主任、广州仲裁委员会仲裁员、广东省民营企业文化协会首届副会长、广州市律师学院特聘讲师。2016 年荣获广州市律协执业 20 年贡献奖和 2016 年度优秀专门(工作)委员会委员奖;2018 年荣获广东省律协委员会优秀委员奖;其承办的在最高人民法院终审、再审的诉讼案例和在香港主板上市的非诉讼案例入选 2019

年度广东律师典型案例。

陈　希　广东广信君达律师事务所合伙人。英国阿伯丁大学国际商法硕士。任广州市律协粤港澳大湾区及自贸区法律专业委员会委员，入选广东省涉外律师新锐人才库、广州市涉外律师领军人才。

陈昱霖　广东广信君达律师事务所合伙人，毕业于暨南大学法学院，获法律硕士学位。专注于房地产项目开发、收购及销售辅助、知识产权、劳动争议案件及劳动法律业务。

陈润垣　广东广信君达律师事务所专职律师，研究生毕业于西南政法大学。

林　杨　广东广信君达律师事务所高级合伙人，广东省法学会知识产权法学研究会理事、广东省律协城市更新委员会会员。2021 年度，获提名 ALB 年度沿海地区女性律师大奖（本地）；2021 年度获得国际认可专业调解员资格。专注于城市更新、知识产权、民商事诉讼及仲裁等领域。

林绮红　广东广信君达律师事务所专职律师。中国并购公会认证并购交易师，广东省律协证券与资本市场法律专业委员会委员。执业领域为企业并购重组、证券、公司等法律业务及外商直接投资法律业务。

林锋律师团队　由林锋、雷志容、陈春燕、陈希、李珺等几位执业多年并具有丰富办案经验的合伙人或律师组成，团队成员在广州市律协专业委员会任职并入选省市律协各类人才库。团队专注于民商事争议解决（含涉外）、公司法、企业法律顾问等领域。

周若瑜　广东广信君达律师事务所专职律师。专注于证券与资本市场、公司投融资并购及民商事诉讼代理法律事务。

周　莲　广东广信君达律师事务所合伙人，广东省港澳法研究会理事，专注于民商事领域、跨境投资、涉外民商事调解、诉讼、仲裁及相关执行领域、涉外法律服务等领域。

郑　劭　广东广信君达律师事务所专职律师。毕业于广东金融学院，获法学、金融学双学士学位。专注于房地产诉讼、股权并购、劳动纠纷、人身损害赔偿等领域。

赵俊峰　广东广信君达律师事务所合伙人。是中国证监会和司法部首批授予从事证券法律业务资格律师，具有上市公司独立董事任职资格。专注于境内外上市、债券发行、国资管理、并购重组、私募股权投资、企业合规及重大民商事诉讼仲裁案件处理。

徐颖雯 广东广信君达律师事务所合伙人。现任及曾任广东省律协基金与股权投融资委员会委员、广州市律政营商环境研究院研究人员、广州市越秀区人民法院调解员。专注于民商事诉讼与非诉讼业务。

殷松茂 广东广信君达律师事务所专职律师。曾为广州市海珠区人民法院诉前调解工作室、广州市海珠区劳动人事争议仲裁委员会、广州市海珠区南石头街道司法所提供劳动案件调解服务及法律咨询服务。执业领域为民事、行政事务,专业特长为解决劳动人事纠纷。

黄汝妮 广东广信君达律师事务所专职律师。专注于民商事争议解决、公司法律事务及房地产法律尽职调查等领域。

黄　恒 广东广信君达律师事务所合伙人。广州市劳动人事争议仲裁委员会兼职仲裁员、广州市海珠区劳动人事争议三方联合调解中心调解员、广州市经济法学会商事纠纷人民调解委员会调解员,执业领域为重大疑难复杂商事争议解决、劳动与社会保障、公司治理、金融催收等专业领域。

黄福轩 广东广信君达律师事务所合伙人,广东省律协公司法委员会委员等,曾荣获广东省律协等主管单位颁发的“参与服务民企优秀党员”“优秀典型案例优秀奖”等多项荣誉、奖项。专注于民商事争议解决、公司法律事务、企业用工管理、刑事辩护及刑事风险防控等领域。

曹武清 广东广信君达律师事务所专职律师。执业领域为企业 IPO 及并购重组、私募基金、国际贸易和国际物流、公司常年法律顾问、重大民商事诉讼仲裁等。

梁伟生 广东广信君达律师事务所合伙人。1996 年开始执业至今,专注于建设工程、房地产、民商事合同纠纷等案件业务。

梁沐周 广东广信君达律师事务所专职律师。获得广东省社区法律顾问优秀律师、广州律师行业优秀共产党员称号,入围 2021 年 ALB 中国区域市场法律大奖、年度沿海地区青年律师大奖,专注于政府、国企、上市公司决策与应急处置工作参谋,国有投资、并购与融资,大型基础设施、房地产与产业园区建设、开发与运营等非诉讼法律业务,复杂商事争议解决等诉讼业务等领域。

蒋修贤 广东广信君达律师事务所合伙人。毕业于中国政法大学,获得法学硕士学位、中国交易并购师。曾任或现任广州/肇庆仲裁委员会仲裁员、广工经贸学院客座教授、广州国规委专家、广东工信厅专家、广东“三旧”改造协会专家，专注于城市更新、房地产与建筑工程、公司法、诉讼（含涉外）/仲裁业务等领域。

喻　玲　广东广信君达律师事务所合伙人。毕业于中山大学法学院，获法学硕士学位。专注于民商事、公司法、建筑工程、房地产开发建设领域诉讼。

曾　恺　广东广信君达律师事务所专职律师。担任广东省社会组织总会法工委互联网专业组委员。在《中国律师》、《广州律师》、威科先行、今日头条、新浪网、广州市律协等平台发表文章数十篇。专注于互联网、新经济领域纠纷争议解决、商业模式/业务产品合规论证、数据合规管理等相关法律服务。

谢　昕　广东广信君达律师事务所合伙人，广东省律协公司法律专业委员会委员，广州市律协证券法律专业委员会委员，广东省涉外律师库新锐人才，广东省法学会知识产权学会理事，具备上海证券交易所授予的上市公司独立董事和董秘资格、中国并购公会授予的并购交易师资格。专注于证券、企业重组、股权投资并购与股权激励、国企法律服务、公司法律业务、国际贸易、知识产权、公司商事诉讼仲裁等业务的研究和法律服务。

谢　明　广东广信君达律师事务所合伙人，兼中山大学法律硕士专业学位（涉外律师）研究生校外导师，曾任或现任广州国际商贸商事调解中心调解员、仲裁员，广州市律协海事与航空专业委员会副主任，广东省律协海商海事专业委员会委员、中国海商法协会海运法规专业委员会委员，广东省、广州市涉外律师领军人才。

谢佩雯　广东广信君达律师事务所合伙人。毕业于香港城市大学，获法律硕士学位。专注于民商事诉讼法律服务、企业法律顾问、公司治理等领域。

谢　捷　广东广信君达律师事务所合伙人。现任香港女律师协会理事、广东省粤港澳促进会法律专业委员会委员、中华全国律师协会“一带一路”律师联盟会员、广东省律协粤港澳大湾区工作委员会委员、广州市律协并购重组业务专业委员会委员、广州仲裁委员会仲裁员等职；入选司法部全国千名涉外律师人才名单、广东省首批涉外律师领军人才、广东省律协涉外法律服务讲师团成员、广州市首批涉外律师领军人才、广州律师学院特聘讲师；其承办的在最高人民法院终审、再审的诉讼案例和在香港主板上市的非诉讼案例入选广东省律协律师典型案例，并获广州市律协授予“执业 20 年贡献奖”。

雷志容　广东广信君达律师事务所合伙人，中山大学法律硕士，河源仲裁委员会委员、广州市律协企业法律顾问专业委员会委员。专注于企业法律服务、民商事案件处理、境内或境外金融机构法律服务、破产清算业务等。

慕亚平　广东广信君达律师事务所高级合伙人，兼任中山大学法学院教授，WTO与CEPA法律研究中心主任。参与起草、修改《粤港合作框架协议》，粤澳法律问题与合作专家小组专家。入选全国首批“学习强国”法治宣传专家成员。中国国际经济贸易法研究会副会长，中国法学会自由贸易区法治专业委员会副主任委员，广东省港澳法研究会副会长。专注于跨境投资、涉外民商事调解、诉讼、仲裁及相关执行领域、涉外法律服务工作等领域。

廖　萃　广东广信君达律师事务所专职律师。专注于建设工程、房地产、民商事诉讼(仲裁)、企业法律顾问等领域。

熊　玲　广东广信君达律师事务所(武汉)专职律师，于2004年开始从事法律工作，主要从事企业并购重组、证券、公司、民商事等非诉和诉讼法律业务。

黎月梅　广东广信君达律师事务所合伙人。被评为2017年度广州市司法局优秀团干，完成的成果获2018年度广州市律协业务成果奖。专注于民商事诉讼/仲裁、行政复议/诉讼及民行交叉案件、公司银行金融、房地产/建设工程等领域。

黎国贵　广东广信君达律师事务所高级合伙人。曾任或现任广州市律协建设工程法律专业委员会副主任，广东省律协建筑工程法律专业委员会委员，广州仲裁委员会仲裁员、案件咨询专家，武汉、佛山、河源市仲裁委员会仲裁员，广州市三农法学会副会长，广东省法学会经济法学研究会常务理事，广东省法学会民商法学研究会理事，广州国际商贸商事调解中心调解员。专注于建设工程、房地产、民商事诉讼(仲裁)、企业法律顾问等领域。

廣信君達律師事務所 ETR Law Firm 1993-2023

专业智慧 步步为赢

律师实务案例精选

（下册）

广东广信君达律师事务所　主编

广信君达法律实务丛书

广信君达律师事务所30周年庆典纪念册书

法律出版社 LAW PRESS · CHINA
北京

目　　录

（下册）

行政法及知识产权篇

第一章　行政案例精选

第二章　知识产权案例精选

刑事篇

第一章　危害公共安全罪、妨害社会秩序罪案例精选

第二章　经济犯罪案例精选

行政法
及知识产权篇

三

第一章 行政案例精选

户外广告位置设计及经营权的赋予是否属于行政许可

——A公司不服市建委、市城管委行政许可纠纷案评析

王春平 黎月梅

摘 要

在A公司与B公司之间的财产损害赔偿纠纷案中，代理律师经调查获悉："B公司通过某市城乡建设委员会（以下简称市建委）委托资金办组织的招投标获得某户外广告位置的设计及经营权，并与资金办签订了承包合同，因B公司在合同履行过程中存在违约，资金办向其作出了解除合同的通知。其后，某市城市管理委员会（以下简称市城管委）承接了户外广告监管职能，其委托的资金办未经重新招投标，通过与B公司签订补充协议的方式再次赋予B公司前述设计及经营权。"因市建委和市城管委实施的前述行为致使A公司在相关诉讼中被法院判定承担侵权损害赔偿责任，合法权益遭受严重侵害，代理律师经审慎研判，代理A公司策略性提起了本案行政许可诉讼，为前述民事纠纷案争取到了较为有利的局面。本案是律师灵活运用多元化手段解决争议的典型，对"政府授予有关企业户外广告位置设计及经营权"这一行为的定性、行政机关如何依法作出该等行为亦具有借鉴意义。

案情简介

2012年6月25日，在B公司对某市C广告公司（以下简称C公司）和某省D大酒店（以下简称D大酒店）提起的侵权损害赔偿之诉中，A公司被追加为共同

被告,一审法院经审理作出一审判决(以下简称首轮一审民事判决),以“B公司在履行与资金办之间的《户外广告位置设计及经营权总承包合同》(以下简称《总承包合同》)过程中存在违约,资金办于2010年8月2日向B公司送达了《解除合同通知》,《总承包合同》已于2010年8月2日解除,从2010年8月2日起B公司不再享有位于D大酒店楼顶广告位置(以下简称案涉广告位)的广告发布经营权”为由,驳回了B公司的诉讼请求。

然而,在二审诉讼过程中,B公司向二审法院补充提交了其于2012年4月5日与资金办签订的《〈总承包合同〉补充协议书》(以下简称《补充协议》)和市城管委景观管理处作出的《关于明确××××户外广告位置经营权的复函》,二审法院据此于2013年10月28日作出判决(以下简称首轮二审民事判决)认定B公司对案涉广告位仍享有广告发布经营权,并以“C公司确认是A公司主动提出签订合同,A公司也是案涉广告的实际发布者,侵权的主体是A公司”为由,仅判决A公司承担侵权赔偿责任,C公司、D大酒店无须承担责任。

因对首轮二审民事判决不服,A公司向某省高级人民法院申请再审,再审申请被省高级人民法院于2014年4月15日裁定驳回。

其后,B公司又以基本相同的事实和理由对A公司提起另外一宗侵权损害赔偿之诉,因该案与首轮民事诉讼案件事实基本相同,首轮二审民事判决已经生效、A公司的再审申请亦被驳回,故审理第二宗侵权损害赔偿案的一审法院直接依据首轮二审民事判决作出判决(以下简称次轮一审民事判决),认定A公司构成侵权,并判决A公司承担损害赔偿责任。

通过前述诉讼,A公司了解到如下案件基本事实:

资金办受被告委托,负责对××××户外广告位置设计及经营权总承包项目进行招标,通过招投标确定并赋予B公司对××××户外广告位置的设计及经营权,并于2006年3月22日与B公司签订了《总承包合同》。案涉广告位包含在被告委托资金办通过招投标方式确定并赋予B公司所享有设计及经营权的××××户外广告位置范围之内。

案涉广告位因系由C公司根据《楼顶广告媒体场地占用协议》向物业管理使用人D大酒店承租、设置和使用,B公司于2007年1月31日与C公司签订《户外广告合同》,C公司将案涉广告位提供给B公司合作发布广告使用,合同期限自2007年2月1日至2012年1月31日。2007年6月1日,B公司与E公司签订《媒体发布合同》,将案涉广告位提供给E公司用于发布广告,合同期限自2007年6月5日至2010年5月30日。

因B公司在履行《总承包合同》过程中存在违约，资金办于2010年8月2日向B公司送达了解除合同通知，解除了《总承包合同》，并随即书面通知了D大酒店、E公司等有关当事人。B公司因而停止按《户外广告合同》向C公司支付广告费，C公司为此向某市仲裁委员会（以下简称市仲裁委）申请仲裁，市仲裁委于2011年7月1日作出仲裁裁决，认定B公司和C公司之间的《户外广告合同》于2011年3月17日解除。

在收到资金办关于已与B公司解除合同的书面通知后，C公司为能继续使用案涉广告位发布广告而找到A公司，在向A公司提供了资金办向D大酒店、E公司发送的《关于配合××××户外广告牌拆除工作的通知》、B公司向C公司发出的《〈户外广告合同〉解除通知》等有关证明材料之后，A公司才于2011年5月12日与其签订《广告合同书》，而E公司直到见到C公司向A公司提交的生效仲裁裁决后才于2011年7月19日与A公司签订《广告合同书》。

《总承包合同》解除后，B公司向资金办提出补偿要求，为解决双方之间的争议，资金办于2012年4月5日与B公司签订了《补充协议》，将根据市城管委《关于明确××××户外广告设置规划具体点位的函》确定的总面积为5800平方米的5个规划点位提供给B公司在延长的合同期限内（从2012年5月1日至2014年1月31日止，含3个月建设免租期）发布广告，以此作为因解除合同而对B公司的补偿。随后，B公司向市城管委提交《关于明确××××户外广告位置经营权的函》，市城管委景观管理处于2012年6月19日作出内容为“根据户外广告位置设计及经营权总承包合同补充协议书，贵司为协议约定承包经营单位”的《关于明确××××户外广告位置经营权的复函》。

经过前述诉讼，A公司才知道B公司2006年通过市建委委托资金办组织的招投标获得××××户外广告位置的设计及经营权，在2010年8月2日《总承包合同》解除、B公司失去对××××户外广告位置的设计及经营权，且《总承包合同》期限于2011年12月31日届满的情况下，市城管委（2010年9月户外广告监管职能由市建委转移至市城管委）委托的资金办违反招标投标法律规定，未经重新招投标，于2012年4月5日又与B公司签订《补充协议》，再次赋予B公司对××××户外广告位置的设计及经营权。经咨询法律专业人士，A公司才知道被告赋予B公司对××××户外广告位置的设计及经营权属于行政许可，而根据《行政许可法》第15～17条等有关法律规定，该行政许可违法。

A公司认为，市建委、市城管委违法实施的行政许可，致使A公司在前述诉讼中被法院判定承担侵权损害赔偿责任，合法权益遭受严重侵害，该行政许可依法应予撤销,《补充协议》因市建委、市城管委行政许可违法而应属无效。

争议焦点

1. 案涉行政行为是行政许可、行政合同、民事合同还是特许经营?

2.《总承包合同》是否于2010年8月2日即已解除? 是否因《补充协议》而恢复效力?《补充协议》究竟是“补充协议”还是“补偿协议”?

3.《补充协议》的签订是否产生了一个新的行政行为?

4. 案涉行政行为是由谁作出的?

5. 案涉行政行为是否合法?《城市市容和环境卫生管理条例》第11条、《广告法》第33条是否可以作为市城管委作出案涉行政行为的依据?

6. 案涉行政行为与A公司损失之间是否存在因果关系?

7. A公司与案涉行政行为是否具有法律上的利害关系?

代理意见

A公司律师认为市建委、市城管委两被告委托资金办通过招投标确定并赋予B公司对××××户外广告位置的设计及经营权,实质上是一种行政许可。资金办受托对××××户外广告位置的设计及经营权进行招投标以及与B公司签订《总承包合同》《补充协议》,实质上均是被告实施行政许可的具体行为表现。案涉行政行为既非行政合同、民事合同,也非特许经营。

《总承包合同》事实上于2010年8月2日即已解除,《补充协议》实质上是“补偿协议”。

被告委托资金办与B公司签订《补充协议》,实质上是实施了一个新的行政许可。

案涉行政许可实际上是由两被告共同设定和实施的。

被告不具备设定和实施案涉行政许可的主体资格,案涉行政许可没有法律依据,违反了《行政许可法》《物权法》《招标投标法实施条例》等有关法律规定,依法应予撤销。《城市市容和环境卫生管理条例》第11条、《广告法》第33条等不能作为市城管委作出案涉行政行为的依据。

被告辩解A公司损失与其无关没有依据,被告的违法行为严重影响了A公司的权利义务,给A公司造成了很大损害,故A公司有权请求法院依法判决撤销两被告赋予B公司对××××户外广告位置的设计及经营权之行政许可。

案例评析

无论是民事诉讼、行政诉讼，还是刑事诉讼，都只不过是一种法律手段，客户委托律师代理诉讼，取得胜诉结果不一定就是客户的真正目的，如何灵活运用不同法律手段，达至客户真正委托目的，是每个律师需要认真思考的问题。

在A公司与B公司之间财产损害赔偿纠纷案民事诉讼过程中，B公司在首轮二审诉讼程序和次轮一审诉讼程序中胜诉的关键在于市城管委景观管理处在出具的函件中确认B公司享有广告经营权，但函件对于B公司享有经营权的广告位具体范围的描述却含糊其辞。由于A公司不是该函件及其他相关政府信息的当事人，无法获知相关政府信息的内容，请求法院就此进行调查取证的申请也未获支持。在首轮两审、再审、次轮一审皆输的情形下，为使案件有关事实得以查明，扭转败诉不利局面，力争在次轮二审中起死回生，代理律师经认真研究案件材料，一方面建议A公司尝试通过申请政府信息公开获取有关政府信息，以作为新证据；另一方面提起本案行政诉讼，力争从基础上推翻《总承包合同》和《补充协议》的效力，同时借机查明相关案件事实和获得相关新证据。

本案行政诉讼与另一政府信息公开案行政诉讼、行政复议，实际上均是A公司根据代理律师建议采取的技巧性和策略性手段。事实上，通过政府信息公开案，A公司拿到了对自己非常有利的政府信息作为新证据，可以在次轮民事诉讼二审程序和本案中使用。虽然法院最终基于历史、政策原因等方面的考虑没有对案件进行实体审理和支持A公司的诉请，但采信并适用了A公司在政府信息公开案中获得的新证据，并认定《补充协议》下新规划的5个广告点位没有涵盖D大酒店广告位（案涉广告位），实际上使B公司向A公司主张损害赔偿丧失了根本基础，从而为接下来使用新证据和二审裁定推翻首轮两审生效判决、再审裁定和次轮一审判决打下了坚实的基础，使该案的情况峰回路转、柳暗花明，离起死回生和最后胜利越来越近。

专家点评

在2014年《行政诉讼法》修改前，本案诉争的“签署《总承包合同》的行政行为”属于行政许可还是特许经营在司法实践中存在争议，在法学理论界也存在不同的观点,甚至还有学者依据《行政许可法》第12条第2项等有关规定认为行政特许经营是行政许可的一种方式。如何有效区分行政许可与行政特许经营为我所用值得进一步研究和探讨。

本案中存在A公司的权益受到损害或受到损害的现实可能性,而权益损害与行政行为又具有因果关系,在此基础上法院仍坚持认为“A公司与案涉行政行为无法律上的利害关系”同样值得商榷。

(点评人:汪庆华,北京师范大学法学院教授、博士生导师)

巧借行政诉讼和行政复议，取得民事诉讼关键证据

——A 公司不服市城管委政府信息公开行政纠纷案评析

王春平　黎月梅

摘　要

在 A 公司与 B 公司之间的财产损害赔偿纠纷案中，B 公司在一审程序中胜诉的关键在于有关行政机关在出具的函件中确认 B 公司享有广告经营权，但该函对 B 公司享有经营权的广告位具体范围的描述却含糊其词。为打破困境，使有关事实得以查明，代理律师凭借丰富的执业经验，巧借行政复议制度的内部监督纠错功能，最终帮助 A 公司取得了有关政府信息，并将该等政府信息作为新证据在前述财产损害赔偿纠纷案件中提交，使该案"柳暗花明"。

案情简介

2014 年 5 月 23 日，A 公司因与 B 公司之间财产损害赔偿纠纷案，需要从市城管委处获取并使用相关政府信息而向某市城管委申请公开 7 项政府信息，市城管委于当日签收了 A 公司的申请材料。

2014 年 6 月 18 日，市城管委作出〔2014〕726 号《关于政府信息公开申请书的复函》（以下简称〔2014〕726 号复函），除公开了 A 公司第 4 项申请对应的政府信息之外，其他政府信息均未予公开。

2014 年 11 月 20 日，A 公司因不服〔2014〕726 号复函向法院提起了行政诉讼，请求法院判决撤销〔2014〕726 号复函，判令市城管委公开 A 公司第 1、2、3、5、6、7 项申请对应的政府信息。

2014年12月30日,法院公开审理了本案。在庭审过程中,法院主要对"A公司的起诉是否超过了法定的起诉期限、市城管委作出〔2014〕726号复函是否合法(主要包括:是否符合法定程序、认定事实是否清楚、证据是否充分、适用依据是否正确、行为是否适当)"等问题进行了审查。

2015年3月3日,法院经公开审理后判决撤销〔2014〕726号复函第1项内容,判令市城管委在判决生效之日起15个工作日内对A公司第1、2、5项申请对应的政府信息重新作出处理,驳回A公司其他诉讼请求。

2015年4月3日,A公司代理人收到市城管委就A公司第1、2、5项申请重新作出的〔2015〕353号《关于重新作出信息公开的复函》(以下简称〔2015〕353号复函)。在该复函中,市城管委均借故未予公开前述生效判决判令其重新作出处理的3项申请。

2015年5月18日,A公司就〔2015〕353号复函向某省住房和城乡建设厅(以下简称省住建厅)申请行政复议。

2015年7月10日,省住建厅作出〔2015〕42号《延长行政复议审查期限通知书》,决定延长审查期限30天。

2015年7月24日,省住建厅作出〔2015〕59号《行政复议决定书》,决定撤销〔2015〕353号复函第1项答复,确认该复函第2项答复违法,责令市城管委就A公司第1、2项申请重新作出处理。

2015年8月27日,市城管委作出〔2015〕1149号《关于重新作出信息公开的复函》,向A公司公开了第1、2项申请对应的有关政府信息。

争议焦点

一、一审诉讼程序

1. A公司提起诉讼是否超过法定起诉期限;
2. 市城管委作出〔2014〕726号复函是否超过法定答复期限;
3. 市城管委不予公开A公司第1、2、3项申请对应的政府信息是否合法;
4. 市城管委未就A公司第5项申请作出处理是否合法;
5. A公司第6、7项申请是否属于法律规定的应予公开的政府信息。

二、行政复议程序

1. 市城管委再次拒绝公开A公司第1、2项申请对应的政府信息是否合法;
2. 市城管委以"查找不到"为由未予公开A公司第5项申请对应的政府信息

是否合法。

代理意见

一、一审诉讼程序中代理律师的代理意见

关于A公司提起诉讼是否超过法定起诉期限。市城管委于2014年6月18日作出〔2014〕726号复函之时并未告知A公司诉权或起诉期限,故本案应适用2年的法定起诉期限,A公司于2014年11月20日提起本案诉讼并未超出法定的2年起诉期限。

关于市城管委作出〔2014〕726号复函是否超过法定答复期限。根据《政府信息公开条例》第24条第2款"行政机关不能当场答复的,应当自收到申请之日起15个工作日内予以答复"的规定,市城管委收到A公司递交的政府信息公开申请材料的时间为2014年5月23日,故其答复期限依法应于2014年6月13日届满。然而,市城管委作出〔2014〕726号复函的时间为2014年6月18日,向A公司送达该复函的时间为2014年6月22日,显然已超出法定的答复期限。而且,市城管委并未举证证明其依法办理了延长答复的批准手续。由此,市城管委无正当理由超出法定答复期限作出答复,程序违法。

关于市城管委不予公开A公司第1、2、3项申请对应的政府信息是否合法。根据C公司(某市原资金管理办公室)和B公司签署的《补充协议》等证据材料,市城管委显然接收过《关于处理某某事宜的请示》,并针对该请示作出过《关于〈关于处理某某事宜的请示〉的复函》。而且,这两份文件是市城管委在履行职责过程中制作或获取的信息,市城管委有义务向A公司公开。即便前述请示并非B公司提交,前述复函并非针对B公司作出,由于A公司并非前述请示、复函的当事人,加之《补充协议》没有载明该等函件的接发单位,故A公司根本不可能也无法知悉该等函件的有关情况,对该等函件的描述也不可能完整、准确。根据《政府信息公开条例》第6条"行政机关应当及时、准确地公开政府信息"的规定,市城管委应当在向A公司说明、核实该等函件接发单位等相关问题后依法公开政府信息。同时,如市城管委认为A公司申请内容不明确,其应根据《政府信息公开条例》第26条第4项"申请内容不明确的,应当告知申请人作出更改、补充"的规定告知A公司就申请内容进行更改、补充。市城管委却利用自身的优势地位,以"没有接收过""没有作出过复函"等无理理由来搪塞A公司,甚至没有对"前述两份文件是否真实存在"等关键问题作出答复,答复显然未达到全面、具体的法定要求,也显

然未尽到合理、充分的告知及说明义务。而关于A公司第3项申请,市城管委先是在复函中辩称"我委未出具过'某某具体意见'的文件",后在庭审过程中辩称"该具体意见就是A公司第4项申请对应的政府信息",前后不一、自相矛盾,明显系在推卸责任。

关于市城管委未就A公司第5项申请作出处理是否合法。市城管委先是在〔2014〕726号复函中就此项申请没有作出任何回复,后在庭审中辩称其经多方查找而未能找到该函件,但其自始至终均没有就"其有查找该函件的行为,查找的方式、范围,查找是否充分、合理"等情况进行举证,明显违反了最高人民法院《关于审理政府信息公开行政案件若干问题的规定》第5条等有关法律规定。即便市城管委已尽到查找义务,也无法掩盖市城管委作出答复存在遗漏、明显不当的客观事实。

关于A公司第6、7项申请是否属于法律规定的应予公开的政府信息。首先,《政府信息公开条例》第14条第4款规定,"行政机关不得公开涉及国家秘密、商业秘密、个人隐私的政府信息"。根据前述法律规定,A公司第6、7项申请公开的内容显然不属于法定不予公开的范围。凡属于政府信息,如不存在法定不予公开的事由,均应予以公开。其次,A公司在《政府信息公开申请书》中已明确要求市城管委提供第6、7项申请对应的政府信息相关文件,而非要求市城管委回答问题。根据《政府信息公开条例》第2条的规定,法律没有限定政府信息"记录""保存"的形式,只要是市城管委在履行职责过程中制作或者获取并以一定形式保存的信息,均属于政府信息公开的范围,市城管委应依法向A公司公开。最后,如前,A公司并非前述政府信息的当事人,根本不可能也无法知悉前述政府信息的有关情况,更不可能准确说出该等政府信息的准确名称,市城管委未依法尽到合理的告知及说明义务,借此拒绝公开该等政府信息显属违法。

二、行政复议程序中代理律师的代理意见

第一,在生效判决已认定"市城管委以'未收到相关请示及作出复函'为由拒绝公开A公司第1、2项申请对应的政府信息违法",并判令市城管委重新处理该等申请的情况下,市城管委依然我行我素,再次以"未收到相关请示及作出复函"为由搪塞A公司,显属恶意和无视法律。

第二,《政府信息公开条例》第21条规定:"对申请公开的政府信息,行政机关根据下列情况分别作出答复:(一)属于公开范围的,应当告知申请人获取该政府信息的方式和途径;(二)属于不予公开范围的,应当告知申请人并说明理由;(三)依法不属于本行政机关公开或者该政府信息不存在的,应当告知申请人,对能够确定该政府信息的公开机关的，应当告知申请人该行政机关的名称、联系方式；（四）申请内容不明确的，应当告知申请人作出更改、补充。”法律赋予行政机关对政府信息依申请公开的答复仅有四种，市城管委却以“暂时未找到”为由再次拒绝公开A公司第5项申请对应的政府信息，超出法律规定自创了一种新奇的答复方式，此举显属无理推脱责任，于法无据。

案例评析

一、巧用政府信息公开获取有关证据材料

本案实际上为A公司收集、获取其与B公司之间民事诉讼案件证据材料的途径及手段之一。在调查取证过程中，当事人应穷尽各种合法手段，而不应仅仅依赖于法院依职权或依申请调取有关证据。

在A公司与B公司之间财产损害赔偿纠纷案中，B公司在一审程序中胜诉的关键在于有关行政机关在出具的函件中确认B公司享有广告经营权，但该函件中对于B公司享有经营权的广告位具体范围的描述却含糊其辞。由于A公司不是该函件及其他相关政府信息的当事人，无法获知相关政府信息的内容，请求法院就此进行调查取证的申请也未获支持，在此情形下，为使该案有关事实得以查明，代理律师建议A公司尝试通过申请政府信息公开获取有关政府信息，以作为该案的新证据。

根据最高人民法院《关于民事诉讼证据的若干规定》第41条关于“《民事诉讼法》第一百二十五条第一款规定的‘新的证据’，是指以下情形：……（二）二审程序中的新的证据包括：一审庭审结束后新发现的证据；当事人在一审举证期限届满前申请人民法院调查取证未获准许，二审法院经审查认为应当准许并依当事人申请调取的证据”之规定，在民事案件即将或已经进入二审程序的情况下，通过政府信息公开途径获取的有关政府信息依法属于前述规定中的“新的证据”。

二、充分利用行政复议制度的内部监督纠错功能

在现行法律框架下，当事人认为自己的合法权益受到行政行为侵害时，存在多种救济途径，包括提起行政诉讼、申请行政复议、信访等。

行政复议在本质上属于行政行为，是同一权力属性的内部监督，且监督的幅度更宽、要求更高，有时效果会比行政诉讼要好。

在本案中，尽管已有生效判决判令被告重新就原告的有关申请进行处理，但被告依然借故推脱责任，不予公开有关政府信息。在此种情况下，再次提起行政

诉讼实际意义不大,因为司法权可以监督行政权,但不能代替行政权。故代理律师建议原告向省住建厅申请行政复议,通过行政复议程序,由被告上级主管单位对被告违法错误的行政行为进行纠正,督促被告依法行使职权,积极履行法定职责,充分发挥及利用行政复议制度的内部监督纠错功能。

最后,原告通过行政复议程序取得了有关政府信息,并将该等政府信息作为新证据在前述财产损害赔偿纠纷案中提交,使该案的情况峰回路转。

专家点评

本案为代理律师运用申请政府信息公开、行政诉讼、行政复议等多元手段获取民事诉讼证据的典型案例,体现了代理律师敏捷发散的思维方式、过硬的专业知识、高超的执业技巧。

该案例也反映出在信息公开环节目前仍存在部分行政机关不主动、不及时公开政府信息,找各种理由推脱责任或敷衍了事的现象,立法环节对信息公开的相关规定中也存在操作不明确及争议,需要进一步完善、规范。

(点评人:阳庚德,华南师范大学法学院副教授、硕士生导师)

单位补缴住房公积金义务不因职工离职而免除

——某公司不服住房公积金中心行政处理决定案

王　辉　谢佩雯

摘　要

某制衣公司与某住房公积金管理中心住房公积金行政处理一案，因某制衣公司未替其职工缴存住房公积金，故公积金中心责令某公司为其职工补缴住房公积金，某公司对该决定书中的住房公积金缴存时效、缴纳起止时间、缴存与否、缴存基数等方面存在异议，故提起行政诉讼。代理律师凭借丰富的执业经验，抓住案件关键点——住房公积金的追缴无诉讼时效的限制，从而成功维护了住房公积金所有者的合法权益，为我国住房公积金追缴纠纷的解决提供了典型案例。

案情简介

一、案件处理过程

根据G市P区地方税务局出具的某职工纳税清单显示，2006年7月至2013年6月，某职工为原告某制衣公司的职工。2015年12月23日，某职工向被告某公积金中心投诉原告某制衣公司欠缴其2006年8月至2012年5月的住房公积金。被告收到上述投诉后，于2016年3月10日作出某公积金中心《核查通知书》，通知原告其职工即第三人反映原告未缴2006年8月至2012年5月住房公积金4026元，要求原告对与第三人之间是否存在劳动关系及劳动关系起止时间、是否为第三人缴存了住房公积金及住房公积金缴存起止时间、第三人相关年度住房公积金缴存基数、比例是否正确等事项进行核实，同时告知原告对第三人所反映的事实、补缴数额有异议，可以在收到通知书之日起10个工作日内提出异议并附上有关证明资料。原告未向被告提出关于对第三人住房公积金投诉事宜的回复，也未提交任何证据材料。被告于2016年5月23日作出《责令限期办理决定书》，根据《住房公积金管理条例》第2、13、15~20、37~38、47条，《关于住房公积金管理若干具体问题的指导意见》第6条，《关于住房公积金管理几个具体问题的通知》的规定，责令原告为第三人补缴2006年8月至2012年5月的单位应缴存部分公积金合计4026元。同时告知原告申请复议和提起诉讼的权利。被告某公积金中心于2016年5月23日通过邮政特快专递的方式向原告送达案涉决定书，原告于2016年5月24日签收邮件。

2016年7月20日，原告向被告G市政府提交行政复议申请书，被告市政府当日受理后，于2016年7月25日向被告某公积金中心发出《提出行政复议答复通知书》，被告某公积金中心于2016年8月3日向被告市政府提交《行政复议答复书》及作出案涉决定书的证据、依据和其他有关材料；2016年8月5日，被告市政府向某职工发出《第三人参加行政复议通知书》、行政复议申请书、被申请人行政复议答复书及证据材料，某职工于2016年8月6日签收上述材料；2016年9月14日，被告市政府作出涉案复议决定书，根据《行政复议法》第28条第1款第1项的规定，决定维持被告公积金中心作出的案涉决定书。被告市政府通过邮政特快专递的方式向原告送达案涉复议决定书，原告于2016年9月20日签收邮件。原告仍不服，遂提起行政诉讼。

二、裁判理由及法律关系分析

《住房公积金管理条例》第2条规定："本条例适用于中华人民共和国境内住房公积金的缴存、提取、使用、管理和监督。本条例所称住房公积金，是指国家机关、国有企业、城镇集体企业、外商投资企业、城镇私营企业及其他城镇企业、事业单位、民办非企业单位、社会团体(以下统称单位)及其在职职工缴存的长期住房储金。"第15条第1款规定："单位录用职工的，应当自录用之日起30日内到住房公积金管理中心办理缴存登记，并持住房公积金管理中心的审核文件，到受委托银行办理职工住房公积金账户的设立或者转移手续。"第20条第1款规定："单位应当按时、足额缴存住房公积金，不得逾期缴存或者少缴。"第38条规定："违反本条例的规定，单位逾期不缴或者少缴住房公积金的，由住房公积金管理中心责令限期缴存；逾期仍不缴存的，可以申请人民法院强制执行。"根据上述规定，住房公积金是单位和职工缴存的长期住房储金，具有强制性、义务性、专项性，单位应当按时、足额缴存住房公积金，不得私自约定不缴，也不得逾期缴存或者少缴。本案中，G市P区地方税务局出具的第三人纳税清单显示，2006年7月起至2013年6月，第三人与原告存在劳动关系，依据上述规定，原告为第三人缴存在职期间的住房公积金系其作为用人单位的法定义务，其应从 2006 年 8 月起为第三人缴纳用人单位部分住房公积金。原告未为第三人足额缴存公积金违反上述规定，被告依法定职权查明原告欠缴第三人住房公积金的情况后向原告发出核查通知，通知原告对相关事实进行核实，并可在指定的期限内提出异议及提交证据，已给予了原告陈述、申辩的机会及举证的权利，程序合法正当。接到核查通知后原告未提出异议，被告作出案涉《责令限期办理决定书》并将其送达原告，具有事实和法律依据，程序合法。原告抗辩称补缴公积金已过时效及缴纳起始日期应为 2006 年 11 月的主张无事实和法律依据，法院未予支持。

《住房公积金管理条例》第 16 条第 2 款规定："单位为职工缴存的住房公积金的月缴存额为职工本人上一年度月平均工资乘以单位住房公积金缴存比例。"第 17 条规定："新参加工作的职工从参加工作的第二个月开始缴存住房公积金，月缴存额为职工本人当月工资乘以职工住房公积金缴存比例。单位新调入的职工从调入单位发放工资之日起缴存住房公积金，月缴存额为职工本人当月工资乘以职工住房公积金缴存比例。"第 18 条规定："职工和单位住房公积金的缴存比例均不得低于职工上一年度月平均工资的 5%；有条件的城市，可以适当提高缴存比例。具体缴存比例由住房公积金管理委员会拟订，经本级人民政府审核后，报省、自治区、直辖市人民政府批准。"参照《关于住房公积金管理若干具体问题的指导意见》第 2 条规定："设区城市（含地、州、盟，下同）应当结合当地经济、社会发展情况，统筹兼顾各方面承受能力，严格按照《条例》规定程序，合理确定住房公积金缴存比例。单位和职工缴存比例不应低于 5%，原则上不高于 12%。采取提高单位住房公积金缴存比例方式发放职工住房补贴的，应当在个人账户中予以注明。未按照规定程序报省、自治区、直辖市人民政府批准的住房公积金缴存比例，应予以纠正。"第 6 条规定："单位补缴住房公积金（包括单位自行补缴和人民法院强制补缴）的数额，可根据实际采取不同方式确定：单位从未缴存住房公积金的，原则上应当补缴自《条例》（国务院令第 262 号）发布之月起欠缴职工的住房公积金。单位未按照规定的职工范围和标准缴存住房公积金的，应当为职工补缴。单位不提供职工工资情况或者职工对提供的工资情况有异议的，管理中心可依据当地劳动部门、司法部门核定的工资，或所在设区城市统计部门公布的上年职工平均工资计算。"被告依据住房公积金应缴数额统计表等材料确定责令原告补缴住房公积金的基数、比例及数额，原告在被告向其发出核查通知书后的异议期内没有提出异议及有关证明材料，故法院认定被告作出的《责令限期办理决定书》并依法送达原告，具有事实和法律依据，程序合法。

《行政复议法》第28条规定："行政复议机关负责法制工作的机构应当对被申请人作出的具体行政行为进行审查，提出意见，经行政复议机关的负责人同意或者集体讨论通过后，按照下列规定作出行政复议决定：(一)具体行政行为认定事实清楚，证据确凿，适用依据正确，程序合法，内容适当的，决定维持；……"第31条第1款规定："行政复议机关应当自受理申请之日起六十日内作出行政复议决定；但是法律规定的行政复议期限少于六十日的除外。情况复杂，不能在规定期限内作出行政复议决定的，经行政复议机关的负责人批准，可以适当延长，并告知申请人和被申请人；但是延长期限最多不超过三十日。"在本案中，被告市政府依照法律规定作出行政复议决定维持被告公积金中心作出的案涉决定书，认定事实清楚，适用法律正确，程序合法。

综上所述，原告要求撤销案涉责令限期办理决定及行政复议决定的理由不能成立，故法院依法驳回原告某制衣有限公司的诉讼请求。一审判决后，原告某制衣公司提起上诉，也被判决维持原判。

争议焦点

本案历经行政复议、一审、二审，综合全案的核心争议及双方的事实和证据，归纳争议焦点如下：本案是行政诉讼，主要审查的是行政行为的合法性问题，即某公积金中心所作出的行政行为是否具有充分的事实及法律依据，被告G市政府的复议决定行为是否合法，原告某制衣公司的诉讼及上诉理由是否有事实及法律依据。

代理意见

作为某公积金中心的诉讼代理人，对于代理行政机关参与行政诉讼案件，具有丰富的经验，行政诉讼由行政机关承担举证责任，故本案的关键在于某公积金中心提交的证据是否符合法律规定且能够充分证明行政行为的合法性。

案例评析

1. 住房公积金的缴存是否存在诉讼时效。原告某制衣公司诉称，从《民法通则》第135条的规定可知我国关于权利保护请求的时效为两年。某职工于2012

年5月因到达退休年龄，早已离开了原告处，但某职工却于2015年12月21日才向某公积金中心投诉，要求原告补缴公积金，按照前述规定，某职工请求权利保护的有效期间早已届满。因此，某职工就2012年5月之前的补缴公积金请求已过保护时效。

代理律师认为，住房公积金的追缴无诉讼时效的限制。首先，住房公积金虽属职工个人所有，但其性质不等同于普通的银行储蓄资金，第三人要求原告为其缴存公积金不属于普通的民事纠纷；其次，某公积金中心依据《住房公积金管理条例》的授权责令原告为第三人缴存住房公积金，属于行政行为；最后，《住房公积金管理条例》对住房公积金补缴追缴的时效没有限制规定，而追溯时效必须有法律的明确规定，故对住房公积金的追缴不适用《民法通则》等民事法律规定的两年诉讼时效。因此，原告认为某公积金中心责令其补缴住房公积金应受诉讼时效限制的诉讼理由没有法律依据。

2. 在无劳动合同的情况下，依据何种证据确定住房公积金的缴存起止时间。

某制衣公司称，某职工是于2006年10月入职原告处工作的。其入职原告处已经办理相关的入职手续，同时也签订了劳动合同，虽然由于原告管理需要，超过一定年限的文件已被销毁，故2009年7月之前签订劳动合同已被销毁；但是原告为某职工缴纳社会保险的记录显示原告自2006年10月开始为某职工缴纳社会保险费用，故该第三人的入职时间应以参加社会保险的时间为准，因此双方的劳动关系起始日期应为2006年10月。

依《关于住房公积金管理若干具体问题的指导意见》第6条的规定，某公积金中心作出《责令限期办理决定书》时，已向原告发出《核查通知书》，要求原告核实与第三人劳动关系起止时间、是否为第三人缴存住房公积金及公积金缴存起止时间，相关年度住房公积金缴存基数、缴存比例等情况，并要求原告在收到通知书之日起10日内提出异议。但原告在上述期间内并未提出异议，亦未提供第三人的工资情况。由于纳税清单明确记载了原告与第三人之间存在劳动关系的起始时间为2006年7月、第三人实发工资奖金所属期间及数额，某公积金中心依据该纳税清单的记录计算第三人实际工资数额，并以此来确定相应期间应补缴的住房公积金数额，符合上述规定，并无不当。原告并未提供任何证据否定第三人的纳税情况或者提供其他经第三人确认的事实，故原告主张自2006年10月起建立劳动关系的说法没有事实依据。

专家点评

《住房公积金管理条例》可知,按规定为职工缴存住房公积金是用人单位的法定义务,带有强制性,不是单位和职工可以擅自处分的一般权利义务,所以公司不能以诉讼为由来免除其缴存义务。职工与单位关于住房公积金的争议是行政纠纷,不属于劳动争议,住房公积金的追缴无诉讼时效的限制。追溯时效必须有法律法规明文规定,该案为职工追缴住房公积金提供了典型示范,有效地维护了住房公积金所有者的合法权益,体现国家对加强住房公积金的管理、促进城镇住房建设,提高城镇居民的居住水平的立法宗旨。

(点评人:苏东海,广东外语外贸大学法学院兼职教授,华南国际知识产权研究院兼职研究员,华南理工大学法学院法律硕士校外导师)

妙用政府信息公开，破解多年执行难题

——某投资公司不服市国土局、市政府信息公开行政纠纷案评析

王春平

摘　要

在某一金融借款合同纠纷案件的执行过程中，债权人通过查阅档案资料等途径了解到被执行人名下有土地及房屋，但由于债务人所在市过往存在房产与土地分别登记、不动产管理不规范等方面的因素，无法将查封房产与土地进行对应、匹配，致使执行处置工作长期无法推进，债权人的债权迟迟无法实现。代理律师打破思维定式，对不动产登记信息与不动产信息进行区分，从而巧妙地避开国办公开办函〔2016〕206号文对不动产登记资料不能通过政府信息公开程序获取的限制，通过政府信息公开程序获取债务人名下土地及地上建筑的规划、报建、验收等相关信息中的不动产信息，有效破解了执行难题，推动了已查封不动产的执行处置，促进了债权人债权的早日实现。

案情简介

投资公司为工商银行某市第一支行与供销公司、水泥厂借款合同纠纷一案的债权人和申请执行人，供销公司、水泥厂为债务人和被执行人。在执行过程中，投资公司通过查阅档案资料等途径了解到水泥厂名下有17块土地及100多处房屋，且某区人民法院根据前手债权人的申请也已裁定查封了被执行人水泥厂名下的14处房屋产权。

但由于水泥厂所在市历史上存在的房产与土地分别登记、过往不动产管理不规范等方面的问题，无法将所查封房产与土地进行对应、匹配，致使对查封房产、土地的执行处置长期无法推进，投资公司的债权亦迟迟无法实现。为解决前述问

题，推进案件的执行，从而早日实现债权，投资公司委托代理律师前往某市国土局要求复印登记在水泥厂名下的 17 块土地及地上建筑的规划、报建、验收、登记等相关材料，欲通过这些资料明确 17 块土地上建筑物的坐落、层数、结构、建筑面积、权属证书编号等有关登记情况，从而完成房产和土地的对应、匹配后进行执行处置。市国土局当日收取了代理律师提交的申请材料后，隔日电话即答复称虽然其保存了前述相关材料，但不能提供给代理律师。后虽经代理律师据理力争，但市国土局仍坚持拒绝提供前述材料。

因水泥厂所享有土地的权益属可被强制执行的财产权益，前述土地的相关政府信息材料对于前述案件执行的处理推进至关重要，直接影响投资公司合法债权的实现。为此，投资公司于 2017 年 3 月 20 日向市国土局寄送了 17 份《政府信息公开申请书》，请求其依据《政府信息公开条例》第 13 条等有关法律规定，向投资公司依法公开水泥厂名下前述 17 块土地及地上建筑的规划、报建、验收、登记等相关政府信息，包括：(1)建设用地规划许可证；(2)规划设计要点；(3)建设用地批准书；(4)建设工程规划许可证；(5)报建审核书；(6)建设工程规划验收合格证；(7)房地产权证；(8)相关附图。

2017 年 3 月 28 日，市国土局向投资公司作出答复，根据《土地登记资料公开查询办法》第 2、3、7 条及《房屋权属登记信息查询暂行办法》第 11 条规定，以“已依法为投资公司查询了土地登记结果，投资公司申请公开其他事项不符合上述两个办法的规定，依法不予以查询”为由，拒绝向投资公司公开所请求的前述政府信息。

无奈之下，代理律师代理投资公司以市国土局“依据档案查询的相关法律规定拒绝向申请人公开政府信息，显属不履行法定职责”为由向某市政府申请行政复议，要求撤销市国土局的答复，并责令市国土局公开前述政府信息。

2017 年 7 月 24 日，投资公司收到市政府作出的《复议决定》，市政府认为，根据国办公开办函〔2016〕206 号文中“不动产登记资料查询……与《政府信息公开条例》所调整的政府信息公开行为存在根本性差别。当事人依据《政府信息公开条例》申请这类业务查询的，告知其依据相应的法律法规规定办理”的规定，投资公司申请公开水泥厂不动产登记资料，不可直接援引《政府信息公开条例》作为法律依据，必须依据相应的法律法规进行办理，并最终维持了市国土局作出的答复。

2017 年 8 月 8 日，投资公司以“不动产信息属于政府信息，即便不动产登记信息只能通过档案查询途径，市国土局也应加以区分后针对不同情况分别作出答复”“市国土局不履行政府信息公开法定职责”为由起诉到某区人民法院，要求撤销市国土局的答复及市政府的《复议决定》，并责令市国土局限期公开水泥厂名下17块国有土地及地上建筑的规划、报建、验收、登记等相关政府信息。

2017年12月18日，区法院作出行政判决书，以市国土局所作出的答复"只说明了已查询的土地登记结果及根据《土地登记资料公开查询办法》《房屋权属登记信息查询暂行办法》不予查询的事项，对于不同的情况并没有分别作出答复，对于不是其制作的信息内容应当告知获取这些信息的途径"为由，认定答复违反法律规定，《复议决定》没有纠正被告市国土局的违法答复内容从而认定事实不清，适用法律错误，亦应予撤销。最终判决撤销了市国土局的答复及市政府的《复议决定》，要求市国土局重新作出答复。

争议焦点

土地及地上建筑的规划、报建、验收、登记等资料是否属于政府信息？该等资料是否均为不动产登记资料？该等资料是否可以通过政府信息公开途径获取？

代理意见

1. 投资公司申请公开的水泥厂名下17块土地及地上建筑的规划、报建、验收、登记等相关信息应为某市国土局在履职过程中获取并以一定形式保存的政府信息。

根据《城乡规划法》《土地管理法》《城市房地产管理法》《建筑法》等相关法律的立法精神，土地及地上建筑的规划、报建、验收、登记等程序背后实质上是土地、规划、住建行政管理部门为加强对城乡土地及地上开发建设活动的管理而设置的一套行政管理制度。

本案中，水泥厂名下17块土地及地上建筑在办理选址规划、用地报批、报建审核、验收登记过程中，必然要提交投资公司所申请公开的政府信息材料。虽然前述部分信息并非由某市国土局直接制作，但市国土局在办理相关手续过程中必然获取并以一定形式保存了此类信息。根据《政府信息公开条例》第2条"本条例所称政府信息，是指行政机关在履行职责过程中制作或者获取的，以一定形式记录、保存的信息"之规定，水泥厂名下17块土地及地上建筑的规划、报建、验收、登记等相关信息是市国土局保存的政府信息。

2. 投资公司所请求公开的是水泥厂名下17块土地及物上建筑的规划、报建、验收、登记等相关政府信息,其中既包括了不动产登记信息,还包括了不动产登记信息以外的其他不动产信息;无论从立法原意还是具体范围来看,投资公司所请求的水泥厂名下17块土地及地上建筑的规划、报建、验收、登记等政府信息都不等同于不动产登记资料,不动产信息 ≠ 不动产登记信息。

(1)从立法实践来看,规划、报建、验收、登记等政府信息并不等同于不动产登记资料。

从立法原意来看,不动产登记作为一项物权制度,指经权利人或利害关系人申请,由国家专职部门将有关不动产物权及其变动事项记载于不动产登记簿的事实。作为物权公示手段,《土地登记资料公开查询办法》《房屋权属登记信息查询暂行办法》国办公开办函〔2016〕206号文,规定不动产登记资料查询方式的最终价值取向皆为平衡个人隐私与公众知情权,不动产登记本质上为产生司法效果的事实行为而非登记机关的行政管理行为。基于此,国家从法律、法规、规章等层面对不动产登记资料查询作出了专门规定,侧重于保护权利人通过个体行为而产生公示的司法效果。

与之相反,土地及地上建筑的规划、报建、验收、登记等程序背后则实质上是土地、规划、住建行政管理部门为加强对城乡土地及地上开发建设活动的管理而设置的一套行政管理制度。《城乡规划法》《土地管理法》等有关法律规定土地利用开发建设等行为需进行规划、报建、验收、登记等必经程序,其目的在于加强城乡规划管理、合理利用土地,促进社会经济的可持续发展,偏重于行政机关相应的行政管理行为。

因此,从立法原意来看,规划、报建、验收、登记等政府信息不等同于不动产登记资料,虽然不动产登记资料查询与《政府信息公开条例》所调整的政府信息公开行为存在根本性差别,但规划、报建、验收、登记等政府信息中的规划、报建、验收等部分的查询仍应适用《政府信息公开条例》所调整的公开行为。

(2)从具体范围来看,规划、报建、验收、登记等政府信息包含了但不限于不动产登记资料。

根据《不动产登记暂行条例实施细则》第94条,不动产登记资料包括:①不动产登记簿等不动产登记结果;②不动产登记原始资料,包括不动产登记申请书、申请人身份材料、不动产权属来源、登记原因、不动产权籍调查成果等材料以及不动产登记机构审核材料(见表1)。

表 1　不动产登记原始资料范围

不动产登记原始资料		说　　明
1	不动产登记申请书	
2	申请人身份材料	
3	不动产权属来源	一般是指取得房屋的合法性证据：根据权利取得方式的不同，包括国有建设用地划拨决定书、国有建设用地使用权出让合同等。(《不动产登记暂行条例实施细则》第 34 条)
4	登记原因	不动产权利(或事项)首次登记、转移登记、变更登记、注销登记、更正登记等具体原因，回答的是“权利从哪来”的问题。如因法院判决取得房屋申请转移登记的，登记原因为判决转移
5	不动产权籍调查成果	(1)宗地信息。查清宗地的权利人、权利类型、权利性质、土地用途、四至、面积等土地状况。(2)房屋等构(建)筑物信息。查清房屋权利人、坐落、项目名称、房屋性质、建筑结构、建成年份、建筑面积等内容。(《不动产权籍调查技术方案(试行)》)
6	不动产登记机构审核材料	不动产登记机构审核的其他材料

根据《城乡规划法》《土地管理法》《城市房地产管理法》《建筑法》等法律法规，规划、报建、验收、登记等政府信息的范围如表 2(包括但不限于)所示：

表 2　规划、报建、验收、登记等政府信息的范围

项　　目	说　　明	负责部门
规划、报建、验收、登记等材料	建设项目用地预审通知、国有土地有偿使用合同、建设用地批准书、国有土地划拨决定书、国有土地使用权证等，以及办理上述事项所需的所有材料。(《土地管理法实施条例》第 17 条、第 24 条)《不动产登记暂行条例实施细则》第 34 条等	国土部门
	建设项目选址意见书、建设用地规划许可证、建设工程规划许可证、建设工程规划验收合格证等，以及办理上述事项所需的所有材料。(《城乡规划法》)	规划部门
	建筑工程施工许可证、工程竣工验收备案等，以及办理上述事项所需的所有材料。(《建筑工程施工许可管理办法》)	住建部门
	国有建设用地使用权及房屋所有权首次、变更、转移登记等，以及办理上述事项所需的所有材料。(《不动产登记暂行条例》)	不动产登记机构

从表1、表2可知，投资公司所申请公开的政府信息中，除房地产权证属于不动产登记资料，建设工程规划验收合格证应当包含在不动产登记资料中之外，其他6项应当均不属于不动产登记资料，而应属于其他不动产信息。

3. 投资公司申请的信息依法可通过政府信息公开途径获取，市国土局本应进行区分并向投资公司公开除不动产登记信息以外的其他信息。

如前所述，即便不动产登记资料查询与《政府信息公开条例》所调整的政府信息公开行为存在根本性差别，规划、报建、验收、登记等政府信息中的规划、报建、验收等部分的查询也应适用《政府信息公开条例》所调整的公开行为。对不动产登记信息，根据一般的工作实践，只有已经登记确权的不动产，且在登记信息资料已经从各业务部门归档至档案管理部门的情况下，相关登记信息才能通过档案查询途径获取；对于尚未登记确权的不动产，或者虽已登记确权但尚未从各业务部门归档至档案管理部门的相关登记信息资料，则无法通过档案查询途径获取，依法应可通过政府信息公开途径获取。

在本案中，投资公司所申请公开的政府信息包含除不动产登记信息以外的其他信息，根据《政府信息公开条例》第22条“申请公开的政府信息中含有不应当公开的内容，但是能够作区分处理的，行政机关应当向申请人提供可以公开的信息内容”，在投资公司依法向市国土局申请公开时，即便不动产登记信息应通过档案查询途径获取，由于不动产信息为市国土局制作或保管，散布在市国土局内部不同的部门，市国土局对不动产信息的制作、保管、流转、公开等制定了各种规章制度，经验、信息等不对称，对于哪些是不动产登记信息，哪些是不动产登记信息之外的其他不动产信息，哪些应通过档案查询途径获取，哪些应通过政府信息公开途径获取，市国土局原本也应在依法加以区分之后，将依法属于应通过档案查询途径获取的不动产登记信息告知投资公司通过查询档案获取，将依法属于可通过政府信息公开途径获取的不动产信息向投资公司进行公开。然而，市国土局在未对投资公司所申请公开的政府信息作任何区分的情况下，就径行以《土地登记资料公开查询办法》《房屋权属登记信息查询暂行办法》等档案查询相关规定拒绝了投资公司所提出的全部申请，此举显然是通过对不动产登记资料及其查询进行扩大化解释来规避政府信息的公开。

案例评析

1. 土地及地上建筑的规划、报建、验收、登记等资料是否属于政府信息？

在实践中，有时人们会误认为政府信息只能通过政府信息公开途径获取。实际上，政府信息的获取除了可通过政府信息公开途径之外，还可通过档案查询等其他途径，有些信息不能通过政府信息公开途径获取不代表它们不属于政府信息。

澄清这个误区后，具体回到这个问题来看，土地及地上建筑的规划、报建、验收、登记等资料是符合《政府信息公开条例》第2条关于政府信息的界定的。在办理选址规划、用地报批、报建审核、验收登记过程中，必然要提交相关的政府信息材料，这些材料明显属于"行政机关在履行职责过程中制作或者获取的，以一定形式记录、保存的信息"。

2. 土地及地上建筑的规划、报建、验收、登记等资料是否均为不动产登记资料？

在司法实践中，无论是裁判者还是当事人，都很容易产生一个思维定式：只要涉及不动产相关的资料，都属于不动产登记资料，似乎很少特别注意二者的区分。正因为如此，如果上网查阅相关判决的话，会发现：在为数不少的判决当中，对于"申请人所申请公开的不动产相关资料是否属于不动产登记资料"这个特别重要的论证前提，基本上均被忽略了。

实际上，对于不动产资料和不动产登记资料，代理律师仅从逻辑层面和法律层面就能明显区分二者的不同。从逻辑层面来看，可直观明显看出规划、报建、验收、登记等资料的范围要远远大于不动产登记资料。从法律层面来看，根据《不动产登记暂行条例实施细则》对不动产登记资料范围的规定，除了登记结果外，主要包括申请书、申请人身份材料、不动产权属来源、登记原因等申请资料、说明等；而从《城乡规划法》《土地管理法》《城市房地产管理法》《建筑法》对规划、报建、验收、登记等资料的规定来看，规划、报建、验收、登记等资料包括了办理上述事项所需的所有材料，其范围远远大于不动产登记资料。

3. 土地及地上建筑的规划、报建、验收、登记等资料是否可以通过政府信息公开途径获取？

首先需要明确：能否通过政府信息公开途径获取与所申请的行政机关能否提供相应政府信息是两个不同的问题。能否通过政府信息公开途径获取解决的是权利基础的问题，偏重于应然层面；接受申请的行政机关能否提供相应政府信息则解决的是权利实现的问题，它倚重多种因素，侧重于实然层面。

从申请主体与行政机关的地位对比来看，申请主体处于政府信息资源的绝对弱势地位，当申请主体认为相关政府信息符合自身生产、生活、科研等特殊需要时,即可通过政府信息公开途径申请获取。

而申请人申请政府信息公开后,行政机关具体能否提供,则需行政机关进行进一步的审查。比如,不动产登记信息因涉及特定的权利人或利害关系人,为平衡个人隐私与公众知情权,国家从法律、法规、规章等层面对不动产登记信息查询作出了专门规定,包括《不动产登记暂行条例》《不动产登记暂行条例实施细则》等。当申请人申请公开的政府信息既包含了应通过档案查询途径获取的不动产登记信息,也包含了应通过政府信息公开途径获取的其他不动产信息时,行政机关就应该区分申请人的申请内容中哪些属于应通过档案查询的不动产登记信息,哪些属于行政机关制作保存、依法应通过政府信息公开途径向申请人公开的其他不动产信息,并根据这些不同情况作出答复,向申请人公开由行政机关制作保存的、依法应由行政机关进行公开的政府信息,同时明确告知不动产登记信息获取的具体途径等。

专家点评

从微观层面来看,本案打破思维定式,对不动产登记信息与不动产信息进行了区分,从而巧妙地避开了国办公开办函〔2016〕206 号文对不动产登记资料不能通过政府信息公开程序获取的限制,对此后欲通过政府信息公开程序获取除不动产登记资料以外的不动产信息的情况具有重要的借鉴意义。

从宏观层面来看,如果将审判程序中的法庭辩论谓之"务虚",那么执行程序中的强制执行则谓之"务实",只有执行好生效裁判,才能实现公平正义的"最后一公里"。但在大多数案件中,这"最后一公里"却异常难走,归根结底无非两个原因:第一,没有发现被执行人的财产;第二,虽发现被执行人的财产但执行难度较大。本案提供的思路不仅适用于没有发现被执行人财产的情况下通过政府信息公开的途径去获取被执行人财产线索,也适用于发现被执行人财产后但较难执行情况下通过政府信息公开途径获取可以推进执行的相关信息。当强制执行遇到"瓶颈"时,通过政府信息公开等多种行政途径来破解执行难的局面,或许可取得意想不到的效果。

(点评人:阳庚德,华南师范大学法学院副教授、硕士生导师)

代起草广州市政府规范性文件

——《广州市地下文物原址保护补偿办法》

苏东海　李东伦　谭朗薇　梁广涛

摘　要

代理律师受广州市原文化广电新闻出版局委托，承办《广州市地下文物原址保护补偿办法》（以下简称《广州办法》）规范性文件立法项目，该规范性文件最终成功由市政府于2018年颁布实施。

本项目荣获广州市律师协会评选的2018年度业务成果奖。

项目简介

广州市原文化广电新闻出版局作为《补偿办法》的起草责任部门，2017年年初决定委托第三方进行起草工作。广信君达律师事务所接受该项任务，在负责人苏东海律师的带领下，团队律师李东伦、谭朗薇等共同组成工作组，协助市文物行政主管部门开展了相关的立法调研及起草工作。

《广州办法》共12条，分别对立法目的及依据、名词定义、适用范围、主管部门、补偿原则、实施原址保护的认定、确定原址保护需收回国有土地或征收集体土地的程序、收回国有土地或征收农民集体土地时的补偿、涉国有土地上房屋的征收和补偿要求、文物行政主管部门实施原址保护的要求、实施涉及的溯及力与有效期等内容作了较为全面、具体的规定。《广州办法》吸收了现行成熟的做法，实用性较强、可操作性较高。

项目焦点

《广州办法》主要根据上位法《广州市文物保护规定》的有关规定,要求对依法批准的工程建设中,有重大考古发现、需要实施原址保护时,要收回国有土地使用权的,而对原土地使用权人实施补偿,具体的实施补偿相关办法,需由市人民政府制定并公布,这是制定该规范性文件的重要考虑。

律师办理思路

制定与实施规范性文件是行政机关实施行政管理的一项重要措施。规范性文件的制定具有严格的法定程序,在拟定的过程中也有相应的规范。《广东省行政机关规范性文件管理规定》《广州市行政规范性文件管理规定》《广州市行政规范性文件制定规则》等均是制定规范性文件的主要依据。

接受委托后,在负责人苏东海律师的带领下组成起草工作团队,协助起草责任单位开展了相关的立法调研及起草工作。起草团队根据制定规范性文件的相关规定和要求,对制定《广州办法》的必要性、可行性、合法性进行论证,召开了座谈会、专家论证会、参与部门协调会,梳理征求意见表,进行文献检索和数据分析等,归纳总结广州市历年来地下文物原址保护补偿比较成熟的经验和做法,结合体例进行剖析,十易其稿,历时一年多,经过调研、立项、征求意见、论证、评估等程序,并经市政府法制机构合法性审查后提请市政府常务会议审议通过,以广州市人民政府的名义公布实施。

相关法律规定解读

近年来,地下文物特别是原址保护的重要性得到越来越多的关注与重视,北京、苏州、南京等地相继出台了地下文物保护的相关措施,广东省特别广州市近年也对勘探发现的大型地下文物建筑实施了原址保护,这些措施都是有效的。对于实施原址保护收回国有土地使用权的补偿,相关部门也有一些较为成熟的做法,但有必要将补偿的相关程序及标准通过制定规范性文件实施。我国对文物保护领域的立法一向较为重视,既有法律如《文物保护法》,也有行政法规如《文物保护法实施条例》,还有省人大颁布的地方性法规如《广东省实施〈中华人民共和国文物保护法〉办法》、市人大制定并经省人大批准实施的地方性法规《广州市文物保护规定》。《广州市文物保护规定》第35条仅对地下文物原址保护的补偿作了原则性规定,需要由市政府根据实际情况制定具体补偿范围及标准,以填补该部分的立法空白。

案例评析

起草团队圆满完成了《补偿办法》的起草工作并协助起草责任单位完成规范性文件起草出台的报批工作,经市政府法制机构合法性审查后提请市政府常务会议审议通过,以广州市人民的政府名义公布实施。《补偿办法》吸收了现行成熟的做法,实用性较强、可操作性较强。

专家点评

律师接受委托起草规范性文件,是律师在行政法业务领域专业水平的体现,需要律师熟悉行政法领域的相关程序及要求。随着法治政府建设不断深入,律师参与规范性文件起草工作将会越来越多,对律师要求也越来越高。律师接受委托,具有独特的优势,既可充分运用丰富的法律服务实践经验,又能防止部门立法利益化,且能围绕现实情况和实际需求,使相关规定更具有可操作性。

本案例充分体现了代理律师有较强烈的大局意识,能围绕中心服务大局,运用行政法专业知识,结合实际情况,使相关规定契合需求,最终成功地由市政府常务会议审议通过并正式颁布实施。该案例作为规范性文件起草类型,是行政法领域非诉法律业务的成功案例,为律师作为第三方参与立法起草工作提供了典型的借鉴意义。

(点评人:邓传远,中山大学法学院硕士研究生导师,高级律师职称)

政府收储法律服务也是新业务

——某尽职调查案

章　勋　黄晓芸　胡颖怡　何继义　凌菁华

摘　要

土地收储是相关政府部门的重要工作，往往涉及巨额资金、复杂的历史情况和法律关系。根据《土地储备管理办法》的规定，土地储备机构应对土地取得方式及程序的合规性、经济补偿、土地权利(包括用益物权和担保物权)等情况进行审核。在政府土地收储工作中，法律尽职调查，有助于明晰所涉土地的取得方式、债务、用益物权、担保物权等情况，有助于发现和分析当中的法律风险，有利于提前做好风险防范准备，为收储的决策和实施提供法律帮助。

项目简介

一、基本情况

某单位拟收储广州市某处地块，因该地块涉及多个物权人、债务等情况复杂、收储金额巨大，为防范和降低相关的法律风险，特委托律师对收储项目开展法律尽职调查。

二、尽职调查发现的主要风险

代理律师对所涉地块物权人的主体情况、债务和担保情况、诉讼和仲裁情况以及所涉地块的土地使用权情况、建筑物情况、抵押及查封情况进行了法律尽职调查工作，并对相关情况进行了披露。

经调查发现：

1. 所涉地块已被分割成若干地块并且办理了相应的物权登记，有多个对应的不动产权证书，并且地块已被抵押，涉及多个抵押权人。抵押权的存在对土地收储造成了实质性的法律障碍。

2. 所涉地块的多个物权人均涉及巨额债务，部分物权人涉及巨额诉讼，存在债权人可能为主张债权而对土地采取保全措施的风险。

3. 部分地块原抵押的地上建筑物已被拆除，抵押财产价值减少，不排除抵押权人为主张债权而对地块采取保全措施，影响收储的进行。

三、提出收储建议

在充分调查了解情况的基础上，代理律师有针对性地对收储所涉地块的法律风险进行提示并提供相应建议：

1. 争取抵押权人对涂销抵押的配合、清除抵押对收储的障碍。在债务人不履行债务时，抵押权人对抵押物拍卖、变卖所得的价款有优先受偿权。因此，抵押权人对抵押的涂销一般要求在债权得到保障的前提下进行。为了顺利解决抵押障碍问题，建议要求相关物权人就抵押权涂销与收储补偿款安排问题与所涉地块的抵押权人进行充分协商，争取形成能平衡保障各方利益的可行性方案，以取得抵押权人关于涂销抵押的配合。

2. 最大限度避免产生查封的法律风险。虽然土地收储的目标是土地，但因物权人的债务问题，可能随时会出现债权人主张债权、对土地进行查封的可能。为了最大限度避免该等情形的出现，建议要求物权人与债权人（包括但不限于抵押权人等）协调解决债务问题，尤其是已经到期的债务、已在诉讼中的债务，最大限度避免法院查封的出现，避免新的查封影响收储。

3. 要求所涉地块物权人履行必要的前置手续，因所涉地块物权人涉及港资企业，港资企业的内部治理机构与内资企业相比有一定的区别，因此需要根据实际情况履行必要的前置手续。

4. 安排好收储具体步骤，保障收储补偿款的安全。建议考虑以下方式以保障收储安全、顺利进行：

（1）在收储前对土地登记情况进行再次查询，掌握最新的登记信息情况，避免新的障碍出现影响收储进行；

（2）安排和设定好收储补偿款的支付条件和前提，保障收储补偿款的安全；

（3）与拟被收储土地的物权人或债权人（包括但不限于抵押权人等）签订有关协议，由抵押权人负责配合办理涂销抵押；

（4）要求先行涂销地块的抵押和完成权属注销手续后再支付收储补偿款，或在地块未查封的情况下，将收储补偿款直接支付至被收储方、抵押权人共同确认的账户，在付款时同步办理地块的涂销抵押及权属注销手续；

(5)可以考虑通过资金托管等方式保障收储补偿款的支付安全。

四、案件结果

在完成紧张而有序的尽职调查工作后,以收集取得的尽职调查材料为依据,代理律师根据有关法律法规,按照律师行业公认的业务标准、道德规范和勤勉尽责精神,按时向委托人出具了尽职调查报告,提出了风险防范和操作建议,该收储最终得以顺利完成。

项目观点

1. 所涉地块涉及多个物权人,且涉及巨额国有企业债务,土地存在他项权利登记。收储的进行需要设计好收储的具体实施步骤和风险防范措施。

2. 委托人希望在两周内完成对所涉地块的法律尽职调查,但所涉地块材料繁杂,代理律师需在短时间内掌握所涉地块的关键信息并发现风险,根据情况提出收储建议。

3. 由于所涉地块的物权人涉及港资企业,需要考虑与内资企业相比,是否会因此给土地收储带来不同的法律风险以及有何应对方案。

律师办理思路

完成土地收储的关键之一,是明确地块的物权人。为此,首先应当厘清地块的物权情况。此外,如所涉地块的物权人存在无法履行债务的情况,可能会导致所涉地块出现被抵押、查封、拍卖等的风险。代理律师需要掌握地块的实际使用情况和物权人的债务情况,以尽量披露相关风险。

为完成本次尽职调查,代理律师采用如下基本方法和工作方式开展尽职调查工作:

1. 代理律师前往工商行政管理部门、不动产登记部门查询和调取相关资料;

2. 审阅了代理律师认为出具尽调报告所需查阅的文件,包括但不限于拟被收储方提供的文件、记录和相关资料,以及有关政府部门、机构出具的文件、记录和相关资料等;

3. 就有关事项听取了拟被收储方有关管理人员的陈述和说明,并制作笔录;

4. 到现场实地查看目标地块;

5. 通过网络及其他公开渠道查询拟被收储方的相关资料;

6. 参阅政府部门的公开信息；

7. 根据相关法律、法规、规范性文件对收储项目进行法律风险分析。

此外，为按期在短时间内完成委托工作，多名律师参与本次尽职调查，加快推进尽职调查工作。

相关法律规定解读

在本案的尽职调查报告出具时，《物权法》仍然有效，该法第 174 条规定："担保期间，担保财产毁损、灭失或者被征收等，担保物权人可以就获得的保险金、赔偿金或者补偿金等优先受偿。被担保债权的履行期未届满的，也可以提存该保险金、赔偿金或者补偿金等。"第 193 条规定："抵押人的行为足以使抵押财产价值减少的，抵押权人有权要求抵押人停止其行为。抵押财产价值减少的，抵押权人有权要求恢复抵押财产的价值，或者提供与减少的价值相应的担保。抵押人不恢复抵押财产的价值也不提供担保的，抵押权人有权要求债务人提前清偿债务。"

在本案中，所涉地块连同地上建筑抵押给抵押权人，而在代理律师对土地进行现场调查时发现，所涉地块的部分建筑已被拆除，相关抵押权人有权要求提前清偿债务，如债务人未能按时清偿，不排除抵押权人对所涉地块采取保全等措施，这将对收储带来障碍。

案例评析

一、现场核查工作的重要性

在该次尽职调查中，代理律师总结发现现场核查工作是该类尽职调查工作的重要环节。在本案中，如忽视现场核查工作，可能无法获知建筑物的实际使用情况，从而导致无法发现相应的潜在风险。因此，在对土地进行法律尽职调查时，除应关注不动产的登记情况外，还应当进行实地调查，了解土地的实际使用情况，才能更全面地掌握可能涉及的法律风险。

二、政府法律业务需求的多样化

土地收储存在多种方式，并不限于征收的形式，可以收购土地的方式进行土地储备。土地收储虽然有规定的程序，但不同的土地，收储所面临的情况会有所不同，需要决策的事宜和采用的措施将会有所区别。

在土地收储过程当中，聘请专业机构对建筑物、土地价值进行评估等，是常态化的操作;但在以往,甚少出现聘请律师对土地收储进行法律尽职调查的情况。而对收储项目进行法律尽职调查,有利于预判风险、采取相应的防范措施,为决策提供法律参考,为落地实施的安全、顺利进行提供法律保障。

随着政府事务的发展,法律服务的空间也随之拓展。因此,未来可能会有更多不同形式的法律服务应用于政府事务当中,律师也有更多的机会为社会主义法治建设添砖加瓦。

专家点评

在企业收购中,法律尽职调查并不罕见,但在以往的政府部门土地收储项目中,却甚少聘请律师提供法律尽职调查服务。有别于常见的民事诉讼、行政诉讼、常年法律顾问服务等政府法律业务,本案例为律师参与政府法律业务工作提供了新的思路,律师参与尽职调查有利于发现风险、提出降低和防范收储风险的法律建议,为政府土地收储工作顺利开展保驾护航。

从本案例可看出,为政府部门提供法律服务,并不囿于民事诉讼、行政诉讼、常年法律顾问的形式,政府部门的法律需求也逐渐趋于多样化。本案例能帮助广大律师开拓思路,发掘出客户的更多需求。

(点评人:邓传远,中山大学法学院硕士研究生导师,高级律师职称)

先行登记保存的可诉性审查

——陈某行政复议案

韩欣欣

摘要

本案行政机关扣押案涉车辆,是以先行登记保全证据为名,但实际是行扣押车辆之实,属于行政强制措施。以查封、扣押方式先行登记保存行为的合法性审查,是可以独立于行政处罚行为的,不能得出不超过7日就必然合法的结论。如果行政机关的扣押行为对行政相对人的权益产生实际影响,那扣押期限不论是7日内还是超过7日,均是可复议可诉讼的行为,并不需要依附于书面的处罚决定。

案情简介

一、本案的基本情况

2018年11月26日,陈某的雇员在驾驶陈某的施工机械进行绿化带浇水作业时,水的冲力较大,致使绿化带的泥浆溢出,污染了近20米的城市道路。针对该行为,某市城市管理行政执法局(以下简称某市执法局)于当日出具《证据登记保存通知书》,其主要内容为:"根据《中华人民共和国行政处罚法》第三十七条第二款的规定,经批准,现依法对案涉施工机械采取先行登记保存措施:保存地点为某区管委会工业园区,保存期限自2018年11月27日至2018年12月3日。在此期间,任何人不得隐匿、销毁、转移证据……"2018年12月26日,某市执法局对陈某的上述行为作出行政处罚决定,处以1000元罚款。2019年4月3日,陈某要求某市执法局退还施工器械,某市执法局出具《证据退还通知书》,将施工机械退还陈某。

二、复议机关的第一次认定

针对某市执法局长期扣押车辆以及行政处罚的行为,2019年1月9日,陈某向该市政府提交两份行政复议申请书,分别请求撤销处罚决定,确认某市执法局扣押案涉车辆的行政行为违法。该市政府予以受理,并分别编两个立案号予以受理。在审理过程中,该市政府认为本案系基于一个事实作出的行政行为,因此要求陈某申请将两案件合并审理,陈某应该市政府要求申请将两案件合并审理。后该市政府作出复议决定书,认为某市执法局对案涉车辆"扣押"行为实际上是某市执法局在作出行政处罚前,为了避免证据可能灭失或者以后难以取得的风险,依据《行政处罚法》对证据采取先行登记保存措施,属于程序性行政行为,对陈某的权利义务产生实质影响的是某市执法局的行政处罚行为,故在作出复议决定时,仅撤销行政处罚决定书,未确认某市执法局的扣押行为违法。

三、一审审理情况

陈某不服该市政府的行政复议决定,认为:第一,某市执法局扣押陈某车辆的行为严重违法。首先,某市执法局扣押陈某车辆的行为无法律依据。某市执法局根据《城市市容和环境卫生管理条例》和《广西壮族自治区实施〈城市市容和环境卫生管理条例〉办法》进行行政处罚,可它们主要针对违反城市卫生的行为的法律责任进行规定,并无扣押车辆的相关规定,"法无授权不可为",某市执法局扣押陈某车辆的行为并无法律依据。其次,某市执法局扣押陈某车辆长达 129 天,对陈某的权利产生实质影响,损害陈某权益,属于具体行政行为,具有可救济性。某市执法局自 2018 年 11 月 26 日对陈某的车辆进行扣押,在行政复议决定出具之前一直拒绝将陈某的车辆放行,陈某的车辆是陈某用于日常经营赚取生活费用的工具,发生污染路面事件后,陈某车辆的承租人已经对路面进行了及时清理,某市执法局没有必要对车辆进行扣押;在陈某进行相关的陈述申辩后,某市执法局应当及时将陈某的车辆放行,但是某市执法局在 2019 年 4 月 3 日收到复议决定书后,才同意将车辆放行,陈某认为某市执法局扣押车辆的行为损害了陈某对车辆的占有使用收益权,属于具体行政行为,针对该行为陈某有权寻求复议或者诉讼等救济。

第二,市政府作出行政复议决定书认定事实不完全清楚,适用法律错误,且未对陈某的行政复议申请进行处理,程序违法。首先,作为复议机关的市政府对于某市执法局扣押车辆的时间并未进行相关的审查,且未对该项行政复议请求进行处理。陈某的洒水车自 2018 年 11 月 26 日被某市执法局扣押,陈某在某市执法局接受完相应调查后,曾多次向某市执法局索要车辆,但某市执法局一直拒绝放车,在行政复议决定书出具之日,某市执法局扣押陈某的车辆长达 129 天。市政府对于该事实并未进行调查,属于事实调查不清。陈某针对某市执法局的扣车行为向市政府申请行政复议，请求确认违法，但是市政府却未对申请人的此项复议请求进行处理，严重违法。其次，某市执法局扣押陈某车辆的行为属于对陈某的权利产生实质影响的行政行为，不属于程序性行政行为，市政府适用法律错误。市政府认为某市执法局对案涉车辆的“扣押”行为是依据《行政处罚法》规定对证据采取先行登记保存措施，属程序性行政行为，属于法律适用错误。我国《行政强制法》第2、9条对行政强制措施的含义以及种类进行了规定，其中行政机关在行政管理过程中，为防止证据损毁等情形，依法对公民的人身自由实施暂时性限制，或者对公民、法人或者其他组织的财物实施暂时性控制的行为属于行政强制行为。如果按照该规定，行政机关扣押车辆行为应当属于行政措施而非程序性行政行为。

故将某市执法局和某市政府作为共同被告，一起向当地铁路法院提起诉讼，要求确认该市政府作出的行政复议决定书违法，某市执法局扣押案涉车辆的行为违法。当地铁路法院认为本案属于复议机关改变原行政机关行政行为的复议，不应当将某市执法局作为共同被告，因此，要求陈某将该市政府作为被告进行诉讼，要确认该市政府作出的复议决定书违法。

一审法院在审理后认为适用《行政处罚法》(2017年修正)第37条第2款“行政机关在收集证据时，可以采取抽样取证的方法；在证据可能灭失或者以后难以取得的情况下，经行政机关负责人批准，可以先行登记保存，并应当在七日内及时作出处理决定，在此期间，当事人或者有关人员不得销毁或者转移证据”的规定，行政机关在证据可能灭失或以后难以取得的情况下，对可能需要保全的证据先行登记保存，并应在7日内及时作出处理决定。因此，某市执法局在采取证据登记保存措施后，应当在7日内及时作出处理决定，该7日内登记保存的行为属于程序性行为，对陈某的权利义务不产生影响，但本案某市执法局保存证据超过7天的扣押行为违反了法定程序，对陈某的权利义务产生实质影响，该市政府复议决定对于某市执法局超过7天扣押施工机械的行为评价错误，因此撤销了原行政复议决定书，责令该市政府在法定期限内重新作出行政复议决定。

四、二审审理情况

该市政府不服一审判决，认为：一审法院应当追加某市执法局为本案第三人；且根据《行政处罚法》第37条和《行政强制法》第25条的规定，扣押车辆期限一般不超过30日，情况复杂的可以延长30日，并没有限定先行登记保存的期限最长只有7日，只是要求7日内作出处理决定，如何处理则无规定；一审法院认为某市执法局的行为可以被单独评价，应当按照“一事一申请”原则判决该市政府另案审查评价，或者追加某市执法局为第三人对证据登记保存措施在本案中进行审理。

而一审法院未追加某市执法局为第三人,未给其申辩机会,直接认定某市执法局采取证据登记保存措施违法,实质上剥夺了复议机关的判断权和某市执法局的申辩权利,突破了司法权与行政权的必要界限;一审判决撤销原复议决定,责令重新作出复议决定,缺乏明显必要性。因原复议决定已经撤销了某市执法局的行政处罚行为,陈某可以据此主张向当地高级人民法院提起上诉。

二审法院经审理认为,原行政复议决定书实质包含两部分内容:一是某市执法局扣押车辆的行为系程序性行政行为,对当事人不产生实质影响,这实质上是对扣押车辆行为的复议申请事项不予受理;二是认为某市执法局的处罚决定违法并撤销。本案核心在于该市政府对某市执法局扣押车辆行为的认定和处理是否合法。根据《行政强制法》第9条第3项"扣押财物"规定,扣押财物是行政强制措施的种类之一。《行政处罚法》(2017年修正)第37条第2款规定的先行登记保全行为,可以通过制作调查笔录、视听资料、勘验笔录等方式进行,也可以通过查封、扣押等方式进行。询问、拍照、录像、勘验等方式对相对人的权利义务不产生实际影响的,不属于行政复议受案范围,不在处罚行为之外作单独评价;查封、扣押等方式对相对人的权利义务产生实际影响的,属于行政复议受案范围,可在行政处罚行为之外作单独评价。在本案中,某市执法局系根据《行政处罚法》(2017年修正)第37条第2款规定扣押案涉车辆,虽然以先行登记保全证据为名,但实际是行扣押车辆之实,属于行政强制措施,对陈某的权利义务产生了实际影响,依法具有可复议性和可诉性。具体而言,以查封、扣押等方式先行登记保存行为的合法性审查,一般从以下几方面进行:先行登记保存的物品必须是与违法行为有直接必然关联的物品,必须具有证据客观性、关联性和合法性的基本特征;证据先行登记保存是行政执法人员收集证据时,在证据可能灭失或者以后难以取得的情况下采取的,必须具有先行登记保存的必要性;证据保存手段应当与证据保存目的相适应,采取适当的手段和方法;需要利用案涉物品的实质性特征作为证据,而又不能用其他取证手段代替时,才采用证据先行登记保存,如果可采取询问、拍照、录像、勘验等其他形式收集证明和认定行为人违法事实的证据,就不应采取查封、扣押方式进行先行登记保存。由此可见,以查封、扣押方式先行登记保存行为的合法性审查,是可以独立于行政处罚行为的,也不能得出不超过7日就必然合法的结论。某市执法局扣押了陈某的案涉车辆,扣押期限无论是7日内还是超过7日,均对陈某的权益产生实际影响,均是可复议可诉讼的行为,并不需要依附于处罚决定。一般而言,行政机关在行政处罚过程中会采取相应的行政强制措施,考虑多阶段行政行为的救济时机,已作出行政处罚决定的,在对行政处罚决定进行复议或者诉讼时,一并审查和评价行政强制措施的合法性,有利于提高行政效率和权益保障效率,节约行政司法资源。但一并审查,不能理解为否定行政强制措施独立于行政处罚行为的可复议性和可诉性,否则在仅扣押车辆而长期未作出行政处罚决定的情形下,相对人将丧失救济途径。在本案中,陈某申请复议时,分别对处罚决定和扣押车辆行为申请复议,该市政府亦分别立为两个复议案件,后合并审理,该合并审理本身并无不当。但是,在审理过程中,该市政府认定扣押车辆行为仅是过程性行政行为,未对其合法性进行评价,实质上是对扣押车辆行为的复议申请不予受理,该不予受理行为违反法律规定,亦将影响陈某对扣押车辆行为的救济。考虑陈某对原复议决定撤销处罚决定的结果并无异议,且经审查,原复议决定关于撤销处罚决定这一部分的认定正确,故二审法院对相应诉讼请求予以驳回。而处罚决定与扣押车辆行为是可分的行政行为,不应全部撤销原复议决定,而应当由该市政府对陈某关于某市执法局扣押车辆行为的复议申请事项作出复议决定。因此作出判决:(1)撤销一审行政判决;(2)撤销该市政府原《行政复议决定书》关于某市执法局扣押陈某施工机械行为的内容,责令该市政府对该复议申请事项作出复议决定;(3)驳回陈某请求确认该市政府原《行政复议决定书》关于撤销某市执法局行政处罚决定的内容违法的诉讼请求。

五、复议机关的第二次认定

在本案二审后,该市政府重新作出的行政复议决定认为,某市执法局根据《行政处罚法》(2017 年修正)第 37 条第 2 款的规定扣押车辆,虽然以先行登记保存证据为名,但实际是行扣押车辆之实,属于行政强制措施。某市执法局未能提供充分证据证实其采取的扣押涉案车辆的先行登记保存行为具有必要性和不可替代性,对其作出的先行登记保存行为不予支持,遂决定撤销原行政复议决定书中扣押施工机械的内容,并确认某市执法局扣押施工机械的先行登记保存行为违法。

争议焦点

行政执法机关以证据先行登记保存的方式扣押车辆的行为是否为具体行政行为,是否具有可复议性可诉讼性,以及该行为是否合法。

代理意见

本案违法行为情节轻微。当日污染路面事件发生后,陈某车辆承租人便及时对案涉污染路段进行了清理。根据当地规定可知,某市执法局首先应当责令陈某等限期纠正违法行为,采取补救措施对路面进行清理,如果陈某等拒不改正,方可进行处罚。在本案中不存在拒不改正的情形,无处罚之必要。

与法院观点一致,本案无证据登记保存之必要。

扣押洒水车影响了陈某对车辆占有使用收益的权利。而某市政府认为扣押车辆的行为属于过程性行为明显错误,过程性行为法律效果是依附并被最终的行政决定吸收的,对相对人的权利义务尚未产生实际影响,本案扣车行为损害了陈某对车辆的占有使用收益权,属于具体行政行为,针对该行为陈某有权寻求复议或者诉讼等救济。

案例评析

先行登记保存规定在《行政处罚法》(2021 年修正)第 56 条,属于证据收集和保全行为,而非行政强制措施,它是一种执法手段,是行政行为中的一个环节,因此在司法实践中行政机关会根据此规定将物品进行扣留保存。对于先行登记保存的行为是否具有可复议性、可诉讼性具有争议,法定的先行登记保存期限是 7 日,7 日内行政机关就应当作出处理。

本案判决认为:对先行登记保存应当首先进行合法性审查,即从先行登记保存的物品必须是与违法行为有直接必然关联的物品,必须具有证据客观性、关联性和合法性的基本特征;证据先行登记保存是行政执法人员收集证据时,在证据可能灭失或者以后难以取得的情况下采取的,必须具有先行登记保存的必要性;证据保存手段应当与证据保存目的相适应,采取适当的手段和方法;需要利用案涉物品的实质性特征作为证据,而又不能用其他取证手段代替时,才采用证据先行登记保存,如果可采取询问、拍照、录像、勘验等其他形式收集证明和认定行为人违法事实的证据,就不应采取查封、扣押方式进行先行登记保存等。

专家点评

2021 年《行政处罚法》第 56 条规定:“行政机关在收集证据时,可以采取抽样取证的方法;在证据可能灭失或者以后难以取得的情况下,经行政机关负责人批准,可以先行登记保存,并应当在七日内及时作出处理决定,在此期间,当事人或者有关人员不得销毁或者转移证据。”实践中先行登记保存可以采用拍照、录视听材料、制作勘验笔录等形式,也可以采用查封、扣押等措施。选择查封、扣押措施,则适用《行政强制法》的规定。查封、扣押是行政机关在行政管理过程中,为制止违法行为、防止证据损毁、避免危害发生、控制危险扩大等情形,依法对公民、法人或者其他组织的财物实施暂时性控制的行为。行政执法中采用查封、扣押应当遵循《行政强制法》的规定,查封、扣押行为具有可复议性与可诉性。还须注意的是《行政强制法》对查封、扣押时限作了一般性规定,其他法律、行政法规另有规定的,则适用特别规定。

实施先行登记保存,应当将对相对人权利产生实质性影响的查封、扣押与其他对相对人权利不产生实质性影响的措施区别开来,不能笼统地认为先行登记保存是程序性行为,排除行政复议、司法审查,不得以先行登记保存之名实施查封、扣押,排除行政复议、司法审查。

行政复议机关、人民法院应当针对相对人申请或起诉要求,依照《行政强制法》对涉案的查封、扣押进行合理性、合法性审查。

(点评人:邓世豹,广东财经大学副校长、教授)

如何利用行政行为的瑕疵出奇制胜

——蔡某某不服市规划局规划行政处理纠纷案评析

王春平

摘 要

蔡某某将其名下别墅出租给某咖啡食品公司(以下简称B酒吧)从事酒吧经营,经营过程中,G市规划局作出责令整改通知,要求限期自行恢复原住宅使用功能,并申请法院强制执行。接受B酒吧委托时,已过了起诉期限。代理律师发现市规划局未依法向蔡某某送达整改通知,遂以蔡某某名义提起诉讼,执行因故停止。两审终结时,法院虽以案涉行政行为只是形式瑕疵为由未支持蔡某某请求,但彼时B酒吧的租期已经届满,B酒吧的诉讼目的已经实现。本案发生在G市城区整治"住改商"过程中,被有关媒体称作"住改商第一案",经多方报道,推动市有关部门于2005年联合出台了《关于整治无证照生产经营工作中涉及场地问题的处理意见》(2007年已失效),为整治"住改商"提供了规范性依据。

案情简介

1999年,蔡某某将其名下某处别墅(以下简称案涉房屋)出租给某通讯公司作为经营场所使用,案涉房屋当时由住宅改为了商用。

2001年12月31日,蔡某某与B酒吧签订房屋租赁合同,约定由B酒吧承租案涉房屋,租赁期限为5年,合同第4条第9点注明:"乙方(B酒吧)清楚知道该楼房原为住宅用途,作为经营商业用途,乙方愿意承担更改用途的开支与责任,一切与甲方(蔡某某)无涉及,无偿还义务。"2002年案涉房屋被作为营业性酒吧经营使用。

2003年9月15日、16日,城市管理综合执法支队对B酒吧进行现场检查取证。市规划局于2003年12月16日作出《责令整改通知书》，认定蔡某某及B酒吧未经规划行政主管部门审核，于2002年擅自将住宅改为营业性酒吧使用，违反了《G市城市规划条例》第38条规定，根据《G市城市规划条例》第63条规定构成违法建设。根据《G市城市规划条例》第54条规定，责令接此通知后限期改正（于15日内自行无条件恢复原住宅使用功能）。

2004年1月14日，B酒吧员工李某签收了上述《责令整改通知书》。市规划局于2004年6月16日向C区法院申请强制执行。C区法院于2004年8月3日作出行政执行裁定，裁定准予强制执行。

2004年8月21日，蔡某某从B酒吧处得知《责令整改通知书》的内容，因对该通知书不服，于2004年9月3日向市政府申请复议。市政府于2004年11月26日作出复议决定书，维持了上述《责令整改通知书》。

蔡某某仍不服，于2004年12月6日向法院提起行政诉讼，请求法院撤销市规划局作出的《责令整改通知书》。

在审理期间，蔡某某向C区法院提出执行异议，要求撤销该院作出的上述执行裁定。2005年6月28日，C区法院作出裁定书，撤销上述行政执行裁定。

一审法院于2004年12月7日受理后，公开审理本案，于2005年8月18日作出一审判决，认定案涉房屋未经规划部门批准就作为营业性酒吧使用，构成违法建设，判决维持了市规划局作出的《责令整改通知书》。蔡某某不服一审判决，提起了上诉，二审法院于2006年2月8日作出二审判决，维持了一审判决。

争议焦点

市规划局作出的案涉具体行政行为是否合法？

代理意见

一、案涉行政行为是否属于行政处罚

关于市规划局作出的责令蔡某某、B酒吧限期改正这一行政行为是否属于行政处罚，实际上也就是“责令改正或限期改正违法行为是否属于行政处罚”的问题。

首先，责令改正（或者限期改正）与行政处罚概念有别。行政处罚是行政主体对违反行政管理秩序的行为依法定程序所给予的法律制裁；而责令改正或限期改

正违法行为是指行政机关在实施行政处罚的过程中对违法行为人发出的一种作为命令。其次,二者的性质、内容不同。行政处罚是法律制裁,是对违法行为人的人身自由、财产权利的限制和剥夺,是对违法行为人精神和声誉造成损害的惩戒;而责令改正或者限期改正违法行为,本身并不是制裁,只是要求违法行为人履行法定义务,停止违法行为,消除不良后果,恢复原状。再次,二者的规制角度不同。行政处罚是从惩戒的角度,对行政相对人科处新的义务,以告诫违法行为人不得再违法,否则将受罚;而责令改正或者限期改正则是命令违法行为人履行既有的法定义务,纠正违法,恢复原状。最后,二者形式不同。《行政处罚法》第8条规定了行政处罚的具体种类:警告,罚款,没收违法所得、非法财物,责令停产停业,暂扣或者吊销许可证、执照和行政拘留等。而责令改正或者限期改正违法行为,因各种具体违法行为不同而分别表现为停止违法行为、责令退还、责令赔偿、责令改正、限期拆除等形式。

应强调的是,《行政处罚法》第23条,《城市规划法》第40条,《G市城市规划条例》第54条,《G市违法建设查处条例》第7、12条等有关规定,实际上均将"责令改正或限期改正"与行政处罚进行并列,"责令改正或限期改正"即便不是行政处罚,也是在实施行政处罚时应当进行的与行政处罚相关联的其他具体行政行为。根据该等规定,"责令改正或限期改正"应当在实施行政处罚时与行政处罚一并作出。

二、市规划局作出的行政行为认定事实不清

根据G市人大常委会通过并于2001年12月1日开始实施的《G市违法建设查处条例》第2条和第3条规定,市规划局查处的对象是违法建设,对该条例施行前已建成的建筑物是否属于违法建设,应依照当时的法律、法规、规章、政策予以认定。本案中,案涉房屋建成于该条例施行之前,对其是否属于违法建设的认定,应根据当时的法律、法规、规章、政策。而根据市工商局2000年下发的《关于企业经营场所登记有关问题的通知》,产权证没有注明为住宅的房屋可以发企业营业执照,可以作为企业经营场所。根据市规划局2001年2月6日发布的《G市住宅建筑改变使用功能规划处理办法》(以下简称《改变办法》)第12条规定,对于《改变办法》实施前已经改变使用性质和使用功能的一定建筑物,可以根据不同的情况在规划部门作出相应处理后改变使用性质和使用功能。根据G市工商局2002年8月7日下发的《关于明确企业注册登记工作中几个问题的通知》,住宅可以作为企业经营场所进行注册登记。综合上述规定可以明显看出,并非任何未经规划部门批准擅自改变建筑物的使用性质都应被认定为违法建设,此前的政策是允许住宅在一定条件下作为商业用途的。

就本案而言:(1)案涉房屋的产权证上并未注明住宅用途。(2)房屋所处地段历史上已经形成商业区域且符合该区对该地段的规划要求,属于《办法》第12条第1款和第5款规定的经规划处理可依法改变使用功能的情形;(3)案涉房屋早在1997年就取得了公安机关核发的出租屋治安管理许可证,被许可作为办公用途进行出租;于1999年6月30日被出租给某通讯公司作为经营场所;于2002年4月1日取得了房管部门核发的房屋租赁证,被核准并登记为经营性用房进行出租;于2002年4月28日取得了工商部门核发的营业执照,被核准作为企业经营场所进行注册登记;于2002年5月20日、7月5日分别取得地税部门和国税部门核发的税务登记证;于2003年7月2日通过了公安消防部门的消防验收;于2004年3月25日取得了卫生部门核发的卫生许可证。可见,案涉房屋被改作商业用途符合当时的政策要求,不应被认定为违法建设。

三、市规划局作出的行政行为适用法律错误

根据市规划局2001年2月6日发布的《改变办法》第11条规定,市规划局应当责令蔡某某在一年内改正,恢复原使用功能。然而,市规划局在《责令整改通知书》中责令蔡某某在15日内恢复原住宅使用功能,实际上缩短了蔡某某自行改正的最长规定期限,加重了蔡某某的负担,违反了《改变办法》第11条的规定。

四、市规划局作出行政行为违反了法定程序

市规划局作出《责令整改通知书》时,未向蔡某某进行调查取证,未听取蔡某某的陈述申辩意见,也未将整改通知直接送达给蔡某某,已违反法定程序。

五、市规划局所作行政行为的处理结果显失公平

根据行政行为应当遵从的公平原则,市规划局作出具体行政行为应当公平,同样的情形应当同样对待,要做到不偏不倚。依据《行政诉讼法》及相关法律规定,市规划局应当就不存在相同的违法建设不处理以及不存在对相同的违法建设进行不同的处理进行举证,证明其对同地段改变使用性质的相同情形的房屋进行了相同的处理,以证明其行政行为的公平性。

案例评析

B酒吧在签收《责令整改通知书》后未提起行政复议,也未在起诉期限内提起行政诉讼,经市规划局申请,法院已作出行政执行裁定,将对案涉房屋进行强制整改,B酒吧陷入被动的局面。

接受B酒吧委托后,代理律师发现市规划局未向蔡某某送达整改通知,违反了《G市违法建设查处条例》第8条和《建设行政处罚程序暂行规定》(2022年已失效)第27条等有关规定,程序违法。

基于此,代理律师另辟蹊径,通过B酒吧与蔡某某积极沟通协商,一方面以蔡某某名义向C区法院提出执行异议,要求撤销行政执行裁定,及时阻却强制执行程序;另一方面以蔡某某名义向法院提起行政诉讼,要求撤销市规划局作出的《责令整改通知书》,力争本案朝着有利的方向发展,尽力避免或减少当事人的损失。

尽管两审法院最终以案涉行政行为只是形式瑕疵为由未支持蔡某某的请求,但彼时B酒吧的租期已经届满,其诉讼目的已经实现。且本案被有关媒体称作"住改商第一案",推动《关于整治无证照生产经营工作中涉及场地问题的处理意见》出台(2007年已失效),为整治"住改商"提供了规范性依据。

结合本案的情况,可以得到如下经验和启示:诉讼是工具、是方法,不是目的,律师参与诉讼的最终目的是帮助当事人解决问题和难题。基于行政案件的特殊性,律师在办理行政案件时,尤其应仔细梳理案件事实,综合考虑有关情况,寻找案件的突破口,为案件争取更多的可能。

专家点评

最好的案例是具有可复制、可推广价值的。本案被有关媒体称作"住改商第一案",客观上推动市有关部门于2005年联合出台了《关于整治无证照生产经营工作中涉及场地问题的处理意见》(2007年已失效),为后来的"住改商"整治和规范提供了更为明确的指引。

本案的核心问题是"责令整改"。在《行政处罚法》的意义上,责令整改并不具有制裁性,因而不属于行政处罚的范畴;这并不意味着责令整改不应受到合法性的约束。因为在确定的期限内如果未整改或者整改未达到要求,将会产生行政强制执行的法律后果。在本案中,代理律师围绕着责令整改的合法性开展了卓有成效的法律代理,虽然行政部门和司法机关最终基于各种考量未能完全采纳代理律师的代理意见,但代理律师对法律程序的运用客观上实现了承租人的利益,这不能不说是利用法律技术维护当事人利益的另一种思路。

(点评人:卢护锋,广州大学法学院副教授、党内法规研究中心副主任)

智解暂缓出口退税新型税务行政纠纷案

——某贸易公司不服市国税局、省国税局暂缓退税决定、行政复议决定行政纠纷案评析

王春平

摘要

因某贸易公司(以下简称B公司)申报的出口退税业务存在疑点，某市国税局直属税务分局暂缓其出口退税业务，经第一轮行政诉讼，两审法院判决支持市国税局直属税务分局的暂缓退税决定。因财税〔2013〕112号文件出台，市国税局直属税务分局决定改为对B公司实行增值税免税政策。B公司向某省国税局申请行政复议，未获省国税局支持。B公司以市国税局直属税务分局、省国税局为共同被告，再次提起行政诉讼。

面对此类新型的税务案件，在司法实务缺乏可供参考案例的情况下，代理律师作为省国税局的代理人，凭借深厚扎实的专业功底、丰富的执业经验，围绕出口退税业务的审查要点，创新办案思路，推动税务局采取专家论证、庭前模拟等方式，对案件主要争议焦点进行论证、庭前演练，最终帮助税务局取得了胜诉结果。此案的办理，开创了广东地区律师承办此类新型税务案件的先河，提供了具有启发性的成功案例，填补了广东地区此类案件的司法实务空缺，对律师业务、司法实务均有深远的示范意义。

案情简介

B公司向市国税局直属税务分局申报3个批次的出口退税业务，分别为：2008年12月，供货纳税人为郸城县××劳保用品厂；2009年1月，供货纳税人为

项城市××纺织有限公司;2009年2月,供货纳税人为郸城县××劳保用品厂和郸城县××皮件制品有限公司。

2009年9月,市国税局进出口税收管理科在对B公司进行检查过程中,发现B公司的出口业务存在疑点,涉嫌出口骗税,于是暂缓B公司的出口退税业务,并于2009年12月1日将案件移送至市国税局稽查科进行核查。市国税局稽查科于2010年4月9日立案进行调查,并对B公司的银行存款采取保全措施(后已解封)。

2013年10月9日,B公司向市国税局提交《关于请求支付应退税款的请求》,要求将扣留的税款1,442,294.8元退还给B公司。收到请求后,市国税局直属税务分局于2013年10月29日分别向XX县国税局、YY县国税局发出《关于协查出口货物税收有关情况的函》。同年11月20日至27日,陆续收到复函。复函中称:企业已注销或供货企业查无下落,无法核实有关情况。根据复函内容,3户供货纳税人均存在认定为增值税一般纳税人2年内注销税务登记的情况。

2013年12月9日,B公司以市国税局已经超过了60天的法定履行期限,一直未予办理退税为由,向省国税局申请行政复议。省国税局受理后,于2014年3月12日作出第一轮《行政复议决定书》,决定维持市国税局作出的暂缓办理B公司部分出口退税526,917.01元的决定,撤销市国税局作出的暂扣B公司部分已审核通过的应退税款915,377.79元的决定。

其间,2014年1月1日,《关于防范税收风险若干增值税政策的通知》(财税〔2013〕112号)开始实施,市国税局直属税务分局于2014年3月5日向B公司送达了该文件,并要求B公司按照文件规定,举证或回函。但B公司未提供举证材料或回函。

2014年4月1日,B公司起诉至某市中级人民法院(以下简称市中院),请求法院撤销《行政复议决定书》中关于维持暂缓办理退税526,917.01元的决定。市中院于2014年10月28日判决驳回B公司的诉请。

B公司向某省高级人民法院(以下简称称省高院)提起上诉。省高院于2015年9月7日,判决驳回上诉,维持原判。

2015年12月11日,市国税局直属税务分局作出《税务事项通知书》,对B公司申报的3个批次出口货物退(免)税(涉及应退税额52,691,701元),因供货纳税人存在"出口企业购进货物的供货纳税人有属于办理税务登记2年内被税务机关认定为非正常户或认定为增值税一般纳税人2年内注销税务登记"的情况,但至今有关各方均未提供举证材料或回函,根据《关于防范税收风险若干增值税政策的通知》(财税〔2013〕112号)第2条第3款,对B公司上述3个申报批次的出口货物实行增值税免税政策。

B公司对该《税务事项通知书》不服,于2016年2月4日向省国税局申请行政复议,因B公司错列了被申请人,经审查补正材料后,于2月26日受理。审理期间,因案件情况复杂延长行政复议期限至2016年5月28日。经审查,省国税局于2016年5月26日作出第二轮《行政复议决定书》,维持市国税局直属税务分局作出的《税务事项通知书》。

B公司不服第二轮《行政复议决定书》,向某区人民法院(以下简称区法院)提起诉讼。因错列被告且无正当理由拒绝变更,区法院于2016年9月18日作出行政裁定书,裁定驳回B公司的起诉。2016年11月29日,B公司变更被告后再次向区法院提起诉讼。区法院经审查认定市国税局直属税务分局作出《税务事项通知书》,职权依据充分、认定事实清楚、程序合法、适用法律正确,省国税局作出第二轮《行政复议决定书》,认定事实清楚、程序合法,最终判决驳回了B公司的全部诉讼请求。

争议焦点

1. B公司的起诉是否超过法定起诉期限;

2. 市国税局直属税务分局作出《税务事项通知书》所依据的事实是否正确;

3. 市国税局直属税务分局作出《税务事项通知书》适用法律是否正确;

4. 市国税局直属税务分局作出《税务事项通知书》的程序是否合法,是否存在怠于履行职责的行为。

代理意见

1. B公司就案涉税务通知、复议决定提起本案诉讼超出了法定的15天起诉期限且无正当理由,其起诉依法应被裁定驳回

根据《行政诉讼法》第26、45条等有关法律规定,B公司不服案涉税务通知、复议决定,原本应以市国税局直属税务分局和省国税局为共同被告向区法院提起诉讼,却错误地以市国税局和省国税局为共同被告向区法院提起诉讼。经代理律师庭后向前案经办法官核实确认,区法院早于2016年8月19日就向B公司释明B公司错列了被告,要求B公司将被告市国税局变更为市国税局直属税务分局,B

公司却拒绝变更,区法院依据最高人民法院《关于适用〈中华人民共和国行政诉讼法〉若干问题的解释》第3条裁定驳回了前案起诉。据此,B公司至迟自2016年8月19日就已清楚知道其针对案涉税务通知、复议决定行使诉权的适格被告应为市国税局直属税务分局和省国税局,故其起诉期限应自2016年8月19日起算,至2016年9月5日止。然而,B公司却直至2016年11月29日才提起本案诉讼,远远超出了法定的15日起诉期限。根据最高人民法院《关于执行〈中华人民共和国行政诉讼法〉若干问题的解释》第44条第1条第6项等有关法律规定,其起诉依法应被裁定驳回。

2. 市国税局直属税务分局适用112号文第2条第3款规定作出案涉税务通知正确

首先,B公司申报的案涉出口退税业务所涉供货企业存在"被认定为增值税一般纳税人2年内注销税务登记"之情形,符合112号文第2条第3款规定的"上述供货纳税人"。市中院作出的生效第一轮一审行政判决书、省高院作出的生效第一轮二审行政判决书已查明并认定了前述事实。B公司在本案庭审中自认"市中院的判决证明B公司的供货纳税人符合2年内注销税务登记的情形",也进一步充分证明了前述事实。

其次,在市国税局直属税务分局于2014年3月9日要求B公司根据112号文第2条第3款规定联系其供货企业,由供货企业举证其销售的货物真实、纳税正常,及经主管税务机关盖章认可,并在2014年7月底前按国家税务总局的函调管理办法回函的情况下,B公司至今没有提交任何证明材料,市国税局直属税务分局至今也没有收到B公司供货企业提交的证明材料及主管税务机关的回函。前述事实,B公司在本案庭审过程中也予以了确认。

综上,"B公司申报的案涉出口退税业务符合112号文第2条第3款规定的实行增值税免税政策的条件"这一事实清楚,证据确凿,市国税局直属税务分局依据112号文第2条第3款规定作出案涉税务通知,适用法律正确。

需要说明和强调的是:出口退税是国家为鼓励出口贸易,降低出口产品成本,增加国际竞争力,对出口企业给予的一项税收扶持政策。同时,为加强监管,防止出口企业为所欲为,违法骗取国家出口退税,导致国家税收流失,国家对出口退税进行了规制:要求出口企业必须如实、依法申报出口退税,税务机关严格审查出口企业申报的出口退税业务,对于符合法定条件的出口退税业务予以退税;对于存在疑点且疑点无法排除的,暂缓办理退税;对于涉嫌骗取出口退税的,依法进行征税和处罚,涉嫌犯罪的依法移送有关公安机关处理。据此,不是所有出口退税业务均能办理退税，出口退税也不是出口企业享有的特权。近年来，因全国各地被依法暂缓办理退税的出口退税业务越来越多，国家税务总局为解决这一难题，颁布了112号文。在税务机关迟迟不能排除疑点的情况下，出口企业可自行举证排除疑点以尽快获得退税；在无法举证的情况下，改暂缓办理退税为适用增值税免税政策，这相当于给了出口企业一条活路。因此，在B公司申报的案涉出口退税业务存在诸多疑点且疑点经多方排查仍无法排除，符合112号文第2条第3款关于适用增值税免税政策规定的情况下，市国税局直属税务分局作出案涉税务通知，是依法行政。

3. 省国税局作出案涉复议决定证据确凿，适用法律、法规正确，符合法定程序

2016年2月4日，省国税局在收到B公司寄送的以市国税局直属税务分局为被申请人的行政复议申请材料后，依法告知B公司应变更被申请人为市国税局及重新补正材料。在B公司重新补正及提交材料后，省国税局依法受理了其复议申请。因案件情况复杂，不能在规定期限内作出行政复议决定，省国税局依法延长了行政复议期限。经依法审查，省国税局认为市国税局直属税务分局作出案涉税务通知认定事实清楚，证据确凿，适用依据正确，程序合法，内容适当，故依法在期限内作出案涉复议决定，维持案涉税务通知，并于当天寄送给B公司。据此，省国税作出案涉复议决定证据确凿，适用法律、法规正确，符合法定程序。

案例评析

1. 关于B公司的起诉是否超过法定起诉期限

B公司首次向区法院起诉时错列被告，在法院向B公司释明后，B公司仍拒绝变更，故法院于2016年9月18日作出行政裁定书，裁定驳回B公司的起诉，并邮寄送达给B公司，B公司于2016年11月19日签收该裁定书。2016年11月29日，B公司变更被告后再次向区法院提起诉讼，此时，上述裁定书尚未发生法律效力，B公司再次起诉的行为应视为B公司接受了法院的释明，变更了被告，故B公司的诉权并未丧失。

2. 关于市国税局直属税务分局作出《税务事项通知书》所依据的事实是否正确

B公司案涉出口退税申报涉及的3户供货企业均存在被认定为增值税一般纳税人2年内注销税务登记的情形。在财税〔2013〕112号文件颁布实施后，市国税局直属税务分局向B公司送达该文件并要求B公司按照文件规定，联系供货纳

税人,由供货纳税人举证销售的货物真实、纳税正常的证明材料,经供货纳税人的主管税务机关盖章认可,并在 2014 年 7 月底前按国家税务总局的函调管理办法回函,但 B 公司并未按要求提供举证材料或回函,因此,市国税局直属税务分局作出《税务事项通知书》所依据的事实正确。

3. 关于市国税局直属税务分局作出《税务事项通知书》适用法律是否正确

2014 年 1 月 1 日实施的《关于防范税收风险若干增值税政策的通知》(财税〔2013〕112 号)规定:"本通知生效前已出口的上述供货纳税人的货物,出口企业可联系供货纳税人,由供货纳税人举证其销售的货物真实、纳税正常的证明材料,经供货纳税人的主管税务机关盖章认可,并在 2014 年 7 月底前按国家税务总局的函调管理办法回函后,税务机关可按规定办理退(免)税,在此之前,没有提供举证材料或举证材料没有被供货纳税人主管税务机关盖章认可并回函的,实行增值税免税政策。"

在本案中,由于 B 公司申报出口退税业务的 3 户供货企业均存在被认定为增值税一般纳税人 2 年内注销税务登记的情况,符合上述条款的适用条件,且 B 公司、供货企业、供货企业的主管税务机关均未提供举证材料或回函,市国税局直属税务分局依据《关于防范税收风险若干增值税政策的通知》对 B 公司的出口退税申报实行增值税免税政策,适用法律正确。

4. 关于市国税局直属税务分局作出《税务事项通知书》的程序是否合法,是否存在怠于履行职责的行为

2009 年 9 月,市国税局发现 B 公司的出口业务存在疑点,市国税局稽查科于 2010 年 4 月 9 日立案,2013 年 10 月 29 日分别向 B 公司案涉的 3 户供货企业所在地税务机关发出《关于协查出口货物税收有关情况的函》。2013 年 12 月 9 日,B 公司向省国税局申请行政复议。2014 年 4 月 1 日,B 公司诉至市中院,判决后上诉至省高院。2015 年 9 月 7 日,省高院作出第一轮二审行政判决书,判决驳回上诉,维持原判。2015 年 12 月 11 日,市国税局直属税务分局作出《税务事项通知书》。综上,市国税局直属税务分局作出《税务事项通知书》的程序合法,并不存在怠于履行职责的情况。

专家点评

税务行政争议案件的处理,除了应当观照行政法原理以及行政诉讼法之外,还应当重点考察税务领域的法律、法规、规章甚至规范性文件。在本案的处理中,

首先,关注的被告资格和起诉期限的问题。因为适格的被告和在法定期限内起诉是行政诉讼启动的基本条件。其次,是关于本案具体的法律适用,其中争议的焦点在于财税〔2013〕112 号。从属性来说,财税〔2013〕112 号文不是法规或者规章,只能列入规范性文件的范畴,但经复议和法院认定该文是合法有效的,依行政诉讼法的相关司法解释,对于合法有效的规范性文件,法院可以引用,这在事实上赋予该规范性文件在诉讼中的效力。最后,关于程序认定。无论是诉讼还是复议,均采用了代理人的意见,即税务机关不存在程序上的违法。自此可以说,虽然该案出口退税行政纠纷历时近 7 年,但在代理律师扎实的专业知识、丰富的法律经验以及认真负责的职业素养的支撑下,案件得到了完美的处理。

(点评人:卢护锋,广州大学法学院副教授、党内法规研究中心副主任)

国家某总局通报的性质、可诉性等相关法律问题

——北京某电气公司不服国家某总局通报行政纠纷案评析

王春平　黎月梅

摘　要

国家某总局在开展电网设备材料产品质量监督行动过程中，结合监督检查结果作出《关于××××有关工作情况的通报》（以下简称案涉通报），就包括北京某电气公司（以下简称B公司）在内的企业存在的问题进行了通报，并提出了相关处理建议。根据该通报，A电网公司、C电网公司分别对B公司作出了“暂不接受投标”“暂停中标资格”的决定。其后，B公司因不服案涉通报而先申请行政复议、后提起本案行政诉讼，A电网公司、C电网公司被法院通知作为第三人参加诉讼。

由于A电网公司为本案第三人，没有参与对B公司的实地检查，代理律师围绕“案涉专项监督检查行动的背景、依据文件、A电网公司等相关主体在该次行动中的角色、案涉通报的性质与可诉性”等问题策略性地发表了代理意见。尽管法院最终认定“案涉通报属于行政指导行为，但具有可诉性”，但得益于代理律师关于案涉专项监督检查行动合法性等有关情况的论述，助推法院最终以“案涉通报对B公司的处理并不违反法律规定”等为由，判决驳回了B公司的全部诉讼请求。本案对于行政通报是否可诉、企业根据行政机关处理建议作出相关行为的法律风险及其规避等有关问题的解决、类案的处理具有参考和示范意义。

案情简介

2015年9月20日，国家某总局发出第57号通知，委托包括A电网公司在内的有关单位会同有关省××监督局，自2015年9月至10月开展电网设备材料产

品质量监督行动，规范第三方检验机构业务，督促企业落实质量安全主体责任。第57号通知载明：“一、监督检查范围：……随机抽取A电网公司和B电网公司近2年中标企业，以及为中标企业出具产品检验报告的检验机构进行实地检查……。二、监督检查主要内容和方式：（一）监督检查方式：本次质量监督行动由A电网公司、B电网公司根据设备电压等级高低和产品质量形势，随机抽取近两年内中标的企业提供产品型式试验报告确定监督检查的检验机构和企业；总局监督司组织北京、河北等8个省级××监督部门和A电网公司、B电网公司相关专家组成专家组，通过现场座谈、体系文件审查、工作记录查阅、报告数据对比等方式，对检验机构和生产企业进行实地检查。（二）主要内容：本次质量监督行动重点监督检测机构检验能力保持及检验工作规范性情况，以及中标生产企业在质量管理、质量诚信及自律等方面情况，督促检验机构和生产企业落实主体责任。……四、监督检查结果处理：……（二）对于管理不规范、实际生产产品技术参数与向社会和用户承诺存在较大差异的企业，A电网公司、B电网公司在招投标过程中予以参考，对于情节严重的建议暂停授标，并根据情况向社会公布名单；地方质监部门动态调整质量信用和产品质量分类监管等级……”

根据第57号通知，专家组对B公司的生产场所进行了现场检查，并就检查项目制作了现场核查表，记录现场检查的情况以及发现的问题。后经专家评审，认定B公司在原材料采购、检验记录、质量关键点自检、型式试验报告、弯管工序、工艺管理手册、环境控制等九个方面存在问题。

2016年6月6日，国家某总局作出案涉通报，就案涉专项监督检查行动中发现企业以及检测机构存在的问题进行了通报，并提出相关处理建议，其中明确：“一、发现的问题（一）电力设备制造企业存在的问题。……B公司……等6家企业存在的问题主要包括：……二、处理意见建议（一）电力设备制造企业。……2. 对存在问题的……等6家企业，建议企业所在地市级以上质监部门责令企业6个月内完成整改，整改完成后由中国××管理协会会同A电网公司、C电网公司、当地省××监督局实施复查。电力企业在整改期间建议暂停其中标资格，复查合格后恢复其中标资格……”该通报的附件为电力设备制造企业与检验机构存在的具体问题，其中专业类别为线圈类（变压器、互感器等）中，序号1为B公司，附件中列明了B公司存在的九项具体问题。

其后，根据通报，A电网公司、C电网公司就B公司中标资格问题均作出相应处理决定。其中A电网公司作出决定，在110kV干式电流互感器物资品类上，半年内暂不接受B公司投标。C电网公司作出决定，在公司系统招标采购110

(66kV)电流互感器标包中暂停B公司中标资格。

B公司对通报不服,向国家某总局申请行政复议,请求撤销通报中全部有关B公司存在问题及处理意见建议的错误内容。2016年10月9日,国家某总局作出行政复议决定,维持了所作案涉通报。

B公司仍不服,向某市第一中级人民法院(以下简称一中院)提起本案行政诉讼,请求撤销通报中涉及B公司的部分,撤销行政复议决定。一中院依法追加A电网公司、C电网公司为本案第三人。本案经一审、二审,法院判决驳回了B公司的全部诉讼请求。

其后,B公司对一审、二审判决不服,向最高人民法院申请再审,请求撤销一审、二审判决,依法改判支持其全部诉讼请求。最高人民法院经依法审查认定一审、二审判决驳回B公司诉讼请求并无不当,裁定驳回了B公司的再审申请。

争议焦点

1. 案涉通报是否具备可诉性;

2. 国家某总局开展案涉专项监督检查行动是否具有职权依据,目的是否正当,是否符合法律的原则和精神;

3. 案涉通报针对B公司的处理是否违法。

代理意见

由于A电网公司为本案第三人,没有参与对B公司的实地检查,不宜反客为主、越俎代庖地就案涉通报、行政复议决定的合法性、己方没有参与的事项进行答辩。鉴于此,代理律师策略性地发表了如下代理意见:

一、关于案涉专项监督检查行动的背景

由于电力设备质量安全直接影响着电力系统安全运行,关系着国计民生,目前电网设备质量形势十分严峻,亟待加强监督治理。为了强化电网设备质量监督,提升电网设备整体质量,保障电网架构安全,全国电力设备质量管理工作网向国家某总局建议发挥行业组织和电力企业的专业技术优势和行业优势,组织对A电网公司、C电网公司中标电力设备企业的生产条件进行监督检查。

二、关于相关方在案涉专项监督检查行动中充当的角色

根据国家某总局作出的第57号通知载明的有关内容,本次专项行动由国家某总局统一部署，由有关省、市、区××部门具体实施、开展和执行，由中国××管理协会、A电网公司、C电网公司抽调专家配合参与，发挥行业、专业、技术优势（由于按业务和所处地域划分，A电网公司未参与针对B公司开展的实地检查活动），提供技术支持，全国电力设备质量管理工作网作为协会的一个内设机构，是协会具体配合参与本次行动的平台。

三、关于案涉专项监督检查行动的依据文件

根据《产品质量法》第3条、第6条，《北京市产品质量监督管理条例》第10条等有关法律规定，本次专项行动的依据文件应当包括但不限于：（1）相关法律规定；（2）国家标准、行业标准、地方标准、企业标准；（3）产品标识中明示的内容、实物样品、产品说明和经济合同中的质量约定等；（4）国家和省级以上质监部门批准的产品质量检验方法或者质量评价规则等。B公司作为A电网公司的中标企业，其资质、生产设备、条件、环境、产品等亦应符合法律规定、国家标准、行业标准、地方标准、企业标准以及A电网公司管理规定、招投标文件等的要求。

四、关于国家某总局作出案涉通报是否为可诉行政行为

案涉通报的内容是国家某总局就有关省、市、区××部门具体实施和执行本次专项监督检查结果进行汇总、公告及提出指导性处理建议，不具有强制性，对B公司的权利义务没有产生实际影响。因此，案涉通报依法为不可诉行政行为。根据《行政诉讼法》第49条、最高人民法院《关于适用〈中华人民共和国行政诉讼法〉若干问题的解释》第3条、最高人民法院《关于执行〈中华人民共和国行政诉讼法〉若干问题的解释》第44条等有关法律规定，B公司提起本案诉讼依法应予裁定驳回。

五、关于A电网公司在案涉通报作出后有无及如何作出相应处理

案涉通报作出后，针对该通报公告的有关问题及内容，A电网公司作了必要核查。根据核查结果，依据自身的供应商管理办法等有关制度，A电网公司整体上就不同的供应商作了相应处理。其中，仅对B公司的110kV干式电流互感器作出了“半年内暂不接受投标”的处理。

案例评析

一、关于案涉通报的可诉性问题

从案涉通报的内容和性质看，其不具有强制性，属于行政指导行为，但由于其发布主体具有权威性，发布的内容具有很强的针对性，对相关企业的后续处理作了明确的规定,客观上可能对 B 公司的权益产生实际影响,故案涉通报应当具备可诉性。

二、国家某总局开展案涉专项监督检查行动是否具有职权依据,目的是否正当,是否符合法律的原则和精神

在本案中,被诉行为是国家某总局针对 B 公司作出的通报,但案涉通报仅为国家某总局组织开展的案涉专项监督检查行动的收尾环节,案涉专项监督检查行为合法性将直接决定案涉通报内容的合法性。因此,有必要对案涉专项监督检查行为的合法性进行整体把握,综合考量。

首先,案涉专项监督检查行动的起因在于电网设备质量问题导致电力安全事故,全国电力设备质量管理工作网建议国家某总局加强电网设备质量监督,该项行动符合公共利益的需要。其次,根据《产品质量法》第 3 条、第 8 条及国办发〔2008〕69 号的相关规定,生产者、销售者应当建立健全内部×××管理制度,国务院某部门主管全国产品质量监督工作,具有组织开展产品质量安全专项整治工作、对产品质量进行风险监控、对生产者是否建立健全产品质量管理体系进行监督检查的职责。再次,根据《产品质量法》第 15 条及国办发〔2008〕69 号的相关规定,国家对产品质量实行以抽查为主要方式的监督检查制度,对可能危及人体健康和人身、财产安全的产品,影响国计民生的重要工业产品以及消费者、有关组织反映有质量问题的产品进行抽查。监督抽查工作由国务院某部门规划和组织,国家某总局×××司承担产品质量国家监督抽查工作,承担工业产品风险监控工作。最后,案涉专项监督检查行动采取提出意见建议的方式进行处理,并未直接行使具体的行政执法权,符合国家某总局的职能定位。

综上,案涉专项监督检查行动目的在于加强电网设备质量监督,保障国家电网建设项目质量安全。重点监督检测机构检验能力保持及检验工作规范性情况,以及中标生产企业在质量管理、质量诚信及自律等方面情况,督促检验机构和生产企业落实主体责任。主要采取随机抽查的方式,检查范围涵盖 A 电网公司、B 电网公司近两年中标企业及检验机构,通过现场座谈、体系文件审查、工作记录查阅、报告数据对比等方式,对被检单位进行实地检查。故案涉专项监督检查行为具有职权依据、目的正当、所采取的监督检查方式符合法律规定,总体具备合法性。

三、关于案涉通报针对 B 公司的处理是否违法问题

依据《产品质量法》第 13 条之规定:可能危及人体健康和人身、财产安全的工业产品,必须符合保障人体健康和人身、财产安全的国家标准、行业标准;未制定国家标准、行业标准的,必须符合保障人体健康和人身、财产安全的要求。案涉通报针对的并非产品质量问题,而是电网设备材料供应商在原料采购、生产工序、环境控制等各个流程是否规范的问题,是为了避免产品质量问题产生而对可能存在影响质量的各个环节、因素开展的督察,是为了保障公共安全。且案涉通报并未直接取消B公司的中标资格,而是建议由其所在地市级以上××部门责令其6个月内完成整改,复查合格后可恢复其中标资格,案涉通报对B公司的处理并不违反法律规定。

专家点评

行政通报是否可诉是司法实践中的一个难题,本案对行政通报可诉性问题的审查和认定逻辑,为该难题的解决提供了一个参考样本。在判断行政通报是否具备可诉性时,不能仅局限于对行政通报的行为定性,要进一步结合作出主体、内容、效力、效果等维度具体问题具体分析,重点在于利害关系的判断,即判断行政通报是否可能对公民、法人或者其他组织的权利义务产生实际影响。

深入推进依法行政,加快建设法治政府,是全面推进依法治国的重要任务之一。行政通报作为行政权的一种表现形式,不能违背依法行政的基本原则。以案为鉴,该案的处理也给行政机关依法行政敲响了警钟。

(点评人:汪庆华,北京师范大学法学院教授、博士生导师)

让法律助推征拆行为走向阳光

——林某某与某政府、规建局、村委等民行交叉疑难复杂案评析

王春平　黎月梅

摘　要

县政府拟征收林某某自20世纪80年代始一直使用的建设用地、承包地和开荒地,为了规避法定程序,由村委提起物权保护民事诉讼,要求林某某退还无用地手续的土地,由镇政府作出行政处罚决定,与县市容局一起实施暴力强拆,林某某报案后当地公安机关不予受理。由于当地律师不愿意代理,林某某跨省找到了代理律师。代理律师制定了多元化组合法律解决方案:申请行政复议、提起行政诉讼、策略性地申请政府信息公开、进行刑事报案;申请中止审理民事案,为行政案件的处理争取更多时间;在时机成熟时,进行协商、谈判、和解等。经过近3年的不懈努力,帮助林某某取得了近10个案件的胜诉结果,扭转了被动局势,为争议的解决创造了有利条件,促使行政机关主动要求协商、和解,最终帮助林某某获得了补偿款、土地补偿,也解决了承包地、耕地手续等历史遗留问题,不仅让当事人真切感受到法律的公平正义,也促使行政机关反思依法行政的重要性和必要性,推动土地征收活动日益合法、走向阳光,为我国的法治建设事业添砖加瓦,也为违法征收、暴力强拆类似案件的办理提供了较好的借鉴意义。

案情简介

1984年年底,林某某响应政府开垦荒地的号召,向县政府申请兴办水泥空心砖厂。1987年,县政府批准水泥空心砖厂用地,向林某某颁发了土地使用证。1998年,林某某与村委签署《耕地承包合同》,且当天取得了耕地承包使用证。2011年,因公路改扩建征用林某某水泥空心砖厂用地,镇政府等政府部门承诺在

征用后两个月内协调国土部门重新办理项目用地使用权证，但相关部门拖延至2014年才办妥。

因征用拆除了原水泥空心砖厂的建筑物，全家居住生活、生产都陷入困境，林某某需另行建设水泥空心砖厂，遂与相关政府部门沟通办理水泥空心砖厂的建设、规划批准手续，但相关部门一直推脱，经林某某多次反映情况，相关部门工作人员同意林某某先行在前述土地上建设了一栋建筑。

2017年4月5日，镇政府、村委相关工作人员到案涉土地查看，于4月16日向林某某送达了《通知书》《建（构）筑物估算单》等文件，拟征收林某某的土地等财产。

2017年5月25日，村委向法院起诉林某某，要求林某某归还占用集体土地3673.11平方米（以下简称物权保护民事案）。

2017年6月，林某某的儿子委托代理律师提供法律帮助，代理律师接受委托后积极帮助林某某收集、准备证据材料和应诉答辩。

2017年12月29日，镇政府作出《责令停止违法建设通知书》，后于2018年1月15日作出《行政处罚告知书》，并于1月19日作出《听证通知书》，而在前述文书上签字的工作人员均为县市容局工作人员。1月29日，镇政府作出《行政处罚决定书》，要求林某某自收到处罚决定书之日起15日内自行拆除违法建设建筑物，恢复原状。

2018年1月31日，县市容局、镇政府组织相关人员，将林某某及家人强行抓捕囚禁，暴力拆除林某某土地上的建筑物，林某某家的生产资料、生活用品及其他财产物品也全被损毁。林某某亲属报警，但县公安局、派出所均不受理，无人出警处理。直到2018年2月5日，派出所才出具报警回执，后于2018年6月20日作出终止案件调查决定，并于2018年6月22日送达给林某某。

代理律师经仔细全面研究论证后，制定了多元化组合解决方案，先后代理林某某针对镇政府作出的行政处罚决定提起行政诉讼，要求撤销该行政处罚决定（以下简称行政处罚案）；针对县规建局、镇政府违法暴力强拆行为向县政府申请行政复议，要求确认县规建局、镇政府前述强拆行为违法，责令它们依法赔偿林某的损失（以下简称行政强制案）；针对派出所作出的终止案件调查决定向县政府申请复议，要求撤销该调查决定，责令派出所重新作出行政行为（以下简称行政不作为案）。此外，为了消除信息不对称、证据不足等法律障碍，还代理林某某分别向相关政府部门申请公开多项政府信息，先后申请行政复议和提起行政诉讼（以下简称政府信息公开系列案）。

在前述行政诉讼案件中,林某某取得了将近 10 宗案件的胜诉结果,尤其是通过政府信息公开程序获取了能够证明相关行政行为违法错误的关键证据,在行政处罚案、行政强制案、行政不作为案中均大获全胜。因此,尽管物权保护民事案法院判令林某某向村委返还 2880.01 平方米土地,但是由于林某某在前述大部分行政案件中胜诉,相关行政机关主动提出协商、和解。经多轮洽商,镇政府、县规建局、村委与林某某达成了和解协议,林某某不仅获得了补偿款、土地补偿,也解决了承包地、耕地手续等历史遗留问题。

争议焦点

一、关于行政处罚案

镇政府是否具备作出案涉行政处罚决定的相应职权?案涉行政处罚中的大部分活动由县市容局实施,是否合法?

二、关于行政强制案

县政府确认镇政府、县规建局对案涉建筑予以强拆的行为违法,并责令它们重新作出行政行为,是否合法?县政府以案涉建筑是违法建筑、林某某未提供相应证据为由,驳回林某某行政赔偿请求,是否合法?

三、关于行政不作为案

派出所、县政府依据某复函分别作出案涉调查决定、复议决定,是否合法?

代理意见

一、关于行政处罚案

1. 镇城府并非适格的行政执法主体,无权作出前述行政处罚。

根据林某某通过政府信息公开程序获取的证据材料,案涉建筑位于城市、镇规划区范围内。且不管案涉建筑是否应当被拆除,根据《城乡规划法》第 64、65 条等有关法律规定,案涉建筑依法应由县规划建设主管部门而非镇政府实施行政处罚;即使案涉建筑位于村庄、集镇规划区内,林某某并非建造个人住宅,依法也应由县规划建设主管部门而非镇政府作为行政执法主体实施行政处罚。

2. 且不管案涉建筑是否在城市、镇规划区内,镇政府是否有权作出前述行政处罚,其作出前述行政处罚严重违反法定程序,认定事实不清、证据不足,且明显不当。

(1)根据《行政处罚法》等法律规定,镇政府作出行政处罚应当遵循法定程序,但是,该镇政府不仅未依法送达相关文书、未在法定时限举行听证、没有依法延期、未依法回避、没有真实举行听证会、变相剥夺林某某陈述申辩的权利等,而且,该镇改府作出行政处罚决定前,大部分执法活动均由县市容局工作人员作出,也明显违法。

(2)案涉建筑之所以未能办理报建手续,主要是相关政府部门包括镇政府的原因。本案证据可证明相关政府部门实际上同意林某某先行建造案涉建筑。根据信赖利益保护原则,案涉建筑不能简单地被认定为违法建筑并一拆了之,镇政府草率认定案涉建筑为个人住宅,属违法建筑,认定事实不清、证据不足。

(3)镇政府未提交证据证明林某某严重影响村庄、集镇规划,镇政府提交的《责令停止违法建设通知书》明确要求林某某 15 日内采取改正措施,也可证明案涉建筑属于尚可采取改正措施的情形,故镇政府径行作出行政处罚决定明显不当。

二、关于行政强制案

1. 根据行政处罚案的行政判决查明和认定的事实,镇政府未能举证证明案涉建筑位于村庄、集镇规划区内,镇政府作出行政处罚决定违法不当。在前述情况下,镇政府、县规建局依据违法(且事后已被撤销)的行政处罚决定作出的暴力强拆行为没有合法依据,县政府作出的复议决定也因此没有合法依据,明显违法错误。

2. 县政府认定"案涉建(构)筑物属于违法建筑,林某某提出的赔偿请求缺乏合法的权利基础"显属错误。

首先,根据《国有土地上房屋征收与补偿条例》第 24 条等有关法律规定,参照有关司法裁判观点,未经产权登记的房屋并非均属违法建筑,也并非所有违法建筑均须拆除。镇政府、县规建局强拆案涉建筑前,依法应由有权机关对案涉建筑是否属于"两违建筑"进行调查、认定,但实际上根本没有任何有权机关就此进行调查、认定,它们就径自将案涉建筑当作"两违建筑"进行了强制拆除,明显违法。县政府未能正确适用法律、查明前述事实,直接将案涉建筑当作"两违建筑"错误在所难免。

其次,参照最高人民法院相关司法裁判观点,林某某对包括镇政府在内的相关政府部门同意并默许建造案涉建筑存在合理信赖,对基于此合理信赖而产生的利益,林某某无主观上的恶意,依法应受到法律的保护,案涉建筑未办理报建手续不能成为否定林某某前述信赖利益存在并予保护的依据和理由。镇政府、县规建局径行强拆案涉建筑,有损行政机关的公信力,违背了信赖利益保护原则。

最后,即使案涉建筑属于违法建设,也不意味着建筑材料及建筑物内的财产亦随之变成非法财物,案涉建筑的建筑材料及建筑物内的财产均属于林某某的合法财产,镇政府、县规建局违法暴力强拆,导致案涉建筑的建筑材料及建筑物内的财产灭失、受到明显不合理、过度的毁损,无法继续使用,依法也应对此承担赔偿责任。

3. 县政府认定“缺乏证据证明财产损害事实的存在”,不支持林某某提出的损失赔偿请求,适用法律明显错误,举证责任分配也显失公平,还违背了保护相对人合法权益的立法精神。

根据《行政诉讼法》第 38 条第 2 款等有关法律规定,行政程序违法导致林某某无法举证或举证困难的,应当适当降低林某某的证明责任,并依法由镇政府和县规建局承担证明林某某列举损失不存在的举证责任。本案中造成林某某无法提交充足证据证明损害事实的主要、根本原因是镇政府、县规建局没有遵循法定程序实施强拆行为、在实施强拆行为过程中也没有依法对案涉的财物进行公证保全代管,由此造成的不利后果依法应由镇政府、县规建局承担,而不应归咎于林某某。

三、关于行政不作为案

1. 某复函不具有合法性,派出所依据该复函作出终止案件调查决定、县政府作出维持派出所调查决定的复议决定违法错误。

2. 派出所无权也不应、不宜查处本案;该所没有及时出警制止非法暴力强拆和解救被不法分子非法限制人身自由的林某某,且受案后未在法定期限内及时依法开展调查及查处工作,程序也违法;该所不依法履行调查取证、认定事实及移交查处等法定职责,认定案件事实错误、证据不足,明显违法和偏袒不公。故案涉调查决定依法应予撤销。县政府作出相关复议决定也违法错误,依法应予撤销。

案例评析

1. 在办理行政诉讼案件时,应注意核查行政机关是否具备作出相关行政行为的相应职权、行政行为的主体是否合法,从多方面找到案件突破口。

根据《行政诉讼法》等相关法律规定,法院审理行政案件,对行政行为是否合法进行审查。审查行政行为是否合法,主要包括以下四个方面:一是行政行为的主体合法;二是行政行为应当符合行政主体的权限范围;三是行政行为的内容应当合法、适当;四是行政行为应当符合法定程序。据此,行政机关是否具备作出相关行政行为的相应职权、行政行为的主体是否合法,均是行政诉讼案件审查的重点。

以林某某的行政处罚案为例,根据《城乡规划法》第 65、65 条等有关法律规定,只有在乡、村庄规划区内未依法取得乡村建设规划许可证或者未按照乡村建设规划许可证的规定进行建设的,乡、镇政府才具有作出相关行政行为的相应职权。本案中镇政府未提交证据证明案涉建筑在乡、村庄规划区内,应认定镇政府不具备对案涉建筑作出相应行政行为的职权。

此外,镇政府也未提交证据证明县市容局代其实施前述行政处罚中的大部分活动的依据和事由以及市容局是行政行为的合法主体,故前述行政处罚的主体也不合法。

2. 即使案涉建筑属于违法建设,也不意味着建筑材料及建筑物内的财产亦随之变成非法财物。行政机关未遵循法定程序拆除案涉建筑,致使行政相对人的合法财产遭受损害,依法应予以赔偿。

参照最高人民法院相关行政裁定书、最高人民法院行政庭编著的《中国行政审判案例》第 4 卷第 160 号案例中的裁判要旨,有权行政机关未遵循法定程序拆除违法建筑物,致使违法建筑物料的损失扩大,或其他合法财产遭受损害的,应承担赔偿责任。

据此,在行政强制案中,如行政机关违法暴力强拆,导致案涉建筑的建筑材料及建筑物内的财产灭失、受到明显不合理、过度的毁损,无法继续使用,依法应由行政机关承担赔偿责任。

3. 因行政程序违法导致行政相对人无法举证或举证困难的,应当适当降低行政相对人的证明责任,并依法由行政机关承担证明行政相对人列举损失不存在的举证责任。

《行政诉讼法》第 38 条第 2 款规定:“在行政赔偿、补偿的案件中,原告应当对行政行为造成的损害提供证据。因被告的原因导致原告无法举证的,由被告承担举证责任。”

参照最高人民法院行政庭编著的《中国行政审判案例》第 3 卷第 91 号案例、第 4 卷第 160 号案例以及最高人民法院在(2017)最高法行再 68 号行政判决书中的裁判观点,在行政相对人已提交现场视频等证据材料证明行政机关违法强拆行为造成了不动产损失、停产损失、屋内物品损失等,并依法提供了相关损失的计算依据和金额等情况下,如行政机关没有遵循法定程序实施强拆行为、在实施强拆行为过程中也没有依法对案涉财物进行公证保全代管,由此造成的不利后果依法应由行政机关承担。

4. 对于行政机关作出行政行为时所依据的规范性文件,必要时可依法申请合法性审查,助推案件朝有利于己方的方向发展。

在行政不作为案中,派出所、县政府均依据某复函作出案涉调查决定、复议决定,该复函的合法性在实践中存在一定的争议,基于诉讼策略方面的考虑,代理律师一并请求对其合法性进行审查。

(1)该复函作出的主体是国务院法制办公室秘书行政司,该司于2005年7月8日就安徽省人民政府法制办公室针对当时的《治安管理处罚条例》实施过程中有关问题的请示作出的。其中,该司就"行政机关工作人员在执行职务时故意或者重大过失侵犯公民合法权益造成损害的,应如何处理"这一问题给出了四项处理意见:一是承担民事责任,即承担部分或者全部的赔偿费用;二是承担行政责任,即由有关行政机关依法给予行政处分;三是依照刑法规定,构成犯罪的,还应当承担刑事责任;四是不应当给予治安管理处罚。由此,该复函内容不涉及《国家赔偿法》,所依据的法律不是《国家赔偿法》。

(2)该复函针对的是当时的《治安管理处罚条例》。根据《治安管理处罚法》第119条等法律规定,《治安管理处罚条例》已于2006年3月1日被废止。在《治安管理处罚条例》已于2006年3月1日被废止的情况下,针对该条例作出的相关解释、复函依法也应同时被废止。据此,该复函依法不应再被适用。

(3)根据《立法法》第45、46条等有关法律规定,国务院无权对由全国人民代表大会常务委员会制定通过的《治安管理处罚条例》进行解释。故国务院法制办公室秘书行政司针对《治安管理处罚条例》的适用问题作出复函超越了法定职权,违反了《立法法》前述法律规定。

5. 统揽全局、灵活多变,综合运用多元化手段,助力疑难复杂民行交叉案件的圆满解决。

(1)巧用政府信息公开获取对己方有利的证据材料。

在行政处罚案中,胜诉的关键之一在于林某某通过政府信息公开程序获取了案涉建筑不在乡、镇规划区内的证据材料。事实上,林某某此前并不知道前述案件关键事实,也无法获知相关政府信息的内容,为使该案有关事实得以查明,代理律师建议林某某尝试申请政府信息公开收集、获取有关政府信息,最终获取了对其有利的证据材料,为案件的胜诉奠定了基础。

(2)综合运用民事、行政、刑事、非诉等多元化手段。

在上述案件中,林某某多年来经营的砖厂已经被强拆,开荒整理的土地也被法院判令返还给村委,加之作为行政相对人,林某某原本就处于弱势一方,十分被动。如何能够打破僵局,帮助林某某获得合法赔偿,同时解决承包地、开荒地手续等问题是重中之重。为此,代理律师不拘泥于只提起行政诉讼这一单一手段,而是统领全局地制定了多元化组合法律解决方案。包括但不限于申请行政复议,申请政府信息公开、申请中止民事审理,适时谈判等。并经过近 3 年的不懈努力,帮助林某某取得近 10 宗案件的胜诉结果,打破僵局,获得合法赔偿的同时解决了承包地、耕地手续等历史遗留问题。

专家点评

土地及地上房屋征收活动涉及政治、经济、法律、文化等多个领域,问题和利益纷繁复杂。在实践中,行政机关有时为了规避法定程序和其他限制,会通过村集体或其他主体实施相关行为,以达到不通过征收程序而实现征收之目的,在“两违”建筑的认定和处理、征收补偿方案的制定、补偿标准的确定、征收补偿活动实施、行政处罚、行政强制以及其他行政执法活动中也时有不合法、不恰当的情形,有时还会激化矛盾,引发冲突,使行政机关变得更加被动。

如果牢固树立法律红线不能触碰、法律底线不能逾越的观念,始终对宪法和法律保持敬畏之心,始终做到依法行政,目的正当,执法得当,方法得体,确保合民心、符民意,征收并不必然形成尖锐的利益对抗,也能够切实走在合法合规的阳光正轨上。

(点评人:汪庆华,北京师范大学法学院教授、博士生导师)

行政机关当否介入民事争议，处罚决定何以反复多次一撤再撤

——因收回土地、没收违法建筑引发的陈某某与相关行政机关、居委之间的民行交叉疑难复杂系列案评析

王春平　黎月梅　韩　秀

摘　要

针对陈某某建设的占地50多亩、价值逾亿元的某项目，市资源局先后作出了4次行政处罚，陈某某先后向市政府申请了4次行政复议，在前2次行政处罚被撤销、第3次行政处罚虽被复议决定撤销但市政府同时责令市资源局重新作出行政行为，第4次行政处罚被复议决定维持的情况下，陈某某先后委托2家律所指派律师针对后2次行政处罚、行政复议提起行政诉讼，但一审均败诉。随后，陈某某找到了本所代理律师。面对几经处理、一审已败诉的僵局，代理律师找到了多个突破口，巧妙地制定了民事诉讼、行政诉讼、行政复议、村务公开及非诉手段多管齐下、协同联动的争议解决方案，帮助陈某某获得了第4次行政处罚二审胜诉结果，成功逆转，为陈某某争取到了主动有利的谈判条件，为保住项目争取了更多的时间，也促使行政机关主动释放了协商、和解的意愿，打破了当地行政机关随意执法的传统思维和老旧模式，推动提高当地的行政执法质量，还为当地司法机关提供了有效的争议解决思路。

案情简介

2009年，陈某某与居委签订了协议书，约定居委将L洋坊20亩土地出让给陈某某兴办实业，凡与建设、规划等部门有牵连的手续由居委协助办理等。后陈某

某依约向居委支付了土地出让款,还支付了乡镇规划配套费等款项。由于当时用地性质和道路规划关系,居委仅先行交付了其中的12亩用地,尚欠8亩用地未交付。2013年年底,区国土资源局(后为市资源局区分局)测量队、镇国土所、居委共同到L洋坊进行测绘,确认和定位8亩用地补给陈某某。

后来,陈某某与居委协商约定在L洋坊新增用地约55亩(含前述未交付的8亩)。陈某某为此陆续向居委支付了全部新增土地使用权转让款及办理农转用手续和集体土地证过程中的所有相关费用,以居委名义办理了约55亩农转用手续,并帮居委取得了集体土地使用权证。在办理集体建设用地流转、内衣厂的施工过程中,基于主客观等多方面原因,约55亩土地未能办成集体建设用地流转手续。

针对该内衣厂所涉建筑物,市资源局先后作出了4次行政处罚,认定陈某某非法占地,决定责令陈某某将非法占用的土地退还居委,没收陈某某在上述非法占用土地范围内建成的建筑物。

尽管陈某某先后向市政府申请了4次行政复议,前两次行政复议请求均被支持,但是后两次行政复议请求均未获得支持。故其先后针对后两次行政处罚决定、行政复议决定提起了行政诉讼,但一审均败诉。在前述困局下,陈某某找到承办律师,代理律师巧妙地制定了民事诉讼、行政诉讼、行政复议、村务公开及非诉手段多管齐下、协同联动的争议解决方案,最终帮助陈某某获得了第4次行政处罚二审胜诉结果,成功逆转。

争议焦点

1. 在陈某某就第3次行政处罚决定、行政复议决定提起行政诉讼的情况下,市资源局直接作出第4次行政处罚决定、市政府随后作出维持该处罚决定的第4次行政复议决定,是否正确?

2. 暂且不管后两次行政处罚决定、行政复议决定之间的逻辑关系,市资源局和市政府分别作出的第4次行政处罚决定、行政复议决定是否合法?

代理意见

1. 针对法院就第3次行政复议决定作出的一审裁定,陈某某已提起上诉,该案二审生效裁判尚未作出,市政府作出的该复议决定尚未生效,该复议决定不能作为市资源局作出第4次行政处罚决定的依据。市政府在作出第4次行政复议决定时未能正确认定前述事实和正确适用法律,显属错误。

针对陈某某相同的行为,在作出第 4 次行政处罚决定前,市资源局以基本相同的事实和理由作出了第 3 次行政处罚决定,内容实际与第 4 次行政处罚决定基本相同。陈某某不服向市政府申请行政复议,市政府作出第 3 次行政复议决定,决定撤销第 3 次行政处罚决定,责令市资源局重新作出行政行为。陈某某依然不服向市中院起诉,请求撤销第 3 次行政处罚决定、复议决定。市中院受理后裁定移送区法院审理,区法院经审理后裁定驳回陈某某的起诉。陈某某不服而向市中院提起上诉。在前述案件生效裁判作出前,第 3 次行政处罚决定、复议决定的效力尚处于不确定状态,市资源局依法不应重新作出行政行为,却径行作出第 4 次行政处罚决定,明显缺乏依据。市政府作出第 4 次复议决定时显然未能正确认定前述事实和正确适用法律,实属错误。

2. 暂且不管后两次行政处罚、行政复议之间的逻辑关系,市资源局和市政府分别作出的第 4 次行政处罚决定、行政复议决定,明显认定事实不清,证据不足,超越职权,滥用职权,且行为明显不当。

(1)陈某某已向居委支付了案涉 55 亩土地的转让款及办理农转用手续和集体土地证过程中的所有相关费用。陈某某还提交了协议书、村民代表会议和两委会会议记录、收据等证据,足以证明陈某某与居委就案涉 55 亩土地存在流转、联营合作等民事法律关系,陈某某不属于非法占地。市资源局、市政府均认定“陈某某与居委之间不存在土地流转关系,陈某某属于非法占地”,认定事实和适用法律错误,证据不足。

(2)根据土地利用总体规划、现状调查结果,55 亩中的 3 亩土地应当不是耕地。市资源局没有依法举证证明该 3 亩土地为耕地、面积如何而来,该面积数显然有误,市政府在作出第 4 次行政复议决定时未能查明该土地的性质和面积。显然,它们作出相关行政行为时事实不清,证据不足。

(3)案涉土地位于乡、村庄规划区内,即便要对案涉违法行为进行查处,依法也应由镇政府查处,市资源局无权查处,其作出前述行政处罚决定显属超越职权,滥用职权。

(4)陈某某与居委之间就案涉 55 亩土地存在集体建设用地流转、联营合作等民事法律关系,即使案涉土地未能按法律规定在双方之间进行流转,本案中的违法行为人和处罚对象依法应为居委而非陈某某,市资源局、市政府均未能正确认定前述事实和正确适用法律。

(5)本案不属于依法无法采取改正措施、消除影响的情形,市资源局、市政府分别作出前述行政行为时均未能正确认定前述事实和正确适用法律，也未能正确适用“比例”原则。

(6)市资源局先后4次以基本相同的事实和理由作出实质内容基本相同的行政处罚，涉嫌严重滥用职权，行政行为明显违法，市政府在作出第4次行政复议决定时也未能正确认定前述事实和正确适用法律。

(7)市资源局立案审查严重超期，也没有经过行政机关负责人审查和集体讨论决定，程序严重违法。市政府作出前述复议决定时对此未能正确查明和认定。

案例评析

1. 市资源局、市政府均认定“陈某某与居委之间不存在土地流转关系，陈某某属于非法占地”，认定事实和适用法律错误，证据也明显不足。

(1)陈某某与居委之间就其中的8亩土地存在流转、联营合作等民事法律关系，陈某某对该等土地享有合法使用权，不能简单地以“居委与陈某某之间尚未依法办理土地使用权转让变更登记”为由，认定土地使用权转让行为违法无效。

针对55亩土地中的8亩土地的流转、联营合作等有关事宜，经村民代表会议通过，上报相关政府部门审批，陈某某和居委签订了协议书，陈某某也已缴纳了全部土地使用权转让款，并以居委名义依法办理了农转用审批手续，帮助居委取得了集体建设用地使用证。

根据当时的《物权法》第15条、最高人民法院《关于适用〈中华人民共和国合同法〉若干问题的解释(一)》第4条、最高人民法院《关于适用〈中华人民共和国合同法〉若干问题的解释(二)》第14条等有关法律规定，陈某某与居委之间就该8亩土地存在流转、联营合作等民事法律关系，陈某某对该等土地享有合法使用权，只是基于多方面的主客观原因未办理土地使用权转移变更登记手续，不能简单地以“居委与陈某某之间尚未依法办理土地使用权转让变更登记”为由认定双方之间的土地使用权转让行为非法无效。

(2)陈某某与居委虽未就余下47亩土地的流转、联营合作等事宜签订书面协议，但双方实际存在口头协议，且事实上也按该等民事法律关系履行己方义务，故陈某某对该部分土地事实上也享有合法使用权。

根据当时的《合同法》第10、36、37条，《民法通则》第52条、《广东省集体建设用地使用权流转管理办法》第14条等有关法律规定，集体建设用地使用权的流转方式不限于出让、出租，还包括以集体建设用地使用权作价入股(出资)，与他人合作、联营等形式共同兴办企业等。虽然前述流转办法第13条规定集体建设用地使用权流转应“签订书面合同”,但实践操作过程中应实事求是地具体问题具体分析:不能仅审查当事人之间有无出让、出租关系,还应审查当事人之间有无合作、联营及其他视同集体建设用地流转的法律关系;不能仅审查当事人之间有无签订书面合同,还应审查当事人之间虽未签订书面合同但有无实际履行合同的行为。不能因当事人之间未签订书面合同就简单粗暴地否认它们之间存在的相关民事法律关系。

本案中陈某某提交的村民代表会议记录、付款凭证、收据等证据,足以证明陈某某与居委虽未签订书面协议,但双方实际存在土地流转、联营合作等民事法律关系,陈某某对该部分土地事实上享有合法使用权,陈某某不属于非法占地。

2. 针对3亩土地,市资源局未依法举证、市政府也未查明。可见,查明事实不清,证据不足。

本案中市资源局没有提交任何合法有效的证据证明其中的3亩土地为耕地,也没有提交其所谓的土地调查、利用现状数据库信息等证据材料,以证明其主张的“依据土地调查数据库认定3亩土地为农用地”“土地利用现状数据库与现状不一致”。根据《行政诉讼法》第34条、最高人民法院《关于行政诉讼证据若干问题的规定》第12条等有关法律规定,应视为该局没有证据证明该3亩土地为耕地,并应由其承担举证不能的不利后果。而且,根据市资源局先后作出的两次行政处罚决定,其认定的耕地面积先后不一致,认定事实明显有误。市政府作为复议机关,也未能查明前述事实,显然事实不清,证据不足。

3. 案涉土地位于乡、村庄规划区内,即便要对案涉违法行为进行查处,依法也应由镇政府查处,市资源局无权查处,该局作出前述行政处罚决定显属超越职权、滥用职权。

市资源局在相关决定书中确认居委美丽乡村规划编制主体为镇政府,规划修改相关情况应向镇政府了解。根据《城乡规划法》第22条等有关法律规定,案涉土地应位于乡、村庄规划区内。

根据《城乡规划法》第64条等有关法律规定,只有在城市、镇规划区内的违法建设,市资源局才有权查处,在乡、村庄规划区内的违法建设,应由乡、镇政府查处。由于案涉土地位于乡、村庄规划区内,即便需要对有关违法行为进行查处,有权查处的行政机关应是镇政府,而非市资源局。故该局作出相关处罚决定显属超越职权、滥用职权。

4. 陈某某与居委之间就案涉55亩土地存在集体建设用地流转、联营合作等民事法律关系，即使案涉土地未能按法律规定在双方之间进行流转，本案中的违法行为人和处罚对象依法应为居委而非陈某某，市资源局、市政府均未能正确认定前述事实和正确适用法律。

本案中案涉土地的农转用审批手续和集体建设用地使用权证均是以居委名义办理的，在第2次行政处罚听证过程中，居委副主任也一再强调"案涉地上建筑物是经居委同意由陈某某实施建设的，如果相关主管部门需就此作出处理，由居委负责承担，居委同意且一直主张应由其与陈某某按照民事流转法律关系处理相关争议"。

在前述情况下，根据《土地管理法》第82条等有关法律规定，陈某某与居委之间就案涉55亩土地存在集体建设用地使用权流转、联营合作等民事法律关系，双方之间基于多方面的主客观原因没有按照法律规定办理集体建设用地使用权的流转手续，本案中的违法行为人应是居委而非陈某某，居委才是案涉行政处罚的适格对象。

5. 市资源局、市政府在作出前述行政行为时均未能正确认定"本案不属于依法无法采取改正措施、消除影响的情形"，也未能正确适用"比例"原则。

如前，案涉土地未能依法办理集体建设用地使用权转让登记、地上建筑未能依法办理报建手续是相关政府主管部门造成的，不可归咎于陈某某。本案中案涉55亩土地已依法办妥了农转用审批手续和取得了集体建设用地使用权证，陈某某与居委之间实际上并无民事争议，双方之间可以就案涉55亩土地中47亩土地的流转等有关事宜依法补签书面合同，案涉土地可以依法补办集体建设用地使用权转让登记手续，地上建筑也可依法补办报建手续。在前述情况下，根据《行政处罚法》第5条、《广东省城乡规划条例》第80条等有关法律规定，本案属于依法可以采取改正措施、消除影响的情形，不属于可直接实施没收等情形。

6. 市资源局先后4次以基本相同的事实和理由作出实质内容基本相同的行政处罚，涉嫌严重滥用职权，行政行为明显违法，市政府在作出第4次行政复议决定时却未能正确认定前述事实和正确适用法律。

根据《行政复议法》第28条、《行政诉讼法》第71条等有关法律规定，行政执法应当具有合法性和严肃性，行政机关作出行政行为应依法进行，不能随意而为。在司法实践中，如非仅因程序问题，实体上重新作出行政行为以一次为限，不能针对相同行为多次作出与原行政行为基本相同的行政行为。

自2018年3月至今，市资源局以案涉土地上存在违法行为为由先后作出4次行政处罚，4次行政处罚的内容实质上基本相同，所依据的事实和理由也基本相同,其涉嫌严重滥用职权,行政行为明显违法。市政府作出相关行政复议决定时却未能正确认定前述事实和正确适用法律。

7. 充分利用多元化手段,助力打破疑难复杂民行交叉案件的僵局。

本案中,如何打破僵局,为陈某某保住该等建筑物,是重中之重。为此,代理律师巧妙地制定了多管齐下、协同联动的争议解决方案,在积极充实行政诉讼上诉事实和理由的同时,另起民事诉讼,灵活使用为种非诉手段,成功扭转陈某某的被动局面、为后续与相关当事人进行协商和解等创造有利条件。

专家点评

本案属于典型的农村土地流转中行政纠纷与民事纠纷交织的案件,在此案的处理过程中资源局就本案原告的同一行为,以基本相同的事实和理由,先后作出了 4 次处罚决定,这在一定程度上来说是荒谬的。特别是在二审生效裁判尚未作出、市政府作出的该复议决定尚未生效的情况下,市资源局仍作出了第 4 个行政处罚决定。这也成了本案代理律师团队处理案件的切入点。在此基础上,本案律师团队围绕着事实问题展开了工作,指出 55 亩地中 8 亩地民事流转合同的合法性以及其余 47 亩地在事实上民事权利义务关系。然后,在行政法律规范与民事法律规范的衔接之间阐明了本案的法律主张,并获得了二审法院的支持。很显然,本案的处理是最大限度维护当事人合法权益、实现定分止争效果的又一次尝试。

(点评人:卢护锋,广州大学法学院副教授、党内法规研究中心副主任)

正确区分国企的主管部门监管责任与股东出资责任

——某市文广新局与某公司出资瑕疵担保责任纠纷案

苏东海　陈冠星

摘　要

某局作为原国有企业的主管部门，因该企业破产时破产管理人认为该企业的注册资本自91万元增资至520万元，所增加的429万元并未实际缴纳，而某局是该企业的主管部门，作为开办单位应在429万元范围内对该企业债务承担清偿责任，故起诉。代理律师经过研究认为某局仅仅是主管部门，并非该企业的开办单位、投资主体或股东，不负有补足注册资本的义务，而该企业增资的资金经会计师事务所进行验资，该增资来源是企业将未分配的利润转增资，这与股东增资不同。最终法院采纳了代理律师的意见，驳回该企业破产管理人的全部诉请。

案情简介

原告是1984年10月3日成立的全民所有制企业，并取得工商管理部门核发的企业法人营业执照，上级主管部门为被告。1992年4月2日，原告向被告提出《关于变更注册资金的申请》，载明：随着业务的不断发展，本公司的固有资金积累越来越多，经相关部门验资证明，公司现实有资本金973万元，固有资金为1276万元，与原有注册资金91万元不符，现申请办理变更注册资金手续，请给予批准为盼。被告于1993年4月3日同意原告提出的上述申请。同日，原告也向工商管理部门提交企业法人申请变更登记注册书，申请将注册资本由原来的91万元变更为520万元。1992年4月6日，原告的注册资金已变更为520万元。

根据2005年11月18日相关行政部门颁发的中华人民共和国企业国有资产产权登记证记载,原告的出资人为某政府;原告的上述增资是由其生产发展资金转增而成,在1993年的企业法人年检报告书中的出资者名称一栏已写明自筹资金;原告的职工代表在2014年6与25日的第二次债权人会议中也表示案涉的429万元增资款系由原告自身生产发展资金转增而成。

2012年11月15日,某市中级人民法院作出民事裁定书及指定(债务人)管理人决定书,裁定受理原告的破产清算申请,指定原告的管理人。原告的管理人遂提起本次诉讼,要求某局承担原告的出资瑕疵责任。

代理律师提出被告仅是原告的主管部门,对原告的运营、管理、盈亏均没有过问处理等观点。最终,法院采纳了代理律师的意见,判决驳回原告全部诉讼请求。

争议焦点

国有企业的行政主管部门是否需要承担出资瑕疵担保责任。

代理意见

本案的被告不是适格被告。原告的出资人是某政府,不是被告。被告作为原告的上级行政管理机关,仅仅是原告的主管部门,履行的是行政管理职能,并非原告的开办单位、投资主体或股东,不负有补足注册资本的义务。原告的注册资本从91万元增至520万元是自身的生产发展资金转增而来,经其他相关行政部门进行验资、核发相关证件等,资金已到位,不存在资金不到位的情况。

原告将自身未分配的利润转增资,与股东增资是不同的,是不需要外面的资金进入特定的账户就可以确认的。

在原告的第二次债权人会议上,破产管理人认为其查不到原告在设立时出资到位的应有文件,但仅据此不能代表原告的出资不到位。

案例评析

一家20世纪80年代成立的全民所有制企业,通过资本的不断积累和发展,在20世纪90年代初通过将自身的生产发展资金转增为注册资本,从而完成注册资本的增资,但由于经营不善以及民企和外企等其他类型企业的不断冲击,最终破产，唏嘘不已。

企业进行破产清算本来就涉及非常复杂的法律流程，如果该企业是国企的话，涉及的法律关系和法律主体就更加广泛了。例如，在本案中，在破产管理人接手国企后，借国企在增加注册资本未提交增资验资报告等理由，企图使作为国企的上级行政主管部门对注册资本的差额部分承担出资瑕疵责任，就涉及到底行政主管部门是否需要对所管的企业承担出资瑕疵担保责任的问题。

行政法和公司法明显是不同范畴的法律部门，行政主管部门履行的是行政职能，对企业的经营管理并没有实际参与，也不可能参与企业的盈亏分配等，这与股东或出资人对企业的权利和义务是不同的。股东对企业享有股东权利，承担股东义务，如股东出资不到位，则股东需要向企业补足出资，同时需要向其他股东承担违约责任，并限制其股东权利的行使，如企业破产，则企业的债权人也可向未足额出资的股东主张相关法律责任。

由此可见，行政主管部门与出资人或股东是两种具有不同法律地位的主体，在涉及企业经营管理的法律问题上，应当谨慎对待，加以区别开来，才能正确运用相关法律法规，维护当事人的合法权益不受侵害。

专家点评

本案涉及的是清算程序中的破产行政主管部门应否对所管企业承担出资瑕疵担保责任。代理律师能够正确地提出抗辩意见，即行政主管部门履行职能时并未实际参与企业经营，其法律地位与股东有重要区别，要求行政主管部门承担出资瑕疵担保责任缺乏依据。最终代理律师运用多维度的法律思维，通过正确的法律适用而获法院支持，体现了较高的专业水平和综合能力。

（点评人：吴家清，华南理工大学法学院教授）

为行政机关提供专项法律顾问服务还应熟悉相应的部门法、专门法领域知识

——担任某省、市的市场监管部门、国家知识产权局专利局代办机构专项政府法律顾问

苏东海　梁广涛　陈润垣　李大为　刘雯燕

摘　要

2017年至2021年，由苏东海律师任项目组总负责人，带领团队成员先后担任改制前某省知识产权局，改制后的省、市两级的市场监督管理局（知识产权局）、国家知识产权局专利局某代办处的政府法律顾问并提供多项法律服务。

项目简介

2017年至2021年，由苏东海律师任项目组总负责人，带领团队成员先后担任改制前某省知识产权局、改制后省、市两级的市场监督管理局（知识产权局）以及国家知识产权局专利局某代办处的政府法律顾问，按时按质完成了任务，包括审查政府合同上千份、协助办理行政复议案件数百宗，代理应诉行政诉讼案件数十宗，涉及食品安全监管、知识产权执法、特许经营、政府信息公开等类型。

2018年至今，由苏东海律师任项目组负责人，为某市的市场监督管理局提供行政复议、行政诉讼项目和协助涉公司虚假材料登记项目专项法律服务，协助该市场监督管理局办理近千宗行政复议案件，代理应诉近百宗行政诉讼案件。案件类型涉及市场主体登记监管、举报投诉处理、行政处罚、行政许可等，与此同时，还协助办理涉公司虚假材料登记案件超过200宗。

项目观点

为市场监管部门提供法律服务，存在专业性强、要求较高、办理案件数量较大的特点。法律服务需具有实际办案经历或相应专门知识的人员，特别是因部门对案件要求质量高，将不宜出现行政诉讼被纠错的情形作为考核之一，更是使团队办案投入成本大，耗时耗力。

律师办理思路

1. 围绕中心、服务大局，有不畏困难、勇于担当的职业精神。

2. 团队成员需有一定实务经验或有一定的专业要求。

3. 根据法律服务的需求，拟定相应的制度，要按进度推进，双向反馈情况，按时高质量完成各项法律事务。

4 针对市场监管部门案件数量庞大、涉及领域广泛的特点，团队需要注重数据分析、案例分析、集体研究、专家论证全方位助力行政部门提高行政执法水平。

案例评析

为市场监管包括知识产权行政管理部门，提供多样化法律服务，需要律师具有较强的行政法理论功底，同时熟悉相应的部门法、专门法、特别法，还需要有相关工作经验，才能全方位、多维度满足市场监管部门政府法律顾问的服务需求。

提供专门化和多样化的政府法律顾问服务，是律师适应法治政府建设的未来趋势，律师应以认真钻研的精神，刻苦学习，努力掌握专门领域里特别法、专门法的规定，从而更好地适应专门领域行政部门的法律服务。

专家点评

为市场监管部门提供政府法律顾问服务，需要律师熟悉市场监管的相关规定，在行政管理体系中，市场监管法律法规规定几乎占一半以上，因此，唯有勤下苦功、刻苦钻研，才能有所收获。

律师协助市场监管部门办理行政复议、行政诉讼案件包括知识产权行政执法应诉等，以及对涉公司虚假材料登记作行政处理、对相关的案件进行综合数据分析，参与信访处理、重大行政决策论证，涉及重大执法决定，参与法制审核，协助审查规范性文件等,均是律师助力行政机关依法行政的重要内容。律师只有通过扎实的专业知识、认真的服务态度,才能赢得行政机关的信任。律师担任政府法律顾问工作,意义重大;律师参与服务的过程,也是政府部门依法行政的体现。

(点评人:邓传远,中山大学法学院硕士研究生导师,高级律师职称)

劳动者突发疾病送院经抢救家属接回家中去世，能否认定工伤

——陈某某与广州某贸易商行工伤认定行政纠纷案

苏耀云　曾　恺

摘　要

《工伤保险条例》第15条规定："职工有下列情形之一的，视同工伤：(一)在工作时间和工作岗位，突发疾病死亡或者在48小时之内经抢救无效死亡的……"司法实践对于在48小时之内经抢救无效死亡的视同工伤情形的认定在某些特殊情况下出现截然不同的判断，直接影响职工家属合法权益。本案职工在工作时间和工作岗位上突发脑出血并破入脑室，心跳呼吸随时停止，经抢救后医生口头告知已脑死亡无法救治，家属基于农村丧葬风俗接回家中拔掉呼吸机死亡，但医院基于风险防控目的在病历中记载了"家属拒绝住院，要求回家"的文字，就此情况，是否属于经抢救无效死亡的事实认定和法律适用成为核心争点。

案情简介

2018年11月13日下午，许某某在广州市番禺区某贸易商行(经营者：梁某某)从事桶装水搬送工作期间，突然晕倒昏迷路边，被紧急送往医院救治，经过医院抢救，许某某被诊断为左侧基底节区脑出血并破入脑室，高血压急症，建议就地抢救，医院下达《病危患者病情通知书》告知患者家属，患者出现多器官功能衰竭，生命体征不稳定，需要生命支持治疗，患者预后评估为随时可能出现心跳呼吸骤停，风险评估为极危险，诊断建议为：(1)就地抢救、气管插管、抽血、CT检查；(2)转ICU监护治疗。随后该院专家医生告知家属许某某已经脑死亡，无法救

回。家属基于农村丧葬风俗要求送回家中离世,当晚由医院外救护车送回家中拔掉呼吸机离世。基于此情况,急诊初诊病历记载,“告病危,通知总值班开绿色通道。请神经外科会诊:患者无自主呼吸,存在手术禁忌症”,医院基于自身风控要求未明确记载脑死亡的情况,而且要送患者离院,该病历还记载了“家属要求拒绝继续治疗。患者生命特征不稳定,随时出现心跳呼吸骤停,充分告知疾病风险及并发症可能,患者家属表示知情并拒绝住院,要求回家,签署《拒绝治疗风险告知书》《自动离院知情同意书》后由外院救护车送离”的情况。

用人单位未为许某某缴纳社保等,未签订书面劳动合同,导致陈某某不能申请工伤保险赔付,许某某是家庭的经济和精神支柱,有年迈的双亲,还有两个尚在读书的未成年儿女,但用人单位无理由拒绝支付任何赔偿款项,并告知陈某某走法律途径。陈某某除提起劳动仲裁外,只能向番禺人社局申请认定工伤,番禺人社局作出工伤认定后,用人单位以病历中“家属拒绝住院,要求回家”的记载为由向广州铁路运输法院提起撤销工伤认定。陈某某作为第三人参与诉讼。广州铁路运输法院一审判决撤销番禺人社局的工伤认定决定。陈某某提起上诉,广州铁路运输中级法院判决撤销一审判决,改判维持番禺人社局的工伤认定决定。

一审法院认为:“我国工伤保险制度目的在于保障因工作遭受事故伤害或者患职业病的职工获得医疗救治和经济补偿,促进工伤预防和职业康复,分散用人单位的工伤风险。《工伤保险条例》第十四条和第十五条明确了应当认定工伤或者视同工伤的情形。……工伤内在属性是其与工作有关联,一般情况下除职业疾病以外的疾病不属于工伤范畴,但在特殊情况下出现的突发疾病致死的情形可视同工伤。因工伤属于通常意义上因工伤亡之外的扩大保护,故对视同工伤的判定,应当严格掌握,不宜对视同条件随意扩大解释,不合理扩大视同工伤的保护范围。上述《工伤保险条例》第十五条第一款第(一)项主要是针对职工在工作时间工作岗位上,突发疾病死亡,或者是突发疾病、病情危重、不能坚持工作,需要紧急到医院进行抢救的情况而设定的,其中发病、抢救、死亡为一连续不间断的过程,发病与抢救、抢救与死亡之间应当存在有紧密的先后顺序和逻辑联系。本案中,许某某在工作时间工作岗位突发疾病,送医抢救后于当晚在家中死亡的事实,各方无争议,本院予以确认。本案许某某的死亡能否视同工伤的关键在于其死亡是否经抢救死亡。从医院下发的《病危患者病情通知书》记载来看,当时许某某‘多器官功能衰竭,生命体征不稳定,需要生命支持治疗等’,且许某某回到家摘掉呼吸机就死亡。但是,诊断证明书记载病情诊断为左侧基底节区脑出血并破入脑室，建议进行抢救及手术治疗，而急诊出诊病历记载患者家属表示知情并拒绝住院，要求回家。综合上述事实可以得知，许某某出院是否属于抢救无效尚不明确，番禺区人社局在作出工伤认定之前应该对许某某抢救过程进一步调查核实，以明确其死亡是否属于经抢救无效死亡。许某某的死亡只有在抢救无效的情况下才能认定为工伤。因此，番禺人社局作出的工伤认定未考虑许某某是否属于经抢救无效死亡，而直接认定许某某的死亡视同工伤，主要事实依据不足，应予以撤销。"一审法院判决撤销番禺人社局作出的工伤认定，责令番禺人社局重新作出工伤认定。

二审法院认为："本案争议焦点是家属将许某某带回家的行为是否影响'在48小时之内经抢救无效死亡'的认定。首先，许某某在工作时间、工作岗位突发疾病，送医后当晚在家中死亡的事实，可以认定许某某从发病到死亡并未超过48小时。其次，《病危患者病情通知书》《诊断证明书》等证据，显示许某某病情恶化，无法自主呼吸，存在手术禁忌症，需要生命支持治疗，随时可能死亡。且许某某回到家摘掉呼吸机半小时后就死亡。由此可见，许某某突发疾病已经无手术和急救的治疗价值，医院的治疗仅限于维持许某某的呼吸等相关指征。最后，许某某家属从当地风俗的角度考虑，将许某某带回家中属于人之常情。因此，许某某的家属决定将其带回家时，其已处于随时可能死亡的状态，抢救希望渺茫，许某某回家后死亡是其病情所致，不是其家属放弃治疗或者医院未采取积极的抢救措施造成。综上，本案中许某某的死亡符合《工伤保险条例》第十五条第一款规定在48小时内抢救无效死亡的情形。一审法院撤销番禺人社局工伤认定不当，本院予以纠正。"二审法院撤销一审判决，维持番禺人社局的工伤决定。

争议焦点

本案许某某当天入院到离院回家离世是否属于经抢救无效而死亡的情况，具体在事实认定上是否足以认定抢救无效，法律适用上是否根据《工伤保险条例》应认定视同工伤的情况。

代理意见

根据在案事实许某某确实经抢救后出现严重脑出血和高血压禁忌症无法进一步手术治疗且处于脑死亡状态，在医生告知家属后基于当地风俗要求接回家中离世。一审法院表面上认为“其中发病、抢救、死亡为一连续不间断的过程,发病与抢救、抢救与死亡之间应当存在有紧密的先后顺序和逻辑联系”,但实际上没有结合事发当天从发病、初诊、检查、诊断建议、抢救、救治无望、出院死亡的整个连贯过程来认定事实,而是片面地因不同时间医疗文书中记载的事实片段,没有认真审查医疗文书的先后顺序,从字面含义上推断认为“许某某仅经过初步诊断,但由于家属拒绝治疗,从而认定许某某未经抢救就出院”,进而得出“许某某是否经抢救无效死亡尚不明确”,遗漏了许某某经过抢救后无法进一步救治的事实,一审法院机械地认定事实导致本案关键事实的认定错误,应该纠正。实际上,“家属拒绝住院,要求回家”只是医院的单方记录及统一的风控标准文本,也没有许某某家属的签名确认,不能简单作为认定事实的依据。且在医疗专业知识极不对等的医患关系下,在许某某经过抢救后仍然处于随时死亡的情况下,家属的决定基本上依赖医生的建议,故“家属拒绝住院,要求回家”的记载不能简单从字面来理解,而应结合整体事实情况、医生的实际建议、许某某当地丧葬风俗等实际情况综合认定。“家属拒绝住院、要求回家”很重要的原因就是许某某当地落叶归根风俗和“死要死在家中,否则不能进门”的做法,在许某某医治无效的无奈下,病危通知书可以明确许某某呼吸随时可能停止,处于极其危重的情况下,实质与死亡没什么区别,考虑到许某某当地的丧葬习俗,将许某某接回家中离世,符合人情和天理,所以,家属在抢救无效后无奈选择办理出院手续,并不是主动放弃治疗,更不可能是拒绝治疗,而是抢救无效了,一审法院忽略了这一重要事实,也导致其认定事实错误。

综上,结合许某某案中《病危患者病情通知书》《诊断证明书》和急诊初诊病历等出具有时间先后顺序,从《诊断证明书》、《病危患者病情通知书》以及治疗费用清单中可以认定当时抢救过程和抢救无效的事实,以及家属积极救治的过程,因无法救治,存在手术禁忌症,且许某某脑出血严重导致脑死亡状态,无法进一步治疗,在此情况下,家属要求出院,是情理之中,家庭也承担不起昂贵的生命支持的花费,故在当晚接回家中离世,是一个连贯的过程,足以认定48小时内抢救无效死亡的事实。

案例评析

《工伤保险条例》第15条规定的在48小时内经抢救无效死亡视同工伤是为了扩大保护突发疾病无法救治的劳动者纳入工伤保险范围,保护家属应有权益。在本案中,对于工作时间、工作岗位突发疾病和48小时内死亡的认定各方均无异议,案件争议焦点在于是否经抢救无效死亡，一审对于经抢救无效死亡的事实因病历存在“家属要求回家”的记载，确实当晚接回家中离世，认为是否经抢救无效尚不明确，进而认为番禺人社局作出认定工伤依据不足，但实际上经抢救无效死亡并非机械地经抢救无效直接死亡或者短时间内死亡，还存在经抢救后还能依靠机器辅助维持生命体征，但随时可能死亡，即和死亡已经无区别、无法进一步救治的情形，在此种情况下，家属基于无法救治考虑当地风俗从医院接回家中离世仍在抢救无效死亡规定的涵摄范围，不能因经抢救后无好转且无法救治的情况接回家中离世就认为是否经抢救无效死亡依据不足，这种认定背离了《工伤保险条例》经抢救无效死亡规定的立法目的和价值取向，对保护工亡员工家属权益极为不利，而二审法院从案件事实中准确识别出许某某经抢救无效死亡的事实，认定对许某某抢救之后已经无手术和救治的治疗价值，医院的治疗仅限于维持许某某的呼吸等相关指征，二审法院没有被病历中所谓部分事实干扰，认定家属带许某某回家也是符合社会理性人正常处理方式的。在本案中，二审法院从抢救无效死亡视同工伤立法本意和常情常理出发，正确认定事实和适用法律，符合《工伤保险条例》立法本意和价值取向，做到了司法为民，让老百姓在司法案件中切实感受到公平正义，具有典型示范意义。

专家点评

法律的确定性作为公众信仰法律和信任司法的情感基础，一直是人们追求的目标，但由于语言自身及人类认知的局限性，在纷繁复杂的司法实践中，法律无法涵盖所有的事实，因而需要借助法律概念进行解释进而准确适用到具体个案，从而在公平正义等法律价值体系下达到相对确定的效果。

比如本案，能否认定“经抢救无效死亡”直接决定了许某某能否享受工伤保险待遇，从而影响着其家属实实在在的生活。因此，如何理解“经抢救无效死亡”，则显得异常重要。而本案一审法院将其解释为“发病、抢救、死亡为一连续完整的不间断的过程”，从而机械地将抢救无效和离院死亡割裂开来，导致许某某在确实没办法抢救回来的情况下无法被认定为工伤；而二审法院从立法原意及价值取向出发，认为“经抢救无效死亡”完全可以涵盖“经过抢救但无救治价值，基于人情风俗接回家后离世”这一事实，从而依法认定该情况下仍属工伤，这扩宽了“经抢救无效死亡”涵摄范围，为审判机关依法公正适用《工伤保险条例》视同工伤制度提供新的解释视角。

（点评人：朱滔，广州工商学院校外导师）

法院拍卖取得的房产中违建部分并非必然要强制拆除

——谢某某与广州某城市管理和综合执法局强制拆除违法建设纠纷案

苏耀云　曾　恺

摘　要

在强制拆除违法建设行政诉讼案件中,实践中存在一种少数情况:当事人通过法院拍卖取得的房屋其中一部分是未取得规划报建手续的,更为特殊的是,当事人与第三人签订协议约定出售该部分未取得规划报建手续的建筑,第三人随即进行加建,后城管执法部门仅依据第三人单方陈述作出责令限期拆除决定,在城管执法部门监督下第三人拆除加建部分恢复拍卖取得时的面积后因一直未依约支付转让价款而将案涉建筑返还当事人,后当事人将案涉建筑投入经营使用的情况下,城管执法部门能否在执法结束7年后仍以第三人为执法对象并仅依据之前第三人单方自述"案涉建筑是其拆除全部建筑重建而成"并延续此前的执法文书和执法流程直接作出强制拆除案涉建筑的行政决定?

案情简介

2010年,谢某某通过广州某区法院拍卖取得案涉房产。2011年1月谢某某就拍卖取得的其中部分房屋与第三人李某某签订买卖协议,双方协议约定李某某需在签约后一个月将房款转账给谢某某。签约后谢某某将该部分房产交付李某某,李某某随后在该建筑上进行了加建,加建过程中,当地城市管理和综合执法局发现后对现场进行了检查,2012年8月27日向原审第三人李某某发出询问通知书和责令限期改正通知书,2012 年 10 月 7 日李某某作了检查笔录和询问笔录,李某某在询问笔录中自称“从谢某某处购买,并且 2012 年 8 月初动工拆除原来六幢建筑后建至现十层建筑”。谢某某得知城管执法部门要求李某某拆除加建违法建设的情况,因李某某一直未支付转让款,谢某某要求李某某拆除加建部分恢复拍卖原来面积后收回该建筑,2013 年李某某在城管执法部门的监督下拆除了加建部分恢复拍卖原来面积后返还谢某某,后谢某某将案涉建筑一并投入经营使用,城管执法等部门亦审批同意消防验收等。2019 年,案外人黄某某向信访部门投诉案涉建筑为违法建设要求拆除,后信访部门牵头会同当地城管执法部门、国土所、房管所、村委和双方当事人召开协调会议,最后作出信访答复:“确认尊重法院拍卖裁定,并确认了谢某某出售案涉建筑给李某某,李某某加建后拆除恢复原状为拍卖时的面积。”但案外人黄某某不断向有关部门投诉,时隔 6 年,2020 年 3 月城管执法部门以李某某作为行政相对人作出案涉强制拆除违法建设决定书,认为李某某只拆除了加建部分,未全部拆除,城管执法部门决定实施拆除。

一审法院认为:“谢某某与李某某于 2011 年 1 月签订案涉合同买卖,并于 2013 年 4 月解除该买卖合同。城管执法人员于 2012 年 10 月对案涉建筑进行现场检查并对李某某进行询问,现场检查情况主要为该建筑物为一幢十层框架结构建筑物,李某某称该建筑物是在 2012 年 8 月初开始动工兴建,原为六层建筑,由于布局问题把原建筑物拆除。后城管执法部门向谢某某作出《责令限期拆除违法建设决定书》《强制执行催告书》。在城管执法部门对案涉建筑物涉嫌违建进行查处时,李某某为案涉建筑的买受人,其自认案涉建筑拆除重建且没有办理规划、施工手续,并称案涉建筑物由其本人投资兴建。因此,城管执法部门认定李某某为违法对象并无不当。城管执法部门对李某某的违法行为查处在前,谢某某与李某某签署的解除协议在后,且在被告发现案涉建筑物直至 2020 年 3 月仍未拆除一至六层后依据未被撤销的《责令限期拆除违法建设决定书》《强制执行催告书》,经批准同意启动程序作出案涉被诉拆除决定并无不当。”一审法院据此驳回谢某某的诉讼请求。

二审法院认为:“对于未取得规划许可的违法建设,行政机关实施强制拆除前,应从该违法建设是否超过原合法产权面积范围、是否改变原结构和外立面等方面综合考量,并应考虑到强制拆除行为是否会造成资源浪费。本案中,上诉人谢某某于 2010 年 11 月 18 日才通过竞买方式取得案涉建筑的产权,2011 年 1 月即与原审第三人李某某签订房屋买卖合同,将上址的房产出售给李某某。尽管合同中对于所出售的房屋的层数、面积约定不详,但根据常理,谢某某不可能将自己花高价获得的建筑物再以低价卖给李某某,也难以在不足2个月的时间内在竞买获得的建筑物范围外再建起另外一幢建筑物并卖给李某某,因此谢某某卖给李某某的建筑物很有可能是其竞买获得的建筑物的一部分。李某某在2012年接受查处时认可其从谢某某购得上址的房产后,已将其全部拆除并改建为10层建筑物,后城管执法部门责令李某某拆除,已拆除了7~10层,保留6层至今。该6层保留建筑物在谢某某和李某某解除房屋买卖合同时,由李某某返还给谢某某。城管执法部门在作出被诉强制拆除违法建设决定前,并未查明案涉的6层保留建筑物是否超过谢某某原竞买获得的建筑物产权面积范围、是否改变了原竞买获得的建筑物结构和外立面。城管执法部门在二审过程中虽主张案涉的6层保留建筑物仅是外观上与谢某某原竞买获得的6层建筑物相邻,不属于同一建筑物,但并未举证证明其已对与案涉6层保留建筑物相邻的建筑物的面积进行测量,确定该相邻的建筑物已经是谢某某原竞买获得的6层建筑物的全部,也未通过不动产登记部门对两幢建筑物的建设范围、建筑面积进行核实。因案涉6层保留建筑是否超过谢某某原竞买获得的6层建筑物产权面积范围、是否改变原结构和外立面等事实不清、主要证据不足,执行强制拆除有可能造成资源浪费,导致谢某某与李某某之间已经解决的合同纠纷重归不确定状态,城管执法部门有必要在查清上述事实后再作出是否强制拆除的决定。”据此,二审法院撤销一审判决,撤销城管执法部门作出的案涉强制拆除决定。

争议焦点

本案基本争议焦点为:城管执法部门能否拆除谢某某通过拍卖取得的建筑?具体来说:

第一,城管执法部门认定的案涉建筑与谢某某从法院拍卖取得的建筑是否为同一建筑?

第二,如果是同一幢建筑,城管执法部门决定拆除的案涉建筑面积是否超过谢某某从法院拍卖取得的建筑面积?

第三,城管执法部门决定拆除案涉建筑是否造成资源浪费?

代理意见

谢某某不服一审判决,继续委托广东广信君达律师事务所曾恺、苏耀云律师提起上诉,两位律师根据一审双方提交的证据能够确认本案中被认定为违法建设的建筑为谢某某从法院拍卖取得的其中一部分,虽然未取得规划报建等手续,但与其他拍卖取得具有合法手续的建筑是一个整体建筑。后谢某某与第三人李某某签订协议拟将案涉建筑出卖给李某某,李某某对其进行了加建,因李某某未按照协议支付转让价款,谢某某要求李某某恢复原状并返还,而当时城管执法部门发现李某某加建后要求李某某拆除加建,最终在城管执法部门监督下李某某拆除加建部分后,李某某将案涉建筑返还给谢某某,城管执法部门也确认执法完毕,谢某某将案涉建筑投入经营使用,其中涉及的消防验收等均由城管执法部门审批同意。

基于上述事实,两位律师补充了当时城管执法部门已执法结束的证据,包括2019年城管执法部门对案外人黄某某信访作出的书面答复,该答复确认了"案涉建筑为谢某某从法院拍卖取得,原为六层,后协议卖给李某某,李某某加建至10层,在城管执法队的监督下2013年拆除加建恢复拍卖取得时的建筑面积",以及城管执法部门对谢某某就案涉建筑经营使用进行消防验收、电梯安装审批等,并向法院申请调取该部分能够证明城管执法部门当时已执法结束的证据。

综上,两位律师进一步提出如下核心观点:第一,城管执法部门要拆除的案涉建筑实际是谢某某从法院拍卖所得整体面积中的一部分,该部分建筑与谢某某其他以合法拍卖取得产权的建筑为一幢整体建筑,谢某某对此享有信赖利益和对案涉建筑的合法权利,而城管执法部门作出案涉拆除决定认定"案涉建筑为原审第三人谢某某拆除重建",明显与事实不符,属于认定事实不清,主要证据不足。第二,城管执法部门作出被诉行政行为可能造成资源浪费,存在多处明显不当的情形,其执法显失公正。第三,城管执法部门2013年已对案涉建筑进行过处罚,且确认执法完毕,案涉执法不仅重复,而且造成资源浪费,违反信赖利益保护原则,严重违背了比例原则。第四,执法对象错误,剥夺了谢某某的法定权利,严重违反法定程序等。最终法官采纳了两位律师的基本观点,二审获得改判。

案例评析

城管执法部门有权对城市范围内违法建设进行查处并有权拆除,对行政相对人权益影响巨大,故城管执法部门必须做到认定违法建设的事实清楚、主要证据充分,并充分保障行政相对人享有正当程序性权利,特别是如果未取得规划手续的建筑涉及复杂事实背景,更要谨慎行使权力。本案就是城管执法部门执法实践中较少涉及当事人通过法院拍卖取得的建筑物,该建筑物大部分具有合法手续仅部分未取得规划手续,但整体建筑,拆除本身可能影响整体建筑的使用,竞买人对拍卖取得建筑具有法律保护的信赖利益。因此,城管执法部门在执法过程中认定违法建筑的事实时务必充分注意区别不同情况,需要充分调查核实,并保障实际权利人的正当权利,而且还要考虑拆除案涉建筑是否具有合理性、是否会造成资源浪费等因素。

本案中城管执法部门执法过程中认定事实随意草率,导致重要事实认定错误,违反信赖利益保护原则,而且执法严重违反法定程序,重复执法,且未考虑执法的公平性和合理性等因素。尽管二审法院仅以事实不清、证据不足和未考虑执法可能造成资源浪费为由撤销一审错误判决,但从判决理由来看,二审着重针对城管执法部门未查明案涉决定拆除的建筑是否为谢某某拍卖取得的建筑,如果是,是否超过拍卖取得时的建筑面积,言下之意,对于当事人从法院拍卖取得的建筑,即便涉及未取得规划报建手续的建筑物,也应获得保护,维护当事人的信赖利益。同时,实施拆除必然导致已经通过拍卖方式确定的权利义务重归不确定性状态,而城管执法部门执法时也必须考虑这些因素,二审判决能够很好地引导城管执法部门执法时回归《行政处罚法》和《广州市违法建设查处条例》的立法目的和价值取向,做到司法为民,保护行政相对人的合法权益和公众的合法权益,对同类案件具有很强的参考意义。

专家点评

长期以来,行政机关对违法建设的执法和处理与行政机关执法公信力、社会公共利益和当事人合法权益密切相关。本案中却有些新元素:通过法院拍卖取得的建筑物中的部分未取得规划手续应如何处理?时隔多年针对同一事项不同主体再次进行处罚是否属于重复处罚?

正基于此,本案二审判决特别指出拆除违法建设与否,不仅要考虑拆除行为的合法性,还要考虑拆除违法建设的合理性和必要性,否则会造成资源浪费,综合以上因素而作出的行政行为才能令相对人信服,做到令行禁止,从而才能取信于民,取得良好的社会效果。本案对行政机关进行同类强拆执法具有一定的参考意义。

(点评人:朱滔,广州工商学院校外导师)

如何突破传统的强制清算案办案思路，将案涉土地使用权纳入合资企业清算资产

——中外合资企业温州某陶瓷有限公司系列关联行政诉讼之国有土地使用权登记纠纷案

陈远乐　谢　捷

摘　要

就温州某面砖厂以中方出资人身份申请温州市中级人民法院(以下简称温州中级法院)强制清算中外合资企业温州某陶瓷有限公司一案,陈远乐律师、谢捷律师(以下合称代理律师)接受温州某陶瓷有限公司的外方出资人友联中国有限公司(以下简称友联公司)的委托,担任其代理人参与温州某陶瓷有限公司的强制清算。在参与温州某陶瓷有限公司强制清算案的审理过程中,代理律师通过调查取证发现,在温州某陶瓷有限公司和友联公司不知情的情况下,本应纳入温州某陶瓷有限公司清算财产的重大资产即登记在温州某陶瓷有限公司名下的温瓯国用[98]字第3501×××号国有土地使用证项下的土地使用权(以下简称案涉土地使用权)被温州市自然资源和规划局(以下简称温州自规局)违法注销。

友联公司以温州某陶瓷有限公司外方股东和温州某陶瓷有限公司债权人的身份,将温州自规局列为被告向温州中级法院提起行政诉讼。基于代理律师为实现诉讼目的制定了一整套的法律策划方案,在传统业务领域外开创了新型业务类型,该案例获得广东广信君达律师事务所2021年度业务优秀成果奖。

案情简介

友联公司与温州某面砖厂于1992年11月30日签订《中外合资经营温州某

陶瓷有限公司合同》(以下简称《合资合同》)、《合资经营温州某陶瓷有限公司章程》(以下简称《章程》),经温州市对外经济贸易委员会批准共同出资成立中外合资企业温州某陶瓷有限公司。根据《合资合同》《章程》的约定:友联公司出资 270 万美元;温州某面砖厂出资 180 万美元,其中以案涉土地土地使用权作价 75 万美元入股。

温州市原土地管理局(后更名为温州自规局)与温州某面砖厂、温州某陶瓷有限公司于 1993 年 2 月 12 日签订《外商投资企业土地使用合同书》([1993]温土外合字 02 号 B),约定:"温州市土地管理局同意将温州某面砖厂位于温州市某某路某某号面积为 55,708 平方米的土地使用权以作价出资方式划拨给温州某陶瓷有限公司使用,土地使用权作价为柒拾伍万美元;土地用途为工业,使用年限为二十五年,自 1993 年 1 月 12 日起至 2018 年 1 月 11 日止。"据此,温州市原土地管理局于 1993 年 2 月 12 日作出了《同意温州某面砖厂将土地使用权作价入股的批复》(温土产字(1993)第 02 号),对《外商投资企业土地使用合同书》予以确认。1998 年 8 月 19 日,温州某陶瓷有限公司取得了上述土地的国有土地使用证(温瓯国用[98]字第 3501××××号)。

2001 年,为解决温州某面砖厂拖欠中国银行温州支行的贷款偿还问题,温州某陶瓷有限公司与中国银行温州支行签订了《中国银行抵押合同》,约定以温瓯国用[98]字第 3501××××号国有土地使用证项下的土地使用权进行抵押,其中抵押的面积为 53,216.7 平方米,抵押现值为 19,953,000 元,抵押率为 70%,抵押价值 13,967,000 元。温州市原土地管理局随后为中国银行温州支行办理了抵押登记。

温州某陶瓷有限公司于 2006 年 11 月 5 日召开董事会,作出以下董事会决议:(1)提前解除《合资合同》,依法终止合资经营;(2)按《章程》规定成立温州某陶瓷有限公司的清算委员会;(3)本次董事会决议及清算委员会名单报请原审批单位温州市对外贸易经济合作局核准后进行;2006 年 11 月 21 日,温州市对外贸易经济合作局作出《关于同意温州某陶瓷有限公司提前终止的批复》(温外经贸〔2013〕号)。

友联公司一直积极配合清算工作,但是温州某面砖厂就案涉土地使用权是否应纳入温州某陶瓷有限公司的清算资产的问题与友联公司存在重大分歧。为此,友联公司于 2007 年 11 月 8 日向温州市原土地管理局提交了申请,申请温州市原土地管理局确认案涉土地使用权属于温州某陶瓷有限公司清算财产。但是温州市原土地管理局至今仍未回复友联公司,致使该问题悬而未决。对此,温州市中级人民法院出具的(2008)温民二初字第35号民事裁定书与浙江省高级人民法院出具的(2009)浙民受终字第3号民事裁定书均认定“面砖厂(温州某面砖厂)与友联公司因对争议的土地使用权归属等问题存在分歧,影响清算结果,面砖厂的清算申请不符合《最高人民法院关于适用〈中华人民共和国公司法〉若干问题的规定(二)》第七条第二款第(二)项所规定的虽然成立清算组但故意拖延清算的情形”,驳回温州某面砖厂提出的强制清算申请。

2018年12月14日,温州某面砖厂向温州中级法院申请指定清算组对温州某陶瓷有限公司进行清算,温州中级法院于2020年12月17日召开听证会。温州某面砖厂在听证会上补充提交了《温州国土资源局关于(2013)浙温执民字第××××号等12案的复函》(下称《复函》)复印件(没有盖章),《复函》显示,“三、土地使用权处置意见。鉴于该土地使用权处于查封状态,我局将在查封解除后,按《外商投资企业土地使用合同书》约定收回后重新供应给温州某面砖厂使用”。

友联公司于2020年12月18日向温州自规局复核上述《复函》的真实性,温州自规局提交了温土资〔2018〕241号《温州市国土资源局关于(2013)浙温执民字第××××号等12案的复函》(有盖章),显示内容与上述《复函》一致,根据友联公司于2020年12月18日查询取得的《温州市不动产登记信息查询记录》,温州自规局已收回案涉土地,并注销了温州某陶瓷有限公司名下的温瓯国用(98)字第3501××××号国有土地使用证。

代理律师认为,温州自规局发出《复函》决定收回温州某陶瓷有限公司名下土地和注销温州某陶瓷有限公司名下的温瓯国用(98)字第3501××××号国有土地使用证的行为,严重侵害了友联公司作为温州某陶瓷有限公司外方股东的合法权益。

对此,代理律师代表友联公司以温州某陶瓷有限公司外方股东和温州某陶瓷有限公司债权人的身份,将温州自规局列为被告向温州中级法院提起本案诉讼,诉请撤销温州自规局作出的注销案涉土地使用权的行政行为。除此之外,为实现将案涉土地使用权恢复登记在温州某陶瓷有限公司名下进而纳入温州某陶瓷有限公司的清算资产的诉讼目的,代理律师在庭外进行了周全的法律策划,并依据法律策划提起了一系列的关联行政诉讼,比如针对温瓯政房征决〔2020〕49号《温州市瓯海区人民政府房屋征收决定书》提起了行政诉讼,针对《单位(企业)置换补偿安置临时协议书》和《补充协议》提起了行政诉讼。

温州市瓯海区人民政府在代理律师代表友联公司提起房屋征收诉讼后,主动撤销了温瓯政房征决〔2020〕49号《温州市瓯海区人民政府房屋征收决定书》,证明温州自规局注销案涉土地使用权的依据之一已不复存在。温州中级法院果断采纳了代理律师的代理观点，并进一步认定，“温瓯政房征决〔2020〕49 号《温州市瓯海区人民政府房屋征收决定书》明确该决定仅作为办理土地使用权收回、注销手续之用，不作补偿依据，该征收决定重大且明显违法，并不产生征收的法律效力，且在本案审理过程中已被瓯海区政府自行撤销，故无论被诉注销登记是依当事人申请还是政府嘱托而作出，均不能根据该明显违法的征收决定认定权利人依法取得的案涉土地使用权已经灭失或放弃，温州自规局根据该征收决定所作的被诉注销登记行为明显未尽审慎审查注意义务，认定事实不清，主要证据不足”。据此，温州中级法院作出了支持我方诉请的行政判决书，撤销了温州自规局注销案涉土地使用权的行政行为。一审判决后，温州自规局向浙江省高级人民法院提出上诉，代理律师继续代表友联公司积极应战，伸张权利，浙江省高级人民法院最终于 2022 年 8 月 22 日作出行政判决书，驳回温州自规局提出的上诉，维持原判。

上述判决结果为案涉土地使用权回归到温州某陶瓷有限公司的清算资产提供了坚实的法律基础，有效地维护了友联公司以及温州某陶瓷有限公司其他债权人的合法利益。

争议焦点

1. 被诉注销登记行为是否影响友联公司的实体权利义务，友联公司是否与该行政行为有利害关系，是否具备诉讼主体资格；

2. 被诉注销登记行为是否事实清楚、程序合法及适用的规范性文件是否正确。

代理意见

1.《行政诉讼法》第 25 条第 1 款规定：“行政行为的相对人以及其他与行政行为有利害关系的公民、法人或者其他组织，有权提起诉讼。”友联公司作为温州某陶瓷有限公司外方股东和温州某陶瓷有限公司的债权人，温州自规局作出注销温州某陶瓷有限公司名下温瓯国用［98］字第 3501 × × × × 号国有土地使用证的行政行为，严重损害了友联公司的合法权益。因此，为维护友联公司作为温州某陶瓷有限公司外方股东和温州某陶瓷有限公司的债权人的合法权益，友联公司提起本案诉讼，符合上述法律规定，诉讼主体适格。

2. 根据《关于改革土地估价结果确认和土地资产处置审批办法的通知》(国土资发〔2001〕44 号)第 2 条第 2 款规定可见,企业划拨土地使用权是有价格的,划拨土地属于企业资产。因此,登记在温州某陶瓷有限公司名下的案涉土地使用权依法属于温州某陶瓷有限公司的法人财产,在温州某陶瓷有限公司进入清算阶段,案涉土地使用权应纳入温州某陶瓷有限公司的清算财产。

3. 根据《民法典》第 356、357 条的规定,我国在土地使用权与房产关系处理上遵循"房随地走、地随房走"的基本原则。案涉土地及其地上建筑物属于温州某陶瓷有限公司名下不可分割的财产,地上建筑物作为企业的资产,在处置上应与土地使用权保持一致,根据"地随房走"的原则,应将划拨土地使用权作为清算资产。

4. 鉴于温州某面砖厂以划拨土地使用权作价 75 万美元履行出资义务且划拨土地使用权已登记在温州某陶瓷有限公司名下,且温州某面砖厂也据此在温州某陶瓷有限公司享有股东权益,根据权利义务对等原则,温州某面砖厂应以其认缴的出资(包括作价 75 万美元的划拨土地使用权)对外承担责任。温州自规局注销温州某陶瓷有限公司名下温瓯国用(98)字第 3501 × × × × 号国有土地使用证、将案涉土地使用权收回并重新供应给温州某面砖厂使用,导致案涉土地使用权被排除在温州某陶瓷有限公司清算资产之外,这显然违反了《公司法》第 35 条"公司成立后,股东不得抽逃出资"的规定,无疑是协助温州某面砖厂抽逃在温州某陶瓷有限公司的出资。因此,温州自规局作出的上述行政行为依法应当被撤销。

5. 温州市瓯海区人民政府已主动撤销了"温瓯政房征决〔2020〕49 号"《温州市瓯海区人民政府房屋征收决定书》,温州自规局注销案涉土地使用权的依据之一已不复存在。温州自规局根据该征收决定所作的被诉注销登记行为明显未尽审慎审查注意义务,认定事实不清,主要证据不足。因此,温州自规局作出的上述行政行为依法应当被撤销。

案例评析

代理律师在代理温州某陶瓷有限公司强制清算案中,凭借敏锐的法律思维和触觉,不断地挖掘案件背后的事实真相。本案是案中案,作为关联的系列案件突破口,代理律师从维护当事人最大合法权益的角度出发,以案件事实为根据、以法律为准绳,在法庭之外进行法律策划,突破了传统强制清算业务的办案思路,最终证明代理律师在庭前对本案精准的分析和策划的法律方案完全正确可行,并取得了良好的效果。本案从诉讼思路到策划、实施的整个过程都引入了创新思维,对其他律师具有借鉴意义。

专家点评

代理律师为实现将案涉土地使用权恢复登记在友联公司名下进而纳入温州某陶瓷有限公司的清算资产的诉讼目的,制定了一整套的法律策划方案。本案属于该系列关联案件之一,案件争议焦点之一是温州自规局发出《复函》决定收回温州某陶瓷有限公司名下土地和注销温州某陶瓷有限公司名下的国有土地使用证的行为是否应该被撤销。根据《行政诉讼法》第70条的规定:“行政行为有下列情形之一的,人民法院判决撤销或者部分撤销,并可以判决被告重新作出行政行为:(一)主要证据不足的;(二)适用法律、法规错误的;(三)违反法定程序的;(四)超越职权的;(五)滥用职权的;(六)明显不当的”。代理律师从该法条入手,不断地挖掘案件背后的真相,通过提起关联行政诉讼取得的证据并结合法院在关联行政诉讼案中查明认定的事实,形成完整的证据链向法院证明:温州自规局作出行政行为时未尽审慎审查注意义务,其作出的行政行为认定事实不清,主要证据不足,依法应当被撤销。代理律师通过一审和二审行政诉讼程序,最终取得了法院判决撤销温州自规局注销案涉国有土地使用证的行政行为的完美结局。

本案例展现了代理律师突破办理强制清算业务的传统做法、通过“围魏救赵”的方式破解了案涉国有土地使用证被温州自规局注销而引发的强制清算案无财产可供清算的重大难题的能力和办案技巧。代理律师代理友联公司所取得的判决结果有效地维护了友联公司作为温州某陶瓷有限公司的大股东和债权人以及其他债权人的合法权益,对于同类案件的处理具有良好的示范作用。

(点评人:程信和,中山大学法学院教授、博士生导师,兼任中国法学会经济法学研究会副会长,广东行政职业学院马克思主义研究院院长、国学研究所所长,广州市政府参事)

第二章 知识产权案例精选

研发销售“群控软件”构成不正当竞争行为

——营销引流软件不正当竞争案

付丽莎　谭庭俊

摘　要

本案系一起涉及认定实施研发、制造、宣传、推广、销售“流量某球”营销引流软件行为的不正当竞争案件。本案法院准确把握裁判尺度，综合多个因素最终认定了上述行为妨碍和破坏了某Q通信软件的正常运行，构成不正当竞争，森某公司、某口袋公司、林某某、林某应承担相应民事责任。

案情简介

腾某科技公司系某Q通信软件的著作权人，腾某计算机公司系某Q软件的运营者，两公司（以下简称腾某公司）对某Q软件享有合法权益。森某公司、某口袋公司、林某某、林某研发并销售的“流量某球某Q营销引流机器人”（以下简称营销引流软件）系专门针对某Q软件的营销广告推广软件。代理律师凭借丰富执业经验，从多角度收集证据，分析了森某公司、某口袋公司、林某某、林某对于某Q软件的不正当竞争行为，及分工合作经营涉案营销引流软件的行为模式。在定性上，帮助法官形成了森某公司、某口袋公司、林某某、林某研发、制造、宣传、推广、销售某Q营销引流软件的行为确系侵犯腾某公司合法权益的不正当竞争行为的内心确信；在判赔上，着重弥补没有明确证据证明腾某公司实际损失的短板，通过对某Q通信软件的超高市场知名度，森某公司、某口袋公司、林某某、林某侵权实际获利巨大且侵权范围极广等多方面的有效举证，最终成功使法院支持了高达300万余元的判赔额。

该案例入选2020岭南知识产权诉讼优秀案例。

争议焦点

1. 对营销引流软件的研发、制造、宣传、推广、销售及提供服务器运行等服务是否构成不正当竞争。

2. 如构成不正当竞争,森某公司、某口袋公司、林某某、林某应承担何种侵权责任。

代理意见

1. 营销引流软件的研发、制造、宣传、推广、销售及提供服务器运行构成不正当竞争:

(1)腾某科技公司作为某Q即时通信软件的原始权利人就该软件的案涉版本在国家版权局进行了计算机软件著作权的登记,并在不排除自身使用的情况下,授权给腾某计算机公司专有使用。

(2)腾某科技公司另开发的某T软件规定了用户需遵守《某Q软件许可及服务协议》等。根据上述协议,用户只是软件的被许可人,不得使用第三方插件,不得从事其他可能影响、干扰软件和/或服务正常运行的行为。

(3)森某公司、某口袋公司与腾某公司在网络服务范围、用户市场、广告市场等网络整体服务市场中具有竞争利益,二者具有竞争关系。森某公司、某口袋公司研发、制造、宣传、推广、销售的营销引流软件,具有躲避和干扰监测等功能。森某公司、某口袋公司实施的上述行为及提供服务器运行影响了某Q软件的正常运营,构成了不正当竞争行为。

2. 森某公司、某口袋公司、林某某及林某依法应承担连带责任:

森某公司通过某网站、某口袋公司和某微信公众号,森某公司、某口袋公司在其主办运营的网站,公众号宣称其负责该软件及配套设备的研发、制造并对该软件及配套设施进行宣传、推广及销售,同时提供软件运行所需服务器的租赁服务,并介绍配套手机所需流量卡、账号的购买渠道;林某某负责营销引流软件的销售、收取款项,林某是森某公司、某口袋公司的控股股东,是某口袋公司法定代表人、执行董事兼总经理,且通过其个人支付宝账户收取案涉营销引流软件款项,与森某公司、某口袋公司进行分工合作,其财产与森某公司、某口袋公司财产混同。因此，森某公司、某口袋公司、林某及林某依法应承担连带责任。

案例评析

《反不正当竞争法》第12条规定，经营者不得利用技术手段，实施妨碍、破坏其他经营者合法提供的网络产品或者服务正常运行的行为。案涉软件是一款专门针对社交软件（某Q即时通信软件）的营销引流软件，此类软件俗称“群控软件”，可以修改社交软件的功能及效果，具有批量加好友、加群、发送广告消息等功能，容易导致广大用户遭受各类广告消息的侵扰。

在本案中，法院认为，通过插件、外挂等技术手段，擅自改变他人软件的功能及效果，增加快速和超大范围自动批量加好友、加群、发布信息、群发商品或服务广告等功能的，会降低他人软件的用户体验，导致部分用户误以为是软件运营方的行为，造成对软件运营方的不良影响，导致服务器的运营负担加大，造成安全隐患，占用了原本可用于提升软件服务及衍生服务的时间、人力、物力，扰乱他人服务生态秩序，构成对他人软件正常运行的妨碍、破坏，以该种方式利用他人用户资源，争夺他人用户的注意力，增加自身的市场交易机会并获取市场竞争优势的行为，构成不正当竞争。

专家点评

案涉营销引流软件属于互联网行业内俗称的“群控软件”，必须依附于他人社交软件才能使用，具备快速和超大范围自动批量加好友、加群、发布信息、群发商品或服务广告等功能，争议软件的类型新颖，相关法律问题的提出及解决具有前沿意义。

“群控软件”不仅扰乱社交软件的正常运行秩序和平台生态，还使广大用户遭受各类广告消息的侵扰，本案裁判观点认为“群控软件”构成不正当竞争，可以打击此类软件，保护社交软件正常运行和平台生态，保护社交软件运营方合法权益，防止广大用户遭受广告等信息的侵扰，促进互联网行业的良性发展。本案的裁判观点，亦可以为其他“群控软件”不正当竞争纠纷案件提供参照。

（点评人：陈贤凯，暨南大学法学院/知识产权学院知识产权系主任、副教授）

“零感”并非描述性表述，二审翻盘守护客户核心品牌

——杰某邦“零感”商标无效宣告案

付丽莎　许莉莉

摘　要

本案系一起涉及认定夸大宣传并带有欺骗性的标志以及描述性标志的商标无效行政案件。本案法院综合多个因素最终认定了“零感”不属于夸大宣传并带有欺骗性的标志，能够起到区分商品来源的作用并具有显著性，驳回了某象公司的诉讼请求，商标有效性最终得以维持。

案情简介

“零感”是生活方式健康护理私人有限公司旗下中国子公司杰某邦公司销售的知名避孕套品牌。某象公司认为：“零感”的含义是“零触感”“无阻碍接触的感觉”，使用在避孕套上具有欺骗消费者，使消费者对产品质量特点产生误认，违反2001年《商标法》第10条第1款第7项；即使避孕套产品能达到“无阻碍接触的感觉”，“零感”直接表示了避孕套商品的质量特点，违反了2001年《商标法》第11条第1款第2项。该公司2017年对“零感”商标提出无效宣告请求，中华人民共和国原国家工商行政管理总局商标评审委员会作出裁定，争议商标予以维持。某象公司不服该裁定，提出行政诉讼，一审中北京知识产权法院认为，“零感”商标核定使用在“避孕套”商品上构成“夸大宣传并具有欺骗性”，并构成对商品质量、功能等特点的直接说明和描述，撤销了上述裁定书。

“零感”商标的相关权利人安某公司和某方式公司不服一审法院判决，委托付

丽莎律师团队向北京市高级人民法院提起上诉，请求撤销北京知识产权法院作出的一审判决。经审理，北京市高级人民法院最终作出生效判决，认定“零感”标志不构成2001年《商标法》第10条第1款第7项所指情形，未违反2001年《商标法》第11条第1款第2项的规定，维持了“零感”商标的有效性。

该案例入选2020年商标授权确权十大典型司法案例。

争议焦点

“零感”标志核定使用在避孕套上是否构成夸大宣传并带有欺骗性的标志以及是否构成描述性标志。

代理意见

1. 涉诉商标“零感”并非固有词，系臆造词，没有固定的含义，一审法院直接认定其含义为“零感觉、没有感觉”无依据。

2. 涉诉商标“零感”核定使用商品避孕套有其自身的产品功能和质量标准，即使按照一审法院理解的“零感觉、没有感觉”，也无法构成对避孕套的质量、主要原料、功能、用途的直接描述。

3. “零感”不是该类产品的特点或功能的常用表达，且“零感”经过多年的持续性使用能够起到区分商品来源的作用，具有显著性。

4. “零感”退一步说仅是对商品略带夸张的描述，但根据一般生活常识，相关公众并不会因此而误认为“零感”使用在避孕套上是指避孕套产品具有使用时“零感觉、没有感觉”的品质，“零感”不具有欺骗性。

5. 一审法院已经认定“零感”核定使用在“奶瓶，假肢，腹带，线(外科用)”商品上未构成“夸大宣传并带有欺骗性”，也未直接描述商品的质量、功能等特点。“避孕套”与“奶瓶，假肢，腹带，线(外科用)”相比均属于会与人体进行接触的产品，基于相关公众的通常认知能力，在认定“零感”使用在避孕套产品上是否属于夸大宣传并带有欺骗性标志以及描述性标志时，应当保持同一裁判尺度。

案例评析

本案二审法院认定了“零感”商标实际上不构成2001年《商标法》第10条第

1款第7项“夸大宣传并带有欺骗性”的情形,亦不构成第11条第1款第2项所述仅直接表示商品质量特点的情形,该等判断符合《商标法》之立法原意。

同时,本案也反映出法院在判断商标是否“夸大宣传并带有欺骗性”“仅仅直接表示商品的质量”时,一般系从商标本身是否与指定商品或服务的特点有关,是否与商品、服务本身的属性有较大关系且有较为严重的误导性,是属于描述性标志还是暗示性标志,消费者是否因此产生特殊期许等几个方面进行综合判断。

商标是用以识别和区分商品或者服务来源的标志,其必须具备显著性。对于商标权人而言,在类似案件中,可从标志本身的含义、商品特点、相关公众的认知能力、标志使用情况、宣传情况、市场中同业经营者对相同商品的描述方式等多个方面进行收集及固定证据,分析争议商标实际并未夸大使用效果、具备显著特征,以证实商标具备较高知名度,客观能起到标识及区分商品来源的作用。

专家点评

从该案中可见代理律师团队付出了大量的心力,他们梳理了各方观点、检索了大量相关案例后,协助委托人收集、固定了大量的“零感”标志的销售及宣传投入情况,大型网络销售平台的“零感”标志检索、关联情况,检索了“零感”在文献中的含义以及市场中同业竞争者产品宣传使用的标志情况后,共整理提交了40多项证据,形成了完整的证据链,最终对某象公司的主张进行了全面有力辩驳,同时逻辑思路及证明体系也说服了主审法官。客户能够维护核心品牌,与律师的细致工作及严密的法律逻辑是分不开的。

同时,法院的判决也反映了司法机关在认定商标标志是否属于禁止作为注册商标的标志时理应持谨慎态度,保障法律的准确适用,既要维护市场秩序也要注意裁判尺度,不能对商标权人过于严厉,更不能偏离《商标法》的立法原意,否则将打击品牌市场的繁荣,使商标权人多年维系的品牌、积累的商誉遭受不可估量的损失。该案对于同类案件具有借鉴意义。

(点评人:陈贤凯,暨南大学法学院/知识产权学院知识产权系主任、副教授)

与强制授权说不，手机剪贴板信息受法律保护

——某 App 未经许可监测读取用户手机剪贴板信息案

付丽莎　许莉莉

摘　要

本案系一起涉及 App 未经用户同意监测、读取用户手机剪贴板信息的网络侵权案件。法院根据在案证据及双方主张最终认定了手机剪贴板属于用户个人的私密空间，受到法律保护，被告构成隐私权侵权。本案启示世人，坚决地向侵犯个人信息权益及隐私的行为说不。

案情简介

“好购”App（化名）的使用者林某发现“好购”App 在其复制含口令信息后未点击粘贴输入内容就会自动跳出商品活动页面，涉嫌侵犯其个人信息、隐私权等权益，故诉至广州互联网法院。林某提交的鉴定意见表明该 App 确有监控手机剪贴板功能，当该 App 检测到剪贴板有数据时，就会自动获取剪贴板上的所有数据。“好购”公司抗辩获取剪贴板数据是电子商务行业移动应用的惯例，其是为了提升用户体验获取剪贴板数据，但仅将符合格式要求的数据上传网络服务器分析并匹配对应的商品，如有对应的商品则进行跳转，如无对应的商品则丢弃不存储，并申请重新进行司法鉴定。但因“好购”公司未按照要求在规定时间内提交软件源代码，司法鉴定无法进行。经查“好购”App 的隐私政策关于“用户信息的收集和使用”中对 App 拟收集的用户信息进行了列举，用户剪贴板信息并未包括在上述列举范围内，成功安装 App 后，手机页面显示的 App 权限内容也未包含剪贴板信息。广州互联网法院认为“好购”公司存在未经林某许可监测、读取剪贴板信息的行为，该行为系以技术手段侵入林某虚拟私密空间，造成林某私密信息处于不安全

状态,私人生活安宁受到侵扰,私人生活安宁属于个人隐私的重要内容,“好购”公司的上述行为属于以侵扰私人生活安宁的方式侵害林某隐私权。

该案件入选央视五集纪录片《民法典进行时》(2022年1月1日至5日于央视“社会与法”频道首播),并获得最高人民法院网、共产党员网、央视网、中国青年报、中国新闻出版广电报、网易新闻、澎湃新闻等有影响力的媒体宣传。

争议焦点

1.“好购”App是否侵害林某隐私权。

2.如构成侵权,该公司应承担何种侵权责任。

代理意见

案涉App的行为侵犯了原告的知情权、选择权、个人信息权和隐私权:

1.案涉App的行为侵犯了原告的知情权

案涉App的隐私政策及用户协议均未向用户提示或告知其对用户剪贴板进行监控并收集信息这一事宜。被告未经同意收集用户剪切板中个人信息的行为是侵权行为,侵犯了原告的知情权。

2.案涉App的行为侵犯了原告的选择权

在用户并没有使用案涉软件、只是复制了备忘录信息的情形下,再打开案涉软件的时候App就自动弹出了相应页面,说明App主动收集了剪贴板上的信息,没有征得用户同意就跳过了用户本应自主进行的“粘贴”行为,也没有给用户设置禁用自动识别口令功能的选项或者禁止App访问、收集剪贴板信息的选择。

3.案涉App的行为侵犯了原告的个人信息权和隐私权

大数据时代,随着信息抓取技术的运用,人们的个人信息在不知不觉中成为大数据的一部分,继而以数据化的方式存储于电子数据库当中。为保护公民的私人空间、维护公民的个体尊严,公民对自己的隐私享有维护权,有权禁止他人以技术手段非法收集、使用个人电子信息、隐私信息。

因此,在责任承担上,原告有权要求被告赔礼道歉并赔偿精神损失。

案例评析

不同于个人通讯录、个人位置、照片等，手机中的剪贴板信息是否属于个人信息或隐私，一直以来并不明确。本案中法院没有探究原告的何种具体个人信息被实际侵害，而是着重从隐私权保护的角度入手，认定了私人支配的网络虚拟空间也属于个人私密空间，手机剪贴板作为手机存储空间的一部分，具有私人支配性，且手机剪贴板的存储内容多样，可能含有用户不愿为他人知晓的私密信息，应纳入私密空间的范畴，对用户剪贴板进行保护，并明确被告未经用户同意监控读取剪贴板信息的行为系以技术手段侵入个人虚拟私密空间的侵权行为，对于保护用户的个人权益具有重要意义。

当前各类网络软件强制授权、过度索权、超范围收集个人信息的现象大量存在，但存在并非一定合理。在个人信息安全保护逐渐被国家及社会重视的浪潮下，民商事律师应当关注如《个人信息保护法》等新出台的信息安全法律法规及最新司法态势，提升律师从业人员对个人信息侵权行为的识别能力，为委托人提供更为优质的相关法律服务。

专家点评

在违法违规收集和使用个人信息现象突出的背景下，该案具有典型意义，是我国司法实践在现行法律基础上，对因技术发展而出现的新冲突作出的积极回应。

本案也警醒各互联网服务商应自觉履行《民法典》《个人信息保护法》《网络安全法》等法律规定的义务，尊重用户个人信息权益，以用户知情同意为收集用户信息的前提，主动告知用户收集的个人信息范围和使用方式。真正地尊重并维护好用户的个人权益，才能促进移动应用市场的健康可持续发展。

（点评人：陈贤凯，暨南大学法学院/知识产权学院知识产权系主任、副教授）

计算机教学课程的著作权客体地位明确，属于受保护的汇编作品

——风某公司信息网络传播权、改编权侵权案

付丽莎　谭庭俊

摘　要

本案系一起涉及侵害作品信息网络传播权、改编权的案件。法院根据在案证据，准确把握裁判尺度，认定某知公司、某学公司、某主公司汇编的课程与风某公司享有著作权的课程构成实质性相似，某知公司、某学公司、某主公司未经风某公司许可，擅自对外推广销售被诉侵权课程，侵犯了风某公司的信息网络传播权，某知公司、某学公司、某主公司应承担相应民事责任。

案情简介

风某公司是“某 P 基础语法”课程的著作权人。某知公司通过其运营的某网站存储、传播与风某公司课程相似的课程，并负责收款，网站底部标注 Copyright © 2019 ForChange 某学公司，网站的《学员须知》中记载“某森编程”是某主公司旗下知名的在线职业教育项目。某知公司、某学公司、某主公司在其各自经营的微信公众号上，均有对被诉侵权课程进行宣传推广。代理律师对本案主张保护的风某公司“某 P 基础语法”课程属于哪种作品类型把握准确，指出对应课程的整体为汇编作品。此外，代理律师还进行了大量细致的分析工作，以促使广州互联网法院充分考虑案涉权利课程的类型、篇幅、知名度、市场影响及某知公司、某学公司、某主公司的侵权情节，并判决某知公司、某学公司、某主公司停止侵权。本案法院认定案涉计算机教学课程属于汇编作品，对于此种作品予以了著作权法意义

上的肯定，并结合某知公司、某学公司、某主公司的销售数据作了较高数额的赔偿判决，对于后续此类案件的处理有较高的借鉴意义。

该案入选广州网法院互联网内容平台典型案例、2021岭南知识产权诉讼优秀案例。

争议焦点

1. 风某公司是否享有案涉权利作品的著作权；

2. 某知公司、某学公司、某主公司是否对案涉权利作品著作权构成侵害；

3. 如构成侵权，某知公司、某学公司、某主公司应承担的侵权责任。

代理意见

1. 风某公司享有案涉权利作品的著作权：风某公司在江苏省版权局进行了案涉权利作品登记、2019年1月29日风某公司通过自身运营的公众号对案涉课程的发布情况以及后续的更新情况进行了阐述、风某公司通过自身运营的网站在线销售“某P基础语法”课程，提交的作品登记书、可信时间戳认证证书、公证书等证据均佐证了风某公司享有案涉权利作品的著作权，且本案不存在相反证据。

2. 某知公司、某学公司、某主公司对案涉权利作品著作权构成侵害：被诉侵权作品与案涉权利作品构成实质性相似，提交的比对意见，显示了风某公司与某知公司、某学公司、某主公司的课程在访问形式、教学过程、课程问题设计，甚至插图中公用知识的字体、颜色、结构安排等方面均基本相同。某知公司、某学公司、某主公司未经许可，擅自通过其网站对外推广销售被诉侵权课程，侵害了风某公司的信息网络传播权，同时某知公司对被诉侵权课程进行了部分修改，构成了对风某公司改编权的侵害。

3. 某知公司、某学公司、某主公司应承担连带侵权责任：上述主体为关联企业，且登陆某知公司、某学公司、某主公司的任一微信公众号均可获取被诉侵权课程，某学公司、某主公司在这过程中导致了损害后果进一步扩大，故某学公司、某主公司应与某知公司承担连带侵权责任。

案例评析

随着互联网技术的发展,在线交互式课程成为当下在线教育的一种新的表达形式。这种类型的课程存在一定的交互性,与传统纸质书籍的课程不同,在何种程度上可以获得著作权法保护、何种程度的"抄袭"将构成侵权等一系列的问题,需要进一步明晰。

本案判决结合了《著作权法》第 11、14 条,最高人民法院《关于审理著作权民事纠纷案件适用法律若干问题的解释》第 7 条的规定,认定风某公司依法对案涉权利作品享有著作权,其合法权益应受到保护,在法院判决显示的法官自由心证中也体现了保护独创性劳动的立法原意。

同时,法院根据《著作权法》第 10 条第 1 款第 12 项、最高人民法院《关于审理侵害信息网络传播权民事纠纷案件适用法律若干问题的规定》第 3 条的规定,结合各自的比对意见、风某公司提供的公证内容,认定了某学公司、某主公司与某知公司的侵权行为。

本案反映了在线交互式课程可以作为汇编作品受著作权法的保护,在进行实质性相似认定时,二者均使用了惯常的表达形式,但如果作品间存在诸多具体表达相同或基本相同,就可以认为构成实质性相似。本案判决为此类课程作品独创性、保护范围、侵权认定等问题提供了新的视角。

专家点评

在知识经济和信息时代,在线交互式课程的诞生体现了我国国民素质不断提高、精神文化教育要求提高的社会背景。

目前,在线交互课程相关的信息网络传播权的纠纷时有发生。本案中案涉权利作品具有较强独创性和较高知名度,涉及社会影响层面广。

本案代理律师善于搜集、固定、整理大量证据,多维度通过作品登记书、案涉权利作品的发表情况的公证、创作案涉权利课程的平台及相关信息的公证、相关网站域名 ICP 备案信息公证等,证明了风某公司有权主张案涉权利作品的著作权;并进一步通过案涉权利作品及被诉侵权作品的比对意见、涉及侵权事实电子数据的公证等证据,使法院最终认定某学公司、某主公司与某知公司存在侵犯风某公司信息网络传播权、改编权的侵权行为。

法院作出的判决考虑了多方面的客观因素,确定了合理的赔偿,不仅弥补了权利人的经济损失，也有利于促进网络从业者加强对互联网知识产权的保护意识，促进各互联网服务提供者的自律和行业管理，对日益多发的在线交互式课程侵权案件有警示作用。

（点评人：陈贤凯，暨南大学法学院/知识产权学院知识产权系主任、副教授）

商标侵权中是否构成类似商品和服务不能仅凭类似商品和服务区分表，还应以相关公众的一般认知为依据等综合判断

——某公司诉某某公司21宗商标侵权纠纷系列案

苏东海

摘 要

某市某饮食连锁经营公司（以下简称H公司）拥有21间连锁店，使用同一个标识及A注册商标，袁某某在外地登记的日式料理饮食个体经营户，拥有多个经营餐饮门店，认为H公司的上述注册商标与其经营的品牌及持有的“Aa”注册商标近似构成侵权，按21宗案件起诉至法院（分列五个区法院受理）。代理律师接受H公司委托后认为当事人标识及A商标是否与引证的Aa商标构成近似是争议焦点，应从双方经营的食品和服务渠道、方式及相关公众是否产生混淆与误认进行考虑等。代理律师经过大量调查举证、分析认为，虽然二者商标同属于餐饮类别，但双方所涉的食品、服务方式、相关公众有明显差异，且运用商标法有关理论进行深入论证，提出了本案被诉侵权标识与引证商标不构成近似的抗辩意见，最终被一审、二审法院采纳，成功认定不构成商标侵权，维护了当事人的合法权益。

本系列案荣获广州市律师协会授予的2013年度业务成果奖。

案情简介

A商标是某市经营传统美食连锁企业的品牌，但在2012年遭到来自市外的袁某某起诉，认为A标识侵犯了Aa注册商标专用权。是否构成侵权？如何确定

对非驰名商标不侵权的标准？这将决定A商标的21家企业的命运。

代理律师接受H公司及A商标企业主的委托，运用丰富的经验及高超的诉讼技巧成功地使法院在21宗诉讼案件中确认不构成侵权，既彰显法律服务对品牌竞争的积极作用，又丰富了司法实践对非驰名商标不侵权的认定，具有十分重要的意义。

2012年10月起，原告袁某某分别在某市A区、B区、C区、D区、E区的法院提起21宗案件的诉讼，认为被告H公司及A商标连锁企业使用A商标侵害了Aa商标的商标权，要求赔偿100多万元等。

一审、二审法院经审理基本采纳了代理律师的意见，认为袁某某Aa注册商标知名度不高，双方无论装饰、装潢、使用器皿风格等都存在显著区别，相关公众有较高的注意力。二审判决指出：保护商标的区别功能就是为了防止商品和服务来源的混淆与误认，被上诉人使用A商标标识虽然与Aa商标略有不同，但仍对整体视觉有相当影响，未至可忽略无视的程度；此外，结合汉语的特点，一般消费者也会称为A商标而非Aa商标，被诉侵权标识具有文字加图形的整体标识，从局部或整体上与引证商标进行比对，不构成近似。

二审进一步论证：商标权具有弹力性的特点决定了其权利范围并非一成不变，而会随着商标的使用产生扩张或缩减的可能，相应地，判断商标混淆误认的标准也会随之发生变化，故人民法院在判断商标混淆误认的可能性时，必须考虑到商标的实际使用情况，上诉人未能举证证明Aa商标具有较高知名度，故不存在所称的误认或混淆。法院对上述案件作出二审判决，维持原判，驳回袁某某上诉。

争议焦点

本案争议焦点在于当事人所使用的标识及A商标是否与引证的Aa商标构成近似。

代理意见

1. 无论整体比对还是局部比对，被诉侵权的文字加图形的整体标识均与注册商标不构成相同或近似；

2. 虽然同为餐饮企业，但分属不同领域，原告经营日式餐饮，被告经营中式传统美食，二者在制作工艺、器皿、服务方式上均有明显区别，相关公众会有较高的注意力，不会混淆或误认；

3. 原告、被告在不同的行政区域经营，双方业务没有交叉，原告使用 Aa 商标时没有突出，弱化了商标的显著性，没有证据证明会引起相关公众的误认、混淆；

4. 原告的 Aa 商标知名度不高，不是驰名商标，没有获得行业协会的嘉奖，不应提高商标的保护力度及范围；

5. 原告只有 9 家连锁企业，被告有 21 家连锁企业，被告经营某市传统美食已有多年，具有一定的名气，原告从未在某市经营，无论是影响力还是企业发展数量，被告均领先于原告，不存在“搭便车”的可能。

案例评析

21 宗系列案的全面胜诉不仅让某市的知名企业避免了重大损失，更重要的是唤醒了企业家的品牌意识，彰显法律服务对于品牌竞争的积极作用。代理律师积极地运用娴熟的诉讼技巧维护当事人的合法权益，取得的成果丰富了司法实践对非驰名商标不侵权的认定。

现代商业竞争已由原始的产品竞争转为品牌竞争，品牌培育不仅关注产品的销量及业绩，商标的知名度及美誉度的提升更是不可或缺。这也是本系列案件的重要意义。

专家点评

本案主要是关于不构成商标侵权的抗辩。商标侵权的判断标准向来不是只有《商标注册用商品和服务国际分类表》和《类似商品和服务区分表》本身，商标是否近似、所核定的商品或服务类别是否相同或类似固然重要，但能否引起混淆或误认才是根本的标准。因此代理律师通过对商标实际使用场景的分析，把握住了“实际使用场景中即使存在类别相同但消费对象、销售渠道等方面未引起相关公众混淆、误认的不构成侵权”的关键，体现了知识产权律师较高的专业水平和丰富的实务经验。

（点评人：慕亚平，中山大学法学院教授）

有一定影响的网店名称也属于反不正当竞争法保护的法益

——某电子商务平台经营者间不正当竞争纠纷案

苏东海　梁广涛　梁麟朗

摘　要

本案是一宗涉及电子商务平台经营者之间不正当竞争纠纷，作为淘宝女装经营者的被侵权人，其网店名称、掌柜名遭同业经营者的擅自使用并作为平台搜索关键词引流，同时被侵权人的商品（服装款式）、模特等宣传元素亦遭到长期仿冒。代理律师接受被侵权人的委托后，成功地把淘宝店铺名称、掌柜名固定为被侵权人的权利基础，并获《反不正当竞争法》的保护。

案情简介

原告陈某系“美X 00”淘宝网店的经营者，掌柜名“美X 00”，属女装行业，该店开店时间为2010年6月，开店之初即使用“美X 00”作为店铺名称以及在商品链接标题中使用“美X”字样，并坚持以原告本人作为模特拍摄“卖家秀”照片进行宣传，具有强烈的个人特点。截至2021年3月，原告淘宝店铺“美X 00”系淘宝认证的10年老店，拥有粉丝近300万，店铺销售等级为3个金冠，信用分超365万分（成功销售至少365万件商品），在淘宝平台“女装/女生精品”领域位列前茅，近年来平均每年花费约800万元用于广告宣传。此外，原告本人社交账号同样拥有大量粉丝，并对淘宝店铺及商品进行展示宣传。

被告邵某某系“AS”淘宝网店的经营者，掌柜名“123h”，亦属女装行业，该店开店时间为2014年8月，信誉显示为1个金冠。

2016 年起,原告发现被告网店刻意在模特、拍摄场景等方面盗用、模仿原告网店的风格进行宣传销售,于是曾在微博与被告沟通,被告承认其原是原告的消费者,后因新设淘宝店起步所需才开始抄袭、模仿,并声称这是常见且正常的现象,未停止侵权行为。2019 年起,原告发现被告利用淘宝工具擅自使用原告淘宝店铺名称和掌柜名作为搜索关键词引流,使消费者搜索"美 X 00""美 X"等词时,在搜索结果前列出现的是被告多款商品链接。

为保护自身权益,原告委托代理律师起诉,要求被告停止不正当竞争行为、刊登声明和赔偿损失。代理律师在确定原告请求权基础的核心问题上,下足功夫,潜心研究,在《反不正当竞争法》列举式规定未予明确的情况下,结合立法原意和诚信原则,提出网店名称、掌柜名亦应属于《反不正当竞争法》所保护的法益,最终本案经一审、二审,均认定被告侵权成立并全额支持原告的赔偿请求。

争议焦点

本案争议焦点在于:(1)原告在本案中主张被告的案涉行为是否构成不正当竞争;(2)若构成不正当竞争,被告应当承担的民事责任。

代理意见

1. 本案应适用《反不正当竞争法》,原告淘宝店铺名称、掌柜名"美 X 00"及突出文字"美 X"系该法所保护的法益,被告被诉侵权行为违反《反不正当竞争法》第 6 条的规定,客观上误导消费者,造成混淆,使原告丧失交易机会,造成损失,应被认定为不正当竞争行为。

2. 被告作为同业竞争者,在早已接触原告淘宝店铺的情况下,未进行适当避让,反而长期实施不正当竞争行为,主观恶意明显,严重扰乱相关市场竞争秩序,损害原告合法权益。

3. 因本案被告被诉侵权行为发生在技术更新高频化的网络交易平台,与常见的市场领域确有区别,法律列举式的规定存在一定滞后性,但《反不正当竞争法》第 2 条第 1 款确立的市场交易基本原则,即经营者应当遵循自愿、平等、公平、诚信的原则,遵守法律和商业道德,亦应遵守。

4. 被告的不正当竞争行为造成原告经济损失和声誉受损,根据《民法典》《反不正当竞争法》等相关规定应停止侵权、消除影响和赔偿损失。

案例评析

本案被告利用淘宝平台的宣传工具擅自使用原告的淘宝店铺名称、掌柜名及相关文字进行引流，侵权手段具有一定的技术性和隐蔽性，客观上造成消费者混淆误认，导致原告交易机会丧失，本应属于典型的“搭便车”行为，但如果无法固定原告的权利基础，那么要认定侵权成立实际上是非常困难的。

本案原告的淘宝店铺名称、掌柜名既未申请商标注册，也不是经工商登记的企业名称，从严格意义上讲亦不属于商品名称，因此原告是否具有请求权基础，以及能否适用《反不正当竞争法》第6条的规定，是需要充分论证和证据支撑的关键问题。

代理律师在类案检索未发现有同类案例支撑的情况下没有畏难，而是潜心研究，参照《反不正当竞争法》对于商品名称、字号等权利基础的构成要件即知名度、持续性、同一性、稳定性等因素进行考量，搜集海量证据包括店铺粉丝、信用、商品销量、广告投入及其他后台数据、行业认可、消费者评价等，主张本案淘宝店铺名称、掌柜名属于受《反不正当竞争法》保护的法益，最终获一审法院认可，二审法院则直接明确属《反不正当竞争法》所保护的商业标识。这对今后关于类似的网店不正当竞争纠纷案件起到了一定的示范作用，也与2022年3月20日施行的最高人民法院《关于适用〈中华人民共和国反不正当竞争法〉若干问题的解释》第4条第1款“具有一定的市场知名度并具有区别商品来源的显著特征的标识，人民法院可以认定为反不正当竞争法第六条规定的‘有一定影响的’标识”之规定不谋而合。同时，本案也有利于明晰律师办理此类利用淘宝搜索关键词引流侵权表现的取证要求，有利于我国推动和加强新时代电子商务知识产权保护工作。

本案入选广东省知识经济发展促进会、广州市律师协会共同评选的2021岭南知识产权诉讼优秀案例。

专家点评

本案所涉及的淘宝店铺名称、掌柜名严格来说并不属于商品名称，但代理律师创造性地提出参照适用《反不正当竞争法》，对于商品名称、字号等权利基础的构成要件即知名度、持续性、同一性、稳定性等因素进行考量，并以大量证据证明当事人所主张的权益属《反不正当竞争法》保护的法益，最终获法院认可。本案对今后类案起到示范作用,有利于推进电子商务领域知识产权的保护,亦体现律师团队的综合学习能力。

（点评人:慕亚平,中山大学法学院教授）

在服装上擅自复制他人的卡通形象构成著作权侵权

——“阿柴枸杞”美术作品维权获赔 28 万元案

苏熳娜

摘 要

多数表情包美术作品著作权纠纷案件的判赔金额通常较低,但并非所有的表情包美术作品的判赔金额都较低。在著作权侵权纠纷案件中,需要结合案涉作品的知名度,被诉产品的侵权规模、侵权时间,被告的侵权主观故意、侵权获利等因素,综合酌定案件的赔偿金额。如取证方式得当,证据充分,则有利于提高案件的赔偿金额。

案情简介

2020 年 2 月 12 日,广州市越秀区人民法院就广州某科技有限公司诉上海某服饰公司等著作权权属、侵权纠纷一案,判决被告停止侵害“阿柴枸杞”美术作品著作权并赔偿原告损失 28 万元,承担诉讼费 13,832 元。一审判决后,被告没有上诉,及时支付了全部赔偿款。

“阿柴枸杞”是四川成都的西风(艺名)设计师的作品。该作品于 2018 年 11 月 20 日创作完成,随后在四川省版权局进行登记。2018 年 11 月 29 日西风在微博发表该作品,并在 2018 年 12 月 29 日将该作品在内的系列作品上传至 QQ、微信的表情包平台。“阿柴枸杞”多个系列的表情包深受网友的喜爱,下载量很高。西风也将该“阿柴枸杞”系列作品上传至当时全球最大的社交网络 Facebook(中文称“脸书”)上,受到国外众多网友的喜爱。2019 年年初,西风将该作品授权给原告用于生产、销售服装,并有权进行维权。

1. 启动维权:原告索赔100万元。

2019年4月,西风的微博粉丝在被告的服装品牌专卖店看到印有“阿柴枸杞”的T恤并告知西风。西风得知被告的抄袭行为之后,委托了律师进行取证和维权,代理律师先后在全国各地(北京、上海、广州、武汉、泸州、兰州等)通过现场购物取证,对多地的侵权证据进行了固定。

2019年6月,本案在越秀区人民法院正式立案,原告诉请被告停止侵权并赔偿原告100万元,同时申请了财产保全。

2. 判决:被告侵权成立赔偿28万元。

2020年2月12日,广州市越秀区人民法院作出一审判决认为:案涉作品具有独创性,是著作权法所保护的作品,原告经著作权人的授权,有权提起诉讼并主张赔偿。关于赔偿金额,法院考虑到被告旗下的服装品牌款式较多,法院采纳被告提交的订单数量,按照实际进仓数量为2963件,零售价为114~129元,参考被告2018年度报告所载毛利率64.41%为标准计算,获利金额约为24万元,再综合其他因素,酌定赔偿金额为28万元,并判令被告承担部分诉讼费。

一审判决后,被告没有上诉,很快就支付了赔偿款。这也得益于本案申请了财产保全,成功冻结了被告的银行存款100万元,促使被告及时履行判决,本案圆满结束。

争议焦点

案涉作品是否具有独创性,是否应受到著作权法的保护以及赔偿金额的认定。

被告主张原告的作品源于现实生活的柴犬,是简单临摹,不具有独创性。原告则主张案涉作品是Q版小柴犬的拟人化系列美术作品,案涉作品为Q版柴犬蹲坐地上,举起右爪,说“Hi”的平面艺术造型作品,其构图及表达具有独创性,并能以某种有形形式复制的智力成果,属于著作权法保护的美术作品。

关于赔偿数额,被告主张原告诉请的金额过高,原告则主张参照被告的经营规模,全国各地具有多个实体店,以及参考被诉产品的利润率,被告的侵权获利较大,应支持高额赔偿。

代理意见

1. 提交大量资料证明案涉作品的知名度较高。

提交的证据如案涉作品用于微信的表情包，下载数量大；案涉作品在微博上发表，关注的微博粉丝数量较多；案涉作品在一些知名网站、报纸上发布；案涉作品已经授权给部分生产商用于商业用途，知名度和商业价值较高。

2. 多地取证，证明被告的侵权范围广。

原告在全国各地（北京、上海、广州、武汉、泸州、兰州等）购物取证，向法院提交公证书、可信时间戳认证证书，证明被告的专卖店分布在全国各地，侵权范围广。

3. 适当推算被告的获利，证明被告的侵权获利较多。

本案原告主张两种计算方案，第一种是按照案涉服装品牌的门店数量（被告自己宣称的数量）、销售额、毛利率（依据被告的年度报告）、美术作品的贡献度进行计算，即按照 3000 多家门店，毛利率 64.41%，每家门店销售 10 件 T 恤，平均单价 110 元，案涉图案的贡献度为 50% 计算，被告的侵权获利超过 100 万元。第二种方案是按照被告提交的一份订单上面的 T 恤数量 2963 件进行计算。订单显示案涉 T 恤的采购价格为 25 元，在实体门店的销售价格为 129 元，被告每件赚取差价 104 元，因此被告的获利超过 30 万元。并且这仅是被告方在 2019 年 6 月的一份采购订单，原告提交的公证书证明被告是从 2019 年 4 月开始销售侵权 T 恤，因此其生产订单不止一份，其获利远不止 30 万元。

案例评析

本案的判赔金额并未适用惩罚性赔偿制度。本案判赔 28 万元主要是依据被告的侵权获利，广泛且充分地取证，有利于提高案件的赔偿金额，但并没有适用惩罚性赔偿制度。惩罚性损害赔偿是为了补偿受害人遭受的损失，惩罚和遏制不法行为。适用惩罚性赔偿制度的两个要件是故意侵权和情节严重。本案难以证明被告是故意侵权或重复侵权，被告在收到起诉资料之后也立即删除销售案涉 T 恤的链接，将侵权产品下架，因此本案并没有适用惩罚性赔偿制度。

专家点评

近几年的网络表情包非常多，因其生动活泼和容易传播的特点，容易受到消费者的追捧。部分商家或设计人员,由于法律意识淡薄,喜欢将生动形象的卡通表情包印制在服装或商品包装上,以此来吸引消费者。更多时候,如被发现侵权,无非就是赔偿几千元,因此很多商家对于著作权的侵权风险并不重视。但本案的被告擅自使用他人的卡通表情包,被判赔 28 万元,对于习惯复制或模仿他人作品的商家来说,是一次深刻的警示。在本案中,由于案涉作品具有一定的知名度和商业价值,被告具有一定的经营规模,销售范围广,侵权获利较高,因此法院最终支持了 28 万元的高额赔偿。本案是难得的典型案例,用于宣传和教育,能在一定程度上制止社会上的其他同类侵权行为,提升大家的知识产权意识,共同保护知识产权。

(点评人:安雪梅,广东金融学院法学院教授,
第三届广东省十大优秀中青年法学家)

美术作品的独创性认定是著作权案件的难点

——"港亨八宝粥"美术作品获赔30万元案

苏熳娜

摘 要

著作权权属、侵权纠纷案件,关于作品的独创性认定和赔偿金额的认定,通常存在较大的主观性,本案不同法院的认定结果相差甚远,也反映了该问题。关于美术作品,即便取材于日常生活中的物品或者元素,但创作者对元素的选取、摆放或组合方式,如果具有自己独立的构思、想法,并最终形成自己的独创性表达,则该作品同样具有独创性,应受到著作权法的保护。关于著作权案件的赔偿金额,在没有直接证据证明被告侵权获利的情况下,如果被告自认其销量较大、获利较大,则其自认也可以成为考虑赔偿金额的依据。

案情简介

2018年11月1日,刘某某收到中山市中级人民法院的终审判决书,法院认定刘某某享有"港亨 GangHeng 及图""粟香八宝粥"装潢图两个美术作品的著作权,判令相关被告停止侵权并赔偿刘某某30万元!本案历时3年,从一审、二审发回重审、重审一审,到终审,前后共参加了6次开庭,从认定美术作品不具有独创性到支持作品具有独创性,判赔金额也终于从4万元改判为30万元!

一、刘某某讲述"港亨"标识及产品装潢图两个美术作品

刘某某,自幼习画,尤以油画为多,作品参与了20世纪70年代的多个美术展览。改革开放初期转而专注包装装潢及广告设计。作为当年的轻工部推荐的美术设计师,为全国包含港澳地区的3000多家企业提供创作,设计的平面及影视作品逾2万件。20世纪80年代后期,与朋友开办多家企业,涉及食品、饮料、制罐、

印刷、装饰工程等多个行业。

1989 年,刘某某独立创作完成“港亨 GangHeng 及图”美术作品,随后将该美术作品作为商标用于其企业生产的食品等商品的包装装潢上。已有在先的生效判决确认刘某某于 1989 年设计了“港亨 GangHeng 及图”商标标识并系该作品的独立创作人,其对该标识享有著作权。

1995 年,刘某某首创“粟香”一词,用勾画方式完成“港亨粟香八宝粥”的装潢设计,将之作为易拉罐装玉米八宝粥的产品包装装潢,经过 20 多年的发展,“港亨粟香八宝粥”具有较高的知名度,畅销广西、广东等地。

二、2015 年立案

2014 年 6 月,刘某某发现被告某商行、某公司在广西大量生产、销售侵犯其“港亨 GangHeng 及图”“粟香八宝粥”装潢图两个美术作品著作权的八宝粥。对此,刘某某与公证机构对两处大型超市销售的案涉产品进行了公证取证。此后与被告方沟通无果,在被告方拒不停止侵权的情况下,刘某某启动了诉讼维权。

2015 年 8 月 25 日,刘某某起诉被告某商行、某公司侵犯“港亨 GangHeng 及图”“粟香八宝粥”装潢图两个美术作品的著作权,请求法院判决被告方停止侵权、赔礼道歉并赔偿 100 万元。

三、2016 年 7 月,一审判决赔偿 4 万元

一审被告某商行辩称:刘某某主张权利的是两个美术作品,而被诉侵权的作品是摄影作品,二者不同。

中山市第二人民法院一审认为,刘某某能够提供作品设计手稿,并能够详细地描述两个美术作品的独立创作过程,认定刘某某享有“港亨 GangHeng 及图”“粟香八宝粥”装潢图两个美术作品的著作权。法院以被告某商行“使用的作品内容本身是健康、正面的,对图片的艺术性没有造成损害”、刘某某未证明其自身的实际损失或被告方的获利为由,仅酌定赔偿额为 4 万元。对于被告某商行在一审庭审中自认案涉“粟香八宝粥”年销量为 100 万~200 万罐的事实,法院在判决中并未提及。

四、2016 年 8 月,刘某某提起上诉

刘某某认为一审判赔金额太低,赔偿额 4 万元尚不足以支付案件调查取证的费用、律师费、差旅费。

刘某某上诉主张:被告某商行在一审庭审的时候自认案涉“粟香八宝粥”年销量为 100 万~200 万罐,相关文书也称被告某商行的产品具有一定的市场知名度。按 200 万罐,零售价 3.8 元/罐计算,被告某商行每年销售金额高达近 700 万元,按利润10%计算,每年的获利不少于70万元,一审判决的赔偿额明显太低。根据最高人民法院《关于适用〈中华人民共和国民事诉讼法〉的解释》第92条规定:"一方当事人在法庭审理中,或者在起诉状、答辩状、代理词等书面材料中,对于己不利的事实明确表示承认的,另一方当事人无需举证证明。"诉讼上的自认一经作出,对当事人和法院都会产生拘束力。根据《著作权法》的规定,权利人的损失难以计算的,可以参考侵权人的获利。因此法院应就此提高案件的赔偿金额。

五、2017年1月,二审发回重审

二审法院开了两次庭之后,直到2017年1月,二审法院以一审部分事实不清为由裁定发回重审。

2017年8月,一审重审认为"粟香八宝粥"装潢图不具有独创性。中山市第二人民法院一审重审开庭之后,法院仅认定刘某某享有"港亨 GangHeng 及图"美术作品的著作权,否定了刘某某享有"粟香八宝粥"装潢图的著作权,赔偿金额维持4万元!法院的观点是:案涉装潢视图不具有独创性,其主要部分忠实于碗、勺、玉米的通常设计,与日常生活中的相关产品并无二致,未因此而赋予案涉装潢足够的美学方面的独创性,其设计更符合外观设计富有美感、新颖性的要求,刘某某有案涉装潢视图的外观设计专利权,应寻求专利保护。

法院认为案涉装潢具有外观设计专利的美感、新颖性,却又认为其不具有作品的美感和独创性,明显自相矛盾,刘某某再次提起上诉!

六、2018年11月1日,收到终审判决书

2017年12月终审开庭之后便是漫长的等待。2018年11月1日,刘某某才收到终审判决书,中山市中级人民法院终审认定刘某某享有"港亨 GangHeng 及图""粟香八宝粥"装潢图两个美术作品的著作权,判令被告某商行、被告某公司停止侵权并赔偿刘某某30万元!在刘某某的代理律师多次提交代理词、多次强调之下,二审法院终于查明了原一审庭审记录的"被告某商行自认案涉"粟香八宝粥"年销量为100万~200万罐"的事实,并将其写进了终审判决书。锲而不舍,终于等来了司法的正义!

争议焦点

案涉作品是否具有独创性,是否构成著作权法所保护的美术作品,以及判赔金额的认定。

关于作品的独创性的认定:本案一审法院重审认为案涉装潢视图不具有独创

性，其主要部分忠实于碗、勺、玉米的通常设计，与日常生活中的相关产品并无二致，不具有独创性，不应受到保护。二审法院却作出了相反的认定，认为具有独创性。

关于赔偿金额，两级法院的认定区别较大。被告曾自认其被诉产品的年销量为 100 万 ~200 万罐，足以说明被诉产品的销量较高，侵权规模较大，原一审法院对此未予以考虑，仅认定赔偿金额为 4 万元，明显过低，最终二审法院改判为 30 万元。

代理意见

一、关于作品的独创性的认定

代理律师杨雄文关于作品的独创性的意见：一部作品只要不是对已有作品的完全的或实质的模仿，而是作者独立构思的产物，其最终的表现形式（效果）与已有作品存在差异，就可以视为具有独创性，从而视为一件新产生的作品。我国《著作权法实施条例》规定：美术作品，是指绘画、书法、雕塑等以线条、色彩或者其他方式构成的有审美意义的平面或者立体的造型艺术作品。重审一审以“粟香八宝粥”装潢图的组成要素反映了日常生活用品为由，认定其不具有独创性，并不正确。“粟香八宝粥”装潢图由多种不同元素组成，所采用的字体、颜色、图案以及每个要素的布局，均可体现作者的个体化创作，亦体现出具有一定美感的视觉效果，具有独创性，该主张最后得到法院的支持。

代理律师王建良对于作品的独创性认定的补充意见：案涉的“粟香八宝粥”装潢图的创作过程具有历史性和独创性。当年作为手稿的美术作品和基于手稿拍摄的摄影作品，二者是不可分割的，美术作品的创作是摄影作品形成的必经程序。1995 年刘某某的手绘稿即是美术作品创意的初步表达，其对应的底版胶片就是刘某某的案涉美术作品的底稿构图，是在刘某某的亲自操办及参与下，采用对实物玉米、勺子、碗等进行摆放和拍摄，通过暗房技术（分色和制版）才能制作出可以作为工业应用的底版胶片及打样稿，底版胶片需通过当时的打样机合成打样稿，才是现在看到的“粟香八宝粥”彩色外包装图。该作品有自己的创作构思并形成自己的创造性表达，其创作成果应受到保护。

二、关于赔偿金额

1. 强调案涉美术作品与一般作品的使用渠道不同，案涉美术作品专用于商品（快消食品）包装之上，这就为避开法院内部限定著作权侵权赔偿的数额、主张更高赔偿打好了基础。

2. 针对知识产权赔偿数证据难于取得的情况，代理律师精心准备诉讼策略，使得被告自认案涉“粟香八宝粥”年销量为100万~200万罐的事实，促使法院最终支持了较高的赔偿金额。

案例评析

本案的代理律师杨雄文认为，该判决仍然有值得商榷的地方：第一，法官仍是在酌定赔偿的范围内处理，并未以自认数额作为被告获利来确定赔偿额。赔偿数额不高的解决方式不仅仅有“惩罚性赔偿”之类的实体法方式，同时也应积极考虑程序法方式，如采取适当的证明标准等。第二，法院对于被告多次虚假陈述创作过程、故意混淆历史背景信息等不诚信的行为，没有作出处理，未能将诚信诉讼的要求落到实处。

专家点评

在是否构成作品这一问题上，“独创性”的判断是核心和关键，具备独创性的作品，才是著作权法意义上的作品，受著作权法保护。作品的“独创性”认定具有一定的主观性，法官也具有一定的自由裁量权，因此作品的独创性认定是著作权侵权纠纷案件审理的难点。本案经过多次审理，体现了不同法院对于作品的独创性认定的不同观点，具有一定的代表性，对于其他维权案件也具有参考意义。本案的赔偿金额前后出现较大的差异，也体现了知识产权案件法定赔偿的酌定空间较大，需要法院结合各方因素综合进行合理酌定，本案对相关赔偿金额的参考因素的认定，也具有参考意义。本案赔偿数由4万元改到30万元，有力地保护了原创设计师的合法权益，有利于提高权利人的著作权保护意识，对鼓励原创、完善著作权管理与交易体系具有推动作用。

（点评人：安雪梅，广东金融学院法学院教授，
第三届广东省十大优秀中青年法学家）

“经营信息”不等于“商业秘密”，反不正当竞争应当合法正当

——A航空技术公司诉法国C亚洲公司、崔某、D航空服务公司等不正当竞争纠纷案评析

王春平　黎月梅

摘　要

A航空技术公司认为法,国C亚洲公司采取利诱等方式引导A航空技术公司的职员崔某离职,与崔某和D航空服务公司合作成立另一F航空服务公司,使用崔某在公司任职期间掌握的商业秘密从事竞争性业务并获利,故将四被告诉诸法院要求停止侵权行为并赔偿损失。

代理律师凭借丰富的执业经验,抓住案件关键点,充分论证了原告所称的“经营信息”不是法律规定的商业秘密,四被告没有接触过原告所谓的商业秘密,不可能具备侵害其商业秘密的客观条件,不存在原告商业秘密被侵害而遭受损失的客观事实等,最终帮助四被告取得了圆满的胜诉结果,避免巨大经济损失。该案对于离职员工因涉嫌使用公司商业秘密进行不正当竞争等类似侵权纠纷案件的解决有重要的参考价值。

案情简介

2014年3月4日,A航空技术公司(以下简称A公司)与法国C亚洲公司(以下简称C公司)的全资母公司B法国公司(以下简称B公司)签订《独家经销协议》,约定A公司向B公司购买B公司某品牌下的清洗软件、流程、保密技术以及产品,同时B公司授权A公司在中国地区以独家经销的形式对主要业务地在中

国的客户销售产品以及服务，有效期为10年等。

2014年10月13日，A公司与D航空服务公司（以下简称D公司）签订《某品牌飞机清洗解决方案销售框架协议》（以下简称《框架协议》），约定A公司向D公司提供某品牌纳米无水飞机清洗解决方案，由D公司为飞机维修公司提供飞机无水清洁服务，协议期限自2014年9月1日起至2017年8月31日止，同时约定A公司确保某品牌产品国内总代理权在协议期间内持续有效等。

2015年4月22日，A公司与B公司签订备忘录，其中载明：除非双方均同意延迟期限，双方在2015年8月31日终止独家经销协议；A公司将以子公司形式成立新公司a航空科技公司（以下简称a公司）；a公司与B公司成立合资公司；合资公司与B公司签署一份新的某品牌服务分销协议等。

崔某自2008年7月入职A公司，于2012年12月18日与该公司签订保密协议（载有竞业限制条款，期限为解除劳动关系后两年）。崔某2013年7月7日担任该公司业务部门的经理助理，2013年至2014年向一些飞机维修公司和航空公司宣传、推介某品牌无水飞机清洗产品。2015年4月，崔某因个人原因辞职，离职日期为2015年4月7日。2015年6月1日，C公司向崔某发送邮件，邀请其到C公司就职。由于崔某此前已与其他人协商设立E公司，故没有答应。

2015年6月8日，崔某与其他人设立E公司。2015年9月9日，C公司与D公司、E公司签订中外合资经营企业合同，约定三方在中国设立一家合营公司，以期在中国共同发展用于飞机内舱设备的维修与保养、外部打扫与清洁服务等业务，合营公司名称为F航空服务公司（以下简称F公司）。2015年12月2日，F公司经核准设立。

因A公司与D公司履行《框架协议》发生纠纷，中国广州仲裁委员会于2016年3月5日作出裁决，认定双方解除《框架协议》，同时认定：直至2015年8月31日，A公司与供应商既未以合资公司的形式展开合作，又没有以书面形式对该时限作出顺延，在备忘录明确表示到该日独家分销协议解除的情况下，至少可以认定至2015年8月31日A公司是否仍有清洗剂产品的代理权存疑，故驳回了A公司要求D公司承担违约责任的仲裁请求，并据此支持了D公司要求A公司承担违约责任的反请求。

后来，A公司向法院起诉C公司、崔某、D公司和F公司，要求四被告立即停止侵害A公司经营秘密的行为，共同赔偿A公司经济损失约580万元。庭审中，A公司明确其经营秘密是指：（1）中国民航市场对某品牌产品和技术的需求；（2）B公司的企业信息、产品信息、联系方式及其向中国市场销售某品牌产品的意愿；(3)某品牌产品的使用技术、产品价格；(4)中国用户采购某品牌产品的方式，或称A公司的经营模式，如A公司并非直接向某航公司销售，而是在了解某航公司、飞机维修公司、D公司之间存在外包关系的情况下，与D公司签订销售合同；(5)A公司与D公司《框架协议》的内容。本案经一审、二审，法院最终驳回了A公司的诉讼请求。

争议焦点

A公司主张的"经营信息"是否构成法律规定的商业秘密？

代理意见

1. A公司在本案中主张的"经营信息"不具备秘密性、价值性、实用性，其亦没有对该等"经营信息"采取合理的保密措施，该等"经营信息"不是法律规定的可归属于商业秘密的经营信息，依法不构成商业秘密。

企业经营过程中产生的信息并非都构成商业秘密。根据《反不正当竞争法》第9条第3款，最高人民法院《关于审理不正当竞争民事案件应用法律若干问题的解释》（下称《不正当竞争解释》）第9条第2款、第10条、第11条等法律规定，构成商业秘密必须具备以下要件：(1)具有秘密性，即不为公众所知；(2)具有价值性和实用性，即该商业秘密能给权利人带来经济利益、市场竞争中的独占优势，该等经济利益和竞争优势应来源于其秘密性；(3)权利人采取了合理的保密措施，该等保密措施应当与该商业秘密的商业价值等具体情况相适应、能够表明权利人保密的主观意愿、能够让义务人知悉保密范围、保密客体等。

第一，A公司的"经营信息"实为公知信息，已经在有关媒介上公开披露，公众可从公开渠道获取，不具备秘密性。

在互联网大数据的环境下，"飞机干洗服务很早就已在中国市场推广、投入与使用""飞机干洗服务相关的工具、清洁剂""飞机干洗服务的供应商、各大航空公司的名称、地址、业务领域、组织架构、联系电话"等信息可轻易获取。

第二，未见A公司的"经营信息"给A公司带来经济利益、市场竞争中的独占优势，该等信息不具有商业秘密应当具备的价值性、实用性。

(1)A公司直接将其与D公司首年合作的合同金额（A公司称超过560万元）作为A公司"经营信息"的价值金额，依此主张该等"经营信息"具备价值性实属牵强附会。该合同金额不是利润性质，A 公司也没有举证证明该合同金额源于该等“经营信息”的秘密性。事实上，该合同金额受服务机队数量、市场需求、经济变动、同业竞争动向、地方政策、销售成本等多种因素的影响，与该等“经营信息”之间不存在关联。

(2)A 公司诉称“A 公司成功成为某航合格供应商”，依此主张 A 公司的“经营信息”为其带来了竞争优势，实属强词夺理。

第三，倘若崔某在 A 公司任职期间接触的信息确实属于商业秘密的话，A 公司应当积极采取保密措施进行保护，然而，A 公司不仅从来没有提出过要对崔某接触的信息进行保密的想法，也从来没有向崔某明确哪些信息属于商业秘密、没有依照其规章制度对崔某接触的信息进行标识或确定保密客体、保密等级、保密要求、保密期限等，更没有采取其他具体、有效、有针对性的、与其商业价值相当的保密措施。可见，崔某接触的信息依法不属于商业秘密。

虽然崔某与 A 公司签署的劳动合同中有服务期与竞业限制条款，双方也签署了保密协议；然而，劳动合同中的服务期与竞业限制条款是 A 公司制作的格式化条款，既没有约定哪些信息已被纳入保密信息、崔某需对哪些信息负有保密义务，也没有约定相应的补偿费金额，崔某事实上也没有收到过 A 公司支付的相关补偿费。由此，该等条款只是在名称上使用了“服务期与竞业限制”，内容实质上只是一种预防性质的告知，不是法律意义上的竞业禁止条款；而保密协议是 A 公司制作的格式化协议，仅适用并约束接触 A 公司军工项目的员工，崔某并非该保密协议所述的涉密人员，且该协议只是机械地罗列了可能被纳入商业秘密的信息类别，该等信息类别较为空泛、缺乏深度，A 公司实际上也没有确定崔某接触的信息为保密信息、对有关信息未采取过保密措施。因此，该等协议条款不构成保密措施。

2. 尚且不论 A 公司的“经营信息”是否构成商业秘密，崔某在 A 公司任职期间没有接触过其商业秘密，不可能具备侵害其商业秘密的客观条件，崔某实际上也没有实施过侵害其商业秘密的行为。

(1)2008 年，崔某入职 A 公司，2013 年调任医疗产业事业部项目三处任经理助理一职，任职期间接触的与飞机清洗项目相关的信息均没有被 A 公司确定为保密信息，A 公司也没有就该等信息采取过保密措施。因此，崔某在 A 公司任职期间没有接触其商业秘密，不可能具备侵害其商业秘密的客观条件。

(2)2015 年 4 月离职时，崔某已按 A 公司要求办理了交接手续，将接触的所有工作资料、信息、邮箱账号、密码等全部毫无保留地交还给了 A 公司，有关项目亦交由A公司指定的员工接手。在崔某与A公司之间的劳动关系已终止、双方已办妥交接的情况下,崔某不可能接触、掌握所谓A公司的商业秘密。

(3)从A公司离职后,崔某没有以不正当手段获取A公司所谓的商业秘密,因没有接触、掌握A公司的商业秘密,崔某也不可能存在披露、使用或者允许他人使用A公司的商业秘密之情形。

案例评析

《反不正当竞争法》第9条第4款规定:"本法所称的商业秘密,是指不为公众所知悉、具有商业价值并经权利人采取相应保密措施的技术信息、经营信息等商业信息。"据此,商业秘密包括技术秘密、经营秘密,需具备秘密性(不为公众所知悉)、价值性(具有商业价值)和保密性(采取相应保密措施)三个法定条件,缺一不可。

2020年《不正当竞争解释》(2022年已失效)第14条规定:"当事人指称他人侵犯其商业秘密的,应当对其拥有的商业秘密符合法定条件、对方当事人的信息与其商业秘密相同或者实质相同以及对方当事人采取不正当手段的事实负举证责任。其中,商业秘密符合法定条件的证据,包括商业秘密的载体、具体内容、商业价值和对该项商业秘密所采取的具体保密措施等。"据此,本案中A公司指称四被告侵害其经营秘密,首先应当对其主张的经营信息的具体内容,以及该等经营信息是否符合商业秘密的三个法定条件逐一进行举证。

1. 关于经营信息的具体内容

本案中A公司作为原告起诉时并未具体明确其指称的经营信息的具体内容,在一审、二审法官的释明下,A公司才进一步明确其主张的经营信息的具体内容。故,在侵害商业秘密纠纷案件中,原告首先需要明确其主张的经营信息的具体内容,而不能笼统模糊。

2. 关于秘密性

2020年《不正当竞争解释》(2022年已失效)第9条规定:"有关信息不为其所属领域的相关人员普遍知悉和容易获得,应当认定为反不正当竞争法第十条第三款规定的'不为公众所知悉'。具有下列情形之一的,可以认定有关信息不构成不为公众所知悉:(一)该信息为其所属技术或者经济领域的人的一般常识或者行业惯例;(二)该信息仅涉及产品的尺寸、结构、材料、部件的简单组合等内容,进入市场后相关公众通过观察产品即可直接获得;(三)该信息已经在公开出版物或者其他媒体上公开披露;(四)该信息已通过公开的报告会、展览等方式公开;(五)该信息从其他公开渠道可以获得;(六)该信息无需付出一定的代价而容易获得。”据此,所属领域相关人员从公开渠道可以获得的信息,或者无须付出高于所属领域普通人平均代价获得的信息,不具有秘密性。

本案中A公司所主张的“B公司的企业信息、联系方式及其向中国市场推销某品牌产品的需求”,显然可以通过公开渠道获得,不具有秘密性。对于“某品牌产品的潜在客户及其需求”和“某品牌产品的销售方式和销售渠道”,所属领域相关人员通过推销手段就能轻易得到,也不具有秘密性。而对于“某产品的进货价格和销售价格”,该信息并非是对不特定客户的公开报价,且《独家经销协议》和《框架协议》均有保密约定,故所属领域普通人从公开渠道或付出平均代价,难以知悉该进货价格和销售价格,具有秘密性。

3. 关于价值性

2020年《不正当竞争解释》(2022年已失效)第10条规定:“有关信息具有现实的或者潜在的商业价值,能为权利人带来竞争优势的,应当认定为反不正当竞争法第十条第三款规定的‘能为权利人带来经济利益、具有实用性’。”

在本案中,首先,根据《独家经销协议》,结算价格将根据法国劳动力和原材料成本变动一定时期进行调整,由双方另行商议。故进货价格能否必然对A公司带来竞争优势并不确定。其次,根据备忘录第2条,在《独家经销协议》结束前,A公司的独家经销权只针对某航。由于双方对独家经营权适用范围的修改,必将导致价格条款适用范围的修改,故A公司主张的进货价格和销售价格均只涉及某航业务。而A公司的某航业务已经终止。在此情况下,A公司主张的进货价格和销售价格,已经没有现实或潜在的商业价值,无法为其带来竞争优势,故不具价值性。

4. 关于保密性

2020年《不正当竞争解释》(2022年已失效)第11条规定:“权利人为防止信息泄漏所采取的与其商业价值等具体情况相适应的合理保护措施,应当认定为反不正当竞争法第十条第三款规定的‘保密措施’。人民法院应当根据所涉信息载体的特性、权利人保密的意愿、保密措施的可识别程度、他人通过正当方式获得的难易程度等因素,认定权利人是否采取了保密措施。具有下列情形之一,在正常情况下足以防止涉密信息泄露的,应当认定权利人采取了保密措施:……(五)签订保密协议……”

在本案中,《独家经销协议》和《框架协议》均约定有保密要求,可以认定是合理的保密措施,故,某品牌产品的进货价格和销售价格也具有保密性。

综上,A公司主张的经营信息的具体内容没有同时符合秘密性、价值性和保密性三个法定条件,依法不构成商业秘密。

专家点评

如何在纷繁复杂的案件事实中抓取关键事实,提炼法律核心问题,是律师的一项必备技能。本案核心问题是原告所称的"经营信息"是否属于法律规定的商业秘密,是否符合商业秘密的法定构成要件。而在将案件事实涵摄于法律规定的构成要件的过程中,需要"目光往返于规范与生活事实之间",从不同角度进行论证,从而达到己方目的。

(点评人:阳庚德,华南师范大学法学院副教授、硕士生导师)

出口产品被查扣，如何应对海关程序及维护自身合法权益

——A 公司与 B 公司专利侵权纠纷案

吕海山

摘　要

本案例从多个维度完整地展现了知识产权海关保护程序、海关保护与侵权诉讼程序衔接、专利侵权判定和技术特征比对等内容。本案律师积极应对海关查扣程序、开展专利侵权风险评估、制定诉讼策略等，为企业在从事跨国贸易进出口货物过程中如何高效应对专利侵权海关查扣、及时并快速解决纠纷提供了参考和借鉴。

案情简介

2021 年 5 月初，A 公司以 B 公司涉嫌侵害 A 公司的发明专利权为由，向广州海关申请扣留了 B 公司申报出口的数万台案涉产品（第一批货物），B 公司委托律师进行处理，经过与海关积极沟通协调，在依法缴纳了等值的反担保金后，海关对第一批货物予以放行。律师随即对被扣货物与案涉专利的技术特征进行了全面的侵权比对分析，经过全方位的有效排查，最终评估不构成专利侵权。于是，经 B 公司委托授权，律师向 A 公司签发律师函，明确告知并澄清不存在专利侵权，并催告 A 公司尽快撤回侵权投诉。

然而，2021 年 6 月广州海关依职权再次扣留了 B 公司数万台货物（第二批货物），在通知案涉专利权人 A 公司后，A 公司便又向海关提出扣留申请并提供相应担保，并向广州知识产权法院提起了专利侵权诉讼，向 B 公司索赔 500 万元。该

案经过广州知识产权法院一审、最高人民法院二审,均作出 B 公司案涉货物不构成专利侵权的认定,驳回了 A 公司的全部诉讼请求。

争议焦点

本案的争议焦点在于 B 公司案涉货物是否落入 A 公司案涉专利权利要求的保护范围。

代理意见

案涉专利所保护的技术方案包括一种分体式电机定子及一种电机,而被诉侵权货物至少缺少 4 项案涉专利权利要求的技术特征或与之既不相同也不等同。具体而言,案涉专利通过设置于内定子铁芯外围凸齿之间的线槽位,将预制好的环形绕组套接于凸齿上,并在环形绕组和内定子之间设置绝缘层和塑胶挡片,克服了现有技术存在的不足和缺陷。而被诉侵权产品恰恰采用案涉专利说明书背景技术中所记载的现有技术方案,被诉侵权产品的内定子铁芯与绝缘绕线架装配后,由于其阻挡部与绝缘绕线架一体成型,不能通过套接的方式装配绕组,而只能通过相邻阻挡部之间的槽口绕制绕组,各相邻阻挡部之间须留有槽口以供绕线用,故呈现出若干槽口不封闭的状态。综上,B 公司案涉货物明显不落入 A 公司案涉专利权利要求的保护范围,其全部诉讼请求缺乏事实和法律依据,应当予以驳回。

案例评析

本案特别涉及知识产权海关保护程序和法院诉讼衔接的问题。根据《知识产权海关保护条例》等相关法律规定,海关可以依权利人申请或依职权对涉嫌侵犯知识产权的申报进出口的货物进行扣留,并经调查依法作出相应的处罚决定。无论是主动申请还是经过海关通知后提出申请,权利人均需缴纳等值的担保费用,海关在权利人申请扣留之日起 20 个工作日内未收到人民法院协助执行的通知,或是在依职权扣留之日起 50 个工作日未收到人民法院协助执行通知,且经调查不能认定被扣留的侵权货物侵犯知识产权的,应当放行被扣留货物。另外,权利人在申请海关行使临时保护措施后,还可以就被扣留的涉嫌侵权货物向人民法院申请采取责令停止侵权行为或者财产保全的措施，海关收到上述协助执行通知的，应当予以协助。就本案而言，A 公司在向广州知识产权法院提起侵权诉讼后，还采取了以下措施：(1)向广州知识产权法院申请责令 B 公司立即停止申报出口案涉货物；(2)向广州海关出具协助执行通知书，申请调取海关查扣的样品；(3)向广州知识产权法院申请律师调查令，调取 B 公司的纳税记录；(4)向广州海关申请调取近 3 年的出口资料，以查明出口金额等。

鉴于本案的诉讼焦点依旧围绕着专利侵权判断进行，即被诉侵权货物是否落入案涉专利权利要求的保护范围。根据全面覆盖原则和等同原则，被诉侵权技术方案的技术特征与案涉专利权利要求记载的全部技术特征相比，缺少权利要求记载的一个以上的技术特征，或者有一个以上技术特征不相同也不等同的，应当认定没有落入案涉专利的保护范围。本案中被诉侵权产品所采用的技术方案不仅属于现有技术方案，还是案涉专利说明书背景技术记载的需要克服不足的现有技术方案。也就是说，被诉侵权产品并不具备案涉专利为实现其发明目的所限定的技术特征，反而具备案涉专利所要克服的现有技术的技术特征，明显不构成专利侵权。

律师代理 B 公司进行应诉并获得了两轮胜诉，维护了 B 公司的合法权利。考虑到 A 公司海关知识产权保全措施存在错误，给 B 公司造成了大量直接或间接的经济损失，后续 B 公司还根据案件情况，针对 A 公司提起了因申请知识产权临时措施损害和滥用知识产权损害赔偿责任诉讼。除此之外，作为从事进出口贸易的企业，在面对海关查扣时，应当及时自查自纠，就货物的出货时间、运输方式、货柜和港口泄露问题进行内部核查，加强企业内部商业秘密的管理和保护；其次，应当做好全面的风险预判和应对措施，当货物存在被查扣风险时，应当及时变更、调整出货安排和计划，重新制定海关出货方案，保障货物的正常通行。

专家点评

本案例涉及知识产权海关保护程序、海关保护与侵权诉讼程序衔接问题。作为本案被告的诉讼代理人，吕海山律师法学功底深厚，诉讼经验丰富。通过对案情的深入研究，深挖案件细节、剥茧抽丝、化繁为简，加之全面的法律及案例检索，快速且精准地把握了案件焦点。在认真研究涉案专利及其保护范围的基础上，对被诉侵权产品与案涉专利的技术特征进行了全面的侵权比对分析，经过全方位的有效排查，认为被诉侵权产品没有落入案涉专利的保护范围，从而作出不侵权的抗辩,最终得到了法院的支持。在解决专利侵权判断问题的同时,吕海山律师还特别关注到了本案中知识产权海关保护程序和法院诉讼衔接的问题,在接受委托后积极与海关沟通协调,协助开展侵权风险评估,从多个角度制定诉讼策略,实现了知识产权保护理论与诉讼实务的高度融合。本案历经两审,上诉至最高人民法院,在委托人及吕海山律师团队的齐心协力下,最终获得两审诉讼的全部胜诉,有效减少了委托人的经济损失,高效保障了委托人的合法权益,为该公司的长远发展提供了有效支持。

该案件的成功办结,为进出口货物被海关扣押时的维权路径提供了参考,拓展了思路。该案例作为少有的知识产权海关程序案例,对实践具有很强的借鉴意义,同时也对督促企业进一步完善知识产权保护体系、提高知识产权保护力度、加强知识产权诉讼应对措施等方面起着重要作用。

[点评人:谢明,中山大学法学院法律硕士(涉外律师)研究生导师]

积极应诉是阻止版权滥诉的最好手段

——深圳某版权公司诉广州某公司侵害作品信息网络传播权纠纷案

许杰民

摘　要

自2019年,视觉中国因一张“黑洞”图片的版权标注问题引发轩然大波后,那些以第三方作品维权作为主要销售营利业务的版权公司也日益引起公众的关注。当版权保护成为共识时,没有人否认摄影作品有著作权。问题在于,著作权或授权是否真正成立?平台在申索前有没有合理地调查确认是否存在侵权?合理维权和滥诉的分野到底在哪里?就某种意义上而言,避免版权保护陷入“黑洞”,与提倡版权付费一样重要。

面对版权公司的索偿或起诉,很多企业经常会选择和解认赔;即使成讼的案件,囿于现行法律的规定,绝大多数诉讼都以版权公司胜诉告终。本案中的被告选择积极应诉和答辩,在表面证据薄弱的情况下,多方寻找辅证和质疑版权公司诉讼的合法性,最终,版权公司主动撤回了起诉。

案情简介

深圳某有限公司(以下简称深圳T公司)是一家典型的版权维权公司,从企查查软件查询可知,其2018年成立后至2022年5月提起了2497个案件,93.27%的案件身份是原告,80.38%的案件案由为侵害作品信息网络传播权纠纷。本案同样是深圳T公司作为原告起诉的侵害作品信息网络传播权纠纷案件。

2016年1月,广州某公司(以下简称广州H公司)在其公众号上转载了一篇包含文字和图片的文章,该公司称转载前其员工冯某已通过微信向文章公众号“摄影师X××”留言申请转载并获得了同意,但由于时日已久,冯某离职后也多次更换了手机,无法查到授权记录。

2019年10月,深圳T公司称其获得了XY厦门公司的图片授权,且有关图片首发于公司的微信公众号“xiao×××”,因此起诉广州H公司转载文章中的一张图片侵权,索偿金额为人民币5000元。

广州H公司随后在公众号上主动删除了案涉文章,并向XY厦门公司发送了律师函,陈述了事件的前因后果,希望该公司调查清楚有关授权事宜及撤回起诉。XY厦门公司通过电子邮件收到了律师函文本,但拒收了快递邮件,且拒绝回应及撤诉。庭审过程中,深圳T公司转述XY厦门公司的反馈称“因时间久远,没有印象作过授权,也没有查到微信记录”,但没有提供任何反证。

广州H公司坚持认为其转载文章时已获得了授权,没有任何侵权的恶意。此外,转载文章中包括了24张同一来源的图片,且都包括在深圳T公司提供的授权书范围内,但深圳T公司在本案中只选了一张图片提起诉讼,显然,若深圳T公司在该案中胜诉,其必然会就其他23张图片提起追索或诉讼,以每张5000元计算,涉及的索偿总额高达12万元。为此,广州H公司拒绝了私下和解和庭前调解,积极委托律师进行应诉。但一个不可忽视的问题在于,广州H公司面临缺乏表面证据、无法证明其转载文章获得了授权的不利局面。

为此,代理律师在接受被告广州H公司委托后一方面积极向XY厦门公司发送了律师函,希望能引起图片权利方的注意及调查,避免版权公司恶意起诉;另一方面围绕原告方的诉求和证据材料积极寻找证人及辅证,比如:

针对原告提出案涉文章首发于XY厦门公司的微信公众号“xiao×××”,被告代理律师找到了第三方网站在2016年1月转载发布的同内容文章,注明了该文章“授权转自摄影师X××,公众号为XY××-1”,而广州H公司转载的文章中同样注明“本文来源于微信公众号‘摄影师X××’,ID:XY××-1”,可以合理地推断出公众号“摄影师X××”(微信号:XY××-1)是案涉文章的首发平台及原作者,并借此质疑原告授权的有效性及诉讼资格。在庭审过程中,深圳T公司一直称微信号“XY××-1”与原告及XY厦门公司无关,但庭后补充提交的证据则显示XY厦门公司微信号“xiao×××”是由微信号“XY××-1”变更而来的,这证明原告对本案关键事实明显缺乏了解,其陈述前后自相矛盾,让人有理由怀疑原告对于被告曾获得文章转载授权的事实同样疏于核查或故意隐瞒。

针对原告对单张图片提出的5000元索赔,被告代理律师向法庭提交了第三方版权网站的图片授权价格、广州 H 公司公众号中案涉文章极低的阅读数等证据，并根据原告授权合同中的授权费用指出原告从 XY 厦门公司获得一张图片无限制销售权的平均成本也仅为 589 元，因此，原告提出的索赔额明显过高。

针对本案的诉争焦点之一即案涉文章是否经过了转载授权，代理律师和广州 H 公司积极联系和说服了原经办员工冯某出庭作证。律师同时向法庭主张，证人冯某的解释符合常理和微信平台规则，且其作为案涉事件的经办人，对案涉文章的转载许可情况非常清楚，冯某于 2017 年从广州 H 公司离职，与广州 H 公司已经没有任何利害关系了，其没有任何动机和理由为 2019 年发生的案件向法庭作出不实陈述。就案件庭审效果而言，证人冯某亲自出庭所作的证言显得真实、可信，且可与被告方提交的其他证据材料及案涉文章转载时完整保留版权标识等情况相互印证，对法庭和原告方的认知都产生了积极的影响。

经过两次庭审和庭后补充质证后，原告深圳 T 公司最终于 2020 年 5 月主动撤回了起诉，本案取得了圆满成果。

争议焦点

本案的争议焦点主要包括：

1. 对于案涉图片的版权，原告深圳 T 公司是否是适格的诉讼主体。

2. 原告深圳 T 公司仅拥有 XY 厦门公司对于图片的授权，原告是否有权就一篇包含文字和图片的文章作品提出信息网络传播权侵权诉讼；若法庭支持原告就作品中的部分要素提起诉讼，那么文章权利人无疑就可以将一篇文章中的不同作品要素自行或授权第三人分别起诉，是否会违反一事不再理的诉讼法理。

3. 被告转载案涉文章前是否已获得了许可授权，是否存在侵权的行为和过错。

代理意见

1. 被告公众号的文章是 2016 年 1 月转载自微信公众号“XY × × -1”，而原告主张文章发表于 XY 厦门公司微信公众号“xiao × × ×”，且在庭审中称“XY × × -1”与原告及 XY 厦门公司无关。原告无法证明第三人 XY 厦门公司是案涉文章及图片的首发者，继而无法确认原告的诉讼主体资格。为此，庭审后，原告不得不补充提交了证据证明微信公众号“XY××-1”于2019年6月10日变更为“xiao×××”,被告方律师在补充质证时认为这完全印证了证人冯某关于“当时向微信号XY××-1申请转载授权”的说法符合客观事实。

2. 虽然文字和图片都可以构成作品,但案涉文章中的文字和图片的版权都属于同一作者,其文字和图片已经构成一个完整的作品,其版权也是统一的,不存在多方分别拥有作品元素版权的情形。本案中原告只获得了XY厦门公司的部分图片的授权,并没有获得文字部分的授权,因此,即使假定认可XY厦门公司对案涉文章的权利,在被告并没有单独使用或传播图片的情况下,原告无权就案涉文章的转载行为起诉和追索。

3. 被告转载案涉文章前已获得原文作者许可转载的授权,且转载时标明了原文出处及保留了原作品的版权信息。证人冯某亦出庭作证,其证言真实可信。

4. 原告未举出任何证据证明其受到了损失,其对5000元诉讼请求构成的说明缺乏依据。

案例评析

保护著作权符合鼓励创作的社会公共利益。但市场中目前出现的大量通过低价购买他人的版权作品进行索偿、将维权变为销售的版权诉讼公司的商业模式和手法也经常会受到质疑。很多企业为避免麻烦等,会选择和解认赔。

本案的特别之处在于,虽然案件争议金额不大,但当事人立足长远,并不因案值小而怠于应诉,而是聘请了律师积极答辩和举证,并最终获胜。这在版权公司起诉的海量类似案件中颇具借鉴意义。

以小观大,本案的处理情况可以得到以下启示:

1. 积极应诉是维护自身权利的首要选择

版权公司索偿或起诉的单项金额通常都不大,但企业若轻易服软,容易引发圈内其他版权公司的注意和后续更多追索。目前版权诉讼公司在各地法院提出成千上万件低案值的同类案件,利用起诉来牟利,严重侵占了司法资源。虽然囿于法律的规定及被告方证据的不足,法院大多数时候会判决版权公司胜诉,但基本都会大幅度下调其索赔金额,从某种意义上,也反映出司法系统对版权公司商业模式的负面评价。因此,若被告方能够积极应诉、尽力寻找辅证,有关证据包括在其他民事案件中可能难以被单独认定的证人证言,相对都较容易获得法院的肯定和采纳。

2. 应诉时，版权公司所持权利的范围及有效性应当是首要的关注点

版权公司的图片多是向第三方购买的授权，且基于其遍地撒网、降低成本等方面考虑，往往采取模式化的方式处理证据收集、索赔及起诉事宜，因此，通常起诉材料较为简单及粗放，甚至对有关事实缺乏细致的调查。本案中的被告方律师及时抓住版权公司对作品发表网站及时间的表述前后不一、自相矛盾之处，对作品的首发平台及权利人提出异议，并对原告的诉讼主体资格乃至诉讼的诚信度都提出了质疑。

3. 尽管可能存在争议，代理律师在本案中仍积极寻找新的角度来质疑原告诉讼资格，并认为版权公司无权仅基于图片的授权而对文章（含文字和图片）转载方提起诉讼

一般而言，文字和图片都具有版权，如果一篇文章中引用了第三方的图片，那么在发生作品转载纠纷时，文字的作者和图片的作者都有权起诉转载方。但在本案中，案涉文章中的文字和图片的版权都属于同一作者，且主题相同，因此，其文字和图片已经构成一个完整、独立的作品，在第三方基本完整转载或引用该作品时，应将有关文字及图片视为一个完整的诉讼标的物，即案涉文章的作者及许可人仅具有一个请求权，而不能人为将一篇完整的作品分割肢解成片段和零碎分别起诉。否则，若允许 XY 厦门公司授权原告单独就文章中的图片提起索赔，则 XY 厦门公司将来还可以基于文章中的文字再告被告一次，甚至可以把文章分割成无数个具有独创性的段落或句子而起诉被告无数遍。这显然是荒谬的，也违反了民事诉讼一事不再理原则。

专家点评

这是一起典型的版权代理公司提起的版权诉讼案件。出于经济利益的推动，版权代理公司积极活跃的维权行动在一定程度上推动了社会版权保护意识的进步。但部分版权代理对第三方进行滋扰、敲诈，甚至在网上故意散发无版权标识的图片等作品引诱他人使用并进行钓鱼式维权。此外，还有一些版权代理在各地法院提出成千上万件低案值的同类案件，严重占用了司法资源，且其行为实质与挑唆或包揽诉讼（挑讼）无异。尽管中国现行法律并未将其界定为违法违规乃至犯罪行为，目前也似乎没有明确的理由剥夺其诉讼权利，但正如对待消费者保护领域的职业打假人一样，如何平衡专业版权人及代理人的权利行使和其他一般民事主体的偶发性侵权之赔偿，正日益引起社会的重视和关注。

然而无论法律和司法规则将来如何调整,正如本案所揭示的,面对专业版权代理的追索,积极应对和正确处置至关重要。无原则的妥协是对自身权利的放弃。尽早地寻求专业律师的帮助,及时判断是否存在侵权及可能存在的风险,并据以采取正确或成本最低的应对方案。纵然成讼,专业律师也可以帮助客户在纷繁复杂的法律事实和证据材料中,从多个角度努力寻找有利于客户的生机,以维护客户的合法权益和法律的公平正义,且不轻言放弃。

[点评人:全朝晖,中山大学法律硕士专业学位
(涉外律师)研究生导师,高级律师职称]

在商品包装上突出使用他人注册商标构成商标权侵权

——“名露”商标维权获赔30万元案

苏熳娜

摘　要

当被告的企业字号恰巧与原告的注册商标相同时，被诉侵权标识能否以企业字号的突出使用对抗商标性使用，从而免除侵权责任？如被诉侵权标识，是将企业字号突出使用，明显超过规范使用企业名称的范围，容易使消费者对商品的来源产品混淆，损害了他人的合法权益，则构成商标性使用，构成商标权侵权。

案情简介

一、原告的商标权权利基础及知名度

南宁名丹某某公司享有1352669号第3类“名露”注册商标专用权，核定使用商品是香皂、化妆品等；同时享有3225342第3类“名露”注册商标专用权，核定使用商品是个人用除臭剂、头油等。南宁名露某某公司经南宁名丹某某公司授权，有权使用“名露”商标并提起诉讼。

从2000年开始，南宁名露某某公司就在全国各地销售名露腋臭露、名露腋臭剂、名露狐臭净产品。每年投入大量的广告宣传费用，在全国各地的报纸、药店招牌、路牌、灯箱、公交车身发布“名露”腋臭露的广告信息。“名露”腋臭露使用“名露”商标，同时标注了生产企业为南宁名露某某公司，其经典的产品照片也无数次出现在报纸、路牌、药店的宣传栏上。随着互联网的发展，“名露”腋臭露也同时在网上销售。2006年12月至2018年12月，“名露”商标连续多年被广西壮族自治

区工商行政管理局评为“广西著名商标”;2008 年 1 月 20 日“名露牌腋臭露”被中国十大影响力品牌推选组织委员会评为中国行业十大影响力品牌;2012 年 3 月 19 日“名露牌腋臭露”被中国中轻产品质量保障中心评为中国著名品牌。

二、被告的侵权行为

早在 2005 年,广州名露某某公司因恶意侵害原告的“名露”注册商标专用权,于 2006 年 7 月 5 日被广州市中级人民法院判决停止侵权并赔 20 万元。

2020 年年初,原告再次发现市面上存在上海某某公司委托、广州名露某某公司生产的“狐臭露”突出使用“名露药业”字样,误导消费者,侵害了原告的商标权。原告随即就网络上某旗舰店销售的被诉产品进行公证取证,对于部分线下药店销售被诉产品的行为,原告委托其各地的业务人员进行购买并开具购物发票(未对各地的实体店的销售行为进行公证取证)。

原告取证之后委托了代理律师苏熳娜向广州市白云区人民法院提起诉讼,请求判令被告停止侵权行为并赔偿原告经济损失和合理维权费用 100 万元。

三、法院认定

1. 被诉标识被认定为商标性使用。法院认为,在被诉产品正面已标注广州名露某某公司企业全称的情况下,将“名露药业”四个汉字以与产品底色区别较大的黑色字体突出标注在产品正面的左上方,且标识所占篇幅及使用位置明显突出于被诉产品的自有商标,其使用方式难谓善意,已超出规范使用企业名称的范围。“名露”为“名露药业”四字中的臆造词,具有显著性和识别性,起到了识别商品来源的作用,广州名露某某公司、上海某某公司的相关行为属于突出使用行为,应认定为商标性使用。两被告的行为构成商标权侵权。

2. 两被告构成共同侵权,应承担连带责任。结合被告提供的微信聊天记录,可以证明被诉产品的外包装是两被告通过微信协商一致确定的,两被告存在共同生产行为,存在共同侵权的意思联络,应承担连带赔偿责任。

四、法院判决

一审法院判决被告广州名露某某公司、上海某某公司停止侵害原告的“名露”注册商标权,广州名露某某公司赔偿原告损失 30 万元及诉讼费 5800 元,上海某某公司在 20 万元范围内与广州名露某某公司承担连带赔偿责任。

上海某某公司、广州名露某某公司不服一审判决,向广州知识产权法院提起上诉。最终二审法院判决驳回上诉,维持原判。

(注:本案的原告南宁名露某某公司就广州名露某某公司的企业字号,另案提起了不正当竞争诉讼,最终法院判令广州名露某某公司变更企业名称并赔偿 10 万元。)

争议焦点

被诉标识是否构成商标性使用、两被告是否应承担连带责任，以及本案是否应适用惩罚性赔偿是核心的争议焦点。

首先，两被告主张广州名露某某公司自身的企业字号带有“名露”字样，在被诉产品的左上角突出使用“名露药业”字样的行为是对自身的企业名称、字号的使用，不构成侵权。其次，广州名露某某公司主张被诉产品的包装设计、包装瓶子源于上海某某公司，广州名露某某公司仅参与灌装并出售，不构成侵权，不应承担连带责任。最后，广州名露某某公司主张没有侵权的主观故意，生产、销售的数量不多，不应适用惩罚性赔偿。

代理意见

一、被诉标识构成商标性使用

被诉产品的正面底部已经标注了被告的企业名称，其主张左上角的“名露药业”字样是为了表明企业名称明显不合常理，并且结合狐臭露或药品行业的包装装潢的惯常使用情况，大部分的产品包装的左上角或正中间突出使用的字样通常为商品名称或商标，被诉产品左上方突出使用“名露药业”字样的行为构成商标性使用，容易产生混淆，构成商标侵权。

二、两被告应承担连带赔偿责任

上海某某公司并非单纯的采购行为，而是委托加工行为。从被告上海某某公司提交的微信聊天记录可以看出，案涉侵权产品的包装是由两被告共同商定、合谋之后确定的。两被告的联系人进行了多次的语音沟通，最后广州名露某某公司向上海某某公司发送了“握手”的表情，表示双方最终确定了产品的包装装潢设计，共同实施了侵权行为。

三、本案应适用惩罚性赔偿

本案的被告早在2005 年就曾侵害原告的“名露”注册商标专用权并被判赔20万元，其主观上更应该尽到注意义务，但其仍然实施侵权行为，存在重复侵权的主观恶意情形，并且被告在京东平台和全国各地的药店进行销售，侵权性质严重，应适用惩罚性赔偿。

案例评析

本案法院最终并未采纳原告主张的适用惩罚性赔偿的意见。法院将被告广州名露某某公司存在主观恶意的情形,作为法院酌定赔偿金额的考量因素之一,但并未适用惩罚性赔偿。究其原因是法院严格遵照惩罚性赔偿的两个构成要件:故意侵权和情节严重。本案原告虽然能够证明被告主观上存在恶意,但原告取证的网络店铺的销量不高,原告提供的全国各地的药店的销售发票,并没有公证取证的产品与之对应,被告自认的销量也仅有1000件,原告没有充分的证据证明被告的侵权范围广,情节严重。因此,法院最终适当地提高了案件的赔偿金额,但未适用惩罚性赔偿。

专家点评

我国现有法律法规中并没有对"商标性使用"进行明确定义,主要参照《商标法》。商标性使用具有真实性和指向性,通常被认定为作为区分不同商品或服务来源的使用行为,是指通过该种使用行为能否将商标与特定商品或者服务联系在一起,也就是通过此种商标应用行为能否引导大众联想或意识到某种特定的产品或服务。本案的特殊性在于,被告所使用的被诉商标标识,也是被告的企业简称的文字,因此是构成合法使用,还是侵权的商标性使用,则需要进行区分。本案关于是否构成"商标性使用"的认定,具有一定的参考价值,是较为典型的参考案例。在本案中,虽然被诉产品的正面标注了广州名露某某公司企业全称,但被诉产品将"名露药业"四个汉字以与产品底色区别较大的黑色字体突出标注在产品正面的左上方,且标识所占篇幅及使用位置明显突出于被诉产品的自有商标,已超出规范使用企业名称的范围,很难认定其使用目的为善意。"名露"为他人的注册商标,具有显著性和识别性,起到了识别商品来源的作用,两被告的行为满足"商品标识用于商业活动、使用该商标的目的是展现商品的特点或阐述商品来源、该商标具有一定公众认知"三个条件,应属于商标性使用的行为,构成商标权侵权。

(点评人:安雪梅,广东金融学院法学院教授,
第三届广东省十大优秀中青年法学家)

“合法来源抗辩”在专利权纠纷案件中的应用

——“隐形风扇灯”发明专利权纠纷案评析

苏熳娜

摘 要

在司法实践中，对于合法来源抗辩的举证责任要求较高，大多数被告主张合法来源抗辩并未获得支持。主张合法来源抗辩，不仅需要提供较为完整的采购单据、支付记录等符合交易习惯的凭证，相关凭证能够与案涉产品相对应，而且需要销售者主观上是不知道且不应当知道销售的是侵权产品，才能成立合法来源抗辩。

案情简介

2016年至2018年，香港某公司就其持有的“组合灯具和天花板风扇”发明专利权（以下简称隐形风扇灯专利），对中山古镇的很多灯具生产商、销售商进行了起诉维权，绝大部分的案件均被认定为侵权并判赔8万~10万元不等。其中很多销售商主张合法来源抗辩，但因不能提供完整的单据证明案涉产品具有合法的来源，未获得支持。

王建良、苏熳娜律师经办的香港某公司诉朱女士侵害专利权纠纷的两个案件，二审法院认定朱女士的合法来源抗辩成立，每案的赔偿额从一审的8万元改判为支付合理开支1万元。收到判决书的时候，朱女士非常感动，表示：“非常感谢，请你们专业的律师一切都值！”

1. 一审未提交任何证据，被判赔8万元/案

2016年11月底一审开庭，朱女士没有聘请律师，其答辩案涉产品是从第三方A公司采购的，但因没有提供证据予以证实，因此一审法院没有采信其答辩意见。

广州知识产权法院一审判决认定朱女士具有销售案涉产品的行为,同时推定其具有生产行为,判决侵权成立并赔偿香港某公司经济损失和合理维权费用8万元/案。因案涉专利有案外人提起专利无效宣告程序,朱女士在2018年5月才收到一审判决书,看到8万元/案的赔偿额,她觉得非常委屈,决定提起上诉。

2. 二审提交案涉产品具有合法来源的证据

在二审程序中,朱女士委托了广东广信君达律师事务所的王建良、苏熳娜律师代理。因一审朱女士没有在举证期限提交证据,二审补充证据(不属于新证据),要争取法院采信朱女士的证据很有难度。

朱女士曾与A公司联系,希望A公司能够如实出具案涉产品源于A公司的证明,但A公司表示自己已经和香港某公司有合作(二审庭审中香港某公司也承认与A公司已经签署了案涉专利的许可使用合同),不方便出具证明。这又增加了案件的举证难度。

最后,朱女士在提交上诉状的同时,提交了案涉产品的送货单、对账单、银行流水转账支付凭证、聊天记录、证人证言等证据,并申请了证人出庭作证。朱女士提供的送货单、对账单、QQ聊天记录,有显示案涉产品的型号、交易时间,送货单上面的时间与QQ聊天记录、对账单的数据,均相一致且能够形成完整的合法来源证据链,形成时间是2014~2015年。

3. 二审法院认定合法来源成立,判赔1万元/案

二审法院开庭重点核实了银行流水的原件、对账单里面涉及的银行账号及支付凭证、电脑中的QQ聊天记录的时间和聊天内容、送货单的内容,以及询问了证人刘某,最终二审法院认为朱女士提交的证据已经形成完整的证据链条,能够达到高度盖然性的标准,可以证明案涉产品源于A公司;同时,朱女士作为普通个人销售者,对本案的发明专利和侵权判断缺乏认知,无证据证明存在主观过错。因此认定朱女士未实施制造行为,其合法来源抗辩成立。结合朱女士在一审期间怠于举证,应负一定责任,法院将每案的赔偿额8万元改为支付合理维权费用1万元。

争议焦点

本案的核心争议焦点即是合法来源抗辩能否成立。由于朱女士的多数证据是QQ聊天记录,聊天记录和电子对账单均能体现案涉产品的型号,并且有金额对应的转账记录,朱女士当庭出示电脑,承办法官非常细心地逐一核对QQ聊天

记录原件，并且在没有直接证据证明朱女士具有生产能力的情况下，广东省高级人民法院二审最终支持了朱女士的合法来源抗辩。

代理意见

合法来源的举证确实很费劲。

第一个关键点：时间。证据形成时间应当是原告取证的时间点之前。本案原告的公证取证时间是 2015 年 9 月 22 日，因此证据的收集重点应当是 2015 年 9 月之前的材料。朱女士第一份有利的证据是银行流水转账支付凭证，显示的转账时间是 2014～2015 年年底，但是其转账是转给 A 公司的股东，并非直接支付给 A 公司。幸好工商登记信息上有显示该股东，能与 A 公司对应。

第二个关键点：证明转账凭证或其他有利证据与案涉产品是相对应的。本案除了送货单、对账单，第二份较为有利的证据就是 QQ 聊天记录。幸好 2014 年到 2016 年采购案涉产品的 QQ 聊天记录都还保存完整，QQ 聊天记录中的聊天时间、案涉产品型号（重点），与对账单、送货单的时间和案涉产品型号均对应。聊天记录中提到的“三轮车拉货”“到二楼找李小姐”等，也与证人刘某的陈述均一致。

第三个关键点：提供更多补强证据。因送货单、QQ 聊天记录等，都是可能被修改的，因此提供更多有利的补充证据非常关键。朱女士提供的送货单，上面有 A 公司交货人员李某的签名，也有一个帮朱女士拉货的人员刘某的签名，朱女士在开庭前向法院申请刘某作为证人出庭作证。刘某签署了如实作证的承诺书并详细回答了代理律师以及法官的询问，其现场签名也与送货单上面的签名字样相同。因此，朱女士的证据能够形成较为完整的证据链，支持其主张。

案例评析

本案在当事人能够提供较为完整的证据材料、证明案涉产品具有合法来源的情况下，二审法院果断予以改判，实现了实质的正义和公平。对于案件当事人来说，通常无法判断哪些证据有用、哪些证据应当提交，因此需要代理律师围绕合法来源抗辩的构成要件，严格缜密地收集相关的证据，并尽可能在答辩期间内提交证据，以便法院查清案件事实。在证据条理清晰完整、律师协助法院理清案件事实的情况下，获得法院支持的可能性则较高。

专家点评

我国三大知识产权单行法中均规定了合法来源抗辩制度,该制度旨在寻求知识产权权利人和善意销售者的利益平衡点,在保护权利人专有权益的同时兼顾保障正常商业交易安全。在本案中,客观要件“合法来源”的认定较为困难。被告提供的合法来源证据着重体现了交易的相对方、交易的真实性、交易行为与侵权产品的同一性等证明内容。主观状态较难通过直接证据证明,但可通过其客观行为加以判断。在本案中,法院通过送货单、对账单、银行流水转账支付凭证、QQ 聊天记录、证人证言等证据认定被告的合法来源抗辩成功,对类案中法院如何采信合法来源抗辩以及诉讼律师如何拟定诉讼策略并进一步举证均具有参考价值。同时给市场中的诚信经营的交易主体作出了司法指引,即在经营的过程中遵从市场交易规则,产品来源清晰、渠道合法,则可认定销售者已经尽到作为诚信经营者应当尽到的合理注意义务,无须承担侵权赔偿责任。另外,本案给销售者防范有可能的侵权指控指明了方法,即保管好相关的进货记录以及其他文件记录资料,规范商业交易流程。

(点评人:杨雄文,华南理工大学法学院教授)

“现有技术抗辩”在专利权纠纷案件中的应用

——以“手机壳”发明专利权纠纷案为例

苏熳娜

摘　要

一些早期的发明专利权，技术方案相对简单，被告主张现有技术抗辩的可行性较高。如被诉侵权产品落入案涉专利权保护范围的全部技术特征属于现有技术方案与所属领域公知技术常识的简单组合，案涉现有技术结合本领域的公知常识能够得到被诉侵权产品的技术方案，则可以主张现有技术抗辩。

案情简介

一、原告的诉请

原告佛山市某某科技有限公司诉广州某某科技有限公司、广州市某某加工厂侵害发明专利权纠纷一案，原告持有专利号 ZL2016××××、名称为“一种软硬结合手机套及其加工方法”的发明专利。案涉专利申请日是 2016 年 8 月 24 日，授权公告日是 2018 年 12 月 18 日。原告认为被告未经许可，以生产经营为目的擅自制造、销售、许诺销售侵权产品，给原告造成了重大的经济损失，故向广州知识产权法院提起诉讼。

二、被告的答辩

被告主张被诉产品实施的是现有技术，提交了现有技术对比文件，并向法院说明案涉技术方案在手机壳生产行业内被俗称为“双面覆膜 IMD 手机壳”，在行业内是早已公开的非常简单的生产技术。为了在塑料手机壳的底壳中体现一层装饰图案，考虑美观和防磨损的技术，在装饰图案层的两侧，分别利用软塑料制成的膜片与中间的装饰图案层按压成型，形成手机底壳。

三、法院认定:现有技术抗辩成立

法院认为,现有技术证据中明确记载手机壳的透明主体层可以采用 PC,还可以采用其他透明材料。TPU 即为透明材料。根据本领域普通技术人员的通常理解,软塑料是指热塑性塑料,是用注塑法加工、成型后可以再次加工使用的塑料。PC 与 TPU,均为常见的软塑料类型,也是软性透明手机壳的常用材料。因此,结合所属技术领域的公知常识,被诉侵权产品的底壳部分采用 TPU 已为现有技术所公开,即现有技术已经公开了被诉侵权产品技术方案中底壳部分为软塑料这一技术特征。

被诉侵权产品的侧框部分采用 TPU,现有技术证据也明确记载手机壳的侧框部分采用的材料为 TPU,因此,现有技术公开了侧框部分为软塑料这一技术特征。

现有技术证据中的设置于手机底壳中透明主体层两侧的上、下透明硬化层与被诉侵权产品技术方案中抗拉层的功能相同,且材质选择亦相同。因此,被诉侵权产品底壳两侧抗拉层为现有技术所公开,即现有技术已经公开了被诉侵权产品技术方案中底壳部分的上、下两侧分别设置有抗拉层这一技术特征。

综上所述,结合所属技术领域的公知常识,现有技术中已经公开了被诉侵权技术方案中被指控落入专利权保护范围的全部技术特征,被告主张的现有技术抗辩成立。

2021 年 2 月,广州知识产权法院判决被告主张的现有技术抗辩成立,驳回原告的全部诉讼请求。随后原告提起上诉。2021 年 7 月,最高人民法院二审维持原判,判决已生效。

争议焦点

本案的核心焦点是被告的现有技术抗辩是否成立。在二审中,关于现有技术抗辩主张能否成立,重点考察和分析:现有技术是否已经公开被诉侵权产品落入案涉专利权保护范围的技术特征"软塑料制成的底壳部分、侧框部分"和"底壳部分的上、下两侧分别设置有抗拉层"。

手机壳具有底壳、侧框、摄像头孔、功能孔的结构,已是公开的技术特征,双方对此没有异议。对于现有技术是否已经公开了软塑料制成的底壳、侧框,以及抗拉层的技术特征,双方存在争议。原告认为被诉产品的底壳和侧框均为一体成型的软塑料,现有技术证据中底壳为"硬层",侧框为"软层",并且现有技术没有公开"抗拉层"的技术特征,因此被诉产品实施的并非现有技术。被告则认为,原告将软塑料区分为“硬层”和“软层”是没有依据的。现有技术证据已经公开了透明主体层和侧框均可采用软塑料的技术特征。被诉产品的抗拉层即是现有技术中的透明硬化层，被诉的全部技术特征均已在现有技术方案中公开。

代理意见

代理律师首先提交现有技术证据：专利号 ZL201320615×××、名称为“一种手机保护壳”的实用新型专利的比对文件，列明原告主张的案涉专利的技术特征逐一在现有技术的文件中公开。并且为了说明“双面覆膜 IMD 手机壳”的生产工艺，在行业内是早已公开的非常简单的生产技术，为了让法院更加了解该技术，提交了诸多微信朋友圈的照片，并申请了证人出庭作证。虽然法院最终对于证人证言及证人提供的微信朋友圈的照片没有采纳，但采纳了现有技术的专利比对文件，并认为被诉产品的技术特征是现有技术方案与所属领域公知技术常识的简单组合，支持了现有技术的抗辩。

案例评析

在专利案件中，不侵权抗辩和现有技术抗辩是较为常用的抗辩主张。在了解本案案情之后，代理律师认为主张现有技术抗辩的成功率较高，并指导当事人一起收集现有技术的证据。被告基于对自身的手机壳生产行业的了解，很快提供了同行的在先专利比对文件，印证了前期对案涉专利技术的判断。因此，本案被告无须另行就案涉专利申请无效宣告，不仅获得胜诉，也节约了成本。

本案的胜诉，避免了原告就案涉专利进行“批量维权”，避免了众多生产、销售手机壳的同行企业涉诉，起到较好的社会效果。原告同期起诉了多家生产手机壳的工厂。软塑料手机壳的生产工艺简单，手机壳的单价低，利润空间也低，原告的起诉导致很多生产、销售手机壳的经营者忧心忡忡。本案的胜诉，打消众多的“双面覆膜 IMD 手机壳”经营者的顾虑，让他们得以安心经营。

专家点评

我国《专利法》第 22 条规定：“现有技术”是指专利申请日以前在国内外为公众所知的技术。现有技术的公开方式有：案涉专利申请日以前在世界任何地方通过公开的出版物发表、在国内外公开使用或以其他方式为公众所知。专利权侵权纠纷的案件，非常考验代理律师的专业性，本案代理律师能在了解案情后，准确地确定诉讼方向，指导当事人收集证据，通过提交专利比对文件、申请证人出庭作证等方式向法院说明“双面覆膜 IMD 手机壳”的生产工艺，代理律师以自身的专业知识和诉讼技巧取得了诉讼的胜利，成功以“现有技术”抗辩成功。在社会影响上，也给手机壳行业的生产者、销售者吃了一颗“定心丸”，维护了该行业的正常运作，也能有效避免原告日后就“双面覆膜 IMD 手机壳”进行恶意诉讼的可能。

（点评人：安雪梅，广东金融学院法学院教授，
第三届广东省十大优秀中青年法学家）

具有独创性的服装款式可主张著作权保护

——"蓝调祥云"服装款式美术作品维权获赔10万元

苏熳娜

摘 要

看似线条简单的服装设计作品，是否具有独创性，能否受到著作权法的保护？我国对服装艺术作品的保护，通常适用对美术作品的保护规定。如果服装美术作品体现了作者的独立构思，服装的整体轮廓线条、创作元素和色彩的选取、元素的搭配和布局等均体现了作者的独创性表达，只要没有相反的证据证明仿制了在先的作品，则应认为构成著作权法所保护的美术作品。

案情简介

2015年12月16日著名服装设计师卢女士及广州某服饰有限公司（以下简称广州某公司）诉深圳市某服装有限公司（以下简称深圳某公司）著作权侵权纠纷一案，广州市海珠区人民法院于2017年7月24日作出判决：卢女士和广州某公司享有《蓝调祥云》中14WF004款式的服装设计图及其样板设计的著作权，深圳某公司应当停止侵权并赔偿原告的经济损失及维权合理开支共计10万元。随后双方均未上诉，判决书于2017年8月12日生效。

一、背景介绍：卢女士及其"米个"品牌

设计师卢女士1984年出生于潮州，从小热爱画画，6年艺术与服装专业学习，2006年卢女士获得创新中国时尚南国十佳设计师，放弃伦敦时装学院录取资格，入职国内一线品牌，后因追求自主风格选择独立设计创作，创立"米个"品牌并成立私人定制作坊。

"米个"是卢女士创立的新中式西风美学轻优雅定制品牌。"米个"源于潮州地方方言“什么”的意思,隐喻尘埃般渺小的事务,亦包罗万象,如中国传统文化之博大而精深。卢女士在2015年发布的《时光之术》代表作,为明星刘某庆的定制款;在2015年和2016年连续在春季广东时装周发布新中式代表作《剪纸》《祥云》《真意丝丝》系列。

设计师卢女士说,从产生服装设计灵感到形成设计理念再到最终的设计成果,一般需要花大半年的时间和精力,但是目前很多商家并不尊重知识产权,随意模仿和抄袭,自己的服装设计经常一公开,就会遇到大量仿冒的服装。

二、起诉

2015年12月,卢女士和广州某公司将深圳某公司诉至法院,主张:两原告对《蓝调祥云》中14WF004款式的服装设计图、样板、样衣享有著作权,被告深圳某公司一直通过各种电商网站大肆低价销售侵犯原告著作权的服装,依法应当停止侵权并赔偿经济损失和维权费用共计30万元。

三、法院判决

法院在庭审中听取了原告卢女士对其设计构思和创作过程的详细描述,并审核了两原告提供的《14FW004款式设计手稿》、原创作品备案证书、广东省服装设计师协会的原创作品(祥云)发布证明、购买侵权产品记录等证据以及被告提供的抗辩证据。

法院最终认为:

案涉图样(服装手稿图和样板简称图样,图样不同于成衣)具有独创性和可复制性,属于著作权法所保护的美术作品。其中对于案涉图样的独创性认定,法院特别强调了在考虑案涉图样的独创性时,既考虑了作者的独立创作,也考虑了创作结果的新颖性以及所体现的作者的个性。同时,法院从原告提供的广东省服装设计师协会出具的证明了解到案涉成衣样板在业界获得高度的认可和肯定,从而也将其作为认定案涉图样具有独创性的依据。

案涉图样中的风衣制成品,应属于复制作品中的一种。认定被告的案涉女士风衣成品是对案涉图样的复制与再现。也即是原告的样衣、成品是对自己的案涉图样的复制,不成立新的作品。被告的案涉被诉侵权产品(成衣),属于对原告的案涉图样的复制,因此其生产和销售侵权产品,侵害了原告对图样美术作品所享有的著作权中的复制权和发行权,应当承担民事责任。

法院最终酌定被告赔偿10万元。法院参考了原告同类成衣实际的市场销售价格以及案涉图样的创作难度、知名度,被告的侵权产品数量以及侵权过错等,酌定被告的赔偿数额(包括维权合理费用)共计10万元。

争议焦点

本案的核心争议焦点是案涉作品是否具有独创性。此前关于服装款式的美术作品的维权案件数量不多,并且关于作品的独创性均未获得支持。本案的被告同样提出了案涉作品不具有独创性的抗辩,被告主张案涉作品采用蝴蝶结、波浪线、颜色拼接等设计,均是公知元素、常用的设计元素,原告的作品是公知元素的简单堆积,并不具有独创性,不应获得保护。

代理意见

本案的代理律师王建良考虑到服装美术作品此前获得支持的案例较少,为了帮卢女士争取胜诉,收集了大量的证据,并且与设计师卢女士进行多次的沟通,详细了解其服装设计的风格和设计过程。

1. 为了服装美术作品的权利基础能够得到支持,原告提交了服装设计底稿、样板图、成衣,以及作品在第三方平台的备案证书,证明作品的最早创作完成时间、登记时间和发表时间,提供了原告的服装成衣最早在淘宝网的销售记录。

2. 为了证明该作品的独创性,原告卢女士亲自出庭,阐述作品的创意来源、创作理念和创作过程,对于法官的提问一一予以回复。原告对其创作灵感源及其创作构思进行了说明:创作灵感源于对新中式文化(风格)的提炼。2014 年,原告卢女士的丈夫以祥云为主题作了一系列的翡翠,所以卢女士的设计也跟着祥云,研究了历代王朝祥云的转变过程,后来卢女士选用现代云(接近当代画风)来阐述本案涉及的服装设计。有了祥云的灵感之后,卢女士又选取了一个有中国文人气质的服装轮廓,结合产品定位的是优雅、安静的高端消费群体,又把蝴蝶结带进了整个设计里面,既为了服装整体更显优雅,也让衣服的上部分不过分闷气。上述说明充分诠释了服装设计师的创作理念及其创作构思,具有独创性。

3. 为了证明该服装美术作品在行业内的认可度和知名度,原告提交了 2015 年 3 月 27 日春季广东时装周发布会的视频,证明原告的《蓝调祥云》作品受邀参加服装发布会。同时,提交了 2012 年李某主持的网 × 天下节目,证明原告卢女士接受媒体采访的视频,证明卢女士作为服装设计师具有一定的知名度和设计能力。

4. 在充分证明权利基础的前提下,剩下的则是侵权比对的问题。由于被诉侵权服装的整体造型、整体轮廓线条,以及元素的选取、布局、搭配方式,均与案涉作品相同,仅颜色不同,应认为构成实质性相同。

案例评析

对于服装美术作品的独创性不应苛以过高的要求,只要原创作者能够阐明作品的创意、构思,以及创作过程,形成自己的独创性表达即可,并且被告也无法提供相反的证据证明在此之前存在实质性相同或近似的服装美术作品,则原告所主张的服装美术作品具有独创性并应受到保护。当然,市面上较为普遍的服装版型款式,如整体设计、元素的布局和组合,已经是公知元素或惯常的设计,则不应受到著作权法的保护。

专家点评

是否具有独创性是作品能否获得著作权法保护的先决条件,也是著作权侵权诉讼中的核心问题。对于不同作品的独创性认定不宜僵化,而应根据其类型的不同以及自身的特点适用不同的判断标准。美术作品基于其自身的特征,在线条的运用、色彩的选取等方面均可以体现作者的独创性,因此个案认定显得更为重要。

本案明确了服装上的独创性花纹与图案可以构成著作权法意义上的美术作品,为服装行业原创设计提供了著作权法框架下的保护路径。本案对"山寨"服装侵权的行为判决了高额赔偿,有力地保护了原创设计师的合法权益,亦对服装设计、生产及销售的各方市场主体敲响了警钟,使相关从业者了解"山寨"服装侵权行为的司法认定标准以及潜在风险,提高服装市场主体对相关法律后果的可预期性,从而引导服装产业健康有序发展;有利于提高权利人的著作权保护意识,对鼓励原创、完善著作权管理与交易体系具有推动作用。

(点评人:杨雄文,华南理工大学法学院教授)

复制卡通形象的显著部分构成著作权侵权

——成都设计师诉上海某餐饮公司著作权侵权纠纷案

苏熳娜

摘 要

侵权人仅复制原创卡通形象美术作品的局部图案，是否构成著作权侵权？对其判断存在一定的难度。如果侵权人复制了卡通形象的显著部分且面积占比相对较大，是案涉作品的主要内容和识别标识，则构成侵权的可能性较大。

案情简介

2020年11月24日，广州市天河区人民法院就原告西风（笔名）诉上海某餐饮公司（以下简称餐饮公司）、上海某广告有限公司（以下简称广告公司）、杨某等著作权侵权纠纷一案，判决被告餐饮公司赔偿原告经济损失及合理费用共计人民币10万元以及诉讼费5200元。一审判决后，餐饮公司提起上诉又撤回上诉，一审判决已生效。

一、本案的权利基础

原告西风是“2019柴犬枸杞春节篇（35）”美术作品的作者及著作权人。该作品于2019年1月8日创作完成。原告西风从2018年1月开始创作《阿柴枸杞》系列作品并在微博上公开发表，阿柴、柴犬的形象深受粉丝的喜欢。案涉作品于2019年1月8日在原告的微博上首次公开发表；2019年3月，中国设计师互动平台站酷网也发布了文章《柴犬枸杞　冬日节庆篇》推荐案涉作品；2019年7月3日中国《动漫报》刊登了文章《与你谈画|呆萌可爱的阿柴枸杞与水墨风格的灵魂交流》，记载了对原告西风设计师的访谈内容，同时也将案涉作品作为宣传插图一同发布。案涉作品具有一定的知名度，深受作者西风的粉丝们的喜爱。

二、被告存在侵权行为,原告提起诉讼

2019年8月,原告发现餐饮公司在餐饮公司运营的公众号以及直营门店售卖带有“丸萌柴”形象的“红西柚乳酸菌饮料”和“小丸萌力公仔玩具”,“丸萌柴”形象的头部与原告的美术作品的头部实质性相同。

2019年8月,原告提起诉讼,将餐饮公司及其案涉产品的实际生产商、销售商均列为被告,要求停止侵权并索赔30万元。随后,餐饮公司追加了广告公司作为被告,广告公司则追加了设计人员杨某为被告。因此本案直至2020年11月,法院才作出一审判决。

三、法院认定

1. 原告主张的图案属于美术作品范畴,原告有权主张著作权。

法院认为,根据《著作权法实施条例》的规定,著作权法所称作品,是指文学、艺术和科学领域内具有独创性并能以某种有形形式复制的智力成果。案涉作品内容是拟人化的卡通柴犬形象,与真实的柴犬形象具有较大的区别。同时,该图片的构图、线条及颜色搭配均具有审美意义,应属美术作品范畴。本案涉及的卡通柴犬的头部形象占据案涉作品整个画面的显著位置且面积较大,是案涉作品的主要内容和识别标识。该头像显示的柴犬面部细节及表情与普通柴犬的面部有显著差异,五官具有明显的美术加工特征,显然带有作者的个人主观意识和感情,具有独创性。根据原告提交的作品登记证书所载,原告是案涉作品的作者及著作权人,故原告有权就案涉作品中的卡通柴犬头像主张著作权。

2. 被告复制卡通形象的头部,构成侵权。

经比对,被诉侵权图案中的卡通柴犬图案与案涉作品的卡通柴犬头像的形状、颜色基本相同,仅左耳位置有区别。二者构成近似。

案涉店铺放的广告展板及对外销售的案涉饮料瓶的瓶贴及瓶口标签上使用被诉侵权图案,这种使用行为未经原告许可且必然包含复制、修改、发行行为,侵犯了原告的著作权中的复制权、修改权、发行权。

关于案涉公仔玩具,法院认为案涉玩具整体形象为拟人卡通柴犬头部及身体,其中柴犬头部的颜色、形状、表情均与案涉作品中的卡通柴犬头形象基本相同,仅左耳略有区别。该玩具未经原告许可使用原告享有著作权的作品内容作为玩具外形,同样侵害了原告的复制权、修改权及发行权。

3. 侵权图案设计方案及案涉玩具生产的委托商,也是案涉店铺的实际经营者,即便证明侵权图案源于广告公司或设计师,但证据不足以证明已经尽到应尽的审查和注意义务,不能免除赔偿责任,广告公司及设计师不承担赔偿责任。

法院认定，案涉店铺由被告餐饮公司开办经营，餐饮公司应当承担侵权损害赔偿责任。餐饮公司作为侵权图案的实际使用人及相关产品的销售者，对于案涉店铺及对外销售的产品所使用的图案应承担法律后果。

被告餐饮公司辩称侵权图案由被告广告公司设计完成，应由广告公司承担侵权责任。对此法院认为，被告餐饮公司与广告公司之间的约定仅能约束约定的双方，对约定以外的其他人并无对抗效力。餐饮公司提交的广告公司出具的知识产权证明内容笼统，且未明确相应设计方案的内容，亦无相关图案作者的授权，该证据不足以证明餐饮公司已经尽到应尽的审查和注意义务，故对于餐饮公司的该项辩称法院不予采纳。

法院对于原告要求广告公司承担侵权责任的诉讼请求亦不予支持。同时认为，原告未能举证证明设计人员杨某确系直接侵权行为人，因此对于原告要求被告设计人员杨某承担侵权损害赔偿责任的主张不予采纳。

4. 法院酌定赔偿 10 万元。

最终，法院结合案涉作品的知名度、市场价值，被告的主观过错、销售范围等，酌定被告赔偿原告经济损失 10 万元并承担 5200 元诉讼费。

争议焦点

本案的核心焦点在于是否构成著作权侵权，以及餐饮公司的合法来源抗辩能否成立。被告餐饮公司主张案涉作品不具有独创性，并认为被诉侵权图案与案涉作品存在区别，不构成相同或近似；同时其主张被诉侵权图案源于广告公司，并且已支付了相应的设计费，不具有侵权的主观故意，因此不应承担侵权赔偿责任。

代理意见

1. 代理律师在强调原告作为设计师的创作能力和知名度的前提下，强调案涉作品的知名度和显著性，特别强调被告的被诉侵权图案的脸部图案和比例与案涉作品卡通形象的头部实质性相同，应认定为侵权。

2. 餐饮公司的合法来源抗辩不成立，其并非单纯地购买并出售的行为，不是单纯的销售商，而是委托设计和委托生产的行为，并且其未尽到审核和注意义务，其合法来源抗辩不成立。

3. 本案原告主张餐饮公司和广告公司、设计人员杨某应承担连带责任，广告公司、设计人员杨某虽然没有直接实施案涉作品的复制和发行行为,但广告公司、设计人员杨某的行为是侵权的源头,帮助了侵权行为,因此代理律师认为应承担连带责任。但最终法院基于侵权行为发生的直接因果关系,认为餐饮公司是直接的侵权人,因此未认定广告公司承担责任。

案例评析

1. 复制他人原创作品的显著部分用于商品的广告宣传和销售,侵害了原告著作权中的复制权、修改权和发行权。这对于其他维权案件,具有借鉴意义。

近几年美术作品、摄影作品的维权案件较多,很多"被维权方"已经对知识产权有一定的认知,目前很多"被维权方"已经不会完全相同地复制权利人的作品,而是复制之后再进行一定程度的修改或替换。因此,权利人的维权难度也将不断增加,本案对于该类案件具有借鉴意义。

2. 侵权图案设计方案及案涉玩具生产的委托商,并非单纯的销售商、复制品的发行者,而是委托生产方,如不能证明"其出版、制作有合法授权"、未尽到应尽的审查和注意义务,不能免除赔偿责任。本案无论对于生产商还是销售商,均具有借鉴意义。

《著作权法》(2020 年修正)第 59 条第 1 款规定:"复制品的出版者、制作者不能证明其出版、制作有合法授权的,复制品的发行者或者视听作品、计算机软件、录音录像制品的复制品的出租者不能证明其发行、出租的复制品有合法来源的,应当承担法律责任。"因此,对广告公司或设计人员提供的设计图案、设计方案,均要提高知识产权的审查标准和注意义务,尊重知识产权,保护知识产权,才能避免自己的商业利益受损。虽然本案餐饮公司承担赔偿责任之后可以根据合同的约定,追究广告公司的违约责任,但本次纠纷无疑已对其经营活动、宣传广告等产生较大影响和损失。

专家点评

该案是较为典型的著作权侵权案件,日后该类案件会逐渐增多,因此具有较好的参考作用。随着近几年知识产权维权数量的增多,很多人经过知识产权维权的洗礼,已经知道知识产权的重要性,不再直接复制或抄袭他人作品,而是在一定程度上对作品进行修改或模仿。那么,修改或模仿之后的"成果"是否构成侵权,是否属于合理的模仿和借鉴，则存在一定的模糊性，在侵权的判断上存在难度。对于复制或被模仿作品的部分特征的案件，需要具体情形具体分析，重点要看被复制或被模仿的作品的显著特征，如复制或模仿的关键点或设计要点是在先作品的显著部分，则构成侵权的可能性较大。该案对于他人也具有一定的启发，希望大家要坚持原创，即便是他人作品的部分特征或显著特征也不要直接进行复制。该案关于合法来源抗辩的认定，也具有一定的代表性。作为商家通常会主张相关的侵权作品来自广告公司或设计公司，那么是否能够提供相应的合法来源单据以及在主观上是否尽到合理的注意义务，则是认定是否构成合法来源抗辩的重要要件。本案的商家虽然提交了相关的证据证明案涉作品是委托广告公司设计的，但未查看详细的权属资料及授权书，因此法院认为不足以证明其主观上尽到了合理的审核和注意义务。因此该案对于经常需要委托他人创作、设计的商家来说，也具有较好的教育意义。

（点评人：安雪梅，广东金融学院法学院教授，
第三届广东省十大优秀中青年法学家）

是商标侵权？还是犯罪行为？

——李某某销售假冒注册商标的商品案终获不起诉

陈俊先

摘　要

移动互联网、电商平台日益成为大众消费的主流渠道，同时电商平台中销售假货的行为也日益泛滥。但电商平台也日益成为各大品牌厂商争相投放的销售渠道，如何正确区分电商平台与区域代理的跨区销售行为侵犯代理权的民事纠纷与侵犯注册商标犯罪的行为，成为电商平台及工作人员应当注意的法律风险点。

案情简介

侦查机关向广东某区检察院移送审查起诉，指控李某某涉嫌销售假冒注册商标的商品罪：李某某在湖南电商平台电子商务有限公司任职期间，在未核实商品来源的情况下，购进了商标为“阿某某”的洗发乳液一批并存放于本市白云区某某仓库内准备用于销售。辩护人认为李某某不存在侵犯被假冒注册商标的客体法益，最终检察院决定对李某某不起诉。

争议焦点

电商平台与区域代理的跨区销售行为是否构成销售假冒注册商标的商品的行为。

代理意见

一、李某某主观上不明知相关产品是假冒注册商标的商品

（一）案涉货物，均来自正品货源

1. 案涉货物来自授权经销商。

在本案中，授权经销商吴某某公司提供的阿某某公司授权书证明，早在2019年7～12月，阿某某公司授权武汉吴某某公司许可使用商标，许可销售阿某某的产品。即武汉吴某某公司在授权期间内，有权销售阿某某的产品。而武汉的授权经销商也在2019年7～12月向上游供应商出货，证人证言也提到上游供应商给电商平台的单据显示，他们是从武汉的授权经销商处购买的，而且上游供应商也提供了广州阿某某个人护理用品有限公司授权给武汉吴某某商贸有限公司的授权书。

2. 侦查机关扣押的现场货物，显示的厂家也是正品的生产厂家。

现场勘验照片显示：阿某某洗发乳液的外包装显示生产厂家是广州某某有限公司，而阿某某出具的授权书证明也显示广州某某有限公司是阿某某授权的生产厂家，结合授权经销商武汉吴某某公司的出货记录记载：武汉吴某某公司向上游供应商出售的产品名称及规格正是阿某某洗发乳液800g，结合其他证据，可证明现场货物均来自授权经销商和授权生产商，属于正品。

（二）李某某主观上不明知

李某某的微信聊天记录以及证人的证言等相关证据可证明李某某在选品前多次要求供应商提交相关授权，如果没有授权，则必须按公司规定提交质检合格证明。

上游供应商按约定提供质检报告，李某某及平台工作人员只是按公司的约定或规定核实上游供应商的货源资质，不可能明知案涉产品是不具有授权的假冒注册商标的商品。

电商平台与供应商合作合同约定：本协议有效期内，供应商在平台销售商品的，应向电商平台提供候选商品清单及候选商品样品，候选商品清单内容包括但不限于产品名称、品类、产地、供货价、可供货数、款式、产品说明、产品检测证明信息、商品条形码、颜色、尺码、材质、详细尺码对照表及电商平台要求提供的信息。从上述合作合同约定可知，电商平台只明确上游供应商提供产品检测证明信息，李某某要求上游供应商提供产品检测证明符合公司的规定。且上游供应商提供的产品质检报告也证明案涉产品是合格的且源于阿某某授权生产商广州某某个

人护理用品有限公司。李某某不可能明知案涉产品是不具有授权的假冒注册商标的商品。

李某某与电商平台签订的劳动合同约定:李某某发生责任事故或重大过失,导致公司利益受到严重损失达3000元以上的,电商平台有权解除劳动合同并不给予任何补偿。因此,李某某不可能明知案涉产品是没有授权的假冒注册商标的商品而故意引入平台进行销售,导致自己承担民事责任甚至刑事责任。

二、李某某客观上没有独立的销售行为,也没有与同案人合谋实施销售假冒注册商标的商品的行为

(一)李某某不是该案产品的销售主体

电商平台与上游供应商的合作合同约定:供应商通过电商平台向消费者提供商品或服务,供应商为商品货物卖方,消费者为商品货物买方,因此货款支付义务由消费者实际承担,供应商同意委托电商平台在向消费者收取货款后支付给供应商。

电商平台向供应商提供电商平台服务、物流仓储配送服务及其他交易辅助服务,供应商同意按照电商平台中交易总额(含税价)的一定比例(以电商平台公布为准)向电商平台支付信息平台管理服务费。

从上述合同约定可知,电商平台实际上是销售平台的信息中介,产品的实际销售仍是供货商。电商平台只提供商品展示和存储渠道。退一步讲,产品的销售人是供货商或电商平台,而不是李某某。李某某不可能独立完成销售行为,李某某也不是公司的实际控制人,不可能控制、指挥平台完成产品销售。

(二)李某某没有独立的产品采购权和销售权,不可能独立进货和销售产品

1. 上游供应商不是李某某选择的。

2. 李某某的岗位是商品运营,并不包括货到仓库时的验货。

3. 在电商平台中,产品上架需经过4道程序的审核和复核。李某某不能独立决定产品是否上架销售。

4. 李某某在本案中也没有获得不当利益。

案例评析

一、货源渠道正规,但行为人未经授权的销售行为,是否构成销售假冒注册商标的商品罪?

首先,行为人未经授权销售来源正规的商品的行为,可能是民法的无权代理

行为,并不一定是《商标法》规定的侵权行为。

《民法典》第171条第1款规定:行为人没有代理权、超越代理权或者代理权终止后,仍然实施代理行为,未经被代理人追认的,对被代理人不发生效力。

2019年《商标法》第57条规定,有下列行为之一的,均属侵犯注册商标专用权:(1)未经商标注册人的许可,在同一种商品上使用与其注册商标相同的商标的;(2)未经商标注册人的许可,在同一种商品上使用与其注册商标近似的商标,或者在类似商品上使用与其注册商标相同或者近似的商标,容易导致混淆的……

2002年最高人民法院《关于审理商标民事纠纷案件适用法律若干问题的解释》(2020年被修正)第12条规定:人民法院依据《商标法》第52条第1项的规定,认定商品或者服务是否类似,应当以相关公众对商品或者服务的一般认识综合判断;《商标注册用商品和服务国际分类表》《类似商品和服务区分表》可以作为判断类似商品或者服务的参考。

从上述法律规定可知,是否构成商标侵权的两个条件为:(1)是否经许可使用商标;(2)未经许可使用商标时,是否将商标用于同一种商品。注意"同一种"商品与"同一"商品有着本质的区别。举例:案例中的阿某某洗发乳液与其他品牌洗发乳液,属于同一种商品,将阿某某商标用于其他品牌洗发乳液,属于商标侵权行为;而本案例中仓库被扣的阿某某洗发乳液与原厂的阿某某洗发乳液属于同一商品。如果行为人未经授权,销售正规渠道原厂正品商品的行为,只涉嫌"未经许可",行为人销售的仍是"同一"商品,一般属于《民法典》规定的无权代理的销售行为。

其次,销售假冒注册商标的商品侵权或犯罪行为,必须以未经许可、将商标用于"同一种"商品为前提。如果销售"同一"商品的行为不构成商标法的侵权行为,那么更不构成犯罪行为。

二、如何证明自然人具有销售假冒注册商标的商品罪的主观明知?

2004年最高人民法院、最高人民检察院《关于办理侵犯知识产权刑事案件具体应用法律若干问题的解释》第9条规定,具有下列情形之一的,应当认定为属于《刑法》销售假冒注册商标的商品罪规定的"明知":

(1)知道自己销售的商品上的注册商标被涂改、调换或者覆盖的;

(2)因销售假冒注册商标的商品受到过行政处罚或者承担过民事责任、又销售同一种假冒注册商标的商品的;

(3)伪造、涂改商标注册人授权文件或者知道该文件被伪造、涂改的;

(4)其他知道或者应当知道是假冒注册商标的商品的情形。

上述司法解释已明确规定推定为明知的几种情况,如果行为人的行为不符合上述规定,那么代理律师认为行为人不具有主观明知。

三、在互联网企业的日常经营中,员工可能触及什么刑事法律风险

以代理律师办案经验总结,主要涉及两大领域:知识产权刑事风险、职务犯罪刑事风险。以本案为例,如果采购人员、高管、财务人员在洽谈业务过程中,明知供应商持有的授权文件或质检文件是伪造、涂改的,那么可能构成销售假冒注册商标的商品的“明知”行为。如果上述人员在洽谈业务过程中,还收取回扣等款物,还可能涉及《刑法》规定的非国家工作人员受贿罪(公司、企业或者其他单位的工作人员,利用职务上的便利,索取他人财物或者非法收受他人财物,为他人谋取利益,数额较大的行为)。

专家点评

本案属于典型的民刑交叉案件。辩护人分析证据材料,研究该案究竟是民事侵权还是刑事犯罪,最终促进司法机关正确适用法律,作出适当的决定。

(点评人:胡莎,广州大学讲师)

行政投诉谈判和解多元纠纷处理机制在知识产权纠纷案件中的运用

——某锁具发明专利侵权纠纷非诉维权案

黄作良　郑燕丽

摘　要

某锁具发明专利权人甲发现，乙经营的A公司在未取得授权许可的情况下，擅自仿造专利发明产品的设计及结构，并交B公司代加工安装塑料套膜后，作为电器配件销售至由甲一直供货的第三方终端客户；第三方客户将该侵权产品安装于某电器产品并投入海外市场销售。经甲委托，律师团队介入后提出通过请求行政机关处理专利侵权纠纷。经受理后，行政机关走访A公司涉嫌生产侵权产品的现场，抽取到案涉侵权产品样品。样品经比对演示并质证，证明被抽的样品完全落入案涉专利权保护范围。

类似案例中侵权人往往通过提起申请宣告专利无效作为中止程序或扭转所谓"侵权"被动局面的解决办法。A公司即向国家知识产权局专利复审委员会提起宣告案涉发明专利无效的请求，使得案件中止处理。在案件中止处理期间，双方进行和解谈判，最终促成案件达成和解并顺利履行完毕。

项目观点

1. 举证难

无法在国内公开市场上通过零售的方式取得案涉专利产品，导致维权中的举证难度大。

2. 时间长

循民事诉讼或刑事控诉途径维权所需的时间长,即使最终胜诉,案涉专利产品的商业生命周期很可能已经完结,结局虽胜犹败,无法实现委托人的重要商业目的(短时间内恢复市场份额),丧失维权意义。

3. 经济赔偿数额低

常规民事诉讼胜诉支持的赔偿数额不高,相比直接经济损失获得弥补的意义甚微。

4. 对可持续交易产生负面影响

考虑商业保密及维持与客户的可持续的良好合作关系等因素,不宜采取常规诉讼、刑事控告代理思路。

代理思路

委托人期望的最佳维权效果:一是固定侵权人的侵权行为;二是侵权人承担经济赔偿责任;三是将侵权人清退出专利产品所在的市场,委托人能与第三方客户继续维持良好的交易关系,占有优势的市场份额。

结合上述委托意愿,分析各种维权方式的利弊,为最大限度实现委托人的合法利益,律师提出"向行政机关提起专利侵权纠纷处理请求并进一步促进和解"的代理工作方案。

项目简介

即使采取行政处理方案,仍存在以下工作难点:

一是行政机关"立案难";二是即使行政机关受理了案件,也无法保证其对侵权行为展开调查取证工作;三是各地行政机关执法尺度不一,非法律因素的障碍较多,可能会遇到地方保护主义;四是被请求人可能提出专利无效宣告而导致案件中止处理的困局。

一、攻克难关的代理工作

1. 律师须熟悉专利法及行政执法相关规定,熟悉行政机关在此类案件中的处理权限及职责范围,并通晓灵活有效的沟通技巧。

(1)关于案件受理

在律师代理委托人提起专利侵权纠纷处理请求之时,恰逢各地行政机构合并改革的过渡期以及全国开展知识产权宣传周之前后。因此,代理工作遭遇开局不利,被请求人所在地的知识产权局以“机构尚未完成合并”“人员设备未到位”“办公场所搬迁”“组织宣传活动”“外出培训学习”等各种理由,迟迟不予受理。在近一个半月的坚持努力下,不断与行政机关耐心沟通,终使请求获得受理,顺利启动行政处理程序。

(2)关于行政机关的调查取证程序

根据专利行政执法的相关规定,行政机关在处理此类案件时,到现场调查及抽样取证并非其“应当”履行的行政职责。

本案恰好出现了知识产权局以“有权自由裁量是否有必要到现场调查取证”为由,消极应对委托人申请的情形。针对此,代理律师从案涉产品是一种电器配件、没有在国内零售市场上流通、委托人自行收集证据存在极大的客观困难的角度,说服知识产权局开展案涉产品的调查取证工作。

经不懈努力,A 公司所在地知识产权局对案涉现场进行调查并成功抽取侵权样品。此结果对委托人后续维权取胜意义重大。

2. 代理律师从法律及专业技术角度分析论证,推翻了被请求人的全部陈述意见及证据,并在庭外引入商业竞争压力,争取到第三方客户介入和解,最终成功推动当事人以和解方式解决纠纷,获得赔偿。

为阻击委托人的维权行动,A 公司抗辩:其产品未落入案涉专利权保护范围,且认为其对案涉专利技术方案具有先用权;又称案涉专利技术方案属于现有技术,即便其产品落入专利权保护范围,也不构成专利侵权。此外,被请求人提起宣告案涉专利权无效的请求,使本案中止处理,试图使其侵权行为延迟被追责,并得以继续生产供应案涉侵权产品及非法获利。

团队律师在现场比对演示侵权产品所采用的技术与案涉发明专利技术特征,得出“完全落入”的结果。针对“现有技术”及“先用权”的意见,结合相关法律规定及本案证据进行一一反驳,奠定了委托人在维权过程中的优势地位,为下一步和解创造了对我方有利的条件。

对于案件中止处理的困局,律师结合对我方较为有利的情况,积极推动商事和解。考虑到第三方客户对委托人专利产品的依赖程度较高,及其面临着因“出口电器涉嫌侵犯他人知识产权而可能面临更大的国际商业违约风险”之现实压力,律师终说服第三方客户参与和解,共同对被请求人施加合理的商业压力,经谈判最终促成双方短时间内达成和解,以快速、高效的方式解决了案涉纠纷。

二、案件结果

在案件中止处理期间,经过各方连续一个多月的谈判,最终以和解方式结案。侵权方(A 公司与 B 公司)分别书面确认侵权行为及事实,并一次性赔偿委托人全部经济损失,承诺停止侵权行为,并向国家知识产权局专利复审委员会撤回无效宣告请求。

从办案效果看,本案循"行政处理方案 + 商业和解"之方式,前后解决纠纷仅用了 4 个多月时间,远远短于常规维权途径的所耗时长(2 ~ 3 年甚至更长),获赔金额也是常规民事诉讼胜诉支持赔偿金额的若干倍。因此,综合办案效率、代理成果及维护委托人商业利益的效果等方面来看,在国内众多同类案件中,取得这样的成绩是罕见和突出的。

案例评析

如何让案件在行政机关获得受理、如何查获案涉侵权产品及如何在短时间内实现委托人的维权诉求,是代理律师正确有效处理此类案件的关键点。

律师除了须对《专利法》及相关规定的实体及程序权利义务均熟悉外,还应当熟练掌握行政执法方面的法律法规,十分熟悉行政机关在此类案件中的处理权限及职责范围,并通晓灵活有效的沟通技巧,方能在收集证据证明侵权事实上争取到办案的有利条件。而在被申请人提出专利无效宣告、恶意拖延的局面下,申请人应采取哪些有效措施,方能使被申请人放弃恶意对抗、同意和解并自愿支付高额经济赔偿及在短期内履行完毕,考验着申请人代理律师的经验和技巧。

专家点评

看似单一类型的纠纷,背后复杂的商业模式或交易往往涉及多方利益博弈权衡,真正理解纠纷背后的商业逻辑和需求,并与专业法律知识(包括向行政机关提起专利侵权纠纷处理及进一步促进和解的手段)结合,高效地解决纠纷并实现委托人利益最大化。

本项目委托人面临的难点众多,与停留在看似单一的诉讼程序上进行机械的法律适用或纯技术的重复处理不同,黄作良律师、郑燕丽律师凭借对案件相关的法律法规的熟知及运用、丰富的执业经验和对市场经营者商业经营思维的深刻理解,"大胆尝试,另辟蹊径",使用诉讼和解谈判等多元纠纷处理机制,取得了远超出同类案件处理的良好效果。

律师团队以法律为依据的同时以客户的需求为导向，充分体现了律师的专业分析和解决问题的能力。代理思路和多元纠纷处理方案值得借鉴和推广，也是律师发挥独特创造力的体现。

［点评人：全朝晖，中山大学法律硕士专业学位
（涉外律师）研究生导师，高级律师职称］

刑事篇

第一章　危害公共安全罪、妨害社会秩序罪案例精选

认定成立组织、领导黑社会性质组织罪名的，应当严格遵循法定构成要件

——为谢某涉嫌组织、领导黑社会性质组织等罪作无罪辩护案

苏东海

摘　要

谢某涉嫌组织、领导、参加黑社会性质组织等罪名受到检察机关起诉，经办律师深入研究案件发现，本案虽然证据较多，但大多未能形成关联性，部分证据存在排非可能，证据证明内容未能符合组织、领导、参加黑社会性质组织罪的罪名构成要件，而指控的其他罪名亦存在证据不足，决定对当事人作不构成指控相关罪名的无罪辩护，最终有关辩护意见获一审、二审法院采纳，作出不构成组织、领导、参加黑社会性质组织罪及其他的部分罪名不成立的判决。

案情简介

2013 年 8 月某市警方向广大媒体通报，历时一年多的侦查破案，某区警方打掉了一个盘踞在某市场的黑恶势力团伙，该团伙以谢某为老大，以某物业公司成员为组织骨架，实施了一系列带黑社会性质的犯罪行为，警方共逮捕了 30 多名犯罪嫌疑人。随后，检察机关以组织、领导、参加黑社会性质组织罪，强迫交易罪，敲诈勒索罪，寻衅滋事罪，故意伤害罪等罪名提起公诉。

该案从立案侦查、起诉到最后的终审判决，前后时间跨度达 7 年，涉及的被害人、证人数百人，案卷上百本，涉及的案件及罪名众多，案情十分复杂，警方向媒体

通报后,多家媒体作跟进报道,在社会产生广泛影响。

被检方列为黑社会性质组织首要分子的谢某,被起诉的罪名有组织、领导、参见黑社会性质组织罪一宗,强迫交易罪五宗,敲诈勒索罪两宗,寻衅滋事罪一宗,妨害作证罪一宗。由于被指控为黑社会性质组织的首要分子,如果检方的指控成立,则谢某面临着至少15年以上的刑期。

经办律师仔细阅卷、搜集相关证据后认为,检方指控的黑社会性质组织犯罪难以成立,而指控的强迫交易罪、敲诈勒索罪也有数宗存在事实不清、证据不足的情况。

一审法院经审理查明,某物业公司是一个合法登记续存的公司,并不是为犯罪目的而设立,各被告人在某物业公司内没有犯罪性质的分工和层级,没有犯罪性质的领导者和骨干成员;该物业公司有合法的收入,而其他的犯罪成员通过违法犯罪取得的收入较少,不能以此证明公司通过违法犯罪活动取得经济利益,以支撑黑社会性质组织的发展;物业公司员工涉及的违法犯罪活动暴力特征不明显,其社会危害性有别于黑社会性质组织犯罪;某物业公司在市场内没有形成非法操纵、称霸一方。一审法院作出认定,以谢某为首的各被告人,不具备黑社会性质组织犯罪的四个必要特征,谢某等人不构成黑社会性质组织犯罪,同时对涉及的其他部分罪名也接受辩护人观点,故作出不构成组织、领导、参加黑社会性质组织罪及部分其他罪不成立的判决。

一审判决作出后,检察机关对未认定黑社会性质组织犯罪提出抗诉,谢某也对部分罪名判决不服委托经办律师提出上诉。某市中级人民法院历经4天的庭审,作出二审判决,驳回检察机关的抗诉。

同时,二审判决采纳辩护人观点,撤销一审判决对谢某认定的敲诈勒索罪一宗。

辩护要点

本案涉及的证据数量、种类繁多,其中需要判断:检方指控的组织、领导、参加黑社会性质组织罪是否成立,谢某对某市场及某公司涉嫌的强迫交易罪两宗罪名是否成立,谢某对被害人的敲诈勒索罪是否成立。

辩护意见

1. 围绕检方指控的黑社会性质组织犯罪,经办律师紧扣法律上对黑社会性质组织犯罪构成要件的四个特征,提出主要辩护观点:

(1)某物业公司是由经济联社出资设立的经合法登记存续的集体企业,依照营业执照许可范围从事物业管理经营;谢某等员工在公司从事的工作,均属于接受正常的工作安排,不存在所谓的犯罪性质的分工或者骨干成员等级制度;内部也不存在所谓的黑社会的"帮规"管理,公司的员工可自由辞职,不受内部控制或者其他的约束。

(2)谢某所在的物业公司接受经济联社领导,依有关规定对市场进行物业管理收取管理费,是合法的收入;员工的工资,都是工作付出的报酬,且工资水平较低,也没有其他非法收入,没有黑社会性质组织的暴利收入存在。

(3)谢某等员工虽在平常的物业管理活动中存在一些违法或犯罪的行为,但这些违法或犯罪的行为是作为个人行为出现的,不是带有团伙性质或者黑社会组织性的,大部分是偶发的,且行为不具有暴力性。

(4)谢某通过物业公司对市场的物业管理明显促进了市场的发展壮大,未有证据表明市场发展受到谢某等影响。

(5)经调查核实,大部分的商户对物业公司的工作是认可的,而案卷中对物业公司有反对意见的商户,只占整个市场中的极少数,不足以代表整个市场大部分商户的意见。

(6)没有证据证实谢某等人或者物业公司在市场中控制、操纵及称霸一方的事实。

(7)许多的证人证言,要么缺少基本信息,要么内容同质化,回答千篇一律,缺乏可信度,缺少证据合法性构成要件,无法证明取证来源、程序合法,应作非法证据予以排除。

2. 对谢某向某市场及某公司作强迫交易构成犯罪的指控,经办律师提出辩护观点:两个单位交纳管理费是经过平等协商的,没有证据证明不是自愿的,除有双方签订合同、历年来收取管理费的收据等证实外,在磋商过程中,被害人也证实没有受到威胁或者其他的威逼手段,不存在强迫交易的情形,案发后才在警方提示下重新报案,距事发时已逾两年多,不排除两单位想落井下石、撕毁合同的可能。

3. 针对谢某向被害人孔某敲诈勒索一案指控,经办律师提出辩护观点:被害人的陈述与其他的证人证言矛盾;涉及主要情形的证人证言存在孤证,谢某没有作案时间,案涉期间谢某已因另案被羁押在外地。

4. 针对谢某向被害人许某、杨某甲、杨某乙敲诈勒索一案的指控,经办律师提出辩护观点:各被害人的陈述与证人的证言矛盾,包括时间、地点不一致,关键证人林某某否认许某等三人交纳的费用由其代收,而谢某、文某承认收取林某的费用与许某等三人所交费用无关,且因林某死亡导致证据链条缺失,故现有证据无法证明谢某对许某等三人实施敲诈勒索行为。

案例评析

此案历经一审、二审,最终经办律师针对指控谢某涉嫌黑社会性质组织犯罪作无罪辩护成功,对五宗强迫交易罪的指控成功作无罪辩护二宗,对敲诈勒索罪的指控作无罪辩护成功。对于谢某涉嫌故意毁坏财物罪、妨害作证罪,因其认罪,经办律师作了罪轻辩护。全案只有寻衅滋事罪的辩护意见未被法院采纳。

谢某曾在立案时被公安机关认定为黑社会性质组织犯罪的"老大",由于未经审判,媒体便广泛报道谢某是某市场的黑社会"老大",检察机关将此案作为重点督办的黑社会性质组织犯罪案,并列入典型案件新闻发布会上向媒体宣布。但经办律师面对舆情压力能保持冷静,多次到某市场实地调查,通过收集证据及阅卷,认真研究案情,认为所涉证据难以证实相关罪名成立,决定对黑社会性质组织犯罪及敲诈勒索罪进行无罪辩护。由于辩护观点切中要害,亦有大量证据予以证实,最终辩护观点得到了一审、二审法院的支持和采纳。

一审、二审法院坚持以庭审活动为中心,未受媒体报道的影响及审前定性的干扰,在检察机关提出抗诉的情况下,二审判决以事实为依据,坚持原则,不仅驳回抗诉,而且还采纳了谢某的上诉意见,撤销了一审对敲诈勒索罪的错误认定,体现了人民法院维护法律的公平正义。此案对以审判活动为中心的司法改革亦有着重要的启迪意义。

专家点评

本案是对涉黑案件的辩护,对经办律师要求较高。黑社会性质组织性罪具有法定的构成要件,本案经办律师能认真研究,透过大量的、具体的证据,准确地分析案件,提出了被告人不成立涉黑犯罪的构成要件等辩护观点,并终获法院支持。同时,可以看到,在进入全面依法治国的今天,舆论舆情已成为社会共享共治的途径之一,面对一些媒体的未审先定罪式的报道,要保持清醒,坚持以人民法院的庭审活动为中心,自始至终地以事实为依据、以法律为准绳,从而使一宗较有影响的案件得到了公正的判决。

(点评人:王晓华,广东广信君达律师事务所名誉主任,高级律师职称)

贩卖毒品量刑辩护中巧用同案人之间分工、地位作用对比

——陈某某涉嫌贩卖毒品案

许悦敏

摘　要

2017年3月15日13时许，张自某、陈某某合谋共同贩卖毒品，通过电话联系，交易完成后，公安人员将张自某、陈某某当场抓获，缴获的20包粉状物均检出海洛因成分。

某区人民检察院以张自某、陈某某涉嫌贩卖毒品罪向某区人民法院提起公诉。某区人民法院于2018年8月15日作出刑事判决书：判处被告人张自某犯贩卖毒品罪，判处有期徒刑12年，并处罚金人民币5000元；判处被告人陈某某犯贩卖毒品罪，判处有期徒刑11年，并处罚金人民币3000元；缴获的毒品海洛因39.75克，予以没收销毁。判决后，被告人张自某、陈某某均不服并提出了书面上诉意见。

争议焦点

1. 陈某某构成容留他人吸毒罪还是贩卖毒品罪？

2. 一审法院量刑是否过重？

案情简介

许悦敏律师受广州市法律援助处的指派，并经其本人的同意，担任陈某某涉

嫌贩卖毒品罪一案二审的经办律师。根据本案证据、事实,结合法律的有关规定,发表如下辩护意见:

1. 对原审法院认定被告人陈某某的犯罪事实和罪名有异议,认为一审判决对被告人陈某某参与贩卖毒品罪的事实认定不清、证据不足,请求二审法院予以查明纠正

具体理由如下:从陈某某的陈述及以往的口供可看出,陈某某均没有承认贩卖毒品的行为,他曾多次向张某发购买毒品自己吸食,但从没有帮忙张某发贩卖过毒品。案发当天本来他想联系张某发购买毒品吸食,但案发当天上午联系时,张某发说没有货还需要去拿货。张某发下午拿到货后主动联系陈某某,并提出去陈某某家进行交易。这样才将交易地方定在陈某某家中。毒品是张某发带到陈某某家并出售给现场的另外三人,由张某发收取毒资。证人韦某伟、韦某应的证言也证实案发当天是张某发销售毒品给他们并由张某发收取毒资。

由此可知,本案被告人陈某某主观上无贩卖毒品的故意。被告人陈某某一直提到购买毒品是为自己吸食,而非转售或代他人购买,平常也没有帮忙张某发以贩卖为目的收取部分毒品作为酬劳的情况。证人韦某伟、韦某应、覃某勤的证言只能证实陈某某有容留他人吸毒的情况,无法证实陈某某与张某发有共同贩卖毒品的故意。再者,侦查机关收集的证据无法证实被告人陈某某客观上存在提供毒品并联系毒品交易或收取毒资的行为,从原审判决书第 10 页认定的情况看,本案毒品是由张某发负责提供并联系毒品交易。

此外,同案人张某发的口供与陈某某及证人口供相互矛盾,存在严重瑕疵。同案人张某发与陈某某的供述并不吻合,结合本案受案登记表,立案决定书,抓获经过、证人孔某辉、韦某伟、韦某应的证言等证据,本案不排除在立案前侦查机关已通过特情等技术侦查措施获得相关犯罪线索,也不能完全排除诱供、逼供、串供等情形,显然被告人张某发指认陈某某贩卖毒品的供述不能作为定案的依据。故此,辩护人认为被告人陈某某的行为不构成贩卖毒品罪,请求二审法院依法查明事实,作出纠正。

2. 本案被告人陈某某容留覃某勤在陈某某家中吸毒的行为较符合容留他人吸毒罪的主客观构成要件

根据被告人张某发、陈某某的供述,证人覃某勤等人的证言以及抓获经过,现场勘查情况可证实覃某勤在向张某发购买毒品在陈某某家中当场吸食的情况,由此可见被告人陈某某在本案中的行为符合《刑法》第 354 条容留他人吸毒罪的构成要件,对其定罪量刑理应按照容留他人吸毒罪进行处罚,不应作为贩卖毒品罪

进行定罪量刑,这明显不符合刑法罪责刑相适应的原则,请求二审法院依法查明事实,作出纠正,对被告人陈某某作出恰当的量刑。

3. 退一步来讲,即使二审法院经过认真审理查明后仍认定被告人陈某某的行为构成贩卖毒品罪,辩护人认为一审法院量刑明显过重,具体理由如下:

(1)原审法院对被告人张某发和陈某某在本案中的作用没有正确区分主、从犯,属于错误认定。辩护人认为,被告人陈某某在本案中的行为起到次要或辅助作用,属于从犯,对其应当从轻或减轻处罚。

在本案中,被告人张某发在共同犯罪中负责提供毒品并联系毒品交易,而被告人陈某某仅借地方供张某发与别人交易毒品,对此情况一审法院也作出认定,陈某某的行为在本案中起到次要或辅助作用的,应属于从犯,对其依法应减轻、从轻处罚。一审法院虽认定张某发在本案中的作用比陈某某大,但是对陈某某量刑时没有认定为从犯并从轻处罚,且张某发的量刑情节仅比陈某某多出有期徒刑 1 年,明显对陈某某量刑过重,没有做到罪责刑相适应,请求二审法院依法查明事实作出纠正,将陈某某认定为从犯,并从轻处罚。

此外, 对于原审法院认定被告人陈某某共同参与案涉 20 包毒品的犯罪数量也属于错误认定,本案的 20 包毒品是由张某发提供的,毒品所有者是张某发,负责联系毒品交易以及向购买毒品者收取毒资的也是张某发,而陈某某仅借用场地给张某发与覃某勤交易,即使认定陈某某直接参与实施的毒品犯罪数量也仅能按张某发与覃某勤交易处罚,对于其他毒品贩卖,被告人陈某某并没有参与,张某发也不可能让陈某某参与,平常张某发与陈某某之间的关系都是陈某某向张某发购买毒品吸食,并非陈某某帮忙张某发贩卖毒品。故此,请求二审法院依法查明事实,对陈某某应按照其实际参与的毒品犯罪数量进行处罚。

(2)本案因特情介入,犯罪行为一般都在公安机关的控制之下,毒品一般也不易流入社会,社会危害程度大大减轻,原审法院在量刑时并没有加以考虑, 请二审法院加以考虑。

(3)被告人陈某某系初犯、偶犯,实施犯罪行为是其法律意识淡薄等因素造成的,依法可从轻或减轻处罚。

被告人陈某某虽然自己有吸食毒品的恶习,但其没有犯罪前科,系初犯。其在归案后深刻认识到自己行为的社会危害性,对自己所作出的行为表示认罪认罚,请法庭考虑到被告人陈某某具有酌定从轻的情节,对被告人从轻或减轻处罚。

综上,恳请合议庭从惩罚与宽大相结合的刑事政策出发,根据罪责刑相适应的原则,在量刑时考虑被告人陈某某存在以上情节从轻或减轻处罚,并本着以教育为主、处罚为辅的原则,给被告人陈某某改过的机会。

二审法院经审查全案的事实和证据,综合考虑陈某某的具体犯罪行为、地位和作用以及认罪态度等,原判有期徒刑11年与同案人张某发的处刑有失均衡,量刑偏重,采纳了承办律师提出的原判量刑畸重的法律意见。二审法院依法撤销原审法院对陈某某的处刑部分,改判陈某某犯贩卖毒品罪,判处有期徒刑9年,并处罚金人民币3000元。

案例评析

受援人陈某某因贩卖毒品罪被一审法院判处有期徒刑11年,他不服一审判决结果提出上诉,没有聘请律师。在二审阶段,承办律师接受广州市法律援助处的指派为陈某某提供法律援助。因为本案没有新事实、新证据,二审法院决定书面审理。

本案法律援助承办律师始终秉承以维护受援人合法权益为己任的专业精神,竭尽一切合法方法,排除困难。在接受法律援助机构指派后,严格按照工作规范履行职责,进行阅卷、会见。承办律师在会见受援人时认真耐心听取他的上诉意见后,一方面耐心与受援人沟通分析其吸食毒品、帮忙分装毒品的社会危害性以及需承担的法律后果;另一方面详细了解受援人的行为是否有相应的其他证言可以印证,从而确定其行为性质、作用等。经综合分析案件,承办律师决定就罪名定性拟从轻罪方向辩护,并提出量刑过重的法律意见。最终,二审法官对律师提出的意见一一进行分析回应,并采纳律师提出的量刑过重的意见,依法对受援人改判为有期徒刑9年,有效地维护了受援人的合法权益。

专家点评

在毒品犯罪中,判断被告人对案涉毒品是否明知,不能仅凭被告人供述,而应当依据被告人实施毒品犯罪行为的过程、方式、毒品被查获时的情形等证据,结合被告人的年龄、阅历、智力等情况,进行综合分析判断。特情介入是侦破毒品犯罪案件的常用手段,如构成"犯意诱发型"诱惑侦查,违反刑诉法不得诱使他人犯罪的禁止规定,则不得作为犯罪处理。对贩卖毒品案件的辩护,在吃透每起案件证据材料的基础上,只有秉承实体、程序、证据辩护的刑事一体化思维,夯实每个辩点,才能取得好的辩护效果。

本案是法律援助律师进行罪轻辩护的一宗成功案例。本案历经一年多侦查、审理,在一审法院判决有罪的情况下,又没有新事实、新证据,且在二审不开庭审理的情况下,争取二审改判的难度相当大。辩护律师的工作有效地维护了受援人的合法权益,体现了良好的专业水平和敬业精神。

(点评人:杨超男,暨南大学法学院研究生导师)

同案人在现场是否必然构成共犯

——刘某某聚众斗殴案终被撤回起诉

陈俊先

摘　要

聚众斗殴案不仅涉及当事人的人身法益，还涉及不特定公众的安全法益。针对聚众斗殴案，应区分各行为人在斗殴事件中的主观故意和行为定性，并促请司法机关严格遵守罪责刑相适应原则，客观评价行为人是否应负刑事责任。

案情简介

2019年1月31日3时30分，同案人张某某、区某某、刘某某和江某某等人在广州市越秀区沿江中路某酒吧门口等出租车时，因同案人张某某挑逗江某某，被在附近行走的同案人同某某、方某某、吴某某等人（均另案处理）看见，同案人吕某某遂冲过去挥向张某某脸部一拳，同案人区某某、刘某某遂上前和对方理论，继而双方发生争执。在争执过程中，刘某某一直在劝说、隔离双方人员。后两方人员又走到广州市越秀区沿江中路天字码头门前再次发生争执，继而双方人员混战并相互打斗。在斗殴过程中，刘某某阻止对方人员袭击己方，与对方发生肢体接触。当斗殴结束时，双方人员各有损伤并各自离开斗殴现场。

该案于审查起诉阶段、审判阶段辩护人分别向检察院和法院提出辩护意见如下：

1. 综合全案证据证明，刘某某在事发过程中从未主动殴打对方，相反，视频等证据可证实刘某某一直在劝说不要发生打斗，不要将事态恶化。刘某某主观上不具有聚众斗殴的故意

监控3时33分31秒至3时33分37秒显示，对方一名白戴白色帽子、一名长袖白衣男子、吕某某、吴某某等人冲过马路殴打刘某某等人。3时33分38秒，刘

某某企图把吴某某拉开，不让吴某某打自己同伴。

结合越秀警方“110”报警台接警记录可证明3时34分刘某某用自己的手机拨打“110”报警，可见刘某某希望警方能处理。

2. 刘某某在整个事件中仅起到被动的作用，不是聚众斗殴的积极参加者

《刑法》规定聚众斗殴罪仅对首要分子和其他积极参加的处刑。而本案多位证人证言及被告人的供述均可证实刘某某事前、事中均无主动挑起、召集聚众斗殴。相反，视频能证实，刘某某处于被动的状态。刘某某在本案中仅起到被动和辅助作用，不是聚众斗殴的积极参加者。

3. 刘某某事发后积极参与出资赔偿受害人

一审法院开庭审理后，检察院向法院申请撤回对刘某某的起诉。一审法院裁定准许撤回起诉。随后检察院作出对刘某某不起诉决定。

争议焦点

刘某某主张自己不但没有参与互殴，还事前劝说双方不要斗殴，事中在纠缠过程中拉开双方，事后报警处理。争议焦点在于：

1. 在聚众斗殴案中，刘某某为阻止事态恶化，通过肢体阻止对方向己方人员施害，是否构成正当防卫？

2. 刘某某通过肢体阻止对方向己方人员施害，对自己方人员是否构成心理帮助作用？

案例评析

1. 行为人是否构成聚众斗殴，应优先判断行为人是否属于首要分子或积极参考者

《刑法》的聚众斗殴罪，一般是指双方各纠集三人以上进行斗殴的行为。聚众斗殴罪要区分首要分子和积极参加者。对主要纠集人员，或者在斗殴时负责组织、指挥的，应认定为聚众斗殴的首要分子。纠集多人斗殴的，提供斗殴凶器的，接送多人赶赴、离开斗殴现场的，在斗殴时行为积极的，一般应认定为聚众斗殴的积极参加者。

如果行为人既不是纠集人员，在事件中，也没有组织指挥人员或提供器械、接送人员等帮助行为，那么不应认定为首要分子或积极参加者。

2. 行为人的行为对同案人是否有心理帮助作用

心理帮助作用说虽在《刑法》中没有明确规定,但据刑法共同犯罪及帮助犯的理论可知,心理帮助作用须建立在各行为人之间符合共同犯罪的构成要件。共同犯罪,指行为人具有事前、事中共谋,既包括行为人之间明确的语言表示,也包括行为人之间虽没有明确的语言表示,但各自分工配合(事中如一人盗窃,另一人望风,事后一同分赃)。对本案,有观点认为刘某某的行为,对己方人员行为产生心理帮助作用。但经办律师认为不当,刘某某的行为对同伙是否有心理帮助作用,应结合刘某某等事前、事中对公众安全的法益是否有共同犯意、是否有共谋的过程。在本案中,刘某某一直劝说双方不要纠缠、不要打斗,可见其不具有实施斗殴的犯意,更谈不上与他人有共同犯意。因此,刘某某的行为不具有心理帮助作用。

3. 判断行为人的行为性质,还应当考虑是否具有正当性或合法性

2020 年 11 月最高人民检察院发布 6 起正当防卫不捕不诉典型案例后,正当防卫适用范围逐步增大。正当防卫,是指为了使国家、公共利益、本人或者他人的人身、财产和其他权利免受正在进行的不法侵害,而采取制止不法侵害的行为,对不法侵害人造成损害的,属于正当防卫,不负刑事责任。正当防卫要求防卫行为的目的具有正当性、起因具有不法侵害性、对象具有适当性、时机具有紧迫性和手段具有必要性及有限性。

律师认为,刘某某在己方人身安全受威胁时,采取措施的目的正当、起因不法、对象适当和时机紧迫。且刘某某把对方吴某某拉开并阻止其打自己同伴的行为,没有超过必要限度,具有合法性。

专家点评

本案辩护人结合案件材料及视频资料分析刘某某等事前、事中对公众安全的法益是否有共同犯意、是否有共谋的过程,从而分析刘某某的行为对同案人的行为是否有心理强化作用。

聚众斗殴罪是一个常见的“套用”罪名,在以往司法实践中,各行为人只要在现场有肢体接触,往往会被“套用”在该罪名中。本案的意义在于,对于常见的互殴行为,今后更应结合科技手段,更准确界定互殴行为中各个行为的性质,以体现刑法的谦抑性。

(点评人:胡莎,广州大学讲师)

涉毒品死刑复核案中，各行为人主次地位、作用或将为决定裁决的根本因素

——苏某某贩卖、运输毒品案死刑复核被改判

洪树涌

摘　要

洪树涌律师带领团队办理的苏某某贩卖、运输毒品案，在一审、二审均被判处极刑的不利形势下，洪树涌律师通过对案件的深入研究以及与当事人多次会见后，提出：第一，本案部分犯罪事实不清，证据不足；第二，苏某某不应被判处极刑，苏某某在犯罪中处从属地位，有认罪、悔罪表现；第三，苏某某系初犯，无任何收益，不应与同案主犯同罪同罚。其中部分意见为最高人民法院所采纳，在最后的死刑复核判决书中，最高人民法院撤销二审裁定和一审判决，并以贩卖、运输毒品罪，判处死刑，缓期二年执行，剥夺政治权利终身，并处没收个人全部财产。

案情简介

湖南省某市中级人民法院审理被告人苏某某贩卖、运输毒品一案，于 2017 年 5 月 11 日认定被告人刘某某、苏某某等被告人犯贩卖、运输毒品罪，均判处死刑，剥夺政治权利终身，并处没收个人全部财产。宣判后，刘某某、陈某、苏某某均提出上诉。湖南省高级人民法院依法开庭审理，于 2017 年 12 月 26 日以刑事裁定驳回上诉，维持原判。

最高人民法院复核确认：2014 年 2 月至 6 月，被告人刘某多次通过广东省广州市的被告人苏某某经张某、江某（同案被告人，均已被判刑）向被告人陈某或他人购买甲基苯丙胺及其片剂等，张某、江某将购得的毒品交由苏某某通过长途客

车运输至湖南省某市交给刘某以及同案被告人鲁某(已被判刑),后刘某分别伙同鲁某及同案被告人刘某某(已被判刑)予以贩卖。刘某贩卖、运输甲基苯丙胺21,922.65克、海洛因164.62克、甲基苯丙胺片剂379.32克、氯胺酮3000克;陈某贩卖甲基苯丙胺17,922.65克、甲基苯丙胺片剂189.66克、氯胺酮3000克;苏某某贩卖、运输甲基苯丙胺19,922.65克、甲基苯丙胺片剂379.32克、氯胺酮3000克。

2014年2月,被告人刘某与广东省广州市的同案被告人张某电话约定购买甲基苯丙胺2000克及其片剂1000粒,商定甲基苯丙胺每克31元、甲基苯丙胺片剂每粒28元。2月19日,刘某汇款2.1万元到张某账户,并让苏某某与张某联系,由苏某某将购得的毒品通过长途客车运至湖南省某市。张某与苏某某一同将毒品藏匿在水果箱内,苏某某联系后经长途客车运至某市。刘某在某市收到毒品后陆续贩卖给他人,尾款7万余元经银行转账给张某或由苏某某交给张某。

2014年5月,被告人刘某与同案被告人张某电话约购甲基苯丙胺2000克及其片剂1000粒,价格与前次相同。5月18日,刘某汇款4万元到张某账户。张某与苏某某将毒品藏匿在水果箱内,经长途客车运至湖南省某市。刘某在某市洞庭大道接到毒品后陆续贩卖给他人,尾款2万余元经银行转账给张某。

2014年5月底,被告人刘某再次与同案被告人张某电话约购甲基苯丙胺2000克,商定1000克2.9万元。5月29日,刘某汇款4万元至张某账户。张某即向陈某求购,约定每1000克2.6万元,并汇款5万元至陈某指定的银行账户上。陈某按要求将毒品送到张某家中。张某将毒品伪装在水果箱内,经长途客车运至湖南省某市。刘某接到上述毒品后陆续贩卖给他人,尾款1.8万余元经银行支付给张某。

2014年6月初,同案被告人张某因吸毒被强制戒毒期间,被告人刘某联系张某的情人、同案被告人江某约购甲基苯丙胺5000克,商定30元1克。刘某于6月9日、10日分别汇款9.5万元、2万元到被告人苏某某和江某持有的张某账户上。江某向被告人陈某求购,并商定1000克2.6万元。江某、苏某某分别将上述购毒款付给陈某。后陈某将毒品送到苏某某住处附近,江某验货后,由苏某某伪装并经长途客车运至湖南省某市。刘某接货后陆续贩卖给他人。

2014年6月中旬,被告人刘某到广东省广州市被告人苏某某家中,向同案被告人江某约购甲基苯丙胺5000克、氯胺酮3000克。约定甲基苯丙胺每克29元、氯胺酮每克12元。刘某将存有10万元的工商银行卡交给江某,江某将陈某提供的户名为吴某梅的卡号发给刘某。刘某返回湖南省某市后,汇款7.55万元到该银行卡上,并要求苏某某监督江某发货。江某向被告人陈某求购毒品,并将购毒款汇给陈某。陈某按要求将毒品送到苏某某家中。江某、苏某某验货后，苏某某将毒品藏入水果箱后交由长途客车运至湖南省某市。刘某和同案被告人鲁某接货。刘某将该批氯胺酮卖给下线后，下线以质量差为由将氯胺酮退回。刘某遂将3000克氯胺酮退给江某。其余毒品被刘某贩卖。

2014年6月底，被告人刘某再次向同案被告人江某求购甲基苯丙胺6000克及其片剂189.66克，约定甲基苯丙胺每1000克2.6万元，甲基苯丙胺片剂每粒25元。6月29日、30日，刘某安排他人两次分别汇款10万元、4万元到江某提供的沈某军的银行账户上。江某向被告人陈某求购，并于6月30日先后两次从沈某军账户上分别汇款3万元、6.5万元给陈某指定的吴某某的农行账户上。陈某按要求将毒品藏匿在矿泉水纸箱内送到被告人苏某某家中。江某验货后交给苏某某，苏某某通过长途客车运至湖南省某市。7月1日凌晨，刘某和同案被告人鲁某接货后，驾车返回途中被抓获。公安人员从该车中查获甲基苯丙胺6包，净重5922.65克，含量78.8%；甲基苯丙胺片剂10包，净重189.66克。在刘某的租房内查获甲基苯丙胺21.39克及其片剂51.45克、海洛因145.62克。7月30日，江某被抓获，公安人员从江某身上查获甲基苯丙胺片剂0.7672克。

2014年6月中旬，被告人刘某在湖南省某市劳动局附近以每克350元的价格向熊某(另案处理)贩卖海洛因9克。次日，熊某再次向刘某求购，刘某安排同案被告人鲁某向熊某贩卖海洛因20克，后因质量问题熊某退给刘某10克。

2014年5月，许某(另案处理)与被告人刘某联系购买甲基苯丙胺。刘某安排同案被告人刘某某，向许某贩卖甲基苯丙胺10克。一个月后的一天，许某向刘某某求购毒品。刘某某再次将刘某提供的甲基苯丙胺10克贩卖给许某。

争议焦点

在市级、省级两级法院坚持对运输、贩卖毒品案的苏某某判决死刑的情况下，经办律师能否在死刑复核程序中精准“刀下留人”？

代理意见

经综合分析本案证据与认定的事实，经办律师认为，原判对本案部分事实的认定，证据明显不足，对苏某某在本案中的作用、地位评判错误，直接导致对苏某某错误适用死刑立即执行，具体理由如下：

1. 本案部分犯罪事实不清,证据不足

本案除了与江某的第3次毒品交易中查获毒品实物、毒品数量等关键问题没有疑问外,其实前面的5起,证人的供述和银行记录等在案证据所反映出的毒品数量、单价、总价、汇款金额、现金金额、交易日期等重要内容都混乱不堪,无法相互印证。

2. 本案侦查机关在毒品提取、扣押、称重、封装过程中存在程序不合法

3. 苏某某不应被适用死刑

(1)在本案中刘某、陈某的作用比苏某某大

苏某某虽然因在与刘某的共同运输毒品中较为积极而与刘某一样被认定为运输毒品罪的主犯,但即便是同为运输毒品罪的主犯,苏某某与刘某在本案中的作用仍有很大差别。苏某某与刘某在共同运输毒品问题上有分工,刘某遥控指挥,苏某某是受刘某安排和指挥的。

而陈某作为本案毒品在广州的来源,刘某作为本案毒品到某市的直接收货人,这两人作为本案毒品流转的两端,作用十分重大。而苏某某的涉毒量首先比他们低2000克,也仅仅在中间帮助刘某购买和运输,且非居中倒卖,作用较小。

(2)苏某某比江某作用小

在本案中,同案人江某在共同犯罪中所起的作用远远大于苏某某,江某既是累犯又是再犯,江某一审、二审被判处死缓,对苏某某的刑罚不应该比江某重。

4. 苏某某愿意积极认罪、悔罪

在一审、二审中,苏某某一直拒不认罪,被视为认罪态度不好,也是其在一、二审中被从重量刑的一个重要原因。而江某则被认定为如实供述,系坦白,认罪态度较好,被从轻处罚。在二审后,辩护人去某县看守所会见苏某某时,苏某某已表示非常后悔,愿意积极认罪悔罪,如实供述自己的所有犯罪事实。

5. 苏某某是从犯、初犯,苏某某没有任何收益,主观恶性很小

苏某某在共同犯罪中起到次要的作用,应被认定为从犯。本案贩卖毒品无论是提议还是毒资的筹集均不是苏某某,苏某某因与刘某是情侣关系才帮忙托运,苏某某并未起到积极的作用。根据我国《刑法》第27条的规定:"在共同犯罪中起次要或辅助作用的,是从犯。对于从犯,应当从轻、减轻处罚或者免除处罚。"

苏某某此前并无任何犯罪前科,社会表现良好。

苏某某在共同犯罪中并没有分到一分钱,贩卖毒品是暴利,但是苏某某却没有分到一分钱却冒着杀头的风险,这不符合常理。苏某某之前确实不知情,只是帮刘某托运物品而已,所以,苏某某的主观恶性很小。

最高人民法院认为,被告人刘某、苏某某贩卖、运输甲基苯丙胺等毒品,各被告人均已分别构成贩卖、运输毒品罪。刘某、苏某某贩卖、运输毒品数量大,陈某贩卖毒品数量大。在共同犯罪中,刘某系贩卖、运输毒品的主犯;陈某罪责突出,且拒不供述,认罪态度极差;苏某某在贩卖毒品犯罪中系从犯,在运输毒品中系主犯,均应依法惩处。第一审判决、第二审裁定认定刘某、苏某某的犯罪事实清楚,证据确实、充分;陈某参与第一、二起犯罪证据不足,应予纠正;对刘某、陈某的量刑适当,定罪准确,审判程序合法。苏某某受指使参与犯罪,罪责相对较小,判处死刑可不立即执行。

最终,最高人民法院直接改判苏某某犯贩卖、运输毒品罪,判处死刑,缓期二年执行,剥夺政治权利终身,并处没收个人全部财产。

案例评析

在该案件中,苏某某跟同案人陈某和刘某相比较,作用相对较小,不应该被判处极刑,本案经办律师力求证明苏某某在案件中的从属地位,且其对于运输的是毒品并不知情,主观恶性极小。最高人民法院核准过程中采纳了经办律师的意见,予以被告人苏某某区别于同案主犯的判决结果,使其成为在本案死刑复核程序中唯一得到改判的当事人。

专家点评

对于一审、二审均被判处极刑的案件,一般刑事辩护律师的第一反应是,没有什么空间,不要轻易去接手。因为这种案件往往罪大恶极,即使有一丝辩护空间,也早已在一审、二审的激烈对抗中消耗殆尽。

在当事人苏某某因贩卖、运输毒品一审、二审均被判处死刑的极端情况下,洪树涌律师仍然知难而上,这不但需要过人的勇气,更加需要长期的业务能力积累和咬定青山不放松的耐心。

在本案的辩护中,洪树涌律师精选了部分犯罪事实不清、证据不足、嫌疑人在本案中处于从属地位等辩点。在核准的过程中,最高人民法院也采纳了洪律师的意见,最终3名被判处死刑的同案人当中仅有洪树涌律师所代理的被告人苏某某被撤销二审裁定和一审判决,改判死缓。无论每一个判决最终的面貌怎样,辩护律师都应该忠于事实、实事求是,为当事人的合法权益竭尽全力。

此次的辩护工作前期准备充分、辩护过程合法有序,所有的辩点都能在案卷中得到证据支持。这体现出洪律师对辩护过程的完美驾驭,以及很高的辩护效率。用证据和事实打动法官,这才是刑事辩护律师的终极目标。洪树涌律师用他的专业素养和职业耐心做到了这一点,同时也救人一命。一名刑事辩护律师,最大的快乐,也应该就是这些了。

(点评人:林志明,广东蕴德律师事务所律师,
广州市律师协会经济犯罪刑事法律专业委员会主任)

涉案物品是否为列管民用爆炸物，是本案是否构罪的关键

——郑某非法买卖爆炸物案终被撤销

洪树涌　陈俊先

摘　要

郑某涉嫌非法买卖爆炸物罪被刑事拘留，案涉装置的购买未有法律调整，经办律师通过不懈检索及探访，出具翔实意见书，最终获得公安机关的认可。

案情简介

当事人郑某于2020年10月17日被某市公安局以涉嫌非法买卖爆炸物罪拘留。经办律师接受家属委托后，发现郑某系广州某船舶装置技术服务有限公司的负责人，所谓非法买卖爆炸物，实际上是郑某通过合法途径购买的海上烟火信号求生装置，而该装置属于法律上未创设的行政许可，国内对于该装置的购买基本处于无法可依的状态，而郑某曾向政府部门申请许可也未获回复。故洪树涌律师迅速通过对国内国际海洋相关立法的检索，以及到相关行业协会（如广东渔船渔机渔具行业协会等）进行调查探访，最终以翔实具体的法律依据、有理有据的行业现状出具了多份法律意见书。最终某市人民检察院采纳了律师的法律意见，对郑某作出不批捕决定，某市公安局一年后解除取保候审，作出撤案决定。

代理意见

1. 广州某船舶装置技术服务有限公司创立时，相关法律法规并未将烟火信号

救生装置内的信号弹规定为民用爆炸品。郑某主观上不具有非法买卖爆炸物的故意

2019 年,相关部门才颁发规范性文件,将海上烟火信号救生装置纳入规制范围。

2. 郑某客观上并没实施民用爆炸物品的生产、销售、购买、运输和爆破作业的行为

海事局和船级社等日常监督管理的相关单位都没有认定案涉烟火救生装置属于爆炸物,在海事局对经营船舶救生类企业的培训中,明确强调烟火信号救生装置中的烟火信号属于危险品,而非爆炸物。

那么作为经营者的郑某在主观认识上不会认为烟火信号属于爆炸物,也没有主观认识的可能性,毕竟广州市内的整个救生筏检修站都有经营该款产品,且连直接监督管理的海事机构都明确认为其为危险品而非《刑法》第 125 条非法买卖爆炸物罪中的爆炸物。

在客观的违法性上,郑某在企业经营过程中买卖烟火信号的渠道是合法可查的,全国具有该经营资质的只有三家,郑某在其中一家购买,郑某在配合调查时已经向法院提供相应的买卖单据,在日常经营中也只针对救生筏的维修与配备,并不涉及非救生筏配备的其他方面,并不属于"非法买卖"的行为。

另外,非法买卖爆炸物罪首先是故意犯罪,但最终保护的法益是不特定或者大多数人的人身安全和社会秩序的安全,禁止买卖爆炸物本质是爆炸物本身对社会造成的危害,而郑某从事的是公司经营行为,并不会因此产生以上可能性的危害,且其他同类公司目前仍在经营中。

从以上事实综合来看,郑某是在海事局的培训下得知烟火信号等救生装置属于危险品而不是爆炸物,在主观故意上已经不具备明知的可能性。在客观违法性的程度上,郑某与其他同类企业一直都受海事局与消防单位定期的培训与排查,在郑某及企业定期接受行业主管部门培训及排查前提下:相关培训也未有明确告知烟火信号弹属爆炸物,郑某不具刑事违法性。

3. 对郑某采取强制措施,已严重影响相关行业生存和发展

生产制造业以及专业维修等行业领域,自身性质决定了在经营过程中存在安全生产的风险,企业在经营过程中只能将该风险尽可能降到最低,以及万一发生事故后妥善处理,任何一个企业不可能保证自己百分之百做到无经营风险,这不符合事物发展规律。

郑某及同类企业依据广州市对救生筏类检修服务的标准以及规范,正常合法

经营，为广州市及周边的救生筏船只服务，一直受到社会的认可、政府的支持。在广州市内相关的生产标准以及行业规范没有改变的情况下，突发此事，已经对行业造成了严重的影响。

从郑某本人及家属提供的情况来看，广东省几十家救生筏检修站，均未获得火箭降落伞火焰信号的相关资质。郑某被刑拘一事在全广东省救生筏检修站同行间造成一定恐慌，在法律政策不明朗的情况下，业内救生筏检修站暂停相关业务，已直接导致救生筏检修站工作停滞。

该事件发生后，作为广东省救生筏检修站零配件供货商的生产厂家已暂停供货，其要求各船舶救生筏检修站完成相关手续后才恢复供货，导致救生筏检修站无法对救生筏里到期的备品进行更换检修，导致诸多船只处于不适航状态，直接影响华南地区航运业的正常营运。

案例评析

郑某作为公司负责人，其被刑拘又被予以不批捕决定的经历也证明了国家正对该领域予以重视。此案推动了我国行政法对于该领域的关注，也推动了公安机关对于依法依规办事的落实，是对公民“法无禁止即可为”的保障，也是对行政主体“法无授权不可为”的贯彻。

该案是一个有着正面意义的案件。无论是郑某自被刑事拘留第二天就联系律师及早介入，还是律师通过大量的实地走访与法律法规查阅，最后坚持在法律空白领域给予当事人无罪的法律意见，乃至公安机关也秉持公民“法无禁止即可为”、不草率逮捕的执法原则，三者都对中国法治事业的发展有着象征性的进步意义。

专家点评

私法领域“法无禁止即可为”，公法领域“法无授权不可为”。本案的重大意义在于以案促法，律师通过分析国际公约和国内法，促进司法机关、行业有关部门对相关问题进行调研，为最终完善相关法律、法规提供参考。

（点评人：胡莎，广州大学讲师）

关于从鉴定对象"污染"的角度审查非法证据排除

——吴某某开设赌场罪

王　辉

摘　要

在现实司法实践中，非法证据排除的范围不仅仅是法条所列举的类项；对于刑事案件中的鉴定意见书（鉴定意见），也存在非法证据排除的情况。将现行非法言词证据和非法实物证据的排除规则适用到鉴定意见书（鉴定意见）中，对案件事实的查明有重要意义。

案情简介

公诉机关指控吴某某参与了网络赌博平台赌世界级足球联赛，截至案发时，司法鉴定机构根据网络平台数据得出吴某某的会员下线 3000 余人，投注金额 8 亿多元，但吴某某供述仅发展了 4 个下线，即同案被告人梁某某及 3 个亲戚，而亲戚的账户均为休眠账户。经办律师通过对照鉴定机构的数据及被告人的供述，认为在鉴定机构截取数据前网站曾遭受黑客攻击，与真实情况不一致。在本案案卷中，根据赌博平台建立的技术人员胡某（在异地受审）的供述，赌博网站平台密码只有胡某掌握，大约从 2018 年 5 月 25 日开始，赌博网站的平台数据系统遭受到黑客频繁的攻击，5 月 27 日胡某留过备份，但备份的赌博网站在阿里云的数据是不准确的，大约 90% 的数据都被修改。而鉴定机构的受委托时间是在 2018 年 8 月，即发生在平台数据被传篡改之后，且鉴定报告显示阿里云备份的数据于 7 月 9 日至 15 日被篡改。也就是说，鉴定报告所选取的鉴定对象（标本）与案件事实上的材料相比较，绝大部分是不一致的。一审法院综合考虑现有证据，考虑到下线下注金额存在反复投注的情形，犯罪数额仅有鉴定报告、未有其他证据予以佐证，对公诉机关认定的犯罪数额不予采信；司法鉴定机构提取了被告人的个人账户信息及个人所获取的佣金数额，被告人对此均予以签字确认，并对个人所获的佣金数额予以供述，上述证据基本能吻合一致，相互印证。故法院认为，以司法鉴定中被告人所获取的佣金数额作为其“抽头渔利”的金额认定犯罪数额较合适，对公诉机关指控的犯罪数额超过法院认定部分的，法院不予支持，同时对于公诉机关的量刑意见也不予采纳，最终对吴某某作出了1年10个月的量刑。

争议焦点

当鉴定意见在定案中作为关键证据时，现行的法律法规没有关于鉴定意见的排除规定，鉴定意见是否可列入非法证据中予以排除？

代理意见

公诉机关未提供平台的原始数据，且无法证明现有数据没有遭到修改，公诉机关指控的投注金额是被篡改后的不实数据，鉴于下线投注金额仅有电子数据予以证实，没有其他证据予以印证，同时考虑到下线下注金额中存在单笔资金反复投注的情形，不能将其作为犯罪金额认定，公诉机关指控的犯罪金额过大。

案例评析

鉴定意见在诉讼中有着相对较强的证明效力，无论是在刑事诉讼、民事诉讼，还是在行政诉讼中，鉴定意见对于解决案件中的专门性问题，都具有不可替代的重要作用，有的鉴定意见甚至对案件具有决定性的作用。尽管如此，司法人员也不能无条件地将其作为认定事实的根据，否则势必会不合理地夸大司法鉴定意见在诉讼中的作用。鉴定意见的效力取决于它的科学可靠性，这种科学可靠性又取决于鉴定意见形成过程的科学性。

鉴定意见是获得司法鉴定人资格并执业的具有专门知识的人员利用自己的相关知识和技能，通过科学方法和手段，遵循严格的鉴定程序，对接受委托的案件中专门性问题进行分析检验，从而得出符合法定要件的确定性结论。如果鉴定人没有鉴定资格,鉴定事项所适用的专业领域的技术标准、技术规范和技术方法并不是按照国家标准、行业标准和技术规范、该专业领域多数专家认可的技术方法逐一适用,或违反常识性逻辑,或发现鉴定材料不真实、不完整、不充分,或鉴定对象已经被篡改、被更换、被毁灭,而无法再行提交或补救等,均可能导致鉴定意见错误。即使是最权威的鉴定人利用最先进的仪器设备和方法所作的鉴定,结论也可能因种种复杂的因素而出现错误。这类鉴定意见不具有客观可靠性。鉴定意见的客观可靠性来自合法的形成过程。一旦偏离了合法程序,就很难保证鉴定意见客观可靠性。

鉴定意见被认为是专业人士所作的科学性、严肃性的自然成果,一般没有当事人、诉讼参与人去作深层次的质疑;现行规定没有将鉴定意见列入非法证据排除的范围,更没有涉及鉴定意见非法证据的排除程序和证明方法。

该案辩护人打破惯性思维,合理科学地对鉴定意见提出非法证据排除,为当事人提出有针对性的抗辩意见,在刑事诉讼程序中保护了被告人的合法权益。

专家点评

鉴定意见的非法证据排除基于对专业技术判断的排除,依据鉴定程序非法而作出的证据排除是主要的排除方法和有效手段,而鉴定意见非法排除的证明方法的确立更是其程序非法排除的前提。因此,鉴定意见的非法排除的证明方法至关重要,对于鉴定结论非法证据的排除规则更是影响深远,应当谨慎、全面、有效地落实和完善。

(点评人:邓传远,中山大学法学院硕士研究生导师,高级律师职称)

以客观证据印证主观心态，促成投案途中被捕获型自首的认定

——张某在某地政府机关大楼放火案

陈栩东

摘　要

当事人因不满拆违而携带汽油桶到当地机关部门点燃汽油放火，属于当地较为敏感的案件。侦查、审查起诉阶段均未认定当事人具有自首等从轻情节。经办律师深入研究案件细节，先后驱车超过5000千米，与当事人多次会见，更多次到案发现场调查取证，在一审中重点提出被告人的行为符合投案途中被捕获型自首的辩护意见。在庭审中，经办律师通过提供“与自首情节相关的供述及陈述比对表”“地图截图”“现场照片”等证据，力证当事人属于投案途中被捕获。最终法庭认定被告人张某的情节构成自首。本案属于典型的有效辩护，对投案途中被捕获型自首的认定亦能提供一定的参考。

案情简介

1. 公诉机关指控

被告人张某在拆除违建房屋过程中，不愿配合拆违工作，为了泄愤，独自一人骑摩托车至附近一加油站购买油桶及汽油，随即骑摩托车载着汽油到当地机关大楼，将购买的汽油泼洒到大楼二楼走廊和墙壁两边，并当场点燃汽油，后火情被工作人员合力扑灭，未造成人员伤亡。公诉机关认为，被告人张某为了泄愤，故意纵火，危害公共安全，其行为构成放火罪，量刑建议为有期徒刑 6 年。

2. 辩护人辩护意见

辩护人对指控被告人张某的犯罪事实、罪名无异议，提出:(1)被告人张某放火后,并未企图逃离现场,而是在走向案发地旁边的派出所准备投案的过程中被工作人员控制,随后被移送公安机关,投案后能如实稳定地供述自己的罪行,应当认定为自首;(2)被告人张某属于激情犯罪,并非预谋犯罪,主观恶性较小,客观上亦未造成严重后果,社会危害性低;(3)被告人张某认罪认罚,真诚悔过,属初犯、偶犯,且其家庭生活困难,恳请法庭对被告人张某从轻处罚。

3. 经审理查明

被告人张某系广东省某地村民。2019 年 3 月开始,被告人张某未经政府相关部门批准,开始在其耕地上建造房屋,后被当地镇、村干部多次劝阻但仍违规持续建造。2021 年 10 月某日 9 时许,当地政府工作人员开展拆除被告人张某违建房屋的工作,在拆除过程中,被告人张某不愿配合拆违工作,为了泄愤,独自一人骑摩托车至附近一加油站购买了油桶及汽油,随即骑摩托车载着汽油到当地机关大楼,趁大部分工作人员外出拆违之际,将购买的汽油泼洒到二楼走廊和墙壁两边,并使用随身携带的打火机点 燃汽油,导致大楼二楼过道电线及办公室部分财物被烧毁,走廊及部分办公室墙壁被烧黑,后火情被工作人员合力扑灭,未造成人员伤亡。经鉴定:受损财物价格为人民币 15 余万元。

4. 法院意见

被告人张某故意纵火,危害公共安全,尚未造成严重后果,其行为已构成放火罪。公诉机关指控罪名成立,应予支持。被告人张某在投案途中被抓获,应被视为自动投案，且归案后如实供述自己的罪行,是自首;且自愿认罪认罚,依法应从轻处罚。辩护人提出被告人张某具有自首、认罪认罚情节,真诚悔过,属初犯、偶犯,家庭生活困难,恳请法庭对被告人张某从轻处罚的意见,均被采纳。

5. 裁判理由与结果

根据本案的犯罪事实、性质、情节和对会的危害程度,依照《刑法》第 61 条、第 64 条、第 67 条第 1 款、第 214 条及《刑事诉讼法》第 15、201 条之规定,判决如下:

被告人张某犯放火罪,判处有期徒刑 4 年 6 个月。

争议焦点

本案的争议焦点在于,被告人的行为能否被认定为自首？根据我国刑法和相关司法解释的规定,认定自首情节必须满足两个条件:自动投案以及如实供述。

在本案中,张某在归案后如实供述,这一点在案卷上能够客观反映;然而,张某当时的确是在案发地镇政府一楼的大厅被赶来的政府工作人员当场控制,并非常见的自行到公安机关投案,或是在案发现场等待抓捕等情形。争议焦点最终归结于:张某在被控制之时,其是否在投案的途中?

辩护意见

1.本案张某的行为应当被认定为自首

(1)张某的行为属于自动投案

根据最高人民法院《关于处理自首和立功具体应用法律若干问题的解释》(下称《自首和主动解释》)第1条第1款的规定,经查实嫌疑人确已准备去投案,或者正在投案途中,被公安机关捕获的,应当视为自动投案。

在本案中,根据被告人张某的多次讯问笔录可知,张某在机关大楼二楼放火后没有逃跑,是与家人通电话道别后平和地走到楼下,准备从大楼门口走出去,走到旁边的派出所投案。而派出所的位置,就是在机关大楼旁边一两百米的地方(具体参见附件地图截图以及现场照片),而张某是在走向派出所准备投案的过程中被工作人员控制,随后移送公安执法人员的;多名证人(均为机关工作人员)的询问笔录中均有提及,张某放火后并未企图逃离现场,而是在走到机关大楼一楼遇到前来的工作人员后,当场就承认了放火的罪行,接受现场控制,没有挣脱欲逃离现场或抗拒抓捕等行为。

(2)张某投案后能如实供述自己的罪行

在案卷宗显示,张某到案后,在所有的讯问笔录中,均能如实、稳定地供述自己的犯罪行为以及犯罪细节,积极配合司法办案人员的工作,应属能如实供述自己的罪行。

综上,张某在放火后,并未企图逃离现场,是在走向案发地镇政府旁边派出所准备投案自首的过程之中被工作人员控制,其当场向工作人员承认放火的行为,且并未抗拒抓捕;张某到案以后,亦能如实稳定地供述自己的罪行。以上事实,有张某的多份讯问笔录、多名目击案发现场的工作人员以及参与抓捕的工作人员等多份证人证言笔录为证(具体参见附件一张某自首情节相关的供述与陈述比对表)。辩护人认为:张某的行为符合《自首和主功解释》第1条的规定,属于正在投案的途中被抓捕移交公安机关,应被视为自动投案;张某到案后亦能如实供述自己的罪行,认定其有自首情节,合法、合理、合情。

2. 张某的行为属于激情犯罪,并非预谋犯罪,其主观恶性较小,客观上亦未造成严重后果,社会危害性较低

张某的放火行为属于激情犯罪,其事先无预谋,亦未曾有过任何扬言报复等不当行为,其放火所用的汽油也并非事先准备好的,而是在拆违时才临时购买的。

此外,张某当时为了避免造成人员损伤,故意走到了二楼的过道处放火,其主观恶性较小,客观上亦未造成任何人员伤亡等严重后果,社会危害性较低。恳请法庭考虑以上因素,酌情对其从轻量刑。

3. 张某认罪认罚,具有坦白情节,真诚悔过

张某在本案的各阶段均能配合办案工作,坦白交代自己的犯罪行为,真诚悔过,并具结认罪认罚,依法应对其从轻量刑。

4. 张某无前科,属于初犯、偶犯,且其家庭生活困难,恳请法庭酌情从轻处罚

张某为当地村民,文化程度较低,日常为人忠厚淳朴,此前并无任何劣行前科,属于初犯、偶犯。其家庭生活困难,是家中的经济支柱。案发前,张某曾先后多次申请宅基地建房,均未获审批。张某放火犯罪已成事实,其本人在羁押期间也已经深刻悔过,恳请法庭综合考虑张某的实际情况,酌情从轻量刑,给其一个改过自新的机会。

综上所述,鉴于张某具有自首情节,属于激情犯罪,且归案后认罪认罚,深刻反省,本案亦未造成其他严重后果,请法庭对被告人张某在法定刑幅度内从轻量刑。

案例评析

本案属于典型的有效辩护,在案件事实清楚,证据确实、充分的情况下,控辩双方围绕着自首情节的成立与否展开了激烈的辩论。根据《自首和立功解释》第1条对自首的规定,自首必须同时满足两个条件:“犯罪以后自动投案”以及“如实供述自己的罪行”。在实务中,根据自动投案以及如实供述自己的罪行的方式不同,自首又分为自动投案型自首、准备投案型自首、传唤型自首、报案型自首、现场等待型自首、亲属扭送型自首等不同形式。

区别于立功,自首制度的设计,主要考察的是被告人在作案后,是否真心实意地投案,即以被告人的主观认识为主,考察的是被告人的主观思想。可以说,从司法制度设计上看:“未遂”的自首,仍可以被认定为自首;但“未遂”的立功,一般不能被认定为立功。这一点,在《自首和立功解释》第1条“经查实确已准备去投案,

或者正在投案途中,被公安机关捕获的,应当视为自动投案”的规定中得以充分体现。

在实务中,对于投案途中被捕获型自首,如何证明被告人确已准备去投案,或正在投案途中被捕获,是重点亦是难点。由于被告人并非在案发现场而是离开后被捕获,如何能证明被告人是在投案途中,而非逃离现场的途中,在缺乏直接证据的情况下,仅有被告人的辩解显解并不足够,必须结合其他间接证据,让所有的间接证据形成完整且逻辑自洽的证据链,以客观的证据链来印证被告人当时正要去自首的主观心态。

本案经办律师列举了以下证据以证明被告人的自首情节:

张某归案后,在侦查机关共6次供述且供述稳定。

张某从第一次开始供述,其点燃汽油后,当场打电话给其妻子和兄弟,告知是自己放火烧了机关大楼的事实及在电话中向家人道别,后准备去大楼旁边的派出所投案自首,在大楼一层大厅即被工作人员发现,张某当场告知工作人员火是自己放的,后被工作人员押送至派出所,上述事实与张某妻子的证言相吻合。

所有参与抓捕的工作人员的证言,均能证实,被告人张某放火后下到一楼大厅,在一楼大厅承认就是自己放的火,张某随即被镇政府工作人员控制,后工作人员将张某移交给公安机关,过程中张三没有反抗。

侦查机关出具的抓获经过证实了,张某在被扭送过程中无反抗、无受伤。

派出所位于机关大楼旁边,距离较短,张某符合就近投案常理。以上所有间接证据,均能相互印证,形成证据链,足以证明客观上张某在放火后并未企图逃跑,在遇见工作人员后也马上承认是自己放的火,张某主观上具有主动投案的意愿,属正在投案途中被捕获,应当被视为自动投案,且张某归案后能如实、稳定地供述购买汽油、放火的全部犯罪事实,符合自首的构成要件,应当被认定为自首。

经办律师为了办理此案,不仅前后驱车超过5000千米,多次会见当事人及仔细阅卷,反复推敲案件细节,更多次到案发现场走访、调查、拍照。在庭审中,经办律师专门针对自首情节,对被告人以及报案人、证人都制作了供述与陈述对比表,通过案件所有的笔录陈述,印证嫌疑人作案后未企图逃离现场,而是配合抓捕;通过提供现场照片、卫星地图截图,证明案发现场距离最近的公安派出所不足200米,被告人的行为符合就近投案的原则。最终,法庭认定,被告人的行为符合自首情节的构成要件,属于投案过程中被捕获,被告人的刑期降低一年半。

投案途中被捕获型自首属于非“典型”的自首,要证明的事实是被告人“确已准备去投案,或者正在投案途中”,即证明被告人“投案”的主观心态。在这一证成中,必须运用客观证据来印证主观心态。辩护人在反复推敲案件的所有细节的基础上,把所有涉及被告人主观上想去"投案"的相关细节串联起来,尽管到案经过等文书中并未直接认定被告人属于自首,但当所有客观证据都指向同一个可能性之时,客观证据之间就会产生证据链条的作用,形成排除合理怀疑的有力证据方阵。此外,辩护人亦应依法行使律师的调查权,到案发现场走访调查,以取得有利于证明被告人投案主观心态的地理或时空证据,最终得以在庭审中说服裁判者,为当事人争取到罪轻情节的认定。

专家点评

在实务中,投案途中被捕获型自首的认定,由于必须考究被告人的主观投案意愿,一直是刑事司法以及辩护工作中的难点。我国刑法自首制度的设计目的,就是对被告人作案后自动归案意愿作出的正向反馈引导,要求被告人主观上有自动投案的真实意愿。必须通过客观、间接证据证明被告人的主观心态,为辩护的难点所在。本案中,陈栩东律师工作认真细致,在多次会见、仔细阅卷的前提下,通过"供述与陈述对比表"等形式向法庭呈现,且其依法充分行使律师调查权,到案发现场调查取证,提供现场照片、地图截图等证据,以证明被告人的行为符合"就近投案"的原则。通过法、理、情三者相结合的形式,提出被告人属于投案途中被捕获型自首的辩护意见,取得了较好的辩护效果,值得肯定。

(点评人:徐松林,华南理工大学法学院教授,广东省人民检察院、广东省高级人民法院专家咨询委员会委员,广东省人大立法顾问)

行为人维护合法利益的主观目的，是否属于扰乱社会秩序罪的主观构成

——陈某甲扰乱社会秩序罪二审检院撤诉

洪树涌

摘 要

2014 年，林某甲、王某某、陈某甲、陈某乙与同案人陈某丙、林某乙以广东某公司现有厂房用地属某市某镇某村第四、十生产队土地为由，召集吕某某等 100 多名村民，拉横幅到该公司的厂房所在地，指示他人驾驶货车运载泥土堵塞公司大门。某市人民检察院指控被告人林某甲、王某某、陈某甲、陈某乙、陈某丙、吕某某涉嫌聚众扰乱社会秩序罪向某市人民法院提起公诉。后经律师辩护，某市人民法院于 2015 年 4 月 13 日作出判决，判处被告人陈某甲有期徒刑 2 年，缓刑 3 年。后陈某甲提出上诉，在审理过程中某市检察院以该案证据不足为由申请撤回起诉，广东省某市中级人民法院作出裁定，准许撤回起诉。

案情简介

2014 年 6 月 26 日，林某甲、王某某、陈某甲、陈某乙与同案人陈某丙、林某乙以广东某公司私自占用生产队土地、用作公司厂房为由，召集吕某某等 100 多名村民，列公司厂房所在地拉横幅，致使车辆无法通过。村民冲入厂房，殴打曾某某等人，阻挠某派出所民警现场录像，上述行为持续 12 小时。2014 年 6 月 28 日，林某甲、王某某、陈某甲等几十名村民再次到广东某公司，用水泥、砖块筑起一道约 1 米高的墙体堵塞公司大门。

2014 年 7 月 11 日，陈某甲、陈某乙、陈某丙、吕某某经公安机关拘传后到案接

受调查。2014 年 8 月 2 日,王某某被公安机关抓获,林某甲于 2014 年 8 月 20 日被公安机关抓获,并供述了案件事实。2014 年 12 月 30 日,某市人民检察院指控被告人林某甲、王某某、陈某甲、陈某乙、陈某丙、吕某某涉嫌聚众扰乱社会秩序罪向某市人民法院提起公诉。2015 年 4 月 13 日,某市人民法院作出判决判处被告人林某甲、王某某、陈某甲、陈某乙、陈某丙、吕某某犯聚众扰乱社会秩序罪,判处有期徒刑并适用缓刑。后被告人王某某、陈某甲、陈某乙、陈某丙提起上诉。

争议焦点

本案涉及的罪名为《刑法》(2017 年修正)第 290 条规定的"聚众扰乱社会秩序罪",该罪名罪状描述为:"聚众扰乱社会秩序,情节严重,致使工作、生产、营业和教学、科研、医疗无法进行,造成严重损失的……"因此,被告人是否实施了聚众扰乱社会秩序的行为、主观上是否有犯罪故意、是否造成了严重损失是本案被告人出入罪的关键。

代理意见

1. 被告人陈某甲不具备聚众扰乱社会秩序的犯罪故意

我国的刑法学理论主张主客观相一致的定罪原则。既反对主观归罪,也反对客观归罪。所以,行为人的主观心态是判定罪与非罪的重要条件。主观上不具备犯罪心态的,就不能以犯罪论处。聚众扰乱社会秩序罪在主观方面只能由故意构成。由于本罪是聚众性犯罪,因而进行扰乱活动必须基于众多行为人的共同故意。这种共同故意虽不要求行为人之间的故意联系十分紧密,但行为人也应该明确自己以及他人是在实施扰乱机关、企事业单位与人民团体的工作秩序的行为。在本案中,被告人陈某甲作为村民跟其他在现场的 100 多名村民一样只是想讨回村里的地而已,主观意识中并没有扰乱社会秩序的想法,公诉机关提供的证据中有多处可以证明,被告人没有聚众扰乱社会秩序的故意。至于在厂里,部分群众出于一时冲动发生过激言行,完全超出了被告人陈某甲的意识控制范围,只是个别人的个别言行,不能因此推定被告人陈某甲也有相同故意,陈某甲不能也不应该为别人的言行负责,而且发生冲突也是林某甲和曾某某等人不当言行所引起的,对方存在一定的过错。

2. 被告人陈某甲没有组织、策划及积极参与聚众扰乱社会秩序的行为,并不

是组织、指挥和策划人员，更不是首要分子

(1)本案的发生是事出有因

结合相关证人的证言及各被告人的供述来看，事情的起因是村民想讨回村里的地，多次到镇里反映未得到妥善解决，才到广东某公司讨要，被告人是随着人流来到该公司的。

(2)被告人陈某甲没有组织、策划及积极参与聚众扰乱社会秩序的行为

其一，被告人陈某甲只是一个普通的村民，并非组织者，更没有纠集任何人到现场，公诉机关的指控没有事实根据。

其二，被告人陈某甲没有指使、指挥他人驾驶货车运载泥土堵塞某公司大门口。

其三，被告人陈某甲没有煽动村民冲入厂房和殴打曾某某等人。

在本案中，当地群众给某公司造成严重的经济损失没有确实证据予以证明，不能被认定。被告人陈某甲在整个事件中并不是组织者、积极参加者，也无扰乱社会秩序的犯罪故意，因此，被告人陈某甲不构成犯罪。

案例评析

本案属于一起检察院撤回起诉的案件，在刑事案件中并不多见。本案的焦点在于对《刑法》(2017 年修正)第 290 条规定的聚众扰乱社会秩序行为和犯罪故意的解读。

对聚众扰乱社会秩序罪，法条有严格的规定：

(1)聚众，既包括首要分子纠集多人于一定地点，成为可以从事共同扰乱行为的一群人的情形，也包括首要分子利用已经聚集的多人从事共同扰乱行为的情形。

(2)扰乱，是指行为人的行为使得社会秩序从有序变为无序，甚至是动乱。

(3)行为方式，一般以暴力、胁迫方式的进行扰乱。这种暴力方式，既可以是对人的暴力(如围攻、殴打有关人员)，也可以是对物的暴力(如砸毁财物，强占机关、单位的办公室、营业场所等)。

(4)危害程度，行为人扰乱社会秩序的行为，必须同时具备“情节严重”“致使工作、生产等无法进行”“造成严重损失”三个要件。

本案所涉及的被告人陈某甲实际上实施的是维护自身合法权益的行为，不存在犯罪故意，根据刑法理论中客观行为和主观意志相统一的原则，被告人陈某甲

的行为既不符合犯罪行为构成,也不存在犯罪故意,不符合犯罪构成要件。

专家点评

本案辩护人通过分析陈某甲主观上是否具有召集人群破坏社会秩序的故意,客观上是否有聚众的行为,最终促进司法机关采纳辩护人的意见,能动地适用法律,既体现司法为民的宗旨,也切实解决问题、化解基层社会矛盾,促进社会和谐、发展。

(点评人:胡莎,广州大学讲师)

行为人预备行为和实行行为具有牵连关系的，应处断一罪

——洪某某涉嫌绑架罪、非法制造爆炸物案

洪树涌　陈俊先

摘　要

公诉机关以洪某某伙同多名同案人绑架苏某某，并且制作爆炸物为由，指控洪某某涉嫌绑架罪、非法制造爆炸物罪两个罪名，并移送到法院起诉。洪树涌律师深入研究案件以及与当事人多次会见，向法院提出：(1)制造爆炸物只是为了绑架苏某某，属于牵连犯，只应认定为绑架一罪；(2)洪某某系犯罪中止；(3)洪某某认罪悔罪，作用较小，请求法庭考虑其在犯罪中的特殊地位，对其最大限度从宽处理。最终法院采纳了相应的辩护意见，判处洪某某犯绑架罪，处有期徒刑3年，并处罚金5000元。本案件成功将两个罪名辩护为一个罪名，并结合众多从轻情节，为当事人争取了最大的合法权益。

案情简介

公诉机关指控：洪某某自2019年7月始，和同案人黄某某、谢某某、霍某某、李某某（同案起诉）纠集在一起，为谋取非法利益，预谋绑架他人继而勒索钱财。为了犯罪活动顺利开展，被告人洪某某及同案人先后准备了追踪器、手铐、爆炸装置等作案工具，并多次商讨绑架方案，确定由黄某某负责总策划，谢某某负责具体行动统筹及制造爆炸装置，洪某某、李某某负责跟踪、抓人等具体行动，霍某某负责提供绑架对象、洗钱。被告人洪某某和同案人经常纠集在一起，先后物色了不同的绑架目标，并在绑架目标车底安装追踪器、爆炸装置，多次实施违法犯罪活

动，犯罪手段残暴，社会影响恶劣，形成了以黄某某为首要分子、成员相对固定的恶势力集团。

2019 年 7 月，被告人洪某某伙同同案人黄某某、谢某某、霍某某、李某某，多次在某区某街某小学门口对面停车场简易房商议预谋绑架苏某某。为此准备了手钳、胶带等物品，并采用开车跟踪、安装车辆追踪器等方式跟踪苏某某的行迹。

2019 年 9 月初，为行动时顺利逼停苏某某车辆，谢某某制作了爆炸装置，并将该装置安装于苏某某车底。后因苏某某发现并报警而未能得逞。

2019 年 8 月 19 日，因绑架苏某某一事进展缓慢，同案人霍某某提议将吴某某作为新的绑架目标，并以吃饭为由将吴某某约至某海鲜酒家，由被告人洪某某、同案人黄某某在吴某某的宝马车上安装追踪器并跟踪、观察吴某某。后因吴某某发现并报警而未能得逞。

洪树涌律师团队介入后，经过多次会见，以及查阅卷宗材料后，认为洪某某等人不构成非法制造爆炸物罪。在审查起诉阶段以及法庭审理阶段，始终坚持定性辩护和量刑辩护相结合。具体辩护观点如下：

针对涉恶势力的辩护方面，主要主张适用《关于办理恶势力刑事案件若干问题的意见》（以下称《恶势力意见》）第 11、14 条的规定。被告人洪某某只是偶然受同案人谢某某邀请，于 2019 年 7 月才从深圳前往广州，为被告人黄某某、谢某某做事。几名被告人之前并未纠集在一起，不符合“恶势力”组成人员的特征。根据《恶势力意见》第 15 条的规定，被告人洪某某与黄某某、谢某某等未共同故意实施三次以上恶势力惯常实施的犯罪活动。根据《恶势力意见》第 7、8 条的规定本案被告人准备实施的绑架行为不符合“恶势力”“为非作恶、欺压百姓”等犯罪特征。

针对罪数的辩护方面，对公诉机关指控的基本事实无异议，但根据案件事实和证据来看，制造爆炸物只是为了绑架苏某某，属于牵连犯，只应认定为一罪。

在犯罪形态的辩护方面，被告人黄某某等人意图绑架受害人苏某某，尚处在跟踪、盯梢、设计绑架路段和绑架方法等的犯罪预备阶段，尚未进入“着手”阶段，根据刑法规定，在该阶段，尚不能讨论“犯罪未遂”。从证据可以看到，被告人洪某某属于自动放弃犯罪，并有效地防止犯罪结果发生，符合刑法关于犯罪中止的规定，依法应当免除处罚。

此外，辩护人还提出了当事人系从犯、认罪悔罪等从轻的量刑情节，请求法庭考虑洪某某在犯罪中的特殊地位，对其最大限度从宽处理。

最终法院认为，被告人洪某某结伙以勒索财物为目的绑架他人，未给被绑架人造成伤势或严重的精神伤害，且未取得财物，情节较轻，其行为已构成绑架罪。公诉机关指控的事实清楚，证据确实、充分，唯指控被告人洪某某犯非法制造爆炸物罪不当，本院予以纠正。被告人洪某某在共同犯罪中起次要作用，是从犯，应从轻或减轻处罚；洪某某绑架未遂，可比照既遂犯从轻或减轻处罚；洪某某犯罪后如实供述自己的罪行，可从轻处罚；辩护人的量刑意见，本院在量刑时将予以酌情考量。

综上，根据全案的性质、危害后果，考虑被告人的悔罪表现，法院决定对洪某某减轻处罚。依照《刑法》第 23 条、第 27 条、第 52 条、第 53 条、第 64 条、第 67 条第 3 款、第 239 条第 1 款之规定，判决如下：被告人洪某某犯绑架罪，判处有期徒刑 3 年，并处罚金 5000 元。

争议焦点

本案重要的争议焦点有三个：(1)是否涉恶问题；(2)罪数的问题；(3)犯罪形态的问题。辩护人严格依照上述《恶势力意见》的规定，以及不拔高不凑数的司法原意主张洪某某等人不构成涉恶团伙。在罪数方面，洪某某等人实施制作爆炸物的行为其实是为了实施绑架行为，那么此时制作的行为就属于实施绑架罪的准备行为，因此辩护人主张属于牵连犯，仅构成一个罪名。最后辩护人通过材料卷宗发现在犯罪形态上，被告人洪某某的行为属于犯罪中止。

代理意见

被告人洪某某不构成“恶势力”犯罪团伙。

被告人洪某某与黄某某、谢某某、霍某某、李某某未经常纠集在一起，不符合“恶势力”组成人员的特征。

被告人洪某某与黄某某、谢某某等未共同故意实施三次以上恶势力惯常实施的犯罪活动，不符合“恶势力”活动的特征。

本案被告人准备实施的绑架行为不符合“恶势力”“为非作恶、欺压百姓”等犯罪特征。

《恶势力意见》明确要求禁止人为拔高恶势力认定标准。

在罪数方面：从案件事实和证据来看，制造爆炸物只是为了绑架苏某某，属于牵连犯，只应认定为绑架罪一罪。

在量刑方面：被告人洪某某接受黄某某、谢某某等人指派，主要负责跟踪被害人，在共同犯罪中起次要作用，是从犯，应当从轻或减轻处罚。被告人洪某某自动放弃犯罪，属于犯罪中止，未造成损害，应当免除处罚。洪某某犯罪后如实供述自己的罪行，系坦白，可以从轻处罚。被告人洪某某积极认罪悔罪，身患重病，请法院酌情从轻处理。

案例评析

本案主要是对数罪和犯罪形态的区分和认定，一个案件是否构成犯罪，应从事实整体来分析，将一个完整的行为事实割裂地分析与认定，将阻却罪刑法定原则的正确适用，有可能会走向“无罪化”的认定或“过罪化”的认定两个极端，最终导致放纵犯罪或过度打击。

本案洪某某等人制作爆炸物的行为目的是实施绑架，而并非将制作爆炸物作为最终的行为时态。一个“终局”的犯罪行为一般包含两个方面：主观上犯意彻底消除，客观上行为彻底结束。本案中的洪某某等人在制作爆炸物时，并非将爆炸物的制作视为最终的目的之后，另行产生新的主观故意，即实施绑架罪的主观故意，而是从制作爆炸物起就是为绑架做准备，实施犯罪的准备行为并不能被独立地评价为完整、独立的犯罪行为。因此，本案应当属于一罪而并非属于数罪。

实务中，在证据规则的约束下，是否能正确区分此罪或彼罪、既遂或未遂，都关乎到罪刑法定原则的正确适用，以及当事人的合法权益是否得到保障。

专家点评

该案涉及牵连犯与未遂犯理论，法院最终采纳了经办律师的意见，只判定成立绑架罪，未认定非法制造爆炸物罪，取得了良好的辩护效果。

（点评人：胡莎，广州大学讲师）

第二章　经济犯罪案例精选

擅自歇业，拒不支付劳动报酬，构成刑事犯罪

——代理魏某某等人追讨逃薪老板案

黄福轩

摘　要

根据《公司法》等相关法律规定：公司作为独立法人，依法以其财产独立享有民事权利和承担民事义务；公司应当建立完善的财务会计制度，对公司资产，不得以任何个人名义开立账户存储。但是，在实践中，仍有不少私企股东擅自利用自己个人账户收取公司的经营生产所得，甚至部分私企及其股东恶意拖欠劳动者的工资报酬、擅自歇业，使劳动者无法通过正常的劳动仲裁、诉讼及执行程序获得相应的法律救济。在此情况下，该私企及其股东已实际涉嫌刑事犯罪，劳动者可通过刑事报案的途径来追讨相应的劳动报酬。

案情简介

广州某投资管理有限公司（以下简称某公司）是陈某某（同时担任该公司的法定代表人）、符某某投资开办的企业，该公司于 2012 年申请注册成立，招聘魏某某等员工 10 多人，但未与魏某某等员工签订书面劳动合同，经营过程中也经常拖欠员工工资，经常出现延迟发放或少发放工资的现象。而且某公司在经营过程中，全部经营项目的收入和支出都是通过两名股东陈某某、符某某的个人私人账户走账。

2013 年 3 月起，某公司一直拖欠魏某某等 10 多人工资未付。于 2013 年 3 月至 4 月，某公司无故解除与魏某某等全部员工之间的劳动关系，且不支付拖欠的工资和任何经济补偿金，并于 2013 年 4 月底停止经营。魏某某等人分别于 2013

年4月中旬向广州市天河区劳动仲裁委申请劳动仲裁,经广州市天河区劳动仲裁委仲裁裁决,某公司需支付魏某某等人拖欠的工资、未签劳动合同的双倍工资及经济补偿金等合计人民币147,506.56元。但某公司经裁决后仍未向魏某某等人支付以上生效裁决确定的款项,魏某某等人向广州市天河区人民法院申请强制执行,但广州市天河区人民法院发现,某公司已歇业,无实际经营,且经查询该公司名下暂未发现可供执行的财产,故法院于2014年4月28日作出终止本次执行的民事裁定书。

魏某某等人虽赢得了官司,但无法收到任何应得款项。魏某某等人只好多次向劳动部门、法院等信访、上访维权,给社会造成了很多不稳定的因素。

后来经人介绍,魏某某等人向律师咨询。律师认真地听取了魏某某等人的陈述并认真地审阅了全部案件材料后,发现某公司在经营期间,陈某某、符某某作为该公司的股东,利用个人账户收取公司的全部所得,且不入公司账目,公司所有盈利和收入都流入了陈某某、符某某的私人账户,致使公司最终歇业。根据《刑法》及最高人民法院《关于审理拒不支付劳动报酬刑事案件适用法律若干问题的解释》等相关规定,律师认为,企业法人的财产是其对外承担民事责任的基础,陈某某、符某某利用个人账户收取公司的全部所得,故意侵占或隐蔽公司的财产,使得某公司的民事能力不断削弱并丧失,最终导致公司歇业,陈某某、符某某负有不可推却的法律责任,甚至已经构成了刑事犯罪。在律师向魏某某等人解释相关的法律法规,并建议当事人继续利用法律的手段维护自己的权益后,魏某某等人经商量一致后,同意委托代理律师代理该案件,继续为其维权。

律师代理该案件后,立即向广州市公安局天河区分局治安管理大队提交了举报材料和相关的证据材料,举报陈某某、符某某利用个人账户收取公司的全部所得,且不入公司账目,故意侵占或隐蔽公司的财产,致使公司最终歇业仍拒不支付劳动报酬等行为,已经触犯了《刑法》中关于拒不支付劳动报酬罪及职务侵占罪等罪名,犯罪事实清楚、证据充分,并且魏某某等人的合法权利已经受到实际的损害,请求公安机关依法立案追究陈某某、符某某的刑事责任,并依法协助被害人魏某某等人追讨相应的劳动报酬等。

经过多次的沟通、协调,并制作了多次笔录后,广州市公安局天河区分局治安管理大队最终于2014年5月22日受理了该案件,并于2014年8月18日向魏某某等人出具了立案告知书,以陈某某涉嫌拒不支付劳动报酬罪立案侦查。刑事立案后,公安机关积极行动,及时控制了犯罪嫌疑人陈某某和符某某。在公安机关的协助下,陈某某最终同意全部支付魏某某等人的拖欠工资、未签劳动合同的双倍工资及经济补偿金等损失。同时,陈某某、符某某也受到了相应的行政处罚。

争议焦点

当公司歇业停止经营且名下无财产可供执行时,劳动者的权益应当如何有效保障?公司经营期间,公司全部经营项目的收入和支出均通过股东个人私人账户走账,且股东未经清算擅自对公司歇业,股东是否对劳动者承担相应的民事责任,是否要承担相应的行政责任或刑事责任?

代理意见

当公司作为被执行人,经执行程序后,债权人的债权仍无法得到全部受偿时,债权人可通过执行异议及恢复执行程序,申请追加未完全履行出资义务的股东作为该案被执行人,要求其在出资范围内对公司债务承担补充赔偿责任。前述追加被执行人的救济方式实施难度不大,且在司法实务中亦较为常见,但耗时相对较长,并且这过程中该股东可能会借机转移财产,还可能提起案外人执行异议之诉以进一步拖延时间。考虑到上述不利因素,经办律师认为该方式并不能迅速化解本案困境,急解魏某某等人之忧。

用人单位及相关责任主体同时受到劳动法、刑法等法律规定中关于民事责任、行政责任及刑事责任的多重制约,故经办律师将重心落在劳动关系这种受特殊保护的法律关系上,并希望通过刑事追责的方式,让某公司股东陈某某、符某某基于严厉刑罚的震慑力,尽快向魏某某等人支付劳动报酬等。

经办律师了解后,发现陈某某、符某某的前述行为确已涉嫌拒不支付劳动报酬罪及职务侵占罪,两人不仅应当代某公司足额向魏某某等人支付劳动报酬等,还将面临刑事制裁。故此,经办律师果断确定了以刑事报案为先,以追加被执行人及行政举报为后的代理方案,最终仅以刑事手段就迅速有效地为魏某某等人追回了劳动报酬等。

案例评析

本案的焦点在于《刑法修正案(八)》虽于2011年2月25日颁布,对拒不支付劳动报酬罪予以了规定,但是对于该罪的立案标准和实践操作等仍未有明确的操作指引,因此一直也存有较大争议。很多私人企业老板,仍抱着侥幸心理,利用法律上的空缺,成立皮包公司并通过拖欠劳动者的劳动报酬、私立个人账户偷税漏税等方式,短期获取高额的营业收入后抛弃公司。一般的劳动者,对相关的法律规定知之甚少,遇到企业老板逃薪后不知如何维护自己的合法权益。最高人民法院于2013年1月发布了《关于审理拒不支付劳动报酬刑事案件适用法律若干问题的解释》,对于恶意欠薪等,达到一定条件的,依法追究企业法定代表人或负责人的刑事责任,至此,拒不支付劳动报酬罪才有了具体的操作指引。

本案涉及的劳动报酬不算特别多,但是对于劳动者而言却十分重要。据了解:不少用人单位为了获取高额的利润,不惜通过各种手段拖欠劳动者的劳动报酬;而作为弱势群体的劳动者根本不知道应该怎么保护自己的利益,只能通过信访、上访等手段,又进一步造成了社会的不稳定。因此,律师必须研究新的法律手段去保护劳动者的合法利益。经办律师在处理本案中作了一次新的尝试,通过不断努力及研究,终于探索出处理劳动案件的新方向。俗话云:“活到老,学到老。”其实律师也必须持续学习各种新的法规及知识,才能为客户提供更专业的法律服务。同时,律师也应具备多元化的法律思维,尽可能为客户提供优质、高效、专业的争议解决方案。

此外,据了解,本案件是广州市天河区第三起涉嫌拒不支付劳动报酬罪立案的案件,同时也是第一起非由劳动部门等行政机关移送的案件。本案件于2015年4月被广东省律师协会评选为“优秀典型案例”优秀奖。这激励着律师在办案过程中应积极探索、敢于创新、勇于挑战。

专家点评

本案经办律师在劳动案件无法执行到位的情况下,通过刑事报案追究公司股东刑事责任的手段,不仅成功促使公安机关开展刑事侦查工作,也最终为10多名劳动者成功追讨到全部劳动报酬等款项。经办律师的办案思路灵活,办案效果良好。

在实务中,与用人单位相比,劳动者往往属于弱势群体,不少劳动者因被公司拖欠工资而面临经济困难的处境。而执行难,也是司法实践中常见的一大难题。如果前述问题没有得到有效解决,不仅致使当事人的合法权益得不到有效保障,也可能对社会稳定造成不利影响。目前,我国法院已采取各项措施,以争取妥善解决执行难问题。

对于执业律师而言,通过多途径多手段,力求为劳动者及其他申请执行人有效追讨回相关款项,使案件执行到位,不仅充分维护当事人的自身权益,也是积极践行律师社会责任的体现,促进了社会和谐发展及司法公正。

(点评人:杨超男,暨南大学法学院研究生导师)

如何平衡刑法的惩罚功能和教育功能

——认罪认罚制度在罗某某涉嫌盗窃案中的适用

许悦敏

摘　要

罗某某涉嫌盗窃罪被提起公诉，经办律师查阅了相关法律和本案全部卷宗材料，根据罗某某的个人经历，最大限度维护了罗某某的合法权益。

案情简介

2019 年 2 月 3 日，T101 次列车旅客朱某下车后遗忘一个黑色双肩背包，罗某某明知该背包是刚下车的旅客遗落，故意向旁人谎称自己与失主相识并随后会将原物归还，当日列车停靠赣州站时，罗某某将背包盗走，内有人民币 1500 元、"索尼"单反相机一部、"佳能"135 定焦镜头一个、"适马"35 定焦镜头一个，"苹果"5S 手机一部、"小米"充电宝一个等物。经某市价格认证中心鉴定，案涉物品总价值共计人民币 17,848 元。赃款赃物已发还给被害人朱某。犯罪嫌疑人罗某某于 2019 年 2 月 21 日被广州铁路公安局深圳公安处取保候审。2019 年 12 月 11 日，广州铁路公安局深圳公安处以罗某某涉嫌盗窃罪向广州铁路运输检察院移送审查起诉。

争议焦点

罗某某的量刑情节能否酌定不起诉？

代理意见

许悦敏律师接受广州市法律援助处的指派，担任罗某某涉嫌盗窃罪一案在审查起诉阶段的值班律师。接受指派后，值班律师会见了犯罪嫌疑人罗某某，根据其反映的情况，查阅了相关法律和本案全部卷宗材料。就本案证据、事实，结合法律的有关规定，发表如下法律意见：

1. 值班律师对公诉机关指控犯罪嫌疑人罗某某涉嫌的犯罪事实和罪名没有异议。

2. 对本案的量刑情节，值班律师认为犯罪嫌疑人罗某某在本案中的行为具有以下法定或酌定的从轻或减轻处罚的情节，建议公诉机关予以充分考虑。

（1）犯罪嫌疑人罗某某系初犯、偶犯，实施犯罪行为是其法律意识淡薄等因素造成的，可依法从轻或减轻处罚。

（2）犯罪嫌疑人罗某某涉嫌犯罪行为的情节显著轻微，其主观恶性较小，到案后一直如实供述、主动认罪，认罪态度诚恳，且案发后已将全部盗得的物品退还给被害人，没有给被害人造成相应的损失，依法可从轻处罚。

（3）犯罪嫌疑人罗某某拿走被害人朱某遗忘在T101次列车的黑色双肩背包，盗窃行为是临时起意，相较一般的盗窃案，主观恶性较小。

（4）犯罪嫌疑人罗某某家境贫困，其系全家人经济上、生活上的主要依靠，家庭极需要照顾。

犯罪嫌疑人罗某某家在江西赣州市，其家境非常贫困，家中居住的是土坯房，该房作为危房于2018年已被拆除，现无经济能力建房，需要租房居住（每月租金300元）。罗某某长期在外地务工，在某速递工作，每月收入仅为3000元左右。其妻子常年体弱多病，曾因子宫肿瘤、气管炎做过两次手术，无劳动能力在老家养病。在这样的家庭环境下，罗某某的儿子小罗自小勤奋好学，2015年考上某名牌大学本科，目前是某名牌大学在读控制科学与工程的硕士研究生（附上录取通知书），小罗在校平时表现优秀，是一名品学兼优的学生。罗某某微薄的收入不但要支付妻子的医药费用、生活费、房租，还要支付儿子小罗的学费、生活费。此外，罗某某的弟弟因矿难死亡，弟媳已改嫁他人，弟弟遗留的女儿在某学院就读工商管理（附上录取通知书），所有的学费、生活费用也由罗某某支付。由此可见，罗某某的家庭非常贫困，其系全家人经济上、生活上的主要依靠，家庭极需要他照顾。

（5）犯罪嫌疑人罗某某愿意签署认罪认罚从宽具结书，自愿认罪认罚，依法应从轻或减轻处罚。

(6)推进认罪认罚从宽制度应确保社会效果与法律效果相统一,让公平正义更快更好实现 。

法律不是冰冷的,是有温情的,如果让违法犯罪者在受到惩戒之后感受到法律的温度,或许能帮他们更好地回归社会,促进社会和谐。本案罗某某确实因一时贪念临时起意在列车上拿了被害人朱某遗忘的黑色双肩背包,罗某某的行为触犯法律,依法应追究法律责任。如严格依法依规对罗某某的案涉行为作出惩戒,那么确实保障了法律效果;但罗某某此次犯罪污点,将让其原本贫困的家庭更加雪上加霜,对罗某某自小勤奋好学的儿子小罗日后继续升学(出国进修)、就业等将会造成非常大的影响。经办律师希望公诉机关对罗某某案涉行为作出惩戒时,能够考虑给罗某某一个改过的机会,别让罗某某此次污点成为其儿子小罗人生发展的阻碍,能够让罗某某及家庭感受到法律的温度,确保社会效果与法律效果相统一。

综上,根据罪责刑相适应的原则,综合考虑犯罪嫌疑人罗某某认罪认罚,也是初犯,案发后全部物品已归还被害人,没有造成相应经济损失,临时起意主观恶性较小和社会危害性不大等从轻、减轻情节,恳请法院在量刑时本着教育与惩罚相结合的原则从轻、减轻处罚,给犯罪嫌疑人罗某某一个改过自新、重新做人的机会,也给其家庭及儿子一份法律温情,建议对罗某某作出酌定不起诉的决定。

裁定结果:广州铁路运输检察院对罗某某作出不起诉决定。

案例评析

本案是一起事实清楚、证据确实充分的盗窃案件,案涉金额为17,848元,此案涉金额无论按照江西省赣州市个人盗窃数额较大的量刑起点1500元以上,还是按照广东省一类地区个人盗窃数额较大的量刑起点3000元以上,均已达到数额较大的量刑标准。按照法律规定及司法实践,犯罪嫌疑人罗某某被移送起诉并依法判处刑罚是合理合法的。法律援助值班律师提出对罗某某作出不起诉决定的法律意见,被检察院采纳的难度相当大。

本案法律援助值班律师始终秉承以维护受援人合法权益为己任的专业精神,竭尽一切合法方法,排除困难。在接受法律援助机构指派后,通过会见罗某某了解案件经过以及其家庭情况后,在罗某某签署认罪认罚具结书之前先联系经办检察官，针对罗某某犯罪情节及家庭情况详细与检察官进行沟通，希望检察院对罗某某案涉行为作出不起诉决定。经办检察官认真听取值班律师提出的相应意见，且经审查全案的事实和证据，最终采纳了值班律师对案件提出的法律意见，依法对受援人作出不起诉决定，最大限度地维护了受援人的合法权益。

俗语“非己之利，纤毫勿占；非己之益，分寸不取”，告诫世人应取财有道。世上虽有侥幸之事，却断不可存侥幸之心，无数事实证明，侥幸就是不幸的开始。自觉抵制不良行为，才能远离违法犯罪。

专家点评

本案是法律援助值班律师在审查起诉阶段认罪认罚从宽制度适用中提供实质有效法律帮助的一宗典型案例，对规范值班律师工作具有示范意义。

法律援助值班律师在认罪认罚从宽制度适用中发挥着重要作用。2017 年 8 月，最高人民法院、最高人民检察院、公安部、国家安全部、司法部联合印发《关于开展法律援助值班律师工作的意见》，对法律援助机构派出的值班律师的定位、职责等予以规定。2018 年 10 月，《刑事诉讼法》修改，值班律师制度被正式纳入。2019 年 10 月，《关于适用认罪认罚从宽制度的指导意见》出台，在“犯罪嫌疑人、被告人辩护权保障”部分对值班律师的工作予以细化。从试点到正式入法，广州市各政法机关在实施探索中，积累了一定的经验做法，并率先以制度化形式将已经取得的成果固定下来。2020 年 3 月，广州市人民检察院、广州市公安局、广州市司法局联合印发《关于认罪认罚从宽制度适用中全面落实值班律师法律帮助的实施细则》，规定办案机关应当保障值班律师的阅卷、会见等权利。法律援助值班律师起着提供法律帮助、保障被追诉人认罪认罚自愿性和真实性的重要作用。为避免值班律师不提供实质有效法律帮助而虚化为认罪认罚从宽案件的见证人，广州市司法局于 2020 年 6 月 12 日印发《认罚认罚从宽制度适用中值班律师办理法律帮助案件工作规范》，对值班律师办理法律帮助案件提出具体明确的要求，确保值班律师法律帮助实质有效。

本案是一起普通成年人盗窃的刑事辩护案件。案情简单、清晰，受援人自愿认罪认罚，证据确实、充分，案涉金额为 17，848 元，已达到数额较大的量刑标准。值班律师接受法律援助机构指派后，严格按照工作规范履行职责，进行阅卷、会见，对受援人的犯罪情节及家庭情况进行全面透彻的分析，并提交书面法律意见书。在罗某某签署认罪认罚具结书之前联系经办检察官，与检察官进行详细沟通,促使检察官采纳法律意见,对受援人作出不起诉决定。值班律师的工作有效地维护了受援人的诉讼权利和合法权益,取得了良好的法律效果与社会效果。

(点评人:付丽莎,中山大学法律硕士研究生导师)

非法吸收公众存款罪的罪与非罪

——陈某某非法吸收公众存款罪案

王燕妍

摘　要

王燕妍律师在审判阶段介入陈某某涉嫌非法吸收公众存款罪、非法经营罪、合同诈骗罪一案。公诉机关指控陈某某涉嫌非法吸收公众存款金额为370万元，涉嫌非法经营的犯罪金额为1800万元，涉嫌合同诈骗罪的犯罪金额为46,658元；对非法吸收公众存款罪的量刑建议为3～5年，对非法经营罪的量刑建议为5～7年，对合同诈骗罪的量刑建议为6～11个月。

本案经过三次庭审，最终律师的辩护意见被法院部分采纳，法院判决陈某某不构成非法吸收公众存款罪，指控被告人的三个罪名变更为两个罪名，认定陈某某构成非法经营罪和合同诈骗罪，最终法院认定陈某某非法经营罪的犯罪金额从公诉机关指控的1800多万元降至300多万元，陈某某犯非法经营罪，判处有期徒刑2年3个月，犯合同诈骗罪，判处有期徒刑8个月，合并执行刑期2年6个月，并处罚金，比公诉机关的量刑建议大幅度降低，实现了有效辩护。

案情简介

2014年开始，陈某某承诺高额利息，向尹某、申某、张某、周某、翁某等12人吸收存款，经统计的存款金额为370万元。至案发前，尚有170万元本金未归还。

2014年5月至2016年7月，陈某某在未获得许可的情况下，利用销售点终端机具（POS机）以及某App平台从事资金结算业务，陈某某共为500余家商户办理销售点终端机具（POS机），按照每笔资金收取0.38%～1.25%不等的手续费，经统计，其上述行为经营的金额约人民币1000万元，获利约人民币13万元。

2015 年 4 月至 2016 年 7 月,陈某某在某商务中心内,使用富某公司销售点终端机具(POS 机)以虚构交易的方式,向信用卡持卡人直接支付现金,按照金额的 1% 向信用卡持卡人收手续费,并以支付"报酬"的方式,获取多张他人信用卡,在没有真实交易的情况下,使用他人信用卡在富某公司销售点终端机具(POS 机)上刷卡,套取银行资金归自己使用,经统计,上述行为涉及金额为人民币 800 万元,获利人民币 3 万元。

2016 年 6 月 18 日,陈某某以富某公司名义与鑫某公司签订商品购销合同,约定向鑫某公司出售价值 46,658 元的机电产品,陈某某收到款项后,向富某公司开具了相同数值的增值税发票。

争议焦点

1. 陈某某承诺高额利息,采取"口口相传"的方式,向尹某、申某、张某、周某、翁某等 12 人吸收存款 370 万元,是否构成非法吸收公众存款罪?

2. 陈某某搭建的某 App 平台连接客户终端 POS 机、支付公司、银联公司,是否构成非法经营罪?陈某某涉嫌非法经营的金额是否为公诉机关指控的 1800 万元?

辩护意见

经办律师针对争议焦点,提出相应辩护意见,简要摘录如下:

1. 被告人陈某某与借款人签订了合作协议、借款协议,是民间的债务纠纷,未影响国家的金融信贷秩序。被告人陈某某并未向不特定人群宣传,出借人均是现实中的朋友和客户,是特定的人群,不构成非法吸收公众存款罪

非法吸收公众存款罪中的所谓"公众"意即吸收存款对象的不特定性,指社会上大多数人。人包括自然人、法人,存款包括个人存款和机构存款,所以公众包括法人,而陈某某与尹某、申某等 12 人之间,在未发生借贷行为之前均是朋友、客户,是互相认识的,相互之间有着不同程度的经济往来,是特定的人群。陈某某未通过媒体、推介会、传单、广告的形式向社会不特定人群公开宣传,也未让出借人口口相传,高息吸收不特定人群的存款。

陈某某与尹某、申某等 12 人之间有签订合作协议共同经营 POS 机,有签订借款协议,有借条,有通过借贷宝借款等方式借钱,其中通过借贷宝借款的方式也是

贺某提出的，出借人担心借款无法收回，还在借款协议中要求陈某某用房产、租金来提供担保，因此，出借人知道他们给陈某某的款项是借款，而非存款。陈某某无力偿还尹某、申某等12人的借款，仅仅造成尹某、申某等12人的财产损失，并没有影响到国家的金融信贷秩序。

根据2010年12月13日发布的最高人民法院《关于审理非法集资刑事案件具体应用法律若干问题的解释》第1条之规定，未向社会公开宣传，在亲友或者单位内部针对特定对象吸收资金的，不属于非法吸收或者变相吸收公众存款。

2. 被告人陈某某搭建某App平台，用于连接客户终端POS机、支付公司和银联公司，POS机终端付款、银联及支付公司收款，某App平台未从事资金结算业务，不构成非法经营罪。即使认定陈某某构成非法经营罪，公诉机关认定的犯罪金额与实际不符，应当以实际结算的金额为准来认定陈某某非法经营的金额。

陈某某是几家公司合法授权的POS机销售业务员，其出资搭建的某App平台，在POS机客户终端与银联和支付公司中间起中介作用，POS机终端发出支付申请，银联及支付公司会发送一个支付二维码，某App平台将支付二维码再发送给POS机客户终端，客户终端将款项支付给银联及支付公司，其App平台并未收取任何款项，银联及支付公司收取款项后，与终端进行资金结算，从事资金结算的依然是有资质的银联及支付公司，并非某App平台及富某公司。

富某公司的盈利点有两个，一个是销售POS机的提成，每销售一台提成200元，另一个为POS机支付款项的提成，这两个盈利点由银联及支付公司返还给陈某某。

陈某某搭建某App平台，未从事资金结算业务，在POS机终端及银行和支付公司之间建立一个平台，其从事的工作只是一个支付二维码的搬运工，未扰乱市场秩序，该部分行为不构成非法经营罪。

当持卡人在商户的POS机上刷卡后，商户会通过电话或电脑网络向收单行提请交易授权，收单行随之会向发卡行或国际授权清算网络提请交易授权，在发卡行确认了消费者身份之后，会向收单行批准交易授权，而最终收单行会向商户批准交易授权，因此，应当以实际结算的金额为准来认定陈某某非法经营的金额。

鉴定报告认定的POS机刷卡套现仅有4人，金额总计为2,700,601.42元，与公诉机关起诉金额800万元相差甚远，应以有实际证据支持的鉴定报告刷卡金额来认定陈某某POS机刷卡非法经营的犯罪金额。

案例评析

律师从审判阶段介入本案,介入时间短,并且因为被告人涉及三个罪名,涉及的案卷材料较多,经过侦查阶段、审查起诉二退,办案机关用尽了所有的办案期限,相应的证据材料收集全面,在审判阶段介入本案,想取得良好的辩护效果,要付出大量的时间和精力。经办律师介入后,多次阅读本案所有证据材料,多次会见被告人沟通案件细节,在会见时,被告人可以清楚说出每一位被害人与其关系,记得每笔款项的付款经过,且在案卷材料里可见被害人的报案材料和被告人的陈述基本一致,本案所附的 12 名被害人均是被告人身边特定人员,并非不特定人员。以此作为突破点,辩护人主张被告人不构成非法吸收公众存款罪。通过庭审过程中发问、质证、辩论环节,环环相扣,互相呼应,把整个辩护观点完整、清晰展现在法庭上,并被法庭采纳,最终未认定被告人构成非法吸收公众存款罪。

公诉机关指控被告人非法经营罪包含两个方面:(1)建立某 App 平台连接客户终端 POS 机、支付公司、银联公司;(2)通过 POS 机刷卡提现。辩护人提出虽然被告人建立某 App 平台连接客户终端 POS 机、支付公司、银联公司,但是未参与支付公司和银联公司间的结算,从事结算的仍然是支付公司和银联公司,某 App 平台只是将结算码在二者之间发送。这个辩护观点虽然最终未被法庭采纳,但是法庭却将 1000 万元的非法结算金额全部未认定为非法经营的犯罪金额,最终法庭认定被告人通过 POS 机套现 379 万元,从被指控的 1800 万元降至 300 多万元,对陈某某的量刑也起到重大的影响。本次对犯罪金额的辩护亦是一个非常成功的辩护。

因为本案办理时间在 2019 年,当时的《关于审理非法集资刑事案件具体应用法律若干问题的解释》第 1 条规定,未向社会公开宣传,在亲友或者单位内部针对特定对象吸收资金的,不属于非法吸收或者变相吸收公众存款。

根据 2022 年 3 月 1 日实施的最高人民法院《关于审理非法集资刑事案件具体应用法律若干问题的解释》第 1 条之规定,未向社会公开宣传,在亲友或者单位内部针对特定对象吸收资金的,不属于非法吸收或者变相吸收公众存款。

这是非法吸收公众存款罪出罪的一个重要依据,非法吸收公众存款罪因为案涉被害人人数众多,涉嫌金额巨大,出罪非常困难。无疑本案是为数不多的非法吸收公众存款罪成功脱罪的案例。

近年来涉及非法吸收公众存款罪的案件数量激剧增加,律师承接到本类案件,首先从被害人报案材料,从被害人与被告人关系,被害人是特定的人群还是不特定人群，被告人、被害人之间款项往来是正常的经济往来还是非法吸收公众存款等多个角度入手，论证是否构成非法吸收公众存款罪，是一个有效可行的辩护策略。

对经济类案件的辩护，在定性辩护之外，对量刑辩护也是一个有效的辩护策略，量刑辩护中对犯罪金额的辩护就是最直接也是最有效的辩护方法。认真审核公诉机关指控的犯罪金额，其认定逻辑、认定依据、认定证据之间是否存在无法解释的矛盾等，找准薄弱环节，找出有力辩点，建立辩护防线，一样可以取得有效、良好的辩护效果。

案件经过侦查、审查起诉再到审判阶段，并不意味着再无辩护空间，认真、细致审查本案的证据，依然可以取得良好的辩护效果。

专家点评

非法吸收公众存款罪案件因被害人人数众多，被害人经济损失严重，民愤较大，经过侦查、审查起诉之后，在审判阶段能把该罪名打掉的案例少之又少。从该层面来讲，本案能在审判阶段，让合议庭合议后判定不构成非法吸收公众存款罪，无疑是非常成功的辩护。

辩护人能从被告人搭建某 App 平台的作用入手，通俗易懂地讲述某 App 平台在客户终端 POS 机、支付公司、银联公司之间所起的作用，使不了解某 App 平台的审判人员，通过辩护人的讲解，能厘清某 App 平台与客户终端 POS 机、支付公司、银联公司之间的关系，对认定被告人非法经营罪的犯罪金额起到重要的作用。

本案判决书虽不赞成辩护人提出的某 App 平台未参与资金结算的业务，却在认定被告人犯罪金额时扣除了全部某 App 平台参与的数额，也算实质采纳辩护人的辩护观点。

经过侦查阶段、审查起诉阶段之后，在审判阶段介入案件，虽然难度增大，但是如能找准论点、辩点，依然可以取得良好的辩护效果。本案就是一个成功的范例。

本案辩护人通过辩护，能将被告人非法经营罪的犯罪金额从 1800 多万元降至 300 多万元，犯罪金额的大幅度降低，从而使对被告人的量刑也大大降低。这充分证明，犯罪金额辩护也是一种有效的辩护手段。

（点评人：洪树涌，广州市律协经济犯罪刑事委员会委员）

职务侵占罪辩护中智谋推翻鉴定报告

——李某某职务侵占罪案

王燕妍

摘 要

李某某职务侵占一案，是某直销公司员工和某公司员工共同犯罪的一起群体性案件，公诉机关指控李某某涉嫌职务侵占的犯罪金额为3,310,240元，对李某某的量刑建议为5~6年有期徒刑。

经过辩护人有效的辩护，法院采纳了辩护人的部分辩护意见，认为：公诉机关以同类型正常产品的市场价格认定实际价值缺乏合理性，认定的犯罪数额不当，予以纠正；李某某具有自首情节，量刑时酌情综合考虑。于是判处李某某有期徒刑1年10个月，判决生效后李某某走出看守所，重获新生。

案情简介

2018年7月至8月，时任某直销公司物流营运主任的李某某，时任某公司库房操作员的谢某某伙同文某某（某直销公司安保部主任）、李小某（某公司物流营运部物流营运主任），利用李某某、文某某、李小某的职务便利，由李某某及李小某提供货物申请单，由谢某某负责备货及装车，由文某某负责放行，分两次将某直销公司存放在某处的产品运出后予以变卖分赃。被告人李某某伙同李小某、文某某侵占的产品经鉴定价值为人民币33,102,140元。

报案单位报案材料显示，李某某等人侵占的某直销公司的产品为报废品，鉴定报告以全新同类产品的市场价鉴定案涉产品的价值。

争议焦点

1. 本案的鉴定报告是否具有客观真实性,能否作为定案的依据?

2. 公诉机关指控的侵占产品数量是否有证据支持?

3. 李某某的行为是否构成自首?

辩护意见

辩护人节选与争议焦点相关的辩护意见如下:

1. 起诉中指控李某某参与侵占某直销公司产品数量的事实不清,证据不足,对无相应证据支持的指控数量应予以扣减

本案公诉机关指控的第一宗犯罪事实,对侵占产品数量认定依据谢某某供述中承认的侵占数量,李某某与谢某某对数量的供述存在不一致的情况,本案被害单位提供丢失产品明细表中列明公司丢失产品的数量,与起诉书中指控被告人侵占某直销公司产品的数量存在很大的差异,存在被害人未报丢失,而公诉机关却起诉了相应数量的情况,且公诉机关提供的证据里,除了被告人自认的数量外,并无其他确切的证据证明被告人在2018年7月至8月,侵占公司产品的数量。以上情况足以说明,公诉机关指控的被告人参与侵占某直销公司产品数量,事实不清,证据不足。

公诉机关起诉的犯罪金额依据公安机关于2019年6月25日出具的情况说明,在该情况说明中,对被告人侵占产品的数量用的是约多少个的字样,公诉机关指控的事实应当清楚,证据应确实、充分,而不应该用约有多少个的数据来对被告人定罪量刑。

2. 本案被告人侵占的产品为报废品,鉴定机构以全新产品的销售价格来认定产品的价值,明显偏高

本案被告人以及其他几位同案犯,在供述中均承认他们共同侵占的产品为报废品,从被害人提供的公司产品报废流程以及被告人的供述可以看到,某直销公司将报废的皇后锅称重后压坏,报废成废铁,将固体化妆品折断,将液体化妆品倒掉,通知环保公司过来回收处理。报废处理后的产品价值根本无法与全新产品的价值相提并论。

本案公安机关提供全新的公司产品送给某某价格认证中心进行价格鉴定,该中心出具的价格认定明细表备注中清楚标明是案发时全新未拆封合格正品,认定

的是全新产品的单价。而两名被告人及其他同案犯均陈述侵占的为公司的报废品。显然以全新未拆封产品来认定犯罪金额,比报废品的实际价格偏高,明显对被告人不利。某某价格认证中心出具的鉴定报告不具有客观真实性和关联性,不能作为本案定案的依据。

另外,在本案起诉书中,对被告人两次的犯罪金额采取不同的计算方法。起诉书起诉的 2018 年 7 月和 8 月的犯罪事实,用某某价格认证中心出具的价格鉴定,认定侵占产品的计算单位,通过被告人供述计算被告人侵占的产品数量;而在起诉书指控的 2019 年 4 月至 5 月的犯罪事实中,用产品销售后的获利金额来认定犯罪金额。同一案件两种计算标准,且两种计算标准相差很大,2018 年 7 月和 8 月的犯罪金额达到 3,310,240 元,与报废产品的实际价值相差太远,计算的犯罪金额明显偏高。根据存疑有利于被告人的原则,应以被告人销售后获利的金额来认定犯罪金额。请法庭予以留意,并能予以修正。

3. 本案报废产品的实际价值无法认定,以案涉产品的实际销售金额来认定犯罪金额更能体现罪刑相适应原则

本案谢某某侵占产品通过成某某销售后,把销售款项转给谢某某,谢某某通过成某某售卖后再转款给李某某,以成某某转账支付的销售金额认定李某某 2018 年 7 月至 8 月犯罪金额更为接近事实。请合议庭予以考虑。

4. 李某某主动投案,并如实供述自己与他人的犯罪事实,应构成自首。根据《刑法》第 67 条之规定,对其可以从轻、减轻处罚

被告人李某某在某直销公司未发现任何犯罪线索时,主动向其直属领导坦白交代自己和他人的犯罪行为,得知公司向公安机关报案后,主动返回,在公司等待公安机关的到来,归案后,如实供述自己和他人的犯罪行为,应构成自首。

案例评析

本案是对犯罪金额辩护较为成功的一个案例。依据公诉机关指控的犯罪金额,公诉机关给出的量刑建议为 5 ~6 年有期徒刑,对李某某明显是极其不利的。开庭时,辩护人指出本案鉴定报告依据单价是全新未拆封合格正品单价,而本案被告人的当庭供述和被害单位的报案材料证实,被侵占的是公司的报废品而不是全新品,以全新未拆封产品来认定犯罪金额,明显与事实不符,不具有客观性。辩护人在整个庭审过程中,通过庭审发问、质证及辩论环节,把能证明本案侵占的对象是报废品这一事实完整地展现在法庭上,才使合议庭最终采纳辩护人的辩护意见。

专家点评

本案公诉机关起诉李某某的职务侵占金额为33,102,140元,根据《刑法》第271条之规定,法定刑为3年以上10年以下有期徒刑,经过辩护,最终法院在公诉机关量刑建议以下量刑,判处李某某有期徒刑1年10个月,大幅度降低李某某的量刑,取得了良好的辩护效果。

本案被侵占的是公司的报废品,而鉴定报告鉴定的是公司全新未拆封的产品,以全新产品价值来认定报废品的价值,明显对被告人非常不利。在审判阶段使合议庭认同律师的辩护观点,很难,显然本案的辩护人通过庭审说出自己的观点,并使自己的观点被采纳,是本案辩护最大的亮点。

法院未将鉴定报告作为定案依据,在实践中比较少见。本案的犯罪金额辩护亦非常成功。

鉴定报告在经济类犯罪案件中非常常见,办案机关通常把鉴定报告作为定案及量刑的依据,虽然在司法实践中,许多辩护人就鉴定报告提出过异议,最终法院依然会将附卷的鉴定报告作为定案的依据。本案是为数不多经过律师辩护、法院未将鉴定报告作为定案依据的成功案例。这个判决也能给更多的律师以信心,要敢于在鉴定报告中发现问题,提出问题。在辩护过程中,坚持自己的观点不动摇,亦会取得满意的辩护效果。

(点评人:洪树涌,广州市律协经济犯罪刑事委员会委员)

诈骗罪案件中如何“打掉”审计报告

——唐某诈骗罪案

王燕妍

摘 要

该案是23名被告人的群体性案件,唐某是案涉公司的模特,位列公司老板之下的第三被告人,公诉机关指控唐某对整个公司的白酒销售金额承担法律责任,鉴定报告认定的犯罪金额为4,947,986.57元,对唐某的量刑建议为5年以上8年以下有期徒刑。

经过律师有效辩护,法院认可辩护人对本案审计报告的质证意见,未将本案的审计报告作为定案依据,最终法院认定唐某的犯罪金额为449,182.48元,量刑时酌情综合考虑,判处唐某有期徒刑2年4个月,并处罚金4万元。

案情简介

自2018年9月开始,谢某、蔡某因某公司业绩不佳,遂共谋改变经营方式,并先后召集唐某、黄某等23人,唐某与公司业务员签订授权协议,授权公司员工使用唐某的头像进行合法的白酒销售,唐某定期拍摄本人生活照片、生活视频、才艺视频发送给谢某、蔡某、黄某等业务员,以美女“唐某”“娜娜”等人物身份和家庭背景资料,在互联网上与男性微信网友进行聊天,告知男网友家庭不幸,进而以“过生日”“酒庄开业”等名义,收取网友的红包或者向网友销售自产的合格白酒。

公安机关抓获案涉25人,查封案涉公司,从案涉公司的财务办公电脑中,查获案涉员工的业绩表、发货表、工资报表等业务经营资料,鉴定公司对案涉公司自2018年9月至2019年6月23日白酒销售金额进行鉴定,鉴定金额为4,947,986.57元。

争议焦点

1. 唐某的行为是否构成诈骗罪?

2. 本案的鉴定报告能否作为定案的依据?

3. 鉴定金额 4,947,986.57 元是否为唐某的犯罪金额?

辩护意见

辩护人针对争议焦点提出的辩护意见如下:

一、定性辩护

1. 辩护人对本案的定性有异议,本案是过度营销的商业行为,不应被认定为诈骗罪。

(1)本案被告人主观上无非法占有之目的。

从几天的庭审可知,多名被告人证实,某公司的规章制度规定收了客户的红包就要向客户发等价值的货物,如果客户不要酒,就不收红包,不会白要客户的钱。在销售过程中,有买有卖,有退货,有退款,业务员在客户购买之后,对客户回访,遇到客户投诉的问题,积极处理,能退货就退货,能退款就退款,且存在退款而不要求客户退货的情况。这些足以证明某公司在制定该营销方针及销售过程中,无非法占有目的。

(2)本案被告人客观上未实施诈骗行为。

本案除两位老板外,其余人都是公司的普通员工,履行职务行为,与客户交易的款项全部都汇入公司账户,被告人并未获得客户支付的款项;某公司收到款项后,向客户邮寄等价的白酒,客户支付款项后,收到相应对价的白酒,财物并无损失。

(3)本案销售的白酒是符合国家标准的合格白酒,很多客户认可白酒的质量后,多次重复购买。

案涉公司是合法成立的商贸公司,且公司的经营范围包含酒类零售。本案被起诉的被告人销售的均是合格的白酒,有正规的进货渠道,且与某(集团)有限公司签订合作协议。在该份协议中约定酒厂必须提供合格的产品,提供样品与酒质必须完一致,且提供合法的检验报告,禁止以次充好提供假冒伪劣产品。在该份协议末尾,约定了进货白酒的市场价。本案各位被告人销售的白酒有进货单据,被告人在收到客户款项后,均按聊天时确定的酒的数量发货,案件中现有的几名被害人均确认收到被告人邮寄的白酒,也有相应的收到货物的照片附卷,被告人销售白酒的价格亦低于协议中约定的所售白酒的市场价。

在庭审时,多名被告人多次说到,客户在试过白酒后,多次复购;本案的多名被告人也介绍家人、朋友来购买白酒。客户的复购以及介绍亲戚朋友购买均已说明,本案所售白酒的品质没问题。

(4)本案的话术单里唐某的身份真实,其自身的才艺及拍的照片、视频及其人物均是事实,其虚构的出生地及叔叔的身份,不是为了让客户陷入错误认识,只是为了快速拉近与客户的距离。

本案被告人在销售过程中夸大宣传、运用美女头像销售酒类,是运用网红模式吸引消费者、刺激消费。模特拍摄日常的生活及才艺照片是真实的,虽虚构了模特的出生地、叔叔的身份,并未虚构关键事实,在销售过程中,双方达成销售合意之后,客户付款,商家发货,有买有卖,有退货,有退款,销售的产品是符合国家行业标准的白酒,销售白酒的价格低于供货商约定的市场价,是正常的商业行业,充其量只是过度营销的商业行业,不应被认定为诈骗。

2. 唐某不构成诈骗罪。

(1)唐某与业务员签订授权协议,授权协议里明确约定不能利用唐某的身份干违法犯罪的事情。

在法庭调查阶段,多名被告人向法庭陈述,唐某在授权协议里明确约定,不能用唐某的身份及头像干违法犯罪的事情,唐某虽然与每个业务员签订授权协议,但是唐某在答应授权之前,明确向公司表示不能利用唐某的身份与客户搞暧昧。

唐某主观上不允许每个业务员利用自己的身份去欺骗他人,业务员超越唐某的授权进行违法犯罪,不应由唐某承担法律责任。在客观上,唐某并不经常回公司,不可能控制,也不可能参与每个业务员与客户的聊天过程,不应对所有的犯罪金额承担相应的法律责任。唐某主客观都不符合诈骗罪的犯罪构成要件,不应以诈骗罪追究唐某的法律责任。

(2)唐某作为公司的模特,提供照片、视频是其履职行为。

唐某作为某公司的兼职员工,不能决定公司的经营走向,不能影响公司的经营决策,在公司老板定好经营模式后,被老板选定为公司的形象代言人,她只有两种选择,要么走,要么按老板的意思来做,利用其形象吸引粉丝,销售合格的白酒。

唐某作为公司的模特,按公司领导的指示,遵照公司的要求,按照公司提供的剧本照相及拍一些生活视频,拍摄的照片及视频的生活场景以及人物均是真实的，唐某亦是真实存在的。唐某拍照及拍摄生活视频本身是不违法的。

二、量刑辩护

辩护人坚持认为唐某无罪，如果合议庭经合议后，仍认定唐某构成诈骗罪，辩护人针对量刑方面发表如下辩护意见：

本案的鉴定报告不具有客观真实性，不能作为定案的依据。

1. 公诉机关将某公司用于收款的2个微信号、1个支付宝号所收款项4,947,986.57元认定为犯罪金额的证据不足，未形成完整的证据链，对无证据支持的金额应予以扣减。

（1）本案认定犯罪金额为4,947,986.57元，除了审计报告之外，没有其他证据予以支持。

（2）本案被害人报案的金额为94,940.6元，有微信等转账记录支持的被害人报案金额为74,404.33元，与起诉的4,947,986.57元相差甚远。

（3）本案起诉书指控各被告人的个人业绩总和为2,101,709.69元，与起诉书起诉的总金额4,947,986.57元相差甚远。

暂不论公诉人起诉各个被告人个人业绩是否有证据支持，假设各数据均真实存在，各个被告人个人业绩相加，与公诉人起诉的400多万元也有200多万元的差距，这个200多万元的金额完全没有相应的证据支持。

2. 对某公司非用话术模式销售白酒所产生的业务收入金额应从审计金额里予以扣减。

（1）本案某公司的几个收款账户除用于团队销售白酒外，还用于酒庄葡萄酒销售、团购销售、有奖销售。该部分收款方式与白酒销售之后的收款账户及收款方式一致，应对该部分金额予以扣减。

（2）本案存在客户主动回购的情形，存在某公司员工线下直销的情形、存在某公司员工自己及家人购买的情形，存在销售红酒的情形，以上销售方式均未采用话术销售，应对该部分金额予以扣减。

（3）2018年9月至2019年3月，存在业务员用自己的形象或者其他员工身份及头像销售白酒的情形。对这部分金额应予以扣减。

（4）本案多个被告人否认与唐某签订过授权协议，对没有签订授权协议的被告人产生的金额应予以扣减。

（5）应对某公司退款退货的金额核实后予以扣减。

案例评析

本案是一个人数众多的群体性案件,因为连开庭5天,每晚加班开庭到10:30休庭,印象深刻。唐某因长相甜美,被选为公司的模特,唐某根据公司的需求提供人物形象,拍摄日常的生活照片、才艺视频提供给公司,公司雇佣业务员,以唐某的名义发朋友圈,吸引网友购买合格的白酒。这类似于当下较流行的网红经济销售的一种模式。

对于本案是否构成诈骗罪,控辩双方展开了多轮激烈辩论,各方都充分发表了自己的意见,最终法院依然将本案定性为诈骗罪,作为辩方有些遗憾。

本案最大的亮点就是,鉴定报告未被作为定案依据。在经济类犯罪案件中,鉴定报告是一个标杆,公诉机关依据鉴定报告起诉,审判机关依据鉴定报告定罪量刑,是司法实践中的常态。辩护人通过发问、质证及辩论,将鉴定报告中存在的问题一一展现在法庭上,让法庭无法回避,从而未将鉴定报告作为定案的依据,是辩护过程中的一个令人振奋的阶段性胜利。

本案正是因为鉴定报告未作为定案依据,犯罪金额下降了很多,20多名被告人的量刑均下调一档,在司法实践中比较罕见。虽然司法实践中鉴定报告被法庭大量地采纳,但并不代表所有的鉴定报告均是铜墙铁壁、无懈可击,找到正确的点发力辩护,依然能使鉴定报告作为定罪的依据,可以取得良好的辩护效果。

专家点评

本案公诉机关起诉唐某的诈骗金额为4,947,986.57元,根据《刑法》第266条之规定,法定刑为10年以上有期徒刑或者无期徒刑,经过辩护,最终法院在公诉机关的量刑建议以下量刑,判处唐某有期徒刑2年4个月,大幅度降低唐某的量刑,取得了良好的辩护效果。

本案辩护最大的亮点是鉴定报告未作为定案依据,整案的犯罪金额经过辩护,从公诉机关起诉的4,947,986.57元到法院最终认定的449,182.48元,在实践中比较少见。本案的犯罪金额辩护亦非常成功。

鉴定报告在经济类犯罪案件中非常常见,办案机关通常把鉴定报告作为定罪及量刑的依据。虽然在司法实践中,许多辩护人就鉴定报告提出过异议,最终法院依然会将其作为定案的依据。本案是为数不多经过律师辩护、法院未将鉴定报告作为定案依据的成功案例。这个判决也能给更多的律师以信心,要敢于在鉴定报告中发现问题,提出问题。同时也希望审判机关,能以事实为依据,以法律为准绳,作出更多罪刑相适应的判决。

(点评人:洪树涌,广州市律协经济犯罪刑事委员会委员)

贪污罪辩护中善于发现自首、重大立功

——詹某贪污罪案

王燕妍

摘 要

公诉机关指控詹某伙同刘某、李某等人，利用职务上的便利，以非法占有为目的，通过虚构交易、虚列开支、虚开发票等方式，套取某教仪厂、某厅印刷厂、某采购中心有限公司、某教育发展有限公司、某行业协会单位公款共计42,042,621.68元，数额特别巨大。

经过律师有效辩护，大部分辩护意见被法庭采纳，法院判定詹某具有从犯、自首和重大立功情节，量刑时酌情综合考虑，判处詹某有期徒刑4年。

案情简介

2015年至2019年，詹某伙同刘某、李某，利用刘某、李某职务上的便利，通过虚构交易、虚列开支、虚开发票等方式，套取单位公款共计42,042,621.68元。

归案后，刘某、詹某、李某如实供述。

争议焦点

1. 詹某在共同犯罪中起什么作用，是否构成从犯？

2. 詹某是否构成自首？

3. 詹某提供线索抓获同案刘某的行为，是否构成立功？詹某举报本案之外的案件线索是否构成立功？

4. 案涉两家公司不是国有企业，认定贪污的数额时是否应扣减两家金额？

辩护意见

经办律师深入研究案件以及与当事人多次会见，提出如下辩护意见：

1. 被告人詹某在本案中所起的作用较小，在共同犯罪中起次要、辅助作用，系从犯，依法应当被从轻、减轻或者免除处罚。

詹某在承包刘某所在某教学仪器厂的木工工程过程中，认识了刘某。为了承接某教学仪器厂业务，詹某对刘某唯命是从，如没有刘某的指挥，没有刘某提起犯意，没有李某等国家工作人员的配合，詹某不可能从案涉的国有企业、事业单位中，套出公款。詹某的非国家工作人员身份决定他只能从属于刘某等人，詹某根据刘某指令的金额来虚开发票、取李某等人开具好的支票，找公司套取现金。詹某在本案中负责外围的、跑腿的工作。而刘某知道詹某对他言听计从的心理，利用詹某帮助完成套取公款的工作，因此詹某在本案中起到次要的辅助作用。

詹某在本案中，相对于其他人获利较小，詹某按照刘某的指示，套取的现金90%都通过转账或者现金支付给刘某或者李某等人，詹某本人留存的股份还包括虚开增值税发票的税金、套取费用，留取的茶水费用很低，套取的4200万元公款中，获利70万元，占1%。詹某在本案中主观恶性小，起次要、辅助作用，应被认定为从犯。

根据《刑法》第27条之规定，对詹某应当从轻、减轻处罚或者免予处罚。

2. 被告人詹某让其员工告知办案机关自己的具体地址，知道办案机关去找寻时，主动原地等待办案机关到来，在办案机关讯问时能如实供述自己的罪行，应构成自首。根据《刑法》第67条第1款之规定，对其可以从轻、减轻或者免除处罚。

根据辩护人庭审发问情况、詹某当庭陈述，结合案卷材料中某监察委员会出具的《关于某教学仪器厂负责人刘某、财务主任李某以及詹某等人涉嫌职务犯罪案件调查情况的说明》《关于商请对詹某涉嫌共同贪污问题监察审理和移送检察机关审查起诉的函》以及其附件1、附件2、附件3中对詹某的到案情况的说明，可看出詹某投案后主动交代其本人和他人的犯罪事实，某纪委出具的情况说明对其投案及坦白情节都予以认定，应认定为自首。

3. 被告人詹某归案后，向监察机关提供同案刘某的有效线索，协助办案机关抓获同案刘某，并向监察机关举报他人的其他犯罪事实，有立功情节，应予以认定。

詹某归案后，主动向监察机关交代刘某失联逃匿前与自己具体联系和见面的情况，为追逃刘某提供了有价值的线索，对刘某到案接受调查起到实际帮助作用。

检举揭发某装备中心工作人员张某等人帮助刘某打听案件情况、泄露案件秘密等情节,并提供重要线索;检举揭发该中心原主任薛某涉嫌收受刘某贿赂用于购房,并提供具体线索。根据《刑法》第68条之规定,应构成立功,对其可以从轻或者减轻处罚。

4. 案涉两家公司不是国有企业,认定贪污金额4200万元应扣减该两家公司的犯罪金额。

案涉两家公司资本未显示来源于国有资本,性质不是国有企业,以上两家公司的股东里未显示国有资本控股或者出资,辩护人在企业信用信息公示系统里看到,粤某公司、金某公司的股东均为自然人股东,两家公司出资中均未显示有国有资本控股或者出资,两家企业的经营状况、利润分配也没有显示向上级的国有企业上缴利润。

也没有相关的文件证实,刘某或者李某等人被国有企业委派到公司里来管理国有资产。

辩护人认为上述两家公司的犯罪金额不应被认定为贪污犯罪金额,应予以扣减。

案例评析

鉴于贪污类案件的特殊性,詹某在被留置期间,已有100余次供述,办案机关对每一个案件事实、每个细节都重复讯问。被告人100余次有罪供述后,辩护的方向及策略就显得尤为重要。

本案的证据材料众多,案卷材料有100余卷,从繁杂的案卷材料中找到对被告人最有利的证据材料是个力气活,也是个技术活。鉴于当事人归案后,坦白供述,协助办案机关抓获同案犯,并举报他人的犯罪事实及犯罪线索等情况,采取有罪罪轻的辩护策略更有利于被告人。

在审查起诉阶段,虽然辩护人多次与公诉机关交流被告人具有从犯、自首及立功等量刑情节,但是,公诉机关对被告人以上情节均未予认定。因此在审判阶段,使法庭对被告人的从犯、自首、立功量刑情节予以认可,就显得尤为重要。如果辩护成功的话,对被告人的量刑会有重大影响。

辩护人围绕从犯、自首、立功等辩点,进行有效的庭审发问;对从100余卷材料中找到办案机关出具的、对被告人有利的情况说明、调查函、同案人的供述和证人证言等证据着重质证,以公诉机关提供的证据证实辩护人的辩点;有理有据的法庭辩论,最终使法庭采纳辩护人的大部分辩护观点,并认定詹某具有从犯、自首、重大立功等情节。

法庭发问、质证、辩论是法庭辩护的三个环节,每个环节有其特有的作用,每个环节的发力点均围绕辩点,互相呼应,把整个辩护贯穿于整个庭审,把自己的辩点清晰完整地展现在法庭上,更容易打动合议庭成员。

本案法庭最终采纳辩护人关于被告人詹某具有从犯、自首、立功等量刑情节,在认定的贪污金额特别巨大的情况下,判处詹某 4 年的有期徒刑,无疑是一次有效且成功的辩护。

案件在审查起诉阶段不能被认定的关键量刑情节,在审判阶段经过努力辩护,依然可以被认定。在辩护过程中,坚持辩护方向,努力在公诉机关提交的证据中找对当事人有利的证据,来证明辩护方的辩点,往往能起到良好的辩护效果。

专家点评

本案被告人贪污的金额达 4200 万元,贪污的金额特别巨大,根据《刑法》第 383 条之规定,应对其处无期徒刑或者死刑,并处没收财产。

经过辩护人的辩护,最终法院判处被告人 4 年有期徒刑,是一次成功且有效的辩护,达到了非常好的辩护效果。

笔者留意到,在审查起诉阶段,公诉机关并未采纳辩护人的意见,未认定被告人具有从犯、自首、立功等量刑情节。辩护人不气馁,继续搜集案卷材料中对被告人有利的材料,通过庭审过程中的发问、质证及辩论,使法院最终认定以上量刑情节,进而取得良好的辩护效果。

在遇到波折和困难时,在遇到否定、不认同时,依然能不动摇、不放弃,继续坚持自己的观点,在庭审过程中能戒骄戒躁,是刑事律师必备的素质。

(点评人:洪树涌,广州市律协经济犯罪刑事委员会委员)

主体不适格不构成特定犯罪

——贾某涉嫌职务侵占罪案

陈建民

摘　要

犯罪构成，是依照我国刑法的规定，决定某一具体行为的社会危害性及其程度，为该行为构成犯罪所必需的一切客观和主观要件的有机统一，是使行为人承担刑事责任的根据。目前我国通常采用四要件说的犯罪构成理论模式，根据该理论，犯罪主体为犯罪构成的必要条件之一。犯罪主体是指实施危害社会的行为、依法应当负刑事责任的自然人和单位。缺少主体条件，主体不适格，犯罪构成不完备，就构不成犯罪。

案情简介

2013～2018年，贾某为B公司的法定代表人及控股股东，B公司为A公司的法人股东，B公司持有A公司49%的股权。贾某未在A公司担任任何职务，也未参与A公司的任何经营业务，与A公司之间也不存在劳动关系。贾某的朋友区某因其他朋友的推荐，担任A公司实际上的经理(劳动合同约定为员工，未在A公司工商信息上显名)，武某为A公司持有51%股权的隐名股东(显名持有A公司51%的股东为一家公司，该公司的显名股东为武某亲属)，实际控制A公司。

2017年5月12日，武某将其从另一家W公司非法集资来的600万元人民币通过银行转给区某(未注明用途且案发前一直未归还)。区某与贾某是发小，成年后双方经常有经济往来。从2017年6月起，区某每月转给贾某10.5万元，直到案发前的2019年8月，合计向贾某转款约为273万元。

2019年8月武某因W公司涉嫌非法吸收公众存款罪被公安机关抓获；

2020年5月，区某因涉嫌职务侵占罪被公安机关抓获；

2022年1月19日，贾某因涉嫌职务侵占罪也被抓获。

争议焦点

犯罪主体是指实施危害社会的行为、依法应当负刑事责任的自然人和单位。贾某在该案中的犯罪主体是否适格，引起了人们的关注与争议：一种主张认为贾某符合犯罪主体的特征，因为其获取了非法利益，从侵犯社会法益的角度看，其构成犯罪；另一种认为其不符合刑法关于犯罪主体的规定，不具有相应的犯罪主体身份，尽管社会法益有损害，但与其个人无关，贾某不构成职务侵占罪。

代理意见

2021年10月，经办律师接受贾某的委托后，经过多方了解案件，收集相应的证据，与同事一起讨论，认为本案辩护的关键点在于犯罪主体这一犯罪构成要件上。

首先，贾某不是A公司的工作人员，也没有参与A公司的任何业务，对A公司的意思表示不能形成任何的控制及影响，不应当成为职务侵占罪的犯罪主体。而对于B公司来说，贾某虽然为实际控制股东，但B公司的财产没有损失，犯罪所指向的法益没有受到任何侵害。

其次，区某不是贾某委派到A公司的工作人员，贾某未与区某形成共同的犯意，区某侵犯财产的职务侵占行为，不能传递或递转到贾某个人，二人不能构成共犯，不能成为共同的职务侵占A公司财产的犯罪主体。

据此，经办律师在侦查阶段与报请批准逮捕阶段，积极行使法律赋予的辩护权利，在侦查阶段就多次与侦查机关的相关部门进行沟通，及时递交了阶段性的书面辩护意见，并提出"犯罪主体不适格"这一总的意见与建议，意见与建议被侦查机关送到检察机关，最终被检察机关在批准逮捕环节被采纳，检察机关最终作出对贾某不予逮捕的决定，并将贾某予以立即释放。

2022年3月18日，贾某因犯罪事实不清、证据不足被公安机关释放。

案例评析

犯罪主体是指我国刑法规定的实施危害社会的行为、依法应当负刑事责任的自然人和单位。自然人主体是指具有刑事责任能力,且达到刑事责任年龄、具备刑事责任能力的自然人。单位主体是指实施危害社会行为并依法应独立承担刑事责任的公司、企业、事业单位、机关、团体。

《刑法》第271条第1款规定:“公司、企业或者其他单位的工作人员,利用职务上的便利,将本单位财物非法占为己有,数额较大的,处三年以下有期徒刑或者拘役,并处罚金;数额巨大的,处三年以上十年以下有期徒刑,并处罚金;数额特别巨大的,处十年以上有期徒刑或者无期徒刑,并处罚金。”

从上述规定来看,职务侵占罪的犯罪主体为“公司、企业或者其他单位的工作人员”,是特殊的犯罪主体。不具有相应的公司、企业或其他单位工作人员身份的人,不是职务侵占罪的犯罪主体,也不构成职务侵占罪;同时单位不能成为职务侵占罪的犯罪主体。

经办律师提出的“犯罪主体不适格”这一辩护意见与建议,从犯罪构成这一刑法理论的角度展开,切实可行,被检察机关采纳,为犯罪嫌疑人争取到“犯罪事实不清,证据不足,不予批捕”的结果。

法学理论知识在律师进行各种业务活动中有时候具有重要的指导或引领作用,如刑法学中的犯罪构成理论、民法学的公平原则理论、侵权行为中的过错责任理论等,尽管有时候不能像法条一样直接被援引,但确能指引执业律师在开展法律业务时快速地寻找到解决问题的途径,也能保证执业律师业务开展的正确方向。熟练运用法学理论知识对执业律师具有重要的理论与现实意义。

专家点评

在律师执业实践中,律师的作用往往在于善用法学理论知识制定辩护方案,快速找到突破点。本案例中的陈律师就是及时、快速地抓住了犯罪构成这一知识点,从犯罪主体不适格的角度突破,及时提出了犯罪主体不适格的辩护建议,并被司法机关采纳,从而成功地为犯罪嫌疑人争取到了“犯罪事实不清,证据不足,不予批捕”的有利结果,真正做到了用专业为委托人维权。

(点评人:刘智,高级律师职称)

行为人的职责是否构成诈骗罪的客观构成要件

——黄某某医保诈骗案终被不起诉

陈俊先

摘　要

诈骗罪，既是我国《刑法》中的常见罪名，也是司法实践中的高发罪名。与日常的诈骗案不同，医保领域的诈骗案，被害人不是明确的自然人，而是医保基金或医保管理机构。行为人也由普通的自然人转为医疗单位等法人机构，且医保领域诈骗案涉及的行为人人数众多。行为人的岗位、职责、履职经历是否涉嫌诈骗罪构成环节中的一环，是评价行为人是否涉嫌诈骗罪的重要因素。

案情简介

2009年8月至2016年12月，韩某某伙同杨某某、林某某、黄某某等人，经密谋，利用管理广州市某医院的便利，由韩某某负责总体谋划，林某某负责财务、转移赃款及虚假记账，黄某某负责虚构采购药品以及药品的出入库记录；杨某某负责管理住院科室以及虚假用药治疗，以广州市某医院的名义，通过健康关爱基金，以免费健康体检、免费住院治疗为诱饵，大肆吸纳具备广州医保待遇的人员到某医院享受免费住院治疗活动，以假慈善捐款资助的方式为参与免费住院活动的人员代垫医疗费自付部分，以此向参与免费住院活动的人员隐瞒虚假办理住院、虚增医疗费的事实真相。在没有门诊诊断的情况下安排住院，给病人用药量开大用少、提高药品价格，以虚增用药量和提高医疗总费用的手段，违规向广州市某医疗保险服务中心申请报销医保统筹基金及经费和公费医疗经费1400多人次，骗得医保统筹基金合计人民币550多万元。上述人员采用奖金和提成的方式从中牟利，造成国家巨大损失。

争议焦点

行为人作为医院的采购负责人,日常的职务行为是否符合诈骗罪的五大基本构成要件?

代理意见

1. 黄某某没有与同案人密谋,韩某某、林某某通过健康关爱基金实施医保诈骗

(1)黄某某没有参与基金的商议和建立过程。

(2)黄某某没有参与基金及医院病人安排的运作。

2. 黄某某没有虚构采购药品以及药品的出入库记录。

(1)无证据证明黄某某针虚开药品实施"合规化"入库的行为。

没有证据证明黄某某对被登记为"暂估入库"的药品进行"合法化"处理。财务主管林某某提到自己没有让黄某某对"暂估入库"开具发票进行"合法化"处理。虽然黄某某曾到科室拿药品到库房,但数量极少,且无法改变这些药品在账目上的性质。虽然黄某某供述曾提到林某某和杨某某找自己要发票来平账,但黄某某最终没有找到发票进行平账。

(2)本案多位同案人供述及证人证言相互印证,黄某某没有独立的药品采购权,不可能虚构采购药品项目。

3. 黄某某既没有处方权,对内科等科室也无管理权,不可能实施虚开药品。

(1)黄某某不是医务人员,没有处方权,不可能实施虚开药品。

(2)黄某某不是医院的分管领导,不可能指挥、安排内科等科室如何处置虚开的药品。

案例评析

1. 行为人是否具有非法占有目的,是讨论是否构成诈骗罪的前提

《刑法》及相关司法解释,并未明确规定"非法占有目的"的具体含义。在此引用2001年《全国法院审理金融犯罪案件工作座谈会纪要》中关于金融诈骗罪中"非法占有目的"的具体含义。

上述纪要规定:根据司法实践,对于行为人通过诈骗的方法非法获取资金,造

成数额较大资金不能归还，并具有下列情形之一的，可以认定为具有非法占有的目的：(1)明知没有归还能力而大量骗取资金的；(2)非法获取资金后逃跑的；(3)肆意挥霍骗取资金的；(4)使用骗取的资金进行违法犯罪活动的；(5)抽逃、转移资金、隐匿财产，以逃避返还资金的；(6)隐匿、销毁账目，或者搞假破产、假倒闭，以逃避返还资金的；(7)其他非法占有资金、拒不返还的行为。但是，在处理具体案件的时候，对于有证据证明行为人不具有非法占有目的的，不能单纯以财产不能归还就按金融诈骗罪处罚。

通过上述规定，经办律师认为：推定行为人具有非法占有目的，应考量行为人是否挥霍大量收益？或明知没有经营能力而骗取大量资金等？回归本案，辩护人认为，在没有证据证明行为人黄某某挥霍大量收益，也没有证据证明黄某某明知医院无能力与医保结算的情况下，无法认定黄某某具有非法占有目的。

2. 行为人的行为，是否符合诈骗罪的五大构成要件，是讨论行为人是否构成诈骗罪的必要要件

在法理上，行为人如若构成诈骗罪，那么行为人的行为必将全部或部分符合诈骗罪五大构成要件。即虚构事实、隐瞒真相，被害人基于相信虚构事实、隐瞒真相，处分财产，被害人财产有损失而行为人受益，行为人受益与被害人财产损失有因果关系。

在医院与医保中心结算关系中，医保中心是“被害人”。如果医保中心相信医院编造、虚构的就医“患者”、虚构的病情等假象，而与医院结算医保费用，那么医院的管理者、具体虚构就医“患者”与虚构病情的医务工作者，均有可能涉及诈骗犯罪。值得注意的是，民营医院的采购人员、财务人员虽然非医务工作者，但相关岗位职务可能要配合管理者虚构“患者”的用药量。民营医院的采购人员、财务人员同样有可能涉嫌诈骗犯罪。

回归上述案例，经办律师认为：

首先，如果黄某某既不是案涉医院的执业医生，没有处方权；也不是医院的管理者，可判断黄某某职务上无法虚构“患者”和“病情”。

其次，黄某某没有对虚开药品实施“合规化”入库的行为，也没有虚构采购药品以及药品的出入库记录。上文已分析，在医保诈骗案中，采购岗或管理库房的工作人员，如果配合管理者或医务人员将多开的药以“合法”的方式回流到库房，那么很有可能涉及虚构“患者”和“病情”，让医保中心“多”付了药费。因此，采购岗、管理库房、财务工作人员亦是医保诈骗案中的关键。

最后，区检察院认为，侦查机关指控黄某某涉嫌诈骗罪，事实不清、证据不足，

不符合法定起诉条件，对黄某某作出不起诉决定。

专家点评

按照刑法的相关规定，诈骗罪需要：虚构事实、隐瞒真相，被害人基于相信虚构事实、隐瞒真相，处分财产，被害人财产有损失而行为人受益，行为人受益与被害人财产损失有因果关系。行为人只要参与其中一个环节，均可构成诈骗罪共犯。医保诈骗案，涉及人员众多。辩护人通过梳理部门、人员的职能，厘清当事人的日常工作职责在医保诈骗案是否存在作用，最终获得不起诉，为当事人争取到较好的结果。

（点评人：胡莎，广州大学讲师）

未有证据证明涉案毒品用于贩卖的，应属非法持有毒品

——陈某某贩卖毒品案辩成非法持有毒品罪

洪树涌　李红梅

摘　要

陈某某涉嫌贩卖毒品一案，扣押案涉毒品 8 包，重约 390 多克，且公诉机关认为陈某某未能如实供述自己的罪行，认罪悔罪态度较差，建议判处 7 年以上 8 年以下有期徒刑，并处罚金。最终法院判决：被告人陈某某犯非法持有毒品罪，判处有期徒刑 2 年，并处罚金人民币 3000 元。

案情简介

2017 年 8 月 2 日至 3 日，陈某某与麦某某约定购买人民币 3 万元的毒品。8 月 5 日晚上，麦某某在某市某区某街的住处内，向陈某某贩卖毒品 8 包（总重约 390 克）。当晚，麦某某在上述住处内还以人民币 400 元的价格向吴某某贩卖毒品 1 包（净重 1.81 克，检出甲基苯丙胺成分）。后麦某某、陈某某被公安人员抓获。公诉机关指控麦某某、陈某某贩卖毒品氯胺明、二亚甲基双氧安非他明（MDMA），应当以贩卖毒品罪追究刑事责任，并建议对陈某某判处 7 年以上 8 年以下有期徒刑，并处罚金。

争议焦点

在没有证据证明的情况下，陈某某是否构成贩卖毒品罪？贩卖毒品罪与非法

持有毒品罪有什么联系?

代理意见

1. 被告人陈某某主观上不具有“贩卖”毒品的故意,不符合贩卖毒品罪的构成要件。

最高人民检察院、公安部《关于公安机关管辖的刑事案件立案追诉标准的规定(三)》第1条第2款规定:有证据证明行为人以牟利为目的,为他人代购仅用于吸食、注射的毒品,对代购者以贩卖毒品罪立案追诉。不以牟利为目的,为他人代购仅用于吸食、注射的毒品,毒品数量达到本规定第2条规定的数量标准的,对托购者和代购者以非法持有毒品罪立案追诉。

本案没有证据证明陈某某收购他人毒品,是以牟利为目的。

2. 法律明确规定,购毒者在没有其他证据证明是为了实施贩卖毒品,其持有毒品数量又达到刑法规定最低标准的,以非法持有毒品定罪处罚。

2015年最高人民法院关于印发全国法院毒品犯罪审判工作座谈会议纪要(武汉会议纪要)即明确:购毒者接收贩毒者通过物流寄递方式交付的毒品,没有证据证明其是为了实施贩卖毒品等其他犯罪,毒品数量达到《刑法》第348条规定的最低数量标准的,一般以非法持有毒品罪定罪处罚。

3. 本案的毒品提取、扣押、称重及鉴定程序存在严重瑕疵。

4. 被告人陈某某是初犯、没有其他的前科情节,且一直参加社会公益志愿活动,陈某某的社会危害性较小,具有酌定从轻的情节。

案例评析

贩卖毒品罪与非法持有毒品罪有什么联系?二者又有什么区别?

1. 贩卖毒品罪,要求行为人以贩卖或牟利为目的;而非法持有毒品罪不要求行为人以贩卖或牟利为目的

最高人民检察院、公安部《关于公安机关管辖的刑事案件立案追诉标准的规定(三)》第1条规定:本条规定的“贩卖”是指明知是毒品而非法销售或者以贩卖为目的而非法收买的行为。

“贩卖”的行为包括两层含义:(1)行为人自己持有毒品而向他人贩卖;(2)行为人没有毒品,应买受人要求而向第三人购买毒品,或行为人向他人购买毒品,有

证据证明目的是向第三人出售毒品。根据《刑事诉讼法》及相关司法解释的规定：在刑事案件中，一般由公诉方承担举证责任。那么第二层含义中的“贩卖”行为，应由公诉方承担举证责任。

2. 贩卖毒品罪与非法持有毒品罪是“排斥”的状态

2008 年《最高人民法院关于印发〈全国部分法院审理毒品犯罪案件工作座谈会纪要〉的通知》明确规定：“对于吸毒者实施的毒品犯罪，在认定犯罪事实和确定罪名时要慎重。吸毒者在购买、运输、存储毒品过程中被查获的，如没有证据证明其是为了实施贩卖等其他毒品犯罪行为，毒品数量未超过刑法第三百四十八条规定的最低数量标准的，一般不定罪处罚；查获毒品数量达到较大以上的，应以其实际实施的毒品犯罪行为定罪处罚。”

2009 年广东省高级人民法院对 2008 年《（全国部分法院审理毒品犯罪案件工作座谈会会议纪要）的解读》亦提道：“对于居间代买行为，也有的观点认为行为人以获利为目的而帮助吸食、注射毒品者代买毒品的，以代买者数量的多少，衡量其是否构成非法持有毒品罪还是无罪。《纪要》明确规定，以行为人是否具有牟利目的作为区分行为人构成非法持有毒品罪还是贩卖毒品罪的标准，并以是否明知委托人实施毒品犯罪而代购毒品作为行为人构成该委托人实施的毒品犯罪的共犯的标准。”

从上述纪要规定以及相关解读可知，贩卖毒品罪与非法持有毒品罪是“排斥”的状态。行为人是否以牟利为目的，是区别行为人构成贩卖毒品罪或非法持有毒品罪的根本要件之一。如果行为人以牟利为目的（牟利不要求盈利），无论是居间代购或是以贩卖为目的的收买，均构成贩卖毒品罪。如果没有证据证明行为人以牟利为目的（牟利不要求盈利），那么无论是居间代购或是以贩卖为目的的收买，则可能构成非法持有毒品罪。

毒品，不仅侵害个体的身体健康，更危害社会。律师在推动全社会法治建设的过程中，希望社会是清新、健康的。谨记珍爱生命，远离毒品。

专家点评

经办律师抓住了贩卖毒品罪与非法持有毒品罪的关键区分，通过对法律文件的检索和深入思考，把握住了罪与罪的界限，体现了敬业、专业的职业精神。

（点评人：胡莎，广州大学讲师）

电信网络诈骗案中，不能唯数额论刑，应参考行为人的作用与地位量刑

——李某涉嫌诈骗数额特别巨大获轻判

洪树涌　陈俊先

摘　要

洪树涌律师带领团队办理李某涉嫌诈骗罪一案，当事人被指控诈骗数额特别巨大，达500万元以上，将被处10年以上有期徒刑或者无期徒刑，并处罚金或者没收财产。经办律师深入研究案件以及与当事人多次会见、阅卷、编写法律意见和出庭辩护，最终使被告人李某被判犯诈骗罪，处有期徒刑4年，并处罚金人民币5万元。

案情简介

2018年2月至2019年1月，李某某雇请梁某、李某、石某等几十个人，分成若干个业务组，设立多个虚假投资平台，通过互联网技术控制平台的数据流向，以微信好友及朋友圈等手段，诱骗不特定人员在网上投资，从而骗取被害人的财物。

洪树涌律师带领团队办理该案中一个业务组当事人李某，李某被指控涉及诈骗金额数额特别巨大，达500万元以上。

争议焦点

诈骗数额达500万元以上被认定为数额特别巨大，最终如何获得轻判？

代理意见

1. 起诉书中缺乏原始凭证,没有被害人银行流水等证据作为印证,却得出500多万元的最终数额。辩护人经过阅卷后,认为指控材料仅仅进行材料堆积。控方委托的司法会计出具的审计报告,也只对入金金额及出金金额的简单累计,既没有原始凭证,也没有被害人的银行流水等证据印证,更没有分组统计入金及出金金额,但最终在起诉书中得出结论,当事人所在业务小组的案涉数额为500多万元。

2. 本案金额是由各组员的工资和提成倒推出来的,并没有事实和法律依据。

3. 有部分客户获得盈利,此部分不应作为犯罪金额。刚开始客户通过自己操作盈利的,而且还有部分客户盈利后没有再充值操作,这部分数额也要剔除,也就是说能给相对人带来财产性利益的犯罪成本应当予以扣除。

4. 最终获利中李某仅占小头,不应承担主要责任。

本案不能合理排除有部分被害人属于自己操作导致的亏损,没有证据证明都是由本案被告人指导操作导致亏损的,这部分亏损就不能被认定为案涉金额。如果目前证据无法排除这种可能性的情况,应当作出有利于被告人的认定。

5. 李某个人获利较少,大部分利润被老板拿走,李某每个月收入甚至比有的组员还少。

6. 李某是从犯,应予减轻或者从轻处罚。2016年最高人民法院、最高人民检察院、公安部《关于办理电信网络诈骗等刑事案件适用法律若干问题的意见》规定:“多人共同实施电信网络诈骗,犯罪嫌疑人、被告人应对其参与期间该诈骗团伙实施的全部诈骗行为承担责任。在其所参与的犯罪环节中起主要作用的,可以认定为主犯;起次要作用的,可以认定为从犯。”就电信诈骗案件来说,组织、策划、管理各层面的核心成员,是犯意的发起者、策划者和主要管理人,他们才是刑法所打击的重点。李某在整个案子中也只起到次要和辅助的作用,应当被认定为从犯,对其减轻、从轻处罚。

7. 李某具有坦白情节,且是初犯,也愿意退赃和交纳罚金,请法庭对其予以从轻处罚。

案例评析

随着网络逐步发达,电信网络诈骗日益高发,但按照2011年最高人民法院、最高人民检察院《关于办理诈骗刑事案件具体应用法律若干问题的解释》的规定,暂无法从数额较大、数额巨大和数额特别巨大三个量刑档次,将普通诈骗与电信网络诈骗进行一一对应。

2016 年,最高人民法院、最高人民检察院、公安部出台《关于办理电信网络诈骗等刑事案件适用法律若干问题的意见》(下称 2016 年《网络诈骗意见》),首次将诈骗公私财物价值 3000 元以上、3 万元以上、50 万元以上的,分别认定为《刑法》第 266 条规定的“数额较大”“数额巨大”“数额特别巨大”。

2016 年《网络诈骗意见》也首次将如下情形推定为行为人对他人实施的诈骗行为主观明知,并按共犯处理:提供信用卡、资金支付结算账户、手机卡、通讯工具的;非法获取、出售、提供公民个人信息的;制作、销售、提供“木马”程序和“钓鱼软件”等恶意程序的;提供“伪基站”设备或相关服务的;提供互联网接入、服务器托管、网络存储、通讯传输等技术支持,或者提供支付结算等帮助的;在提供改号软件、通话线路等技术服务时,发现主叫号码被修改为国内党政机关、司法机关、公共服务部门号码,或者境外用户改为境内号码,仍提供服务的;提供资金、场所、交通、生活保障等帮助的;帮助转移诈骗犯罪所得及其产生的收益,套现、取现的。

2016 年《网络诈骗意见》还规定:负责招募他人实施电信网络诈骗犯罪活动,或者制作、提供诈骗方案、术语清单、语音包、信息等的,以诈骗共同犯罪论处。

针对共犯中主从犯,2016 年《网络诈骗意见》指出:“多人共同实施电信网络诈骗,犯罪嫌疑人、被告人应对其参与期间该诈骗团伙实施的全部诈骗行为承担责任。在其所参与的犯罪环节中起主要作用的,可以认定为主犯;起次要作用的,可以认定为从犯。”

2016 年《网络诈骗意见》针对从犯认定及量刑建议过于笼统,实践中可能会出现司法机关裁量尺度不一致的情况。因此,2021 年 6 月,最高人民法院、最高人民检察院、公安部出台的《关于办理电信网络诈骗等刑事案件适用法律若干问题的意见(二)》规定,对于电信网络诈骗犯罪集团、犯罪团伙中的从犯,特别是其中参与时间相对较短、诈骗数额相对较低或者从事辅助性工作并领取少量报酬,以及初犯、偶犯、未成年人、在校学生等,应当综合考虑其在共同犯罪中的地位作用、社会危害程度、主观恶性、人身危险性、认罪悔罪表现等情节,可以依法从轻、减轻处罚。犯罪情节轻微的,可以依法不起诉或者免予刑事处罚;情节显著轻微危害不大的,不以犯罪论处。

根据上述司法解释的立法精神,电信网络诈骗案件的主犯一般指:组织、策划、管理各层面的核心成员,或是犯意的发起者、策划者和主要管理人。

而本案中的当事人李某，只是在公司打工，完全听命于老板的指挥和管理，也只是充当其中一个程序员的角色而已，没有对组员的组织、指挥权限，每个月收入甚至比有的组员还少，在整个案子中也只起到次要和辅助的作用，应当被认定为从犯，对其减轻、从轻处罚。

专家点评

我国《刑法》明确将罪刑相适应规定为原则，并详细规定共同犯罪中主犯、从犯作用、地位和量刑准则。与其他诈骗不同，电信网络诈骗具有团伙组织分工明确、手段高科技专业等特点，对电信网络诈骗犯罪中各参与人，特别是业务人员正确适用主、从犯的法律规定，做到罪刑均衡，既有利于惩治犯罪，也有利于教育公民遵纪守法。

（点评人：胡莎，广州大学讲师）

司法实务中，不宜拔高恶势力团伙的认定标准

——李某诈骗罪摘除恶势力定性

洪树涌　陈俊先

摘　要

李某涉嫌诈骗罪一案，在当事人被指控为恶势力成员的不利形势下，经办律师深入研究案件以及与当事人多次会见，最终使被告人李某不被认定为恶势力成员。

案情简介

公诉机关指控，自2017年6月起被告人杨某某、耿某某、范某某、李某等多名被告人，陆续在本市某写字楼租用场地，在天合法工商登记、无金融许可的情况下违规经营小额贷款业务，对外以某某公司等多家"零用贷"公司名义、假借民间借贷之名，开展"套路贷"业务，迫使被害人签订借贷协议，通过虚增借贷金额，肆意认定违约，收取高额中介费用，恶意垒高借款金额等手段诈骗他人财物。在被害人未偿还虚假债务时，被告人臧某某、杨某某等人通过暴力、威胁、虚假诉讼等手段向被害人索要非法利益，形成了一个以金融借贷为名，严重影响经济、社会、生活秩序的恶势力犯罪组织。

争议焦点

李某是否为恶势力成员？

代理意见

1. 被告人李某与同案人根本就不认识,不存在与其他同案人有共同故意和共同实施犯罪的行为,其行为也不符合恶势力相关规定的构成要件。最高人民法院、最高人民检察院、公安部、司法部2019年4月9日实施的《关于办理恶势力刑事案件若干问题的意见》规定:恶势力,是指经常纠集在一起,以暴力、威胁或者其他手段,在一定区域或者行业内多次实施违法犯罪活动,为非作恶,欺压百姓,扰乱经济、社会生活秩序,造成较为恶劣的社会影响,但尚未形成黑社会性质组织的违法犯罪组织。恶势力一般为3人以上,纠集者相对固定。纠集者,是指在恶势力实施的违法犯罪活动中起组织、策划、指挥作用的违法犯罪分子。

恶势力的其他成员,是指知道或应当知道与他人经常纠集在一起是为了共同实施违法犯罪,仍按照纠集者的组织、策划、指挥参与违法犯罪活动的违法犯罪分子,包括已有充分证据证明但尚未归案的人员,以及因法定情形不予追究法律责任,或者因参与实施恶势力违法犯罪活动已受到行政或刑事处罚的人员。

成员较为固定且符合恶势力其他认定条件,但多次实施违法犯罪活动是由不同的成员组织、策划、指挥,也可以认定为恶势力,有前述行为的成员均可以认定为纠集者。

本案的同案人辨认李某时均表示不认识李某。也无其他客观证据证实李某与其他同案人之间形成一种固定的,具有组织、策划、指挥功能的组织。因此,被告人李某与同案人的关系,不符合法定的"恶势力"经常纠集在一起,组织、策划、指挥犯罪的组织特征。

2. 本案多名被害人表示均未还清借款本金,在借款人未还清借款本金的前提下,李某根本谈不上获利。

3. 各被害人均有实际真实的借款需求。李某既没有虚构借款需求,更没有利用空白合同向客户收取双倍借款金额。

4. 大部分合同,都是被害人自己写明合同金额。被害人自己对合同金额并未产生错误认识。诈骗罪构成要有被害人产生错误认识,并处分相关的财产。在本案中,大部分被害人一方面有自己的资金需求,需要借款;另一方面在签订合同过程中,都是被害人自己写明合同金额。

5. 针对收取平台费、押金等费用和所谓的"砍头息",被害人都是知情的,李某并没有通过自身的行为虚构相关事实并让被害人产生错误认识。最高人民法院、最高人民检察院、公安部、司法部《关于办理"套路贷"刑事案件若干问题的意见》

规定,“制造民间借贷假象”“制造资金走账流水等虚假给付事实”“故意制造违约或者肆意认定违约”“恶意垒高借款金额”“软硬兼施索债”属于“套路贷”的情形,并指出“套路贷”构成诈骗罪,不需要符合上述所有情形,只要符合任何一个情形即可。但这里值得注意的是,不能单纯从形式上考虑被告人的行为是否符合上述法律规定的“套路贷”情形,而要结合被害人陈述及全案证据、事实,通盘考虑被告人所谓收取平台费、押金等费用和所谓的“砍头息”的行为是否让借款人产生错误认识,并基于错误认识而支付财物?

辩护人认为,借款人(被害人)对于存在平台费、押金等费及“砍头息”的情况,以及能够实际取得多少款项、承担多少利息、逾期利息、借款周期、续期费用等事实都是明知的。借款人既对将来还款债务金额的大小没有产生错误认识,更没有基于错误认识而支付高额利息。也就是说,被告人李某收取平台费、押金和“砍头息”不存在“恶意垒高借款金额”,且借款人(被害人)完全有自主意识决定是否接受相关条件。

案例评析

恶势力团伙具有几个特点:(1)成员相对固定;(2)成员与成员之间存在共谋,但不具有严格的组织、指挥结构;(3)在一定区域或者行业内多次实施违法犯罪活动,但未达到对特定区域或者行业进行非法控制的程度。

专家点评

2019年《关于办理恶势力刑事案件若干问题的意见》规定:一审判决认定恶势力或恶势力犯罪集团有误的,应当纠正,但不得升格认定;一审判决未认定恶势力或恶势力犯罪集团的,不得增加认定。从这一立法精神来看,对不符合恶势力团伙的,司法机关不宜人为拔高或升格认定。在本案中,辩护人结合证据分析行为人之间是否符合恶势力团伙的特征,协助司法机关正确适用法律,最终达到社会效果和法律效果有机统一。

(点评人:胡莎,广州大学讲师)

行为人是否依职权处分公司的财物，是判断是否构成诈骗的关键

——王某某涉嫌诈骗罪，对非国家工作人员行贿罪

洪树涌　陈俊先

摘　要

检察院指控被告人王某某进入佛山市顺德区某公司，负责销售管理，主要业务是联系订单，由供货商制造产品后提供给订货商，从中赚取差价，构成诈骗罪。同时王某某为更方便取得该公司的工程项目，从中获取利益，向他人输送利益，构成对非国家工作人员行贿罪。洪律师团队深入研究案件以及与当事人多次会见，在前期已经展开辩护工作，并在审判阶段提出了针对性的辩护意见。

案情简介

1. 公诉机关指控诈骗罪的犯罪事实：2015 年，被告人王某某进入佛山市顺德区某公司，负责销售管理，主要业务是联系订单，由供货商制造产品后提供给订货商，从中赚取差价。

2017 年 6 月中旬，被告人王某某向某公司经营者黄某某虚构了佛山市某电子有限公司（以下简称某 2 公司）的供货订单，由被告人张某某向某不锈钢加工店（下称加工店）经营者林某某佯称订货，并制作了一份订货合同，骗得林某某的银行账户后告知林某某合同不再履行。此后至 2018 年 4 月，黄某某按照王某某的要求将货款共人民币 273,000 元（以下币种相同）陆续转账到林某某的账户内。林某某收到货款后，按照张某某的要求，扣除与张某某的正常业务货款后，将剩余货款共 212,900 元以现金和转账的方式支付给张某某及王某某控制的账户。破

案后,赃款未能取回。

2. 公诉机关指控对非国家工作人员行贿罪的犯罪事实:2015 年 12 月,为更方便取得电子公司的工程项目,从中获取利益,被告人王某某与陈某(系电子公司的设备处负责人,具有对招投标工作的管理职权)、黄某某协商,约定如某公司中标电子公司的工程项目,三人按照比例分得利润。后陈某以妻子崔某某的名义,与王某某、黄某某签订了合作协议,约定的利润分成比例为陈某 50%、黄某某 25%、王某某 25%。

2016 年 6 月,某公司中标电子公司的涂料粉刷和风筒清理项目,该项目的利润额为 72,282.67 元。后陈某、黄某某、被告人王某某按照约定分配利润,王某某得 17,888.5 元,黄某某得 18,070.67 元,陈某得 36,323.5 元。

2016 年年底,某公司中标电子公司的视频监控项目,该项目的利润额为 54,304 元。后陈某、黄某某、被告人王某某按照约定分配利润,王某某得 13,576 元,黄某某得 13,576 元,陈某得 27,152 元。

公诉机关据此认为:被告人王某某以非法占有为目的,采用虚构事实、隐瞒真相的方法骗取他人财物 273,000 元,数额巨大;为谋取不正当利益,给予公司、企业工作人员财物 63,475.5 元,数额较大其行为分别触犯了《刑法》第 266 条、第 164 条第 1 款,犯罪事实清楚,证据确实、充分,应当以诈骗罪、对非国家工作人员行贿罪追究其刑事责任。

洪树涌律师团队介入后,经过多次会见,以及查阅卷宗材料后,认为不构成诈骗罪。

最终,法院采纳了部分辩护意见,判处被告人王某某犯职务侵占罪,判处有期徒刑 1 年 5 个月;犯对非国家工作人员行贿罪,判处有期徒刑 6 个月,并处罚金人民币 6000 元;数罪并罚,决定执行有期徒刑 1 年 5 个月,并处罚金人民币 6000 元。

争议焦点

本案中的一个争议焦点为是否构成诈骗罪。结合本案的案件事实以及证据来看,本案的被告人在诈骗罪和职务侵占罪两个罪名范围内,但辩护人根据上述两个罪名的构成要件并结合整个案件材料来看,更倾向于职务侵占罪而非诈骗罪。其原因在于被告人只是公司的员工,其在主观方面的心理状态更倾向于职务侵占。诈骗罪的构成要满足四个条件,辩护人认为,本案被告人实施的行为并没有全部满足诈骗罪的构成要件,因此不构成诈骗罪。

代理意见

被告人王某某的辩护人提出如下辩护意见：

1. 关于公诉机关指控王某某犯诈骗罪

（1）事实不清、证据不足：王某某与黄某某等人签订了合作协议，王某某有权依照协议要求分配利润、报销费用，但王某某要求黄某某分红遭到拒绝，因此王某某没有非法占有他人财产的目的；某公司本是电子公司的供应商之一，王某某没有虚构某公司与电子公司合作的前提，王某也没有虚构某公司与电子公司的合作生产周转车项目的事实；某公司与林某某的订货合同也是为了准备履行与电子公司的生产周转车项目，故订货合同不是虚构的。

（2）应认定为职务侵占罪，因为黄某某是基于职权处分公司财产，王某某是基于职权占有公司财产。

2. 关于公诉机关指控王某某犯对非国家工作人员行贿罪

（1）无法证明陈某收取的是谁的行贿款，故本案事实不清、证据不足；

（2）应认定为单位犯罪，因为王某某代表某公司行贿，利益也归某公司；

（3）本案未达到单位犯罪的立案标准。

3. 关于王某某的从宽处罚情节

（1）无犯罪前科；（2）向黄某退赔，取得谅解；（3）王某某与黄某是生意合作关系，王某某的行为社会危害性小。

案例评析

诈骗罪规定在2015年《刑法》第266条，是指以非法占有为目的，用虚构事实或者隐瞒真相的方法，骗取数额较大的公私财物的行为。在犯罪构成上一般分为五个步骤："行为人以非法占有为目的实施欺诈行为→被害人产生错误认识→被害人基于错误认识处分财产→行为人取得财产→被害人受到财产上的损失。"

而职务侵占罪规定在2015年《刑法》第271条，是指公司、企业或者其他单位的人员，利用职务上的便利，将本单位财物非法占为己有，数额较大的行为。本罪在认定上需要重点注意以下几点：在行为上必须是利用自己职务上的便利，在便利方面包括与职务对应的权利，或者与职务有关的便利条件。侵占行为是将自己占有或他人占有，但所有权属于单位的财产，变成自己所有。该行为一般也分两种，一种是采用侵吞、窃取、骗取等各种非法的手段，另一种是以处分、使用、收藏等表面合法的手段,但都是变持有为所有的行为。值得注意的是,如果行为人仅仅是基于工作原因熟悉环境、单一地实施犯罪行为,则极有可能不构成这个罪名。比如,作为仓库管理员不使用钥匙与职务便利方面的条件,而是在下班后通过撬锁或暴力进入仓库内,则构成盗窃罪而不是职务侵占罪。

本案中的王某某基于自己负责销售管理的职务便利,通过联系订单赚取差价的方式侵占公司的财产,而并非让公司陷入错误认识主动处分了财产给王某某,因此王某某的行为属于利用职务便利实施侵占的行为,构成职务侵占罪。

专家点评

被害人是否基于行为人的行为产生错误认识并处分财产,是行为人是否构成诈骗罪的关键之一。如果行为人是基于职务行为处分财产,那么行为人的行为是否构成诈骗罪,就应当审慎处理。本案中的辩护人通过行为人在公司的职务,以及签订合同属于行为人的职权范围,厘清被害人不是基于错误认识而处分财产,而是被害人基于授权行为人公司职权,由行为人行使职权导致被害人财产损失,最终协助法院正确适用法律,恰当认定当事人的刑事责任。

(点评人:胡莎,广州大学讲师)

合同诈骗罪中罪与非罪的界限

——以罗某某等人涉嫌合同诈骗罪被撤回起诉一案为例

黄丽榆

摘　要

罗某某通过中标获得LED显示屏广告牌项目，因结算价格高于合同预算金额，检察院认为罗某某的行为构成合同诈骗罪并提起公诉，而合同诈骗犯罪具有复杂性、隐蔽性和欺骗性等突出特点，与民事欺诈交织在一起，犯罪界限难以把握，本案无法证明罗某某在签订合同的过程中具有虚构事实、隐瞒真相的行为，其行为应当属于民事经济行为。

案情简介

2012年年初，惠州某广告有限公司对其LED显示屏广告牌项目进行招标，项目招标工程造价金额为600万元。庄某某挂靠的江西某公司中标该项目，在执行中标合同项目施工过程中，被告人罗某某指使被告人庄某某向惠州市某科技有限公司购买LED显示屏产品，签订了一份《LED显示屏项目采购合同》，金额为3,860,488元，后被告人罗某某、庄某某等人变造了一份与某科技公司签订的《LED显示屏项目采购合同》，将金额改为6,216,040元，并以此份合同的价格以及LED显示屏的钢架结构200多万元，向惠州某广告有限公司要求结算此工程，该广告有限公司经联合验收及委托第三方估价等程序，于2012年8月底以8,841,880.27元结算价格支付给江西某公司，致使项目工程造价多出协议回购价格2,841,880.27元。

2019年12月27日，惠州市惠城区人民检察院以罗某某、庄某某涉嫌合同诈骗罪向惠州市惠城区人民法院提起公诉。2020年9月27日，惠城区人民法院组织开庭审理该案,采纳了辩护人的辩护意见。2021 年 2 月 5 日,惠城区人民法院作出刑事裁定书,准许惠城区人民检察院以证据不足、不符合起诉条件为由撤回对罗某某、庄某某的起诉。2021 年 3 月 3 日,惠城区人民检察院作出了不起诉决定书,认为犯罪事实不清,证据不足、不符合起诉条件,决定对罗某某、庄某某不予起诉。

争议焦点

罗某某、庄某某是否构成合同诈骗罪,其行为是否属于民事经济纠纷。

代理意见

1. 罗某某、庄某某有履行合同的能力,并且与惠州某广告有限公司签订合同后积极履行合同,没有非法占有的目的。

2. 在签订、履行合同过程中,被告人没有采取虚构事实或者隐瞒真相等欺骗手段,骗取惠州某广告有限公司的财物,其行为不构成合同诈骗罪。

(1)惠州某广告有限公司对 LED 显示屏综合单价 19,000 元是知情并认可的,工程结算的价格是双方的真实意思表示,罗某某不存在诈骗行为。

本案现有证据无法排除被害人对 LED 显示屏综合单价 19,000 元是知情并认可的,该广告公司的几次会议记录、江西某公司发给广告公司的《关于 LED 显示屏品质层次的函》以及申请调取但仍未调取的报价表(之前市监委来提审的时候出示过,上面写了几个牌子的价格)都佐证了被害人事先对 LED 显示屏 19,000 元综合单价可能是知情并认可的。惠州某广告有限公司与江西某公司签订合同时已清楚合同对价的物品,LED 显示屏广告牌项目早已竣工验收,承建方已投入大量人力、物力,合同已实际全部履行完毕,合同的签订、履行过程合法合规,主观上不存在非法占有目的,更不存在诈骗行为。合同的结算价格高于合同价格符合合同约定。项目结算依据是造价咨询公司审核的结算价格,且该造价公司也是被害人自行委托的。罗某某不存在隐瞒真相、虚构事实的诈骗行为。

(2)《LED 显示屏项目采购合同》的来源不明,在未能确认是否由惠州市某科技有限公司盖章出具的情况下,不宜直接认定被告人罗某某、庄某某变造或伪造合同。

第二次补充侦查卷中的补充侦查报告已说明《LED 显示屏项目采购合同》因

为没有提取到合同原件，没有合同原件印章为检本，不能送检，无法对该合同的公章进行真假鉴定。因此，在无法证实真实性的情况下，不能作为定案的证据之一，应当予以排除。

(3)造价咨询公司应具备独立的审核造价的能力，而不应直接以合同签订的价格直接作为审核工程结算金额的依据，如果合同约定价格远远高于或低于实际价格，造价咨询公司仍直接按相差甚远的合同价格作为审核的依据，结果将会有失公正。合同并非工程结算审核必须提交的材料，不管有没有该合同，造价咨询公司均应当客观地作出审核。

综上所述，从案涉事实和犯罪的构成要件来看，本案被告人罗某某、庄某某的行为不构成《刑法》第224条的合同诈骗罪，不宜以合同诈骗罪定罪处罚。

判决结果

惠州市惠城区人民法院裁定，准许惠州市惠城区人民检察院撤回对被告人罗某某、庄某某的起诉。

案例评析

本案现有的证据无法证明罗某某、庄某某在签订合同的过程中具有虚构事实、隐瞒真相的行为，本案的项目结算依据是造价咨询公司审核的结算价格，该造价公司也是被害人自行委托的，而且被告人在2012年完成案涉工程项目后，所获得的收益均用于公司经营，并没有用于挥霍、从事非法经营活动、还债、个人生活开支及隐匿款项等，多年以来罗某某也在惠州定居生活、工作，并不存在逃匿的情况，因此很难推定罗某某、庄某某“以非法占有为目的”，进而构成合同诈骗罪。

合同，作为市场经济主体之间法律关系的纽带，对市场经济体系的完善、社会经济的有序运行起着极其巨大的作用；但是，在市场经济条件下，合同纠纷也日趋增多，利用合同犯罪的现象十分突出。合同诈骗在当前社会上得以蔓延，其背景复杂，原因诸多。

合同诈骗与传统诈骗相比，在犯罪主体、犯罪客体、犯罪行为的具体方式等方面具有不同特点，有必要将合同诈骗罪从普通诈骗罪中独立出来，因此，1997年《刑法》修订时从普通诈骗罪中剥离出来一个独立罪名，这一变化是国内市场经济迅速发展的必然，但现行法律和司法解释并未对民事欺诈行为和合同诈骗罪进行准确界分,且对非法占有目的的认定多采用司法推定手段,导致不同区域对该罪的裁判尺度不一。

要严格区分合同诈骗与民事违约行为的界限,注意审查案涉企业在签订、履行合同过程中是否具有虚构事实、隐瞒真相的行为,是否有《刑法》第 224 条规定的五种情形之一。注重从合同项目真实性、标的物用途、有无实际履约行为、是否有逃匿和转移资产的行为、资金去向、违约原因等方面,综合认定是否具有诈骗的故意,避免片面关注行为结果而忽略主观上是否具有非法占有的目的。对于签订合同时具有部分履约能力,其后提高履约能力并积极履约的,不能以合同诈骗罪追究刑事责任。

专家点评

罗某某是否构成合同诈骗罪,需要判断是否以非法占有为目的,在签订、履行合同过程中,是否采取虚构事实或者隐瞒真相等欺骗手段,骗取对方当事人的财物,数额较大。本罪往往同民事欺诈行为交织在一起,司法实务处理也存在差异。

对本案,认为构成合同诈骗罪的一方可能会主张:罗某某所签订的合同无法确定真实性,存在伪造合同,LED 显示屏综合单价 19,000 元虚高,最后合同的结算价格高于合同价格。实践中认定合同诈骗罪要考虑:

(1)以非法占有为目的;(2)对象是公私财物;(3)在签订、履行合同过程中,以虚构事实或者隐瞒真相的方法,骗取对方当事人财物;(4)没有实际履行能力;(5)收受利益后逃匿;(6)诈骗对方当事人财物必须数额较大。

本案的启示在于,对于常见的民事欺诈或合同违约行为,今后更应结合科技手段,更准确界定签订合同过程中各个行为人的行为性质,以体现刑法的谦抑性。

[点评人:何雁飞,二级(副高)律师职称]

作者简介

王春平 广东广信君达律师事务所高级合伙人，曾任或现任全国律协宪法与行政法专业委员会委员、广东省律协行政法律专业委员会委员、广东省律师专家库行政法律事务律师专家、广州仲裁委员会仲裁员、广东省北京大学校友会副会长等。曾获2019年度广东省律协优秀委员、2018年度广州市律协业务成果奖、理论成果三等奖，办理的"开创性跨境追收，多元化执行手段，有效破解'执行难'"被评为广东省律协2018年度律师典型案例，撰写的《新行政诉讼法下的律师机遇及其应对》《发挥法律顾问作用助力党的依法执政》获2016年度中国领导科学研究会优秀成果等，专注于民商事诉讼/仲裁、行政复议/诉讼及民行交叉案件、公司银行金融、房地产/建设工程、债权处置与强清破产等领域。

王　辉 广东广信君达律师事务所高级合伙人。中国社会科学院法学博士班在读，具有证券从业资格、基金从业资格以及上交所上市公司独立董事资格。代理侵犯商业秘密相关案件曾荣选为《法治日报》全国十大案例之一。

王燕妍 广东广信君达律师事务所专职律师。毕业于西安交通大学，中国政法大学刑法学硕士在读，专注于刑事辩护领域。

付丽莎 广东广信君达律师事务所合伙人。其带领团队曾先后获评"2021年度知识产权诉讼工作优秀团队""互联网内容平台典型案例""岭南知识产权诉讼优秀案例""2020年商标授权确权十大典型司法案例"等荣誉。

吕海山 广东广信君达律师事务所合伙人。专注于处理重大、疑难知识产权及相关业务。

刘雯燕 广东广信君达律师事务所专职律师，现或曾任广东省司法厅、广州市市场监督管理局驻场律师。

许杰民 广东广信君达律师事务所专职律师，广州市律协第八届、第九届、第十届民事法律专业委员会委员。具有十七年的律师执业经验，专注于公司事务、房地产、合同纠纷、信托、知识产权等方面的非诉及诉讼业务。

许莉莉　广东广信君达律师事务所专职律师。专注于知识产权尽职调查,专利、商标、著作权的注册以及管理,知识产权诉讼,熟悉专利、商标、著作权获取的流程。

许悦敏　广东广信君达律师事务所合伙人。现任第十二届广东律师协会职务犯罪辩护专业委员会委员、广东省法律援助局、广州市法律援助处常备法律援助人员、广州市司法局聘任"百名专家"、广州市律协第十届未成年保护专业委员会委员、广州市劳动人事争议三方联合调解中心调解员、广州市海珠区劳动人事争议三方联合调解中心调解员,擅长刑事辩护、劳动争议、婚姻家事等法律事务。

苏东海　广东广信君达律师事务所高级合伙人。执业逾30年,法律实务经验丰富,荣获广东省司法厅嘉奖1项、省、市律协颁发的业务成果奖、执业20年贡献奖、理论成果三等奖及广东律师杂志评选专业文章一等奖等约20项奖项,2021年获评为广东省(2017－2021)"全省优秀律师"。专注于行政法与政府法律顾问、知识产权、法律风险管理及重大疑难诉讼案件代理等领域。

李东伦　广东广信君达律师事务所合伙人,现任广东省法学会房地产法学研究会理事,专注房地产及城乡规划、民事及行政诉讼、行政机关及企业法律顾问等领域。

苏熳娜　广东广信君达律师事务所专职律师。广东省知识产权法学会理事。专注于民商事事务、知识产权事务、劳动法与社会保障事务、行政法律事务等领域。

苏耀云　广东广信君达律师事务所专职律师。担任广东省社会组织总会法工委互联网专业组委员。在《中国律师》、《广州律师》、威科先行、今日头条、新浪网、广州市律协等平台发表文章数十篇。专注于互联网纠纷争议解决、隐私和个人信息保护、数据安全与合规、政府监管合规、行政诉讼等领域。

李大为　广东广信君达律师事务所专职律师,现或曾任广东省司法厅、广州市市场监督管理局驻场律师。

李红梅　广东广信君达律师事务所合伙人。专注于企业治理、股权投融资、家族财富管理领域业务、重大争议解决等领域。

何继义　广东广信君达律师事务所专职律师。专注于政府法律顾问、房地产与基础设施建设、土地收储、城市更新等领域。

陈远乐 广东广信君达律师事务所创始合伙人、高级合伙人。曾任或现任广信律师事务所副主任/主任、全国律协公司法专业委员会委员、第六届广东省律协常务理事、第六届广东省律协知识产权法律业务委员会主任、广东省律协发展战略委员会委员、广东省律协法律职业共同体委员会副主任、广州市律协纪律委员会副主任、广州仲裁委员会仲裁员、广东省民营企业文化协会首届副会长、广州市律师学院特聘讲师。2016 年荣获广州市律协执业 20 年贡献奖和 2016 年度优秀专门(工作)委员会委员奖;2018 年荣获广东省律协委员会优秀委员奖;其承办的在最高人民法院终审、再审的诉讼案例和在香港主板上市的非诉讼案例入选 2019 年度广东律师典型案例。

陈建民 广东广信君达律师事务所专职律师。毕业于中国政法大学,法学硕士,担任过某跨国公司的法务总监、大型金融公司的风控总监等职务,曾担任深圳国际仲裁院仲裁员,持有基金从业资格证、证券从业资格证,主要从事商事、刑辩、公司、合同、投资等方面的律师业务。

陈俊先 广东广信君达律师事务所合伙人,清华大学法学院金融犯罪法律实务高级研修班成员、广东省项目管理学会会员。获得广州市律协会 2020 年度业务成果奖。

陈冠星 广东广信君达律师事务所合伙人。执业 11 年,任第十二届广东省律协国有资产法律业务专业委员会委员,第九届、第十届广州市律协国有资产法律业务专业委员会委员。

陈栩东 广东广信君达(东莞)律师事务所专职律师、专利代理师。双硕士学历,先后获得重庆大学软件工程硕士学位以及华南理工大学法律硕士学位。擅长刑事辩护及控告、企业刑事合规及风险防范、企业知产识权布局及知识产权纠纷诉讼。

陈润垣 广东广信君达律师事务所专职律师,研究生毕业于西南政法大学。

郑燕丽 广东广信君达律师事务所合伙人。专注于知识产权保护、民商事争议解决、涉外法律服务等领域。

胡颖怡 广东广信君达律师事务所专职律师。获得广州市律协授予 2020 年度业务成果奖及理论成果奖。专注于政府法务综合支持、民商事诉讼、行政诉讼、公司并购等领域。

洪树涌 广东广信君达律师事务所高级合伙人,广东省刑事辩护专家库第一批律师,曾任或现任广东省律协经济犯罪辩护委员会副秘书长、广州市律协经济犯罪刑事委员会委员、广东省中立法律服务社疑难案件处理中心主任。专注于重大毒品案件辩护、疑难经济犯罪辩护、企业刑事合规法律顾问服务等领域。

凌菁华 广东广信君达律师事务所专职律师。专注于土地、房地产、建设工程等领域。

黄丽榆 广东广信君达律师事务所专职律师。广东财经大学法律硕士,执业领域为刑事诉讼、民商事、公司法等。

黄作良 广东广信君达律师事务所合伙人。专注于知识产权、公司法业务等领域。

黄晓芸 广东广信君达律师事务所合伙人。国家三级律师、广州市司法局调解专家库专家,曾任或现任广州市律协房地产与城市更新专业委员会委员、实习考核委员会委员。曾被省、市律协评为“优秀党员”、获市律协授予2018年度和2020年度“业务成果奖”、2019年度和2020年度“理论成果奖”。专注于房地产与城市更新、民商事诉讼、非诉法律顾问等领域。

黄福轩 广东广信君达律师事务所合伙人,广东省律协公司法委员会委员等,曾荣获广东省律协等主管单位颁发的“参与服务民企优秀党员”、“优秀典型案例优秀奖”等多项荣誉、奖项。专注于民商事争议解决、公司法律事务、企业用工管理、刑事辩护及刑事风险防控等领域。

章　勋 广东广信君达律师事务所高级合伙人。专注于房地产开发、项目并购、建设工程、政府行政法律事务等领域。

梁广涛 广东广信君达律师事务所专职律师。承办案件曾获广州市律协业务成果奖、岭南知识产权诉讼优秀案例以及广东省律协典型案例等。专注于行政法、知识产权、法律顾问及民商事诉讼等领域。

梁麟朗 广东广信君达律师事务所专职律师。专注于办理经济犯罪案件(包括知识产权类)刑事辩护。

韩　秀 广东广信君达律师事务所专职律师。山东工商学院法学学士、广州大学法学硕士。专注于行政复议/诉讼、民行交叉案件、民事诉讼、不良资产交易处置等领域的研究与实务。

韩欣欣 广东广信君达律师事务所专职律师。专注于土地房地产纠纷、劳动争议、民商事争议解决及行政争议解决。

曾　恺　广东广信君达律师事务所专职律师。担任广东省社会组织总会法工委互联网专业组委员。在《中国律师》、《广州律师》、威科先行、今日头条、新浪网、广州市律协等平台发表文章数十篇。专注于互联网、新经济领域纠纷争议解决、商业模式/业务产品合规论证、数据合规管理等相关法律服务。

谢佩雯　广东广信君达律师事务所合伙人。毕业于香港城市大学,获法律硕士学位,专注于民商事诉讼法律服务、企业法律顾问、公司治理等领域。

谢　捷　广东广信君达律师事务所合伙人。现任香港女律师协会理事、广东省粤港澳促进会法律专业委员会委员、中华全国律师协会"一带一路"律师联盟会员、广东省律协粤港澳大湾区工作委员会委员、广州市律协并购重组业务专业委员会委员、广州仲裁委员会仲裁员等职;入选司法部全国千名涉外律师人才名单、广东省首批涉外律师领军人才、广东省律协涉外法律服务讲师团成员、广州市首批涉外律师领军人才、广州律师学院特聘讲师;其承办的在最高人民法院终审、再审的诉讼案例和在香港主板上市的非诉讼案例入选广东省律协律师典型案例,并获广州市律协授予"执业20年贡献奖"。

谭庭俊　广东广信君达律师事务所专职律师。在知识产权与反不正当竞争领域具备理论功底和实践经验。

谭朗薇　广东广信君达律师事务所专职律师,拥有警务工作经历,业务领域集中于法律顾问、行政法、刑事辩护等。

黎月梅　广东广信君达律师事务所合伙人。被评为2017年度广州市司法局优秀团干,完成的成果获2018年度广州市律协业务成果奖。专注于民商事诉讼/仲裁、行政复议/诉讼及民行交叉案件、公司银行金融、房地产/建设工程等领域。